ЭНЦИКЛОПЕДИЯ
АЛКОГОЛЯ

Великие люди
История
Культура

ЭНЦИКЛОПЕДИЯ АЛКОГОЛЯ

Лев
МИРОШНИЧЕНКО

ВЕЧЕ
МОСКВА
1998

ББК 88.5
М 63

ISBN 5-7838-0237-9

ПРЕДИСЛОВИЕ

Книга «Энциклопедия алкоголя» имеет двоякое предназначение. С одной стороны, она адресована массовому читателю, сталкивающемуся с алкогольной проблемой в ее различных проявлениях в реальной жизни. В книге содержится весьма разнообразный материал с максимально широким охватом этой проблемы, начиная от конкретных медицинских последствий употребления алкоголя до его роли в развитии цивилизации. Важной задачей автор посчитал обеспечение исторического и общекультурного фона для освещения множества конкретных алкогольных тем.

С другой стороны, в энциклопедии есть статьи, в которых даются определения специфическим понятиям, фактам и явлениям, связанным с алкоголем, с которыми чаще имеют дело достаточно узкие медицинские и иные специалисты. Для них, как и для студентов, готовящихся стать ими, энциклопедия послужит справочником, который поможет сэкономить время на поиски интересующих определений. Эти определения разбросаны по учебникам, руководствам и монографиям, там они не всегда достаточно полны и четки, если присутствуют вообще.

Кроме того, по убеждению автора, специалисты, занимающиеся сложно переплетенными с жизнью алкогольными проблемами, получат возможность оценить их более выпукло и реалистически, когда они вписаны в широкий культурно-исторический контекст. Поэтому все статьи расположены подряд в алфавитном порядке, и идея разбить энциклопедию на несколько самостоятельных разделов была отставлена.

К большинству специальных терминов дается их эквивалент на латинском или ином языке (чаще на английском, как на международном языке специалистов). Уделено внимание происхождению многих русских слов, связанных с алкоголем, и алкогольной филологии вообще, как части человеческой культуры.

В конце тома приведен список книг, использованных при работе над энциклопедией. Источником информации были также многие специальные и общедоступные журналы и газеты — нет надобности перечислять их все.

Хотелось бы предупредить с самого начала, что целью автора не было создание одной из антиалкогольных книг в духе примитивной и заезженной антиалкогольной пропаганды. Можно сказать об этой книге, что она — об алкогольной реальности.

Такая книга-энциклопедия на алкогольную тему — первый опыт в России, а также, скорее всего, и за рубежом. Как он удался, судить читателю.

К созданию этого труда автор подошел, участвуя в течение многих лет в исследованиях алкоголизма, которые проводятся со всех его сторон в Научно-исследовательском институте наркологии, находящемся в Москве. Конкретно же начать эту непростую книгу автора подтолкнул его коллега Вадим Ефимович Пелипас. Автор признателен ему за это и за то, что он согласился быть научным редактором энциклопедии.

Автор выражает также благодарность тем, кто проявил внимание к этой работе и помог подбирать соответствующие материалы. Он благодарит свою дочь Елизавету Львовну Мирошниченко за большую помощь при технической работе над текстом, включая создание компьютерного варианта.

ВВЕДЕНИЕ

Круг знаний, которые охватывает данная книга, гораздо шире неприятных проблем, связываемых с алкоголем и привычно обсуждаемых в антиалкогольной литературе. Она о всевозможных отношениях человека с алкоголем. Эти отношения настолько древни, сложны, многогранны и крепки и нередко могут так сильно влиять на судьбу отдельного человека и даже на положение дел в обществе, что давно назрела потребность в выделении соответствующей отдельной науки из общего научного котла. Такая наука нужна хотя бы потому, что по-прежнему остается открытым вопрос: почему же до сей поры так крепка и всепроникающа привязанность человека (и человечества) к алкоголю.

Казалось бы, давно уже ясно, что алкоголь — коварный разрушитель здоровья, семьи, экономики, общества и даже, как некоторые утверждают — генофонда нации, а значит, и государства. На протяжении уходящего двадцатого столетия во многих странах, и особенно в нашей стране, правительства не раз пытались решительно снизить разрушительный риск, сопряженный с массовым питейством. В одних странах вводился полный запрет на производство и продажу алкогольных напитков (США, 1919—1932; Исландия, 1912—1923; Финляндия, 1919—1932), в других — вводилась государственная монополия на алкоголь и резко ограничивалась его продажа населению (Норвегия, Швеция, Финляндия — после 1932 г., Россия и др.). В России решительные меры по ограничению доступности алкоголя для населения вводились Николаем II (1914), Лениным (1919), Хрущевым (1958), Брежневым (1972) и Горбачевым (1985). Ни в одной стране, где предпринимались подобные меры, не было достигнуто ожидаемых успехов, напротив — была порождена масса социальных конфликтов, экономических и криминальных осложнений. Население искало обходные пути (включая нелегальные) к своему «погубителю», готовое «принимать» даже противные на вкус суррогатные алкогольные жидкости (денатурат, клеи, лаки, средства для мытья стекол, для отращивания волос и т.п.), заведомо содержащие очень вредные примеси. Вспыхивало подпольное производство кустарного алкогольного питья (самогона), несмотря на вводимые против него жесткие санкции.

Мы видим также, что в большинстве западных стран, переживших опустошительную вторую мировую войну, по мере их выхода из разрухи, по мере роста благосостояния населения, его здоровья и производительности труда на фоне расцвета экономики, нарастало бодрыми темпами и потребление алкоголя вплоть до конца 70-х годов, несмотря на антиалкогольную политику правительств в ряде этих стран. Исключением были лишь мировые производители виноградного вина — Франция, Испания и Италия, в которых потребление алкоголя на душу населения было всегда исключительно большим. После войны оно здесь постепенно снижалось в сторону некоего среднеевропейского «стандарта» — примерно 9—10 литров 100 %-го алкоголя на душу населения в год, к которому поднимались остальные страны. Причем большинство пьющих в «цивилизованном мире» сознают, что увлекающийся алкогольными напитками рискует своим здоровьем и благополучием.

История еще и еще раз показывает, что отношения человека с алкоголем далеко не так просты, как это кажется государственным или общественным антиалкогольным энтузиастам, и что эти отношения следует исследовать гораздо серьезнее, чем прежде, и, может быть, чуть ли не с самого начала. Эти отношения давно уже исследуются, кроме медиков, биологами, психологами, социологами, юристами, но, как правило, каждыми только в своей, достаточно ограниченной области знаний. За многие годы все эти специалисты продвинулись достаточно глубоко, вникая во всевозможные мелкие детали, но в отрезвлении населения совсем недалеко — даже в тех странах, где наука щедро подпитывается десятками миллиардов долларов. В самых благополучных в экономическом и политическом отношении странах большинство взрослого населения по-прежнему употребляет алкоголь, из них двадцать-тридцать процентов пьют неумеренно, а от четырех до восьми процентов больны алкоголизмом.

Если не предположить, что большинство взрослого населения глупо и упрямо, как дети, то остается признать, что цель быстрого и полного «отучения» человечества от алкоголя ставится пока преждевременно, и надо как-то еще иначе, чем прежде, взглянуть на роль алкоголя, чтобы получше нащупать корни столь крепкой связи человека с ним. Взглянуть иначе — это означает взглянуть хотя бы пошире, взглянуть со всех сторон, чего избегали, судя по их трудам, узкие специалисты, а тем более нетерпеливые и пылкие борцы с пьянством и алкоголизмом.

Данная книга составлена как раз с позиции максимальной широты взгляда и предназначена всем: специалистам и неспециалистам, пьющим и непьющим, желающим бросить пить и не собирающимся «завязать». Сюда входит все: приятные и неприятные, в том числе и самые неприятные свойства алкоголя; рождение, зрелость, болезни и умирание вина; культура виноделия и культура потребления алкогольного питья; роковая роль алкоголя в жизни одних известных людей и питейные привычки, вовсе не роковые, у других; праздники и обычаи, которые испокон веку не обходятся (а нередко, просто невозможны) без алкоголя. Тут описано такое досадное явление, как «пивное сердце», но также и пивной суп «ёлеброд» — излюбленное народное кушанье шведов, приведен химический состав пива и рассказана история современной пивной банки, изобретение которой стало своего рода промышленным переворотом в мощнейшей пивной отрасли.

Примеры подобных книг назвать трудно, и это выглядит даже несколько странно. Что было до сих пор самым характерным для подавляющего большинства исследований и публикаций по проблеме алкоголя? Это старание получить и сообщить все новые и новые доказательства, какой вред и каким образом наносит алкоголь здоровью человека и благополучию общества. Притом большинство исследователей, чтобы получить наиболее яркие «улики», брали случаи неумеренного потребления алкоголя. Анализ 4044 научных статей по проблеме действия алкоголя на человека, опубликованных в 1990—1992 годах, обнаружил среди них очень мало исследований, посвященных действию малых доз алкоголя. Специалисты надеялись и надеются, что сведения о вреде алкоголя, добытые порой с помощью самой изощренной современной научной техники, устрашат, наконец, ставшее поголовно образованным население и побудят его бесповоротно отказаться от контакта с этим источником серьезной беды. Но если взглянуть на проблему по-настоящему широко, да еще в исторической ретроспективе, то станет совершенно ясно, что они ломятся в открытую дверь. Никто давно уже не отрицает алкогольный вред, все готовы бороться с этим злом, но население в целом почему-то не готово расстаться с ним.

Такая двусмысленность положения не может не порождать постоянного и болезненного психологического диссонанса в обществе, конфликта между гражданами и государственными структурами, призванными защищать граждан от разного вреда. Этот конфликт обостряется порой до крайней степени, когда государство прибегает к насильственным мерам по ограничению доступности алкоголя, как это было во время тотальной антиалкогольной кампании в СССР в 1985—1988 годах или в период «сухого закона» в США в 1919—1932 годах. Стихийное разрешение такого рода конфликтов всегда оборачивалось большим экономическим и моральным ущербом и полным восстановлением прежнего уровня потребления алкоголя населением со всеми вытекающими последствиями.

Необходим новый подход к алкогольной проблеме, чтобы вытащить ее из явного тупика, а для этого, очевидно, потребуются более широкие рамки осмысления ее сути и многочисленных неудач ее решения.

Больше всего к такому охвату алкогольной темы подходит термин «алкология». Этот термин был предложен еще в 1903 году, но понятие пока не развилось в самостоятельную науку (хотя есть международный журнал «Alcologia») по причинам, скорее, субъективным, чем объективным. Нередко, как в старые времена, так и на протяжении последнего века, антиалкогольные действия властей или отдельных групп общества становились инструментом политики и демагогии. «Алкология», по определению, охватывает все проявления взаимодействия человека с алкоголем, независимо от их негативной, нейтральной или позитивной оценки. Политики же всегда, почти без исключения, спекулировали на алкогольном вреде в своем стремлении манипулировать судьбами и действиями граждан. Особенно это было характерно для коммунистического режима. Его правящие органы обычно раздували страсти в средствах массовой информации вокруг пьянства и алкоголизма, сваливая на них высокие показатели смертности и преступности, распад семей, низкую производительность труда и т. п., стараясь таким образом перенести с себя ответственность за неблагополучие в стране на само население. И под этим же предлогом они присваивали себе дополнительное право вмешиваться в личную жизнь людей и в их отношения с алкоголем — вплоть до массового принудительного лечения от алкоголизма и всевозможных видов наказания за алкогольную болезнь. Такую политику принято называть «патерналистской», когда государственная власть ставит себя в роль «отца» (лат. «pater» — отец) , а за населением не признается права на самостоятельный выбор поведения по тому или иному вопросу (словно несовершеннолетним детям в семье).

Вместе с тем тоталитарная власть старается скрыть и исказить истинную картину ситуации по алкогольной проблеме в стране, не допустить проникновение на страницы изданий сведений о действии алкоголя ином, кроме зловредного. Еще свежо в памяти время, когда многие чисто исследовательские данные, касающиеся уровней потребления алкоголя и распространенности алкоголизма в СССР и на его отдельных территориях было запрещено публиковать в открытой печати, как дискредитирующие успехи социализма. Даже во времена объявленной Горбачевым «гласности», когда косяком шли публикации, разоблачающие грехи коммунистических режимов, автору пришлось столкнуться с сопротивлением органов цензуры, не желавших пропустить сведения о некоторых благоприятных эффектах алкоголя. Автору пришлось заручиться ходатайством от Ученого совета из института, в котором он работал, для того, чтобы цензура не вычеркнула из его научной монографии «Медицинские последствия хронического употребления алкоголя» те страницы, на которых приводились результаты нескольких зарубежных исследований, показавших кардиозащитное действие умеренных доз алкоголя. Происходило это в 1989 году.

***

Особенные свойства забродивших жидкостей, их способность изменять самочувствие и поведение человек обнаружил в самые отдаленные времена — по некоторым данным, не менее чем за 8000 лет до н.э. В дошедших до нас ранних документах письменности встречаются тексты о вине и его действии. Например, на глиняных табличках, найденных в Месопотамии, было написано примерно 5 тысяч лет назад: «Если человек выпил крепкое вино, его голова порожняя, его ум блуждает, а глаза имеют мутное выражение».

Имеются многочисленные упоминания о вине в Ветхом Завете, причем в положительном смысле говорится о его разумном употреблении, в отрицательном — о неумеренном. В Древнем Египте было хорошо развито производство разнообразных сортов отменного пива, а знаменитая царица Нефертити славилась умением варить хорошее пиво.

По мнению одного из современных авторитетов по алкогольной

проблеме Марка Келлера (1907—1995), «симбиоз» человека с алкоголем насчитывает не менее 50 тысяч лет. Иначе говоря, человек, прежде чем научиться говорить, научился пить. То есть, до того как он получил право называться Homo sapiens («человек разумный»), его можно было называть Homo biberius («человек пьющий»). В одной из своих лекций Келлер так перефразировал известное библейское выражение «В начале было слово»: «В начале был алкоголь».

Некоторое небольшое количество алкоголя обнаруживается в организме невыпившего человека. Физиологи и психологи предполагают, что алкоголь, произведенный самим организмом, т.е. «эндогенный» алкоголь, играет определенную важную роль в регуляции эмоционального состояния. Его концентрация в крови колеблется довольно значительно — в зависимости от настроения, наличия стресса и других обстоятельств — между цифрой, близкой к нулю, до максимума примерно на уровне 0,003 %. Этот максимум, который достигается очень редко, соответствует рюмке сухого вина, принятой натощак (3—5 г спирта).

Между тем количество алкогольдегидрогеназы (фермента, предназначенного для уничтожения, т.е. окисления алкоголя), имеющееся в печени здорового человека, значительно превышает количество, необходимое для переработки максимально возможного эндогенного этанола. Его хватает, чтобы переработать без перегрузки «ферментной фабрики» за сутки более 200 граммов чистого спирта. Отсюда можно предположить, что для приобретения такой производительности алкогольдегидрогеназы человек еще в периоде своей биологической эволюции (а человек современного биологического вида появился около 40 тыс. лет назад) должен был принимать довольно часто и достаточно заметные количества экзогенного (внешнего) алкоголя. Причем биологическое преимущество должно было быть у тех «особей», кто обладал большим количеством алкогольдегидрогеназы, что закреплялось генетически.

Между прочим, вполне заметное количество алкоголя имеется во многих пищевых продуктах и неалкогольных напитках. Например, в кефире (0,8—1 %), свежем ржаном хлебе (1—2 %), квасе (1—1,5 %) и др.

Вред, наносимый алкоголем много пьющему человеку, виден, как говорится, невооруженным глазом. Тут и цирроз печени, и белая горячка, всякие несчастные случаи и другие неприятности из-за потери контроля над своим поведением в состоянии опьянения и т.д.

Замечали алкогольный вред еще в древние времена, и на протяжении многих веков многие всесильные правители в разных странах пытались с помощью, порою, очень суровых мер побудить население пить меньше или вообще отказаться от алкоголя.

В 2286 году до н.э. китайский император издал эдикт, согласно которому неумеренное потребление хмельных напитков наказывалось палочными ударами по пяткам. Затем китайский мудрец Конфуций (551—479 до н.э.) глубокомысленно и красноречиво доказывал неразумность и аморальность стремления к опьянению. Знаменитый древнегреческий государственный деятель Ликург отменял употребление вина на свадьбах, а другой греческий правитель Солон запрещал угощение вином, не разбавленным водой. Греческим женщинам в иную пору не разрешалось брать в рот даже капли вина, а нарушившим запрет полагалось ставить на лоб клеймо с изображением винного сосуда. У древних римлян был период, когда не разрешалось пить вино тем, кто не достиг 30 лет. Император Домициан повелел вырубить половину виноградников. В древней Индии пьяниц заставляли пить кипящую мочу животных. В средневековой Англии на алкоголиков надевали ярмо и водили по центральным улицам, а франкский король Карл Великий (742—814) предписывал подвергать телесным наказаниям чрезмерно выпивших.

В XIX веке во многих странах и, прежде всего, в Соединенных штатах Америки, стали возникать организованные движения за трезвость среди самого населения. Первое общество трезвости появилось в США в 1789 году. Общество трезвости, созданное в 1826 году в Бостоне, имело большой успех: через семь лет оно насчитывало 6 тысяч отделений с миллионом участников при 13-миллионном населении США тех лет. В 1919 году государственное стремление избавиться от алкогольного ущерба и народное движение за трезвенничество соединились в принятии «сухого закона», т.е. в полном запрете производства, перевозки и продажи любых алкогольных напитков, в которых есть более 0,5 % алкоголя. Для этого была введена специальная поправка (восемнадцатая за 140 лет) в американскую конституцию. «Сухой закон» действовал 13 лет и скандально провалился. Большинство населения США приняло его с энтузиазмом, и сразу после его принятия оно же упорно стало и нарушать его, несмотря на ожесточенную и усердную борьбу правоохранительных органов с его нарушителями. Уже в первые 6 месяцев полицией было обнаружено 5 тысяч тайных винокуренных заводов и конфисковано 517 миллионов литров самогона и 32,9 миллиарда литров другого алкогольного питья и было арестовано за их производство и продажу 68 тысяч человек. Накануне «сухого закона» в США потреблялось на душу населения 6—7 литров чистого алкоголя в год, после его отмены цифра легального потребления быстро вернулась к прежнему уровню. В 1990 году душевое потребление алкоголя в США составило 7,5 литра.

Европа на протяжении двух последних столетий также пережила всевозможные всплески настроения трезвенничества как со стороны властей, так и со стороны населения. В Финляндии, подобно США, с 1919 по 1932 год существовал «сухой закон», который тоже был вынужден уступить, хоть и с меньшим шумом, стихийной потребности населения в алкоголе. В 1910 году душевое потребление алкоголя в Финляндии не превышало 2 литров, в 1990 году оно составило 7,7 литра.

Чтобы проследить общие тенденции в потреблении алкоголя на протяжении XX века, автор подсчитал среднее потребление алкоголя на душу европейца, исходя из опубликованных статистических данных по отдельным странам, в разные периоды. В начале века оно превышало 12 литров, в 1961 году составляло 9,1, в 1990 году — 9,7 литра чистого спирта. Европа в этом веке пережила страшные испытания двух мировых войн, великие открытия и перевороты в технике, науке и медицине, но мало умерила свою потребность в алкогольном питье, несмотря на многократно показанную связь между его потреблением и всякими бедами для здоровья и общества. Лишь в периоды мировых войн среднеевропейское душевое потребление алкоголя снижалось в 2—3 раза, но как только страны выходили из разрухи, и население начинало жить лучше, уровень потребления бодро рос, приближаясь к показателям довоенного уровня. И между прочим, когда современным медикам удается доказать вредность каких-либо привычек, большинство населения отказывается от них. Но только не от алкоголя.

Это факты, зафиксированные в цифрах. Можно по-разному относиться к ним и истолковывать их. Не найдя каких-то тонких объяснений этому противоречивому поведению населения, многие специалисты, в том числе социологи, психологи и медики, до сих пор примитивно объясняют его, как и сто лет назад, «вредными традициями». Но это объяснение ничего не дает. Во-первых, это явная тавтология: привычка населения, т.е. традиция много пить объясняется вредной традицией много пить по всякому подходящему поводу. Во-вторых, сочетание «вредная традиция» представляется нескладным по смыслу. Традиция есть традиция, она формируется в течение многих десятков, а то и сотен лет, и не всегда легко разобраться в социально-психологических механизмах ее возникновения и закрепления. Традиция призвана стабилизировать, укрепить и защитить существование человеческого коллектива на уровне местной общины или всей страны. Есть немало народных традиций, общих или сходных во многих странах, в том числе алкогольных традиций. (Если быть конкретней, можно назвать такую широко распространенную традицию, как выпивка на поминках.)

Когда какая-либо традиция перестает выполнять свою важную функцию — а это очень не просто доказать, то отменить ее приказным, насильственным способом, объявив вредной, невозможно. Она должна постепенно отмереть сама. Тем более абсурдно и опасно наказывать население за соблюдение традиции, объявленной незаконной. Это все равно, что высечь непокорное море. Многие правители на протяжении тысячелетий совершали эту ошибку и всегда с большим проигрышем для страны.

Нет однозначного и окончательного объяснения упорно сохраняющейся высокой потребности населения в алкоголизации и у автора этой книги. Есть только всевозможные предположения и аргументы, накопленные за двадцать два года его исследовательской работы в этой области. Их уместнее изложить и обсудить в научной дискуссии. Совершенно ясно одно: требуется значительно расширить фактологическую базу осмысления алкогольной проблемы, для того чтобы понять глубже алкогольное поведение населения и предложить меры воздействия на него менее грубые и более эффективные, чем это было прежде.

Собрать под одной обложкой факты, характеризующие алкогольную проблему в максимальном ее разнообразии — главная задача этой книги. Факты должны говорить сами за себя без каких-либо тенденциозных трактовок. В данной книге они подаются на уровне констатации и выполняют чисто познавательную роль для большинства читателей. А если они станут пищей для обеспечения более полнокровного обдумывания алкогольной пробемы специалистами, задача книги будет перевыполнена.

Если считать алкоголь очень серьезным врагом человеческого благополучия и счастья, то, как к серьезному врагу, нужно относиться к нему предельно серьезно. А это означает, что следует узнать о нем как можно больше и разного аж до тридесятого колена. Собрать на него толстое и всеобъемлющее досье. Нечто вроде такого досье представляет собой эта книга.

Белая горячка, десятки тысяч нетрезвых водителей и пешеходов, погибающих на дорогах, 600 сортов пива, выпускаемых в маленькой Бельгии, стометровой длины стойка в пивном баре канадского города Китченер, винные подвалы длиной в несколько километров в Крыму, 170 тысяч автоматов для продажи спиртного в розлив, установленных в общественных местах по всей процветающей Японии, признание Горбачева, что он, при нужде, не отказывается от рюмки водки, после того как провалилась затеянная им всегосударственная кампания по полному отрезвлению советского народа — все это факты, которые следует обдумывать и осмысливать одновременно и в совокупности, чтобы взглянуть на них не «затертым» взглядом.

Александр Македонский, оставшийся в истории с эпитетом Великий, был склонен к алкогольным излишествам на своих пирах, нередко терял из-за этого голову, в чем он потом открыто раскаивался, и, по-видимому, из-за того же значительно сократил свою жизнь. Иосиф Сталин тоже любил банкеты с обильной выпивкой, но никогда не терял из-за этого голову. Адольф Гитлер был сначала большим любителем баварского пива, но после захвата власти стал полным трезвенником; позволяя баловаться спиртным Герингу и другим приближенным, он отдавал распоряжения умерщвлять хронических алкоголиков, как негодный «человеческий материал» нации. Великий композитор Модест Мусоргский умер в расцвете лет и творчества от белой горячки, ни на гран не потеряв уважения и любви высоконравственных окружающих из-за своей слабости к алкоголю. Лауреат Нобелевской премии писатель Уильям Фолкнер был в течение всей своей взрослой жизни болен алкоголизмом. Выдающийся государственный деятель Великобритании Уинстон Черчилль благополучно, без какого-либо заметного ущерба для здоровья, выпил несколько бочек любимых им коньяка и виски за свою очень долгую жизнь.

Все это факты судеб неординарных известных людей, и было бы неумно игнорировать участие алкоголя в их судьбах, как и во многих других. Не всегда понятно, в каких случаях неумеренное употребление алкоголя было причиной личных и общественных бед, в каких — следствием, а в каких случаях алкоголь противодействовал худшему обороту дел. Принято считать, что без алкоголя всегда было бы лучше. История не признает этой элементарной логики.

Плохо это или хорошо, но на протяжении всей тяжелейшей войны с гитлеровской Германией каждый советский солдат на фронте получал ежедневно порцию водки («боевые сто грамм») . Для обеспечения этой «нормы» требовалось доставить на огневые позиции, по подсчету, около 50 тысяч железнодорожных цистерн со спиртом, вместо которых могли быть поставлены 50 тысяч вагонов с боеприпасами. Вопрос, ускорили «боевые сто грамм»победу или задержали ее, никто всерьез не рассматривал, и, наверное, зря.

Почему книга составлена как энциклопедия? Этого потребовал характер материала и ее просветительская задача. Есть книги и учебники по проблеме алкоголизма, но чисто медицинского содержания и предназначения. Есть на русском языке великое множество тонких книг и брошюр, разоблачающих вред алкоголя. Особенно много их вышло в 1985—1989 годах — десятки миллионов экземпляров, по меньшей мере по одному экземпляру на каждого читающего гражданина СССР. Все они написаны примерно по одной схеме и с очень сходным однобоким содержанием. Эта откровенно пропагандистская книжная лавина была организована государственной властью на большие государственные средства и была призвана промыть одурманенные алкоголем мозги населения. Эффект, по-видимому, был близок к нулю, если судить хотя бы по уровню потребления алкоголя. В 1984 году его потребление в России составило 10,5 литра на душу населения, теперь его оценивают на уровне 12—14 литров (по данным на 1997 год).

В начале 90-х годов поток такого рода книг просто оборвался. В них были, помимо всего прочего, и верные, серьезные сведения о действии алкоголя и его последствиях, но книги эти настолько упрощали суть проблемы, что попадали в какое-то «параллельное» сознание читателей, продолжавших искать и употреблять алкогольные напитки. В 1992—1996-х кризисных российских годах сократилось на 25—35% потребление важнейших продуктов питания — мясных, молочных, фруктов и овощей, а потребление алкоголя выросло.

Между прочим, энциклопедию об алкоголе начал готовить в 60-х годах известный западный специалист по алкоголизму Джеллинек (E.M. Jellinek), который первым из медиков дал клинически убедительное обоснование представлению об алкоголизме как болезни. Внезапная смерть не дала ему осуществить большие планы по изданию энциклопедии. Марк Келлер (M. Keller), который был его учеником, подготовил и издал в 1968 году довольно подробный словарь медицинских и других терминов, имеющих отношение к алкогольной проблеме (A Dictionary of Words about Alcohol), который по широте охвата тяготел к энциклопедическому жанру (в нем, например, объяснялось русское выражение «на троих», описывались различные алкогольные напитки и т.д.). В 1983 году вышло второе издание, но, к сожалению, на русский язык не было переведено.

Проблему употребления алкоголя невозможно свести к задаче дружного отказа от привычки употребления вредного вещества. Создается впечатление, что даже самые опытные специалисты по этой проблеме еще не осознали по-настоящему, насколько сложно переплетена с жизнью и широка эта проблема. Потребление алкоголя растет в процветающей Японии, хотя ее специалисты подсчитали, что годовой ущерб от него достиг 62 миллиардов долларов, в 3 раза превышая государственный доход от налогов на алкогольные напитки. Причем Япония — страна, где на здоровье граждан затрачивается гораздо больше государственных средств, чем в большинстве стран мира, и где самая высокая средняя продолжительность жизни. Продолжает расти потребление алкоголя и во вполне благополучной Финляндии после очень длительного и серьезного опыта «сухого закона» (1919—1932) и жесткого государственного регулирования производства и продажи алкогольных напитков (1933—1968). По мнению эксперта ООН индийского специалиста Д. Moham, в ближайшие годы алкоголь должен завоевать еще не охваченные им остатки мира, а именно в Африке и Азии. Европа и Америка им насытилась до предела.

В своих интервью космонавты признаются, что иногда им удается протащить тайком «на орбиту» алкогольные напитки. Мы узнаем также из прессы, что от алкоголя не отказываются ни Клинтон, ни Ельцин, от которых зависят сейчас судьбы не только своих стран, но и в немалой мере судьбы мира. Римский папа Иоанн-Павел II имел еще недавно привычку выпивать за обедом рюмку водки, предпочитая польскую. И узнали мы об этом из солидного польского журнала, выходящего в стране, где поголовно все боготворят папу и гордятся тем, что он родился в Польше. Как отнестись к этим фактам — как к умаляющим значимость личности и признаку слабости? Наверное, глава католической церкви вовсе об этом не думал, потому что не прятал рюмку от журналистов, которые нередко присутствуют на его обычных трапезах.

Между тем остается серьезной реальностью и медицинская сторона действия алкоголя, исследования которой продолжаются. Надо отметить, что в последние годы по алкоголизму в России очень мало выходит учебных и справочных пособий. Поэтому в энциклопедии медицинские понятия и явления, связанные с употреблением алкоголя, приводятся довольно подробно, причем без какого-либо популяризаторского упрощения. Сделано так по двум соображениям. Во-первых, достаточно большой круг специалистов (наркологи, психиатры, невропатологи, другие врачи, сталкивающиеся с последствиями злоупотребления алкоголем, медицинские психологи и др.) нуждаются в подробном словаре-справочнике по этой теме, как и студенты, готовящиеся стать этими специалистами. Во-вторых, представляется полезным, чтобы широкий круг читателей, в чьей жизни алкоголь занимает заметное место, узнали в подробностях о том, что их может ожидать при злоупотреблении им и как видят разные алкогольные расстройства врачи, которые их будут лечить, и на каком языке они об этой болезни разговаривают. Образования большинства современных читателей должно быть достаточно, чтобы понять суть описываемых медицинских явлений. Покупателями и читателями сугубо медицинских книг давно уже стали массы людей — не медиков. Для удобства пользования энциклопедией тексты медицинского содержания напечатаны более мелким шрифтом.

***

Многие приводящиеся медицинские сведения могут пригодиться любому читателю в жизни. Например, какие признаки у алкогольного отравления и какие срочные меры при этом нужно принять, как алкоголь взаимодействует с разными лекарствами и т.д.

В книге имеется много информации об основных алкогольных напитках, их производстве, дегустации, о знаменитых винодельческих фирмах и виноделах и т.д. Такие сведения с большими подробностями есть в отдельных книгах об алкогольных напитках, в том числе в нескольких неплохих энциклопедиях кулинарного характера, вышедших на русском языке в последние годы. В данной книге подобная выборочная информация выступает как немаловажная часть всей культурно-исторической панорамы взаимоотношений человека с алкоголем.

Естественно, большое место отведено обычаям и традициям, в которых участвует алкоголь, историческим фактам и характерным случаям, истории антиалкогольных действий и движений, информации о существующих вариантах государственной алкогольной политики и законодательства и о других явлениях человеческой культуры, связанных с алкоголем.

Объединенный в этой книге материал предназначен, прежде всего, для выполнения познавательной и образовательной задачи, он адресован массовому читателю. Вместе с тем знание широкого социального и культурного фона, на котором возникают те или иные специфические алкогольные проблемы, должно помочь конкретным специалистам (медикам, психологам, педагогам, юристам, работникам правоохранительных органов и др.) лучше и адекватнее (да и человечнее) сориентироваться в своих действиях.

И ничего плохого не будет в том, что такая книга какими-то своими фрагментами кого-то просто развлечет — пьющего или непьющего.

А

АА — см. *Анонимные алкоголики.*

AB ABUSU AD USUM NON VALET CONSEQUENTIA *(лат.)* — «злоупотребление при пользовании не довод против самого пользования». Юридическая формула, восходящая к римскому праву. Может быть отнесена и к употреблению алкоголя.

Аналогичный смысл имеет другое латинское выражение: Abusus non tollit usum — злоупотребление не отменяет употребления.

АБРАУ-ДЮРСО — поселок в Краснодарском крае, в 14 километрах от Новороссийска. Здесь находятся заводы шампанского и столовых вин, принадлежащие винодельческому предприятию «Абрау-Дюрсо», продукция которого пользуется мировой известностью.

История предприятия начинается с 1870 года, когда у озера Абрау и речки Дюрсо было создано имение Абрау-Дюрсо, принадлежащее русскому царю, и заложены первые виноградники. Уже в 1882 году белые и красные вина Абрау-Дюрсо были отмечены медалями и дипломами на Государственной художественно-промышленной выставке в Москве. В 1890—1895 годах в Абрау-Дюрсо построили глубокие подземные тоннели, а в 1896 году в них заложили первые 16 тысяч бутылок вина для «шампанизации». Для этого в имение были приглашены главный шампанист и несколько мастеров из Франции. До революции ежегодный выпуск шампанского достиг 172 тысяч бутылок, которые поставлялись, главным образом, царскому двору и высшей аристократии.

Площадь виноградников современного предприятия «Абрау-Дюрсо» составляет около 1100 гектаров. Игристое вино типа шампанского, выпускаемое по собственной технологии (*«Советское шампанское»* — см.), заслужило широкое признание и получило золотую медаль и кубок «Гран-при» на Международной дегустации в 1970 году. Производство «Советского шампанского» в Абрау-Дюрсо достигло 3 миллионов бутылок в год, оно экспортируется во многие страны мира. Кроме того, здесь производилось в начале 1980-х годов 1,2 миллиона бутылок «Краснодарского игристого», удостоенного серебряной медали, и различные виды марочных и столовых вин.

АБРИКОСОВЫЙ КРЕМ — алкогольный напиток, приготавливаемый на абрикосовом спиртованном соке с использованием морса (разбавленного водой сока) кураги и черничного морса. Имеет красновато-оранжевый цвет, кисло-сладкий вкус, абрикосовый аромат. Содержание спирта 20% об., сахара — 49%.

АБСЕНТ (франц. — *absinthe*) — крепкий алкогольный напиток, изготавливаемый с использованием полыни; полынная водка. Имеет зеленоватый цвет и крепость до 70—80% об. Употребляется обычно при разбавлении водой. Абсент был широко распространен во Франции, но ввиду многочисленности злоупотребляющих им и предполагаемого вреда для здоровья (см. *Абсентизм*), он был официально запрещен в 1915 году, хотя реально удалось провести это запрещение в жизнь лишь несколькими годами позже. В настоящее время он запрещен также в США и в Швейцарии.

Еще Плиний Старший (23—79 гг. н.э.) упоминал о вине наподобие абсента, в которое добавляли экстракт полыни для терпкости. Современный рецепт абсента бы разработан в конце XVIII века в Швейцарии. Общая методика приготовления абсента заключается в том, что полынь с добавкой некоторых других трав (анис, фенхель, иссоп, мелисса лекарственная, можжевельник, вероника и др.) настаивают на крепком растворе спирта и затем перегоняют спирт вместе с летучими компонентами, попадающими из трав. Этот рецепт узнал некий Анри-Луи Перно, который в г. Понтарлье (Франция) в 1800-х годах открыл винный завод, ставший первым промышленным производителем абсента. Затем во Франции и Швейцарии появилось несколько конкурирующих компаний, и производство абсента в течение столетия превратилось в важную отрасль промышленности.

Абсент стал особенно популярным напитком во Франции во второй половине XIX века. Существовал особый ритуал его употребления. На стакан или бокал с некоторым количеством абсента помещали серебряное ситечко (так называемую ложку для абсента), в ситечко клали кусочек сахара (для смягчения горечи абсента) и сверху лили холодную воду. При разбавлении прозрачный зеленый абсент превращался в желтый опалесцирующий раствор. Этот ритуал притягивал не меньше, чем необыкновенный вкус напитка и его возбуждающее действие.

За время с 1875 по 1913 год потребление абсента на душу населения во Франции выросло в 15 раз, и в 1913 году французы выпили в целом около 40 миллионов литров абсента.

Среди творческих людей того времени считалось, что абсент пробуждает новое восприятие мира, приносит с собой необыкновенные чувства и ощущения. В Париже существовали даже специальные кафе и клубы для поклонников абсента.

Абсент увековечен художниками того времени. В 1859 году Эдуард Мане создал свою знаменитую картину «Любитель абсента». В 1863 году Оноре Домье опубликовал в сатирической газете литографии с подписями: «Забудь о пиве! Только абсент может вдохнуть в тебя новую жизнь!» и «Абсент... первый бокал... шестой бокал». В 1876 году Эдгар Дега изобразил сцену в кафе под названием «Абсент». В 1887 году Тулуз-Лотрек закончил пастелью портрет Винсента Ван Гога с бокалом абсента, а сам Ван Гог в том же году написал натюрморт с графином и бокалом абсента. Пабло Пикассо в 1901 году написал «Любительницу абсента», а в 1903 — картину «Поэт Корнути — абсент». Спустя 11 лет Пикассо создал абстрактную композицию из металла и керамики — шесть бокалов с ложкой для абсента над каждым; это был ответ художника на намерения правительства запретить употребление абсента во Франции.

Поэт Верлен писал свои чувственные, неистовые, порой грубые стихи, вдохновленный нередко стаканом абсента. Английский поэт Эрнест Доусон пустил слух, взбудораживший мужскую часть населения. Он утверждал, что, если выпить стакан абсента, проститутка покажется куда желаннее. Автор загадочных сюрреалистических пьес Альфред Жари считал, что рациональный ум занимает подчиненное положение по отношению к галлюцинациям, и использовал абсент в качестве их источника. Под чары Жари попал поэт Гийом Аполлинер, друг Пикассо, нередко бывавший в бистро на улице Рю-де-Сен, где подавали абсент в любое время дня и ночи.

АБСЕНТИЗМ (лат. *absinthismus*) — алкоголизм, обусловленный хроническим употреблением *абсента* (полынной водки). Для него характерна склонность к эпилептическим припадкам, головокружениям, а также к слуховым и зрительным галлюцинациям, что объясняют наличием в полынном экстракте «туйона» (thujone) — пахучего вещества, воздействующего на двигательные центры головного мозга и на ядра мозжечка.

В 1859 году француз Огюст Моте закончил труд на соискание медицинской степени, озаглавленный «Об алкоголизме и ядовитом действии ликера абсента на организм человека». Несмотря на многозначительное название, эта работа осталась без должного внимания. В 1864 году в одном из ведущих научных журналов была опубликована короткая заметка врача Луи В. Марсе из известной парижской клиники Бисетр. Он писал об экспериментах с собаками и кроликами. Животным давали эссенцию абсента, в результате чего у них возникали конвульсии, происходило непроизвольное опорожнение кишечника, дыхание становилось ненормальным и появлялась пена у рта.

Ученик и сотрудник Марсе будущий знаменитый психиатр Валантэн *Маньян* продолжил эти исследования в психиатрической больнице св. Анны. Маньян с коллегами наблюдали появление галлюцинаций от абсента у людей и животных. Например, собаки, получавшие абсент, реагировали на глухую стену, как на воображаемого противника. Однократная достаточно большая доза абсента вызывала конвульсии, напоминающие эпилептический припадок. Контрольные опыты показали, что из всех компонентов абсента только масло полыни обусловливает эти явления.

В изданном в 1865 году медицинском энциклопедическом словаре абсентизм уже определяется как разновидность алкоголизма, при этом отмечается, что специфические неврологические симптомы этого заболевания не являются следствием собственно алкоголя.

В 1900 году немецкий ученый Ф. Земмлер опубликовал химическую стуктуру вещества туйона, выделенного из масла полыни, а к 1916 году европейские и американские исследователи окончательно доказали, что специфические болезненные явления, возникающие в результате злоупотребления абсентом, вызваны именно туйоном. Результаты этих исследований стали основанием для запрета абсента в ряде стран, несмотря на сопротивление многих его поклонников.

Высказывается предположение, что абсентизмом страдал художник Ван Гог (1853—1890). Он питал особое пристрастие к абсенту, систематическое употребление которого усугубило душевное расстройство, мучившее художника, а очередной приступ галлюцинаций подтолкнул его к самоубийству.

АБСОЛЮТНЫЙ АЛКОГОЛЬ — этиловый спирт, не содержащий воды (крепость 100%) — в отличие от спирта-ректификата, сконцентрированного с помощью самой эффективной перегонки, который содержит не менее 4,43% воды. Для избавления спирта от этих остатков воды применяют особую перегонку с добавкой бензола или химическое связывание воды различными реагентами, например, окисью кальция, прокаленным медным купоросом, металлическим кальцием или магнием. Абсолютный спирт применяется для научных, аналитических или технических целей. Для питья непригоден.

АБСТИНЕНТ (лат. *abstinentis* — воздерживающийся) — сторонник воздержания от чего-либо, например, от употребления алкогольных напитков, трезвенник.

АБСТИНЕНТНЫЙ СИНДРОМ АЛКОГОЛЬНЫЙ (англ. *withdrawal syndrom*) — (синонимы: *абстиненция; похмельный синдром; синдром лишения алкоголя; синдром отмены алкоголя*) — симптомокомплекс соматических, неврологических и психических расстройств, возникающих у больного алкоголизмом при прекращении употребления алкоголя или резком снижении принимаемых доз, причем эти расстройства устраняются или смягчаются с помощью приема спиртных напитков (опохмеления). Этот синдром является основным признаком сформировавшегося алкоголизма, его наличие говорит о «физической зависимости» от алкоголя (см. *Зависимость от алкоголя физическая*). Наиболее типичные его проявления (примерно через 10—12 часов после прекращения употребления алкоголя): общая слабость; чувство разбитости; резкое ухудшение настроения; тревожность, раздражительность; тремор; головная боль; сухость во рту; жажда; бессонница; потливость; учащенный пульс; боли в области сердца; тошнота; рвота; изжога; понос или запоры; учащение мочеиспускания и др.

Согласно последней, 10-й версии «Международной классификации болезней» (МКБ-10) для алкогольного абстинентного синдрома (синдрома отмены алкоголя) (код F-10.3) характерны следующие признаки: желание употреблять алкоголь; тремор языка, век или вытянутых рук; потливость; тошнота или рвота; тахикардия или артериальная гипертензия; психомоторное возбуждение; головная боль; бессонница; чувство недомогания или слабости; эпизодические зрительные, тактильные слуховые галлюцинации или иллюзии; большие судорожные припадки; депрессивные или дисфорические расстройства.

Состояние абстиненции (без опохмеления) может длиться, в зависимости от тяжести, от 1—2 дней до нескольких недель. Через 24—28 часов могут возникнуть судорожные припадки, через 3—5 суток — алкогольный делирий. Тягостные переживания абстинентного состояния обусловливают сильное желание опохмеления (вторичное патологическое влечение к алкоголю). В отечественной наркологии принято выделять следующие клинические варианты *абстинентного синдрома* (см. отдельные статьи): *с вегетативно-астеническими расстройствами; с вегетативно-соматическими и неврологическими расстройствами; с психическими расстройствами; развернутый; с судорожным компонентом; с обратимыми психоорганическими расстройствами.* В русской психиатрии впервые подробно описан С.Г. Жислиным (1929).

АБСТИНЕНТНЫЙ СИНДРОМ РАЗВЕРНУТЫЙ — возникает у больного алкоголизмом в конце тяжелых алкогольных эксцессов, обычно длительных. Проявляются физические и психические расстройства, первые доминируют и определяются сложным комплексом вегетативных, соматических и неврологических симптомов. Из психических расстройств наиболее постоянна тревожно-параноидная установка (сочетание тревоги с идеями преследования). Длительность (без опохмеления) — более 5 суток.

АБСТИНЕНТНЫЙ СИНДРОМ С (ИНИЦИАЛЬНЫМИ) ВЕГЕТАТИВНО-АСТЕНИЧЕСКИМИ РАССТРОЙСТВАМИ — характерен для раннего этапа алкоголизма (периода формирования физической зависимости от алкоголя). Он возникает, как правило, не после каждой выпивки, а лишь после наиболее тяжелых однократных алкогольных эксцессов или после нескольких дней непрерывного пьянства.

Клиническая картина этого варианта абстинентного синдрома ограничивается вегетативными расстройствами и соматической астенией. Основные проявления: потливость, тахикардия, жажда, сухость во рту, снижение аппетита, нерезко выраженная слабость. Наличие какого-либо сопутствующего хронического соматического заболевания может усилить интенсивность симптомов абстиненции. Опохмеление совершается обычно не утром, а отодвигается ко второй половине дня или к вечеру. Желание опохмеления вообще может быть преодолено, прежде всего в связи с привходящими обстоятельствами (препятствиями) социально-этического характера. Продолжительность абстинентных расстройств не превышает суток.

АБСТИНЕНТНЫЙ СИНДРОМ С ВЕГЕТАТИВНО-СОМАТИЧЕСКИМИ И НЕВРОЛОГИЧЕСКИМИ РАССТРОЙСТВАМИ — возникает у больного алкоголизмом обычно после алкогольного эксцесса в форме многодневного пьянства.

Вегетативные симптомы: гиперемия и одутловатость лица, инъекция склер, тахикардия, неприятные или болевые ощущения в области сердца, колебания артериального давления, чаще в сторону гипертензии, тяжесть в голове и головные боли, потливость, зябкость — сочетаются с выраженными диспептическими расстройствами: анорексией (отсутствием аппетита), тошнотой, поносами и запорами, тяжестью или болями в подложечной области. Среди неврологических симптомов характерен крупноразмашистый тремор (дрожание) пальцев рук, конечностей, языка, вплоть до генерализованного тремора, сходного с дрожью при ознобе. Может наблюдаться неточность движений с нарушениями походки, повышение и неравномерность сухожильных рефлексов. Обычны жалобы на расстройства сна, слабость и разбитость.

В период абстиненции обостряются симптомы желудочно-кишечных, сердечно-сосудистых и иных заболеваний безотносительно к тому, вызваны они алкоголизмом или иной причиной. Из перечисленных симптомов могут наблюдаться все или преобладает какая-либо одна их группа. Больные опохмеляются чаще в утренние часы или же во второй половине дня. Социально-этические нормы не могут препятствовать опохмелению. Продолжительность большинства расстройств (без опохмеления) — 2—5 суток. Этот вариант абстинентного синдрома характерен для второй и третьей стадий алкоголизма.

АБСТИНЕНТНЫЙ СИНДРОМ С ОБРАТИМЫМИ ПСИХООРГАНИЧЕСКИМИ РАССТРОЙСТВАМИ — возникает у запущенных больных алкоголизмом после тяжелых запоев или длительных периодов непрерывного пьянства.

Обнаруживаются мнестические нарушения (расстройства памяти), значительно снижается и даже полностью утрачивается критическое отношение к собственному состоянию и окружающему. Аффективные нарушения проявляются слабодушием, эйфорией, повышенной раздражительностью, вплоть до немотивированной злобы. Речь бедна словами, больные не в состоянии четко формулировать свои мысли, застревают на несущественных деталях, не могут выделить главного. Обычны многообразные неврологические симптомы (головокружение, атаксия, генерализованный тремор, дизартрия, анизорефлексия, зрачковые и глазодвигательные расстройства, в ряде случаев нистагм, пирамидные знаки). Длительность — более 5 суток. Возникает в третьей стадии алкоголизма.

АБСТИНЕНТНЫЙ СИНДРОМ С ПСИХИЧЕСКИМИ РАССТРОЙСТВАМИ — может возникнуть у больного алкоголизмом после однодневного или многодневного алкогольного эксцесса.

Для него характерно тревожно-параноидное состояние, подавленное настроение, иногда с идеями виновности или же с раздражением и неприязнью к окружающим. Характерны также чувство напряжения, неопределенные или конкретные опасения. Могут наблюдаться суточные колебания настроения с ухудшением в первой половине дня и нередко суицидальные мысли. Выраженная подавленность настроения встречается чаще в том случае, когда перед запоем наблюдалось снижение настроения. Расстройства сна сопровождаются кошмарными сновидениями, чувством проваливания, частыми пробуждениями в состоянии страха. Больные опохмеляются постоянно в самое различное время суток. Продолжительность расстройств, в первую очередь расстройств настроения, может затягиваться (без опохмеления) до недели и более. Этот вариант абстинентного синдрома характерен для второй и третьей стадий алкоголизма.

АБСТИНЕНТНЫЙ СИНДРОМ С СУДОРОЖНЫМ КОМПОНЕНТОМ — характерен возникновением развернутых, реже абортивных судорожных припадков преимущественно при прекращении употребления алкоголя и в первые дни абстиненции. Среди других признаков похмельного синдрома преобладают сомато-неврологические. Длительность — более 5 суток.

АБУЗУС (лат. *abusus* — злоупотребление, излишество) — см. *Алкогольный эксцесс.*

АВЕРСИОННАЯ ТЕРАПИЯ АЛКОГОЛИЗМА — метод лечения алкоголизма, основанный на выработке стойкого отвращения (аверсии) к алкоголю. (См. *Условно-рефлекторная терапия алкоголизма.)*

АГАВА — крупное растение с мясистыми листьями, произрастающее в Мексике и прилегающих областях. Из некоторых видов агавы можно получить большое количество сладкого сока, который является сырьем для изготовления традиционного, очень популярного в Мексике алкогольного напитка «*пульке*» (см.). Для этого перед началом цветения агавы срезают верхушечную почку так, чтобы осталось углубление, в котором накапливается сок. Этот сок собирают несколько раз в день в течение месяца и более. Одна агава может дать свыше 100 килограммов сока, а значит, около 100 литров шести-семиградусного пульке.

АДГ — см. *Алкогольдегидрогеназа.*

АДДИКТОЛОГИЯ (англ. *addictology*) — наука об аддиктивном поведении, т.е. поведении, обусловленном анормальным пристрастием (аддикцией) к употреблению алкоголя, наркотиков или других психоактивных веществ или к определенным видам занятий (азартные игры и т.д.).

АДДИКЦИЯ (англ. *addiction*) — анормальное пристрастие, привыкание к алкоголю, наркотикам или другим психоактивным веществам, а также в расширительном значении — к некоторым формам поведения, например, к азартным играм, прослушиванию ритмической музыки, перееданию, компьютерным играм и др.

АДДИКЦИЯ АЛКОГОЛЬНАЯ (англ. *alcohol addiction*) — болезненное пристрастие к алкоголю, выражающееся в неодолимом желании приема алкогольных напитков в опьяняющих дозах. В англоязычной литературе этот термин используется как синоним «алкоголизма» или «алкогольной зависимости».

АДИПСИЯ (лат. *adipsia*) — вызванное болезненным состоянием или какими-нибудь средствами нежелание пить. Адипсия алкогольная — нежелание пить алкоголь, прирожденное или вызванное каким-либо способом.

АДОЛЬФ КУРС КОМПАНИ (*Adolf Course Company*) — самый крупный пивоваренный завод в мире. Находится в Голдене, штат Колорадо, США. Завод производит 2,5 миллиарда литров пива в год.

АИ — популярная в XIX веке марка шампанского, производившегося в Аи (Ау, Ai) — древнем небольшом городе на реке Марне (Франция). (А. С. Пушкин, «Евгений Онегин»: «Аи любовнице подобен, // Блестящей, ветреной, живой, // И своенравной, и пустой»; А. А. Блок, «В ресторане»: // «Я сидел у окна в переполненном зале. // Где-то пели смычки о любви. // Я послал тебе черную розу в бокале // Золотого, как небо, аи».)

АИР — многолетнее болотное травянистое растение. Его узловатое мясистое корневище (ирный корень) имеет терпкий пряный вкус и слабо-пряный запах благодаря содержанию эфирных масел, горечи и др. веществ. Используется в производстве ароматизированных виноградных вин и ликеров, а также в медицине (для улучшения пищеварения и как тонизирующее средство), в кондитерской и парфюмерной промышленности. Произрастает в Европейской части России, Сибири, Казахстане и на Дальнем Востоке. Происходит, вероятно, из Индии, где в течение тысячелетий используется в качестве лекарства.

АЙВОВАЯ НАЛИВКА — сладкая наливка с крепостью 18% об. и содержанием сахара 31 г/100 мл — желтого цвета, мягкого сладкого вкуса, с ароматом айвы. Изготавливается из спиртованного сока и морса свежей айвы с добавлением сахарного сиропа, патоки, лимонной кислоты и спирта высшей очистки. Подкрашивается пищевым красителем — колером (жженым сахаром).

АЙРАН — кисловатый слабоалкогольный напиток, традиционно изготавливаемый из коровьего, овечьего или козьего молока и используемый как освежающий напиток среди коренных народностей Алтая, Красноярского края и Сев. Кавказа, занимающихся скотоводством. На Кавказе айран заквашивается куском бараньего желудка, в Сибири — старой закваской, которую тщательно хранят всю зиму до следующего лета. Из айрана с помощью перегонки получают молочную водку — *Араку* (см.).

АКВАВИТА (лат. *aqua vitae* — букв. «вода жизни») — первоначальное название водки, появление которой стало возможным после изобретения перегонки и получения винного спирта из виноградного вина в средние века. Предполагают, что название «aqua vitae» получил спиртной напиток с недоступной ранее высокой крепостью, производство которого путем перегонки вина было налажено в 1360-х годах в ряде итальянских и южнофранцузских монастырей. Сначала ему приписывались важные лечебные свойства. В 1386 году в Москве «аквавита» была продемонстрирована генуэзским посольством, как диковина, московским боярам и иностранным аптекарям. Водка имеет название «аквавит» (aquavit) в наше время в Норвегии. Это прозрачная пряная водка с тмином, схожая с немецким «кюммелем».

АлДГ — см. *Альдегиддегидрогеназа*.

АЛЕКСАНДР МАКЕДОНСКИЙ (356—323 гг. до н.э.) — царь Македонии, великий полководец, завоевавший сравнительно небольшим войском огромные территории, которые составляли тогда большую часть цивилизованного мира. Древние писатели и историки, в том числе его современники, описывая выдающиеся дела и победы Александра, достигнутые благодаря таланту и силе личности, отмечают и его рано проявившееся пристрастие к вину. Плутарх объяснял это наличием в теле царя «горячего элемента», который заставлял его пить и делал вспыльчивым. У Александра был обычай отмечать победы и всякие события большими пиршествами, которые могли продолжаться несколько дней. Если у него был досуг, что бывало, конечно, редко, он любил засиживаться с соратниками за чашей вина с остроумными разговорами допоздна. После попойки Александр принимал ванну и спал часто до полудня, иногда целый день. Вместе с тем «ни вино, ни сон, ни забава, ни жена, ни зрелище не могли отвлечь его от дел, как это бывало с другими военачальниками». И все-таки излишество в выпивке не раз толкало Александра на поступки, в которых он потом сильно раскаивался.

В войне против персидского царя Дария Александр захватил его столицу Персеполь с громадными сокровищами, ставшими добычей македонцев. Роскошный царский дворец, о котором ходили легенды, во время штурма города уцелел. Перед тем как выступить из Персеполя, Александр принес жертвы богам и устроил для соратников богатое пиршество.

Вот как описывает дальнейшее греческий историк Диодор. «Товарищи его походов щедро угощались, и чем дальше шла пирушка, тем больше люди пьянели, и наконец длительное безумие охватило души упившихся. Одна из присутствовавших женщин, Фаида по имени, сказала, что из всех дел, совершенных Александром в Азии, самым прекрасным будет сожжение царского дворца. Слова эти, обращенные к молодым, которые, опьянев, преисполнились бессмысленной гордости, возымели, конечно, свое действие: кто-то закричал, чтобы зажгли факелы. Царя воодушевили эти слова, все вскочили из-за стола и заявили, что они пройдут победным шествием в честь Диониса. Тут же набрали множество светильников, прихватили женщин, игравших и певших на пиру, и царь выступил в этом шествии под звуки песен, флейт и свирелей. Зачинщицей всего была Фаида. Она после царя первая метнула во дворец зажженый факел; то же самое сделали и другие, и скоро дворец и все вокруг было охвачено огромным пламенем». Можно добавить, что Фаида была известной куртизанкой из Афин, любовницей Птолемея, будущего царя Египта (другое ее имя — Таис Афинская, героиня одноименного романа Ивана Ефремова).

Через некоторое время, перед походом в Индию, Александр устроил пир, на который позвал Клита, первого своего помощника в сражениях, друга детства, которого собирался оставить своим наместником на огромных завоеванных землях. «На пиру царь, разгорячившись от вина, стал неумеренно кичиться своими делами, что было тягостно слушать даже тем, кто знал, что он говорит правду. Когда опьяневшие гости упомянули деяния, совершенные Филиппом, сам Александр стал утверждать, что он выше своего отца, а величие своих подвигов превозносить до небес. Когда Клит стал защищать память Филиппа и восхвалять его деяния, царь до такой степени оскорбился этим, что, выхватив копье у одного из телохранителей, тут же на пиру убил Клита»: Но затем, «проявляя такую же страстность в раскаянии, как перед тем в гневе, он хотел умереть. Сначала он разразился рыданиями, обнимал мертвеца и каялся перед мертвым в своем безумии, как будто тот мог его слышать; потом, вырвав из трупа копье, он обратил его против себя и покончил бы с собой, если бы не вмешались друзья. Это желание умереть сохранялось и в следующие дни» (Юстин, Historiae Philippicae).

Алкоголь, по-видимому, сыграл роковую роль и в смерти самого Александра на тридцать третьем году жизни. Находясь в Вавилоне, отвоеванном у персов, он готовился к большому походу в Северную Африку, чтобы покорить оставшиеся там непокоренными страны. За несколько дней до назначенного часа отплытия войска на кораблях Александр дал большой прием в честь командующего флотом. Трапеза закончилась поздно ночью, после чего один из наместников, Мидий, пригласил его к себе продолжить застолье. Александр согласился и пил до зари. Было решено снова собраться следующей ночью. Александр вернулся во дворец и проспал весь день тяжелым сном. Вечером он вернулся к Мидию, как было условлено, и на протяжении пира выпил за здоровье каждого из двадцати гостей, осушая каждый раз большой кубок вина. На двадцатом он почувствовал острую боль, как от удара копья, пронзившую между лопаток. Несколько минут он ничего не мог сказать, затем начал дрожать всем телом. Он велел устроить себе баню, а затем отнести себя в паланкине совершить утреннее жертвоприношение, что он редко упускал сделать на восходе солнца, даже если бывал пьян. После этого он пожелал, чтобы его снова отнесли в пиршественный зал, там он еще ел и пил и заснул на месте на целый день. Лихорадка и головные боли, которые он испытал, проснувшись, показались ему сначала обычным следствием излишеств в еде и питье. Однако болезнь усиливалась; созвали врачей, но никто не смог ничем помочь. На тринадцатый день болезни Александр Македонский скончался.

Некоторые древние авторы (например, Диодор) утверждают, что роковой кубок, после которого Александр ощутил резкую боль в спине, был так называемым «большим кубком Геракла» (или «чашей Геракла»), вмещавшем четыре литра вина. Современные специалисты, на основании дошедшего описания симптомов, предполагают, что у Александра случилось какое-то серьезное повреждение в верхнем отделе брюшной полости: возможно, язвенное прободение желудка или острый панкреатит.

Приверженность к алкоголю, возможно, была у него наследственной. Склонностью к чрезмерной выпивке и вспыльчивостью в состоянии опьянения был известен и его отец, македонский царь Филипп II (382—336 гг. до н.э.). Однажды Александр поссорился с сильно выпившим отцом и так раздражил его, что тот, не сознавая, что делает, бросился на сына с обнаженным мечом. По счастью, он был подкошен хмелем и, свалившись, тут же захрапел, как это часто бывало с ним при «переборе». Как гласит молва, Александр сказал при этом зрелище: «Ведь вот человек: все толкует о том, что пройдет из Европы в Азию, а сам не может пройти от стула до стула». Можно добавить, что Филипп создал все условия для будущих великих завоеваний Александра: он объединил Македонию, установил ее гегемонию над всей Грецией, победив во многих междоусобных войнах, и готовил поход в Персию.

АЛЕКСЕЙ МИХАЙЛОВИЧ (1629—1676) — второй русский царь (с 1645) из рода Романовых. В начале его царствования (1648), в Москве и других городах возникли так называемые «кабацкие бунты», начавшиеся в связи с невозможностью у городской ремесленной голытьбы уплатить «кабацкие долги», при накопившемся в населении недовольстве финансовыми злоупотреблениями «кабацких голов», резким снижением качества хлебного вина (водки) и разорительными последствиями пьянства для народа. В частности, из-за массового пасхального пьянства в течение нескольких лет страдала посевная страда у пригородных крестьян.

Для подавления этих бунтов пришлось использовать войска, после чего царь созвал очередной Земский собор (1652), получивший наименование «Собор о кабаках», ибо главным вопросом на нем было реформирование питейного дела в России. Был введен ряд ограничительных мер и усилен государственный контроль. Было велено закрывать кабаки в период постов и праздников, запретили продажу водки в кредит, которая способствовала накоплению «кабацких долгов». Были запрещены частные и тайные кабаки, сменили работников в кабаках («целовальников»), изгнав явных воров, восстановили порядок выбора «кабацких голов» самим населением из «людей честных». Усилилась проповедь церкви против пьянства. По настоянию патриарха Никона вышел указ продавать водку только по одной чарке на человека. Спиртное можно было покупать только четыре дня в неделю. За незаконное производство спиртных напитков частными лицами без уплаты пошлины налагался штраф, за повторное нарушение полагалось битье батогами, кнутом и тюремное заключение. Было также указание, чтобы у крестьян, которые «учнут курить вино и продавать его, сечь руки и ссылать в Сибирь». Вместо частных кабаков вводилась «казенная продажа» в виде «кружечных дворов» (в них спиртное отпускалось кружками), которые следовало учреждать в каждом городе.

Все эти меры означали фактически введение государственной алкогольной монополии, которую старался реализовать царь Алексей. Однако введенные ограничения обернулись значительным падением алкогольной прибыли для государственной казны. Поэтому их строгое соблюдение продержалось не более семи лет, число кабаков не сократилось, их все чаще стали сдавать в аренду («на откуп») частным лицам (как это было раньше), в них, кроме водки, вновь стали продавать хмельной мед и пиво. В отмену прежнего предписания (1652), теперь было указано (1659), чтобы «питухов (пьяниц) с кружечных дворов не отгонять».

Сам Алексей Михайлович употреблял алкогольные напитки, скорее, умеренно. По свидетельству английского посла Карлиля, на продолжительном царском обеде, данном в его честь (в 1663), государь приказывал подавать себе кубок с вином всего несколько раз. «Когда он пил, подзывал к себе посла и ласково приглашал его, как и прочих гостей, хорошенько есть и пить. Многие иностранцы, зная обычай русского гостеприимства, садились за стол с тревожной мыслью, что их заставят пить много, и Карлиль был очень рад, что его опасения на этот раз не оправдались. Перед десертом посол должен был подойти к столу государя и взять из рук последнего заздравный кубок. Карлиль при этом «принужден был выпить предложенный царем кубок в память «мученика» короля Карла I (казненного во время революции в 1649 году — Авт.), и царь долго говорил с

2 Зак. № 1055 Мирошниченко

послом об Англии». Из напитков на царском столе Карлиль отмечает мальвазию и другие вина, а также разные питейные меды.

АЛИГОТЕ — французский технический сорт винограда, один из самых распространенных в производстве вин. Выращивается во многих странах, в том числе в республиках бывшего СССР. Ягоды зеленовато-белые с золотисто-желтым оттенком, покрыты мелкими коричневыми точками. Мякоть сочная, вкус освежающий. Урожайность 100—120 ц/га. Используется для приготовления столовых вин, шампанских, коньячных материалов и соков. «Алиготе» входит в название многих вин (например, «Алиготе Анапа»).

АЛКОГОЛАТУРА — спиртовая настойка, приготовленная из свежего (сырого) лекарственного растения.

АЛКОГОЛЕМИЯ (лат. *alcoholemia*) (мед.) — наличие алкоголя в крови.

АЛКОГОЛИЗАЦИЯ — 1. Процесс распространения употребления алкогольных напитков среди населения (алкоголизация населения). 2. Пьянство. 3. (Мед.) Метод лечения путем введения в живые ткани 80%-го этилового спирта. Основывается на коагулирующем действии спирта, благодаря чему происходит асептический некроз тканей и достигается их рубцовое сморщивание (например, при выпадении прямой кишки), или загустевание крови в кровеносных сосудах (например, при ангиоме), или перерыв проводимости нервов (например, при невралгии тройничного нерва). — 4. (Техн.) Добавление винного спирта к виноградному вину для усиления его крепости.

АЛКОГОЛИЗМ (лат. *alcoholismus*, англ. *alcoholism*) (синонимы: *хронический алкоголизм, аддикция алкогольная, токсикомания алкогольная, этилизм*) — хроническое заболевание, сущностью которого является патологическое пристрастие к алкоголю. Формируется, как правило, в результате систематического неумеренного употребления спиртных напитков. Основные признаки: 1) сильное (патологическое) влечение к приему спиртных напитков (см. *Влечение к алкоголю*); 2) снижение или утрата количественного и ситуационного контроля над их употреблением (см. *Контроля утрата*); 3) изменение первоначальной толерантности к алкоголю (см. *Толерантность*); 4) развитие острого дисфункционального состояния при прекращении употребления алкоголя в виде *абстинентного (похмельного) синдрома* (см.); 5) амнестические формы опьянения. Патологическое влечение к алкоголю, употребляемому с целью достижения состояния опьянения или для облегчения тягостного абстинентного состояния, обусловливает зависимость от алкоголя, психическую и физическую (см. *Зависимость*). Продолжающееся злоупотребление спиртными напитками, как правило, приводит у больного алкоголизмом к различным соматоневрологическим и прогрессирующим психическим расстройствам, а также к многообразным негативным социальным последствиям.

Термин «алкоголизм» был впервые введен в 1849 году шведским борцом за трезвость Магнусом Гуссом (Magnus Huss) и в дальнейшем толковался по-разному — от дурной привычки к пьянству до болезненной зависимости от алкоголя. Неоднозначность толкования этого термина привела к тому, что в 1979 году Комитет экспертов ВОЗ (Всемирной организации здравоохранения) рекомендовал не применять его в медицинском смысле, а использовать для этого термин «синдром алкогольной зависимости». Термин «Алкоголизм» в последней, 10-й, версии «Международной классификации болезней» (МКБ-10) не используется в качестве названия соответствующей рубрики. Эта рубрика (F10. 2) имеет название «Синдром зависимости от алкоголя».

В современной российской медицине термин «алкоголизм» попрежнему используется для обозначения прогредиентного заболевания, вызванного хроническим злоупотреблением алкогольных напитков, как описано в начале данной статьи (до недавнего времени во избежание разночтений предпочитали уточненное выражение «хронический алкоголизм»).

В американской медицине в настоящее время также распространено понимать под алкоголизмом болезнь. В 1990 году «Американское общество наркологической медицины» определило алкоголизм следующим образом: «Это первичное хроническое заболевание, на развитие и проявление которого оказывают влияние генетические, психо-социальные и микросредовые факторы. Заболевание часто имеет прогрессирующий характер и может привести к преждевременной смерти. Оно характеризуется непрерывным или периодическим течением, снижением контроля над потреблением алкоголя, концентрацией всех интересов личности на алкоголе, употреблением алкоголя, несмотря на пагубные последствия, и нарушениями мышления».

Распространенность алкоголизма в разных странах может различаться. В большинстве развитых стран она укладывается в диапазон 2—4% от всего населения или 3—5% от взрослого. Среди мужской части населения алкоголизм встречается в 4—7 раз чаще, чем среди женского. Среди взрослых мужчин больны алкоголизмом от 6 до 10%.

В России в начале 1997 года в медицинской сети (в наркологической службе) было зарегистрировано 2 миллиона 381 тысяча больных алкоголизмом, из них 2 миллиона 44 тысячи мужчин и 337 тысяч женщин. Примерно столько же (или несколько больше), по оценкам некоторых специалистов, имеется среди населения не выявленных больных алкоголизмом.

АЛКОГОЛИЗМ ЖЕНСКИЙ — в основных своих проявлениях обнаруживает те же закономерности, что и у мужчин, но имеет некоторые клинические особенности: 1) высок процент периодических форм злоупотребления алкоголем (запои, псевдозапои) — уже на ранних этапах заболевания; 2) симптомам алкоголизма обычно сопутствуют эмоциональные расстройства, а именно: при небольшой давности алкоголизма преобладают дистимические нарушения (кратковременные расстройства настроения), при большой — стертые депрессии; 3) психические изменения, как правило, выражаются в появлении истерических черт и психопатоподобных изменений и в заострении преморбидных (доболезненных) характерологических особенностей; 4) более быстро наступают изменения личности, отчетливо проявляется раннее снижение морально-этического уровня, нередко расцениваемое как алкогольная деградация; 5) соматические осложнения встречаются чаще, чем у мужчин, и протекают тяжелее. Отмечается снижение детородной функции, высокий процент аномалий беременности, бесплодие, ранний климакс и преждевременное старение.

Показатель распространенности алкоголизма среди женского населения существенно ниже, чем среди мужского (в России — в 5—7 раз), его начало приходится в среднем на более поздний возраст, чем у мужчин (на 5—10 лет позже). В 80—90-х годах наблюдается тенденция к сглаживанию этих различий. Среди специалистов распространено мнение, что женский алкоголизм значительно труднее поддается лечению, чем мужской.

АЛКОГОЛИЗМ НАСЛЕДСТВЕННЫЙ (геродитарный) (лат. *alcoholismus hereditaris*) — относится к тем случаям, когда в этиопатогенезе заболевания большую роль играет фактор наследственной предрасположенности. В таких случаях алкоголизм начинается раньше, все основные симптомы формируются в более короткие сроки. При этом доминируют наиболее тяжелые варианты симптомов. Эффективность лечения низкая, ремиссии более короткие.

Согласно биохимическим исследованиям, наследственно детерминируются такие признаки алкоголизма, как индивидуальная толерантность; изначальная алкогольная мотивация; степень риска формирования зависимости от алкоголя и степень выраженности токсических эффектов алкоголя. Механизм наследования алкоголизма не до конца ясен, затруднения по его изучению связаны с генетической неоднородностью заболевания и различным удельным весом генетических и средовых факторов в каждом конкретном случае. Предполагается, что генетическая предопределенность осуществляется не одним геном, а набором генов (полигенно). Каждый из них по отдельности может иметь незначительный генетический эффект, а действие их комбинации превышает некий порог, за которым роль наследственной предрасположенности к алкоголизму становится резко выраженной.

Показано, что при наличии алкоголизма у одного из родителей алкоголизм у детей развивается в 4 раза чаще, чем в общей популяции; если больны оба родителя — в 6 раз. При заболевании алкоголизмом одного из близнецов у второго близнеца алкоголизм обнаруживался в 71% наблюдений. Можно полагать, что мысли о роли наследственности при алкоголизме возникали еще в древности, если судить по высказыванию Плутарха: «Пьяницы производят на свет пьяниц». См. *Генетика алкоголизма*.

АЛКОГОЛИЗМ ПОДРОСТКОВО-ЮНОШЕСКИЙ (ранний алкоголизм) — относится к случаям заболевания, формирующегося или уже сформировавшегося в промежутке от 14 до 18 лет (подростки) и от 18 до 20 лет (юноши). Отмечаются следующие характерные клинические особенности раннего алкоголизма: 1) ускоренное развитие болезни, особенно на начальном этапе (в среднем в 3 раза быстрее по сравнению со «взрослым» алкоголизмом); 2) недостаточная выраженность ряда симптомов алкоголизма, а иногда даже отсутствие некоторых из них; 3) трудность разграничения стадий алкоголизма и нечеткость стереотипа его развития; 4) отражение свойств «пубертатной психики» в клинических проявлениях болезни (особенности опьянения, личностные изменения и т.д.); 5) воздействие заболевания на личность в целом, приводящее к задержке развития личности на доболезненном уровне. Выраженность этих особенностей тем значительнее, чем моложе заболевший алкоголизмом.

Абстинентный синдром (см.) при раннем алкоголизме проявляется преимущественно вегетативными симптомами, сочетающимися со слабостью, разбитостью, головной болью, головокружением, диспептическими явлениями. У подростков он продолжается обычно несколько часов, у юношей — до нескольких суток. Неврологические симптомы, в частности, тремор, не характерны. Физическая зависимость от алкоголя формируется при раннем начале регулярного пьянства через 1—2 года. *Плато толерантности к алкоголю* (см.) держится не более двух лет. Все это дает основание называть такой алкоголизм «злокачественным ранним». В начале 1997 года в России на наркологическом учете состояло 1136 подростков с диагнозом алкоголизма.

АЛКОГОЛИК (англ. *alcoholic*) — 1. (Мед.) Больной алкоголизмом. 2. (Быт.) Пьяница.

АЛКОГОЛЬ (от араб. *al-kuhl* — тонкий порошок; англ. *alcohol*) — 1. Согласно химической терминологии (спец.) — любой одноатомный спирт (метиловый, этиловый, пропиловый, бутиловый и т.д.). 2. Этиловый спирт в алкогольных напитках. 3. Вообще вино, спиртные напитки.

АЛКОГОЛЬ В РУССКИХ ФАМИЛИЯХ — отразился в самых разных своих ипостасях, начиная от названий самих напитков и кончая результатом воздействия. Возникновение фамилий (как наследуемых имен семьи) у русских происходило на протяжении нескольких веков (в основном с XVI до конца XIX века), и алкогольная тематика не могла не вовлечься в этот процесс.

До нашего времени дошли, например, такие «алкогольные» фамилии: Бардин, Брага, Брагин, Брагинский, Бражник, Бражников, Бражнин, Винник, Винников, Винодаров, Виноделов, Винокур, Винокуров, Винолюбов, Винский, Винцов, Водопьянов, Гулевой, Гуляев, Гульнов, Загульнов, Загульный, Запьянцовский, Кабаков, Кабачник, Кабачников, Кирюхин, Корчмарев, Нагульнов, Наливайко, Наливайкин, Наливкин, Недопил, Опохмелов, Петров-Водкин, Пивных, Пиводелов, Пивоваров, Пиволюбов, Похмелкин, Похмелов, Похмелюк, Пьянков, Пьянцов, Пьяных, Рюмин, Рюмкин, Хмелев, Хмелевский, Хмелецкий, Хмелик, Хмельницкий, Хмельнов, Хмельцов и др.

Аналогичное участие алкогольной темы в образовании фамилий можно видеть и в языках других народов, в том числе западноевропейских (например, у немцев Weinmacher — «винодел»).

АЛКОГОЛЬ НА КОСМИЧЕСКОЙ ОРБИТЕ — вовсе не исключение, хотя при запуске космического корабля с предельной придирчивостью оценивается каждый лишний грамм его груза, а сами космонавты должны соблюдать строжайший режим здоровья. Космонавты тайком или с молчаливого попустительства сотрудника, ответственного за снаряжение корабля, берут с собой в космическую дорогу бутылку-другую спиртного, особенно когда при длительном сроке пребывания на орбите предстоит отмечать на ней какой-нибудь большой праздник или событие. В российскую прессу просочилась информация, что специальное предприятие по производству космической еды выпускает также в непроливаемых и небьющихся упаковках водку и рябиновую настойку на коньяке.

Во время сеанса телесвязи с российской орбитальной станцией «Мир», имевшего место 15 января 1998 года, командир экипажа Анатолий Соловьев откровенно сказал телезрителям, что на следующий день он со своими товарищами на орбите собирается отметить его день рождения, и по случаю круглой даты (50 лет) они выпьют по рюмке коньяка.

АЛКОГОЛЬ НЕПИТЬЕВОЙ (англ. *non-beverage alcohol*) — общий термин для продуктов, содержащих этиловый спирт (*этанол*) (см.) и не предназначенных для питья. Этиловый спирт (причем полученный не из пищевого сырья, а из древесины — гидролизный или из газа — синтетический) содержится во многих промышленных и бытовых продуктах, таких как всевозможные технические жидкости, клеи, лаки, парфюмерные и различные жидкие изделия хозяйственного назначения и т.д. Некоторые из этих продуктов с риском для здоровья употребляются иногда вовнутрь в качестве заменителя алкогольных напитков в случае недоступности последних (так делают обычно пьяницы и больные алкоголизмом), — в таком случае принято говорить об *алкогольных суррогатах* (см.).

АЛКОГОЛЬ С ТОЧКИ ЗРЕНИЯ МАГИИ — обладает важными свойствами. Известный во второй половине XIX века французский маг доктор Папюс (Papus) в своей книге «Практическая магия» (Magie pratique) (ее перевод был издан в России в 1912 году) описывает эти свойства следующим образом.

«Алкоголь, как возбудительное, одно из самых драгоценных и опасных средств. Действие его (магическое) в виде водки быстрое, но непродолжительное. Под его влиянием освобождается большое количество нервной силы, а ум как бы освещается богатством и массой возрождающихся идей, сменяющих одну другую. В такую минуту нельзя думать о составлении какого-либо [оккультного] исследования и надо удовольствоваться отметкой отдельных мыслей. Рядом с алкоголем надо упомянуть о сахаре, который примешивается к нему в ликерах, их (ликеров) действие хотя слабее на нервные запасы, но зато они сильно действуют на волю, тогда как алкоголь влияет на чувственность. Ввиду этого следует предпочитать ликер водке, когда предстоит действовать, а не размышлять. Когда нужно произвести большое, хотя бы и кратковременное, напряжение ума, алкоголь, принятый за 1/2 часа до действия, помогает ему в этом деле. Но надо помнить, что в этом случае нужно рассчитать время действия».

АЛКОГОЛЬДЕГИДРОГЕНАЗА (АДГ) — фермент, обеспечивающий в организме человека окисление этанола до ацетальдегида. (Молекулярная масса — около 85 000—87 000). Молекула этого фермента состоит из двух белковых субъединиц, причем при малых концентрациях этанола окисление осуществляет одна из них, а при больших — работают обе субъединицы. Практически вся АДГ содержится в печени (в гепатоцитах).

АЛКОГОЛЬНАЯ ГРУППА (англ. *bottle group*) — малая неформальная группа лиц, объединенных стремлением к удовлетворению потребности в спиртных напитках. Она может сформироваться на основе формальных групп (рабочая бригада, смена, производственный участок и т.п.) или из друзей и знакомых по месту жительства. Алкогольной может стать также семейная группа.

АЛКОГОЛЬНАЯ ЛИЧНОСТЬ — см. *Личность алкогольная.*

АЛКОГОЛЬНАЯ ПОЛИТИКА — см. *Политика алкогольная.*

АЛКОГОЛЬНОЕ МЫШЛЕНИЕ — выстраивание системы защиты пьянства, характерное для мышления алкоголиков, особенно в период обострения влечения к алкоголю. Термин предложен французским психиатром Тибу (1941).

Это определенная тенденциозная логика, подбор аргументов и суждений, направленных на то, чтобы оправдать, объяснить, защитить свое пьянство. На это направлен весь мыслительный аппарат алкоголика, весь его опыт. Он вспоминает только те случаи из жизни или только о том из литературы и из истории человечества, что говорит за необходимость пить, за то, что питье неизбежно. Он приводит примеры, что «дед у него пил до 100 лет, а есть человек, который умер в 35 лет и не пил, и вообще, непьющий человек подозрителен, с ним лучше не иметь дела». Даже будучи неглупым человеком, он считает, что все разговоры о его пьянстве преувеличены (даже если он лечился от белой горячки), что от алкоголя у него «жизнь расцветает», «творческий полет фантазии» и т.п.

АЛКОГОЛЬНЫЕ НАПИТКИ (англ. *alcoholic beverages*; фр. *boissons alcoolique*; нем. *alkogolische Getränke*) — напитки, содержащие этиловый спирт в разной концентрации — (от 2—3% до 60%), главным свойством которых является способность вызывать опьянение.

Основными видами алкогольных напитков, выпускаемых российской промышленностью, являются пиво, шампанское, сидр, виноградные вина, плодово-ягодные вина, коньяк, водка, ликеры, настойки, наливки. Всего алкогольных напитков в России производилось перед антиалкогольной кампанией 1985 года, в пересчете на 100%-й алкоголь, 130—135 миллионов декалитров в год. В начале 1990-х годов их государственное производство было существенно ниже (80—90 миллионов декалитров в год), что компенсировалось значительным, трудно поддающимся оценке количеством питьевого алкоголя подпольного и домашнего производства, а также импортного происхождения.

Слабоалкогольные напитки, предназначенные прежде всего для утоления жажды, в которые добавляется алкоголь в небольшом количестве с целью придания им особого вкуса, называются алкоголизированными.

АЛКОГОЛЬНЫЕ НАПИТКИ В СОВРЕМЕННОМ РУССКОМ РАЗГОВОРНОМ ЯЗЫКЕ — имеют много, зачастую весьма красочных синонимов, особенно в среде пьющих: белое, белая (относятся к водке, например, «взять белой», т.е. купить водки); бормотуха, бормота (низкокачественное плодово-ягодное или виноградное вино); винчестер (виноградное вино); водяра; газ (игристое вино); горючее; горячительное; клопомор (коньяк); краснуха (красное столовое вино); лачок (алкогольный суррогат); мокрое; молоко (от бешеного быка); отрава; первач (самогон); пивняк (пиво); политура; портвешок; самопляс, самтрест (самогон); сивота, сивуха, сивушник (плохая водка); сушняк (сухое вино); тройной (одеколон); уксус (сухое столовое вино); ханка; чернила (красное крепленое вино); шампунь (шампанское) и др.

АЛКОГОЛЬНЫЕ (СПИРТНЫЕ) НАПИТКИ КРЕПКИЕ (англ. *strong drink*; *distilled spirits*; *spirits*) — напитки, содержащие высокие концентрации этилового спирта. Практически под крепкими спиртными напитками подразумеваются напитки с содержанием алкоголя 25% об. и более, получаемые с использованием ректификованного (высокоочищенного) спирта. В России они обычно включают водку, коньяк, ликеры и настойки, за рубежом, кроме того, виски, джин, бренди и ром. Переход от более слабых напитков к употреблению крепких спиртных напитков может являться одним из клинических признаков формирующегося алкоголизма, и в частности, свидетельством нарастания толерантности к алкоголю.

АЛКОГОЛЬНЫЕ ОБЫЧАИ — исторически сложившиеся и передаваемые из поколения в поколение формы и поводы употребления алкогольных напитков как элемент культуры сообщества. Алкогольные обычаи поддерживают определенный уровень употребления алкоголя в обществе, и наряду с риском развития злоупотребления им отдельными лицами, служат на уровне общества одним из средств необходимой стабилизации утвердившихся социальных отношений и воспроизводства их в новых поколениях.

АЛКОГОЛЬНЫЙ БРЕД ПРЕСЛЕДОВАНИЯ — см. *Бред преследования алкогольный.*

АЛКОГОЛЬНЫЙ БРЕД РЕВНОСТИ — см. *Бред ревности алкогольный.*

АЛКОГОЛЬНЫЙ ГАЛЛЮЦИНОЗ — см. *Галлюциноз алкогольный.*

АЛКОГОЛЬНЫЙ ДЕЛИРИЙ — см. *Делирий алкогольный.*

АЛКОГОЛЬНЫЙ МОЗГОВОЙ СИНДРОМ (англ. *alkoholic brain syndrome*) — общий термин для ряда расстройств, возникающих вследствие воздействия алкоголя на мозг. Сюда относятся: острое опьянение, патологическое опьянение, состояние отмены (абстиненции), белая горячка, другие алкогольные психозы, алкогольный амнестический синдром, алкогольная деменция.

В российской наркологии этот термин не распространен.

АЛКОГОЛЬНЫЙ ПАРАНОИД — см. *Параноид алкогольный.*

АЛКОГОЛЬНЫЙ ПСИХОЗ — болезненное расстройство психики, при котором психическая деятельность и поведение больного алкоголизмом отличается резким несоответствием окружающей действительности. При этом в психике возникают явления, не свойственные нормальному состоянию (бред, галлюцинации и др.).

Алкогольные психозы возникают после многолетнего злоупотребления алкоголем (во 2-й и 3-й стадии алкоголизма), особенно когда организм ослаблен под воздействием внешних или внутренних причин (переутомление, истощение, травмы, нарушения обмена, болезни внутренних органов и др.).

Наиболее частые формы: *алкогольный делирий* (белая горячка), *алкогольный галлюциноз*, алкогольный бредовой психоз (*алкогольный — параноид, бред ревности, бред преследования*), *алкогольная энцефалопатия.*

В начале 1997 года в диспансерной сети России было зарегистрировано 102 256 больных алкогольными психозами. В течение 1996 года на лечение в наркологические больницы и наркологические стационарные отделения поступило 136 046 таких больных, что составило 27,6% от всех госпитализированных больных алкоголизмом.

АЛКОГОЛЬНЫЙ СИНДРОМ ПЛОДА — см. *Эмбриопатия алкогольная.*

АЛКОГОЛЬНЫЙ ЭКСЦЕСС (абузус) (лат. *abusus* — злоупотребление, излишество) — прием в течение сравнительно непродолжительного времени чрезмерного количества спиртных напитков, приводящий к состоянию выраженного опьянения. После выхода из опьянения обычно переживается тягостное физическое самочувствие (общая разбитость, слабость, головная боль, тошнота и др.), обозначаемое как похмелье или постинтоксикационный синдром.

«АЛКОДИАГНОСТИК» — индикаторная бумажка для быстрого определения концентрации алкоголя в организме. Это полоска фильтровальной бумаги, пропитанная раствором ферментов алкогольоксидазы и пероксидазы, хромгенов (окрашивающих веществ) и высушенная. Достаточно испытуемому, имеющему в крови алкоголь, плюнуть на бумажку или лизнуть ее, чтобы ее исходный желтый цвет сменился на разные степени синего или фиолетового цвета. Концентрация алкоголя в слюне практически такая же, как в крови, и, сравнив получившийся цвет со стандартной шкалой цветов, можно определить концентрацию алкоголя в крови испытуемого (например, водителя автомобиля) с точностью до 0,001% в диапазоне от 0,0 до 0,1%. (Риск совершения аварии водителем резко возрастает, когда концентрация алкоголя в крови превышает 0,03—0,04%).

«Алкодиагностик» создан в 90-х годах в России по аналогии с американскими индикаторными бумажками «Алкоскан» (Alcoscan) и «Алкоскрин» (Alcoscreen), применяющимися американской дорожной полицией.

АЛКОЛОГ (англ. *alcohologist*) — специалист, занимающийся изучением отношений человека с алкоголем, т.е. алкологией (см.). За рубежом алкологом называют иногда специалиста, который лечит алкоголиков (в России он называется наркологом), а также тех, кто участвует в общественных мероприятиях, касающихся алкогольных проблем.

АЛКОЛОГИЯ (англ. *alcohology*, фр. *alcoologie*, итал. *alcology*) — область знаний об отношениях человека с алкоголем, наука о проблемах и явлениях в человеческом обществе, связанных с алкоголем. Этот термин был впервые предложен в 1903 году Р. Коппе (R. Koppe). В 1923 году во Франции было рекомендовано обучать врачей алкологии как части социальной медицины. Как научная дисциплина, охватывающая все аспекты отношений человека с алкоголем, она сформировалась значительно позже, в 1980-х годах. В ряде стран выпускаются специальные журналы под таким названием, в том числе международные. (См. *«Алкология»*).

ALCOLOGIA — ежеквартальный научный журнал, издающийся Итальянским обществом алкологии (Italian Society of Alcology) и посвященный различным проблемам, которые связаны с употреблением и злоупотреблением алкоголя человеком. Предоставляет свои страницы всем европейским специалистам для публикации статей по медицинским, социологическим, экономическим, юридическим и другим аспектам отношений человека с алкоголем. Принимает и публикует материалы на итальянском и английском языках. Выходит с 1988 года. Редакция журнала находится в г.Болонья (Адрес: Istituto di Patologia Medica I, Policlinico S. Orsola, Via Massarenti 9,40138 Bologna, Italy).

АЛЛИЛСАТ (лат. *allilsat*) — лечебная спиртовая настойка из чеснока с добавкой тминного, укропного и мятного масел. Обладает антибактериальным действием, подавляет процессы гниения и брожения в кишечнике, повышает двигательную и секреторную функции желудочно-кишечного тракта, стимулирует сердечную деятельность. Применяется при анемии кишечника и колитах, а также при гипертонии и атеросклерозе. Назначается взрослым по 10—15 капель (на молоке) 2—3 раза в день. Препарат противопоказан лицам с больными почками. Представляет собой жидкость зеленовато-желтого цвета, чесночного запаха. Содержание спирта — 79—85%.

АЛЛИЛЧЕП (лат. *allilcep*) — лечебная спиртовая настойка из репчатого лука. Применяется при атонии кишечника, колитах, понижении аппетита. Принимается внутрь по 15—20 капель три раза в день в течение нескольких дней, а для лечения атеросклероза — по 20—30 капель три раза в день в течение 3—4 недель. Представляет собой жидкость желтого или зеленоватого цвета с содержанием спирта 43—45%.

АЛТАРНОЕ ВИНО (англ. *altar wine*) — вино, используемое в христианских церковных ритуалах, например, в *причастии* (см.).

АЛЫЧЕВАЯ НАЛИВКА — сладкая наливка с крепостью 20% об. и содержанием сахара 28 г на 100 мл. Цвет золотисто-желтый, вкус кисло-сладкий, аромат алычи. Изготавливается из спиртованного морса или сока свежей алычи с добавлением ванилина, сахарного сиропа, патоки, лимонной кислоты, спирта высшей очистки и красителя — колера (жженого сахара).

АЛЫЧЕВЫЙ ЛИКЕР — десертный ликер с крепостью 25% об. и содержанием сахара 45 г на 100 мл, золотисто-желтого цвета, кисло-сладкого вкуса, с ароматом алычи. Изготавливается из спиртованного сока свежей алычи с добавлением ванилина, сахарного сиропа, лимонной кислоты и спирта высшей очистки. Подкрашивается пищевым красителем — колером (жженым сахаром).

АЛЬДЕГИДДЕГИДРОГЕНАЗА (АльДГ) — фермент, обеспечивающий превращение ацетальдегида в ацетат — вторую ступень в цепочке окисления этанола в организме.

Недостаточность этого фермента снижает переносимость алкоголя, ввиду высокой токсичности накапливающегося ацетальдегида. Этим объясняют пониженную переносимость алкоголя у представителей некоторых рас (например, монголоидной), что выражается в ощущениях дискомфорта и в реакции покраснения кожи лица и шеи в ответ на сравнительно невысокие дозы алкоголя. Считают также, что активность АльДГ блокируется тетурамом (антабусом), что обусловливает задержку окисления алкоголя в организме на стадии ацетальдегида, повышенная концентрация которого вызывает болезненную реакцию на алкоголь (см. *Антабусно-алкогольная проба*) и невыносимость алкоголя. Это свойство *антабуса* (см.) используется в лечении алкоголизма.

АМАРЕТТО (итал. *Amaretto*) — ликерное виноградное вино, изготавливаемое в Италии из нескольких сортов винограда, включая мускат. Имеет темно-оранжевый цвет, богатый аромат с примесью запаха миндаля и сладкий вкус с легкой горчинкой. Содержание спирта 25% об. Употребляется обычно в качестве аперитива (напитка перед приемом пищи).

АМБЛИОПИЯ АЛКОГОЛЬНАЯ (лат. *amblyopia alcoholica*) — расстройство зрения, характерное для одного из вариантов алкогольной энцефалопатии (с ретробульбарным невритом). Возникает у больных алкоголизмом, предположительно, из-за дефицита витамина В2, вызванного недостатком питания у них и ухудшением усвоения пищи. Выражается в нарушении и снижении восприятия предметов красного, зеленого и белого цвета.

АМБРОЗИЯ (греч. *ambrosia*) — согласно греческой мифологии, «пища богов», которая вместе с «нектаром» («напитком богов») дает богам бессмертие и вечную юность. Согласно древнегреческому врачу Зопиросу (Zopyrus), жившему в Александрии, в амброзию входили: пижма, ладан, белый перец, цветы круглого рогоза, корица, черная кассия, сицилийский шафран, мирр, индийский нард. Все это растиралось в нагретом меде с примесью вина и рекомендовалось врачами как универсальное противоядие.

АМЕНТИВНЫЙ СИНДРОМ (аменция) (лат. *amentia*) — расстройство сознания с преобладанием растерянности, бессвязности мышления, речи и движений, при полной дезориентировке в месте, времени и собственной личности, наблюдающееся, в частности, при тяжелых формах алкогольного делирия.

АМЕТИСТ — драгоценный камень фиолетового или голубовато-фиолетового цвета, предохраняющий, согласно поверьям древних греков, от опьянения и отравления алкоголем, с чем связано его название (по-гречески «аметистос» — непьяный). Считалось, что само его ношение защищает от опасности, связанной с алкоголем, а если его положить в чашу с вином, то опьянения не будет.

АМЕТИЧЕСКОЕ СРЕДСТВО (англ. *amethystic agent*) — средство или вещество, применяемое с целью смягчения опьяняющего или токсического воздействия алкоголя. Может действовать за счет ослабления влияния алкоголя на ЦНС или путем ускорения разложения алкоголя печенью. В современной фармакологии поиск такого средства, безвредного для организма, еще продолжается.

Подобное средство стремились найти еще в древнем мире. Древние греки использовали для этого капусту, утверждая: «Съешь капусту перед питьем — не опьянеешь, съешь после — разгонишь хмель». Римский писатель Марк Порций Катон (234—149 до н.э.) в труде «О хороших и целительных свойствах нифагорийской капусты» давал совет: «Если хочешь на пиру много выпить и с удовольствием поесть, съешь перед обедом сколько угодно сырой капусты с уксусом и опять-таки, когда пообедаешь, съешь ее листьев опять, ты почувствуешь себя, как будто ничего не ел и выпьешь вволю».

В наше время опытные люди советуют съесть перед тем, как идти на пирушку, тарелку густого борща. По-видимому, его противоопьяняющее действие тоже связано с капустой. Широко распространено употребление квашеной капусты и ее сока (рассола) для облегчения состояния «перепоя». Облегчение приносит при алкогольном излишестве также лимонный сок. Возможно, в том и другом случае активным компонентом, действующим против опьянения, является аскорбиновая кислота, содержащаяся в изобилии как в капусте, так и в лимоне, которая ускоряет биохимический процесс распада алкоголя в организме.

АМИЛАЗА — фермент, расщепляющий полисахариды (крахмал, гликоген) до мальтозы, которую можно превратить затем с помощью брожения в спирт. Амилаза содержится в солоде (проросших зернах злаков), который используется благодаря этому в производстве пива, спиртных напитков, кваса, дрожжей и т.д. из сельскохозяйственного сырья. Амилаза содержится также в слюне и соке поджелудочной железы, участвуя в пищеварении.

АМНЕЗИЯ АЛКОГОЛЬНАЯ (лат. *amnesia alcoholica*, англ. *blackout*) — частичное или полное выпадение из памяти событий, происходивших во время выпивки. Является одним из диагностических признаков алкоголизма, хотя амнезия возможна и у неалкоголика после приема больших доз алкоголя.

Для больного алкоголизмом особенно характерна фрагментарная (лакунарная) амнезия, когда из памяти выпадают отдельные фрагменты происходившего во время выпивки, причем события, случившиеся после полностью выпавшего из памяти эпизода, могут вспоминаться. Такого рода амнезия носит название палимпсеста (см. *Палимпсест алкогольный*). Среди других видов амнезии, наблюдающейся при алкоголизме, выделяют «наркотическую амнезию» (см. *Амнезия алкогольная наркотическая*) и «тотальную амнезию» (см. *Амнезия алкогольная тотальная*).

АМНЕЗИЯ АЛКОГОЛЬНАЯ НАРКОТИЧЕСКАЯ — разновидность амнезии при алкоголизме, когда полное забывание какого-либо эпизода относится к финальному периоду опьянения перед наступлением наркотического сна (см. *Наркотическая фаза опьянения*). Такого рода амнезия случается и у лиц, не больных алкоголизмом, при употреблении очень высоких доз алкоголя.

АМНЕЗИЯ АЛКОГОЛЬНАЯ ТОТАЛЬНАЯ — разновидность амнезии при алкоголизме, когда запамятование касается не отдельных событий, как при *палимпсестах* (см.), а большей части или всего периода опьянения. У больного алкоголизмом такая амнезия может возникнуть при употреблении даже сравнительно небольших доз алкоголя, хотя внешние признаки опьянения у него в том отрезке времени, который потом выпал из памяти, могут быть достаточно выраженными. Наблюдается в третьей стадии алкоголизма.

АМОНТИЛЬЯДО — марка испанского хереса. Представляет собой сухое вино янтарного цвета с ясно выраженными тонами лесного ореха в аромате и вкусе. Содержание спирта — 16—18%, при более длительной выдержке достигает 20—24%. Это вино с давних пор высоко ценится знатоками. В известной новелле Эдгара По «Бочонок Амонтильядо» (1846) оно послужило приманкой, чтобы заманить в смертельную ловушку одного из подобных знатоков.

АМПЕЛ — герой греческой мифологии, с именем которого связано греческое название виноградного растения (ампелос). Юноша Ампел, любимец бога Диониса, однажды получил от своего покровителя подарок — гроздь винограда. Пытаясь снять гроздь с высокого дерева, куда повесил ее Дионис, Ампел упал и разбился насмерть. Огорченный Дионис поместил его душу на небо среди звезд. Новая звезда получила название «Виндемиатрикс», то есть «Виноградница». Виноградная лоза в честь погибшего Ампела стала называться «ампелос», а современная наука о видах и сортах винограда — «ампелографией». Звезда «Виндемиатрикс» находится в созвездии Девы, ее легко найти на любой карте звездного неба.

В другом варианте мифа, относящимся к III в. до н.э., Ампел превращается в виноградную лозу. В Британском музее хранится найденная в Италии римская копия греческой скульптурной группы III в. до н.э., изображающей Диониса и рядом Ампела, вырастающего из виноградного куста.

АМПЕЛОГРАФИЯ — наука о видах и сортах винограда.

АМПЕЛОТЕРАПИЯ (лат. *ampelotherapia*) — (см. *Виноградолечение*).

АМФОРА (греч. *amphereus*) — 1. Древнегреческий глиняный сосуд с округлым или вытянутым туловом, узким длинным

Древнегреческая амфора VI в. до Р.Х.

горлом и двумя вертикальными ручками. Использовался для хранения вина, масла, меда и других продуктов. При хранении вина амфора обычно запечатывалась смолой или смесью алебастра с известью, чтобы предотвратить вино от испарения и порчи. 2. Древняя единица объема, составлявшая 39 литров в Греции и 25,5 литров в Риме.

АНАЛЕПТИЧЕСКИЕ СМЕСИ ПРИ ТЯЖЕЛОМ ОПЬЯНЕНИИ — смеси лекарственных средств, применяющиеся при тяжелой алкогольной интоксикации, угрожающей развитием сопора и комы. Обычно включают в себя бемегрид, кордиамин (или этимизол), коразол, кофеин, глюкозу. Вводятся внутривенно. Действие проявляется через 5—15 мин.

АНАЛЬГЕТИКИ НЕНАРКОТИЧЕСКИЕ И АЛКОГОЛЬ — влияют на активность друг друга, обусловливая возможность развития осложнений. Конкурируя с амидопирином за микросомальные ферменты, алкоголь препятствует его окислению и удлиняет анальгезию. Производные пиразолона (анальгин, амидопирин, бутадион) благодаря близости по структуре к одному из самых сильных ингибиторов алкогольдегидрогеназы — пиразолу, угнетают ее активность, благодаря чему потенцируется эффект алкоголя. Наиболее выражен этот эффект у бутадиона, поэтому при его приеме в сочетании с алкоголем наблюдаются симптомы выраженной интоксикации: тошнота, вялость, шум в ушах, тахикардия и гипотензия.

При хронической алкоголизации окисление парацетамола становится главным путем его биотрансформации, с превращением его в гепатотоксичный оксипарацетамол. Поэтому применение парацетамола больными хроническим алкоголизмом даже в средних терапевтических дозах иногда ведет к развитию гепатоцеллюлярных некрозов. Противопоказано при алкоголизме и другое производное парааминофенона — фенацетин, так как в организме он превращается в парацетамол. Между тем оба этих препарата являются компонентами широко распространенных комбинированных лекарственных средств: асфена, новомигрофена, пирафена, пиркофена, седалгина и цитрамона.

АНАМНЕЗ АЛКОГОЛЬНЫЙ (от греч. *anamnesis* — воспоминание) — совокупность сведений, получаемых врачом при первичном обследовании больного алкоголизмом путем опроса самого обследуемого и (или) знающих его лиц относительно употребления алкоголя и связанных с ним последствий. Сюда обычно входят: возраст и обстоятельства приобщения пациента к алкогольным напиткам; наличие защитного рвотного рефлекса; изменение толерантности к алкоголю; частота и количество употребления алкоголя в настоящее время; обстоятельства употребления; предпочитаемые напитки;

переход к более крепким напиткам и суррогатам; формы опьянения; провалы в памяти относительно отдельных периодов опьянения; потребность в опохмелении и время ее появления; состояние на следующий день после выпивки; осложнения и конфликты в семье, на работе и с близкими; нарушения общественного порядка в связи с употреблением алкоголя и др.

АНАХАРСИС (VII в до н.э.) — скиф из царского рода, которому предание приписывает большой ум и знания. Он много путешествовал и посетил Афины во время правления знаменитого Солона, которому стал другом. По возвращении на родину он был убит скифским царем за то, что пытался ввести греческие религиозные мистерии. До нас дошли афоризмы по поводу пьянства, приписываемые Анахарсису: «Лоза приносит три грозди: гроздь наслаждения, гроздь опьянения и гроздь омерзения», «У себя дома первый бокал обычно пьют за здоровье, второй — ради удовольствия, третий — ради наглости, последний — ради безумия».

Как-то раз он присутствовал на пиршестве вместе с женой, которая была вовсе не красавицей. Тут ее впервые увидел один из друзей Анахарсиса и не удержался, чтобы не высказаться по поводу наружности его жены. «Она не хороша, — ответил Анахарсис, — это правда, но вот смотри, стоит мне выпить этот кубок доброго вина, и она мне покажется красавицей».

АНГОСТУРА (англ. *angostura*, полное название — *angostura aromatic bitters*) — по мнению знатоков, самая горькая водка в мире. Готовится на основе экстракта из кожуры апельсина, кореньев горечавки, дягиля, коры хинного дерева, гвоздики, цветов муската, кардамона, корицы, имбиря и др. Добавление сандалового дерева придает этой настойке красновато-коричневую окраску. Крепость напитка — 48% об.

Ангостура была придумана в 1924 году военным медиком южноамериканской освободительной армии Боливара, врачом-эмигрантом из Европы Джоном Сигертом, который ранее был участником битвы при Ватерлоо. Она получила название одного из городов Венесуэлы — Ангостуры, где была впервые получена. В настоящее время ангостура используется главным образом как добавка для придания особого аромата и вкуса при приготовлении смешанных напитков. Концентрация горечи в ангостуре настолько велика, что для этого хватает нескольких ее капель.

АНЕКДОТ АЛКОГОЛЬНЫЙ — весьма распространенный в населении вид анекдота. В нем красочно отражается и самоирония народа к алкогольной слабости, и некоторые характерные черты реальности. Многие алкогольные анекдоты интернациональны. Из лучших образцов этой разновидности фольклорного юмора можно было бы составить несколько томов.

Здесь приводится несколько случайно взятых примеров алкогольного анекдота из 1990-х годов.

Пьяный шофер после дальнего рейса входит в квартиру, берет в руки сапожную щетку и смотрится в нее: «Ну, ни фига себе зарос!»

Утром муж спрашивает жену: «Дорогая, ты не подумала ничего плохого, когда я завалился ночью пьяным и с синяком под глазом?» — «Нет, не подумала, — отвечает жена. — Когда ты ввалился, синяка еще не было».

Заходит мужчина в бар и показывает на мертвецки пьяного посетителя: «Хозяин! Мне то же самое»...

Пьяный мужик пристал к пенсионеру на лавочке у дома. «Скажи, дед, где живет Кирьян Кирьянов?» — «Так ты же и есть Кирьян». — «Знаю, а ты скажи, где он живет!»

Лежит пьяный в грязи, мимо проходит женщина. «Сама — свинья!» — пробормотал пьяница. — «Я вам ничего не говорила!» — «Зато подумала!»

Когда человек выпьет, то он становится совсем другим человеком. Но и этот другой тоже хочет выпить.

Алкаш заходит в парфюмерный магазин, говорит: «У вас такой одеколон есть?» — и дышит на продавщицу. «Нет, — отвечает продавщица, — есть только такой!» — и дышит на алкаша. «Не-е, этот слишком дорогой»...

«Почему не работаешь?» — спрашивает каменщик у помощника. «Да после вчерашнего перепоя руки трясутся». — «Тогда песок просеивай!»

Два алкаша переговариваются между собой: «Смотри-ка: Иван не пил, не курил, вот и в гробу как живой лежит».

Судья спрашивает приговоренного к смерти убийцу-алкоголика: «Какой вид смерти вы предпочитаете?» — «Через отравление организма алкоголем».

Пьяница возвращается из гостей домой. Упал в лужу, к нему подбегает собака и начинает лизать его. «И не просите, и не целуйте, за стол больше не сяду».

АНЕСТЕТИКИ ОБЩИЕ И АЛКОГОЛЬ — взаимодействуют таким образом, что затрудняется получение общего наркоза. Алкогольное опьянение удлиняет стадию возбуждения при эфирном и хлороформном наркозе, что требует повышения их концентрации во вдыхаемой смеси. Вместе с тем острая алкогольная интоксикация резко повышает токсичность ряда средств для общего наркоза (например, летальная доза хлороформа уменьшается в 3 раза). У больных алкоголизмом в состоянии абстиненции (воздержания от алкоголя), напротив, толерантность к общим анестетикам повышается. Вследствие активации микросомальных ферментов печени у этих больных повышается гепатотоксичность галогенсодержащих анестетиков (хлороформа, фторотана, трихлорэтилена).

АНИС — травянистое растение с зонтичными цветками, родом из Малой Азии. В России выращивается (главным образом в Воронежской и Курской областях) ради семян, которые имеют специфический сладковато-пряный освежающий запах. Семена широко используются в хлебопечении, кулинарии, медицине, парфюмерии и ликеро-водочном производстве. В медицинской практике «анисовое семя» (Fructus Anis) применяется в виде водного настоя, спиртовой настойки или в смеси с другими лекарственными средствами как отхаркивающее средство, а также для возбуждения деятельности кишечника и улучшения пищеварения. Анисовое семя используется при изготовлении водки *«Анисовая горькая»* (см.) и *«Анисового ликера»* (см.).

АНИСОВАЯ ГОРЬКАЯ — горькая настойка крепостью 40% об., бесцветная, мягкого горьковатого вкуса, с ароматом аниса. Изготовляется из *ароматного спирта* (см.), приготовленного на анисовом, тминном, кориандровом, укропном семенах и бадьяне, с добавлением анисового эфирного масла и спирта высшей очистки.

АНИСОВЫЙ ЛИКЕР — крепкий ликер крепостью 33% об. и сахаристостью 35 г на 100 мл. Бесцветный, пряно-сладкого вкуса, с ароматом аниса. Приготовляется из анисового семени и бадьяна, спирта высшей очистки и сахарного сиропа.

АНОЗОГНОЗИЯ АЛКОГОЛЬНАЯ (лат. *anosognosia alcoholica*) — неспособность больного алкоголизмом критически оценивать свое болезненное состояние, в том числе свою неспособность воздержаться от спиртного или вовремя прекратить пить. Предполагают, что в основе этого феномена лежит механизм психологической защиты (см. *Алкогольное мышление*), нежелание понять и признать болезненный характер своего пьянства. Играет роль также изменение иерархии потребностей и мотивов, когда на первое место выходит удовлетворение потребности в алкоголе.

Алкогольная анозогнозия наиболее часто и в наибольшей мере проявляется на *первой стадии алкоголизма* (см.). Во *второй стадии* (см.) мысли о болезни временами проникают в сознание, чему способствует переживание тягостных состояний абстиненции и неоднократные безуспешные попытки больного самостоятельно бросить пить. В *третьей стадии* (см.) имевшаяся анозогнозия может также ослабнуть ввиду возрастающего осознания серьезных осложнений болезни, однако она может и усилиться в связи с интеллектуально-мнестическим снижением как результат алкогольной деградации.

АНОНИМНОГО ЛЕЧЕНИЯ НАРКОЛОГИЧЕСКИЙ КАБИНЕТ — специальный кабинет при наркологическом диспансере (или ином медицинском учреждении). В такого рода кабинете лечение наркологических больных осуществляется анонимно и без постановки на *диспансерный учет* (см.). В отличие от диспансерной формы наблюдения, при обращении в кабинет анонимного лечения не требуется предъявления документов, удостоверяющих личность, паспортные данные записываются со слов обратившегося. Для соблюдения анонимности такой кабинет рекомендуется размещать вне основного здания диспансера. Если он находится в лечебных учреждениях общемедицинской сети, то его обеспечивают отдельным помещением с изолированным входом. Из применяющихся методов лечения предпочтение обычно отдается различным видам психотерапии.

АНОНИМНЫЕ АЛКОГОЛИКИ (англ. *Alcoholics Anonymous*) — движение (общества, группы) взаимопомощи алкоголиков, в настоящее время широко распространенное в мире, прежде всего в США. Для него принято сокращенное обозначение АА (по-английски — «Эй-Эй»). Движение АА было основано в 1935 году в штате Огайо биржевым маклером Биллом Вилсоном (страдавшим алкоголизмом) и врачом-хирургом Бобом Смитом. К 1939 году оно имело уже значительное число последователей, и были выработаны основные принципы действий, в том числе принцип «12 шагов» (см. статью *«Двенадцать шагов»*).

Сообщества АА ни в коей мере не являются тайными, они открыты для всех, ищущих спасения от алкогольного «рабства». Анонимность является условной, она означает лишь нежелание афишировать себя. Среди членов, назависимо от возраста и положения, принято называть друг друга по имени. Сейчас в мире насчитывается около 63 тысяч групп АА, охватывающих более одного миллиона человек, проживающих в 114 странах мира. Каждая группа независима в своей деятельности, не связана ни с каким административным органом и существует на средства добровольного пожертвования самих членов или сочувствующих. Вместе с тем в США имеется Генеральный совет АА и штаб-квартира, издается ежемесячный журнал АА, созываются общие конференции представителей групп АА.

Считается, что высокая результативность движения АА обеспечивается готовностью членов с предельной старательностью соблюдать всю последовательность основополагающих «12 шагов», играющих роль заповедей. Эта готовность заложена уже в первых двух «шагах», которые предусматривают признание перед собой и перед товарищами своего бессилия самостоятельно справиться с алкоголем. (Первая заповедь, или «шаг», звучит так: «Мы признали, что мы бессильны перед алкоголем и что перестали управлять своей жизнью».) В 12 заповедях АА есть определенная религиозная окраска, некоторые из них обращены непосредственно к Богу, однако сами АА не считают себя религиозной организацией и утверждают, что под Богом подразумевают некую высшую силу, которой алкоголик должен довериться, чтобы справиться с болезнью, которая оказалась сильнее его. Каждому предоставляется обращаться к Богу, как он его понимает.

Очень важным элементом является сознание, что залогом собственной победы служит постоянное стремление помочь товарищам преодолеть власть алкоголя. Оно выражено в 12-м, заключительном «шаге»: «Достигнув духовного пробуждения в результате всех этих шагов, мы старались донести их смысл до других алкоголиков и применять эти принципы во всех наших делах».

Многие алкоголики, поборовшие свою болезнь благодаря участию в группе АА, продолжают и в дальнейшем в течение ряда лет посещать собрания группы, чтобы своим примером и действиями поддержать тех, кто еще проходит все этапы преображения, а также и самому почувствовать необходимую поддержку. Об атмосфере, характерной для встреч АА, можно судить также по тексту общей молитвы, которую принято произносить на каждом собрании: «Боже, дай мне разум и душевный покой принять то, что я не в силах изменить, мужество — изменить то, что я могу, и мудрость — отличить одно от другого. Аминь!»

В тех странах, где движение АА получило большое развитие, врачи и другие специалисты со всей серьезностью относятся к его возможностям и стремятся побудить своих пациентов-алкоголиков после прохождения обычного курса лечения или в ходе его присоединиться к одной из местных групп АА.

АНОРЕКСИЯ (лат. *anorexia*) — отсутствие аппетита при наличии физиологической потребности в питании. Проявляется часто у больных алкоголизмом во время приема спиртного, особенно во время запоев, а также в период абстинентного синдрома. У привычных пьяниц (еще не алкоголиков) также может нарушаться аппетит (на закуску бывает достаточно «понюхать хлебную корочку»), хотя, как и нарушения сна, изменения аппетита у них могут быть биполярными — анорексия сменяется булимией (чрезмерным чувством голода). Аппетит у привычных пьяниц на следующий день после выпивки, как правило, усиливается. Чувство голода может преследовать весь день.

АНТАБУС — препарат для лечения алкоголизма методом сенсибилизации (повышения чувствительности к алкоголю, его непереносимости), при котором не только подавляется влечение к алкоголю, но и сам прием его делается физически невозможным. Антабус влияет на обмен алкоголя в организме, способствуя накоплению такого промежуточного продукта окисления алкоголя, как ацетальдегид. Повышение количества альдегида в организме приводит к ряду крайне тягостных ощущений (покраснение и чувство жара в лице и верхней части туловища, чувство стеснения в груди, затруднение дыхания, шум в голове, чувство страха, озноб и т.д.).

Перед назначением антабусного препарата проводят с больным психотерапевтическую беседу с разъяснением механизма действия препарата, опасности употребления спиртных напитков после его приема. Перед началом лечения антабусом больному и его родственникам предлагают подписать документ, согласно которому больной берет на себя ответственность за все опасные для здоровья и жизни последствия, если он нарушит указание врача не принимать алкогольные напитки после лечения антабусом. Кроме юридического, такая расписка имеет и чисто психотерапевтическое значение. Ее вклеивают в историю болезни.

Для лечения алкоголизма антабус впервые применили E. Jacobsen и O. Martensen-Larsen (1949); в СССР — И. В. Стрельчук (1951), и в дальнейшем этот метод лечения широко распространился во всем мире, несмотря на риск возникновения ряда серьезных осложнений при передозировках и индивидуальной чувствительности (включая инфаркт миокарда, инсульт, антабусные психозы и др.). Абсолютными противопоказаниями являются: выраженные формы эндокринных заболеваний, тяжелые заболевания сердечно-сосудистой системы, активный туберкулез легких, заболевания органов пищеварения, почек и других внутренних органов в стадии обострения и др. При передозировке антабуса могут возникать острые экзогенные психозы.

С целью установления появившейся непереносимости алкоголя у больного в ходе лечения антабусом могут через 7—10 дней проводиться *антабусно-алкогольные пробы* (см.).

Химически чистый, годный для медицинских целей антабус был синтезирован в 1946 году J. Hald'ом.

Синонимы: *тетурам, дисульфирам, тиурам, аверсан.*

АНТАБУСНО-АЛКОГОЛЬНАЯ ПРОБА — применяется для проверки наличия сформированной болезненной чувствительности (сенсибилизации) пациента к алкоголю в ходе лечения антабусом.

Первая такая проба проводится обычно через 7—10 дней ежедневного приема антабуса. Утром, после очередной порции антабуса, больному дают выпить 30—50 мл 40%-го алкоголя. Через 5—10 минут развивается реакция на алкоголь: гиперемия лица, шеи, груди, сосудов склер («бульдожьи глаза»), учащение дыхания, пульса. В дальнейшем эти явления могут усилиться: появляется тяжесть и пульсация в голове, чувство жара, сдавливание в области сердца, одышка, головокружение, резкое падение артериального давления, ощущается сильный запах ацетальдегида изо рта. Возможны судороги, многократная рвота и коллаптоидное состояние. Для выведения больного из тяжелого состояния применяются внутривенное введение 1%-го раствора «метиленового синего» в сочетании с сердечно-сосудитыми средствами (кордиамин, камфора, лобелин, эфедрин и др.). Основная цель проведения пробы — убеждение пациента в непереносимости алкоголя. (Синонимы: *алкогольно-тетурамовая проба, тетурам-алкогольная реакция.*)

АНТАБУСНЫЙ ПСИХОЗ — острое психическое расстройство, возникающее как осложнение при лечении алкоголизма антабусом. Причиной может быть передозировка препарата (1 г/сутки и более) или же большое число антабусно-алкогольных проб. Как правило, антабусный психоз начинается с нарушения сознания, часто с возбуждением, спутанностью, дезориентировкой. Периодически появляются зрительные и слуховые галлюцинации, бредовые идеи — обычно преследования, воздействия. Отмечаются значительные эмоциональные расстройства, чаще в виде тревоги, страха, тоски, реже — маниакального возбуждения. Длительность психоза — от нескольких дней до нескольких недель. Лечение — сочетание нейролептических препаратов (галоперидол, трифтазин, левомепразин и др.) с большими дозами витаминов, прежде всего В1.

Синоним: *Тетурамовый психоз.*

АНТИАЛКОГОЛЬНАЯ КАМПАНИЯ ГОРБАЧЕВА (1985—1988) — попытка, предпринятая М. С. Горбачевым через два месяца после его прихода к власти в 1985 году, вынудить население СССР значительно снизить потребление алкоголя, чтобы за короткие сроки существенно снизить распространенность пьянства и алкоголизма в стране. 7 мая 1985 года были приняты постановления ЦК КПСС («О мерах по преодолению пьянства и алкоголизма») и Совета Министров СССР («О мерах по преодолению пьянства и алкоголизма, искоренению самогоноварения»), которыми предписывалось всем партийным, административным и правоохранительным органам решительно и повсеместно усилить борьбу с пьянством и алкоголизмом, причем предусматривалось значительное сокращение производства алкогольных напитков, числа мест их продажи и времени продажи. 16 мая 1985 года вышел Указ Президиума Верховного Совета СССР («Об усилении борьбы с пьянством), который подкреплял эту борьбу административными и уголовными наказаниями. Соответствующие Указы были приняты одновременно во всех союзных республиках. В выполнение этой задачи втягивались также в обязательном порядке профсоюзы, вся система образования и здравоохранения, все общественные организации и даже творческие союзы (союзы писателей, композиторов и т.д.).

Исполнение было беспрецедентным по активности и всеохватности. Государство впервые пошло на снижение доходов от алкоголя, которые были важной статьей государственного бюджета, и стало на деле резко сокращать его производство. Уже за первый год производство алкогольных напитков в СССР в целом было сокращено на 50%. К 1989 году число винодельческих предприятий сократилось наполовину, из 100 крупных ликеро-водочных заводов 12 были ликвидированы, на остальных значительно снизили выпуск продукции. Закрыли 20 крупных пивных заводов. Вырубили около 300 тысяч гектаров виноградников (т.е. примерно 1/3 всех плантаций, которые составляли около 1/10 мировых посадок винограда). В Российской Федерации число магазинов, торгующих алкогольными напитками (эти магазины в те времена могли быть только государственными), было сокращено в 4,7 раза, в Москве из 1200 таких магазинов осталось 206, в Астраханской области количество торгующих винных точек урезали почти в 20 раз. Больше чем на треть уменьшили время торговли спиртным.

К оставшимся винным прилавкам уже задолго до открытия их торговли выстраивались длиннейшие очереди — в несколько сотен, а то и тысяч человек. В Петрозаводске в один из дней 1987 года винная очередь, вернее, взбудораженная, мало управляемая толпа, насчитывала, согласно милицейскому отчету, пять тысяч человек. Она откатила грузовик, загораживавший вход в магазин, смела кордон милиции и взломала двери, отделявшие от желанного продукта. Для наведения порядка милиция вынуждена была держать в таких очередях-толпах постоянные наряды милиционеров, иногда до десяти человек. В 1987 году в этих очередях было задержано и наказано за «нарушение общественного порядка», за «хулиганство» (штрафами, арестами) 250 тысяч человек.

Не всегда удавалось избежать большой беды. В том же Петрозаводске за неделю до Нового 1987 года в винной очереди из тысячи человек задавили насмерть пенсионерку, которая вовсе не была пьяницей, а пришла за вином, потому что ждала на праздник родственников. В Мурманске в аналогичной ситуации погиб 26-летний парень. У людей со слабым сердцем многочасовое выстаивание в такой очереди иногда заканчивалось роковым сердечным приступом. Жители северного Мурманска рассказывают, что в помещение, торгующее водкой, люди набивались до такой плотности, что в холодное время года от духоты по стенам сбегали ручьи.

В 1987 году в Российской Федерации годовая продажа алкогольных напитков населению (в пересчете на абсолютный алкоголь) по сравнению с 1984 годом уменьшилась в 2,7 раза. Однако это снижение было практически полностью компенсировано за счет повсеместного бурного роста самогоноварения и массового употребления всевозможных алкогольных суррогатов (технического спирта, парфюмерии, бытовых и технических спиртосодержащих средств и т.п.).

Только в 1987 году населением СССР было выпито, по экспертным оценкам, около одного миллиарда флаконов спиртосодержащих парфюмерных изделий и около 900 тысяч литров стеклоочистительной жидкости. Общение с суррогатами нередко оборачивалось трагедией. Летом 1987 года в украинском селе директор школы угостил раздобытым где-то фальшивым «спиртом» совхозного механика за подвоз школьной мебели. Угостился, конечно, и сам. Наутро механик умер, а через два дня скончался директор. На поминках директора в чарках фигурировал все тот же злосчастный суррогат, и восемь человек отправились на тот свет вслед за незадачливым директором и механиком, в том числе дочь директора и двое сыновей механика.

Продажа сахара (основного сырья для самогона) возросла в Российской Федерации с 1985 по 1987 год на 964 тысячи тонн, что вынудило ввести нормированную талонную систему его розничной продажи.

Самогоноварение росло вопреки предусмотренным суровым наказаниям за него: большой штраф (до 300 руб.) или исправительные работы до двух лет — при первом наказании, лишение свободы до двух лет — при повторном. Если самогон изготавливался для продажи, то с первого же раза могли приговорить к лишению свободы на 1—3 года с конфискацией имущества. В 1986 году в СССР было арестовано 150 тысяч самогонщиков, в 1987 — 397 тысяч, в 1988 — более 500 тысяч.

Самогонщики шли на всяческие ухищрения, чтобы ускользнуть от разоблачения. Закваску браги прятали на чердаках и в сараях, зарывали в огородные грядки и навозные кучи, во время перегонки жгли куриные перья и шерсть, чтобы заглушить для окружающих запах самогона. Проявлялось самодеятельное изобретательство в сооружении самогонных аппаратов — от примитивной комбинации из кухонных мисок и кастрюль до агрегатов с автоматическим режимом. В печати сообщалось о самогонном аппарате, сооруженном из доильной установки, и об аппарате, умещающемся в небольшом чемоданчике-«дипломате». В 1988 году по телевидению демонстрировали разоблаченный самогонный аппарат с числовым программным управлением. Хозяин перед уходом на работу мог зарядить его брагой и поставить на определенный режим работы, а вернувшись, иметь желаемое количество готового и чистейшего хмельного продукта. В целом по СССР в течение 1986—1987 годов было изъято и уничтожено более миллиона самогонных аппаратов, в 1988 году — 427 тысяч.

Расцвела спекуляция спиртным, в частности, ночная продажа водки таксистами и владельцами машин. Ночную нелегальную торговлю водкой «с колес» в народе прозвали «бомбежкой», а торговцев — «бомбежниками». Прибыль от «бомбежки» нередко в 20—30 раз превышала официальную зарплату таксиста, поэтому иные дельцы устраивались специально для «бомбежного» бизнеса на работу в таксопарк. В 1988 году за спекуляцию спиртным была осуждена 31 тысяча человек.

В том же году 11 тысяч человек были осуждены за кражу спирта и спиртовой продукции с ликероводочных заводов, на которых охрана стала строгой, почти как на складах со взрывчаткой. Своеобразный способ хищения спирта придумал инженер винозавода в Краснодарском крае. Он договорился со слесарем соседнего дома отдыха провести на глубине 20 сантиметров от поверхности земли шланг, под забор на территорию завода, к заводскому резервуару со спиртом, и аккуратно «врезать» в стенку резервуара трубку с краном. За 3 месяца, пока не попались, они успели «отсосать» 600 литров спирта и были осуждены на длительные сроки лишения свободы.

В сентябре 1985 года по директиве ЦК КПСС было создано уникальное по масштабам и организационной структуре общество трезвости. Оно называлось «*Всесоюзным добровольным обществом борьбы за трезвость*» (см.), а по существу добровольным не являлось и было построено по строго иерархическому принципу подобно большому государственному ведомству. Его скорее можно было назвать «Министерством трезвости». Это общество никаких симпатий у населения не вызывало, записывали в него членов, не заботясь об их согласии, и не удивительно, что не менее одной трети членов, по оценкам, были активными любителями спиртного. Очень сомнительно, что такая организация за несколько лет своего существования прибавила сколько-нибудь заметно в населении стремления к трезвости.

На население обрушился девятый вал антиалкогольной пропаганды, который был достаточно высоким и в предшествующие годы. Теперь повсюду — в клубах, школах, на заводах, в больницах и даже в обществах глухонемых прочитывались миллионы антиалкогольных лекций и докладов. Сотни тысяч административных комиссий по борьбе с пьянством строго следили за тем, чтобы план по этим лекциям не только выполнялся, но и перевыполнялся. За год только одними медиками прочитывалось несколько сот тысяч антиалкогольных лекций. Тема трезвости была заложена во все регулярные медицинские передачи Центрального телевидения и радио. Министерство здравоохранения внушало медикам, что «очень важно, чтобы каждый человек, болеющий каким-либо заболеванием или склонный к нему, связывал это с алкоголем». Каждый врач, независимо от специальности, обязывался выполнить определенный объем антиалкогольной пропаганды.

Стены цехов, поликлиник, парикмахерских, городских бань и других общественных заведений покрылись разномастными плакатами, суть которых сводилась к призывам «Пьянству — бой» и «Норма жизни — трезвость». Объем такой печатной продукции не поддается учету, но вполне возможно, что в первые два года кампании он по листажу и метражу был сопоставим с выпуском стенных обоев.

Была введена антиалкогольная цензура. Из современных романов, кинофильмов и пьес безжалостно вырезались сцены с распитием спиртного. Популярнейший фильм «С легким паром, или ирония судьбы», который после такого урезания стал бы просто бессмысленным, был надолго запрещен для показа по телевидению. Для театров были созданы специальные «комиссии», которые должны были просматривать спектакли текущего репертуара — «с целью изменения или смягчения акцентов в отдельных сценах, которые... не отвечают мерам по борьбе с пьянством и алкоголизмом».

Высокопоставленным чиновникам было отдано распоряжение об обязательной сдаче ими алкогольных напитков, полученных в качестве сувениров в официальных поездках за рубеж.

Результаты всех этих небывалых по охвату и числу участников антиалкогольных действий были через три года удручающими. В 1988 году в стране за появление в пьяном виде на улицах и в других общественных местах были наказаны 6,5 миллионов граждан, в том числе 267 тысяч женщин; в вытрезвители страны попали 4 миллиона 528 тысяч пьяных. В состоянии опьянения были совершены 362 тысячи преступлений, в том числе каждое третье умышленное убийство и тяжкое телесное повреждение. Лечение больных алкоголизмом стало обязательным, а для значительной части — принудительным. В 1988 году их было зарегистрировано в наркологических диспансерах 4 миллиона 580 тысяч.

Несмотря на значительное сокращение государственной продажи алкогольных напитков населению через три года оно потребляло алкоголя фактически не меньше, чем перед началом кампании. Согласно данным хотя бы МВД, самогон и нелегальный алкоголь с лихвой перекрывали убыль легального алкоголя. Опросы, проводимые социологами, показывали, что население на деле не собиралось отказываться от спиртного: в 1988—1989 годах среди взрослых обнаруживалось лишь 2—3 процента убежденных трезвенников, а среди школьников 50—60 процентов уже пробовали алкогольные напитки.

Борьба с пьянством обернулась войной с пьющим населением, среди которого пьяницы составляли лишь меньшую часть. Борьба за здоровый образ жизни свелась к преследованию больных алкоголизмом, из которых около четверти миллиона человек получали мнимое лечение за колючей проволокой — в т.н. *«лечебно-трудовых профилакториях»* (ЛТП) (см.), где они на два года изолировались от общества, а в случае побега получали тюремный срок.

В 1989 году Горбачев и некоторые его партийные соратники с большой неохотой начали признавать неудачу кампании и сваливать друг на друга злополучную инициативу. Депутаты Верховного Совета на своем заседании узнали от Председателя Совета Министров, что общий государственный ущерб от антиалкогольной кампании составил 200 миллиардов рублей (в ценах 1985 года) или половину государственного бюджета СССР 1986 года. В 1989 году объем производства водки стал выше, по сравнению с 1987 годом, на 20%, в 1990 — на 40%. А после 1991 года, когда СССР распался и Горбачев лишился власти, он уже не стеснялся признаться публике, что в некоторых обстоятельствах без «пары рюмок водки» и он не может обойтись.

АНТИАЛКОГОЛЬНОЕ ЛЕЧЕНИЕ (англ. *alcoholism treatment*) — лечение алкоголизма. Синонимы: противоалкогольное лечение, антиалкогольная терапия, противоалкогольная терапия.

АНТИГИСТАМИННЫЕ СРЕДСТВА И АЛКОГОЛЬ — взаимодействуют друг с другом, приводя к эффекту взаимного потенцирования. Алкоголь усиливает седативный и снотворный эффекты противоаллергических средств из группы H1-гистаминоблокаторов: димедрола, пипольфена (дипразина), супрастина, тавегила, задитена. Противоаллергические средства, действующие как блокаторы H2-рецепторов, ингибируют ферментные системы окисления этанола и тем самым увеличивают степень и продолжительность алкогольного опьянения.

АНТИДЕПРЕССАНТЫ (ТРИЦИКЛИЧЕСКИЕ) И АЛКОГОЛЬ — при взаимодействии могут вызвать нежелательные последствия. Алкоголь повышает всасывание антидепрессантов в желудочно-кишечном тракте. В зависимости от соотношения седативной и стимулирующей активности препаратов проявляется их синергизм или антагонизм с этанолом. Усиливается седативный эффект амитриптилина: его назначение в течение первых двух дней после однократного употребления алкоголя может вызвать нарушения психомоторных реакций. Этанол усиливает периферическое холинолитическое действие некоторых антидепрессантов (имизина, амитриптилина, фторацизина, мепротилина), снижая тонус и перистальтику кишечника вплоть до паралитической непроходимости. Введение имизина на фоне алкоголя углубляет гипогликемию и лактацидемию.

АНТИКОАГУЛЯНТЫ И АЛКОГОЛЬ — при взаимодействии могут обусловить нежелательные последствия. Острая алкоголизация потенцирует эффект антикоагулянтов непрямого действия в связи с конкуренцией за микросомальные ферменты, что приводит к гипокоагуляции и кровотечениям. Особенно велик риск кровотечения у больных циррозом печени в связи с нарушением синтеза факторов свертывания крови. В период воздержания от алкоголя у больных алкоголизмом, напротив, возникает толерантность к антикоагулянтам, связанная с индукцией микросомальной системы окисления, ведущей к ускорению распада препаратов. Поэтому в связи с нестабильностью концентрации антикоагулянтов в плазме больных алкоголизмом при их применении требуется особенно тщательный контроль за системой свертывания крови.

АНТИПОХМЕЛЬНАЯ САМОПОМОЩЬ — по рекомендации медиков, выглядят следующим образом.

1-я схема. Утром с *похмелья* (см.) человеку бывает трудно подняться. Нужно, не вставая с постели, сделать пальцами энергичный массаж волосяной части головы, лба, лица, ушей и несколько осторожных круговых движений головой (не отрывая от подушки). Затем принять контрастный душ, а лучше ванну с морской солью. В заключение выпить заранее приготовленный отвар трав, который поможет организму очиститься от продуктов распада алкоголя. Его состав: измельченные ягоды шиповника — 4 ст. ложки; зверобой — 1 ст. ложка; пустырник — 2 ст. ложки; измельченные плоды лимонника (если есть) — 2 ст. ложки; мед — 3 ст. ложки. Залить одним литром кипятка. Лучше всего заранее настаивать в термосе в течение 4—6 часов.

2-я схема. Для ускорения тока крови в организме и подстегивания обмена веществ нужно заставить себя сделать ряд интенсивных движений, вплоть до появления крупного пота. Затем — или баня, или душ, сначала теплый, затем горячий, затем все более холодный. Потом — теплое сладкое питье (крепкий чай, кофе) и легкая еда с обилием витаминов В (творог, сыр, яйца, рыба) и С (капуста, зеленый лук, красный перец и т.д.). Хорошо принять для оживления работы нервных клеток разовую дозу препарата из аминокислот или так называемых ноотропов (аминалон или пирацетам).

О методах профессиональной медицинской помощи при тяжелых состояниях похмелья (постиноксикационного синдрома) см. *Дезинтоксикация*.

АНТИПОХМЕЛЬНЫЕ НАРОДНЫЕ СРЕДСТВА — были найдены в течение многовекового тесного знакомства человека с неприятным последствием алкогольных излишеств в виде похмелья, которое наступает обычно под утро после вечернего (или ночного) обильного возлияния. В России исстари традиционным средством облегчения этого состояния был солено-кислый сок из-под квашеных огурцов — огуречный рассол (или капустный). В Соединенных Штатах «лечат» похмелье горячими кислыми щами.

Широко распространенным средством во всех странах является лимонный сок. Он более всего эффективен при разведении тепловатой водой и при приеме на голодный желудок. Существует мнение, что витамин С, содержащийся в лимоне в большом количестве, ускоряет распад избыточного алкоголя. Наверное, поэтому в многочисленных антипохмельных рецептах присутствуют продукты с богатым содержанием витамина С, а также других витаминов (капуста, лук, чеснок, помидоры и т.д.).

Французы советуют проглотить одним глотком размятую головку чеснока. Для опохмеляющейся семьи по такому случаю готовят чесночный суп ***«торин»*** (см.). Другой целительный в подобных случаях французский суп — ***«виши»*** (см.).

АНТИПРОПОВЕДЬ — шутливый вариант примитивной антиалкогольной пропаганды, который приводится как пример, когда достигается обратный результат. Проповедник трезвости обращается к своим слушателям:

«Несчастные, знайте, что вы пали ниже животных. Ну, поставьте перед ослом два ведра: одно с водой, другое с вином. Что он будет пить?» — «Конечно, воду!» — отвечают слушатели. «Вот именно воду, а почему?» — «Потому что он осел!» — звучит дружный ответ.

АНТИСФЕН АФИНСКИЙ (ок. 445—360 гг. до н.э.) — древнегреческий философ, автор сохранившегося сочинения «Об употреблении вина». Он выступал за умеренность в употреблении вина, чтобы человек «не пьянел, а легко переносил вино», и рекомендовал «пить, исходя из своих возможностей». Он подчеркивал, что этими «удовольствиями пользоваться можно по праву только после трудов, а не прежде их».

АПЕРИТИВЫ (фр. *aperitif*) — напитки для возбуждения аппетита, обычно алкогольные (крепостью 15—35%). Они готовятся нередко с использованием настоев различных растений, тонизирующе действующих на организм и способствующих выделению желудочного сока, во вкусе которых имеются оттенки горечи или жгучести, в том числе с использованием полыни, красного перца, имбиря. Во Франции аперитив приготовляется чаще всего из вермута, к которому добавляют горькую специю или такие пряности, как кассия или гвоздика, и разбавляют водой со льдом. Могут быть также использованы такие марочные крепленые вина, как «Лиллэ» и «Дюбоннэ».

АПОМОРФИН — препарат, вызывающий в определенных дозах рвоту, что используется, путем сочетания его с приемом алкоголя, для выработки условного рефлекса отвращения к алкогольным напиткам (метод *Услов-*

но-рефлекторной терапии — см.). Белый или слегка желтоватый порошок, на свету зеленеет, трудно растворяется в воде. Апоморфин получают из морфина при его реакции с соляной кислотой. Рвотный эффект апоморфина обусловлен воздействием на «пусковую зону» продолговатого мозга. См. *Апоморфинотерапия*.

АПОМОРФИНОТЕРАПИЯ (Случевский И. Ф., 1933) — условнорефлекторный метод лечения алкоголизма, при котором основную роль играет формирование рвотного условного рефлекса на прием алкоголя путем сочетания с апоморфином, обладающим рвотным действием.

Обычно применяется 0,5—1%-ный свежеприготовленный раствор апоморфина. Рвотная доза подбирается индивидуально. Перед инъекцией больной принимает немного пищи. Через 3—4 мин. после введения препарата возникают слюноотделение, тошнота, чувство жара, покраснение лица, головокружение, шум в голове, резкое потоотделение. После возникновения тошноты больному предлагают нюхать, а затем выпить 30—50 мл предпочитаемого алкогольного напитка. Рвота наступает через 1—15 мин. и длится 5—20 минут. Возможны осложнения в виде обморока или коллапса, которые могут быть предупреждены с помощью кордиамина, коразола, кофеина и др. Имеются противопоказания (язвенная болезнь, тяжелые сердечно-сосудистые заболевания, бронхиальная астма и др.). Полный курс лечения составляет 20—25 ежедневных сеансов.

АРАКА, АРЬКА — молочная (кумысная) водка, традиционно изготавливаемая у коренных народностей Алтая, Бурятии, Калмыкии путем перегонки заквашенного молока (*айрана* — см.). После однократной перегонки имеет крепость 5—11%. Пьется только горячей, поскольку в остывшем виде обладает неприятным запахом.

АРЕОМЕТР — прибор для измерения плотности жидкостей. Устройство ареометра основано на законе Архимеда, согласно которому вес жидкости, вытесненной плавающим телом, равен его весу. По глубине погружения ареометра можно судить о плотности исследуемой жидкости, которая зависит от концентрации растворенных в ней веществ. Ареометры, предназначенные для определения концентрации спирта в воде, называются спиртомерами, для определения сахара — сахаромерами и т.д.

АРЗА (ХОРЗА) — крепкая кумысная водка, традиционно изготавливаемая в Калмыкии. Пьется только горячей. Изготовляется из *араки* (см.) путем повторной (или тройной) перегонки.

АРМАЗИ — тонизирующий сладковатый безалкогольный напиток, *безалкогольное вино* (см.). Ценный пищевой продукт, содержащий биологически активные вещества. Получают армази в результате удаления спирта из виноградного вина перегонкой его под вакуумом при температуре 45°С и добавления виноградного сока. Содержание сахара 7%, содержание спирта — 0,5%. Рекомендован при ряде заболеваний, как и другое безалкогольное вино *гвиниса* (см.).

АРМАНЬЯК (фр. *armagnac*) — крепкий алкогольный напиток типа бренди (см.), производящийся на юго-западе Франции в местности, носящей название Арманьяк. Изготавливается по технологии, сходной с используемой в производстве коньяка, из спирта, полученного дистилляцией (перегонкой) виноградного вина. Выдерживается в дубовых бочках не менее семи лет. Букет и вкус арманьяка, как и у коньяка, характеризуются тонами, обусловленными веществами дубовой древесины (дубильные вещества, лигнин и др.), а отличаются от коньяка наличием пряно-фруктового оттенка и отсутствием мыльного тона. Содержание спирта — 40% об. и более. Во Франции арманьяк по популярности соперничает с коньяком.

АРМСТРОНГ НИЛ (род. 1930) — американский астронавт, первый человек, ступивший на поверхность Луны (1969). Как у любой знаменитости, многие факты его личной жизни становятся известными всему миру. Стало достоянием прессы и развившееся у него через некоторое время после исторических космических полетов пристрастие к алкоголю. Когда он осознал, что спивается, Армстронг обратился к известному врачу-наркологу. Врача удивило появление такого пациента. Он спросил его: «Как же вы, волевой человек, покоривший космос, не смогли вовремя отказаться от выпивки?» — «По сравнению с алкоголизмом, доктор, трудности космического полета — детская игра», — ответил астронавт.

АРНИКА — вид многолетнего растения семейства астровых. Ее желто-оранжевые цветки содержат 0,5—1% эфирного масла, горькое вещество арницин и дубильную кислоту. Настой цветков имеет горьковато-терпкий вкус и тонкий аромат, напоминающий аромат ромашки; используется в производстве ароматизированных вин. Арника используется также в медицине как желчегонное и кровоостанавливающее средство.

АРОМАТ ВИНА — характерный запах, присущий определенной марке вина, зависящий от сорта винограда и условий выдержки вина. Это одно из важных качеств виноградного вина, оцениваемое при дегустации. Дегустатор подносит к носу бокал, наполненный вином на четверть, и делает вдох носом. Так определяется «мощность» ароматов. Некоторые вина «бьют в нос», другие очень «скрытны». Затем определяют типы ароматов: разных фруктов и ягод, цветов, дерева, грибов, иногда пробки (отрицательный признак). Молодые вина характеризуются ароматами лесных ягод («ежевики», «смородины»), более выдержанные вина могут отличаться запахом свежеобработанной кожи и осенней лежалой листвы. Аромат вина наиболее развивается на втором году выдержки. В отношении марочных выдержанных вин со сложным ароматом используется также понятие «*букета*» (см.), характеристика которого обычно менее конкретна (тонкий букет, тонкий развитый, гармоничный и т.д.).

АРРАК — крепкая водка (58,8% об.), распространенная в Южной Индии и Юго-Восточной Азии. Приготовляется путем перегонки сброженного сока кокосовой пальмы (в Шри-Ланке) или закваски из риса и патоки сахарного тростника с прибавлением или без прибавления пальмового сока (на Яве, Ямайке). Аррак прозрачен, бесцветен или окрашен в бледножелтый цвет, имеет сильный, приятный характерный аромат. В некоторых местах производства в него добавляют сок конопли или дурмана. В Европе из аррака готовят пуншевую эссенцию («шведский пунш»).

АСПИРИН (АЦЕТИЛСАЛИЦИЛОВАЯ КИСЛОТА) И АЛКОГОЛЬ — при сочетании усиливают местно-раздражающее действие каждого. Ацетилсалициловая кислота, раздражая слизистую оболочку желудка, препятствует всасыванию алкоголя. У больных алкоголизмом даже терапевтическая доза ацетилсалициловой кислоты может спровоцировать изъязвление желудка и развитие кровотечения. Геморрагическим осложнениям способствует антиагрегационный эффект салицилатов, суммирующийся с состоянием гипокоагуляции при алкоголизме.

АСТАЗИЯ-АБАЗИЯ (лат. *astasia-abasia*) — расстройство движений, проявляющееся в невозможности стоять и ходить без поддержки. Характерна для истерического варианта измененного алкогольного опьянения.

АСТИ СПУМАНТЕ (АСТИ ПЕНЯЩЕЕСЯ) — мускатное игристое вино, производящееся в Италии. Имеет светло-желтый, чуть золотистый цвет и характерный для муската аромат, причем присутствуют тона чайной розы, липы и акациевого меда. Вкус сладковатый, крепость — 5—9% об. Впервые Асти спуманте было приготовлено в 1868 году из сладких мускатных вин-недобродов бутылочным методом шампанизации. Это вино принадлежит к числу лучших вин Италии. Его в свое время хвалил Осип Мандельштам.

АСТРОЛОГИЯ ВИНОДЕЛИЯ — привела к выводу, что вина наилучшего качества получаются из винограда, собранного в годы Марса (... 1974, 1981, 1988, 1995...) и Солнца (... 1975, 1982, 1989, 1996...). Годы Солн-

3 Зак. № 1055 Мирошниченко

ца особенно благоприятны для красного вина. Вина, не подлежащие выдержке, и примитивные домашние вина лучше выходят из винограда, выросшего в годы Юпитера (... 1973, 1980, 1987, 1994...). Астрологи рекомендуют ставить на брожение домашнее вино лучше всего в период вблизи полнолуния, когда Луна проходит знаки Рака, Скорпиона и Рыб. Есть термин «вино кометы» — так называют редкие вина особо высокого качества, которое объясняется воздействием комет. Так, в 1811 году наблюдали комету исключительной яркости, и тогда же в Испании и Франции урожай винограда был замечательного вкуса и аромата. См. *Вино кометы*.

АСТРОЛОГИЯ ВЫПИВКИ — увязывает особенности действия спиртного с фазами Луны и созвездиями Зодиака. Наиболее опасными для выпивки считаются 3 дня новолуния и полнолуния, первый день первой четверти и первый день последней четверти. Астрологи полагают, что алкоголь действует поразному на лиц, родившихся под различными знаками Зодиака.

Овнов выпивка или сбивает с ног, или толкает на безумные действия. Тельцы в пьяном виде приходят в дикую ярость по ничтожному поводу. Большинству Близнецов выпивка просто неинтересна: выпив, они не меняют заметно своего настроения и стиля поведения. Ракам даже пиво противопоказано: у них нежный желудок и неустойчивая психика — иногда, вместо того, чтобы развеселиться, они, выпив, плачут. Львам нужно строго соблюдать меру, потому что они должны беречь свое сердце, и, кроме того, пьющий Лев неотвратимо теряет свой авторитет, а это для него смерти подобно. Большинство Дев инстинктивно чувствуют, что алкоголь для них — сильнейший яд, поэтому из их рядов выходит много убежденных противников спиртного. Весы, как правило, выпивают «за компанию» и частенько перебирают. Скорпион в опьянении может натворить много зла самому себе. Стрельцы пьют с удовольствием, из-за чего многие из них становятся алкоголиками и страдают циррозом печени. Козерогу спиртное не приносит расслабления. Водолеи, пристрастившись к спиртному, вконец расшатывают и без того некрепкую у них нервную систему, становятся невротиками с трясущимися руками и неверной походкой. Рыбы быстро привыкают к алкоголю и очень болезненно переживают период похмелья.

Астрологи утверждают, что они могут выявить по гороскопу предрасположенность к алкоголизму уже на второй день после рождения человека.

АСЦИТ (лат. *ascites*) — один из симптомов запущенного алкогольного цирроза печени, выражающийся в переполнении брюшной полости жидкостью. Синонимы: *Водянка живота*.

АТАКСИЯ АЛКОГОЛЬНАЯ МОЗЖЕЧКОВАЯ (лат. *ataxia cerebrialis alcoholica*) — остро развивающееся после тяжелой алкогольной интоксикации расстройство координации движений, когда токсическому воздействию алкоголя подвергаются преимущественно диэнцефальная область головного мозга, мост и мозжечок. Характерны такие проявления, как шаткая походка, дизартрии, тремор головы и конечностей. Описана впервые В. М. Бехтеревым (1900).

AUDIT (Alcohol Use Disorder Identification Test) — анкета для массового выявления (скрининга) людей с ранними признаками алкоголизма, разработанная Всемирной организацией здравоохранения (Babor T. E., Grant V., 1989). Состоит из 10 простых вопросов, касающихся частоты и количества потребления алкоголя, различных проявлений зависимости и сопутствующих проблем. Если сумма полученных баллов по ответам составит 8 или более (при максимуме 40), данное лицо явно нуждается в помощи специалиста в связи с алкоголем. Была показана высокая чувствительность этого теста (92%) и специфичность (93%).

АУКЦИОНЫ ВИНА — проводятся ежегодно во многих странах, в том числе известнейшими компаниями, специализирующимися на аукционах, такими как Кристи, Сотби, Морель и Ко, Батерфильд и Батерфильд и пр. Столицей аукционов вина считается Лондон (что связано с историей их организации, престижностью и географической близостью британской столицы к мировым производителям вина и европейским коллекционерам). Первый аукцион вина был проведен в Лондоне в 1766 году, тогда за 5 дней были проданы дюжина бутылок красного «бордо» и большая бутылка мадеры. В Великобритании в XVIII веке особой популярностью пользовалась мадера, и в каталогах аукционов того времени чаще всего упоминается именно это вино. В начале XIX века на первое место вышел херес, под влиянием, как полагают историки, вкуса короля Георга, невзлюбившего мадеру. В XX веке херес уступил первенство другим винам.

Интерес к коллекционированию вин стремительно возрос после второй мировой войны, вначале в Западной Европе, а затем в Америке. Считается, что переломным является 1967 год, когда на аукционе Сотби были представлены вина урожая 1858—1878 годов из коллекции графа Розбери. За рекордно высокую по тем временам цену — 225 долларов — тогда была продана большая бутылка «Лафита» 1854 года, а в 1981 году она была перепродана за 10 000 долларов. В 1985 году бутылка «Лафита—1787», с автографом третьего американского президента Томаса Джефферсона на этикетке, была куплена американским коллекционером за 148 470 долларов. В 1990-м компания Сотби провела аукцион вин

Массандры, представивший коллекцию русского царя Николая II. На этом аукционе было продано 13 тысяч бутылок вин на общую сумму около 1,07 миллиона долларов. Наибольшая цена за 3 бутылки портвейна 1891 года была заплачена швейцарским коллекционером — 12 705 долларов.

На трех аукционах в октябре 1994 года в Нью-Йорке выручка от продажи вин составила 2,8 миллионов долларов — при очень высокой активности публики. За наибольшую цену были проданы: короб вина «Петрус» 1961 года — 29 000 долл.; «Шато Лафит» 1870 года из коллекции замка Гламиса в Шотландии — 17 250 долларов; «Шато Шевал бланк» 1947 года — 21 850 долларов. Отмечено, что цены на винных аукционах стремительно растут.

АУСТЕР (нем. *Auster* — устрица) — смешанный напиток отрезвляющего действия. В него входит алкоголь в небольшой концентрации и, чаще всего, острые пряности, желток сырого яйца и томат-пюре. Наличием пряностей объясняется возбуждающее и в какой-то мере отрезвляющее действие напитка. Подают аустер преимущественно мужчинам в конце вечера или во время паузы по ходу застолья.

Один из рецептов аустера: широкую рюмку ополаскивают несколькими каплями растительного масла так, чтобы на поверхности стекла осталась тонкая масляная пленка. Выпускают в рюмку один сырой яичный желток, добавляют 10—20 капель джина (можно заменить «Охотничьей горькой») и посыпают молотым красным и черным перцем. Выпивают одним глотком. Другой рецепт: в сполоснутую растительным маслом рюмку помещают две чайные ложки острого томатного соуса и сырой яичный желток, посыпают молотым красным и черным перцем, солью, добавляют 10 капель «Перцовки» или «Охотничьей горькой» и 2—3 капли лимонного сока.

АУСТЕРИЯ, АВСТЕРИЯ (итал. *Osteria*) — трактир в России при Петре I.

AUT BIBAT, AUT ABEAT (лат.) — «либо пусть пьет, либо пусть уходит». Поговорка, бытовавшая среди древних греков и римлян и означавшая в переносном смысле, что «ему нужно либо что-то делать, либо избавлять людей от своего присутствия» («либо он с нами, либо пусть уходит»). Цицерон, приводя ее в одном из своих сочинений («Тускуланские беседы»), подразумевал при этом даже добровольный уход из жизни.

АУТОГЕННАЯ ТРЕНИРОВКА — метод психотерапии, позволяющий воздействовать на собственное физическое и психическое самочувствие при помощи самовнушения.

Аутогенная тренировка применяется также для лечения алкоголизма. В российской наркологической практике рекомендуется, например, такая формула самовнушения, повторяемая многократно (до 30 раз) в состоянии расслабления: «Я верю в себя. Я владею собой в любой ситуации. Я говорю себе: я не пью и меня не тянет. Никто не уговорит меня выпить. Я управляю собой сам. Я не изменю своего решения». Оптимальные результаты аутогенной тренировки для ослабления тяги к алкоголю достигаются после прохождения курса стационарного или амбулаторного лечения и на раннем этапе алкоголизма.

АФИНТИТЕС — популярное сладко-душистое вино античного мира. Известно в Древней Греции более 2500 лет назад, в частности, как предмет товарообмена со многими племенами, в том числе со скифами в Северном Причерноморье. Готовили вино из подвяленного винограда с добавлением душистых трав и специй (полыни, шафрана, кардамона, кедровых орехов, сладкого миндаля и др.). Точный рецепт приготовления афинтитеса не сохранился, но ингредиенты, входившие в его состав, применяются и в современном виноделии.

АФРОМЕТР — прибор для измерения давления углекислого газа в бутылках с шампанским или игристым вином.

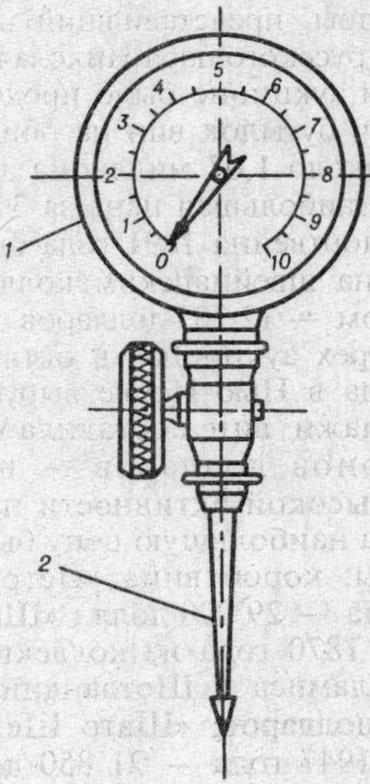

Афрометр. Состоит из манометра 1 и зонда 2

АШАФФЕНБУРГА СИМПТОМ (G. Ashaffenburg, 1896) — один из признаков алкогольного делирия, проявляющийся в том, что если больному дать телефонную трубку от невключенного телефона или иной предмет, названный телефонной трубкой, то больной может завязать разговор с мнимым собеседником.

АЭРАЦИЯ ВИН — насыщение вина кислородом с целью интенсификации роста дрожжей, окислительных процессов при производстве вина и др. Производится путем открытой переливки вина или дозированной подачи кислорода в закрытые емкости.

Б

БАЗИЛИК ДУШИСТЫЙ (ДУШКА, БАЗИЛИК КАМФОРНЫЙ) — вид травянистого однолетнего растения семейства губоцветных. Надземная часть растения используется как пряность благодаря цветочно-пряному аромату с тонами гвоздики и полевых трав, а также горьковатому вкусу. Содержит 1,5% эфирного масла и дубильные вещества. Используется в производстве ароматизированных вин типа *вермута* (см.).

БАКТЕРИОСТАТИЧЕСКИЕ И БАКТЕРИЦИДНЫЕ СВОЙСТВА ВИНА — способность виноградного вина подавлять или убивать болезнетворные бактерии не только за счет имеющегося в нем спирта, но и благодаря наличию кислот и кислых солей и, возможно, некоторых коллоидных веществ в соединении с металлами, каковые сами по себе применяются в лечебных целях.

Доказано бактериостатическое и бактерицидное действие вина на холерный вибрион, тифозные палочки, кишечные палочки, бациллы Эберта и родственные им. В чистом столовом белом или красном вине бактерии погибают за 20—30 минут. Убивая и ослабляя бактерии в кишечнике, красное вино вместе с тем зарубцовывает дубильными и слизистыми веществами царапины на слизистых оболочках, действуя как профилактическое средство против колибациллоза. Во время эпидемий желудочно-кишечных заболеваний добавление вина к подозрительной питьевой воде может служить одной из профилактических мер.

БАЛЛАС МИХАИЛ КОНСТАНТИНОВИЧ (1851—1918) — русский ученый, проводивший исследования в области виноградарства и виноделия на плантациях вблизи г. Аккерман Бессарабской губернии (ныне г. Белгород-днестровский в Одесской обл.). Автор шеститомного историко-статистического очерка

«Виноделие в России» (1895—1903, СПГ). В нем показано состояние виноградарства и виноделия в России, в том числе в Бессарабии, Крыму, на Кавказе, в Закавказье и в других регионах Российской империи. Принимал активное участие в издании «Вестника виноделия» (Одесса).

БАЛЬЗАМ — спиртовая настойка из множества различных целебных и вкусовых трав. Крепость — 40—45%. Некоторые бальзамы готовятся по древним народным рецептам. Наиболее известны бальзамы: «Рижский черный», «Белорусский», «Москва», «Русский», «Приморский», «Киргизский» («Кыргыз арашан бальзамы»).

БАМБУЗЕ — индонезийская бамбуковая водка. Приготавливается на спирте, полученном из зерна бамбука (обильно колосящихся сортов). Хотя применяется двойная перегонка, все же этот спирт недостаточно очищается от примесей, в том числе от метилового спирта. Вызывает галлюцинации. Употребляется как ритуальный напиток в особые праздники.

БАНКЕТ (фр. *banquet*) — торжественное публичное празднование по какому-либо личному, официальному или общественному поводу, сопровождаемое угощением. Организуется, как правило, в ресторане или других общественных помещениях, при заранее определенном меню. Предлогом может быть чествование юбиляра, официальный визит иностранного должностного лица, подписание соглашения, празднование дня рождения, свадьбы и т.д. Для обслуживания гостей на банкете могут быть наняты официанты.

Некоторые банкеты поражали современников своими масштабами и пышностью. В 1730 году, 25 августа, курфюрст саксонский и король польский Август II (1670—1733) организовал в польском городе Радовице в честь военного праздника грандиозный банкет, на котором присутствовали около 30 тысяч человек.

На свадьбе кузенов Менахема Тейтельбаума и Брухи Симы Мельзельс (обоим было по 18 лет), организованной их дедом, главным раввином Мозесом в Юниондейле (Лонг-Айленд, Нью-Йорк) 5 декабря 1984 года, присутствовали 17—20 тысяч человек, представителей Сатмарской секты хасидских евреев. Всю провизию на этот банкет, включая две тонны фаршированной рыбы, поставила фирма «Мил Март оф Бруклин», занимающаяся обслуживанием свадеб и банкетов кошерной пищей и *кошерным вином* (см.).

БАНКЕТНЫЙ ПОРЯДОК ПОДАЧИ ВИН — подразумевает главным условием гармоничное вкусовое сочетание вина с каждым блюдом меню. Принято подавать вначале сухие крепкие вина — херес, мадеру или марсалу — в качестве аперитивов, возбуждающих аппетит. Они же,

Германский император Максимилиан I (1459—1519) на банкете. Гравюра по дереву Ганса Бургкмайра

а также портвейн, идут к первым блюдам. К рыбным горячим блюдам идут белые столовые вина, они же подаются к устрицам и сыру. Ко вторым мясным блюдам подаются красные столовые вина; к овощным блюдам, цыплятам и мелкой дичи — полусладкие вина (мускаты, токаи, кагоры); к фруктам, мороженому, пломбиру — сладкое шампанское. Коньяк идет к рыбным закускам (семге, лососине, черной икре, шпротам). Сухое и полусухое шампанское может сопровождать все блюда. Белые столовые вина пьются лучше, когда имеют температуру 12—14°С; красные — 16—18°С; крепкие — при комнатной температуре, десертные сладкие — несколько охлажденными. Шампанское охлаждают до 6—8°С (но не замораживают).

БАОДАЙВАНЬ — китайский препарат для лечения алкоголизма, содержащий настои разных трав, а также различные естественные компоненты, в том числе вытяжки из некоторых частей тела черного петуха.

БАР (англ. *bar* — прилавок, стойка) — 1. Маленький ресторан (или часть ресторана), закусочная, где пьют и едят у стойки, а также сама такая стойка. Это распространенный вид питейных заведений в западных странах, особенно в англоязычных.

2. Небольшой шкафчик для вин, коньяков и других напитков или отделение для этих напитков в шкафу или серванте.

БАРАНЕЦ (ПЛАУН, ЛИКОПОДИУМ) — вечнозеленое травянистое растение, отвар которого применяется для формирования условного рефлекса отвращения к алкоголю. При приеме внутрь 80—100 мл свежеприготовленного 5%-го отвара через 10—20 мин. возникает тягостное состояние в виде слабости, головокружения, потливости, тошноты и рвоты, которая повторяется (до 8—10 раз) на протяжении 2—6 часов. Перед каждым позывом на рвоту пациенту дают пить привычный ему алкогольный напиток дробными дозами. Могут проявиться дрожание рук и ног, жидкий стул, судороги, падение артериального давления, мерцательная аритмия. Есть противопоказания к этому методу лечения алкоголизма: язвенная болезнь, сердечно-сосудистые заболевания, туберкулез легких, возраст старше 50 лет и др. Лечение отваром баранца проводится только в стационаре, больные во время лечения должны лежать в постели. Иногда отвращение к алкоголю развивается уже после одного сеанса.

БАРДА — гуща, образующаяся в производстве спиртных напитков после перегонки спирта из хлебного или картофельного сусла. Благодаря высоким питательным свойствам она обычно используется с добавкой соломы или сена или же в высушенном виде, в качестве корма для скота. При откармливании бычков на убой дают взрослым особям до 70—80 литров барды в сутки, молодняку — 40—50 литров, молочным коровам — до 30 литров, рабочим лошадям — 12—18 литров. Для нейтрализации кислот, содержащихся в барде (молочной и уксусной), добавляют мел.

БАРМЕН (англ. *barmen*) — владелец бара или его управляющий; служащий бара; буфетчик, продающий за стойкой спиртные напитки, готовящий коктейли и пр.

БАХУС (лат. *Bacchus*) — в древнеримской мифологии бог виноградарства, вина и веселья, соответствует Дионису или Вакху — в древнегреческой мифологии.

БАХУСУ ПОКЛОНЯТЬСЯ, СЛУЖИТЬ БАХУСУ (шутл.) — пьянствовать, быть приверженным пьянству. (Бахус в римской мифологии — бог вина и веселья.)

БЕГ С ПИВНЫМИ КРУЖКАМИ — состязание официантов, популярное в Германии. Один из рекордов в подобном состязании принадлежит барменше Рози Шеделбауер, которая в 1981 году пробежала за 4 секунды 15 метров, держа в каждой руке по 5 полных кружек пива и не пролив ни капли.

БЕЗАЛКОГОЛЬНОЕ ВИНО — напиток, который получают из натурального виноградного вина, удаляя из него спирт с помощью перегонки под вакуумом при температуре 35—45°С, чем обеспечивается сохранность всех ценных веществ вина (таких как калий, кальций, натрий, магний, железо, медь, марганец и др. микроэлементы, органические кислоты, аминокислоты, витамины, ферменты и др.), которые обусловливают его разнообразные лечебные и диетические свойства. Безалкогольное вино оказывает тонизирующее действие на организм, способствует улучшению аппетита, а также рекомендуется при ряде отдельных заболеваний. Оно может быть использовано в сочетании с другими средствами также и при лечении алкоголизма. В Грузии (в составе СССР) было разработано несколько марок безалкогольного вина, из них наиболее известны *Армази* (см.) и *Гвиниса* (см.).

БЕЗАЛКОГОЛЬНЫЕ НАПИТКИ — напитки, приготавливаемые без спиртового брожения из питьевой воды, сахара, углекислоты, вкусовых и ароматических веществ. В качестве компонентов могут использоваться также виноградные вина, коньяк и спиртованные соки фруктов и ягод, но в конечном продукте концентрация алкоголя не должна быть выше 1%. Содержание сахара может доходить 11%. Считается, что широкое распространение безалкогольных напитков, их доступность и высокие вкусовые качества способствуют снижению общего потребления алкогольных напитков. (См. *Безалкогольное вино*.)

БЕЗЛИЧНОЕ ВИНО — вино с нечетко выраженным ароматом и вкусом. К этой категории относятся молодые ординарные вина, изготовленные из сортов винограда с нейтральным ароматом и вкусом, а также из винограда с повышенной нагрузкой (урожайностью) на кустах. В неблагоприятные по погодным условиям годы безличные вина получаются даже из сортов винограда, которым обычно свойственны характерные вкусовые свойства.

БЕЗ ПОШЛИНЫ ИЗ РОССИИ — можно вывезти с собой в личном багаже при поездке за рубеж, согласно правилам на начало 1996 года, до 2 литров вина или пива и до 1,5 литра крепких напитков. Ввезти из-за рубежа беспошлинно можно до 5 литров алкогольных напитков, расфасованных в бутылки.

БЕКМЕС — концентрированное виноградное сусло, полученное увариванием сусла на открытом огне в медных луженых котлах или специальных установках. Представляет собой густую сладкую массу от коричневой до буро-черной окраски с содержанием сахара 90% (65% сухой массы). Бекмес применяется в основном для повышения сахаристости ординарных крепленых вин.

БЕЛАЯ ГОРЯЧКА — см. *Делирий алкогольный*.

БЕЛЫЕ ВИНА — вырабатываются из белых сортов винограда, таких как Алиготе, Рислинг, Фетяска, Ркацители и др. Содержание спирта 9—13% об., содержание сахара (0,3—35 г/л) зависит от типа вина. Белые вина бывают столовые (сухие, полусухие и сладкие), десертные, крепкие, шипучие, игристые, ароматизированные. Столовые белые вина имеют соломенно-желтую окраску без зеленоватых тонов, достаточно «полный» нежный вкус с ароматом соответствующего сорта винограда. В отличие от красных вин они не должны иметь терпких тонов во вкусе.

БЕЛЫЙ АИСТ — традиционная эмблема на этикетках молдавских вин. Ее происхождение связано с легендой, согласно которой в XVIII веке аисты спасли от гибели гарнизон молдавской крепости Городешты, осажденной турецким войском (янычарами). Птицы принесли с полей осажденным грозди спелого винограда, что помогло защитникам не умереть от голода и жажды. Увидев, что крепость может продержаться еще долго, враги отступили.

БЕЛЫЙ КРЕСТ (фр. *Croix Blanche*) — французское католическое антиалкогольное общество, основанное в 1899 году в г. Лилле. Членами могли стать, наряду с полными трезвенниками, также и те, кто давал обет пить только умеренно вино, пиво или сидр.

БЕЛЫЙ МЕДВЕДЬ (жарг.) — смесь шампанского с водкой для достижения более быстрого и сильного одурманивающего действия.

БЕНЕДИКТИН — крепкий ароматный ликер (43% об.), сахаристостью 32 г/100 мл, желто-зеленого цвета, сладкого жгуче-горьковатого вкуса. Изобретен в 1510 году монахом Дон Бернардо Винцелли в монастыре Святого Бенедикта в аббатстве Фекан (Франция) на побережье Ла-Манша, где производится до настоящего времени. В России его производство было налажено после 1925 года. Изготовляется с использованием ангеликового корня, мелиссы, мяты перечной, мускатного цвета, гвоздики, кардамона, корицы, с добавлением коньяка, меда, сахарного сиропа, спирта высшей очистки и пищевых красителей (колера и нафтола желтого). В России в прошлом веке имел название «Бенедиктиновый эликсир».

БЕССМЕРТНИК ПЕСЧАНЫЙ — вид многолетнего травянистого растения семейства астровых. Применяется в производстве ликеров, вермутов и других ароматизированных напитков. Используются высушенные соцветия, которые собирают в начале распускания цветков и сушат на сквозняке. Настой бессмертника имеет горький вкус и специфический приятный аромат. Отвар, жидкий экстракт и сухой концентрат из не совсем распустившихся цветков бессмертника применяют как желчегонное средство при воспалениях желчного пузыря и печени, в том числе в составе желчегонного чая. Бессмертник песчаный произрастает в южной и средней Европейской России.

БЕССОННИЦА У БОЛЬНЫХ АЛКОГОЛИЗМОМ — см. *Диссомния*.

БЕТА-АЛКОГОЛИЗМ (β-алкоголизм) — по классификации Е. Джеллинека (E. Jellinek) (1960) одна из 5 форм алкоголизма, для которой характерно появление на фоне интенсивного потребления алкоголя сомато-неврологических заболеваний, таких как полиневрит, гастрит или цирроз печени, но при отсутствии физической и психической зависимости от алкоголя и без признаков абстинентного синдрома при прекращении приема алкоголя. Алкоголь в таких случаях употребляется обычно в соответствии с обычаями социальной среды. Ущерб от бета-алкоголизма может проявиться также в снижении производительности труда, сокращении продолжительности жизни, ущербе для семейного бюджета. Может перейти в форму *гамма-* или *дельта-алкоголизма* (см.).

Согласно принятым в российской наркологии представлениям, «бета-алкоголизм Джеллинека» соответствует «привычному пьянству» и еще не является алкоголизмом (ввиду отсутствия алкогольной зависимости).

БЕХТЕРЕВА МЕТОДИКА САМОВНУШЕНИЯ (Бехтерев В. М., предп. в 1890 г.) — вариант метода самовнушения, заключающийся в том, что при недостаточном действии самовнушения психотерапевт усиливает его, «обучая» больного самовнушению в гипнотическом состоянии.

Погруженный в гипнотическое состояние больной от своего имени повторяет за врачом формулу самовнушения. Эффект самовнушения усиливается тем, что психотерапевт эмоционально заряжает формулу самовнушения, а также в связи с воспоминанием больного о врачебном внушении.

Этот метод включается в комплекс психотерапевтических воздействий при лечении алкоголизма.

БИЛЬЦА ДЕЛИРИЙ ОСАДЫ — алкогольный психоз, в котором сочетаются симптомы алкогольного галлюциноза и белой горячки. Для него характерно, что, спасаясь от мнимых преследователей, больные баррикадируют двери.

БИОЛОГИЗАЦИЯ ПОНЯТИЯ АЛКОГОЛИЗМА — отведение доминирующей роли в заболевании алкоголизмом биологическим, врожденным причинам. С точки зрения этой концепции больной алкоголизмом биологически «обречен» заболеть им, а факторы среды имеют второстепенное значение. Такая позиция является противоположной крайностью к бытовавшему в прошлые века представлению об алкоголизме как распущенности, пороке, а не болезни.

БИОЭНЕРГЕТИЧЕСКИЕ СВОЙСТВА ВИНА — способность вина обеспечивать потребность организма в легкоусваиваемом источнике энергии. Предполагается, что благодаря этой способности виноградное вино может оказаться эффективным средством для быстрой мобилизации защитных сил организма при различных острых заболеваниях, нарушающих обмен веществ, не говоря о его согревающей способности.

Биоэнергетическим потенциалом вино обладает не только за счет спирта и сахара, но и за счет разных биокатализаторов, некоторых микроэлементов и, возможно, слаборадиоактивных веществ, имеющихся в вине. Литр сухого столового вина (10—12% об.) за счет одного лишь спирта дает 540—700 килокалорий, литр десертного сладкого вина (крепостью 16% об. при 10% сахара) в расчете на спирт и сахар — более 1500 килокалорий.

Биоэнергетическими свойствами обладают и другие алкогольные напитки (см. *Энергоемкость алкогольных напитков*).

БИРДЕКЕЛЬ (нем. *Bierdeckel*) — подставка из пористого картона под пивную кружку или стакан для впитывания пролитого пива. Коллекционирование бирдекелей называется *тегестологией* (см.).

БИРОФИЛИЯ (нем. *Bier* — пиво, греч. *phylos* — любящий) — коллекционирование всякой атрибутики, относящейся к пиву (пивные этикетки, банки, оригинальные или старинные пивные бутылки, фирменные бокалы и кружки, бирдекели (подставки) и др.). Бирофилы собираются ежегодно на съезды и конференции. Один из самых престижных международных форумов бирофилов проходит регулярно в чешском городе Усти над Лабой. В программу форумов входит обычно и дегустация пива. 1-й Российский съезд бирофилов состоялся в 1993 году в Смоленске в пивном баре «Погребок».

БЛАГОРОДНАЯ ПЛЕСЕНЬ, БЛАГОРОДНАЯ ГНИЛЬ — желаемое поверхностное поражение кожицы виноградины плесенью Botrytis cinerea, что придает получаемому из такого винограда вину особенные качества, высоко ценимые знатоками. К винам, получаемым с участием «благородной плесени», относят такие знаменитые вина, как французский Сотерн, венгерский Токай и лучшие немецкие сладкие вина.

Полезные изменения, вызываемые «благородной плесенью», состоят из следующего: увеличивается концентрация сахара в соке ягоды (до 40% и более), а также глицерина, декстринов и глюконовых кислот; уменьшается кислотность сока; стимулируется переход ароматических веществ из кожицы в сок, а затем в вино. Однако если плесень проникает глубоко в ягоду, то ягода просто становится гнилой и непригодной для использования. Это случается, когда ягоды повреждены насекомыми или сильным дождем. В таком случае эта же плесень называется не «благородной», а «серой», — очень вредной для урожая. Действие плесени Botrytis cinerea в качестве «благородной» зависит от погоды, от ухода за виноградником и мастерства виноградаря. По мере готовности ягоды, подвергшиеся воздействию «благородной плесени» (сморщившиеся, но не гнилые), необходимо срывать из одной и той же грозди несколько раз (6—7 раз и более) на протяжении многих дней.

БЛАГОРОДНЫЕ СОРТА ВИНОГРАДА, НОБЛЬ (фр. *noble*) — сорта, из которых, по мнению виноделов, получаются наилучшие в мире («великие») виноградные вина. К ним относят виноград: Пино Нуар, Рислинг, Шардонне, Каберне Совиньон, Альтесс (Фурминт) и др.

БЛЕЙЛЕРА СИМПТОМ АЛКОГОЛЬНЫХ АССОЦИАЦИЙ (Bleuler E., предп. в 1920 году) — проявляется, в частности, в употреблении больными алкоголизмом алкогольного жаргона. Этот симптом имеет некоторое диагностическое значение, особенно в случаях диссимуляции (маскировки) заболевания.

БЛОК АЛЕКСАНДР АЛЕКСАНДРОВИЧ (1890—1921) — выдающийся русский поэт. Как следует из воспоминаний, дневников и других записок его современников, у Блока была сложная и очень скрытная натура. Он не любил обсуждать свои личные переживания даже с очень близкими людьми, хотя как человек с отзывчивой душой, тем более — поэт, он нуждался в общении и общался с большим кругом людей, какими бы ни были непростыми отношения с некоторыми из них (например, с Андреем Белым).

Предпочитая оставлять свои переживания и волнения внутри себя (в отличие от того же Белого), он нередко прибегал к алкоголю, очевидно, для того, чтобы смягчить остроту чувств и уравновесить свое состояние. Эта потребность была, возможно, связана также с напряжением творчества. В таких случаях он уходил бродить по городу — поздним вечером, иногда за полночь, выпивая в случайных кабаках и ресторанах.

По этому поводу в его адрес очень резко высказался в разговоре с Одоевцевой поэт Николай Гумилев, отличавшийся волевой и требовательной натурой: «...Ночью надо спать. Спать, а не читать стихи, не шататься пьяным по кабакам. Впрочем, как кому. Ведь Блок сочинял свои самые божественные стихи именно пьяным в кабаке. Помните — ...В моей груди лежит сокровище, И ключ поручен только мне, Ты право пьяное чудовище... — В этом «Пьяном чудовище» все дело. В нем, в «пьяном чудовище», а совсем не в том, что «больше не слышно музыки», как Блок уверяет, и не в том, что наступила «страшная тишина». (Разговор происходил в 1920 году. Гумилев иронически объясняет своей собеседнице причину того, что в последние годы, при новой власти, Блок почти перестал писать стихи. Причины этого были, конечно, гораздо серьезней.) То есть тишина действительно наступила, раз закрыли кабаки с оркестрами, визжащими скрипками и рыдающими цыганками, раз вина больше нет. А без вина он не может. Вино ему необходимо, чтобы слышать музыку сфер...» Можно добавить, что, вообще, Гумилев любил Блока и многие его стихи.

Если верить Андрею Белому, Блок стал искать успокоения от душевных переживаний в ночных питейных заведениях весной 1906 года, как раз тогда, когда Белый драматически вклинился в отношения Блока с женой, которую Блок очень любил. А Блок и Белый были большими друзьями еще до женитьбы Блока. «Саша готовился к государственным экзаменам, — рассказывал потом Белый. — Кончал университет, зубрил, запершись в кабинете. А ночи проводил в кабаках и пил там, среди пьяниц с глазами кроликов... После такой ночи, нет, во время такой ночи он и написал «Незнакомку»... Чудовищная, трагическая весна 1906 года... Я не расставался с Любовью Дмитриевной (женой Блока). Она потребовала — сама потребовала, — чтобы я дал ей клятву спасти ее, даже против ее воли. А Саша (Блок) молчал, бездонно молчал. Или пытался шутить. Или уходил пить красное вино».

В лаконичных записных книжках Блока можно найти подтверждение того, что он и в дальнейшем использовал это стариннейшее средство смягчения душевной боли или, наоборот, подстегивания чувств. Запись 26 мая 1908 года (адресована Н. Н. Волоховой, в которую он был в это время влюблен): «Только вином возвращал я мою влюбленность к тебе. Я сейчас влюблен...» 27 июля: «Напиваюсь под грамофон в пивной на Гороховой». 31 июля: «Трезвый. Кончается этот поганый месяц, полный тьмы. Дай Бог, чтобы новый наступил». 2 августа: «Ресторан — напиваюсь». 27—28 января 1909 года: «Пьянство 27 января — надеюсь — последнее. О нет: 28 января».

С 1 по 18 декабря 1909 года Блок был в Варшаве, где хоронил отца (4 декабря) и улаживал дела по наследству. Ниже приведены несколько ежедневных заметок в записной книжке, занесенных в телеграфном стиле: «6, воскресенье. На квартиру — Спекторский и педель. Напился. — 8, вторник. Денежные дела. Пьянство. — 9, среда. Не пошел к обедне на кладбище из-за пьянства. Бродил один. — 11, пятница. Квартира, Беляевы. Смертельная тоска. — 12, суббота. Беляевы, квартира, пил. «Аквариум». — 14, понедельник. Укладка квартиры решительная. Шампанское, «Аквариум». — 15, вторник. Delirium. Вечером у Герцогов». Заметки по отдельно взятому дню приведены здесь полностью. Они показывают, что употребление алкоголя до опьянения у Блока не было просто удовлетворением привычки, какая бывает у обыкновенного пьяницы, который обычно не вспоминает или даже не помнит, что и где он пил накануне. Для Блока такие эпизоды были, по-видимому, настолько серьезными событиями, что он считал нужным зафиксировать их в записной книжке среди других очень кратких записей.

Гумилев, конечно, неправ, утверждая, что Блок писал свои «самые божественные» стихи в кабаке. Но в некоторых стихотворениях напрямую отразились настроения, образы и мысли, которые приходили к Блоку во время ночных кабацких бдений. Например, в таком из его наиболее широко известных: «Я пригвожден к трактирной стойке. // Я пьян давно. Мне все равно. // Вон счастие мое — на тройке// В сребристый дым унесено... <...> <...> И только сбруя золотая // Всю ночь видна... Всю ночь слышна... // А ты душа... душа глухая... // Пьяным пьяна... Пьяным пьяна...» (написано в 1908 году) Другое дело, что некоторые дневниковые записи в записной книжке он действительно делал за столом питейного заведения. Примером может служить такая, можно сказать, «протокольная» запись 1910 года: «11 марта, во 2-й раз в «Яре» (ресторан в Петербурге). О, как отрадно возвращаться на старое, милое место. Опять! («Что-то будет?»). «Как сладко!»... Не знаю, что будет — играет оркестр. Я опять на прежнем — самом «уютном месте в мире» — ибо ем третью дюжину устриц и пью третью полбутылку Шабли (французское сухое белое вино)». «...Продолжение 11-го марта и всей книжки. Я пьян, конечно, уже окончательно. Потому, остается только просить, благодарить и славословить — чтобы не случилось чего-нибудь... Боже мой, боже мой, в скуке... Да! Я пьян». В 1911 году Блок стал вести дневник, продолжавшийся с перерывами до 1921 года включительно. В первой же записи от 17 октября есть строка: «...лежу в кровати утром в смертельном ужасе и больной от «пьянства» накануне». 29 октября: «Вчера и третьего дня — дни рассеяния собственных сил (единственный настоящий вред от пьянства)». 10 ноября: «... Ночь глухая, около 12-ти я вышел (из дому). Ресторан и вино...» 14 ноября: «... Выхожу из трамвая (пить на Царскосельском вокзале)...» Характерно, что с 1917 года в дневниковых записях Блока упоминания о выпивках отсутствуют.

Иногда Блок пил в компании близких ему по литературным интересам людей, что в те времена (в начале XX века) в России, как и в любой европейской стране, считалось вполне естественным для этого круга. О некоторых таких эпизодах можно узнать из записных книжок поэта М.А. Кузмина. «30 марта 1907. <...> Пошли к Ивановым, мы застали там Ремизова, Блока, Гофмана, потом вышел до того спавший Иванов, все были как-то не в духе, Блок и Ремизов с перепоя...» — «2 апреля 1907... Пошли к Кондратьеву, там все уже были: Блок, Потемкин, Зор, Лернер, Панов, Штейн, Анненский (все названные лица — поэты или прозаики). Потемкин читал свой перевод, читал Кондратьев свой рассказ, стихи — по очереди, много пили, даже коньяку я выпил несколько рюмок, все куда-то тянули Блок и Потемкин, потом пошли шарить по шкапам и окнам. Нашли бутылку пива и настойку из черной смородины. Потом домой. Было совсем светло (под утро)». — «5 апреля 1907... Заехал к Нувелю, нет дома, обедал у Дягилева. Поплелся домой, увидел Блока, выходящим из кинематографа. Скучает второй день, как и я, звал его в «Вену» (ресторан в Петербурге), но он боялся запить и потом был в заметно рваных брюках. Довел его до конки, он очень милый». — «3 июня 1908. Утром ходил по делам и за покупками. Встретил Блока, полупьяного, но нежного». Друзья Блока знали, что он тщательно собирал счета из всех ресторанов, где он когда-либо пил вместе с ними.

Во время мировой войны и после Октябрьской революции отношения Блока с алкоголем принципиально изменились. Он уже не бродил по ночным петербургским улицам, убегая от приливов «поэтической хандры», и его не тянуло к дружеским попойкам, перемешанным с чтением стихов. Да и обстановка стала совершенно другой, не располагавшей к подобного рода поведению. И, судя по высказываниям общавшихся с ним современников, в последние годы жизни (1919—1921) он стал еще более замкнутыми, а за внешней вежливостью и отзывчивостью чувствовалось нарастающее, непреходящее настроение безысходности, которое парализовало в нем желание сопротивляться развитию болезни, преждевременно унесшей его жизнь (предположительно — септический эндокардит на фоне истощения). Сыграли, конечно, свою роль и разрыв с целым кругом людей, дружбой с которыми он дорожил (Мережковским, Гиппиус и др.), из-за написанной им в начале 1918 года поэмы «Двенадцать» (воспринятой как восхваление революции), и разочарование в надеждах, связываемых с революцией.

В 1897 году 17-летний Блок заполнил анкету о себе «Признания». На вопрос: «Мои любимые пища и питье?» он ответил: «Мороженое и пиво», на вопрос: «Каким образом я желал бы умереть» — «На сцене от разрыва сердца». В своей взрослой жизни Блок немало употребил напитка, названного им любимым, и бывали случаи, когда «перебирал норму», но все-таки его нельзя считать ни пьяницей в бытовом смысле, ни тем более — «алкоголиком». Назвать Блока пьяницей неуместно хотя бы потому, что на годы наиболее частых его выпивок (1906—1914) приходится период наиболее интенсивного и плодотворного творчества. Для диагноза «алкоголизм» нет достаточных оснований, прежде всего потому, что Блок после сильных выпивок, судя по дневниковым записям и свидетельствам его друзей-собутыльников, не прибегал на другой день к опохмелению, чтобы облегчить физические и моральные страдания похмелья, которые, конечно, случались, что мы узнаем из его искренних записей. В последние 4—5 лет ему было не до алкоголя, и ему не потребовалось особых усилий (вернее, это не стало какой-либо проблемой) для того, чтобы умерить или прервать надолго его потребление.

БОГЕМА (фр. *boheme*, букв. — цыганщина) — круг людей, представленных в основном художественной интеллигенцией (актеры, музыканты, художники, поэты), ведущей беспорядочный образ жизни, обычно с неумеренным потреблением спиртных напитков.

БОДЕГА (исп. *bodega* — винный погреб) — старинный винодельческий «подвал», до сих пор используемый в Испании для производства и выдержки вин типа хереса. Это обширное наземное строение с толстой крышей, которая обычно изолируется пробковыми полосами для защиты от солнечного нагрева. Высокая тяжелая крыша поддерживается рядами четырехугольных колонн, соединенных арками. Высоко в стенах имеются небольшие окошки, которые держат всегда открытыми для лучшей циркуляции воздуха в помещении. Полы земляные, но проходы между рядами с бочками выкладывают дубовыми клепками (отходы бондарного производства), которые в жаркое время 2—3 раза в день поливают водой для охлаждения помещения. Бочки в бодеге располагают в несколько двойных рядов с широкими проходами между ними и ставят в 3—4 яруса. Многие старые бодеги имеют красивые сады и дворы и сохраняются сейчас как памятники культуры.

БОЖОЛЕ (фр. *beaujolais*) — название красных вин, которые вырабатываются на Юго-востоке Франции, в окрестностях замка Божо, из винограда сортов «Гаме черный», «Пино гри», «Пино черный», «Шардонне» и «Алиготе», произрастающих на живописных склонах долины реки Сены. «Божоле» имеет нежный вкус, выраженный букет. Это вино принято выпивать, пока оно молодое — в возрасте от шести месяцев до года. Поэтому лучшими его свойствами считаются признаки «юности»: яркий цвет, сильный аромат, живость и легкая шипучесть. Его следует пить до того, как эти его свойства пропадут, и лучше пить сильно охлажденным, даже замороженным.

Первое упоминание о вине «божоле» появилось в летописи 1395 года.

Вина «божоле» приобрели мировую известность. Они продаются из нового урожая с третьего четверга ноября по всей Франции одновременно во множестве баров, ресторанов, магазинов. Производители «божоле» все силы прилагают для того, чтобы молодое вино попало к полуночи накануне этого четверга повсюду. Используются не только грузовики, но и поезда повышенной скорости, фрахтуются корабли и самолеты. Многие французы ждут этого дня. Первый бокал посетителю в этот день наливается бесплатно за счет винодельческой фирмы.

Виноградники, обеспечивающие выпуск 120 миллионов бутылок молодого божоле, занимают площадь 22 тысячи гектаров. Половину всей продукции закупают разные страны (Швеция, Великобритания, Голландия, США и др.) еще в оставшиеся дни ноября.

БОКАЛ (нем. *Pokal*; англ. *goblet*) — сосуд, используемый для употребления вина, похожий на рюмку, но большего размера (от 100 до 150 мл). Изготавливается из бесцветного или цветного стекла и хрусталя, всевозможных фасонов и отделок. В гробнице египетского фараона Тутанхамона (1347—1538 гг. до н.э.) был найден бокал, изготовленный из алебастра и богато украшенный фигурками и росписью.

БОЛЕЗНИ ВИНА — изменения вина, вызванные деятельностью микроорганизмов. Заболевание вина обнаруживается по таким признакам, как его помутнение, изменение вкуса, появление постороннего запаха и др.

Основными болезнями вин являются следующие: 1) *Цвель* — (винная плесень) — болезнь столовых вин. Характеризуется появлением на поверхности вина беловатой или грязно-желтой пленки, образуемой пленчатыми дрожжами. Вино под пленкой мутнеет, снижается его крепость, оно становится водянистым, с неприятным вкусом и запахом. 2) *Уксусное скисание* — заболевание вин крепостью до 14% об. Оптимальная температура для развития болезни 25—35°С. На поверхности вина появляется тонкая сероватая пленка, которая затем утолщается и частично оседает на дно. Вино приобретает неприятный запах и вкус уксусной кислоты. 3) *Молочнокислое брожение* — поражает вина с содержанием спирта до 20%. Вино мутнеет, наблюдается выделение углекислоты, появляется сладковато-кислый раздражающий горло вкус и своеобразный запах квашеной капусты. 4) *Прогоркание* — поражает чаще всего красные старые вина. Нормальный цвет переходит в грязнобурый. На дне бутылки оседает густая масса. Вкус вина становится горьким, запах неприятным. 5) *Ожирение* — поражает преимущественно белые, молодые, низкоалкогольные вина. Вино мутнеет, приобретает вязкость, тягучесть, вкус вина становится «пустым», неприятным. 6) *Мышиный привкус* — может поразить любые виноградные вина. В вине появляется специфический неприятный привкус. Внешний вид и окраска некоторое время остаются без изменений. Больные вина в начальной стадии можно лечить *пастеризацией* (см.) при температуре 65—70°С.

БОРМОТУХА (прост.) — дешевое плодово-ягодное вино. Плодово-ягодные вина, из-за снижения контроля за их качеством, были причиной довольно частых отравлений среди населения СССР в 70-х и первой половине 80-х годов, ввиду чего их производство (149 мил декалитров в 1980 г.) на государственных предприятиях с 1985 года в ходе общегосударственной антиалкогольной кампании было в первую очередь резко сокращено и в 1987 году практически прекратилось. После распада СССР (1991) запрет на их изготовление фактически перестал действовать, однако их промышленное производство, несмотря на имеющийся спрос, в том числе на такие популярные шипучие напитки, как сидр, и наличие неиспользуемого сырья, за 5 последующих лет в России так и не смогло восстановиться.

БОРНЫЙ СПИРТ — раствор борной кислоты (0,5-, 1-, 2- или 3%-ный) в 70%-ном этиловом спирте. Применяется наружно как антисептическое средство при кожных заболеваниях и в виде ушных капель. Прозрачная бесцветная жидкость спиртового запаха, слабокислой реакции.

БОРЬБА МОТИВОВ — клинический термин для обозначения психологического состояния, когда больной алкоголизмом борется с сильным, болезненным в своей основе желанием выпить. Особенно это выражено тогда, когда он отчетливо осознает, что реализация желания может повлечь за собой те или иные отрицательные последствия. «Борьба мотивов» характерна для ранней стадии алкоголизма.

БОУЛЬ — летний, так называемый, «декоративный» напиток. Для его приготовления используются столовые вина и свежие ягоды и фрукты. Свежие плоды засыпают сахарным песком и некоторое время выдерживают, чтобы они выделили сок. Ягоды и дольки плодов в боуле не должны терять своей формы. Залитые вином, они выдерживаются еще 2—3 часа при комнатной температуре. Если используется шампанское, оно должно иметь температуру 6—8°С. Сосуд, в котором производится смешивание составных частей этого напитка, также называется боулем.

БОУЛЬ С ЗЕМЛЯНИКОЙ — 500—700 г спелой непомятой земляники ополаскивают, подсушивают на чистом полотенце, помещают в подходящий сосуд и осторожно, чтобы не раздавить ягоды, перемешивают их с тремя столовыми ложками сахарного песка. Прикрывают и оставляют на некоторое время, чтобы земляника дала сок. Затем вливают в бутылку столового белого вина и оставляют на 2—3 часа. Затем добавляют еще бутылку такого же, но хорошо охлажденного вина. Разливают, равномерно распределив ягоды по бокалам. Точно так же готовят малиновый боуль.

БОЧКА — 1. Деревянный, собираемый из отдельных дощечек (клепок) и обтянутый деревянными или железными обручами

Бочка винная: 1 — обруч пуковый; 2 — обручи шейные; 3 — обруч уторно-торцовый; h — высота между доньями; H — высота общая; D_1 — внутренний диаметр в пуке; D_2 — диаметр дна; d — диаметр наружный; d_1 — внутренний диаметр дна

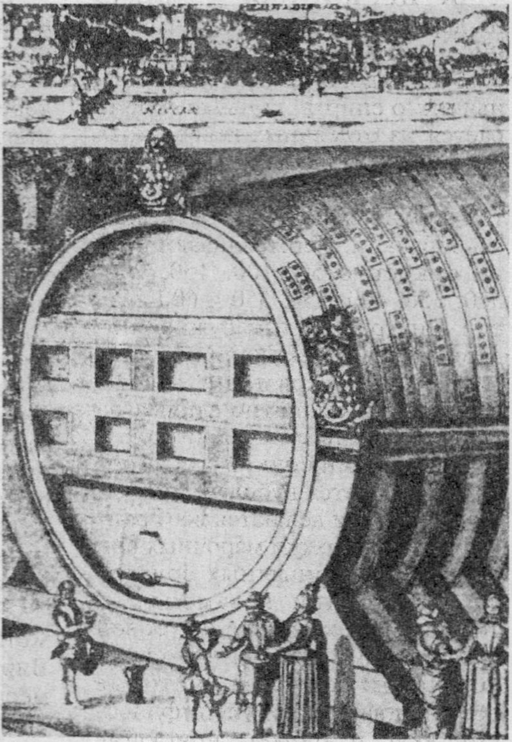

Винная бочка вместимостью 137 тыс. л, построенная в 1591 г.

(или же металлический цилиндрический) сосуд, применяемый для хранения сыпучих и жидких продуктов, в том числе вина, спирта, коньяка, пива. Деревянная бочка широко применяется для этих целей с древних времен. В зависимости от назначения имеет самые различные размеры. В старой России наиболее распространенными были деревянные бочки на 5, 10, 20, 30 и 40 ведер. Бочка с каждой из этих емкостей имела свое бытовое название, соответственно: водочный бочонок, винная беременная бочка, сопец, указная бочка и сороковка.

Наилучшим материалом для винных бочек с давних времен служит дуб. Для сыпучих продуктов — сахара, крупы, муки лучшими всегда считались липовые бочки. Коровье масло затаривали в кадки из ольхи; смолу и деготь — в сосновые бочки. Обручи делали из ореха, дуба, ели или ивы. Железные обручи в старину были редкостью.

2. Русская старинная мера объема жидкостей, равная 40 ведрам (492 л).

БОЧКА ВИННАЯ — емкость из дерева для выдержки, хранения и транспортировки виноградных и плодово-ягодных вин, коньячного спирта, коньяка. Собирается из отдельных деревянных дощечек (клепок), толщина которых для всех бочек 30 мм. Остов плотно стягивается железными обручами. Изготавливают бочки емкостью 50, 100, 150, 200, 300, 350, 400, 450, 550 и 600 литров. Внутренняя и наружная поверхность бочек должна быть гладкой. Шероховатости, заколы и т.п. неблагоприятно влияют на вкус выдерживаемых напитков.

Наилучшей бочкой для виноделия считается дубовая, причем лучшие бочки делаются во Франции. Для выдержки марочных вин и особенно коньячных спиртов дубовые бочки незаменимы. Именно при контакте с дубовой древесиной в коньячный спирт переходят вещества, которые обеспечивают ему специфический вкус и аромат, присущие коньяку. На современном мировом рынке коньячные бочки ценятся очень высоко. Через несколько десятилетий действия, когда верхний слой внутри бочки «вырабатывается», из нее вынимают дно, аккуратно снимают «истощенный» слой толщиной в 1—2 мм, и бочка снова готова в дело.

БОЧКА ВИННАЯ ДЕРЕВЯННАЯ РЕКОРДНАЯ — имеет емкость 185 500 литров. Находится в винных подвалах г. Гейдельберг, ФРГ. Сооружена в 1751 году и носит имя «Гейдельберг Тан».

БОЧКИ ИСТОРИЯ — имеет начало в бронзовом веке — как предполагают, в районе Северных Альп. Там ее научились делать из деревянных дощечек (клепок), стягиваемых деревянными обручами. Щели замазывали смолой или глиной. Древнеримский писатель и ученый Плиний Старший (24—79) писал в своей «Естественной истории», что за Альпами вино сливают в деревянные сосуды, чтобы потом хранить его в прохладе. От покоренных «варваров» научились делать бочки и римляне, которые привыкли хранить вино, масло и зерно в больших керамических сосудах — пифосах и амфорах. В 1601 году в Аугсбурге обнаружили античный рельеф, изображающий подвал, заставленный бочками.

В средние века бондарное дело монополизировали виноделы. Виртуозно усовершенствовав ремесло, они делали и карликовые настольные бочонки, и огромные емкости для княжеских и монастырских виноделен. Днища бочек украшали искусной резьбой: гербами владельцев, изображениями святых, легкомысленными или назидательными аллегориями, даже портретами виноделов. Со временем на днищах появляются символы, юбилейные даты и надписи; в них порой предметом насмешек становится скаредный винодел — над ним потешаются и соседи, и Бахус.

На одном из листов «Рукописи кайзера» (1405 год, Германия) изображена телега с бочками, в которых везут пыль для ослепле-

Средневековый бондарь. Германия. Гравюра по дереву

ния нападающих врагов; мыло, чтобы сделать скользкими трапы, настилы и палубы кораблей; горючие вещества; кал и песок, чтобы швырять во врагов, как наступающих, так и обороняющихся.

В Западной Европе в XVI—XVIII веках сооружались гигантские бочки. В 1500 году для архиепископа фон Шпеера в Кенстенбурге (Германия) сделали бочку, вмещавшую сотни тысяч литров вина. В нее собирали «де-

Бочка, построенная по повелению Августа II Сильного. Саксония, I половина XVIII века. Гравюра из государственного собрания по искусству в Дрездене

сятину» вина, взимаемую с крестьян. Этим вином архиепископ поощрял и награждал нужных людей, расплачивался с челядью, стражей. Четверть века спустя восставшие крестьяне добрались до заветной бочки и устроили большое пиршество в хоромах архиепископа. Не прошло и года, и 18 тысяч из них были перебиты ландскнехтами герцога Лотарингского.

Гигантскую бочку изготовили в те времена в знаменитом университетском городе Гейдельберге. Она вмещала 455 тысяч литров, а власти увековечили ее выпуском памятной монеты. (В этом немецком городе находится сейчас самая большая в мире из сохранившихся бочек — на 185 500 литров).

Большой виртуоз по части оригинальных затей Август II Сильный (1670—1733, курфюрст саксонский и польский) повелел соорудить бочку на 250 тысяч литров вина. На спине этого колосса оборудовали танцевальную площадку, как изображено на гравюре того времени.

Французы в конце XVIII века изображали на днищах фригийский колпак (символ революции) на весах правосудия. Одна из надписей 1802 года гласит: «В десятый год республики — 1802 — залито доброе вино».

Машинное производство бочек впервые было налажено в Англии в начале XIX века.

БОЯЛВА (*bojalwa*) — пиво из проса или сорго с добавкой кукурузы, традиционно изготавливаемое негритянским населением Южной Африки. Это мутный, кисловатый напиток с содержанием алкоголя около 4%. Производится обычно в домашних условиях, в том числе для коллективного празднования таких земледельческих событий, как пахота, сев, прополка и уборка урожая. Варить пиво, по традиции, поручается женщинам. Существует определенный питейный церемониал для этого напитка, согласно которому сначала выливается на землю небольшая порция пива как священная жертва предкам. Затем первым пьет муж женщины, готовившей пиво, и далее калебаса (сосуд из тыквы) с пивом передается по кругу. Женщины и дети в коллективном распитии пива не участвуют. Такие празднества сопровождаются продолжительными общими плясками и пением, способствуя сплоченности общины и поддержанию высокого коллективного духа.

БРАГА — 1. Русский слабоалкогольный напиток, домашнее пиво. Готовится путем сбраживания сусла, полученного из ячменного солода и ржаной муки или из овсяной муки, с добавлением хмеля, а иногда также сахара, изюма или меда. Из ржаной муки получается непрозрачная, темно-коричневая брага с хлебно-хмелевым вкусом и ароматом, насыщенная углекислотой; из овсяной муки — «белая брага», называемая также «овсянкой». Крепость — около 2% об.

Брага принадлежит к числу старинных русских напитков, относящихся ко времени, когда еще не знали способа перегонки перебродивших спиртосодержащих жидкостей. В старину брага потреблялась в особенно больших количествах во время народных праздников. Каких-либо ограничений в ее приготовлении со стороны закона не было. Впоследствии, с изданием «Правил о кабаках» (1652) крестьянам разрешалось для питья на дому варить брагу 4 раза в год на праздники (Пасха, Дмитриевская суббота, Рождество, Масленица), а также по случаю крестин и свадеб. Согласно этому положению, брагу можно было употреблять в течение 3—7 дней, после чего «кабацкие головы» имели право «опечатывать» напиток.

2. Перебродившая закваска, состоящая из муки, картофеля или сахарной свеклы с добавлением солода и дрожжей, приготовленная для перегонки в спирт.

3. В современном быту брагой обычно называют перебродившую смесь воды, сахара и дрожжей, приготовленную для выгонки самогона. Может содержать более 10% спирта. Нередко употребляется неразборчивыми пьяницами как таковая (без очистки) и бывает причиной отравлений ввиду высокого содержания вредных побочных продуктов брожения, таких как фурфурол, пиридин, альдегиды, кетоновые тела, эфиры и различные сивушные масла (пропиловый, изобутиловый и изоамиловый спирты).

БРАНДАХЛЫСТ — так называли в XIX веке в народе плохую водку и вообще дурное, безвкусное и недостаточно крепкое

Billich jn kunfftig armůt felt
Wer ſtäts noch ſchleck vnd füllen ſtelt
Vnd ſich den braſſern zů geſelt.
von fullen vnd praſſen
Der důt eym narren an die ſchů
Der weder tag noch nacht hat růw
Wie er den wanſt füll/vnd den buch
Vnd mach vß jm ſelbs eyn wynſchluch

«Корабль дураков»

питье. Сначала этим словом именовали дешевую картофельную водку низкого качества, поступавшую из западных губерний России — Польши, Прибалтики, Волыни. Слово происходит от искаженного немецкого названия картофельной водки — брантвайн (Brandtwein).

БРАНТ (*Brant*) **СЕБАСТЬЯН** (1458—1521) — немецкий писатель-гуманист. Особенную известность приобрела его сатирическая книга в стихах «Корабль дураков» (1494), в которой он высмеивает пороки современного ему общества. Книга еще при жизни автора выдержала 13 немецких изданий и была тогда же переведена на латинский, английский, французский и голландский языки. Один из фрагментов книги посвящен пороку пьянства. Текст этой главы (*Бражники-гуляки)* до сих пор не утратил социальной выразительности и обличительной остроты: // Бродягой, нищим тот умрет, // Кто вечно кутит, пьет и жрет // И лишь с гуляк пример берет... и т.д.

БРАТИНА — со времен Древней Руси сосуд в виде большого шаровидного горшка с крышкой, в котором на пиршествах подавались напитки. Название, возможно, связано с тем, что из братины пили также и на «братских», товарищеских пирушках — непосредственно из нее, передавая по кругу или черпая вино небольшими ковшиками (черпальцами). Братины иногда делались из драгоценных металлов и украшались каменьями и резьбой. Небольшие сосуды подобной формы, предназначенные для питья из них, назывались братинками. (А.К. Толстой, «Князь Серебряный»: «Годунов поднял золотую братину и предложил за здоровье Ермака Тимофеевича».)

Братина. XVII век

БРАТТА СИСТЕМА — система государственного контроля над продажей крепких спиртных напитков, сменившая в Швеции в 1917 году по предложению врача Ивана Братта (Ivan Bratt) *гётеборгскую систему* (см.). В дополнение к существовавшим ограничениям была введена карточная система продажи водки на вынос. Главе семьи выдавалась талонная книжка (Motbok), по которой отпускалось на семью не более 4 литров водки в месяц. Только в особо торжественных случаях (свадьба и т.п.) допускался отпуск большего количества. Талонная книжка выдавалась только лицам старше 21 года и не лишенным прав по суду. Передача книжки другому лицу влекла наказание.

Недостаток системы Братта выразился в том, что фактически все граждане, в том числе ранее непьющие, стали стремиться использовать свои motbok. Система Братта была официально упразднена в 1955 году.

БРЕД ПРЕСЛЕДОВАНИЯ АЛКОГОЛЬНЫЙ (ОСТРЫЙ АЛКОГОЛЬНЫЙ ПАРАНОИД) — вариант алкогольного психоза. Возникает у алкоголиков преимущественно в период абстиненции, но иногда на фоне массивной алкоголизации. Обычно развивается внезапно и нередко в осложненных ситуациях, при переутомлении, в дороге, в незнакомой местности, а также при наличии черепно-мозговых травм. Больному кажется, что люди говорят о нем, подают друг другу знаки, сговариваются его убить или придумывают изощренную пытку, хотят погубить не только его, но и детей, всю семью. Спасаясь от мнимой угрозы, больной может сам стать преследователем и первым совершить нападение. Некоторые больные совершают самоубийство. В больнице они беспокойны, тревожны и подозрительны, нередко отказываются от лекарств, еды, опасаясь отравления.

БРЕД РЕВНОСТИ АЛКОГОЛЬНЫЙ — бред неверности, возникающий у больных алкоголизмом обычно на фоне ослабления половой потенции в связи с длительной алкоголизацией. Некритичные к себе, они склонны обвинять в этом жен, возникают доминирующие сверхценные идеи ревности, переходящие затем в стойкий бред.

Бредовые подозрения зачастую нелепы, бездоказательны, наивны. Больные начинают ревновать жен к соседям, сослуживцам, друзьям и даже сыновьям. Чтобы уличить жен в измене, они внезапно проверяют их на работе, подкарауливают в неожиданных местах, подглядывают в окна, подслушивают, проверяют постельные принадлежности, нательное белье жены. Нередко избивают жен, требуя признания в измене. К бредовым идеям могут присоединиться слуховые галлюцинации на темы бреда. Им слышится голос жены, которая хвастается своими любовными похождениями, любовными ласками и т.п.

Такого больного невозможно переубедить в ошибочности его суждений, что приводит к конфликтам в семье, а иногда и к тяжкому преступлению. Полностью овладевая больным, идеи ревности не исчезают и в периоды длительного воздержания от алкоголя, хотя в состоянии опьянения они обостряются и делают больного опасным для жены, мнимых любовников и других лиц, включенных в круг бредовых переживаний. Синонимы: *Алкогольный бред супружеской неверности; Алкогольная паранойя.*

БРЕЖНЕВ ЛЕОНИД ИЛЬИЧ (1906—1982) — советский партийный и государственый деятель, глава коммунистической партии (КПСС) и, следовательно, фактический руководитель СССР, в 1964—1982 годах. При Брежневе, как и при его предшественниках Сталине и Хрущеве, характерной чертой внешнего стиля жизни страны, поддерживаемого и насаждаемого властью, была парадность и пышность празднования всевозможных важных для государства юбилеев и событий, что сопровождалось произнесением длинных речей и докладов, восхваляющих очередные или прошлые достижения партии и ее руководителей, страны и ее официальных героев.

Каждое празднование организовывалось властями по единому шаблону во всех административных единицах СССР, в соответствии с их уровнем, от столицы до глухих районов за Полярным кругом. По случаю особо важных дат, таких как Годовщина Октябрьской революции или День солидарности рабочих всего мира (Первое мая), после парадных речей устраивались концерты и банкеты. На эти цели власти не жалели средств.

В Москве, в главном банкете, который обычно проходил в огромном зале Кремлевского Дворца съездов, участвовало до 2,5 тысяч приглашенных. В их составе были высшие партийные функционеры, руководители министерств и ведомств, маршалы и генералы, видные деятели науки и культуры, прославленные прессой «передовики социалистического труда». Великое множество столов было заставлено великолепными закусками, горячими блюдами (от знаменитого кремлевского жульена до седла барашка), горами кондитерских изделий и фруктов, а также бутылками с лучшими отечественными водками, коньяками, винами.

Сам Брежнев, если ничего ему не мешало, открывал банкет («праздничный прием») небольшой речью, поднимал бокал и, произнеся здравицу, выпивал его. Все, кто был поближе, стремились чокнуться с ним. После первого тоста к Брежневу выстраивалась очередь гостей «на чоканье и рукопожатие». Банкет сопровождался концертом (на сцене зала) с участием тогдашних знаменитостей, среди которых чаще всего фигурировали Иосиф Кобзон, Муслим Магомаев, Бэлла Руденко, Тамара Синявская. Валентина Толкунова и почти всегда — Людмила Зыкина. Тосты следовали один за другим, и Брежнев тоже поднимал свой бокал.

На одном из таких «торжественных обедов», в середине 70-х годов, присутствовал «знаменитый хлебороб», дважды Герой Социалистического Труда, Александр Гиталов, который давно был знаком с Брежневым лично. После множества тостов Гиталов, будучи уже в очень «подпитом» состоянии, подошел к Брежневу и спросил: «Леонид Ильич! Вот Вы старше меня годков на 9, а наблюдая за Вами, я думаю, что Вы моложе меня на 20 лет. Вы не пропустили ни одного тоста, а по Вас не видно, что Вы вообще хоть что-то пили. Обо, мне, например, этого не скажешь». Брежнев взял Гиталова за локоть, чтобы того не так покачивало, и тихо сказал: «Сашко! Так у меня ж рюмка с обманом!» Он показал поближе свой бокал, и Гиталов увидел, что бокал почти доверху был залит стеклом, так что он мог вместить в себя не более 5—10 граммов.

Однако в более узком кругу Брежнев предпочитал не сдерживаться и мог выпить изрядно. Бывший руководитель компартии Украины П. Шелест в своих дневниковых записках рассказывает, как он вместе с председателем Совмина УССР В. Щербицким отмечал на даче Брежнева его 65-летие. Они привезли в подарок юбиляру картину «Золотая осень», хрустальный рог и богатый набор украинских «горилок», коньяков и вин. На дне рождения Брежнева были все члены Политбюро с супругами. Здесь уже никому не нужно было скромничать относительно выпивки, и все события на этом вечере, по воспоминанию Шелеста, «прошли как-то сумбурно, сам хозяин изрядно нализался и начал со стула читать свои стихи».

Как и в народе, Брежнев придавал значение тому, «кто с кем пьет», и был доволен, когда кто-либо из его близких соратников безотказно выпивал у него в гостях. Уклонявшийся от угощения рисковал своей карьерой. Один только председатель Совмина СССР А. Косыгин упорно отказывался от лишней выпивки, что раздражало Брежнева, но ничего не мог сделать, поскольку Косыгин как очень способный и опытный хозяйственник был трудно заменим.

Употребление алкоголя по какому-либо поводу и случаю в то время считалось вполне естественным как в простом народе, так и среди его высших руководителей. Даже на Мавзолее Ленина, на парадной трибуне, где стояли и приветствовали проходящую массу праздничных демонстрантов их высшие руководители, были оборудованы невидимые с Красной площади столики, на которых была закуска и выпивка для подкрепления уставших вождей. Время от времени стоявшие на Мавзолее делились на две группы: пока одна из них помахивала руками проходящим колоннам трудящихся и приподнимала шапки или шляпы, другая сзади усаживалась за столы и подкреплялась. Если было холодно, то уже часам к одиннадцати, как вспоминает начальник личной охраны Брежнева генерал В. Медведев, появлялись два официанта с большими термосами и набором пластмассовых стаканчиков. В термосах было горячее вино с вкусными добавками.

Брежнев был заядлым охотником, а охота по традиции не обходилась без доброй выпивки. Чаще он охотился в лесном угодье «Завидово». Сюда ему удавалось затащить даже такого «сухаря» — члена Политбюро М. Суслова. Здесь с ним разделяли охотничьи утехи такие зарубежные гости, как президент Финляндии Кекконен, президент Югославии Тито, президент Кубы Фидель Кастро, госсекретарь США Киссинджер. И каждый раз удачные выстрелы, свалившие кабана или лося, отмечались доброй чаркой водки. Больше всего в таких случаях Брежнев любил пить «Зубровку».

Со временем Брежнев все

охотнее отмечал всякие, достаточно рядовые, события коллективными возлияниями. В его поездках по стране почти в каждом городе митинги и приветствия по поводу его приезда завершались щедрыми пирами и иногда устройством охоты в местных лесах, а несколько позднее — и преподнесением дорогих подарков. С пирушки Брежнева нередко уводили совершенно пьяным.

В декабре 1968 года, того самого, в августе которого были введены советские войска в Чехословакию, отмечалось 50-летие Советской Белоруссии. В Минске после традиционного торжественного заседания состоялся «прием» в ресторане гостиницы «Юбилейная», на который были приглашены вместе с высшими чинами Белоруссии также заслуженные деятели производства, науки и культуры. Один из участников этого приема, партийный работник А.Ф. Ковалев вспоминает следующее.

«Все знали, что прием будет с участием Л.И. Брежнева. В назначенное время все были на месте. Наверх не приглашали, ждали внизу приезда Брежнева. Он появился к 18 часам в сопровождении П.М. Машерова и Т.Я. Киселева (руководители компартии и правительства Белоруссии), они старательно корректировали его походку... Глазам своим я не поверил, увидев в зале столы, заставленные водкой, коньяком, вином, обилие изысканной закуски... Мое место было за седьмым столом, совсем недалеко от центрального стола. Я мог хорошо видеть и слышать Брежнева. Прием открыл Машеров. Началось произнесение тостов в честь великого гостя. С первой рюмки было тихо, вторая подняла активность присутствующих, с третьей рюмки и дальше раздавались выкрики, все соревновались — кто громче. У центрального стола выступала женщина... шум в зале часто заглушал ее слова. Неожиданно ее перебил Брежнев. «Я люблю женщин, — начал говорить он, — всю жизнь был к ним неравнодушен, ей-богу, неравнодушен. Я и теперь неравнодушен...» «Правоверный» партиец Ковалев был очень смущен услышанным, и еще более его потрясли слова, сказанные Брежневым на прощанье, когда его уводили деликатно Машеров и Киселев: «Дорогие товарищи! Мне пора, я бы посидел с вами, я люблю компанию, ей-богу, обожаю компанию! Но... дела, дела, никуда не денешься! А вы, товарищи, пейте, пейте! И смотрите за соседом, чтобы выпивал рюмку до дна. А то вот Петр Миронович (Машеров) наливает, а не пьет! Куда это годится, это никуда не годится!..» «Я был убит всем, что видел и слышал, — восклицает Ковалев. — Кто нас призывает пить водку, коньяк? Генеральный секретарь нашей партии».

Любовь к возлияниям и к ситуациям, когда можно было им предаться, не мешала Брежневу жестко руководить страной и людьми из ближайшего эшелона власти. И весь западный мир продолжал бояться большой агрессии со стороны СССР. В отличие от Хрущева, у Брежнева до самого конца не было серьезной скрытой оппозиции, и не было попыток смещения его с высшего поста. Даже когда с некоторых пор его состояние настолько ухудшилось, что последние 5—6 лет он фактически был тяжелым инвалидом. По мнению лечивших его врачей, главный вред нанес ему не алкоголь, а пристрастие к успокоительным и снотворным средствам, к которым он стал прибегать с некоторых пор и без которых он не мог заснуть. Еще хуже, что снотворные таблетки он стал запивать, по чьему-то совету, водкой-зубровкой, чтобы действие было сильнее. Это ускорило разрушение его центральной нервной системы. Начальник охраны Медведев говорит о распоряжении Брежнева, чтобы у охраны в любое время дня и ночи была под рукой зубровка. Когда стало ясно, что у Брежнева развилась лекарственная зависимость (токсикомания), врачи, как могли, пытались ограничить прием этих лекарств, но Брежнев старался раздобыть их любыми путями, даже буквально выпрашивал их у членов Политбюро. Некоторые без злого умысла давали ему снотворное, а вот осторожный Андропов в таких случаях спрашивал совета у министра здравоохранения Е. Чазова. Тот передавал Брежневу безобидные пустышки (плацебо).

После первого инсульта и первого инфаркта во второй половине 70-х годов Брежнев сам согласился, что спиртного при его состоянии здоровья ему нельзя пить ни капли. И тем не менее ему хотелось видеть хотя бы ритуал выпивки. Он мог среди пути приказать водителю остановить машину, послать его купить водку — и чтоб обязательно на свои деньги, завернуть в ближайший лес и с удовольствием смотреть, как водитель поглощает эту водку.

Руководимая Брежневым власть, еще в те годы, когда хозяин страны был крепок и активен, приняла решительные меры, чтобы население умерило потребление спиртного. В 1972 году вышло постановление ЦК КПСС и Совмина СССР «О мерах по усилению борьбы против пьянства и алкоголизма». Ограничили число торговых точек, где могли продаваться крепкие спиртные напитки, сократили время их продажи (интервалом от 11 до 19 часов), повысили штрафы за алкогольные прегрешения, ввели принудительное лечение от алкоголизма для наиболее упрямых алкоголиков (в т. н. ЛТП — лечебно-трудовых профилакториях, с фактическим лишением свободы от одного до двух лет и принудительным трудом) и многое другое. Однако население (не знавшее подробностей частной жизни Брежнева, которые приравнивались к государственной тайне), проявило упрямство и стало поглощать спиртное еще больше: на душу в 1970 году приходилось 6,8 литра в пере-

4 Зак. № 1055 Мирошниченко

счете на 100%-ный алкоголь, в 1980 году — 8,7 литра.

БРЕНДИ (англ. *brandy*, от голл. *brandewijne* — перегнанное вино) — 1. Крепкий алкогольный напиток, получаемый из дистиллята виноградного вина. Обычно выдерживается в дубовых бочках, что придает соответственный цвет (с янтарным или коричневым оттенком) и привкус. Во Франции носит название *коньяк* (см.) и *арманьяк* (см.), в Италии — граппа (см.).

2. Крепкий напиток, получаемый путем перегонки плодового вина, например, сливовица (сливовое бренди), кальвадос (яблочная водка), киршвассер (вишневая водка — Германия).

БРОДСКИЙ И.А. (1940—1996) — русский поэт, лауреат Нобелевской премии. С 1972 года жил в эмиграции (США). По свидетельству друзей, Бродский был не прочь выпить, хотя никогда не был пьяным. Он был «одним из редких людей, кто умел пить». Предпочитал виски «Бушмилл» и самодельную водку, настоянную на кинзе (кориандре). За месяц до смерти, под Новый год, он получил в подарок от друга фляжку с этой настойкой. В течение многих лет он чрезмерно курил, вопреки категорическому запрету врачей, даже после инфаркта, что, повидимому, ускорило его смерть от сердечной болезни.

БРОЖЕНИЕ СПИРТОВОЕ — ферментативный процесс превращения глюкозы в этиловый спирт и углекислоту (1 молекула глюкозы = 2 молекулы этил. спирта + 2 молекулы углекислоты). Служит основным способом обеспечения энергетической потребности дрожжевых клеток и ряда других микроорганизмов. Необходимые для этого процесса ферменты имеются также в тканях животных и растений, но в норме в многоклеточных организмах таким путем не образуются сколько-нибудь существенные количества этанола.

Спиртовое брожение издревле используется человеческой цивилизацией в хлебопечении, виноделии и пивоварении. В производстве спиртных напитков применяются пивные и винные дрожжи, в хлебопечении — пекарские. Сахар превращается в спирт с коэффициентом 0,6. Если, например, в исходном сусле до брожения было 25% сахара, то при сбраживании всего сахара образуется 15% спирта.

БРУДЕРШАФТ (нем. *Bruderschaft* — братство) — питейный обряд, закрепляющий дружбу и братство. Два его участника поднимают наполненные рюмки, переплетают руки, в которых держится рюмка, и одновременно выпивают, после чего целуются и с этого момента обращаются друг к другу на «ты». Говорят: пить на брудершафт. Устарело: пить брудершафт.

БРУКИНГ (англ. *Brewking*) — полуфабрикат пива в виде порошка, из которого нетрудно приготовить пиво в домашних условиях, на даче или в походе. Основой является высушенный солодовый экстракт. Достаточно залить порошок прямо в большом пакете, в который он заключен, водой, чтобы начался естественный процесс брожения. Вскоре пакет раздувается и принимает форму мешка емкостью около 12 литров, а избыток давления самопроизвольно сбрасывается через клапан, вмонтированный в верхушку пакета. По прошествии указанного на пакете времени (в зависимости от марки пива), пиво, обладающее хорошей пенистостью, готово к употреблению.

Преимуществом такой формы запасания пива является возможность более длительного хранения порошка без потери вкусовых качеств по сравнению с готовым жидким пивом, в которое нужно добавлять вещества-консерванты, чтобы продлить его годность. Кроме того, порошок весит значительно меньше готового жидкого пива, что немаловажно в походных условиях.

Брукинг был разработан в 1990-х годах в Шотландии и экспортируется за рубеж, в том числе в Россию. Он может обеспечить получение таких популярных британских сортов пива, как темный «Bitter», светлый «Премиум» или очень крепкий светлый «Lager».

БРЮТ (фр. *brut* — грубый, необработанный) — марка сухого шампанского с минимальным количеством сахара (около 1%). Изготавливается из виноматериалов, обладающих высокими органолептическими свойствами, которые не требуют смягчения вкуса сладостью.

БУАВЕРА БОЛЕЗНЬ (*Boisvert*) — полиневрит алкогольного происхождения с преобладанием сенсорных расстройств, со спонтанными болями, болезненностью при надавливании на нервные стволы, небольшими моторными расстройствами.

БУДДИЗМ И АЛКОГОЛЬ — являются несовместимыми. Это предусматривается «Десятью заповедями», которые обязаны соблюдать люди, посвященные в буддистские монахи, а также «Пятью заповедями» (являющимися частью «Десяти заповедей»), которые предназначены для верующих буддистов-мирян. Перечень «Пяти заповедей»: 1. Никого не лишать жизни. 2. Не лгать. 3. Не красть. 4. Не прелюбодействовать. 5. Не употреблять опьяняющие напитки.

Эти правила были сформулированы в процессе формирования религии буддизма, основателем которой был Будда (623—544 гг. до н.э.).

Один из древних создателей буддийских текстов Дигха Никайа писал («Шигаловада Сутта»): «Игра и женщины, выпивка, танцы и песни, // дневной сон и гуляние по ночам, // дружба с плохим человеком, жестокосердие, — // эти шесть причин ведут человека к гибели. // Игра и выпивка, а потом преследование // женщина, которая другому дороже жизни, // подражание глупцам, а не просвещенным людям, — // и человек становится чернее темной части луны. // Пьяница, вечно бедный и несчастный, // даже когда пьет, жаждущий; часто посещающий питейные заведения, // утонувший в долгах, как камень в воде, скоро лишит свое семейство доброго имени. // Тот, кто обычно днем спит, // а ночь считает временем для бодрствования, // безнравственный, вечно пьяный, // тот не заслуживает, чтобы его считали главой семьи».

БУДУРЕСКА СИНДРОМ (*Boudouresque*) — акродиническая форма алкогольного полиневрита с типичными приступами ночных болей большого пальца ноги и подошвы, с цианозом и аноксией в пределах большого пальца.

БУЗА — слабоалкогольный напиток, традиционно изготовлявшийся в домашних условиях среди татарского населения России, в Крыму, а также в Турции и на Балканах («македонское пиво»). Крепость около 1% об., редко до 4-6%. Материалом служат просо, гречневая, овсяная, рисовая или пшеничная мука, сбраживаемые как для пива, но без добавки хмеля. Буза представляет собой мутноватую, пенящуюся жидкость кисло-сладковатого вкуса. Сходное название «буза» (bousa) имело вавилонское пиво, упоминаемое в древних письменах III тысячелетия до н.э.

БУЗИНА ЧЕРНАЯ — вид кустарника семейства жимолостных. Ее сухие побуревшие цветки применяются для ароматизации ликеров, а распустившиеся соцветия после ферментации в сухом виноградном вине придают ему мускатный аромат.

БУКЕТ ВИНА — характерное для конкретной марки виноградного вина сложное сочетание запахов, которое зависит от сорта винограда, особенностей виноградного сока, условий брожения и выдержки. Дегустаторы используют такие характеристики букета, как тонкий, грубый, сильный тонкий, сложный тонкий, гармоничный, тонкий развитый, простой развитый, слаборазвитый букет выдержанного, старого вина и др. Понятие «букет» у специалистов принято применять к выдержанным марочным винам, по отношению к другим винам говорят об «*аромате вина*» (см.), характеристика которого более конкретна (земляничный, смородиновый, медовый, мускатный и т.д.).

БУНТ ИЗ-ЗА ВИСКИ (англ. *whisky rebellion*) — массовые волнения в штате Пенсильвания, вспыхнувшие в 1794 году как протест против акцизного налога на крепкие напитки, введенного американским Конгрессом в 1791 году.

БУРГУНДСКОЕ (фр. *bourgogne*) — 1. Столовое красное вино из Бургундии (Франция), известное своим выдающимся букетом. Бургундские вина выдерживают в дубовых бочках 1,5—2 года. После этого их разливают в бутылки, а лучшие вина выдерживают в бутылках еще 10—15 лет. Красные бургундские вина считаются лучшими винами Франции. Они имеют темно-рубиновую окраску, содержание спирта 10—11% об. Одной из лучших марок является «Маконне», получаемое из винограда «Пино черный».

Виноградарство в Бургундии известно с древних галло-римских времен. Виноградники расположены здесь в виде многочисленных небольших плантаций на склонах и вершинах гор на почвах, преимущественно глинисто-желтых или меловых, богатых ракушечником, а также гранитного происхождения.

2. Столовое белое вино того же происхождения, с содержанием алкоголя 9,5% об., с невысокой общей кислотностью и выдающимся вкусом и букетом. Особенно известны марки «Шабли», «Шардонне» и «Алиготе». Для них характерен красивый золотистый цвет.

3. Распространенное в западных странах название красного вина вообще, если нет уточнений.

БУРДЮК — мешок для содержания вина, изготовленный из шкуры животного — обычно овцы или козы, широко распространенный в древние времена и средневековье в южно-европейских странах. Нередко его носили, перебросив через плечо. Вино могло вливаться в рот прямо из мешка, который оставался на плече. Иногда швы для их уплотнения пропитывали смолой, которая придавала вину специфический запах и вкус. В наше время бурдюки используются в странах Востока, а также некоторыми народами Кавказа, Средней Азии и Сибири для хранения и перевозки вина или кумыса.

БУРЛУЙ — керамический сосуд с длинным узким горлом и ручкой, применяемый в Молдове для сохранения жидкостей (вина, воды и др.). Изготовляется из пористой глины, сохраняет долгое время температуру жидкости неизменной. Известен с XVII века.

БУРЫЙ МЕДВЕДЬ (жарг.) — примитивная смесь шампанского с коньяком для достижения быстрого и сильного одурманивающего действия.

БУТ — бочка большой вместимости из дубовой клепки (клепки — это дощечки, из которых собирается бочка), используемая для выдержки и хранения вина. Буты бывают круглые и овальные емкостью до 10 тысяч литров и более. В верхней части бута имеется шпунтовое отверстие для заполнения жидкостью, в дне находится люк для мойки, ремонта и осмотра емкости.

БУТЛЕГЕР (англ. *bootlegger*) — лицо, занимающееся запрещенным ввозом, транспортировкой и продажей спиртных напитков. Бутлегеры появились в большом количестве в период «сухого закона» в США (1920—1932). Название происходит от английского слова bootleg — голенище, в связи с тем, что спиртное могло проноситься тайно во фляжке за голенищем сапога.

Бурная война полиции с бутлегерами не дала решающих результатов. Контрабандный оборот алкоголя в США в тот период достигал многих десятков миллионов декалитров спирта, виски и вина в год, ввозимых по земле, морю и воздуху. Число постоянно занимавшихся этим бизнесом контрабандистов составляло десятки тысяч. За один лишь 1926 год было задержано полицией свыше 60 тысяч автомашин и более 20 тысяч судов, перевозящих спирт и спиртные напитки.

БУТЫЛКА, БУТЫЛЬ — 1. Стеклянный сосуд с узким горлом для разлива, хранения и транспортировки вина, коньяка и других алкогольных напитков, а также иных жидкостей. Это слово заимствовано в Петровскую эпоху из польского языка (butelka), в польский язык оно попало из французского (bouteille). Первоисточником является латинское слово butis — бочонок, сосуд.

Изготавливается из бесцветного, необесцвеченного (полубелого) и окрашенного (темно-зеленого, коричневого, оранжевого) стекла. Окрашенное стекло предотвращает влияние света на качество вин, вместе с тем оно должно быть прозрачным, чтобы просматривалось содержимое бутылки. В бутылке различают корпус, переходную часть к горлу, горло, венчик и поясок. Форма горла зависит от вида укупорки. Бутылка для шампанского должна выдерживать давление не менее 1,7 атм. Современные бутылки выпускаются емкостью 0,25; 0,33; 0,5; 0,7; 0,75; 0,8 и 1 литр (винные — в основном 0,7 литра), а также сувенирные — 0,05; 0,1 и 0,25 литра.

2. Русская мера объема для жидкостей в XVIII — нач. XX вв. «Бутылка водочная» — 0,615 литра или 1/2 штофа, или 1/20 ведра. «Бутылка винная» — 0,77 литра, или 1/16 ведра.

БУТЫЛКИ НЕОБЫЧНЫЕ — выпускаются преимущественно в целях рекламы алкогольной продукции. Самая большая бутылка была представлена на туристическом фестивале в Австралии в 1989 году, ее размеры — 2,11 метра в высоту и 1,64 метра в диаметре. Бутылка вмещала 418,25 литра пшеничного пива марки «Лейдли голд». В самых маленьких бутылках в наши дни продается шотландское виски «Уайт хорз», они имеют высоту чуть больше пяти сантиметров и содержат 1,3 мл виски. Самая крупная бутылка, используемая в торговле вином, имеет емкость 3,2 литра (4 бутылки шампанского) и носит название

«Иеровиам», а также двойной «Магнум». Бутылка типа «Магнум» соответственно имеет объем 1,6 литра. Для выставок выпускается бутылка «Навуходоносор» емкостью 16 литров, в 5 раз превосходящая «Иеровиам». Для любителей экзотики французский коньяк «Мартель» продается в виде набора из 21 бутылки размерами от 0,03 литра до 3,78 литра.

БУТЫЛОК КОЛЛЕКЦИОНИРОВАНИЕ — распространенное хобби. Одна из самых больших коллекций бутылок принадлежит американцу Джорджу Террену из г. Саутборо: в ней 31 804 миниатюрных бутылочек со спиртными напитками (на 31 мая 1992 г.). Сиг Джакконе из итальянского города Сало собрал 4900 различных (неповторяющихся) бутылок с виски. Клайве Видис из Сан-Паулу, президент бразильской ассоциации коллекционеров виски, собрал коллекцию из 2025 бутылок, содержащих только шотландское виски. Дэвид Монд из Алема на ноябрь 1991 года обладал коллекцией из 9347 миниатюрных бутылочек с шотландским виски, существующих в единственном экземпляре. За последние 30 лет он также собрал коллекцию из 323 миниатюрных бутылочек с пивом «Гиннес». Большая коллекция пивных бутылок из 101 страны принадлежит Теду Шулеру из Джермантауна (Теннеси, США). На май 1992 года она насчитывала 2774 экземпляра.

БУТЫЛОК РОССИЙСКИХ ИСТОРИЯ — началась в 1635 году, когда был построен первый в России стекольный завод недалеко от Воскресенска. На нем делали бутылки, банки и всякую аптекарскую посуду. Вскоре появился второй завод — в селе Измайлово вблизи Москвы. Как символ мастерства российских стеклодувов на этом заводе тогда была изготовлена Царь-рюмка (по аналогии с Царь-пушкой в Кремле), которая была выше самого рослого человека и вмещала два ведра вина. В те времена наиболее распространенными в России, как и в Европе, были бутылки в форме шара, немного приплюснутого с полюсов, а также бутылки несколько удлиненной формы с тонким коническим горлышком. Использовались для алкогольных напитков и приземистые прямоугольные, с коротким горлом, штофы.

Особенно бурно стеклотарное производство в России стало развиваться в начале XIX века. Каждому сорту вина предназначалась особой формы бутылка: были бутылки шампанские, рейнские, мадерные, бордосские, портерные с круглым оплечьем и т.д. Бутылки для водок и ликеров тоже имели свои названия — рябиновые, лимбургские, мокко и др. На бутылках выштамповывались необходимые сведения о напитке и его производителе.

В «Положении о стеклянной посуде» 1852 года говорилось: «Заводчик должен в удобном для него месте ставить клеймо, в котором означать свое имя и фамилию хотя бы начальными буквами, местонахождение завода и год выделки». Так, на стекле бутылок, в которые разливал свое популярное пиво один из крупнейших в начале XX века в России пивной завод Калинкина (Петербург), был вытиснен товарный знак в виде земного шара и выпуклая рельефная надпись «Калинкин».

Стеклянные бутылочные изделия того периода, кроме общепринятых форм, могли представлять собой емкости в виде балалаечника, человека во фраке, трубочиста, медведя. Умудрялись даже делать бутылки-бюсты Пушкина, Тургенева и других корифеев культуры. Периодически проводились выставки стеклянных бутылок. Лучшие фирмы награждались и получали право ставить на свою продукцию изображение государственного герба, получали дипломы и медали.

С фантазией использовалась бутылка в рекламных целях. На Казанской промышленной выставке 1910 года павильон местного пивного завода имел вид гигантской, более 20 метров высотой, пивной бутылки с этикеткой. В этом же году на юбилейной Выставке земледелия, торговли и промышленности в Царском селе павильон петербургского пивоваренного завода «Старая Бавария» имел вид баварской избы со светильником из бочковых цепей и обручей и с гранеными фирменными бутылками вместо лампочек.

Стекольное производство России перед первой мировой войной практически полностью удовлетворяло потребности внутреннего рынка в бутылках. В советское время капиталоемкое производство оригинальных фирменных бутылок сошло на нет, и почти все бутылки для алкогольных и безалкогольных напитков стали производиться по нескольким единым стандартным образцам. В настоящее время в России виды выпускаемых серийно бутылок также не отличаются большим разнообразием, что связано, наряду с другими причинами, с упадком стекольного производства.

БУТЫЛОЧНАЯ КОМАНДА (англ. *bottle gang*) — английское презрительное название группы выпивох, собирающих деньги вскладчину на бутылку спиртного. Обычно относится к бродягам и другим опустившимся людям. Аналогичное содержание имеет русское выражение «*На троих*» (см.).

БУФЕТ — 1. Шкаф для хранения посуды, столовых приборов и скатертей, напитков, некоторых закусок и др. 2. Стойка или стол для продажи закусок, десертных блюд и напитков в столовых и ресторанах, а также небольшая закусочная.

БУХАЛО, БУХАЛОВО (блатной жарг.) — спиртные напитки, спиртное. Бухала — пьяница. Бухаловка — пьянка, попойка.

БУХАРИТЬ, БУХАТЬ (блатной жарг.) — выпивать. Бухой — пьяный; бухарь — пьяница.

БХАЙРАВА — божество в религии индуизма. В одном из древних храмов в Индии есть его статуя, которую принято угощать спиртными напитками в виде подношения от верующих. Происходит это так: священник на глазах у всех наливает жертвенный напиток в металлическую посудину и под чтение молитвы подносит ее ко рту изваяния бога. Через две минуты напиток исчезает. Напитком может быть и вино, и виски, и даже самогон местного производства. Выпиваемая за один раз порция может достигать 500 граммов, причем статуя поглощает напиток только из рук священника. Другим людям напоить статую не удается.

Не ясно, куда девается напиток. Секрет статуи пытались раскрыть еще англичане, когда управляли Индией. Они обследовали голову статуи, копались вокруг, но никакого объяснения не нашли.

БЫТОВОЕ (ПРИВЫЧНОЕ) ПЬЯНСТВО — привычное злоупотребление алкогольными напитками, не перешедшее в заболевание алкоголизмом (то есть без сформировавшейся патологической зависимости от алкоголя) (см. *Пьянство*).

БЫЧЬЕ СЕРДЦЕ (лат. *cor bovinum*) — сердце, увеличенное в своих размерах из-за гипертрофии мышцы и расширения полостей. Вес такого сердца может достигать 1 кг. Наблюдается, в частности, при длительном злоупотреблении пивом («Пивное сердце»).

В

ВАЙНМОНАТ (нем. *Weinmonat*) — народное немецкое название октября месяца. Означает буквально «месяц вина», что связано с окончанием сбора винограда и изготовлением нового вина.

ВАКХ (греч. *Bakchos*), — в греческой мифологии второе имя *Диониса* (см.) — бога виноградарства и виноделия. В римской мифологии ему соответствует Бахус (лат. Bacchus).

ВАКХАНАЛИЯ (лат. *bacchanalia*) — 1. В Древнем Риме празднество в честь бога вина и веселья Вакха (Диониса — см.). Оно представляло собой перенесение на римскую почву греческих *дионисий* (см.), притом в более чувственной и грубой форме. Мистерии в честь Вакха (римского Бахуса) превращались в разнузданные оргии, сопровождавшиеся разгулом самых низменных животных страстей.

Первоначально они происходили по ночам в роще Семелы, в окрестностях Рима, и участвовали в них только женщины. Чтобы быть в числе допущенных к празднеству, необходимо было десятидневное самобичевание и предварительное омовение. Затем стали участвовать и юноши, следствием чего была страшная распущенность во время ночных оргий, подстегиваемых неумеренными дозами вина.

Долгое время все это держалось в строгой тайне, так как всякого, от кого только могли ожидать предательства, убивали. Дело дошло до того, что в 186 году до н.э. римский сенат был вынужден принять указ о запрещении вакханалий по всей Италии. Многие фанатические поклонники этого ритуала («жрецы» и «жрицы») были взяты под стражу, а некоторые казнены. Однако полностью искоренить эти безнравственные мистерии тогда не удалось.

2. (перен.) Шумное, разгульное пиршество, оргия.

ВАКХАНКА — 1. В Древнем Риме участница вакханалий (см.)

2. (поэт.) Чувственная сладострастная женщина. Н. П. Огарев: *«Сюда, сюда, бокал с играющею влагой! // Сюда, вакханка! Слух мне очаруй...»*

ВАЛТАСАР (VI в. до н.э.) — вавилонский царь, сын Навуходоносора. Во время осады города Вавилона персидским царем Киром и Дарием Мидийским он устроил большой пир для своих придворных, своих жен и наложниц. Вкусив вина и захмелев, Валтасар, как говорится в тексте Ветхого Завета, (Дан., гл. 5), велел принести золотые и серебряные сосуды, похищенные Навуходоносором из Иерусалимского храма. Когда все присутствующие, включая наложниц, стали кощунственно пить вино из этих сосудов во славу языческих богов — «золотых и серебряных, медных, железных, деревянных и каменных», вдруг на стене зала таинственная рука начертала непонятные слова: «Мене, мене, текел, упарсин».

Царь пришел в ужас, и «колена его стали биться одно о другое». Он позвал советника Даниила, который растолковал эти слова следующим образом: «мене» — Бог положил конец твоему царству; «текел» — ты взвешен на весах и найден очень легким; «упарсин» или «перес» — твое царство разделено и отдано персам и мидянам. Действительно, из-за неуместного пиршества город оказался без должного надзора, были оставлены без присмотра ворота и русло реки. Персы беспрепятственно вошли в город и легко овладели им. Вавилоняне падали тысячами под ударами мечей, захватчики проникли во дворец и предали смерти опьяневших царя и вельмож.

Пир Валтасара — излюбленная тема художников Возрождения, в частности, есть такая картина Рембрандта.

ВАНИЛЬ — род тропических растений семейства орхидных. Имеет форму лианы. Некоторые виды ванили культивируются ради плодов, содержащих душистое вещество ванилин, которое широко применяется в пищевой и парфюмерной промышленности, а также в производстве алкогольных напитков. Недозрелые плоды ванили (в виде мясистых зеленовато-желтых стручков) подвергают ферментации (выдержке в определенных условиях), после чего они приобретают темно-коричневую окраску и характерный запах и используются как пряность.

Ваниль служила ценной пряностью у ацтеков задолго до их завоевания испанцами, которые привезли ваниль в Европу. В настоящее время ваниль употребляется также в производстве алкогольных напитков, в том числе ликеров.

ВАРАГИ (англ. *waragi*) — крепкий напиток, получаемый перегонкой бананового вина. Национальный напиток в Уганде.

ВАРШАВСКИЙ ПИВНОЙ СУП — готовится из 200 г муки, 250 г сметаны, 3 яичных желтков, 20 г сливочного масла, 1 л светлого пива, 20 г сыра, 70 г белого хлеба. Смешивают муку, сметану, желтки и растопленное масло. Добавляют слегка подогретое пиво и быстро доводят смесь до кипения. Дают супу постоять 5 минут без огня, затем кладут гренки из белого хлеба, посыпают тертым сыром и подают суп к столу.

ВАШИНГТОНСКОЕ ОБЩЕСТВО ТРЕЗВОСТИ (англ. *Washington Temperance Society*) — американское трезвенническое общество имени Вашингтона, основанное бывшими тяжелыми пьяницами в 1840 году в г. Балтимор. Провозгласило «крестовый поход» за всеобщую трезвость. Пользовалось большим влиянием первые пять лет. Породило «Орден сынов трезвости» в Нью-Йорке в 1842 году. Способствовало открытию лечебниц для алкоголиков в Бостоне (1857) и Чикаго (1863).

В ГРОБ С БУТЫЛКАМИ ХЕРЕСА — завещал положить себя лондонский банкир Девэйнес в 1810 году, причем по бутылке этого любимого вина под каждую руку (под мышки). Он оставил жене вместе с приличной рентой также 300 бутылок дорогого вина с указанием выпить его на свадьбе, если жена второй раз выйдет замуж.

ВДОБТ — см. *Всесоюзное добровольное общество борьбы за трезвость.*

ВДОВА КЛИКО (фр. *Veuve Cliquot*) — знаменитая марка французского шампанского, появившаяся в конце XVIII века. Ее название, как и ее создание, связано с именем баронессы Николь Клико, вдовы владельца небольшой в то время фирмы шампанского. Унаследовав в 27 лет семейное дело, Николь лично изобрела «ремюаж» — метод, благодаря которому за 3 месяца кропотливых процедур шампанское, избавляясь от осадков, приобретает прозрачность и превосходный вкус.

Этот метод, 200 лет спустя, почти в том же виде применяется всеми виноделами мира. «Вдова Клико» — весьма дорогое вино даже во Франции, средний француз может позволить себе купить его только по большим праздникам. Тогда оно является гордостью и украшением праздничного стола. Сейчас торговому дому «Вдова Клико» принадлежат 265 гектаров наиболее плодородных земель из всех 30 тысяч гектаров виноградников французской провинции Шампань, откуда берет свое происхождение шампанское. Винные подземные склады фирмы, в виде цепочки соединенных тоннелями подвалов, занимают площадь 12 гектаров. Эти подземелья, расположенные в окрестностях старинного города Реймса, остались еще от римлян, которые почти 2000 лет назад добывали здесь известняк. В них при постоянной температуре +12°С, при свете специальных неярких желтых ламп хранится 32 миллиона бутылок знаменитого напитка.

«Вдову Клико» высоко оценили и в России еще в первой четверти XIX века. С 1806 по 1814 год в Санкт-Петербурге постоянно жил личный посланец Николь Клико месье Бонэ. Среди его сообщений, посланных своей хозяйке, есть такое, датированное первым годом его пребывания в русской столице: «Сообщаю вам радостную новость. Царица беременна. Если она родит наследника, в этой огромной стране будет выпито море шампанского. Только не говорите никому ни слова — наши конкуренты могут этим воспользоваться». В другом послании он пишет: «Русские получают почти детское удовольствие, наблюдая за тем, как пенится шампанское и как пробка сама по себе выстреливает, а пена орошает платья сидящих за столом дам». Сразу после победы русских войск над Наполеоном, мадам Клико снарядила в Россию корабль, названный «Добрые намерения», с 10 тысячами бутылок шампанского в трюме. Писатель Проспер Мериме (1803—1870) говорил: «Мадам Клико напоила Россию. Здесь ее вино называют «Кликовское» и никакого другого знать не хотят».

Это вино было любимым напитком Пушкина. Об этом красноречиво говорят строки из его «Евгения Онегина»: «Вдовы Клико или Моэта // Благословенное вино // В бутылке мерзлой для поэта // На стол тотчас принесено. // Оно сверкает Ипокреной; // Оно своей игрой и пеной // (Подобием того сего) // Меня пленяло: за него // Последний бедный лепт, бывало, // Давал я. Помните ль друзья? // Его волшебная струя // Рождала глупостей немало. // А сколько шуток и стихов, // И споров, и веселых слов!»

ВЕДРО — русская метрическая мера объема для жидкостей, равная 12,3 литра. В ведре было 10 штофов, или 20 бутылок, или 100 чарок.

WEIN, WEIB UND GESANG (*вайн, вайб унд гезанг*) (нем.) — «вино, женщины и песни». Эта крылатая фраза используется в Германии как символ полноты жизни. Она происходит из старинной немецкой песенки, согласно тексту которой выдающийся немецкий религиозный деятель Мартин Лютер (1466—1546) якобы утверждал: «Кто не любит вина, женщин и песен, тот на всю свою жизнь — дурак». («Wer nicht liebt Wein, Weib und Gesang, der bleibt ein Narr sein leben lang».)

ВЕЙХЕНШТЕФАН (*Weihenstephan*) — самая старая в мире (из существующих) компания по производству пива, основанная в 1040 году. Находится в Фрейзинге близ Мюнхена в Германии.

ВЕНДЕМИЯ (итал. *Vendemia*) — праздник окончания сбора винограда, отмечаемый в Италии, а также в других винодельческих странах. Празднество традиционно начинается с торжественной встречи — с песнями и танцами — сборщиков винограда, везущих в деревню последний собранный виноград (в Греции гроздья винограда складывают на огромную телегу, запряженную буйволами, украшенными цветами). Затем огромный чан наполняется виноградными гроздьями, на них прыгают и танцуют подростки — мальчики и девочки, топча виноград босыми ногами и обливаясь виноградным соком. Устраиваются также костюмированные шествия с театрализованными представлениями и карнавалы, на которых популярными масками являются богиня злаков и урожая — Церера, Вакх. Участники празднества обычно несут изображения св. Урбана — покровителя виноградарей.

ВЕРГИЛИЙ МАРОН ПУБЛИЙ (70—19 г. до н.э.) — римский поэт, чьи произведения считаются вершиной римской классической поэзии. В его стихах можно найти поэтические описания многих сортов винограда, из которых изготовлялись знаменитые в древности вина: фасосское, аргитское, родосское и др. В поэме-наставлении земледельцу «Георгики» он отвел место и для виноградной лозы:

«При разведении лоз немало заботы! В винограднике следует землю трижды-четырежды в год разрыхлять и комья мотыгой, зубьями книзу, дробить постоянно; кусты от излишней освобождать листвы. <...> В дни, когда виноград потерял уже поздние листья, <...>, заботы свои уж на будущий год простирает хозяин: кривым сатурновым зубом останки он дочищает лозы, стрижет и обрезкой образит. <...> Чтобы лозы подвязывать, надо веток терновых в лесу понарезать, не забыть при этом и вербу простую. Вот привязали лозу, вот серп от листвы отдыхает, и виноградарь поет, дойдя до последнего ряда».

ВЕРМУТ — (фр. *vermouth*, нем. *Wermut* — букв. полынь) — виноградное ароматизированное вино, изготовляемое с использованием полыни и некоторых других растений — до трех десятков наименований (кардамон, мята, тысячелистник, бузина черная, корица, мускатный орех и др.). Имеет полынный вкус и аромат, смягченные пряностями, гармонирующими с ароматом и вкусом виноградного вина. В зависимости от цвета вермут бывает белый, красный, розовый, а по содержанию спирта и сахара — крепкий (спирта 18% об., сах. 10 г/100 мл) и десертный (спирта 16% об., сах. 16 г/100 мл).

Впервые производство вермута было налажено в Турине в 1786 году. В СССР — в 1947 году. Вермут лучше других напитков способен возбуждать аппетит. Поэтому он часто служит основным компонентом при приготовлении *аперитива* (см.) Благодаря яркому аромату и своеобразному вкусу он входит в состав многих известных *коктейлей* (см.).

ВЕРМУТ ИТАЛЬЯНСКИЙ, или **СЛАДКИЙ ВЕРМУТ** (англ. *italian vermouth, sweet vermouth*) — напиток, приготавливаемый из густых сладких белых виноградных вин, травяного настоя (включая полынь) и бренди. Подкрашен с помощью жженого сахара.

ВЕРМУТ ФРАНЦУЗСКИЙ, или **СУХОЙ ВЕРМУТ** (англ. *french vermouth, dry vermouth*) — напиток, приготавливаемый из легких кислых виноградных вин, травяного настоя (в т.ч. на листьях и цветущих верхушках полыни) и бренди.

ВЕРНИКЕ АЛКОГОЛЬНЫЙ ГАЛЛЮЦИНОЗ (*Wernicke C.*, опубл. в 1900 г.) — вербальный галлюциноз у хронических алкоголиков, сочетающийся с бредовыми идеями преследования. Наступает обычно после алкогольных эксцессов. Течение длительное, часты рецидивы. Иногда развивается после алкогольного делирия. Возможен исход в алкогольную деменцию.

ВЕРНИКЕ-КОРСАКОВА СИНДРОМ (*Wernicke C.*, предп. в 1881 г.; Корсаков С.С., 1887 г.) — термин, употребляемый для обозначения поражения головного мозга при алкоголизме, протекающего первоначально с картиной острой энцефалопатии Гайе-Вернике, а затем, по мере улучшения состояния больного и при некотором обратном развитии патологической симптоматики, обнаруживаются признаки корсаковского психоза.

«ВЕСЕЛЫМИ НОГАМИ» — выражение из церковного пасхального песнопения: «К свету идяху, Христе, веселыми ногами». Употребляется в русской литературной речи в значении «радостно», а также насмешливо о человеке, идущем навеселе, подвыпив. Например, в романе «Обрыв» И.А. Гончарова: «Он водрузил обещанную свечу перед иконой за ранней обедней. Но у него оказался излишек от взятой дома суммы. Он вышел из церкви и прошел в слободу, где оставил и излишек, и пришел домой “веселыми ногами”, с легким румянцем на щеках и носу».

ВЕСТФАЛЯ СИМПТОМ (*Westphal*, опубл. в 1902 г.) — симптом, встречающийся при алкогольном полиневрите, который характеризуется живым коллатеральным рефлексом с приводящих мышц бедра при попытке вызвать исчезнувший коленный рефлекс.

ВЕСТФАЛЯ-БУМКЕ СИМПТОМ (*Westphal A.K.D.*, опубл. в 1906 г.; *Bumke O.*, 1928 г.) — симптом кататонической неподвижности зрачков, наблюдающийся иногда при алкоголизме. Зрачки периодически расширяются на несколько секунд, часов или дней. При этом они не реагируют на свет, аккомодацию и конвергенцию. Абсолютная неподвижность зрачков то возникает, то снова исчезает.

ВЕЩЕСТВО АДДИКТОГЕННОЕ — вещество, способное вызвать у потребляющего патологическую склонность к его употреблению, характеризующуюся: 1) все более нарастающим желанием продолжать принимать это вещество и доставать его любыми средствами; 2) тенденцией к увеличению дозы; 3) психической, а иногда и физической зависимостью. Алкоголь является таким веществом.

ВИДМАРКА ФАКТОРЫ (КОЭФФИЦИЕНТЫ) — специфические величины, отражающие закономерности распределения выпитого алкоголя в организме и убывания его с течением времени. К ним относятся фактор редукции (r) и темп убывания алкоголя в крови (b). Фактор редукции r отражает неравномерность распределения алкоголя в организме. Так, если человек с массой тела 70 кг принял 70 г алкоголя, что дает среднюю концентрацию алкоголя в теле 1%, а реальная концентрация в крови составила 1,35%, то r = 1 : 1,35 = 0,66. Считается, что r для данного человека — относительно постоянная величина, находящаяся в соответствии с температурой тела, толерантностью к алкоголю и содержанием жира в организме. У тучных людей, ввиду относительно меньшего содержания воды в организме, по сравнению с худыми, концентрация алкоголя в крови будет выше по сравнению с таковой у худых с той же массой тела после приема одинакового количества алкоголя. Для тучных людей фактор редукции меньше, чем для худых. Фактор убыли алкоголя b принято измерять как количество промилле (%), на которое убывает концентрация алкоголя в крови за 1 час, и обозначать его b_{60}. Для обычных условий b_{60} лежит в пределах 0,100—0,160% (у мужчин он несколько выше, чем у женщин). Предложены E. Widmark (Швеция) для решения задач судебно-медицинской экспертизы (см. *Видмарка формулы*).

ВИДМАРКА ФОРМУЛЫ — формулы, разработанные шведским физиологом E. Widmark для судебно-медицинской практики, с помощью которых, зная концентрацию алкоголя в крови (C_t) на момент исследования, можно рассчитать количество принятого алкоголя (A_o), его содержание в организме на данный момент или на какой-либо определенный предшествующий момент времени. Содержание алкоголя в организме (A_t) на момент исследования определяется по формуле: $A_t = C_t \times P \times r$, где P — масса тела в кг, r — фактор распределения алкоголя или фактор редукции, определяемый как отношение концентрации воды во всем теле к концентрации воды в крови. Содержание алкоголя в организме (A_o) в момент окончания приема алкогольных напитков определяется по формуле: $A_o = P \times r (C_t + b_{60} \times T)$, где b_{60} — понижение концентрации алкоголя в крови за 1 час (в промилле), T — время в часах, прошедшее с момента приема алкогольных напитков до исследования. (О факторах r и b_{60} см. *Видмарка факторы.*)

ВИЗИТНЫЕ КАРТОЧКИ ДЛЯ ПЬЯНИЦ — выпускались в 1993 году кооперативом в южно-уральском городе Орске. Текст на них гласил: «Сегодня пьян! Не смогу найти дорогу домой! Пожалуйста, доставьте меня по указанному адресу! Не оставляйте лежать в незнакомом месте!» Новинка охотно раскупалась. Выпускавшиеся в Москве в 1995 году аналогичные карточки сопровождались обещанием вознаграждения по доставке.

ВИНА АНТИЧНОГО МИРА — таковыми считаются вина, изготовлявшиеся в период с V века до н.э. по V век н.э. в основном в Древней Греции и Древнем Риме. Есть исторические свидетельства, что вино было известно и готовилось также в Финикии, Египте, Палестине, Колхиде и других странах древнего мира.

Но самыми известными винами того времени были вина Древней Греции. Их отличали относительно высокая крепость, сахаристость и экстрактивность. Достигалось это специальными приемами при возделывании винограда и в виноделии. Например, применяли удаление части листьев на кусте винограда, поздние сборы винограда с подвяливанием его на кустах, увяливание гроздей после сбора и др. При высоком содержании сахара в плодах (40—50%) брожение происходило медленно и при образовании 15—16% спирта прекращалось, так как дрожжевые клетки в этих условиях не могли продолжать действовать. В винах оставался несброженный сахар, они получались крепкими и очень сладкими. Греки и римляне пред-

Уборка винограда и приготовление вина. Древнеегипетская роспись

Дробление винограда (древнеримский барельеф)

почитали темное красное вино, для чего возделывались соответствующие сорта винограда.

Было распространено добавление в вино различных веществ минерального и растительного происхождения: для осветления вина, предохранения от порчи, а также для ароматизации и придания ему лечебных свойств. Греки добавляли в вино поваренную соль, гипс, золу от сжигания виноградной лозы, дубовых поленьев и желудей, белую глину, оливковое масло, истолченный сладкий и горький миндаль, изюм, кедровые орехи, семена клещевины, укропа, а также гороховую муку, сосновую солому, мед, молоко.

Большое место в греческом виноделии занимала морская вода. В ней вымачивали виноградные гроздья перед переработкой, ее добавляли в сусло или вино на разных стадиях виноделия, ею ополаскивали посуду перед наливом сусла и вина.

Многие добавки минерального, растительного и животного происхождения, применявшиеся в греческом виноделии, выдержали проверку временем и используются в современной винодельческой промышленности.

Вина из увяленного винограда, приготовленные с добавлением пчелиного меда или уваренного до густоты виноградного сока, имели предельно возможное при естественном брожении содержание спирта (15—16%) и высокую сахаристость. Обычай греков разбавлять вино водой возник скорее не столько из желания уменьшить его опьяняющее действие, сколько потому, что греческие вина были очень сладкими, ароматизированными, густыми, и без разбавления их трудно было пить.

Древние греки и римляне придавали большое значение изготовлению используемых для вина гончарных сосудов, их хранению, подготовке к виноделию и выдержке вина. Пифосы и амфоры, сосуды для хранения вина, перед заполнением рекомендовалось окуривать изнутри пчелиным воском или растительным ладаном.

Рвота перепившего юноши. Тарелка из керамики. Древняя Греция, V век до н.э.

В древнегреческих, римских и византийских письменных источниках можно найти сведения о греческих винах: критских, алонийских, аркадских, кипрских, косских, родосских, санторинских, фасосских, книдских, хиосских, о вине афинтитес и др. В «Одиссее» Гомера встречается упоминание о многолетних винах, в частности, о вине 11-летней выдержки. Среди греческих вин наиболее ценимыми были вина хиосское и фасосское, среди италийских — фалернское. (Именно фалернским вином угощает своего гостя Понтий Пилат в знаменитом романе Булгако-

Древние монеты с виноградными мотивами: а — монета Ирода Великого; б — монета из Трапезунда; в — монета из Пафлагонии; г — монета из Книды; д — монета из Маронеи; е — византийская монета; ж — золотая монета Пробуса

ва, и фалернское вино послал в подарок Мастеру и Маргарите Воланд. У Булгакова одна извинительная неточность: фалернское было не красным, а белым.)

Потребление вина в античности было достаточно велико; даже раб получал ежедневно около 600 мл легкого деревенского вина вторичной выжимки. По праздникам граждане пили лучшие сорта вин из наиболее красивых сосудов (чаш); пиршество сопровождалось развлечениями, музыкой, застольными песнями и т.п. Во время застолья соблюдались многочисленные обычаи, полагалось непременно выпить за здоровье присутствующих, вспомнить отсутствующих друзей, воздать благодарение богам. Нередко устраивались состязания в питье и обмен импровизированными остротами.

В жаркое время вместо воды для разбавления добавлялся лед из ледника или охлаждали вино в специальном холодильнике, состоявшем из внешнего сосуда из пористой глины и помещенного внутри него в холодной воде кувшина с вином. Если вино с добавлением целебных корней использовалось в медицинских целях, оно нередко подогревалось в особом устройстве, похожем на самовар.

Греческие колонисты, финикийские мореплаватели и римские завоеватели распространили культуру винограда и способы изготовления вина в страны Европы, Ближнего Востока и Северной Африки, где для этого имелись благоприятные климатические условия. Виноделие было выгодным занятием для античных предпринимателей. Квалифицированные рабы-виноградари ценились втрое дороже, чем рабы-земледельцы.

Некоторое время в Римской империи торговля вином была

монопольной привилегией Италии, она поддерживалась императорами. Экспорт вина из Римской империи достигал Скандинавии и Индии, а кельты отдавали иногда раба за каждую амфору вина. Император Проб (232—282 гг. н.э.) отменил введенный Домицианом (51—96 гг. н.э.) запрет на виноградарство вне Италии, и виноградарство стало быстро распространяться в римских провинциях Галлии и Испании, а также в Придунайских землях. Латинская винодельческая лексика проникла в романские и германские языки.

ВИНА АРОМАТИЗИРОВАННЫЕ — коммерческое название напитков, приготовленных из виноградного вина с добавлением сахара, спирта, настоев трав, цветов и кореньев различных растений. Относятся к ординарным винам. Типичный представитель — вермут.

ВИНА ВИНОГРАДНЫЕ — см. *Виноградные вина.*

ВИНА ИГРИСТЫЕ — вина, насыщенные углекислым газом естественным путем — в результате вторичного брожения. Их получают из специально приготовленного и соответствующим образом обработанного виноградного вина (т.н. шампанского виноматериала) в плотно закрытых бутылках или резервуарах большой емкости (акратофорах). При вторичном брожении вино под развивающимся давлением (до 6 атм.) насыщается углекислотой, поэтому налитое в бокал вино при снятии давления пенится и длительно выделяет пузырьки газа (как говорят виноделы — «играет»).

К игристым винам относятся: итальянское Асти спуманте, испанская Кава, российское Цимлянское игристое, молдавское Криковское игристое и др. Шампанское вино по принципу изготовления также относится к игристым винам, а по международным правилам «шампанским» может называться только игристое вино, изготовленное во французской провинции Шампань.

Виноградные вина, насыщенные углекислым газом искусственным путем (его закачиванием под давлением), называются *игристыми* (см.).

ВИНА КРЕПЛЕНЫЕ — виноградные вина, получаемые при неполном сбраживании виноградного сока с последующим добавлением спирта. Крепленые вина подразделяются на крепкие, полусладкие, сладкие и ликерные. Крепкие вина содержат спирта 17—20% об., сахара 3—13 г/100 мл (портвейн, мадера, херес, марсала). Полусладкие крепленые вина содержат спирта 15% об., сахара 5 г/100 мл. В отличие от полусладких столовых вин они готовятся путем крепления спиртом, имеют светлосоломенную окраску («Барзак», «Шато-Икем» и др.). Сладкие крепленые вина содержат спирта 15—17% об., сахара — 14—20 г/100 мл («кагор», «мускатное», «токайское» и др.). Ликерные крепленые вина являются очень сладкими высококачественными винами с содержанием сахара более 20 г/100 мл («мускат», «токай», «малага», «Алеатико» и др.).

ВИНА МАРОЧНЫЕ — высококачественные выдержанные вина, приготовленные из винограда определенных сортов, в определенных винодельческих районах. Качество вина достигается выдержкой в подвалах в течение нескольких лет. За время выдержки вино «созревает», в нем образуется «букет», вкус становится «гармоничным». Марочными винами могут быть сухие столовые (в России — «Рислинг Абрау», «Рислинг Анапа», «Сильванер», «Каберне Мысхако» и др.), крепленые крепкие (самая многочисленная группа марочных вин, обычно — типа портвейна или мадеры), крепленые сладкие (например, мускаты) и ликерные.

ВИНА ОРДИНАРНЫЕ — виноградные вина, возраст (выдержка) которых не превышает одного года. Для них характерно сохранение исходного плодового аромата и вкуса. Представляют основную часть выпукаемой винодельческой продукции (в т.ч. столовые, крепленые и ароматизированные вина).

ВИНА СТОЛОВЫЕ — виноградные вина, в которых спирт образуется только за счет сбраживания виноградного сока (без добавления спирта и сахара извне). Различают сухие столовые вина (содержание спирта 9—14% об., сахар — до 0,5 г/100 мл и полусладкие (спирт — 7—14% об., сахар — 3—8 г/100 мл). В зависимости от сорта винограда и способа приготовления сухие столовые вина разделяются на белые, красные и розовые. Свои названия они получают либо по сорту винограда («Рислинг», «Каберне», «Алиготе», «Семильон» и т.д.), либо по месту производства («Телиани», «Мукузани», «Цинандали», «Напареули» и т.д.), либо по двум этим признакам («Абрау-Рислинг», «Абрау-Каберне», «Алиготе Ай-Даниль» и т.д.).

«ВИНА РОССИИ» — книга, вышедшая в Париже в 1892 году (авторы — французы Л. Порбе и Ф. Рюкссен), из которой европейцы впервые смогли получить достаточно полное представление о том, какими возможностями располагает Россия в изготовлении собственных вин и какие успехи уже сделаны. Иностранцы узнали, что кроме пресловутой холодной Сибири в России есть благодатные для виноградарства края: Крым, Кавказ, Дон, Кубань, Бессарабия. Авторы книги говорили: «Новостью, пришедшей в винодельческую конкуренцию, было то, что Россия вошла сюда огромными шагами и шагами хозяина».

ВИНИЗМ (фр. *vinism*) — сильная привязанность к потреблению вина. Во Франции этот термин применяют к больным алкоголизмом, не употребляющим крепкие напитки, а в основном только виноградное вино.

ВИННАЯ (ВИННОКАМЕННАЯ) КИСЛОТА (лат. *Acidum tartarium*) — органическая кислота, очень распространенная в растительных организмах. Она встречается в кислых и сладких плодах, в малом количестве — в корнях, коре, древесине, листьях. В значительном количестве имеется в виноградном соке, из которого при выдержке вина может выпадать в осадок в виде винно-калиевой соли (винного камня). Эта соль и является сырьем для промышленного получения винной кислоты.

Винная кислота широко используется в пищевой промышленности при изготовлении лимонадов, печенья и других кондитерских изделий, а также при крашении, гальваническом лужении, в аналитической химии, в фотографии. В пищевой промышленности употребляется для придания некоторым продуктам кисло-сладкого вкуса фруктов и ягод. В чистом виде представляет собой прозрачные бесцветные кристаллы, без запаха, с резко выраженным кислым вкусом. Пищевая винная кислота может быть также в виде порошка.

ВИННОЕ ТУРНЕ (англ. *Wine tour*) — специальная программа туристических поездок в винодельческие страны Европы, созданная в 1995—1996 годах в Европейском сообществе (ЕС) в рамках программы «Туризм в сельской местности» (Ruraltour). В 1996 году в эту программу была включена и Молдавия. Европейские туристы побывали на виноградных плантациях, винодельческих предприятиях, в обширных винных подвалах, расположенных в отработанных шахтах добычи каменного известняка, протянувшихся на многие километры. Они знакомились с молдавскими винами и народными традициями, связанными с виноделием, участвовали в уборке винограда, а затем в празднике молодого вина — в сопровождении молдавских танцев и молдавской музыки.

ВИННЫЙ КАМЕНЬ — калиевая соль винной кислоты (гидротартрат калия). Образуется из винной кислоты при выдержке виноградного вина и отлагается в виде корок на стенках бочек или в виде осадка на дне сосудов. Имеет серый или красный цвет в зависимости от того, из белого или красного вина выделяется. Его выпадение в виде мельчайших кристаллов может начаться в готовом бутылочном вине под действием механических толчков или снижения температуры. Является источником получения винной кислоты для промышленности.

ВИННЫЙ ЗАВОД-АВТОМАТ — построен французской фирмой «Mouton-Cadet», с полностью автоматизированным производством и автоматизированными складами. Выпускает 16 миллионов бутылок в год красного и белого вина до 200 сортов. Окончательная обработка вина производится в 18 чанах емкостью 105 тыс. литров каждый.

ВИННЫЙ СПИРТ — см. *Этиловый спирт*.

ВИНО — 1. В русском просторечии общее название всякого алкогольного напитка, кроме низкоградусных (пиво, кумыс и др.), включая водку. Водка в российском официальном и коммерческом лексиконе долгое время (XVII — нач. XX вв.) называлась «хлебным вином». 2. Термин, которым в современной промышленности и торговле называют алкогольные напитки, полученные путем сбраживания виноградных и плодово-ягодных соков, в том числе с последующим добавлением спирта и других веществ. Содержание спирта — от 7 до 20% об. Особая группа — вина, насыщенные углекислотой: игристые (например, шампанское) и шипучие или газированные (сидр). По качеству вина разделяют на марочные (лучшие, выдержанные несколько лет) и ординарные (выдержка до года).

ВИНО В БИБЛИИ упоминается многократно во всевозможных ситуациях как в Ветхом, так и в Новом Завете, что говорит о большом его месте в жизни наших библейских предков.

В первый раз о вине и винограднике говорится в книге Бытия (IX, 20), в истории Ноя. Затем оно встречается в повествованиях о царе Мельхиседене, который вынес хлеб и вино навстречу Аврааму; о Лоте с дочерьми; о престарелом Исааке, которому сыновья его, Иаков и Исав, предложили в пищу хлеб, дичь и вино; в пророчестве умирающего Иакова, собравшего своих сыновей (Быт. XIV, 18; XIX, 32; XXVII, 25; XLIX, 12).

Из Ветхого Завета можно узнать, как готовилось вино из винограда, который люди топтали ногами с песнями и радостными кликами, чтобы выдавить сок (Иер. XXV, 30; XLVIII, 32, 33), как оно хранилось в мехах, которые иногда разрывались от сильного брожения (Матф. IX, 17; Иер. XLVIII, II), как оно действовало на человека, проявляясь в таких знаках, как блестящие очи (Быт. XLIX, 12), необузданный язык (Притч. XXI, I), превратное суждение (Притч. XXXI, I), возбуждение духа (Притч. XXXI, 6), потеря ума (Осии IV, II) и болезни (Осии VII, 5).

В Новом Завете Иисус сравнивает себя с виноградной лозой: «Я есмь истинная виноградная лоза, а Отец Мой — Виноградарь» (Иоанн. XV, 1—6), и устанавливает в конце своей земной жизни таинство (ритуал) причащения, согласно которому верующий может почувствовать себя «причастным» к телу и крови Христа, вкусив освященные хлеб и вино (Матф. XXVI, 26—29; Марк. XIV, 22—25, Лук. XXII, 19—21).

ВИНО В ДРЕВНЕЙ ФАРМАЦИИ — занимало заметное место. Виноград и виноградное вино часто встречаются в рецептуре древних лекарств. Известно, например, что древние врачи больным диспепсией давали вино, настоянное на высушенных цветках шиповника, вино «Ил дафнити», настоянное на плодах лавра, применялось при укусах ядовитых змей и т.д.

ВИНО В КОСМЕТИКЕ ДРЕВНИХ — было достаточно популярным компонентом. Из ароматических растений, мацерированных (размоченных до расслоения) в вине, приготавливали различные мази для ухода за кожей. Сладкое вино в смеси с растительным маслом, древесиной ладана и корнями лотоса использовали для стимулирования роста волос. Римлянки для ухода за черными волосами пользовались мазью, приготовленной из яблочного сока, орехового масла, кипариса, смешанных с красным вином, в котором до этого мацерировались пиявки. Ароматное фалернское вино служило римским парикмахерам туалетной водой. Виноградным суслом смазывали лицо для поддержания свежести и мягкости кожи. Черные волосы перекрашивали в светлые при помощи мази, приготовленной на основе винных дрожжей.

ВИНО ДЛЯ ДИАБЕТИКОВ — согласно принятым недавно нормативным требованиям в Германии, должно содержать спирта — не более 12% об., глюкозы — 4 г/л, общего остаточного сахара — 20 г/л. Для приготовления таких вин используют разновидность винных дрожжей, которые быстрее сбраживают глюкозу, нежели фруктозу. Брожение рекомендуется проводить при низких температурах.

ВИНО КОМЕТЫ (фр. *vin de la comete*) — название редких вин, высокое качество которых приписывается влиянию кометы. Например, отмечалось, что в 1811 году появилась комета исключительной яркости, и в том же году во Франции и Испании был собран урожай винограда особенного вкуса и аромата. Тогда так была названа, в частности, одна из марок шампанского, на пробках которого была изображена комета. О нем упоминает А. С. Пушкин в «Евгении Онегине»: «Вошел: и пробка в потолок, // Вина кометы брызнул ток».

ВИНО МЕДИЦИНСКОЕ (англ. *medicinal wine*) — настой или раствор в виноградном вине какого-либо лечебного средства. Различные медицинские вина были представлены довольно широко в русской и зарубежных фармакопеях еще в начале XX века, в том числе: вино хинное, пепсинное, вино с железом, крушиной, ревенем, камфорой, рвотным корнем, рвотным камнем, семенами безвременника и др. В качестве виноградного вина чаще всего использовался херес.

Воин с виноградом. Ассирийский барельеф

ВИНОГРАД I (лат. *vitis*; греч. *ampelos*) — вечнозеленое растение, представляющее собой крепкую «лазящую» лиану (лозу), длина которой может достигать 30—40 метров. Одна лиана может дать очень много ягод, собранных в отдельные грозди. Некоторые сорта культурного винограда весьма урожайны: одна лоза, занимающая совсем небольшой участок земли, за сезон может дать несколько сотен килограммов спелых ягод.

В природе существует около 70 диких видов винограда, распространенного главным образом в зонах теплого и умеренного климата Северного полушария. Виноград — одно из древнейших культурных растений, которое разводилось и использовалось человеком еще в бронзовом веке (за несколько тысячелетий до нашей эры). В настоящее время известно около 8 тысяч сортов культурного винограда, из которых несколько сотен сортов служат основой современного виноградарства (в бывшем СССР использовалось около 250 сортов).

Плод винограда — высокопитательный и вкусный продукт, содержащий многообразный набор очень полезных веществ. Виноград используют для еды в свежем или замороженном виде и как сырье для изготовления вин и коньяков, а также разнообразных продуктов пищевой промышленности (сок, компот, варенье, изюм, маринады, желе и др.). Виноград и продукты его пе-

Плантации европейских сортов винограда. Украина

реработки имеют также диетическое значение и применяются для лечения (см. *Виноградолечение*).

В свежем виде потребляется примерно 15% выращиваемого винограда, 5% идет на сушку, 80% — на переработку. Соответственно сорта винограда разделяются на три группы: столовые, употребляемые в свежем виде («Шасла», «Кардинал», «Нимранг», «Карабурну», «Хусайне белый» и др.); кишмишно-изюмные, используемые для сушки («Кишмиш белый», «Масха», «Аскери» и др.) и многочисленные винные («Рислинг», «Пино», «Алиготе», «Каберне», «Мускат», «Траминер», «Совиньон», «Шардонне», «Сильванер», «Ркацители», «Саперави» и др.).

В 1990-х годах мировая площадь под виноградниками составляла более 10 миллионов га. Наука о сортах и видах винограда называется ампелографией. В 1946—1970 годах в СССР был создан и издан 10-томный труд «Ампелография СССР», в котором описано 2800 сортов винограда.

ВИНОГРАД II — ягоды виноградного растения, употребляющиеся в пищу в свежем или переработанном виде, а также для производства вина и других алкогольных напитков.

ВИНОГРАД В ДРЕВНЕЙ ФАРМАКОЛОГИИ — занимал заметное место. Среди составных компонентов в описаниях древних лекарств часто упоминается виноград. Древнеегипетские врачи использовали в лечебных целях определенные сорта винограда, а сорт «Тбасиен сладкий» — как слабительное средство. Римляне применяли в лечебных целях не только ягоды винограда, но и различные части виноградного растения.

Растертая с солью кожица ягод служила лекарством при воспалении легких и печени, а вино с солью — в качестве слабительного и для выведения глистов. Изюм, наряду с пасокой (соком, вытекающим весной из надрезанного стебля винограда), считался эффективным средством при лечении дизентерии. Настои молодых листьев и верхушек побегов рекомендовались при головной боли, воспалениях, опухолях, изжоге, болезнях суставов и др. При кожных заболеваниях (например, проказе, экземе, лишае, бородавках) применялась пасока, смешанная с древесной смолой. Кора лозы и сушеные листья использовались при кровотечениях и для заживления ран. Зола виноградной лозы способствовала росту волос при ожогах. Виноградным соком (суслом) смазывали лицо для поддержания свежести и мягкости кожи.

ВИНОГРАД ЗАСПИРТОВАННЫЙ — ягоды винограда, консервированные в спиртово-сахарном растворе. Применяется в кондитерской промышленности для изготовления конфет («Виноградинка» и др.).

ВИНОГРАДА РЕКОРДНЫЙ УРОЖАЙ — был получен в 1946 году под Ташкентом на опытном участке Узбекского института виноградарства, когда сорт «Баян ширей» дал 106 тонн с гектара. В производственных условиях этот сорт дает в среднем 57,8 тонн с гектара.

ВИНОГРАДНАЯ ГРОЗДЬ, КРУПНЕЙШАЯ В МИРЕ — была выращена в Чили в 1984 году. Когда ее взвесили в Сантьяго, она потянула на 9,4 килограмма. Это был сорт — «Красный Томсон бескосточковый». Гроздь удостоилась регистрации в «Книге рекордов Гиннесса».

ВИНОГРАДНАЯ ЛОЗА, КРУПНЕЙШАЯ В МИРЕ — росла в Карпинтерии, штат Калифорния, США. Она была посажена в 1842 году и к 1900 году давала в течение нескольких лет более девяти тонн винограда в год, а затем в среднем — 7 тонн. Погибла в 1920 году.

ВИНОГРАДНЫЕ ВИНА — напитки, получаемые в результате алкогольного брожения виноградного сока. По способу производства и составу разделяются на 4 группы: столовые, крепленые (портвейны и др.), игристые (шампанское, сидр и др.) и ароматизированные (вермут и др.). В зависимости от содержания сахара различают вина сухие (сах. до 0,5%), полусухие (1—2%), полусладкие (3—12%), сладкие (14—20%) и ликерные (21—35%). Кроме сахара, вина содержат другие разнообразные, в том числе, питательные, вещества: органические кислоты, витамины, пектины, фосфор, минеральные соли и др. Оценка качества вин производится путем *дегустации* (см.), при которой определяют прозрачность, цвет, букет и вкус, соответствующие типу вина, а для игристых вин, кроме того, игру и пенистость. Качество вина зависит от сорта винограда, особенностей почвы, климата и даже рельефа местности. Кроме использования в качестве напитка, виноградные вина широко применяются в кулинарии, входя в рецептуру приготовления мясных и рыбных блюд, соусов, сладких блюд, кондитерских изделий.

ВИНОГРАДОЛЕЧЕНИЕ (АМПЕЛОТЕРАПИЯ, лат. *ampelotherapia***)** — метод диетотерапии, заключающийся в употреблении значительных количеств винограда или винорадного сока. Применяется для нормализации водно-солевого обмена, при лечении анемии, подагры, хронических заболеваний печени, желчных путей, почек и др. Осуществляется обычно в сочетании с климатотерапией. Для виноградолечения выбирают сладкие сорта спелого винограда, с тонкой кожицей, сочной мякотью и легко отделяемыми косточками. Так как больные, начинающие лечение, зачастую не имеют привычки к большим количествам сырых фруктов, необходимо приучать их кишечник к винограду постепенно. Обычно начинают с 0,75 килограммов и доходят в течение трех недель до 2—2,5 килограммов в день.

ВИНОДЕЛИЕ — производство вина из винограда и других плодов и ягод. Существует с древнейших времен, возникнув, вероятно, на первобытной родине семитических племен южнее Каспийского моря и на Нижнем Евфрате. В Древнюю Грецию виноделие пришло из Сирии и Финикии. Около 550 года до н.э. карфагеняне знали приготовление вина из отборного винограда.

Современное производство виноградного вина включает операции: дробление сырья (получение *мезги* — см.); отделение сока (получение *сусла* — см.); спиртовое брожение сусла или мезги; отделение образующегося *виноматериала* (см.) от дрожжей и его дальнейшая специальная обработка, ведущая к получению готового вина (выдержка, доливка, фильтрация, пастеризация, осветление, купаж и т.д., а также спиртование при изготовлении крепленых вин). Все эти операции составляют два основных этапа, которые осуществляются нередко на разных предприятиях: *виноделие первичное* (см.), заканчивающееся на получении виноматериала, и *виноделие вторичное* (см.), которое включает операции по изготовлению вина (или другой винодельческой продукции) из виноматериала.

ВИНОДЕЛИЕ ВТОРИЧНОЕ — этап в промышленном виноделии, включающий все операции по переработке *виноматериала* (см.) для получения окончательной винопродукции (вина, коньяка, шампанского и т.д.). Предприятия вторичного виноделия расположены, как правило, в крупных городах и получают необходимые виноматериалы от предприятий *виноделия первичного* (см.), расположенных обычно на территориях, где выращивается виноград, в том числе и за рубежом. Вторичное виноделие включает в себя также выдержку произведенных напитков и их розлив.

ВИНОДЕЛИЕ НЕПРОМЫШЛЕННОЕ — изготовление виноградного вина в сравнительно небольших количествах для собственного потребления или для мелкой местной торговли. Оно встречается традиционно в регионах, где выращивают виноград, и осуществляется с помощью оборудования и способов, сохранившихся, при малых изменениях, с древних времен. Это относится прежде всего к небогатым крестьянским хозяйствам в таких странах, как Болгария, Румыния, Греция и др.

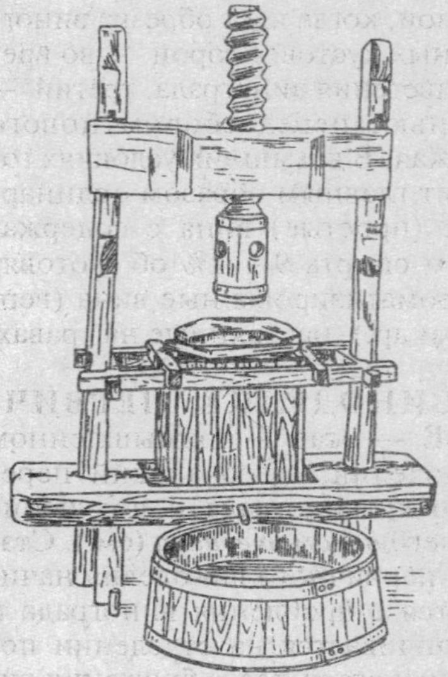

Деревянный пресс

Грозди винограда обычно собирают в плетеные корзины или в дощатую тару. Переработка винограда проводится под открытым небом или в небольших специальных постройках — винодельнях. Виноград раздавливают ногами (в деревянных или каменных давильнях), руками (на специальных устройствах, сплетенных из прутьев) или же специальными палками (пестами) в небольших кадках. В XIX веке у некоторых хозяев появились ручные дробилки в виде простых механизмов.

Сусло из раздробленного материала (мезги) выдавливается в домотканых холщовых мешках при помощи ручных прессов (винтовых или рычажных) или еще более простых приспособлений. Для брожения выдавленного сока (сусла) используются различные глиняные и деревянные сосуды — большие кувшины, чаны, бочки. Еще в древности было известно, что от тары в большой степени зависит качество вина. Бочки используются, в основном, из дубовых клепок (дощечек). Перед использованием их ошпаривают кипятком или, постепенно заливая в них воду, опускают в нее раскаленные камни.

Вино хранится в погребах или подвалах, где поддерживается определенный температурный и воздушный режим. Среди операций по уходу за молодым вином важную роль играет переток (перелив) — «снятие» вина с дрожжей. Первый переток проводится весной, когда идет обрезка виноградных кустов. Второй — во время цветения винограда, третий — осенью, перед сбором нового урожая. В домашних условиях готовят главным образом ординарные (простые) вина с содержанием спирта 9—12% об. Готовят и ароматизированные вина (вермут и др.), настоянные на травах.

ВИНОДЕЛИЕ ПЕРВИЧНОЕ — этап в промышленном виноделии, включающий переработку винограда и получение из него *виноматериала* (см.). Стадия первичного виноделия начинается с дробления винограда и заканчивается на отделении получившегося после брожения виноматериала от дрожжевого осадка и помещении виноматериала в резервуары для хранения и передачи на предприятия *виноделия вторичного* (см.).

ВИНОКУРЕНИЕ (устар.) — производство спирта, водки из сахаристых и крахмалистых продуктов (хлебных злаков, картофеля, свеклы) методом сбраживания и перегонки. В настоящее время этот термин принято использовать как синоним самогоноварения, т.е. кустарного производства крепких спиртных напитков.

ВИНОКУРЕННЫЙ ЗАВОД, КРУПНЕЙШИЙ В МИРЕ — это производящий крепкие спиртные напитки завод «Сигрэм компани лимитед» в Канаде. Его годовой оборот на 31 января 1990 года составил 5,6 млрд. долларов. В этой компании трудится 17 600 человек.

ВИНОМАНИЯ (англ. *vinomania*) — ненормальная жажда вина. В XIX веке так обозначали вид алкоголизма, выражающегося в частом опьянении с помощью виноградного вина.

ВИНОМАТЕРИАЛ — полуфабрикат промышленного виноделия, образующийся после сбраживания виноградного сока и отделения его от дрожжевого осадка. Он служит основой для изготовления винодельческой продукции. В нем содержится спирт (9—14% об.), появляющийся в результате брожения, но для того, чтобы виноматериал стал тем или иным качественным алкогольным напитком (сухим или десертным вином, коньяком и др.), применяется целый ряд операций дополнительной обработки (осветление, фильтрация, купажирование, выдержка и т.д.).

В зависимости от вида конечной продукции виноматериалы бывают столовые, десертные, крепкие, шампанские и коньячные. В десертные и крепкие виноматериалы добавляется спирт-ректификат. Из коньячного виноматериала получают с помощью перегонки коньячный спирт. Виноматериалы обычно производят на винодельческом предприятии, расположенном в районе выращивания винограда, а дальнейшая их обработка может производиться на предприятиях вторичного виноделия (выпускающих вина), располо-

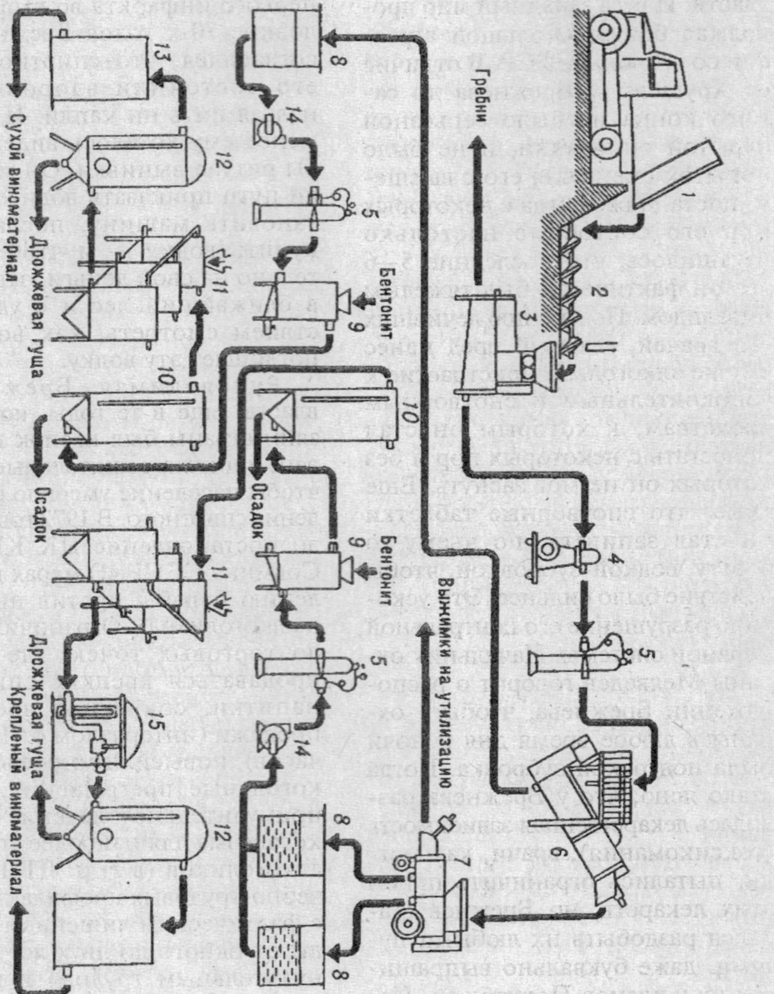

Аппаратурно-технологическая схема производства белых столовых сухих виноматериалов: 1 — контейнер для доставки винограда; 2 — шнек бункера-питателя; 3 — дробилка-гребнеотделитель; 4 — мезгонасос; 5 — сульфитодозатор; 6 — стекатель; 7 — пресс; 8 — сборники сусла; 9 — дозатор бентонита; 10 — аппарат для осветления сусла в потоке; 11 — бродильная батарея; 12 — аппарат для осветления виноматериала в потоке; 13 — резервуар для хранения виноматериала; 14 — насос для перекачки сусла; 15 — спиртодозатор

женных далеко от зоны виноградарства (в России, например, значительная часть виноградных вин производится в Москве, Санкт-Петербурге, нижнем Новгороде, Новосибирске, Хабаровске).

Виноматериалы хранят в крупных емкостях с защитным покрытием в стерильных условиях. Шампанские виноматериалы отгружаются заводам шампанских вин обычно до 1 июня следующего за урожаем года. Коньячные виноматериалы хранятся и подаются на перегонку для получения коньячных спиртов до 1 мая следующего за урожаем года. Различают виноматериалы «европейские» (более ценные), приготовленные из европейских сортов винограда, и «гибридные» — из гибридных сортов.

ВИНОПРОВОД — устройство для перемещения вина и виноматериалов между резервуарами и цехами на винодельческом предприятии. Изготавливается обычно из стекла, а также из стали и пластмассы. Диаметр трубы — 38—100 мм.

ВИНОТЕКА (спец.) — собрание коллекционных вин.

ВИНОФОБИЯ (лат. *vinum* — вино, греч. *phobos* — страх) — боязнь употреблять вино.

ВИНОХРАНИЛИЩА — специальные подземные, полуподземные (в наше время могут быть и надземные) сооружения или приспособленные горные и соляные выработки, шахты, пещеры, предназначенные для хранения винопродукции в бутылках, дубовых бочках и других резервуарах. Винохранилища имеют большое значение для обеспечения и сохранения качества напитков (в том числе весьма ценных, выдерживающихся многие десятилетия), поэтому к этим помещениям предъявляются специальные требования. В них поддерживается определенный температурный режим и воздухообмен. В подземных хранилищах оптимальная температура 10—15°С соблюдается естественным путем, в надземных — с помощью кондиционеров. Воздух должен меняться 5—6 раз в сутки, а в бродильных помещениях, где скапливается углекислый газ, необходим полуторократный обмен в течение часа. Если виноматериалы хранятся в дубовой таре, относительная влажность в помещении должна составлять 85%. В винохранилищах не должны скапливаться вода и вредные газы, не должны храниться одновременно какие-либо пахучие, ядовитые, огневзрывоопасные и т.п. материалы и вещества. Есть немало созданных еще в прошлые века подземных винохранилищ, с высокой репутацией их продукции, где единовременно содержатся многие тысячи бочек, а протяженность составляет многие километры.

ВИНОЧЕРПИЙ — в старину особое должностное лицо, заведовавшее винными погребами, разливавшее и подносившее вино

5 Зак. № 1055 Мирошниченко

пирующим. (Совр., шутл.) Наливающий спиртное в компании.

VINUM CLARO CARET, DEMENTAT SAPOENTES, FACIT REPUERACERE SENES (лат.) — «вино лишает знаменитых людей почестей, делает безумными мудрецов, стариков превращает в детей». Афоризм древних римлян.

ВИНУМ МУЛЬСУМ (лат. *vinum mulsum*) — популярный напиток в Древнем Риме, представлявший собой смесь вина с медом.

ВИСКИ (англ. *whisky*, от гаэльск. *uisge beatha*, букв. — вода жизни) — крепкий алкогольный напиток (40—50% об.), получаемый путем перегонки сброженного сусла, приготовленного из зернового сырья (ржи, пшеницы, ячменя или кукурузы с добавкой ячменного солода). Некоторые сорта виски выдерживаются в обожженных дубовых бочках. Этот напиток появился впервые в Англии (1485) и Шотландии (1490—1494). Распространен главным образом в Великобритании, США и других англоязычных странах. Пьют виски обычно, разбавляя водой.

ВИСКИ АМЕРИКАНСКОЕ, «БУРБОН» (англ. *bourbon, bourbon whisky*) — готовится главным образом из кукурузного зерна с добавкой пшеницы и ячменного солода. Выдерживается в обожженных изнутри бочках, что придает ему темный коньячный цвет и устраняет специфический кукурузный запах. Появилось впервые в округе Бурбон штата Кентукки (1789).

ВИСКИ ИРЛАНДСКОЕ (англ. *irish whisky*) — готовится из ржаного зерна с добавкой ячменя и ячменного солода. Применяется трехкратная перегонка. Выдерживают в дубовых бочках не менее 5 лет.

ВИСКИ КАНАДСКОЕ (англ. *canadian whisky*) — готовится из ржаного и пшеничного зерна и пшеничного солода. К полученному после перегонки спирту добавляют картофельный спирт. Выдерживается не менее двух лет. Крепость всегда 43°.

ВИСКИ ШОТЛАНДСКОЕ (англ. *scotland whisky*) — готовится из ячменного зерна и ячмен-

Герб крупнейшего производителя виски — фирмы «Балантайнз»

ного солода. Зерно предварительно замачивают до разбухания, затем обсушивают в токе горячего дыма от торфа, получая «копченое зерно». Выдерживается не менее 3 лет в дубовых бочках, в которых до этого хранился херес или мадера. Выдержанный спирт подкрашивают жженым сахаром, разбавляют ключевой водой до 63—71% об., снова выдерживают в бочках, затем окончательно разбавляют до 43% об. и разливают в бутылки.

ВИТАМИННЫЕ ПРЕПАРАТЫ И АЛКОГОЛЬ — взаимодействуют таким образом, что нарушается усвоение практически всех видов витаминов, содержащихся в пищевых продуктах или вводимых в виде лекарственных препаратов. Хроническая алкоголизация приводит к нарушению всасывания, распределения и утилизации витаминов в организме и как следствие — к авитаминозу, часто наблюдаемому у больных алкоголизмом. Вместе с тем у них отмечается повышенная токсическая чувствительность к некоторым жирорастворимым витаминам, в частности, витамин А потенцирует гепатотоксичность этанола. При алкогольном циррозе печени введение препаратов витамина Д может приводить к гиперкальциемии.

ВИШИ (фр. *vichy*) — луковый суп из французской народной кулинарии, традиционно применяющийся французами для облегчения состояния похмелья. Его состав: лук-порей — 4 шт.; одна маленькая головка репчатого лука; сливочное масло — 4 столовые ложки; куриный бульон — 3 чашки; картофель — 0,5 кг; молоко или сливки — 4 чашки, молотый мускатный орех — 0,5 чайной ложки и соль.

ВИШНЕВАЯ НАЛИВКА — сладкая наливка крепостью 20% об. и сахаристостью 40 г/100 мл, темно-вишневого цвета, кисло-сладкого вкуса с ароматом вишни. Приготовляется из спиртованного сока свежей вишни и спиртованного морса сушеной черники с добавлением спиртованного настоя корицы и горького миндаля, ванилина, сахарного сиропа, лимонной кислоты и спирта высшей очистки. Относится к числу лучших видов наливок, вырабатываемых ликерно-водочной промышленностью.

ВИШНЕВАЯ НАСТОЙКА — сладкая настойка крепостью 20% об. и сахаристостью 25 г/100 мл. Цвет вишнево-красный, вкус кисло-сладкий, аромат вишни. Приготовляется из спиртованного морса свежей вишни и спиртованного сока сушеной черники с добавлением патоки, сахарного сиропа, лимонной кислоты и спирта высшей очистки.

ВИШНЕВАЯ НАСТОЙКА ГОРЬКАЯ — горькая настойка крепостью 40% об., бесцветная, мягкого вкуса, с тонким ароматом вишни. Приготовляется из ароматного спирта сушеной вишни и малины с добавлением сахарного сиропа и спирта высшей очистки.

ВКУС ВИНА — одно из важных качеств виноградного вина, которое оценивается при дегустации. Прослеживаются четыре вкусовые субстанции: сладкая, кисловатая, горьковатая и солоноватая.

Взяв в рот небольшое количество вина, дегустатор оценивает уравновешенность между этими субстанциями, чтобы ни одна из субстанций не доминировала над другой. В противном случае вино считается неуравновешенным: слишком кислым или слишком пресным, очень «агрессивным» или очень мягким, слишком «алкоголистым» или очень слабым. После этого дают вину во рту соприкоснуться со всей поверхностью языка и, слегка приоткрыв рот, впускают немного воздуха, чтобы усилить ароматы и «провентилировать» систему обоняния. При этом во рту ощущается море запахов, вино при соприкосновении с воздухом преображается во рту или, как говорят дегустаторы, становится «активным» (вино «атакует»). И, наконец, после выплевывания или проглатывания вина оценивают «финал». «Проникающие» ароматы — признак «долгих» и хороших вин.

ВЛАДИМИР СВЯТОЙ (960—1015) — великий князь Киевский, при котором христианство стало государственной религией в Киевской Руси (988—989), что дало толчок ее укреплению и расцвету. Древний летописец сохранил знаменательный ответ князя Владимира «болгарским» посланникам (болгарами называли тогда один из тюркских народов), которые предлагали избрать мусульманскую («сарацинскую») веру, но при этом предупреждали, что их вера несовместима с питьем вина. Великий князь отказался в пользу христианства, произнеся якобы слова: «Руси есть веселие пити, не можем без того быти».

ВЛЕЧЕНИЕ К АЛКОГОЛЮ — стремление к приему алкогольного напитка, обусловленное как внутренними, так и ситуационно-средовыми причинами. Может быть осознанным или подсознательным, направленным на достижение целей гедонистических (получение удовольствия) либо эскапических (чтобы избавиться от тягостного состояния). Влечение к алкоголю может быть одним из наиболее ранних признаков алкоголизма, когда оно отражает сформировавшуюся у индивидуума зависимость от алкоголя. Тогда оно квалифицируется как патологическое (см. *Влечение к алкоголю патологическое*).

ВЛЕЧЕНИЕ К АЛКОГОЛЮ ГЕНЕРАЛИЗОВАННОЕ — форма патологического влечения к алкоголю, когда оно владеет всеми интересами, мыслями и представлениями больного алкоголизмом, определяет его поведение и круг общения. Охваченность больного влечением к алкоголю становится частью его мировоззрения, не осознается критически, и попытки лишить больного возможности выпить воспринимаются как покушение на его права и свободу.

ВЛЕЧЕНИЕ К АЛКОГОЛЮ КОМПУЛЬСИВНОЕ — вариант патологического влечения к алкоголю, когда оно возникает спонтанно и быстро достигает такой степени интенсивности и непреодолимости, которая сравнима с голодом и жаждой. Борьба с желанием выпить (*«борьба мотивов»* — см.) отсутствует, при реализации желания пренебрегаются социальные, профессиональные, моральные соображения и даже требования закона.

ВЛЕЧЕНИЕ К АЛКОГОЛЮ ОБСЕССИВНОЕ (НАВЯЗЧИВОЕ) — вариант патологического влечения к алкоголю с характером навязчивости, которая осознается больным (в отличие от *влечения компульсивного* — см.) и вызывает стремление противостоять ей («борьба мотивов»). Особенно это выражено в тех случаях, когда желание выпить противоречит социально-этическим обстоятельствам и может привести к отрицательным последствиям. Обсессивное влечение может быть ситуационно обусловленным или спонтанным.

ВЛЕЧЕНИЕ К АЛКОГОЛЮ ПАРОКСИЗМАЛЬНОЕ — вариант патологического влечения к алкоголю, для которого характерно периодическое возникновение приступа влечения высокой интенсивности, развивающегося обычно внезапно и продолжающегося сравнительно кратковременно. Приступ (пароксизм) сопровождается значительными вегетативными проявлениями (побледнение, головокружение, сердцебиение, спазмы в животе и т.д.), тягостным эмоциональным состоянием (страх, тревога, тоска), некоторым сужением сознания и иногда — частичной амнезией периода максимальных расстройств. При возникновении пароксизмов влечения у больных с парциальной (локализованной) формой влечения к алкоголю, приступы имеют фобический или мучительный оттенок. У больных же с генерализованной формой влечения к алкоголю такие пароксизмы выливаются в безотчетное и властное стремление к алкоголю, которое напоминает автоматические действия при эпилептиформном синдроме.

ВЛЕЧЕНИЕ К АЛКОГОЛЮ ПАРЦИАЛЬНОЕ (ЛОКАЛИЗОВАННОЕ) — форма патологического влечения к алкоголю, отличающаяся от *генерализованного* (см.) тем, что оно отделено от личности, встречает внутреннее сопротивление, причиняет страдание, служит источником внутренней напряженности и утомительной борьбы за соблюдение трезвости. Сохраняется способность к критическому отношению к собственному пьянству и болезни.

ВЛЕЧЕНИЕ К АЛКОГОЛЮ ПАТОЛОГИЧЕСКОЕ (англ. *craving for alcohol*) — активное стремление больных алкоголизмом к употреблению спиртных напитков как проявление болезненной зависимости от алкоголя. Один из основных симптомов алкоголизма. Различают *влечение к алкоголю патологическое первичное* (см.), когда оно возникает вне состояния опьянения или похмелья, и *вторичное* (см.), которое проявляется после начала приема алкоголя, и тогда оно сопровождается утратой количественного контроля и стремлением продолжать прием алкоголя в состоянии опьянения. Кроме того, к вторичному влечению к алкоголю относят и стремление к опохмелению (в состоянии абстинентного синдрома).

По классификации, принятой Комитетом экспертов ВОЗ (1955), различаются три варианта влечения к алкоголю: а) психологическая потребность в алкоголе; б) физическая потребность в устранении похмельных симптомов; в) физическая потребность в алкоголе, которая возникает в результате физиологических расстройств, обусловленных нарушением метаболизма, эндокринных функций и т.д.

В отечественной наркологии патологическое влечение к алкоголю классифицируют следующим образом: по тяжести (легкий, средний и тяжелый варианты влечения — И.В. Стрельчук, 1973); по выраженности влечения и наличию или отсутствию компонента борьбы мотивов (обсессивное и компульсивное — А.А. Портнов, И.Н. Пятницкая, 1973); по охваченности больного влечением (парциальное и генерализованное — И.В. Стрельчук, В.Б. Альтшуллер, 1978); по характеру проявления — постоянное и периодическое (пароксизмальное); по возможности преодоления влечения больным (одолимое и неодолимое); по связи с ситуацией (ситуационно обусловленное и возникающее спонтанно или импульсивное). Патологическое влечение к алкоголю проявляется не только в период рецидива алкоголизма, но и в период ремиссии.

ВЛЕЧЕНИЕ К АЛКОГОЛЮ ПАТОЛОГИЧЕСКОЕ ВТОРИЧНОЕ — стремление продолжать прием алкоголя в состоянии опьянения или в состоянии похмелья (в отличие от *влечения патологического первичного* - см.). При алкоголизме оно обусловливает неспособность больного ограничиться небольшим количеством алкогольных напитков (утрата количественного контроля). Первые дозы алкоголя вызывают интенсивное влечение к нему, в связи с чем больной напивается до выраженного опьянения. В состоянии похмелья стремление к повторному приему алкоголя сочетается с желанием избавиться от тягостных переживаний абстинентного синдрома.

ВЛЕЧЕНИЕ К АЛКОГОЛЮ ПАТОЛОГИЧЕСКОЕ ПЕРВИЧНОЕ — один из основных, наиболее ранних и стойких симптомов алкоголизма. Выражается в активном стремлении к употреблению алкогольных напитков, возникающем вне состояния опьянения или похмелья, когда в организме нет ни экзогенного алкоголя, ни продуктов его метаболизма (в отличие от *влечения вторичного* — см.).

Это влечение может возникать или усиливаться в ситуации, напоминающей о привычном потреблении спиртного (праздники, получение зарплаты, встреча с друзьями или родственниками, приглашение выпить). Может быть также спровоцировано голодом, физическим переутомлением, стрессовой ситуацией, ссорой, конфликтами, сопровождающимися чувством обиды на окружающих или идеями самообвинения, самоупреками.

О первичном влечении к алкоголю могут свидетельствовать следующие признаки: изменения мимики, преимущественно ее оживление при воспоминании о спиртных напитках; беспричинные колебания настроения, ощущение дискомфорта, раздражительность, особенно при препятствиях к выпивке; вегетативно-рефлекторные проявления, особенно выраженные перед едой (повышенное слюноотделение, глотательные движения, чувство сжимания или сосания в желудке, вплоть до ощущений вкуса и запаха спиртных напитков). Характерны сновидения со сценами выпивки.

Помимо влечения к алкоголю, возникающего вслед за каким-либо провоцирующим фактором (ассоциированное влечение), существует спонтанный тип первичного влечения, появление которого не может быть поставлено в связь с внешними воздействиями. Спонтанное влечение к алкоголю проявляется чаще по мере развития алкоголизма.

Первичное влечение к алкоголю имеет различную степень выраженности. В легкой степени оно появляется на короткие отрезки времени, легко подавляется каким-либо занятием и может ограничиться разговорами об алкогольных напитках, собутыльниках, эпизодах выпивки. При этом всегда имеется ***«борьба мотивов»*** (см.). Такое состояние может повторяться несколько дней и может быть преодолено больным самостоятельно или благодаря внешним обстоятельствам.

При более выраженной степени влечение к алкоголю возникает обычно спонтанно, появляются без видимых причин воспоминания о прошлых выпивках, об алкогольных напитках. Возникает состояние физического и психического дискомфорта («чего-то не хватает»). Влечение не исчезает несколько часов, самостоятельно подавить его удается редко. Внешние обстоятельства также редко подавляют влечение. Появление влечения сопровождается «борьбой мотивов» («пить или не пить»).

При максимальной степени выраженности влечения к алкоголю «борьба мотивов» отсутствует. Характерны беспричинно возникающие, ярко эмоционально окрашенные воспоминания об алкоголе и его употреблении. Самостоятельно подавить влечение не удается. Внешние обстоятельства также не подавляют влечения. Субъективно влечение осознается как сильнейшая тяга к алкоголю, непреодолимое желание опьянения.

ВЛЕЧЕНИЕ К АЛКОГОЛЮ СИТУАЦИОННО ОБУСЛОВЛЕННОЕ — вариант первичного патологического влечения к алкоголю, соответствующий тому случаю, когда влечение возникает лишь при наличии ситуаций, по традиции связанных с возможностью выпить (празднества, семейные события, встречи с родными и друзьями и т.д.). Внешнее проявление влечения выражается в инициативе подготовки к выпивке, в устранении возможных препятствий, в подъеме настроения, в легком отвлечении от текущих забот и дел. Наблюдается в ранней стадии алкоголизма как проявление психической зависимости от алкоголя.

ВНЕШНОСТЬ АЛКОГОЛИКА (лат. *habitus alcoholica*) — имеет характерные черты, по которым опытный врач может с большой вероятностью предположить наличие алкоголизма. Они сопряжены с систематическим злоупотреблением алкоголем и могут сложиться уже в первой стадии алкоголизма. Лицо алкоголика, как правило, приобретает постоянный (в опьянении более яркий) розоватый оттенок, отличимый от достигаемого косметическими средствами. Часто отмечается пастозность лица, лицо как бы «полнеет». Утрачивается ясность окраски радужной оболочки глаз, что, вероятно, связано с алкогольным раздражением печени. Волосы тускнеют и лежат в беспорядке. Пряди взлохмачены в разных направлениях. Этот симптом, повидимому, отражает гиперстимуляцию симпатической нервной системы, так как он исчезает при воздержании в течение нескольких дней.

Разлитой розовый оттенок кожи лица со временем переходит в застойную красноту или бледность (желтовато-землистого оттенка), на фоне которой проступает рисунок расширенных капилляров и мелких сосудов (телеангиэктазия). Пастозность лица выражена в еще большей мере, происходит упрощение мимических гримас и расслабление круговой мышцы рта с распусканием линии рта и обвисанием нижней губы.

Голос с началом алкоголизма становится громче, жестче, утрачивает мягкие интонации, модуляция ограничивается, исчезают эмоциональные обертоны. Речь избыточно экспрессивна, при достаточно высоком ее темпе наблюдаются затруднения в подборе слов, стереотипизация речевых оборотов — эти нарушения возрастают по мере трудностей сосредоточения и интеллектуальной мобилизации.

Уже для начала алкоголизма характерно появление развязности в манере держаться, необязательность в одежде и некоторое пренебрежение аккуратностью, которые чередуются (при старании скрыть недавний алкогольный эксцесс) с чрезмерной подтянутостью и чистоплотностью.

Синонимы: *Алкогольный габитус.*

ВОДКА — крепкий спиртной напиток, представляющий собой смесь очищенного этилового спирта с водой, обработанную активированным углем и профильтрованную. Крепость — от 40 до 56% об. Спирт для водки вырабатывают из зерна, картофеля, сахарной свеклы или мелассы (отхода свеклосахарного производства), сахара-сырца и всякого другого сахаро- или крахмалосодержащего сырья. В спирт при изготовлении водки могут быть добавлены в небольшом количестве глицерин, мед, эфирные масла или некоторые другие ингредиенты для придания водке специфического аромата и привкуса. Особое значение имеет жесткость используемой воды, которая должна быть не выше 1 мг-экв/л. Умягчение воды производят катионитами (сульфоуглями) или другими способами.

Содержание нежелательных примесей в 40%-ной водке, производящейся в России, не должно превышать, согласно ГОСТу № 12712, следующих концентраций: общее количество сивушного масла (в пересчете на смесь изоамилового и изобутилового спирта 3:1) — 1,2 мг/л; общее количество эфиров (в пересчете на уксусно-этиловый эфир) — 10 мг/л; общее количество альдегидов (в пересчете на ацетальдегид): 1,2 мг/л; метиловый спирт — 0,03%.

Первоначально «водкой» в России назывался «спиртовой лекарственный настой» (на травах). Перед приемом его разводили водой. В качестве лекарства водка упоминается в новгородской летописи XVI века: «...вели, государь, мне дать моей головной болезни из своей государственной оптеки водок... своробориннной, финиколевой». В Западной Европе крепкий спиртовой раствор, полученный там путем перегонки вина впервые в середине XIV века, употреблялся первоначально под названием *аквавита* (см.) также в качестве лекарственного средства. К концу XVI столетия он уже употреблялся почти по всей Европе как охмеляющий напиток.

Крепкий спиртной напиток стал называться «водкой» под влиянием, как полагают, польского слова wodka. На этой версии настаивают особенно сами поляки, которые утверждают, что именно на территории Польши было начато массовое производство этого напитка.

До конца XIX века водка в России в официальных документах чаще всего называлась «хлебным вином» (поскольку она производилась из хлебного зерна), но в быту она имела также множество других названий: куреное вино, перегонное вино, перегар, горячее вино, горящее вино, горькое вино, жженое вино и др. Слово «водка» для обозначения соответствующего напитка впервые стало появляться в русской письменности с середины XVII века.

В настоящее время в России производятся следующие основные марки водки: «Московская особая», «Столичная», «Русская», «Пшеничная», «Посольская», «Золотое кольцо», «Экстра», «Водка особая», «Сибирская», «Крепкая» (56%), «Гжелка», «Чарка», «Привет» и др.

За рубежом разные марки водок производятся в США, Германии, Голландии, Бельгии, Франции, Финляндии, Италии, Венгрии, Чехии, Болгарии, Польше, Дании, Испании, Австрии, Китае, Вьетнаме и других странах. Лидером среди них по количеству сортов водки является Германия. Здесь ее выпускается около 60 марок, причем названия многих марок связаны с Россией: «Москвич», «Николай», «Президент», «Александр I», «Князь Игорь», «Петров», «Романов», «Столыпин»; «Толстой», «Батюшка», «Германия», «Россия» и др. Среди голландских водок выделяются «Иван Грозный», «Царь Петр», «Голландия», «Зверь 45°», среди бельгийских — «Наполеон», «Распутин», «Волшебный Кристалл», среди французских — «Империал», «Архангельская», «Горбачев», «Ельцин», среди финских — «Финляндия 40°», «Коскенкорва». Но самыми популярными и распространенными на Западе являются такие марки водки, как «Смирновская» (Smirnoff vodka), «Поповская» (Popov vodka) и «Абсолют» (Absolut). Согласно данным журнала «Drinks international bulletin», в 1993 году было продано 133,2 миллиона литров «Смирновской» (производящая фирма — IDV (Grand Metropolitan), 33,3 миллиона литров «Поповской» (та же фирма) и 40,5 миллиона литров «Абсолюта» (фирма Vinand Spiritcentralen AB).

В первом десятке самых распространенных водок в мире находятся также производящиеся в России «Столичная» и «Московская». Кроме водок в европейских странах выпускаются под другими названиями сходные с водкой напитки: «Шнапс» (Schnaps) — в Германии, «Аквавит» (Aquavit) — в Норвегии, «Сливовица» — в Венгрии, Словакии, Румынии и др.

ВОДКА «СТОЛИЧНАЯ» — водка высшего сорта с содержанием спирта 40% об. Вкус, согласно рецептуре, мягкий, без постороннего привкуса, без обжигающего действия, свойственного этиловому спирту. Аромат — характерный водочный. Для изготовления применяют этиловый спирт высшей очистки, производят длительную обработку активированным углем и специальную фильтрацию. Для смягчения вкуса добавляют небольшое количество сахара. Автором рецепта «Столичной» является В. Свирида, который разработал его в 1944 году в блокадном Ленинграде, как записано в служебном документе, «для снабжения высшего командного состава фронта и городских организаций». «Столичная» получила большую популярность также за пределами СССР, и ее экспорт принес стране в 50—70-х годах, по оценкам, миллиардные прибыли.

ВОДОЧНАЯ АЗБУКА — набор водок на все буквы русского алфавита. В старину многие хлебосольные помещики считали престижным иметь такой набор в своем погребе, чтобы угостить гостя по его выбору водкой на любую букву алфавита. Бывало, во время застолий устраивалось своеобразное развлечение, состоявшее в том, что в рюмку наливали по нескольку капель разных водок, а затем предлагали гостю выпить и угадать по списку «азбуки», что было налито. Один из вариантов «водочной азбуки» тех времен выглядит так: «Анисовая», «Березовая», «Вишневая», «Грушевая», «Дынная», «Ежевичная», «Желудевая», «Зверобойная», «Ирговая», «Калиновая», «Лимонная», «Малиновая», «Ноготковая», «Облепиховая», «Перцовая», «Рябиновая», «Смородиновая», «Тминная», «Укропная», «Фисташковая», «Хренная», «Цикорная», «Черемуховая», «Шалфейная», «Щавелевая», «Эстрагонная», «Южная», «Яблочная».

ВОДЯНИСТОЕ ВИНО — виноградное вино с недостаточным содержанием спирта, экстрактивных веществ и слишком малой кислотностью.

ВОЗЛИЯНИЕ (разг., шутл.) — питье спиртных напитков, выпивка. Возлияние Бахусу — обильная выпивка, попойка. Бахус — в римской мифологи — бог вина и веселья (в греч. мифологии — Вакх).

ВОЗЛИЯНИЕ БАХУСУ (ВАКХУ) — шутливое наименование попойки. Оно возникло на той основе, что у древних греков и римлян при жертвоприношениях богам существовал обряд выливания вина из чаши на землю в честь бога. Имя античного бога вина и веселья используется и в других шутливых выражениях о пьянстве: «поклоняться Бахусу», «служить Бахусу», «приносить жертву «Бахусу». Отрывок из «Мертвых душ» Н.В. Гоголя: «Говорили они (палатские чиновники) все как-то сурово, таким голосом, как бы собирались кого-то прибить; приносили частые жертвы Бахусу, показав таким образом, что в славянской природе есть еще много язычества».

ВОЗЛИЯНИЕ ЖЕРТВЕННОЕ (англ. *libation*) — обряд, принятый в древние времена, о котором неоднократно упоминается в Библии (см. «Книгу чисел»), состоявший в том, что виноградное вино выливалось вокруг жертвенного алтаря. Отголоски этого действия дошли до нашего времени в виде обычая отливать часть вина, в некоторых случаях, на землю, прежде чем выпить.

ВОРОНОК — в допетровской России небольшой металлический кувшин с ручкой и носиком, а также крышкой, использовавшийся для наливания алкогольных напитков («питей»). Известно, что воронком пользовались в царских палатах и на пирах в Столовой палате Московского Кремля.

ВОСЕМНАДЦАТАЯ ПОПРАВКА (англ. *Eighteenth Amendment*) — знаменитая поправка к Конституции США, принятая Конгрессом в 1917 году, с помощью которой в США, после ее ратификации штатами, был введен, начиная с 1920 года, полный запрет на производство, транспортировку и продажу алкогольных напитков (см. «*Сухой закон*»). Ввиду неудачного воплощения в жизнь была отменена «Двадцать первой поправкой» в 1933 году.

ВОСТОЧНАЯ ЛЕГЕНДА ОБ ОТКРЫТИИ ВИНА — в одном из вариантов рассказывает следующее. В глубокой древности один мудрец впервые обнаружил таинственную жидкость, обладавшую удивительной способностью менять настроение человека, переносить его в мир грез и веселья. Он решил, что обнаружил «воду жизни» — благородную, нежную. Но когда мудрец понял, как коварна это жидкость, как много страданий может принести людям, он в ужасе проклял свое удивительное открытие и обратился к согражданам с заклинанием предать ее медленному забвению. Но призывы оказались уже бесплодными, так как люди, вкусив пьяное блаженство, не смогли отказаться от «волшебной влаги». Мудрец, не в силах простить себе роковое зло, принесенное им человечеству, покончил с собой.

ВСАСЫВАНИЕ (РЕЗОРБЦИЯ) АЛКОГОЛЯ — процесс проникновения выпитого алкоголя через слизистые оболочки пищеварительного тракта в кровоток, а затем в другие жидкости и ткани организма.

Основное количество принятого внутрь алкоголя всасывается через слизистую оболочку желудка, двенадцатиперстной кишки и верхней половины тонкого кишечника. Скорость всасывания может колебаться в значительных пределах: от 45 минут до 3 часов пребывания выпитого алкоголя в желудочно-кишечном тракте. Она зависит от химического состава и крепости алкогольного напитка, от наличия и состава пищи в желудке, скорости перехода содержимого желудка в кишечник и других факторов, в том числе от настроения выпившего и привычки к алкоголю.

В обычных условиях около 20% принятого алкоголя всасывается в желудке, остальные 80% — в кишечнике. От интенсивности всасывания зависит достижение максимальной концентрации алкоголя в крови: чем больше время его полного всасывания, тем ниже пик его концентрации в крови. При приеме алкоголя на пустой желудок максимальная концентрация алкоголя может установиться через 40—80 минут. Если желудок перед употреблением алкоголя наполнен пищей, то концентрация алкоголя в крови станет максимальной через 90—180 минут, редко менее, чем через 90 минут.

ВСЕСОЮЗНОЕ ДОБРОВОЛЬНОЕ ОБЩЕСТВО БОРЬБЫ ЗА ТРЕЗВОСТЬ (ВДОБТ) — общество, созданное в СССР в 1985 году в соответствии с директивой, содержавшейся в Постановлении ЦК КПСС «О мерах по преодолению пьянства и алкоголизма», принятом 7 мая 1985 года. Это общество выполняло задачу всеохватности населения в *антиалкогольной кампании* (см.), открытой этим постановлением в стране.

25 сентября 1985 года в знаменитом Колонном зале Дома Союзов с большой помпой состоялась под руководством представителей ЦК КПСС учредительная конференция общества. На нее собрали партийных, комсомольских и профсоюзных функционеров, руководителей ряда министерств и ведомств, а также общественных организаций, передовиков промышленности и сельского хозяйства, интеллигенцию. Председателем общества был избран (вернее, назначен) вице-президент Академии наук СССР Ю.А. Овчинников (1934—1988), одним из его заместителей — заместитель министра здравоохранения. Это общество, подобно советскому министерству, было построено по четко иерархическому принципу. В каждой республике, области и в каждом районе были открыты его подразделения, обязанные работать по утвержденному плану, отчитываться перед вышестоящими инстанциями и давать указания нижестоящим. На самом нижнем этаже были так называемые «первичные ячейки», которые создавались почти одновременно во всех более или менее крупных по численности персонала предприятиях и учреждениях страны по указанию свыше. Записывали в него членов, фактически не заботясь об их согласии.

За короткое время было создано около 400 тысяч первичных ячеек с 13 миллионами членов общества. Ими командовали 3832 районных и 895 городских «советов» общества, над ними по рангу располагались 6 краевых, 10 окружных и 135 областных советов, еще выше — 20 республиканских, а в Москве всеми правил Центральный совет и его председатель. Несколько тысяч руководящих сотрудников общества работали на постоянной зарплате.

Задачами общества было объявлено «воспитание людей в духе трезвости», создание «обстановки нетерпимости вокруг пьяниц и любителей хмельного застолья». Общество проводило великую массу всевозможных пропагандистских и «воспитательных» трезвеннических «мероприятий» (опять же по указанию сверху) и расходовало за год на канцелярские и пропагандистские потребности примерно две тысячи тонн писчей бумаги. В распоряжении общества был специально созданный для него в январе 1986 года журнал «Трезвость и культура» с весьма большим тиражом (около 700 тыс. экз. в 1988 г.), поскольку на каждого члена общества оказывалось давление, чтобы он подписался на журнал. Кроме того, на журнал должны были подписываться массовые библиотеки страны (134 тыс. в 1985 г.).

Из-за крайней бюрократичности и во многом искусственности этой огромной организации, вряд ли она побудила отказаться от своей вредной привычки сколько-нибудь существенное количество пьющих. К 1989 году она окончательно дискредитировала себя в глазах населения вместе с крахом антиалкогольной кампании.

ВТОРАЯ (II) СТАДИЯ АЛКОГОЛИЗМА — одна из трех стадий в развитии алкоголизма. Для нее существуют названия: средняя; развернутая; субкомпенсированная; наркоманическая.

Основным признаком II стадии является возникновение абстинентного (похмельного) синдрома, который обусловливает физическую зависимость от алкоголя. Степень его выраженности может быть различной, однако по мере развития заболевания клинические проявления абстинентного синдрома имеют тенденцию к утяжелению. Толерантность к алкоголю во II стадии продолжает повышаться, постепенно достигая максимального уровня и на протяжении ряда лет остается постоянной (плато толерантности). Это определяет значительное увеличение как разовых, так и суточных доз алкоголя, переход на крепкие напитки. Еще больше снижается или утрачивается количественный и ситуационный контроль.

В большей мере, по сравнению с I стадией, характерна измененная картина опьянения. Период эйфории в опьянении сокращается, или она не возникает. Появляются психопатоподобные расстройства, из которых наиболее характерны эксплозивность и истерические формы поведения. Алкогольные амнезии в виде *палимпсестов* (см.) становятся систематическими. Забываются отдельные эпизоды значительной части периода опьянения.

Все чаще наблюдается обострение сопутствующих соматических заболеваний и возникновение под влиянием хронической интоксикации новых (болезней печени, желудка, алкогольной кардиомиопатии). На фоне абстинентных состояний могут развиваться алкогольные психозы. В значительной мере нарушаются социальные, семейные и трудовые отношения больного. Формирование II стадии приходится в большинстве случаев на возраст 25—35 лет, а ее средняя продолжительность колеблется от 5 до 10 лет.

ВУЛКАН (лат. *Vulcanus*) — римский бог огня (соответствующий греческому Гефесту), сын Юпитера (у греков — Зевса). Согласно греческой мифологии, был сильным, но хромым. По одной из версий, он родился хромоногим, потому что был зачат родителем в состоянии опьянения.

ВЫВЕТРЕННОСТЬ ВИНА — плохой вкус вина, возникающий из-за лишнего контакта с воздухом. Причиной является воздействие кислорода воздуха на большинство веществ, обеспечивающих букет, аромат и цвет вина. Вина становятся «плоскими», потерявшими букет и окраску. Первые признаки выветренности, появляющиеся при кратковременном контакте вина и воздуха во время технологических операций переливки, фильтрации, розливе в бутылки, исчезают при дальнейшем хранении вина без доступа воздуха.

ВЫДЕРЖКА ВИНА — длительное хранение вина в условиях, способствующих улучшению его качества. При выдержке протекают сложные биохимические и физико-химические процессы созревания вина. Выдержка вин проходит обычно в специальных подвалах или винохранилищах в дубовых бочках при температуре 10—12°С в течение 1—2 лет и более. Столовые марочные вина выдерживаются 1,5—2 года, марочные крепленые — до 4 лет. После выдержки в бочках вино может быть пущено в продажу или в следующую стадию — выдержку в бутылках (старение) для получения коллекционных вин, которая может продолжаться десятки лет. Закладка вина из нового урожая на выдержку, как правило, проводится до 1 апреля, а сроки выдержки исчисляются с 1 января следующего за урожаем года.

См. *Стадии жизни вина*.

ВЫДЕРЖКА КОНЬЯЧНОГО СПИРТА — обеспечение длительного контакта *коньячного спирта* (см.) с дубовой древесиной, благодаря чему в спирте постепенно накапливаются вещества, которые придают получаемому из этого спирта коньяку специфический вкус, букет и цвет. Это явление было открыто французскими виноделами (в г. Коньяк) в начале XVIII века и было использовано для производства нового напитка, быстро ставшего очень популярным (см. *Коньяка история*).

Выдержка коньячного спирта производится в дубовых бочках или в эмалированных цистернах, загруженных дубовой клепкой (дощечкой). Выдержанный коньячный спирт приобретает цвет от светло-золотистого до светло-коричневого с золотистым оттенком, его вкус и букет передаются получаемому из него коньяку.

Из спирта, который выдерживался в бочках 3 года, получают ординарный коньяк категории «три звездочки». Ординарные коньяки «четыре звездочки» и «пять звездочек» получают соответственно из спиртов 4-летней и

5-летней выдержки. Марочные коньяки получают из спиртов еще большей выдержки: от 6 до 15 лет и более (см. *Коньяк*). Получаемый из коньячного спирта коньяк подвергается дополнительной, но значительно более короткой выдержке (т.н. «отдыху») в дубовой таре (в течение 3—12 мес.), прежде чем быть разлитым в бутылки (см. *Отдых коньяка*).

ВЫЗДОРОВЛЕНИЕ ПРИ АЛКОГОЛИЗМЕ — носит, ввиду специфики этого хронического заболевания, в некоторой мере условный характер. Врачи-наркологи предпочитают говорить не о выздоровлении, а о «стойкой ремиссии» (ослаблении болезни) или «интермиссии» (временном исчезновении ее симптомов), даже если пациент после проведенного лечения на протяжении нескольких лет воздерживается от употребления алкоголя. Длительное воздержание от алкоголя не исключает самопроизвольного обострения патологического влечения к алкоголю в какой-либо момент, что в сочетании с неблагоприятными факторами внешней среды может привести к возобновлению злоупотребления алкоголем и рецидиву заболевания. Рецидивы могут развиться и после случайного употребления алкогольных напитков.

Чем раньше начато лечение алкоголизма, тем более продолжительной, в среднем, может быть ремиссия. Без лечения прогноз при алкоголизме, по мнению многих специалистов, неблагоприятен. Предоставленный самому себе и имеющий возможность приобретать спиртные напитки больной алкоголизмом обычно продолжает злоупотреблять алкоголем до своей смерти или до возникновения непереносимости алкоголя вследствие присоединения серьезных заболеваний либо вследствие преклонного возраста. Однако в ряде случаев больные алкоголизмом, даже перенесшие тяжелый инфаркт миокарда, нарушения мозгового кровообращения с гемипарезом и расстройствами речи, острые панкреатиты или страдающие циррозом печени, тяжелой бронхиальной астмой, активным туберкулезом легких, а также лица весьма пожилого возраста (65—70 лет) продолжают злоупотреблять алкоголем.

ВЫМОРАЖИВАНИЕ ВИНА — способ концентрирования вина путем обработки холодом и отделения содержащейся в нем воды в виде кристаллов льда. Таким способом при необходимости повышают концентрацию спирта, сахара и других важных компонентов вина. Объем вина при этом уменьшается.

ВЫПИВКА — 1. Питье вина, спиртных напитков по какому-либо поводу. Выпивку в неумеренных количествах называют *попойкой* (см.); 2. То, что выпивают, спиртные напитки. Напр.: выпивки не хватило.

ВЫПИТЬ — 1. Совершить

действие по приему внутрь какой-нибудь жидкости.

2. Принять внутрь спиртное. В русском разговорном языке для этого действия есть множество образных синонимов (можно насчитать более 100!), что, несомненно, говорит о значимости и распространенности этого явления с давних времен: ахнуть стакашку; бабахнуть; бацнуть; бросить на колосники; бульбулькнуть; буснуть; бухнуть; ввинтить; вдарить; вздрогнуть; взять на грудь; вкатить; влить; влудить; влупить; вмазать; врезать; втереть; втесать; гепнуть; глюкнуть; грохнуть; двинуть; дербануть; дернуть; дерябнуть; дрызнуть; долбануть; дринкнуть; жахнуть; заглотить; заглянуть в рюмочку; загрузить; заквасить; закеросинить; залить трубы; залить шары (зенки); заложить за воротник (за галстук); залудить; замастырить; замочить губы (морду, рыло); замочить усы в чарке (стар.); заправиться; зарядиться; засадить; засандалить; засосать; засупонить; захорошеть; зашибить; зашибить дрозда (стар.); калдыкнуть; квакнуть; квасить; кирнуть; клюкнуть; куликнуть; лизнуть; махнуть; набраться; набубениться; надраться; назюзиться; назюзюкаться; нажраться; наканифолиться; накеросиниться; наклюкаться; налакаться; нализаться; налимониться; налить глаза (шары); налиться; налопаться; нарезаться; насандалиться; насосаться; настегаться; насуслиться; натрескаться; натянуться; нахлебаться; нахлестаться; нахлобыстаться; опрокинуть; освежиться; оскоромиться; остаканиться; остограммиться; оттянуться; побороть медведя (стар.); поддать; подзаправиться; подлечиться; поправить здоровье; поправиться; пойти гору на лыки драть (стар.); приложиться; принять; принять внутрь; принять на грудь; причаститься; промочить горло; пустить в жилку (стар.); разговеться; раздавить (бутылочку, муху); размочить; разогреться; рвануть; реанимироваться; рубануть; саданануть; смазать глотку; смочить горло; совершить возлияние (стар.); сообразить (на троих); сполоснуть зубы; тиндарахнуть; трахнуть; треснуть; тюкнуть; тютюкнуть; тяпнуть; убить муху; ублажить душу; ублажиться; уговорить; угоститься; употребить; ухнуть; хапнуть; хватить; хватить за хвосты (стар.); хлебнуть (лишку); хлестнуть; хлопнуть; хлюпнуть; хрюкнуть; хряпнуть; цапнуть; царапнуть; чебурахнуть; чекалдыкнуть; шандарахнуть; шарахнуть; шибануть; шлепнуть (по одной); шмякнуть и др.

ВЫПИТЬ ЧАШУ ДО ДНА — фразеологический оборот, означающий: идти в чем-либо до конца, перенести все неприятности. Происходит из Библии: «Воспряни, восстань, Иерусалим, ты, который из руки Господа выпил чашу ярости его, выпил до дна чашу опьянения, осушил» (Исайя, 51, 17).

ВЫТРЕЗВИТЕЛЬ (МЕДИЦИНСКИЙ ВЫТРЕЗВИТЕЛЬ, МЕДВЫТРЕЗВИТЕЛЬ) — специальное учреждение для вытрезвления пьяных, задержанных или подобранных в общественных местах. Принадлежит системе министерства внутренних дел. Очень распространенная форма борьбы с пьянством силами милиции в России и бывшем СССР. В Москве в 1997 году общая «емкость» всех 27 вытрезвителей была рассчитана примерно на 550 человек, за год в них вытрезвляются 150—200 тысяч человек. Предполагалось построить в следующем году еще 4 вытрезвителя. В СССР в 1985 году, в год начала антиалкогольной кампании, милицией было доставлено в вытрезвители 7 миллионов 411 тысяча человек (в московские вытрезвители с общей емкостью на 1000 мест — свыше 300 тыс. чел.)

Официально вытрезвитель называется медицинским, но он более отвечает тому ведомству, которому принадлежит. Методы вытрезвления применяются самые примитивные (холод, ледяной душ, нашатырный спирт и т.п.). Пребывание «клиента» в вытрезвителе ограничено 24 часами. Чаще же пьяного, если он не сопротивляется, просто раздевают и оставляют выспаться до утра. Если же ему требуется серьезная медицинская помощь (травма, сердечный приступ и т.д.), его должны переправить в больницу. Расходы на пребывание в вытрезвителе оплачивает вытрезвляемый. Во второй половине 1990-х в Москве это равнялось минимальной заработной плате (14 ам. дол. в 1997 г.). Найденные при задержанном спиртные напитки конфискуются.

Первый в СССР вытрезвитель был открыт в ноябре 1931 года в городе Ленинграде. Перед ним поставили задачи: 1) кратковременная изоляция граждан, задержанных в нетрезвом состоянии (которое угрожает их личной безопасности и окружающим) и нарушающих общественный порядок; 2) оказание медицинской помощи в целях скорейшего и полного вытрезвления. Примерно такие же задачи ставятся перед современными вытрезвителями.

Штат первого вытрезвителя более соответствовал названию медицинский, по сравнению с современным. В нем, кроме начальника, был постоянный врач, 6 фельдшеров, 22 санитара и 3 уборщицы — всего 44 человека. Пребывание в нем было за счет государства, а найденные при пьяных спиртные напитки подлежали «возврату их владельцам по вытрезвлении».

ВЯЖУЩЕЕ ВИНО — слишком терпкое вино, вызывающее сжимание десен, языка, неба вследствие чрезмерного содержания фенольных соединений.

Г

ГАЗИРОВАННЫЕ ВИНА (ШИПУЧИЕ ВИНА, ИСКРИСТЫЕ ВИНА) — виноградные вина, насыщенные углекислым газом искусственным путем, извне, с помощью специального аппарата — сатуратора. Этим они отличаются от *игристых вин* (см.) и *шампанских вин* (см.), которые сами насыщаются углекислотой в результате вторичного брожения столовых вин. Газированные вина готовят из обработанных столовых виноматериалов и разливают в шампанские бутылки, которые укупоривают как шампанское вино, оформляют фольгой и этикеткой. По содержанию сахара подразделяются на сухие, полусухие, полусладкие, по окраске — на белые, розовые и красные.

ГАЙЕ-ВЕРНИКЕ АЛКОГОЛЬНАЯ ЭНЦЕФАЛОПАТИЯ (*C.J.A. Gayet*, 1833—1904, франц. врач; *K. Wernicke*, 1848—1905, нем. психиатр и невропатолог) — острая алкогольная энцефалопатия (органическое поражение головного мозга), которая проявляется как сочетание характерных психических, соматических и неврологических расстройств. Психические расстройства протекают в виде тяжелого делирия (чаще *мусситирующего* или *профессионального* — см.) с возбуждением, которое наблюдается в положении лежа (без попыток вскочить). Состояние может осложняться и переходить в аменцию и оглушение. Для неврологических расстройств характерны выраженные вегетативные симптомы. Отмечаются постоянные оральные неврологические автоматизмы (подергивание языка и др.), выраженная атаксия, глазные симптомы, пирамидные знаки. Почти постоянная гипертермия (37—38°С), артериальное давление падает, учащается дыхание (30—40 в мин.), печень может быть увеличена и болезненна. Нередко возникает как осложнение белой горячки. Возможен летальный исход или переход в хроническую стадию энцефалопатии типа корсаковского психоза.

ГАЙЕ-ВЕРНИКЕ СИНДРОМ (ПОЛИОЭНЦЕФАЛИТ ГЕМОРРАГИЧЕСКИЙ, БОЛЕЗНЬ ВЕРНИКЕ) — поражение сосудов среднего мозга с кровоизлияниями преимущественно в сером веществе, проявляющееся нарушениями психики, глазодвигательными и координаторными расстройствами. Наблюдается при алкоголизме, сочетающемся с дефицитом витамина B1, и других патологиях. Начало обычно внезапное с состоянием сонливости, иногда помрачения, амнезии. Нередок смертельный исход.

ГАЛЛОН (англ. *gallon*) — мера объема жидкостей в англоязычных странах. Делится на 4 кварты или 8 пинт. В США галлон составляет 231 куб. дюйм (3,785 л), в Великобритании (т. н. стандартный английский галлон) — 277,42 куб. дюймов (4,5459 л).

ГАЛЛЮЦИНАЦИИ ДРАЗНЯЩИЕ (*Bonhoeffer K.,* 1896) — разновидность зрительных галлюцинаций при алкогольном делирии. Больной видит на расстоянии фигуры или неодушевленные предметы. При попытке приблизиться к ним галлюцинаторные образы исчезают или вновь отдаляются, как бы дразнят его. Перемещаясь в пространстве, зрительные образы сохраняют некую постоянную дистанцию между ними и больным, стоит ему прилечь — они приближаются, но если он встает — вновь отодвигаются.

Галлюцинации оптикокинестетические (*Berze J.,* 1923) — описаны при алкогольном делирии: невидимая рука невидимым пером в течение 5—6 минут пишет светящимися, фосфоресцирующими буквами, в отдалении, важные для больного сообщения. Больной, у которого эти галлюцинации впервые наблюдались, называл их «светящимися телеграммами».

ГАЛЛЮЦИНАЦИИ РОТОГЛОТОЧНЫЕ (Григорьянц Э.Т., Гулямов М.Г., 1970) — тактильные галлюцинации, локализующиеся в полости рта и глотки и характеризуемые больными как ощущение инородного тела. Наблюдаются при алкогольном делирии (белой горячке) на высоте психоза в связи с изменением сознания. Иногда сохраняются в памяти после выхода из психоза. Не являются признаком неблагоприятного течения заболевания.

См. *Симптом волоса.*

ГАЛЛЮЦИНОЗ АЛКОГОЛЬНЫЙ (англ. *alcoholic hallucinosis*) — психотическое расстройство у хронических алкоголиков, проявляющееся в форме преимущественно слуховых галлюцинаций. Развивается чаще всего после длительных запоев.

Галлюцинозу, как правило, предшествует стойкая бессонница и тревога в течение 1—2 дней. Затем больной, обычно ночью, начинает слышать голоса, которые сначала связаны с реальными звуками. В шуме воды, льющейся по трубам, ветра за окном или дождя больному слышатся неясные, неотчетливые слова, в дальнейшем голоса появляются самостоятельно. Часто такой больной слышит несколько голосов, которые говорят о нем в третьем лице, ругают, называют пьяницей, заявляют, что он погубил семью, детей, угрожают лишить квартиры, убить или посадить в тюрьму. Голоса могут приказывать совершить нелепые поступки, больной может им подчиниться, так как они воспринимаются как реальные. Они могут даже приказать повеситься, броситься под поезд и т.п. Иногда голоса спорят между собой — одни обвиняют, другие оправдывают, одни угрожают, другие защищают, одни приказывают покончить с собой, другие предостерегают от этого.

В отличие от делирия, галлюциноз не сопровождается глубоким помрачением сознания: больной ориентирован во времени, месте, обстановке. Поскольку больной всегда уверен в реальности голосов, которые слышит, он нередко ведет себя адекватно их содержанию. Он испытывает страх, запирается в квартире, обращается в милицию, убегает. Иногда больные под влиянием голосов действительно совершают самоубийства, не видя выхода из положения.

В некоторых случаях, подчиняясь в чем-то голосам, больные избегают трагического исхода. Например, одному из больных голоса приказали подняться на чердак и повеситься. Больной долго сопротивлялся, наконец понял, «что от них не избавиться», взял крюк, веревку, поднялся на чердак, но вбил крюк в самую гнилую балку перекрытия, заведомо зная, что крюк в ней не удержится. Действительно, под тяжестью тела крюк вырвался из гнилой балки, на шум сбежались жильцы дома и отвезли больного к психиатру. В больнице больной говорил, что он «их перехитрил». Другому пациенту голоса приказали утопиться. Он пришел на набережную Москвы-реки, хотел броситься в воду, но голоса произнесли: «На твоих ногах сапоги зятя, утопишься — ему расход». Больной снял сапоги и просил прохожих отнести их по адресу домой. Прохожие позвали милиционера, и больной был доставлен в милицию, а оттуда в больницу.

Зрительные галлюцинации при алкогольном галлюцинозе встречаются реже, чем при делирии, и не столь выражены. Например, больной отчетливо слышит за дверью голоса людей, сговаривающихся его убить. Он хватает топор для защиты, резко открывает дверь и видит тени убегающих. Бывают тактильные галлюцинации: ощущение ползания под кожей насекомых.

Острый алкогольный галлюциноз длится от 1—2 до 7—10 дней, реже до 2—4 недель. При запущенном хроническом алкоголизме с давностью 10—15 лет и более (чаще в III стадии на фоне токсической энцефалопатии) может возникнуть хронический алкогольный галлюциноз, с затяжным течением — он может длиться много месяцев и даже лет. Описаны случаи длительностью 10 лет и более. Не менее чем в половине случаев он развивается у больных, ранее неоднократно перенесших алкогольные делирии и острые галлюцинозы.

Для хронического алкогольного галлюциноза характерны постоянные словесные (вербальные) галлюцинации при ясном сознании. Хотя «голоса» обычно ругают больного, комментируют его действия и намерения, предсказывают будущее, иногда приказывают и угрожают, больной постепенно привыкает к ним, иногда спорит с ними, ругается или просто не обращает на них внимания. Врачами описан больной с хроническим галлюцинозом, который работал несколько лет почтальоном. Идя по улице, он отвечал «голосам», разговаривал с ними и настолько привык к ним, что они не мешали ему хорошо выполнять свою работу. При хроническом галлюцинозе в период воздержания от алкоголя вербальные галлюцинации урежаются и сглаживаются (редуцируются), но при возобновлении злоупотребления алкоголем они вновь обостряются.

ГАМБРИНИЗМ — разновидность влечения к алкоголю, характеризующаяся чрезмерным пристрастием к пиву (термин происходит от Гамбринуса, легендарного фламандского короля, любителя пива и покровителя пивоварения). Как форма алкоголизма психопатологически существенно не отличается от других его форм.

ГАМБРИНУС — мифологический фламандский король, которому в средние века приписывали изобретение пива. Возможно, это Ян I (Jan Primus), герцог брабантский (1261—1294), который был президентом брюссельской гильдии пивоваров. На портрете, находящемся в зале гильдии, он изображен с кружкой пенящегося эля. Он был убит на рыцарском турнире в городе Баре.

ГАММА-АЛКОГОЛИЗМ (γ-АЛКОГОЛИЗМ) — согласно *классификации Джеллинека* (1960) (см.), одна из 5 форм алкоголизма, для которой характерна утрата контроля за количеством употребляемого алкоголя, что периодически приводит к тяжелому опьянению с нарушением сознания в виде оглушения или даже сопорозного состояния. Толерантность к алкоголю повышена по сравнению с первоначальным уровнем. Имеется психическая и физическая зависимость от алкоголя, которые обусловливают сильное влечение к алкоголю, при этом абстинентный (похмельный) синдром полностью не снимается употреблением небольших доз алкоголя, что при утрате контроля за количеством выпиваемого ведет к развитию следующего алкогольного эксцесса. Больные могут некоторое время воздерживаться от алкоголя в промежутках между эксцессами, но последние становятся все чаще и чаще.

При гамма-алкоголизме резко выражены негативные социальные последствия в трудовой и семейной сферах. По мнению Джеллинека, эта форма особенно распространена в США, Канаде и других англоязычных странах. Она наиболее часто отмечается в биографии членов групп Анонимных алкоголиков.

ГАММА-ГЛУТАМИЛТРАНСПЕПТИДАЗА (ГГТ) — фермент, концентрация которого в крови у алкоголиков часто бывает повышенной как следствие нарушений в ткани печени (по некоторым данным, в 60—80% случаев). Это явление используется в качестве биологического (лабораторного) теста на алкоголизм или на хроническое злоупотребление алкоголем. Возможности этого теста ограничены тем, что уровень данного фермента в крови подвержен большим колебаниям, а его повышение может быть связано и с другими воздействиями на печень, например, при употреблении барбитуратов и других лекарств или токсических веществ.

ГАНИМЕД — в греческой мифологии красивый юноша, выполняющий у богов на Олимпе роль виночерпия. Он был сыном троянского царя Троса и похищен орлом для служения богам по приказанию Зевса (или самим Зевсом в образе орла). Ганимед являлся излюбленным образом для многих выдающихся художников (Корреджо, Рубенс, Рембрандт и др.).

ГАНСА-РОДЬЕ СИМПТОМ (*A. Gans, F. Rodiet, 1906*) — гипестезия или анестезия (пониженная чувствительность или ее отсутствие) латеральных частей глазных склер при ослабленном или отсутствующем рефлексе моргания. Отмечается у больных алкоголизмом и является, предположительно, его диагностическим признаком.

ГАРАНТИЙНЫЙ СРОК ХРАНЕНИЯ АЛКОГОЛЬНОГО НАПИТКА — означает период времени, отсчитываемый с момента розлива напитка в потребительскую тару (бутылку, банку и т.д.), за который производитель ручается, что в течение этого времени напиток сохранит заявленное фирмой качество. Этот гарантийный срок устанавливается в России в соответствии с официальными правилами Государственного стандарта (ГОСТ), действующими на территории всей страны.

Однако время сохранения пригодности напитка к употреблению может значительно превышать официальный гарантийный срок хранения. Так, гарантийный срок хранения для обыкновенных водок в России установлен 1 год, хотя водка будет вполне пригодна для употребления и через много лет после этого срока. Для особых водок («Перцовая», «Лимонная» и др.) гарантийный срок меньше — 6 месяцев. Для коньяков установлен гарантийный срок хранения 2 года. К понятию «выдержка коньяка» этот срок не имеет никакого отношения. Выдержка — это время пребывания коньячного спирта в дубовой бочке, а не готового напитка в стеклянной бутылке.

Для большинства российских виноградных вин, имеющихся в продаже, гарантийный срок хранения не превышает 3—5 месяцев с даты розлива в бутылки (дата розлива указана на обороте этикетки). Но превышение этого срока вовсе не означает, что употребление данного вина становится опасным для здоровья. В стадии «старения» вина, когда оно находится в плотно укупоренной бутылке, оно может не только не ухудшить свое качество, но и улучшить его, становясь «коллекционным». Столовые коллекционные вина могут выдерживаться в бутылке 5—20 лет, крепкие и десертные — 50—80 лет. Получение коллекционных вин — это особая, достаточно тонкая технология. Однако при чрезмерно длительном хранении виноградного вина в бутылках в бытовых условиях может произойти его порча, делающая его полностью непригодным. Быстрее портятся сухие столовые вина с низким содержанием алкоголя (См. *Стадии жизни вина; Коллекционные вина; Болезни вина)*.

ГАСТРИТ АЛКОГОЛЬНЫЙ (лат. *gastritis alcoholica*) — воспаление желудка, развивающееся вследствие употребления крепких спиртных напитков в количествах, достаточных для того, чтобы вызвать воспаление слизистой оболочки этого органа. При этом возникают такие явления, как ожоги слизистой, боли в эпигастрии, тошнота, анорексия, рвота, диаррея, а также нарушения усвоения питательных веществ.

ГАСТРИТ АЛКОГОЛЬНЫЙ АТРОФИЧЕСКИЙ (лат. *gastritis atrophica*) — хроническая форма алкогольного гастрита с развитием атрофии слизистой оболочки желудка, сглаженности ее складок и дегенерации паренхимы. Может возникнуть у алкоголиков, привыкших употреблять крепкие спиртные напитки.

ГВИНИСА — тонизирующий газированный безалкогольный напиток приятного кисловатого вкуса, полученный из натурального виноградного вина; безалкогольное вино (содержание спирта 0,5%). Содержит биологически активные вещества, рекомендован при ряде заболеваний: общей астении, хроническом гастрите с пониженной кислотностью, циррозе печени, гипертонической болезни (особенно для больных, принимающих кортикостероидные препараты) и др. См. *Безалкогольное вино*.

ГВОЗДИКА — пряность, известная с древнейших времен,

представляющая собой высушенные нераспустившиеся бутоны цветков гвоздичного дерева (тропического вечнозеленого из семейства миртовых). Их форма напоминает гвоздь длиной 1—1,5 см — отсюда название. Обладает сильным своеобразным ароматом и пряным острым вкусом, содержит эфирное масло, дубильные и экстрактивные вещества. Используется при производстве ликеров, горячих напитков с вином (глинтвейнов), пуншей, соков и др., а также при производстве марочного вина *«Букет Молдавии»* (см.).

ГЕБА — в греческой мифологии богиня вечной юности. Исполняла роль виночерпия на пирах богов до того, как ее сменил Ганимед. Ныне в США — одно из разговорных наименований молодой женщины, подающей спиртные напитки в питейном заведении, кафе или ресторане.

ГЕДОНИСТИЧЕСКАЯ УСТАНОВКА, ГИПЕРГЕДОНИЯ (лат. *hyperhedonia*) — повышенное стремление к удовольствию, наслаждению. Согласно философско-этической концепции гедонизма, возникшей в античной Греции (Аристипп и др.), удовольствие является основным мотивом человеческого поведения. В современном обществе гедонистическая установка у отдельных его членов может стать ведущей предпосылкой в развитии нарко- и токсикомании, а также, в определенной мере, алкоголизма, когда стремление к получению выраженного приятного самоощущения (эйфории) доминирует над всеми остальными психологическим установками.

ГЕДОНИЧЕСКАЯ ШКАЛА — шкала оценки качества вина у дегустаторов, критерием которой является получаемое от вина удовольствие. Известны гедонические шкалы от 2 («нравится», «не нравится») до 7 балллов. Наиболее распространена 5—балльная шкала: «очень нравится», «нравится», «приемлемо», «не нравится», «очень не нравится».

«ГЕЛЕНДЖИК» — российское винодельческое предприятие, расположенное в г. Геленджик Краснодарского края. Основано в 1930 году. Обладает виноградниками площадью более 1400 гектаров и винзаводом с мощностью переработки 12 тысяч тонн винограда в сезон. Выпускает виноматериалы, сухие и марочные вина. На конкурсах отмечены вина этого предприятия: Мускат янтарный, Черные глаза, Совиньон Геленджик, Алиготе Геленджик и других.

ГЕЛЬМАН АЛЕКСАНДР ИСААКОВИЧ (род. в 1933 г.) — русский советский писатель — популярный в 70—80-х годах драматург благодаря таким социально-конфликтным пьесам, как «Протокол одного заседания», «Мы, нижеподписавшиеся» и др. В 1992 году в газете «Московские новости» было опубликовано его небольшое эссе о пьющих, в котором он с мягкой иронией и психологично следующим образом обобщил свой питейный опыт, отражая и реалии своего времени:

«Я человек выпивающий. Правда, не сильно и с годами, увы, все меньше и меньше. Но все же за долгий период употребления спиртных напитков в разных жизненных обстоятельствах я постиг некий моральный кодекс пьющего, отдельные положения которого я решил в это трудное время сделать достоянием масс.

Пьющий должен пить с кем угодно, с каждым, кто готов, — пьющие для пьющего не должны делиться на достойных и недостойных. Недостойных собутыльников не бывает и быть не должно. Мы, пьющие, все друг перед другом, как перед Богом, равны. Скажу с мрачной прямотой: все пьющие равны между собой почти так же, как все мертвые.

Пьющие, как и непьющие, делятся на умных и глупых. Умные пьющие очень уступчивы, никогда не задираются, не скандалят, не дышат в лицо непьющим. Умные пьющие обожают женщин, но ведут себя при этом крайне сдержанно. Умные пьющие необычайно красноречивы, но предпочитают помалкивать. Благодаря этим и другим подобным качествам умные пьющие имеют возможность беспрепятственно оставаться пьющими многие-многие годы, нередко буквально до последнего дня жизни.

...Не исключено, что вообще этот мир задуман с самого начала как мир для пьющих, и именно появление сначала немногих, а потом все большего числа трезвенников и привело ко всем тем ужасающим искажениям мировой гармонии, в результате которых мы сегодня оказались на краю пропасти.

Душа пьющего ближе к Богу, чем душа непьющего.

Моральное превосходство пьющих выражается хотя бы в том, что они к непьющим относятся с пониманием, а их непьющие обзывают всяко, оскорбляют.

...Почему у нас женщины занимаются домашней работой значительно больше, чем мужчины? Только потому, что среди них мало пьющих. И вообще равенство полов, как и равенство поколений, никогда не достигается так полно, как в состоянии опьянения.

Трезвое большинство старается внушить нам чувство вины, комплекс неполноценности. Но я хочу спросить: разве могло бы появиться, к примеру, атомное оружие, если бы наиболее талантливые физики с утра до ночи выпивали? Не могло бы! Так что не непьющие, а именно пьющие гении спасают человечество от гибели!

Пьющие очень переживают друг за друга. Например, я могу засвидетельствовать, что пьющие антисемиты нередко защищают от непьющих антисемитов собутыльников-евреев. А пьющие жены в состоянии вполне мирно беседовать с пьющими любовницами своих пьющих мужей».

ГЕМОДЕЗ — одно из средств дезинтоксикации, применяемое при острой алкогольной интоксикации или купировании абстинентного синдрома, а также при лечении алкогольного делирия. Представляет собой 6%-й раствор поливинилпирролидона, содержащий ионы натрия, калия, кальция, магния и хлора. В основе терапевтического эффекта лежит способность поливинилпирролидона комплексироваться с различными токсинами, циркулирующими в крови, и выводить их с мочой. Вводится подогретым до 36°С внутривенно со скоростью не более 40—50 капель/мин. Относительно быстро (в течение суток) полностью выводится из организма.

ГЕМОСОРБЦИЯ — поглощение токсических веществ из крови. Используется для детоксикации организма больных алкоголизмом, в частности при лечении алкогольного делирия. Осуществляется с помощью создания артериовенозного или вено-венозного шунта на предплечье. В разъем шунта включается колонка-детоксикатор, заполненная специальным сорбентом. Через колонку самотеком или с участием насоса в течение часа может быть пропущен весь объем циркулирующей в организме крови. Процедура проводится прошедшим специальную подготовку хирургом в асептической операционной.

ГЕНЕТИКА АЛКОГОЛИЗМА — роль наследственности в заболеваемости алкоголизмом. Еще в древности люди стали догадываться, что пристрастие к опьяняющим напиткам может передаваться по наследству. Известно выражение Плутарха: «От пьяниц рождаются пьяницы».

Исследования генетики алкоголизма на научной основе развернулись по-настоящему лишь во второй половине XX века, прежде всего, методом изучения проявления алкоголизма у близнецов и у приемных детей. Было определено, что наличие алкоголизма у биологических родителей увеличивает у их детей риск стать алкоголиком в 4—5 раз. В настоящее время среди специалистов наиболее распространена точка зрения, что часть случаев алкоголизма (примерно 40% всех случаев) обусловлена преимущественно генетической основой, а часть — преимущественно условиями внешней среды. При этом «наследственный» алкоголизм (для него предложен еще термин «первичный геридитарный») развивается в более молодом возрасте, протекает более злокачественно и гораздо труднее поддается лечению.

Относительно генетического механизма наследования алкоголизма пока еще нет ясного представления. Предполагается, что наследуется неблагоприятная комбинация отклонений в нескольких генах. Поэтому затруднено установление однозначной связи между патогенной комбинацией и каким-либо фенотипическим признаком (маркёром). Некоторые признаки считаются достаточно специфичными для того, чтобы можно было предсказать вероятное развитие алкоголизма. Так, у больных алкоголизмом установлена высокая частота встречаемости группы крови А, чаще встречается недостаточность определенных ферментов, выявлена высокая частота врожденных нарушений цветового зрения. Некоторые исследователи считают, что большая устойчивость к токсическому действию алкоголя и позднее появление пошатывания (статической атаксии) при опьянении тоже могут служить генетическим маркёром предрасположенности к алкоголизму. В докладе, подготовленном американским Национальным институтом по проблемам злоупотребления алкоголем и алкоголизма (1993), приведены 3 группы возможных маркёров генетической предрасположенности к алкоголизму.

1) Электрофизиологические маркёры:

— избыточная бета-активность на ЭЭГ;

— повышенная мощность в альфа-диапазоне с быстрой частотой на ЭЭГ;

— уменьшенная амплитуда у Р3ОО-волн в вызванных потенциалах.

2) Биохимические маркёры:

— пониженная активность моноаминоксидазы в тромбоцитах;

— повышенный захват серотонина тромбоцитами.

3) Особенности реакции на алкоголь:

— значительное учащение пульса в первые 20 минут после приема алкоголя;

— падение концентрации пролактина и кортизола в крови после приема алкоголя (параллельно со сниженным ощущением уровня опьянения).

Недавние исследования выявили два типа (I и II) наследуемого алкоголизма. При алкоголизме «типа I» вероятность его развития зависит не только от наследственной предрасположенности, но также в достаточно значительной мере и от окружающей среды, которая также влияет на тяжесть его течения. На развитие алкоголизма «типа II» окружающая среда влияет мало, причем он встречается только у мужчин.

ГЕОПОНИКИ — византийская сельскохозяйственная энциклопедия, созданная в X веке, в которой подробно изложены агрономические знания и практические приемы того времени. Состоит из введения и 20 книг (объемом от 6 до 29 страниц каждая), скомпанованных наподобие альбома.

Неизвестный составитель тщательно собрал соответствующий материал из греческих и других источников, в том числе древних, систематизировал этот материал по-своему и внес в него немало собственных наблюдений и поправок. Вопросы виноградарства и виноделия отражены в III—VIII книгах энциклопедии (со ссылкой на таких древних авторов, как Анатолий, Варрон, Дилим, Диофан, Флорентин). В них дается календарь земледельческих работ, в котором описаны зимняя и весенняя обрезка виноградников в зависимости от их местоположения, пасынкование, окопка, унавоживание, прививка и другие виды работ. Приводятся данные о винограде, вьющемся по деревьям, о ранних и поздних сортах, о винограде без семян. Много внимания уделяется выбору почвы под виноградники и особенностям подпочвы, предлагается сажать виноград (с учетом сухости климата Византии) на большую глубину по сравнению с рекомендациями древних греков и римлян. Подробно описано приготовление и хранение вин. Приводятся советы по уходу за ***пифосами*** (см.) (сосудами для хранения вина), выбору для них глины, их изготовлению и обжигу, осмолению изнутри и т.д.

ГЕПАТИТ АЛКОГОЛЬНЫЙ

(лат. *hepatitis alcoholicum*) — воспаление печени, вызванное злоупотреблением алкоголем. При относительно легкой (персистирующей) форме проявляется увеличением печени и рядом желудочно-кишечных нарушений. Периодически больные ощущают тяжесть в эпигастральной области или в правом подреберье, отрыжку, легкую тошноту, чувство переполнения желудка, метеоризм и т.д. Эти явления исчезают при достаточно длительном воздержании от алкоголя.

В прогрессирующей форме желудочно-кишечные расстройства выражены более значительно, появляется рвота, анорексия, диарея. Печень резко увеличена, уплотнена и болезненна при пальпации. Больной худеет, может развиться субфебрильная температура и лейкоцитоз. Персистирующая форма гепатита может перейти в прогрессирующую после одного из наиболее тяжелых алкогольных эксцессов. Исходом прогрессирующей формы часто является цирроз печени. В случае воздержания от алкоголя возможна стабилизация процесса, однако с весьма выраженными остаточными явлениями.

ГЕПАТОЗ АЛКОГОЛЬНЫЙ

(синоним: *Алкогольная жировая дистрофия печени*) (лат. *hepatosis alcoholica*) — связанное с употреблением алкоголя расстройство печени, при котором в паренхиме печени происходят дистрофические изменения при отсутствии либо при незначительной выраженности признаков воспаления. Микроскопическое исследование пунктатов печени обнаруживает в гепатоцитах большое количество капель жира, оттесняющих ядро клетки к ее краям. Однако большинство функциональных печеночных проб остается в пределах нормы или на ее границе.

Главный клинический признак жировой дистрофии печени — ее увеличение, при этом край печени закруглен, консистенция плотноватая. Иногда печень чувствительна при пальпации. Хотя гепатоз при алкоголизме встречается весьма часто, он редко диагностируется из-за скудности клинических проявлений. Больные либо не предъявляют в отношении печени каких-нибудь жалоб, либо говорят о периодически возникающем чувстве переполнения желудка, метеоризме, диарее. При длительном воздержании больных от алкоголя состояние печени обычно нормализуется. При продолжении злоупотребления алкоголем гепатоз может перейти в *алкогольный гепатит* (см.).

ГЕРБЕРШТЕЙН СИГИЗМУНД (1486—1566) — австрийский барон, дипломат, находился в составе посольства от германского императора Карла V в Москве в 1517 и 1526 годах. Автор «Записок о Московии» (1549), которые были одной из первых книг, позволивших европейцам получить подробное представление о государственном устройстве, обычаях и внутренней жизни России начала XVI века. Эта книга является теперь важным историческим источником и для русских историков.

Герберштейн описал, какова была процедура приема посла российским государем Василием III (1479—1533), и как выглядел официальный обед в честь посла, на котором посол должен был брать из рук государя и выпивать «заздравный кубок». Угощение посла обычно не оканчивалось приемным обедом при дворце. Специально «приставленные» к послу люди («пристава»), которые приводили посла во дворец, вели его обратно на выделенную квартиру и «приносили с собой серебряные чарки и другие сосуды с хмельными напитками, преимущественно с разными «медами». В посольском доме пристава устраивали настоящую попойку; это называлось «поить посла», причем главнейшей их заботой было во что бы то ни стало напоить посла как можно пьянее.

Герберштейн дивился их уменью потчевать в этом случае. «Отказываться от приглашений не позволялось ни под каким предлогом, потому что пили сперва за здоровье великих государей, а потом их братьев, сыновей и других родственников, а когда их было мало, начинали пить за здоровье других важных лиц обоих государств». «Осушив несколько чарок, — говорит Герберштейн, — не иначе можно было избавиться от дальнейшей попойки, как притворившись очень пьяным или спящим». Историки отмечают, что подобная настойчивость в угощении хмельным шла не только от гостеприимства, а нередко преследовала скрытую цель: подвыпивший посол мог проговориться о том, что ему было приказано держать только на уме.

ГЕРОДОТ (около 484—425 гг. до н.э.) — древнегреческий историк, автор многотомной «Истории», являющейся ценным источником сведений о жизни многих стран и народов Древнего мира. Из его работ можно получить представление о широком распространении употребления алкоголя в античные времена. В книге «Евтерия» Геродот приводит сведения об употреблении в Египте «вина» (по-видимому, пива), изготовляемого «из ячменя, потому что в этой стране нет виноградной лозы». Он сообщает, что на пиршествах в Египте каждому сотрапезнику показывают деревянное изображение покойника, лежащего в гробу, приговаривая: «Смотри на него, пей, наслаждайся жизнью. После смерти ведь ты будешь таким». Геродот приводит данные о постоянном ввозе в Египет виноградного вина из Эллады и Финикии.

ГЕТЕБОРГСКАЯ СИСТЕМА — система государственного контроля над продажей алкогольных напитков, введенная в 1865 году первоначально в шведском городе Гетеборге, а затем во всей стране. Согласно этой системе, одной из шведских фирм предоставлялась монополия на продажу водки при условии строго фиксированной и небольшой прибыли (6% годовых на затраченный капитал). Излишки дохода поступали в распоряжение местного самоуправления и государства и использовались для благотворительных целей, прежде всего для профилактики алкоголизма. В гетеборгскую систему входило ограничение мест и времени продажи крепких спиртных напитков, запрещение доступа в питейные заведения лицам моложе 18 лет, ограничение отпуска спиртных напитков одному лицу, их отпуск только вместе с закуской (преимущественно горячей). Вместе с тем посетитель мог переходить из одного питейного заведения в другое. Этой системой регулировалась фактически лишь распивочная продажа в столовых и ресторанах, но не на вынос в мелкорозничной торговле. Была распространена в Швеции, Финляндии и Норвегии. В 1917 году заменена в Швеции *системой Братта* (см.).

ГИДРОТОРМОЗНАЯ ЖИДКОСТЬ — состав для заливки гидравлической тормозной системы автомобиля. Чаще всего представляет собой смесь касторового масла и бутилового спирта, подкрашенную ярким красителем. Имеет характерный спиртовой запах, поэтому бывают случаи, когда ее принимают внутрь как суррогат алкогольного напитка с последующим сильным отравлением.

ГИЛЬДЕГАРДА (*Hildegard*, 1098—1179) — настоятельница женского монастыря в Рупертсберге в Германии, известная своими видениями и прорицаниями, которые были подробно описаны ею в книге «Познаю пути Господни». Кроме того, она написала медицинский трактат, в котором содержится универсальный лечебный совет пить пиво в обильном количестве. Причислена к лику святых.

ГИПЕРБАРИЧЕСКАЯ ОКСИГЕНАЦИЯ — создание в

организме повышенной концентрации кислорода за счет нахождения его в кислородной атмосфере с повышенным давлением. Используется для купирования абстинентного синдрома при лечении алкогольного делирия, а также для быстрого отрезвления опьяневшего. С этой целью пациента помещают в барокамеру при давлении кислорода от 0,8 до 1,5 избыточных атмосфер. Метод противопоказан при выраженном атеросклерозе, ишемической и гипертонической болезнях, туберкулезе, заболеваниях органов дыхания с нарушением барофункции, при судорожных припадках.

ГИПЕРТЕЛОРИЗМ ГЛАЗНОЙ (лат. *hypotelorismus ocularis*) — антропометрический термин, означающий широко расставленные глаза при широкой и плоской переносице. Нередко встречается при алкоголизме и алкогольном синдроме плода.

ГИПНОСУГГЕСТИВНАЯ ПСИХОТЕРАПИЯ — лечение с помощью внушения в состоянии гипнотического сна. Применяется для лечения больных алкоголизмом уже более столетия (в России — начиная с И.В. Вяземского и В.М. Бехтерева). Может проводиться индивидуально или с группой больных (коллективная гипнотерапия). Лечебный сеанс осуществляется обычно в специальном, изолированном от шума и света помещении.

Пациентов погружают в гипнотический сон, в котором им делается мотивированное (рациональное), а затем императивное внушение отрицательного отношения к алкогольным напиткам и их действию. Перед пробуждением из гипноза больному дается постгипнотическая установка типа: «По счету пять вы проснетесь, подойдете к умывальнику, понюхаете и попробуете водку. Это вызовет у вас сильную тошноту, спазмы в горле, в желудке, отвращение, тошноту, рвоту, от водки — рвоту!» После пробуждения у высокогипнабельных больных при постгипнотической пробе спиртного возникает гримаса отвращения на запах алкоголя и при попытке прополоскать спиртным напитком рот и глотку — тошнота, рвотные движения и даже рвота. С помощью одного или нескольких сеансов гипнотерапии во многих случаях удается выработать стойкий и длительно сохраняющийся условный рефлекс отвращения к алкоголю.

ГИПОГЛИКЕМИЯ (лат. *hypoglycemia*) — пониженная (ниже нормального минимума) концентрация сахара в крови. Часто развивается после тяжелой алкогольной интоксикации, а также у плохо питающихся лиц после обычной выпивки. Особенно уязвимыми в отношении развития посталкогольной гипогликемии являются дети.

ГИПОТЕНЗИВНЫЕ СРЕДСТВА И АЛКОГОЛЬ — см. *Сосудистые, спазмолитические средства и алкоголь.*

ГИППОКРАТ (*Hippokrates*) (460—377 гг. до н.э.) — знаменитый древнегреческий врач, реформатор античной медицины. Гиппократ учил, в отличие от своих предшественников, что врач должен лечить не болезнь, а больного, принимая во внимание индивидуальные особенности организма и окружающую среду. Он выдвинул четыре принципа лечения: приносить пользу и не вредить; противоположное лечить противоположным; помогать природе; соблюдая осторожность, щадить больного. Ему приписывают текст т. н. «Клятвы Гиппократа», в которой сформулированы моральные обязательства врача. Эта клятва до сих пор принимается врачами во многих странах перед получением диплома.

В рекомендациях Гиппократа по лечению часто встречается использование вина, причем в разных случаях имеет значение вид вина (белое, темное, крепкое, сладкое, разбавленное водой и т.д.). Например, при болезни, которую сейчас определили бы как тяжелую пневмонию, он рекомендует давать «вяжущее вино, очень старое, очень сладкое, черное», а потом при падении температуры (лихорадки) — сладкое белое вино. Помогает также настойка корней тысячелистника или аспидника в вине. При болезни спинного мозга он рекомендует, наряду с «вареным ослиным молоком с прибавлением меда», белое мягкое вино, особенно вино из Мендеса (город в дельте Нила). При некоторых других тяжелых болезнях, по его мнению, также предпочтительно мендейское вино. Например, он излагает такой метод: дается, как питье, белое мендейское вино, разбавленное водой, в большом количестве в течение дня. Больной должен опьянеть и пить до тех пор, пока не произойдет кровоизлияние из носа. Тогда он должен пить вино только во время еды.

При болезни селезенки, помимо применения настоев чемерицы, руты, листьев омелы, корня кукушкиных слез и других трав, нужно пить в небольшом количестве черное вяжущее вино и есть теплый хлеб, накрошенный в вино. В первые дни тифа употребляется черное вино при условии воздержания от пищи, при этом больного натирают на ночь горячим маслом и вином. Гиппократ рекомендовал давать теплое вино, разбавленное водой, также и детям, чтобы они «меньше подвергались конвульсиям, чтобы более росли и имели более здоровый цвет». Следует заметить, что вино вообще занимало существенное место в античной медицине.

ГЛАЗКОВ НИКОЛАЙ ИВАНОВИЧ (1919—1979) — русский советский поэт, известный (особенно в литературных кругах) своими шутливо-ироническими и пародийными стихами. Очень часто в его произведениях звучит и алкогольная тема, а сам он при

6 Зак. № 1055 Мирошниченко

жизни имел репутацию большого любителя веселых застолий и был рад, как он заявлял самолично, принять своих литературных собратьев, вооруженных бутылками, в любое время дня и ночи в своем скромном жилье на Старом Арбате.

Глазков долгое время, с 1937 по 1957 год, не печатался из-за цензурных к нему претензий, жил на скудные, случайные заработки, и нередко ему приходилось рассчитывать лишь на приносимую гостями выпивку. Пирушки у него превращались в некое ритуальное действо с беседами, стихами и шутками. Он изготавливал из своих творений рукописные книжечки в нескольких экземплярах («Самсебяиздат») и дарил друзьям. Одна из них называлась «Наука выпивать». В углу своей темноватой комнаты он соорудил макет ресторанчика «Три звездочки», в котором на маленьких столиках стояли крошечные бутылочки с предполагаемым коньяком.

Ниже приводятся некоторые его стихи. 1) «Всея Руси // Да и всея земли // Я богатырь великий и поэт. // А вы бутылочку мне принесли? // Нет! // А жаль! // Ведь я не ссорился с вином, // И кто его не чтит у нас в стране? // Скорей, скорей бегите в гастроном, — // Бутылочку вина несите мне!» — 2) «Бывает трезвенник-дурак: // Он лицемерию в угоду // Пьет не вино и не коньяк, // А газированную воду. //А есть дурак-пропойца, — тот // Любую дрянь охотно пьет. // Такой дурак-дегенерат // Готов глушить денатурат, // А также может выпить сдуру // Чернила или политуру // Лишь тот, кто выпить не дурак // И не дурак, — тот пьет коньяк. // О нем скажу я под конец, // Что не дурак он, а мудрец!» — 3) «Закуска без вина скудна, // А выпивка одна — вредна. // Да здравствует товарищ Бахус — // Он чтит и выпивку и закусь». — 4) «Из всех времен, смененных нашей новью, // Мрачней всего было средневековье. // Но и тогда в монастырях угрюмых // Колокола имели форму рюмок. // Они звенели так же, как фужеры: // По будням редко, ну а в праздник часто. // Товарищи, скажите: неужели // Мы в наши дни откажемся от пьянства?»

ГЛИНТВЕЙН — горячий напиток из красного (реже белого) вина с сахаром и пряностями (обычно с гвоздикой и корицей). В процессе приготовления сильно нагревается (может доводиться до кипения) и подается обязательно горячим в высоких стаканах или бокалах. Глинтвейн не является напитком, возбуждающим аппетит, он предназначается обычно для завершения званого ужина, особенно в холодную погоду. Им угощают также зашедших с улицы промерзших гостей.

Один из рецептов глинтвейна: в эмалированную кастрюлю налить 0,4 л воды и 0,7 л красного столового вина, положить туда 1—2 бутона гвоздики, кусочек коры корицы, 2—3 кусочка лимонной корки, поставить на огонь, довести до кипения и дать настояться 10—15 минут. После настаивания слить через сито пряный настой, добавить к нему 100 г коньяка и 100 г сахара. Размешать, подогреть до 70°С, перелить в нагретую фарфоровую миску и разливать в стаканы с подстаканниками. В каждый стакан можно положить заранее по кусочку лимона.

ГЛИНЯНЫЙ КУВШИН — сосуд, изготовленный из специальной глины с последующим обжигом и закалкой. Для брожения виноградного сока и хранения вин с древних времен в некоторых странах используются объемистые кувшины особой формы, для которой характерно длинное и узкое горло, что обеспечивает возможность глубокого закапывания кувшина в землю для поддержания устойчивой температуры. Из подобных сосудов известны: греческая амфора, армянский карас, грузинский квеври, молдавский бурлуй. Существуют глиняные кувшины с двойными стенками — для регулирования температуры брожения при получении сладких и игристых вин.

ГЛОТНУТЬ (прост.) — выпить спиртного.

ГЛЮК КРИСТОФ (1714—1787) — выдающийся немецкий композитор. Однажды он заявил полушутя своему другу: «Больше всего я люблю три вещи: деньги, вино и славу». — «А почему слава на последнем месте?» — спросил удивленный друг. «Вполне естественно, — ответил Глюк. — За деньги я покупаю себе вино, вино приносит мне вдохновение, а из вдохновения, наконец, вырастает моя слава».

«ГОЛАЯ ЗАДНИЦА» — (нем. *Nacktarsch*) — марка немецкого сухого вина из класса известных мозельских вин. На бутылке с этим вином изображена детская попка. Пользуется большим спросом у иностранных туристов, особенно у американцев. Содержание спирта — 9% об., сахара — до 9 г/л.

ГОЛИЦЫН ЛЕВ СЕРГЕЕВИЧ (1845—1915) — потомок старинного княжеского рода, видный русский винодел, один из зачинателей русской самобытной школы виноделия, в том числе производства русского игристого вина шампанским способом. Учился в Сорбонне, окончил Московский университет. Его деятельность в конце XIX — начале XX века оказала большое влияние на развитие виноградарства и виноделия России, способствовала поднятию авторитета русских вин за рубежом.

По его инициативе были заложены виноградники в Крымском имении «Новый Свет» (близ г. Судака), а также на больших площадях в Массандре, Абрау-Дюрсо, Ай-Даниле, в хозяйстве «Алабашлы» (Азербайджан) и др. По проекту князя Голицына в «Новом Свете» были сооружены специальные подвалы для производства шампанского — глубоко под землей в лёссовидной твердой глине, благодаря которой можно было обойтись без облицовки камнем. Там были предусмотрены залы для дегустации и хранения коллекции вин. В 1897 году по инициативе Голицына был построен новый подвал в Массандре вместимостью около 300 тысяч декалитров вина, в котором хранились почти все вина, поступавшие с крымских императорских виноградников. На Всемирной выставке в Париже (1900) русское шампанское из голицынского «Нового Света» впервые было удостоено высшей награды Гран-при. Под его руководством и по его чертежам в 1882—1885 годах в имении «Абрау-Дюрсо» были построены туннели протяженностью 5 км для выдержки шампанского классическим способом, где естественные условия позволяли поддерживать постоянный температурный режим в течение года при оптимальной температуре 15—16°С.

Будучи энтузиастом своего дела, Голицын не останавливался перед большими затратами, вкладывая и собственные средства. Щедрость натуры, фанатическая преданность виноделию и размах новых планов привели в конце жизни к тому, что он разорился. Царь Николай II, зная лично и высоко ценя князя Голицына, спас его от кредиторов: многоплановое хозяйство князя приобрело императорское Удельное ведомство, взяв на себя оплату всех его долгов.

В настоящее время винодельческой фирмой «Абрау-Дюрсо» выпускается новая марка шампанского «Князь Левъ Голицынъ» (1994), которая получила признание, в частности, в Германии, заказавшей большую партию этого вина.

ГОЛЛАНДСКАЯ ХРАБРОСТЬ (англ. *dutch courage*) — ложная храбрость, возникающая временно под влиянием принятых алкогольных напитков. Приписывалась англичанами голландцам, с которыми они вели войны на море в XVII веке.

ГОЛУБИЧНАЯ НАСТОЙКА — сладкая настойка крепостью 20% об., сахаристостью 28 г на 100 мл. Темно-красного цвета, кислосладкого вкуса, с ароматом голубики. Приготовляется из спиртованного настоя корицы, ванилина, сахарного сиропа, патоки, лимонной кислоты и спирта высшей очистки.

ГОМЕР (предположительно между XII и VII вв. до н.э.) — великий древнегреческий поэт. По текстам его бессмертных поэм «Илиада» и «Одиссея» можно судить, что в весьма далекие времена у древних греков была довольно развитая культура виноделия. Гомер упоминает многие вина, в том числе прамнитские, фракийские и маранитские, и приводит такие характеристики вин, как сладкие, медвяно-сладкие, сладко-душистые, крепкие, благовонные и др. Гомер называет вино божественным напитком и говорит, что греческое вино было так ароматно, что одна чаша вина, разбавленная двадцатью чашами воды, все-таки распространяла чудесный аромат. О том, как высоко ценили греки вино, говорят используемые Гомером для вина эпитеты: божественно чистое, золотое, пурпурное, огневое, искрометное и т.д. В «Одиссее» упоминается вино одиннадцатилетней выдержки.

ГОРБАЧЕВ МИХАИЛ СЕРГЕЕВИЧ (1931—) — советский партийный и государственный деятель, руководитель компартии и СССР в 1985—1991 годах. С приходом к власти в качестве Генерального секретаря КПСС начал коренные преобразования в политической системе страны, которые привели к легализации частного предпринимательства, развитию рыночных принципов экономики, свободы публичного слова и других основ демократии. В 1989 году состоялись первые (со времени захвата власти коммунистами в 1917 г.) демократические выборы в законодательные органы страны, в которых независимые кандидаты, выдвинутые населением, во многих случаях одержали верх над представителями компартии. Вместе с тем Горбачев в своей государственной деятельности совершил ряд ошибок, которые мешали достижению полного успеха в его начинаниях.

Одной из крупных ошибок была объявленная им (по инициативе некоторых членов Политбюро КПСС) в 1985 году всеобщая государственная антиалкогольная кампания, которая была призвана ликвидировать распространившееся в стране массовое пьянство и алкоголизм. Для этого были задействованы все мощные, давно отлаженные, партийные, административные, репрессивные и пропагандистские механизмы. (См. *Антиалкогольная кампания Горбачева*.)

Однако ожидаемое тотальное отрезвление народа, призванное повысить производительность его труда и улучшить его здоровье, не получилось, а отрицательные последствия были сопоставимы по масштабам с тотальностью кампании. Неудачная антиалкогольная кампания дискредитировала другие, в том числе бесспорно важные преобразования Горбачева в стране и саму его личность.

Что касается личных отношений Горбачева с алкоголем, то, как свидетельствуют близко знавшие его люди, он всегда проявлял умеренность в его употреблении. Тем не менее во время семейных застолий или праздничных банкетов он не уговаривал их участников воздерживаться от выпивки или умерить ее. Будучи главой Ставропольского края, Горбачев принимал высоких гостей из Москвы (в т.ч. Брежнева, Косыгина, Андропова) по всем правилам тогдашнего гостеприимства, а эти правила диктовали обилие и разнообразие не только явств, но и выпивки. На снимках, запечатлевших те приемы, можно видеть на столах батареи бутылок с изысканными кавказскими винами. Стояла среди них и знаменитая местная водка «*Стрижамент*», настоянная на множестве степных, в том числе целебных, трав, название которой было связано с горой Стрижамент, где располагались дачи местного высшего руководства. Бутылка этого жгучего пряного напитка считалась хорошим сувениром, увозимым как столичными, так и зарубежными гостями.

По рассказам советника Горбачева и одного из его охранников, сам Горбачев предпочитал хорошее сухое или полусладкое вино (Вазисубани, Киндзмараули), а также армянский коньяк («5 звездочек», Юбилейный). Советник Горбачева Анатолий Черняев свидетельствует, что «Горбачев пил умеренно, он никогда не видел его пьяным. Но «веселым» от выпитого вина он его видел. Горбачев вообще любил застолья, любил поговорить за столом на разные темы. Что касается еды — он не гурман и совсем не любит изысков». Охранник утверждает, что Горбачеву было достаточно бутылки коньяка на четверых.

Став главой государства, Горбачев сохранил прежние кремлевские традиции обедов в честь высоких зарубежных гостей, на которых подавались водки и настойки, изготовленные в специальном цехе московского водочного завода «Кристалл», лучшие армянские коньяки, грузинские и крымские виноградные вина. Запасы этих напитков имелись и на подмосковной даче Горбачева, и в крымском Форосском дворце. Но в отличие от предшественников (Сталина, Хрущева, Брежнева), Горбачев не стремился к частому неофициальному общению со своими ближайшими соратниками. Только раз в году семья Горбачевых приглашала к себе членов Политбюро и секретарей ЦК на совместную встречу Нового года.

Во время многочисленных зарубежных поездок Горбачев пил то, что предлагали хозяева. Однажды во время приема в США он не только пил, но и вместе с известным пианистом Ван Клиберном, под его аккомпанемент, пел «Подмосковные вечера», ставшие для зарубежной публики одним из символов России.

Потеряв власть, Горбачев стал признавать неуместность тех методов, которые он применил в борьбе с пьянством. Во время предвыборной президентской кампании в России в 1996 году, когда Горбачев безуспешно выставлял свою кандидатуру, на встречах с избирателями ему неизменно задавали вопрос по поводу пресловутой антиалкогольной кампании. Обычно он отвечал в том духе, что в свое время он «передоверился и Лигачеву, и Соломенцеву (членам Политбюро), и наделано было немало глупостей, когда вся страна выстроилась в очередь за спиртным. Заставь дурака Богу молиться, он себе лоб разобьет!»

Горбачев неоднократно говорил, что знает много анекдотов о себе, и многие из них ему нравятся. Самый ему «симпатичный» относится к периоду антиалкогольной кампании: «Стоит очередь длиною несколько километров за водкой, и все клянут Горбачева. Один, наконец, не выдерживает: пойду в Кремль, убью его! Иди! Проходит час, возвращается — очередь подвинулась, но до прилавка еще далеко. Ему говорят: «Ну, что, убил?» — «Да нет, туда очередь еще длиннее!»» Этот анекдот, как он уверяет, произвел большое впечатление на американцев, когда он рассказал его однажды в городе Атланте. Все же он продолжает настаивать, что «бороться с этим злом надо, только без кампанейщины». А в своем интервью «Общей газете» он признался, что после напряженных встреч с избирателями в Петербурге, добравшись только к ночи до гостиницы, он «выпил две рюмки водки и на душе полегчало».

Возможно, Горбачев в своих представлениях об отношениях человека с алкоголем так и не ушел от наивно-трезвеннических противоречий между желаемым и действительным. Но в западном мире (даже более, чем в своей стране) народы сохраняют ему благодарность за то, что он избавил человечество от постоянного ожидания всеобщей гибели, согласившись на переговорах с американским президентом Рейганом перестать угрожать западному миру ядерным ударом. За что стал в 1990 году лауреатом Нобелевской премии мира.

«ГОРБАЧЕВ» — водка, выпускающаяся в Германии. Ее название не связано с именем бывшего президента СССР М.С. Горбачева. В 1917 году, после октябрьского переворота, одна русская семья с такой фамилией эмигрировала в Берлин, где наладила производство водки по собственным рецептам. До прихода к власти М.С. Горбачева в Москве водка «Горбачев» не пользовалась широкой известностью, но потом, параллельно росту популярности М. С. Горбачева за рубежом, ее производство и продажа возросли почти в 6 раз, достигнув 14 миллионов бутылок в год.

ГОРИЛКА (укр. *горілка*) — водка (простореч.).

ГОРМОНАЛЬНАЯ РЕАКЦИЯ НА АЛКОГОЛЬНОЕ ОПЬЯНЕНИЕ — аналогична ответу организма на стрессовое воздействие. Усиливается гипофизарно-адреналовая активность во всех звеньях: увеличивается секреция адренокортикотропного гормона, кортикостероидов, адреналина, антидиуретического гормона, глюкагона; катаболизм белков повышается, а синтез уменьшается; возникает задержка воды и натрия, потеря калия и ацидоз и т.д. Отмечается уменьшение содержания мужского полового гормона — тестостерона в крови, особенно выраженное при высоких концентрациях алкоголя. Реакция гипофизарно-тиреоидного комплекса проявляется неоднозначно, но чаще — снижением функции щитовидной железы.

ГОРМОНАЛЬНЫЕ ПРЕПАРАТЫ И АЛКОГОЛЬ — при взаимодействии приводят к разным последствиям в зависимости от вида гормона. См. статьи: *Инсулин и алкоголь; Гормоны щитовидной железы и алкоголь; Стероидные гормоны и алкоголь.*

ГОРМОНЫ ЩИТОВИДНОЙ ЖЕЛЕЗЫ (ТИРОКСИН, ТРИЙОДТИРОНИН) И АЛКОГОЛЬ — при взаимодействии дают эффект усиления действия алкоголя, поскольку они задерживают его окисление, оказывая ингибирующее влияние на алкогольдегидрогеназу. К аналогичному результату может привести прием тиротропина.

ГОРНЫЙ ДУБНЯК — горькая настойка, крепостью 40% об., светло-коричневого цвета, горького, слегка вяжущего вкуса, с пряным ароматом. Приготовляется из спиртового настоя, в состав которого входят ангеликовый, имбирный и калгановый корень, гвоздика, дубовые желуди, черный и красный перец, можжевеловая ягода, дубовая стружка. Используется спирт высшей очистки.

ГОРНЫЙ ДУХ (кор. *сансин*) — один из важных богов в корейских верованиях. У каждой корейской деревни есть свое божество горы, защищающее деревню и живущее обычно в ближайшей горе. В честь этого божества жители деревни еще в недавние времена исполняли весной определенный праздничный обряд («нори»), в котором важное место занимало вино.

У дерева возле горы сооружали алтарь из мелких камней. На большом столе перед алтарем раскладывали угощение для горного духа: сухой рис, морские водоросли, круглые лепешки из риса, репу, жаркое из говядины, треску, соевый сыр, мясную и рыбную подливку, овощной соус, рисовый хлеб, каштаны, орехи, сушеные сливы, благовония. Ставили три стакана для вина и тарелку со столовым прибором. Выбранный «главный мастер обряда» выкапывал зарытую за два дня до обряда бутыль с вином, зажигал благовония, брызгал вино на землю, как бы обращая призыв к божеству, и наливал вино в стаканы. Затем он постукивал по пустой тарелке палочками для еды, приглашая божество к угощению, кланялся и громким голосом читал обращение к божеству с просьбой защиты. Одновременно кланялись все мужчины. Затем сжигалась особая, сложенная вчетверо жертвенная бумага, приносились в жертву (разбрасывались) рисовый хлеб, каштаны и орехи. В заключение все присутствующие ели и пили жертвенные угощения, находящиеся на столе, которые назывались «умбок» — счастливая еда. После жертвенного пиршества жители деревни молча уходили.

ГОРЧИЧНЫЙ СПИРТ (*spiritus sinapis*) — лекарственный раствор, представляющий собой 2%-ный раствор эфирного горчичного масла в этиловом спирте. Применяется как наружное средство, отвлекающее и успокаивающее боль при растирании кожного покрова в разнообразных случаях воспалительных процессов. Прозрачная бесцветная жидкость с запахом горчичного масла.

ГОРЬКАЯ (простореч.) — водка. «Запить горькую» — пить запоем, пьянствовать.

ГОРЬКАЯ НАСТОЙКА — крепкий спиртной напиток (40% об.), бесцветный, мягкого вкуса с небольшой горечью и с ароматом цитрусовых. Изготовлялся в СССР из ароматного спирта, приготовленного на калгановом и фиалковом корне, гвоздике, кубебе (перце), кардамоне, мускатном орехе, сушеной померанцевой и лимонной корке, корице, а также свежей мандариновой корке, в который добавляется спирт высшей очистки.

ГОРЬКИЕ КАПЛИ (*tinctura amara*) — лекарственное средство, возбуждающее аппетит. Представляет собой спиртовую настойку трав золототысячника и полыни, листьев водяного трилистника, корневища аира и кожуры мандарина. Прозрачная жидкость буровато-желтого цвета, горького пряного вкуса, ароматного запаха. Прием по 10—20 капель три раза в день перед едой.

ГОРЬКИЕ НАСТОЙКИ — спиртовые настои из корней, коры, трав и других продуктов растительного мира, отличающиеся горьким вкусом. Используются для придания специального привкуса и аромата коктейлям и иным напиткам, а также в качестве составной части при изготовлении разных блюд и иногда как тонизирующее средство для улучшения пищеварения после чрезмерного употребления спиртного.

ГОРЯЧИТЕЛЬНЫЕ НАПИТКИ (прост.) — спиртные напитки.

ГОТОВОЕ ВИНО — вино, полученное из виноматериалов и готовое к реализации. Содержание основных компонентов в готовом вине должно соответствовать утвержденным для каждого наименования вина кондициям. Отклонения не должны превышать по содержанию спирта 0,5% об., сахара (за исключением сухих вин) — 0,5 г/мл.

ГОФМАНСКИЕ КАПЛИ — лекарственное средство, применявшееся в конце XIX — начале XX века и представлявшее собой смесь 1 части эфира с 2 частями спирта. В медицине использовалось как возбуждающее и оживляющее средство, а также как успокаивающее при разных болях в области живота. Форма приема — 10—30 капель внутрь или нюхание. Вместе с тем этот препарат стал употребляться некоторыми лицами, а в некоторых местностях — достаточно широко, как сильное опьяняющее средство, чреватое серьезными осложнениями. По этой причине

Медицинский совет в дореволюционной России счел необходимым запретить продажу этого средства в аптеках без рецепта.

ГРАДУС (англ. *degree*) — единица измерения концентрации спирта в алкогольных напитках. Эквивалентен проценту. См. *Крепость алкогольных напитков.*

ГРАДУСЫ БАЛЛИНГА — одна из характеристик пива, означающая «начальную плотность» еще не перебродившего пивного сусла, а точнее — долю сухого остатка в общей его массе, выраженную в процентах. Чем больше концентрация сухих веществ в исходном сусле, тем больше спирта образуется при сбраживании, но жесткой зависимости тут нет, так как сусло сбраживается у разных сортов пива не одинаково и не до конца. Так, например, у «Жигулевского» пива «начальная плотность» составляет 11%, а содержание спирта в пиве 2,8% об. У «Ячменного колоса» начальная плотность» тоже 11%, что вовсе не означает концентрацию алкоголя, которая в таком случае составляет обычно 3,5%. У крепких сортов пива (с содержанием спирта 6—8% об.) градус Баллинга обычно превышает 14%.

Эту единицу измерения предложил в XIX веке чешский химик Карл-Иосиф-Наполеон Баллинг.

ГРАНАТОВОЕ ВИНО — высококачественное натуральное вино из перебродившего сока граната. Производится в Армении.

ГРАППА (ит. *grappa*) — итальянский крепкий напиток, получаемый путем отгонки спирта из перебродившей массы, остающейся после отжима виноградного сока и состоящей из кожицы, косточек и плодоножек винограда. К известным маркам принадлежат «Граппа ди Вердиккио Стравеккиа» и «Граппа Нобиле Стравеккиа». Они обладают крепостью 44—45% об., а их особенностью является то, что после отгонки они выдерживаются 6—12 месяцев в бочках из словенского дуба, благодаря чему приобретают дополнительные ароматы и вкус.

ГРАФИН (итал. *Caraffina* — «карафина»; англ. *carafe, decanter*) — сосуд для разливания воды или вина, имеющий, как правило, узкое горлышко и пробку. Распространены стеклянные графины всевозможных фасонов: шарообразные, овальные, ромбовидные, каплеобразные, конические, в виде двойного конуса, сплюснутого шара, с ручкой, без ручки и др. Для графинов, предназначенных для вина, приняты следующие стандартные емкости: 250, 350, 400, 500, 750, 1000 и 1500 мл.

ГРЕБЕНЬ — скелет грозди винограда, составляющий в среднем 3,5% от массы грозди. Богат дубильными веществами. Гребни (раздавленные вместе с виноградинами) могут быть оставлены в *сусле* (см.) для последующего сбраживания и изготовления некоторых вин, например, кахетинских вин и мадер.

ГРИГОРЬЕВ АПОЛЛОН АЛЕКСАНДРОВИЧ (1822–1864) — русский поэт и критик. Автор текстов музыки популярных до сих пор романсов «О, говори хоть ты со мной, // Подруга семиструнная!..» и «Две гитары, зазвенев, // Жалобно заныли...». Окончив Московский университет, посвятил себя литературной деятельности. Сотрудничал в ряде московских и петербургских журналов, в том числе в «Москвитянине», где его коллегами были такие известные писатели, как А.Н. Островский и А.Ф. Писемский.

При своей высокой образованности и разносторонней талантливости (между прочим, он прекрасно играл на гитаре), Григорьев отличался тягой к перемене мест, неустойчивостью поведения и настроения и финансовой непрактичностью. О стиле его жизни красноречиво говорит отрывок из письма, которое он послал из Италии в Москву редактору «Москвитянина» М.П. Погодину в сентябре 1859 года: «...На беду, на одном обеде, на который притащили меня больного... я напился, как сапожник — в аристократическом обществе... 30 августа нашего стиля я проснулся после страшной оргии... с отвратительным чувством во рту, с отвратительным соседством на постели цинически бесстыдной жрицы Венеры Милосской... Я вспомнил, что это 30 августа, именины Островского — постоянная годовщина сходки людей, крепко связанных единством смутных верований, — годовщина попоек безобразных, но святых своим братским характером, духом любви, юмором, единством с жизнью народа, богослужением народу... В Россию! Раздалось у меня в ушах и сердце! Вы поймете это — Вы, звавшие нас чадами кабаков и бл...ей, но некогда любивший нас... В Россию!..»

В 1850-х годах, несмотря на литературные успехи, Григорьев все чаще впадал в приступы хандры, от которых спасался в запоях. Тогда же он запутался в денежных делах и попал в долговую тюрьму. В 1861 году был приглашен Ф.М. Достоевским и его братом во вновь организованный петербургский журнал «Время» в качестве постоянного сотрудника. Григорьев работал здесь охотно и продуктивно, но несмотря на сравнительно хороший заработок опять попал в долговое отделение. По выходе, надеясь упорядочить свое существование, он уезжает в Оренбург и устраивается преподавателем словесности в Оренбургском кадетском корпусе. Однако здесь он подружился с одним дежурным офицером, сильно пившим, и запил вместе с ним.

Через год он нашел в себе силы вырваться отсюда и вернуться в Петербург, где снова стал писать критические статьи для «Времени». Ему даже предложили быть редактором нового журнала «Якорь», и он поехал в Москву приглашать в сотрудники знакомых литераторов. Там он закутил, пропил все деньги и вернулся без полезных результатов для журнала. Тем не менее он пробыл редактором «Якоря» почти год и написал для него ряд прекрасных статей о театре, в том числе об опере Серова и пьесах Островского. И все-таки после продолжительного периода запоя он еще раз попал в долговое отделение. В долговой тюрьме он задумал написать большую статью, в которой собирался защищать против славянофилов самобытную жизнь и культуру малых народов России, подавляемых Москвой, но еще способных развить свое своеобразие. Написать эту статью он не успел, так как через 4 дня по выходе из тюрьмы умер в своей пустой, только что нанятой квартире.

Поэтический талант Аполлона Григорьева высоко ценил Александр Блок. Одно время Блоку были близки мотивы «цыганщины, характерной для ряда григорьевских стихотворений». Блок редактировал издававшуюся книгу стихов Григорьева, написал о нем большую статью «Судьба Аполлона Григорьева». В одном из своих писем Блок писал в 1916 году: «Ведь в Григорьеве действительно заложены искры громадной культуры, которые так и догорают до сей поры под пеплом полемики и равнодушия».

Но тот же Блок мог написать о Григорьеве и такое: «...этот неряха и пьяница, безобразник и гитарист никогда, собственно, и не хотел быть «светлою личностью»... Он не ставил себе идеалов...» Подобная строгость оценки поведения Григорьева звучит в устах Блока достаточно противоречиво, поскольку и сам он нередко искал отдушину для приступов своей хандры в больших дозах алкоголя и имел привычку в таких случаях бродить по ночным петербургским кабакам. Правда, нет сведений о том, что Блок после перепоя мог тоже проснуться «с соседством на постели бесстыдной жрицы Венеры Милосской».

ГРОГ (англ. *grog*) — алкогольный напиток, получивший название от сокращения слова «Грогрэм» — прозвища английского адмирала Вернона (E. Vernon, 1684—1757), носившего на корабле непромокаемую накидку из грубой ткани «грогрэм» (grogram). Наименование грога получил напиток, получаемый из рома путем разбавления его водой, зачастую сильно подогретый, который в целях экономии велел выдавать адмирал в 1740 году морякам в британском флоте вместо неразбавленного рома. В наше время это достаточно известный горячий смешанный алкогольный напиток, который готовят из крепких напитков, сиропа или ликера. Разбавляют грог горячей водой или крепким чаем. Для аромата добавляют ломтик лимона. Один из рецептов: коньяк — 50 г; 2 чайные ложки меда; горячий крепкий чай — 100 г; ломтик лимона.

ГРУППА РИСКА — лица, подверженные высокому риску развития какого-либо заболевания, в том числе наркологического (алкоголизма, наркомании), в связи с воздействием совокупности неблагоприятных наследственных и (или) средовых факторов.

ГУДДЕНА СИМПТОМ (*B.A. Gudden*, 1824—1896, нем. психиатр) — ослабление или исчезновение реакции сокращения зрачков на свет, наблюдающееся при тяжело протекающей белой горячке и алкогольных энцефалопатиях, в частности, при алкогольном псевдопараличе. Может сочетаться с другими зрачковыми расстройствами (миозом, анизокорией).

ГУРДЖААНИ — грузинское марочное белое столовое вино, изготовляемое из винограда сортов «ркацители» и «мцване». Крепость 10,5—12,5% об. Светло-золотистого цвета, с фруктовым ароматом, с приятным полным гармоничным вкусом. Реализуется после трехлетней выдержки.

ГУСТОЕ ВИНО — вино с высоким содержанием экстрактивных веществ и глицерина. Имеет гармоничный тяжелый вкус, свойственный старым десертным винам.

ГУТЬЕРРЕСА-НОРЬЕГИ СИНДРОМ (*Gutierres-Noriego*) (1947) — психическое расстройство при хроническом алкоголизме. Для него характерны снижение интеллекта, фиксационная амнезия (неспособность запоминать происходящее), аффективные расстройства, апатия, безразличие, гипобулия (безволие, отсутствие волевых побуждений), сексуальные расстройства.

Д

ДАЛ (сокр. от «декалитр») — единица измерения объема жидкостей, обычно используемая для продукции ликеро-водочной, винодельческой и пивоваренной промышленности, равная 10 литрам.

ДАЛЬ ВЛАДИМИР ИВАНОВИЧ (1801—1872) — русский писатель, создатель знаменитого, до сих пор переиздающегося «Толкового словаря живого великорусского языка» в 4-х томах. За многие годы собрал более 30 000 русских пословиц, поговорок и прибауток (опубликованных в сборнике «Пословицы русского народа»), в которых отразилась и тема выпивки. Среди них есть такие: — Пить до дна — не видать добра. — Нет такого молодца, кто б обманул винца. — Пьян да глуп, так больше бьют. — Пьяному море по колено, а лужа по уши. — Муж пьет — полдома горит; жена пьет — весь дом горит. — Пьяница проспится — похмельной никогда. — Не спрашивай: пьет ли, спрашивай: каков во хмелю. — Высока у хмеля голова, да ногами жидок. — Без вина — одно горе; с вином — старое одно да новых два: и пьян, и бит. — Не жаль вина — жаль ума. — Пьяный, что малый: что на уме, то и на языке. — То не пьян еще, коли шапка на голове. — Горько пить вино, а обнесут — еще горчее того. — Не пьет, а с посудой глотает. — Рюмочка-каток, покатися мне в роток! — Первая рюмка колом, вторая соколом, а остальные мелкими пташками. — Не тот пьян, что двое ведут, третий ноги расставляет, а тот пьян, кто лежит, не дышит, собака рыло лижет, а он и слышит, да не может сказать: цыц! — Ныне натощак, завтра натощак, ан и корову со двора тащат. — Святые угодники на пьяниц угодливы: что ни день, то праздник. — Пойми пьяного речи, поймешь и свиное хрюканье. — Кабы не дырка во рту, так бы в золоте ходил. — Выпил две, да и не помнит, где. — Хоть шея коротка, а достает носом до дна. — Невинно вино, а виновато пьянство.

ДАНШУКАИ (яп. *Danshukai*) — японское общество, эквивалентное обществу *анонимных алкоголиков* (АА) (см.).

ДВЕНАДЦАТЬ ШАГОВ (англ. *Twelve Steps*) — стержневая программа участия в группе взаимопомощи больных алкоголизмом АА (*«Анонимные алкоголики»* — см.). «Шаги» — это фактически заповеди, которые последовательно должен усвоить и начать выполнять каждый участник в строгом порядке от первой до двенадцатой на пути освобождения от власти алкоголя. Были изложены впервые в «Большой книге» в 1939 году основателями движения АА и сохранились в неизменном виде до сих пор. Ниже приводится их полный текст.

1. Мы признали, что мы бессильны перед алкоголем и что перестали управлять своей жизнью.

2. Мы пришли к убеждению, что только Сила, более могущественная, чем мы, может вернуть нам здравый ум.

3. Приняли решение перепоручить нашу волю и наши жизни Богу, как мы Его понимаем.

4. Глубоко и бесстрашно оценили себя и свою жизнь с нравственной точки зрения.

5. Признали перед Богом, перед собой и людьми истинную причину своих ошибок и заблуждений.

6. Полностью подготовили себя к тому, чтобы Бог избавил нас от всех наших недостатков.

7. Смиренно молим Бога избавить нас от наших недостатков.

8. Мы составили список всех людей, кому когда-либо причинили зло, и преисполнились желанием возместить им причиненный ущерб.

9. Мы непосредственно возместили этим людям нанесенный нами ущерб, где и как это только было возможно — кроме тех случаев, когда это могло повредить им или кому-либо другому.

10. Мы продолжали анализировать себя и свои поступки и, когда были неправы, сразу признавали это.

11. Мы стремились путем молитвы и размышлений углубить наш сознательный контакт с Богом, как мы Его понимаем, молясь лишь о знании Его воли, которую нам надлежит исполнить, и о даровании нам силы для этого.

12. Достигнув духовного пробуждения, к которому привели эти «шаги», мы старались донести смысл всех этих заповедей до других алкоголиков и применять эти принципы во всех наших делах.

ДЕВЯСИЛ — травянистое растение семейства астровых с многочисленными обычно желтыми цветками, собранными в соцветие. Его корневище с корнями содержит в заметном количестве эфирное масло, витамины, дубильные вещества, инулин (до

44%), сапонины. Обладает сильным запахом: свежее корневище пахнет камфарой, высушенное — фиалкой. Вкус пряный, горький. Применяется как пряность, заменяющая имбирь, при изготовлении вермутов, ликеров, для ароматизации вин (например, вина «Букет Молдавии»). Препараты из девясила применяются с давних пор в медицине, в частности, как отхаркивающее средство. В старину ему приписывали выдающуюся способность укреплять силы человека, с чем связывали и его название: раньше его называли девятисилом. Произрастает преимущественно в Средиземноморье, на Кавказе и в Средней Азии.

ДЕГОРЖАЖ (франц. *degorgeage*, от *gorge* — горло) — операция, применяемая при бутылочной шампанизации вин для выбрасывания дрожжевого осадка. Мастер-дегоржер быстро откупоривает бутылку, обращенную горлышком вниз, при этом осадок с пробкой выбрасывается давлением углекислого газа. Для сокращения потерь и исключения попадания кислорода в вино, горлышки бутылок с осадком перед дегоржажем замораживают. Проведение дегоржажа требует от мастера большого навыка и внимания: он должен замечать малейшие остатки не переведенных на пробку осадков, определять по запаху или вкусу пены посторонние тона и отбраковывать такие бутылки. После дегоржажа в шампанизированное вино добавляют вино урожая того же года и небольшое количество коньячного спирта с сахаром и лимонной кислотой. Долив делают так, чтобы уровень вина в бутылке не достигал 8 сантиметров от края венчика горлышка. Дегоржаж производят после операции *ремюажа* (см.).

ДЕГРАДАЦИЯ АЛКОГОЛЬНАЯ — состояние, развивающееся на отдаленных этапах алкоголизма. Характеризуется стойким ухудшением памяти и интеллекта, эмоциональным огрубением и этическим снижением, утратой критического отношения к злоупотреблению алкоголем и своему состоянию в целом, упадком способности к систематическому труду и обычно потерей прежнего положения в обществе. Может сопровождаться рядом специфических аффективных и психопатоподобных нарушений, что позволяет выделить несколько типов *алкогольной деградации* (см.), в том числе: 1) с психопатоподобными симптомами; 2) с хронической эйфорией; 3) с аспонтанностью. Соматические симптомы могут включать: расширение лицевых капилляров, особенно в области носа, вялость мускулатуры, общий обрюзгший вид, изменения со стороны миокарда, хронический гастрит, тремор.

ДЕГРАДАЦИЯ АЛКОГОЛЬНАЯ С АСПОНТАННОСТЬЮ — вариант алкогольной деградации, когда в состоянии больного алкоголизмом преобладают вялость, пассивность, снижение побуждений, утрата интересов и инициативы. Даже в кругу собутыльников он остается пассивным свидетелем происходящего; какая-либо активность возникает только тогда, когда речь идет о приобретении спиртных напитков. Именно такие больные алкоголизмом склонны к иждивенческому образу жизни.

ДЕГРАДАЦИЯ АЛКОГОЛЬНАЯ С ПСИХОПАТОПОДОБНЫМИ СИМПТОМАМИ — вариант алкогольной деградации, когда она сопровождается выраженными психопатоподобными расстройствами психики. Для них характерна мозаичность, что затрудняет соотнесение с конкретным типом психопатии, в отличие от более ранних этапов алкоголизма. Наиболее часто наблюдаются возбудимость, истерические реакции, депрессивные эпизоды. Для таких больных алкоголизмом характерен грубый цинизм, не знающая удержу возбудимость с агрессивными поступками или же трусость и подобострастное поведение в обстоятельствах, где действиям больного может быть дан отпор. Истерические черты проявляются в хвастливости, лживости и бахвальстве — явно в противоречии с имеющимися возможностями и ситуацией. Расстройства настроения возникают по типу дисфорий и глухой подавленности. В эти периоды можно выявить частичное понимание больными своего состояния.

ДЕГРАДАЦИЯ АЛКОГОЛЬНАЯ С ХРОНИЧЕСКОЙ ЭЙФОРИЕЙ — вариант алкогольной деградации, когда в состоянии больного алкоголизмом преобладает беспечное, благодушное настроение при резком снижении критики к своему поведению и положению. Характерны излишняя откровенность (вплоть до обнаженности) в общении с окружающими, шутливый тон и изобилие шаблонных оборотов речи и стереотипных избитых шуток. Описанный при алкоголизме *«алкогольный юмор»* (см.) в наиболее выраженной форме проявляется у этих больных. У них , по словам немецкого психиатра Е. Блейлера (E. Bleuler, 1857—1939), «нельзя возбудить ни гордость, ни самолюбие, ни чувство достоинства».

ДЕГУСТАТОР — специалист, определяющий качество алкогольных напитков (и других продуктов) их опробованием. Дегустатор вин должен хорошо знать все их марки, обладать тонким вкусом и исключительно хорошим обонянием. Давая оценку, дегустатор сопоставляет качество данного образца с представлением о качестве, которое сохраняется у него в памяти. Оценщик должен сохранять в памяти присущие конкретным маркам особенности вкуса, запаха, цвета, а также свойственные винам недостатки, вызванные нарушением технологии, рецептуры, условий хранения. На точность его оценки влияет плохое настроение, общая усталость, курение, запах духов, посторонний шум, разговоры. Дегустатор способен определить сорт винограда, из которого сделано вино, тип вина, год его выпуска, спиртуозность, сахаристость, насыщенность вина растворенными веществами.

ДЕГУСТАЦИОННЫЙ ЗАЛ — помещение, где проводится оценка качества вин — дегустация. Он должен быть светлым, прохладным, с температурой воздуха 15°—16°С, влажностью 70—75% и изолированным от шумов и других отвлекающих факторов. Стены окрашиваются в нежные тона, свет равномерный, рассеянный, отраженный. Окна обычно располагаются на север. Воздух помещения должен быть чист и свободен от всяких запахов. Мебель должна быть удобной для работы, ее цвет — матовый или натурального светлого дерева. Столы размещают таким образом, чтобы освещение бокала со всех сторон было одинаковым. На столах расставляют графины с водой и посуду для выливания остатков вина. Под столом размещают плевательницы. Ввиду исключительной важности операции дегустации, в солидных винодельческих фирмах дегустационный зал стараются украсить дорогой декоративной отделкой.

ДЕГУСТАЦИЯ ВИНА — оценка качества вина зрительно, с помощью обоняния и на вкус. Обязательно оцениваются такие компоненты вина, как прозрачность, цвет, букет и вкус, соответствие их типу вина,

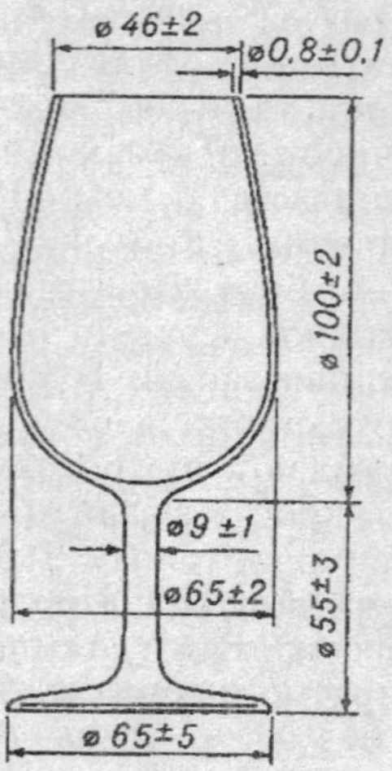

Дегустационный бокал

а для игристых вин, кроме того, игра и пенистость. При дегустации вин обычно используют шкалу в 10 баллов. Вина, получившие суммарный балл менее 6, признаются больными или порочными. Иногда дегустационная оценка дифференцируется, когда в зависимости от значимости отдельных характеристик каждая из них оценивается в пределах своих диапазонов шкал. Прозрачность и цвет вина оцениваются баллом от 0,1 до 0,5, ароматобукет — от 1 до 3, вкус — от 3 до 5, пенистость и игра — от 0,5 до 1 балла. Отдельные баллы суммируются, и выводится общий балл.

При дегустации принято применять бокалы из белого прозрачного стекла, для вин — тюльпанообразной формы, для шампанского — узкие бокалы («флейты») и чаши. При дегустации подносят бокал на уровень глаз и прежде всего оценивают прозрачность и окраску вина. Далее оценивается основной ароматобукет вина. Затем при легком вращении бокала ощущают разные оттенки в букете и разные посторонние запахи. Наконец берут глоток вина в рот, как бы ополаскивают им ротовую полость, и проглатывают, несколько приподняв голову. При этом обнаруживается и физиологический эффект. Важна температура дегустируемого напитка. Для столовых белых вин лучшая температура — 12—14°С, для красных — 16—18°. Крепкие вина дегустируют при комнатной температуре, сладкие — слегка охлажденными, шампанское — при температуре 6—8°. Соблюдается порядок опробования вин: легкие вина должны предшествовать крепким, крепкие — сладким, белые — красным, молодые — выдержанным.

ДЕГУСТАЦИЯ ПИВА — основывается на оценке шести главных показателей качества пива: прозрачности, цвета, вкуса, хмелевой горечи, аромата и пенообразования. Принято использовать дегустационные бокалы из бесцветного стекла высотой 105—110 мм, суживающиеся кверху, с наружным диаметром 70—75 мм. Пиво наливают в бокалы на высоту до 25 мм от верхнего края и пьют небольшими глотками. Обычно после дегустации 5—8 образцов пива делают перерыв для определенной легкой закуски. Курение во время дегустации не допускается. Пиво высшего качества по отдельным показателям оценивается следующими баллами: прозрачность — 3; цвет — 3; вкус — 5; хмелевая горечь — 5; аромат — 4; пенообразование — 5. Чтобы лучше почувствовать вкус пива, стараются, чтобы во время дегустации оно попало на заднюю часть языка. Пена у пива должна быть сметанной консистенции, монолитной и компактной, без пузырьков — почти совершенно белой. Правильная пена образует красивую пышную «шапку» определенной формы (см. *Пенообразующая способность пива*). В мире существует свыше десятка научно-исследовательских институтов, занимающихся проблемой оценки качества пива.

ДЕЕСПОСОБНОСТЬ ПРИ АЛКОГОЛИЗМЕ — как «способность гражданина своими личными действиями приобретать права и создавать обязанности» может быть ограничена в судебном порядке (по статье 16, ч. 1 Гражданского Кодекса РФ). Основанием для ограничения дееспособности является такое чрезмерное или систематическое злоупотребление спиртными напитками, которое находится в противоречии с интересами семьи и влечет за собой непосильные расходы денежных средств, что ставит семью в тяжелое положение.

Суд при этом назначает попечителя (обычно супруга или другого близкого родственника). Ограничение дееспособности означает, что без согласия попечителя больной алкоголизмом или же пьяница не имеет права продавать, дарить, завещать, обменивать имущество, а также совершать другие сделки по распоряжению имуществом, за исключением мелких бытовых сделок. Кроме того, он не имеет права непосредственно сам получать зарплату, пенсию и другие виды доходов (гонорары, всякого рода пособия и т.д.).

ДЕЖЕРИНА-ЛАВАЛЬПИКШЕФА СИНДРОМ (J. J. Dejerine, 1849—1917 — франц. невропатолог и анатом) — алкогольная ложная спинная сухотка с расстройством поверхностной чувствительности и с нарушением чувства положения и координации движений.

ДЕЗАДАПТАЦИЯ АЛКОГОЛЬНАЯ — снижение способности конструктивного взаимодействия с окружающей средой у больного алкоголизмом. Оно является следствием изменения личности и поведения в связи с злоупотреблением алкоголем или усиления психопатических черт характера, что ведет к ухудшению взаимоотношений с окружающими, а также может быть следствием деградации личности.

Различают дезадаптацию семейно-бытовую (внутрисемейные конфликты в связи с опьянением и пьянством; снижение материального уровня; беспричинная ревность; бытовая неряшливость; утрата родственных связей), трудовую (опоздания и прогулы на работе; снижение качества работы и работоспособности; снижение квалификации; конфликты с администрацией и сотрудниками; употребление алкоголя на рабочем месте, увольнение за нарушение трудовой дисциплины; уклонение от труда продолжительное время) и социальную (полное равнодушие к жизни общества; поверхностные, формальные связи; неразборчивые случайные знакомства; времяпрепровождение в алкогольных компаниях; невыполнение элементарных правил общежития; хулиганство и другие антиобщественные поступки).

ДЕЗИНТОКСИКАЦИЯ (ДЕТОКСИКАЦИЯ, ДЕТОКС) — избавление организма от токсических эффектов алкоголя, для облегчения состояния после алкогольных излишеств или на первом этапе лечения алкоголизма при купировании абстинентного синдрома. Наиболее распространенные медикаментозные средства дезинтоксикации: унитиол, тиосульфат натрия, сульфат магния, глюкоза, мочевина, *гемодез* (см.) и др. К не медикаментозным средствам дезинтоксикации относятся: оксигенотерапия (в т. ч. в форме *гипербарической оксигенации* — см.), гемосорбция, энтеросорбция, краниоцеребральная гипотермия и др.

ДЕЗОДОРАЦИЯ ВИНА — удаление несвойственных вину запахов. Для этого применяют: обработку активированным углем, фильтрование для удаления запаха сивушного масла, открытые переливки вина, барботирование (пробулькивание воздуха) для удаления легколетучих веществ.

ДЕЙТОП (нем. *Deutop*) — современный метод лечения алкоголизма и наркомании, применяющийся в ряде западных стран (главным образом, в Германии). Система «дейтоп» направлена на выработку у пациентов так называемой «поведенческой регуляции» и осознанной трезвеннической и антинаркотической установки, при этом исключается назначение каких-либо медикаментозных средств. «Дейтоп» осуществляется в стационарных условиях. Длительность курса — несколько месяцев. Он включает использование различных видов физической активности (спорт, подвижные игры), труд «по интересам», регулярное проведение сеансов групповой психотерапии. В лечебную и психокоррекционную работу вовлечены — из расчета на группу пациентов в 50 человек: врач-психиатр, 2 психолога, социальный работник, а также 4 так называемых «эксузера», которые представляют собой бывших пациентов той же клиники.

ДЕЛИРИЙ АЛКОГОЛЬНЫЙ, БЕЛАЯ ГОРЯЧКА (лат. *Delirium tremens*) — острый алкогольный психоз, проявляющийся выраженным аффектом страха, обильными галлюцинациями (главным образом, зрительными), бессонницей, психомоторным возбуждением, крупноразмашистым тремором, атаксией, потливостью, тахикардией, колебаниями артериального давления, мышечной гипотонией, гиперрефлексией, а также субфебрильной температурой и нарушениями водно-солевого обмена.

Алкогольному делирию чаще всего предшествует или продолжительный запой, или непрерывное, длящееся месяцами и годами ежедневное пьянство с высоким содержанием алкоголя в крови. Делирий развивается обычно спустя несколько часов или дней после прекращения приема алкоголя на фоне выраженных похмельных расстройств или при обратном их развитии. Нередко провоцируют начало заболевания факторы, вызывающие значительное ослабление организма (пневмония, грипп, хирургические вмешательства и др.), эти обстоятельства утяжеляют картину психоза и повышают вероятность смертельного исхода.

На фоне воздержания от алкоголя прежде всего нарушается сон. Он становится поверхностным с устрашающими сновидениями, от которых больной просыпается в ужасе. Перед засыпанием возможны гипногагические галлюцинации. При закрытых глазах появляются устрашающие картины, при открытых — могут быть иллюзии, например, в темном углу комнаты видится фигура человека, в посторонних звуках слышатся оклики или отдельные голоса. Затем иллюзии могут становиться множественными, к ним присоединяются галлюцинации, преимущественно зрительные, часто сценоподобные, устрашающие или же микроптические (видение мелких животных, насекомых и т.п.).

Слуховые галлюцинации чаще проявляются шумом, громом, ревом, выстрелами, отдельными выкриками, реже — фразами человеческой речи. Часто бывают тактильные галлюцинации — ощущения ползания по телу насекомых, укусов, щипков. Больной является как бы участником своих галлюцинаторных переживаний, что сопровождается резким психомоторным возбуждением, беспокойством. Он сбрасывает с себя несуществующих насекомых, животных, обороняется от воображаемых зверей и людей, бросается в паническое бегство, при этом может выпрыгнуть из окна, попасть под транспорт, утонуть в попавшемся на пути водоеме. В таком состоянии больной становится опасным для себя и окружающих, может совершить поджоги, убийства или пытаться покончить с собой.

Температура тела может повыситься до 38—39°С и более. Средняя продолжительность алкогольного делирия — 3—5 дней. Окончание психоза чаще всего происходит критически после длительного сна.

В зависимости от клинической тяжести алкогольные делирии делят на легкие, средней тяжести и тяжелые. После тяжелых форм заболевания несколько недель или месяцев может держаться выраженное астеническое состояние — с психической слабостью, раздражительностью, головными болями, остаточными нарушениями восприятия (например, в виде окликов). Смертность больных, поступивших в стационар по поводу самых тяжелых форм алкогольного делирия, достигает, по данными различных авторов, 15—40%. Всего от алкогольного делирия умирает от 0,5 до 12% заболевших им.

Алкогольный делирий подразделяют также на ряд форм в зависимости от глубины помрачения сознания, характера психопатологических расстройств и выраженности соматоневрологических нарушений (см. *Делирий абортивный; Д. без делирия; Д. гипнагогический; Д. гипнагогический с фантастическим содержанием; Д. классический; Д. мусситирующий; Д. пролонгированный; Д. профессиональный; Д. редуцированный; Д. систематизированный).*

ДЕЛИРИЙ АЛКОГОЛЬНЫЙ АБОРТИВНЫЙ (лат. *Delirium abortivum*) — редуцированная форма алкогольного делирия, при которой иллюзорно-галлюцинаторные переживания носят единичный фрагментарный характер, проявляются на протяжении лишь нескольких часов и ликвидируются, как правило, без лечения, с полной критикой к перенесенному психозу. Соматоневрологические явления выражены умеренно, они не намного тяжелее соответствующих изменений при абстинентном синдроме и выступают, главным образом, в виде тремора и потливости.

ДЕЛИРИЙ БЕЗ ДЕЛИРИЯ (ДЕЛИРИЙ РЕДУЦИРОВАННЫЙ) — редуцированная форма алкогольного делирия, для клинической картины которой характерно преобладание неврологических и вегетативных симптомов. На первом плане выступают резкий тремор, атаксия, резкая потливость. Двигательное возбуждение носит характер непоседливости, невозможности находиться спокойно на одном месте. Иногда больные вскакивают, стремятся куда-то бежать. Ночью могут появиться немногочисленные гипнагогические галлюцинации. Ориентировка в месте и времени обычно достаточно сохранена, явного помрачения сознания нет, однако растерянность говорит против полной его ясности. Выделяются аффекты недоумения и тревоги. Сон или отсутствует вовсе или появляется в виде коротких эпизодов. Длительность делирия от 1 до 2—3 дней. Выздоровление критическое, после сна.

ДЕЛИРИЙ ГИПНАГОГИЧЕСКИЙ (лат. *delirium hypnagogicum*) — редуцированная форма алкогольного делирия, при которой психотические нарушения ограничиваются, в основном, многочисленными сноподобными галлюцинациями, которые возникают по вечерам, при засыпании, при закрытых глазах, исчезают при их открывании и вновь возникают при закрывании. Содержание галлюцинаций — животные, люди, сцены погони, обороны, опасных или авантюристических приключений. У больного возникает ощущение, что он переносится в созданную галлюцинаторными расстройствами обстановку, поэтому можно говорить о дезориентировке. При открывании глаз и исчезновении галлюцинаций критическое отношение к ним и ориентировка в месте появляются не сразу, в связи с чем поведение бывает неправильным. Гипнагогический делирий может продолжаться одну ночь или несколько суток, а затем исчезнуть, но может смениться различными по структуре более тяжелыми делириозными состояниями.

ДЕЛИРИЙ ГИПНАГОГИЧЕСКИЙ С ФАНТАСТИЧЕСКИМ СОДЕРЖАНИЕМ (ГИПНАГОГИЧЕСКИЙ ОНИРИЗМ) — редуцированная форма алкогольного делирия, которая, являясь вариантом *гипнагогического делирия* (см.), отличается фантастическим содержанием зрительных галлюцинаций, их обилием, сценоподобностью, последовательной сменой одной короткой ситуации другой. Тематика галлюцинаций очень разнообразна, но обязательно присутствует тема пьянства. Исчезая при открывании глаз, при их закрытии зрительные галлюцинации возобновляются, и прерванный эпизод получает дальнейшее последовательное развитие. Галлюцинации сопровождаются дезориентировкой в окружающем. Преобладающие аффекты: интерес, удивление, боязливое восхищение. Продолжительность делирия от нескольких часов до 1—2 дней; он либо сменяется выздоровлением, либо переходит в сложные делириозные состояния.

ДЕЛИРИЙ «КЛАССИЧЕСКИЙ» — форма алкогольного делирия, клиническая картина которой соответствует наиболее типичным признакам алкогольного делирия и классическим описаниям «белой горячки». К ним относят в сфере нарушения сознания ложную ориентировку, возбуждение, наплывы ярких образных сценоподобных галлюцинаций, тревогу, страх, бессонницу и др. Среди неврологических нарушений выделяются: резкий общий тремор, гипергидроз, нистагм, атаксия, гиперкинезы и т.д. Для соматических расстройств характерны резкая тахикардия, гипертермия (до 38—39°С и выше), гиперемия кожи лица, склер, слизистых оболочек, сменяющаяся бледностью, понос. Как правило, в этой форме протекает алкогольный делирий средней тяжести. При отсутствии отягощающих обстоятельств и своевременном лечении длится обычно 2—5 дней, при недостаточном лечении может перейти в более тяжелые формы.

ДЕЛИРИЙ МУССИТИРУЮЩИЙ (ДЕЛИРИЙ С БОРМОТАНИЕМ; «БОРМОЧУЩИЙ», «ТИХИЙ», «ШЕПЧУЩИЙ» ДЕЛИРИЙ) (лат. *Delirium mussitans*) — тяжелая форма алкогольного делирия, для которой характерно проявление двигательного возбуждения в виде простых однообразных действий в сочетании с тихим, невнятным повторением отдельных звуков, слогов или междометий (бормотание). Двигательное возбуждение ограничивается пределами постели и выражается в неуверенном ощупывании, снимании или стряхивании мнимых предметов, стягивании и натягивании одеяла или простыни, перебирании пальцев и т.п. Больной совершенно отрешен от окружающего, словесное общение с ним невозможно. Данная форма делирия, как правило, сменяет другие формы делирия, в первую очередь «делирий с профессиональным бредом» и типичный (классический) делирий при их неблагоприятном течении. Температура тела может подняться до 40—4°С. Утяжеление состояния сопровождается оглушением, сначала днем, а впоследствии и ночью.

ДЕЛИРИЙ ПРОЛОНГИРОВАННЫЙ (ПРОТРАГИРОВАННЫЙ, ХРОНИЧЕСКИЙ) (лат. *Delirium protractum*) — алкогольный делирий, протекающий в течение недель и месяцев. Такое течение может принять «делирий с профессиональным бредом» на фоне многолетнего (20—30 лет и более) алкоголизма у лиц старше 50 лет. Нередко в анамнезе можно выявить различные по клинической картине делирии, возникавшие в прошлом. Во всех случаях у больных с пролонгированным делирием есть различные соматические заболевания — чаще всего пневмонии с затяжным течением и абсцедированием.

ДЕЛИРИЙ ПРОФЕССИОНАЛЬНЫЙ (ДЕЛИРИЙ С ПРОФЕССИОНАЛЬНЫМ БРЕДОМ; ДЕЛИРИЙ С БРЕДОМ ЗАНЯТИЙ) (лат. *Delirium professionale*) — тяжелая форма алкогольного делирия, для которой характерно молчаливое двигательное возбуждение, выражающееся в виде автоматически повторяемых действий, связанных с привычной профессиональной (шитье, печатание на машинке и др.) или бытовой деятельностью (одевание и раздевание, собирание или раскладывание постельного белья, счет денег, зажигание спичек и др.). Отзывчивость на внешние события в этом состоянии значительно ослаблена и может исчезнуть совсем. В начальный период развития «профессионального делирия» проявляются, как правило, множественные ложные узнавания окружающих лиц. Больной принимает за родственников, знакомых или сослуживцев посторонних людей, попадающих в поле зрения, причем не имеет значения внешнее сходство, пол или возраст. При утяжелении состояния ложные узнавания исчезают; движения приобретают более автоматизированный и простой характер; контакт с больным становится невозможным. О нарастании тяжести состояния свидетельствует появление в дневное время симптомов оглушения.

«Профессиональный делирий» может развиться при неблагоприятном течении типичного «классического» делирия, при этом происходит значительное уменьшение прежнего разнообразия и интенсивности галлюцинаторно-иллюзорных и аффективных расстройств, ослабевает или исчезает совсем образный бред преследования, становится все меньше и меньше действий, связанных с защитой и бегством и сопровождаемых реакциями страха и паники.

ДЕЛИРИЙ РЕДУЦИРОВАННЫЙ — алкогольный делирий, протекающий в сравнительно легкой, кратковременной форме (до 1—2 суток), в клинической картине которого достаточно выражена лишь часть признаков, характерных для типичного («классического») алкогольного делирия. К группе редуцированных делириев относят гипнагогический делирий, гипнагогический делирий с фантастическим содержанием, «делирий без делирия» и абортивный делирий.

ДЕЛИРИЙ СИСТЕМАТИЗИРОВАННЫЙ (лат. *Delirium systematisatum*) — алкогольный делирий с преобладанием сценоподобных, последовательно сменяющихся зрительных галлюцинаций и образного бреда с тенденцией к систематизации. Бредовые идеи взаимосвязаны с содержанием галлюцинаций, изменяясь в соответствии с их содержанием. Существует лишь бредовая констатация, бред объяснения отсутствует. Несмотря на интенсивность зрительного галлюциноза, помрачение сознания, по-видимому, не достигает значительной глубины, так как по миновании психоза больной может достаточно полно пересказать содержание бывших делириозных расстройств.

DELIRIUM TREMENS (лат. — *дрожательный бред*) — острый алкогольный психоз, возникающий у больных алкоголизмом. Синонимы: *Белая горячка, Делирий алкогольный* (см.).

ДЕЛЬТА-АЛКОГОЛИЗМ (δ-АЛКОГОЛИЗМ) — согласно *классификации Джеллинека* (1960) (см.), одна из 5 форм алкоголизма, для которой характерно ежедневное интенсивное употребление алкоголя при высокой толерантности к нему и наличии психической и физической зависимости. Утрата контроля, столь выраженная при гамма-алкоголизме, для дельта-формы нехарактерна, больные способны ограничивать потребление алкоголя социально приемлемыми дозами, однако не могут совсем удержаться от приема алкоголя и практически постоянно находятся в состоянии некоторого опьянения.

Социальные и психологические последствия не выражены, поэтому алкоголизм долгое время может протекать скрытно. Может пострадать физическое здоровье, в частности, от цирроза печени, и сократиться продолжительность жизни. Предполагается, что эта форма алкоголизма преобладает во Франции и других регионах, традиционно производящих виноградные вина.

ДЕМЕНЦИЯ АЛКОГОЛЬНАЯ (СЛАБОУМИЕ АЛКОГОЛЬНОЕ) (лат. *Dementia alcogolica*) — парциальное слабоумие с преобладанием расстройств интеллекта, памяти, эмоций и воли, которое развивается при алкоголизме, сочетающемся с органическим поражениями головного мозга (нарушение мозгового кровообращения, черепно-мозговая травма и др.) или осложненном алкогольными психозами (тяжелый делирий, корсаковский психоз и др.). Особенно характерны: потеря памяти на недавние события; упрощенная и неустойчивая эмоциональность; дезориентировка во времени, месте и личности; состояние спутанности сознания; общее снижение житейских привычек и способности к самообслуживанию.

ДЕМЬЯН БЕДНЫЙ (Придворов Е.М., 1883—1945) — русский советский поэт, автор популярных в первые годы советской власти сатирических стихов, фельетонов, басен и песен. В первой половине 1920-х годов, когда «революционный дух» стал проникать и в возрождающуюся после гражданской войны российскую науку, нашлись из нового поколения «ученые-передовики», которые стали агитировать за разработку технологии изготовления спирта из навоза и фекалиев, назвав их для приличия «крестьянскими отходами». Способ сулил, по мнению авторов, огромный экономический выигрыш. По этому поводу Демьян Бедный откликнулся следующими стихами, опубликованными тогда в сатирическом журнале:

«Вот настали времена: // Что ни день — то чудо. // Водку гонят из г..на, // По три литра с пуда. // Русский ум изобретет // В зависть всей Европы: // Скоро водка потечет // В рот из самой ж..ы. // Будем мы повелевать, // Властвовать над миром. // Будут люди водкой ср.ть // И пер..ть эфиром».

ДЕНАТУРАТ, ДЕНАТУРИРОВАННЫЙ СПИРТ — этиловый спирт-сырец, к которому добавлен краситель, придающий ему сине-фиолетовый цвет, и специальные вещества, сообщающие неприятный вкус и запах, чтобы сделать его непригодным для питья. Относится к категории ядовитых продуктов. Применяется как растворитель для лаков и политур, а также в домашнем хозяйстве для всевозможных бытовых целей (для спиртовок, для чистки и промывки предметов и т.д.). Крепость — 82% об. Вырабатывается из отходов ректификации этилового спирта и отгонов ликероводочного производства. Добавки (денатуранты) должны быть полностью растворены и не выделяться из денатурата перегонкой, фильтрацией, отстаиванием, вымораживанием или другими доступными в быту способами. Запах стойкий, не исчезающий при разведении до 40% об.

Употребление денатурата больными алкоголизмом (как суррогата алкогольных напитков) рассматривается как один из признаков перехода в последнюю, декомпенсированную стадию алкоголизма.

ДЕПРЕ — игристое вино типа шампанского, производившееся французской фирмой «Карл Депре» в конце XIX — начале XX века и имевшее большую популярность в России. Эта популярность в сочетании с хорошим качеством напитка побудила появление на свет в России его имитации, продававшейся легально в большом количестве под тем же названием, но по более дешевой цене при гораздо худшем качестве. Глава фирмы Карл Депре не смог опротестовать подделку в суде даже с помощью лучших юристов из-за уловки, которую применили конкуренты. Они отыскали в Москве спившегося его однофамильца — Цезаря Депре, дали ему хорошее жилье и регулярное пособие и сделали номинальным главой новой фирмы, которая начала выпускать шампанское «Ц. Депре» с совершенно такой же этикеткой как и у шампанского «К. Депре», если не замечать замены буквы К на букву Ц.

Владельцы ресторанов быстро

поняли свою выгоду и стали давать захмелевшим клиентам низкопробное «Ц. Депре» вместо «К. Депре», но по цене последнего. Организаторы крупных банкетов (в частности, в среде купцов, богатых мещан) закупали «Ц. Депре» ящиками, подавая гостям сначала хорошее «К. Депре», а потом, когда у запьяневших гостей притуплялось внимание, в большом количестве «Ц. Депре». Гурманы, конечно, отвергали этот суррогат шампанского, но в данном случае их мнение не влияло на его прибыльность.

ДЕПРЕССИЯ АЛКОГОЛЬНАЯ (лат. *depressia alcoholica*) — состояние пониженного настроения, развивающееся аутохтонно (вне связи с внешними причинами) или, напротив, реактивно в период абстинентного синдрома и сохраняющееся после его ослабления. Преобладают депрессии, сопровождающиеся слезливостью и тревогой, и неглубокие дисфорические депрессии. Могут иногда возникать депрессивные состояния с витальными компонентами (предсердечная тоска, суточные колебания интенсивности измененного аффекта, элементы меланхолической деперсонализации).

При прочих равных условиях алкогольная депрессия возникает чаще, выражена сильнее и длится дольше у женщин. Продолжительность у мужчин — 1—3 нед., у женщин — 1 мес. и более.

Алкогольная депрессия, особенно при весьма типичных для алкоголизма психотравмирующих моментах, часто становится причиной самоубийств, что отметил еще E. Bleuler. Вероятность самоубийства увеличивается тем, что депрессивный аффект не достигает значительной глубины и обычно маскируется раздражительностью, недовольством, придирчивостью, слезливостью, ипохондрическими жалобами. Окружающие, в частности, родственники, расценивают такую депрессию у алкоголика как «житейскую реакцию», а не как болезненное состояние, требующее врачебного вмешательства. Алкогольная депрессия часто распознается ретроспективно, в том числе и в связи с самоубийством.

ДЕРМАТОГЛИФИКИ ИЗМЕНЕНИЯ У БОЛЬНЫХ АЛКОГОЛИЗМОМ — наблюдаются нередко в рисунке поверхности пальцев и ладоней при высокопрогредиентном течении алкоголизма. Отмечается тенденция к упрощению кожного рельефа, при этом чаще встречается узор типа «дуга» (наименее интенсивный узор) и реже — «завиток» (наиболее интенсивный узор). Среднее значение суммарного гребневого индекса у таких больных, согласно последним исследованиям, составляет 138, тогда как у больных с умеренным и малопрогредиентным течением алкоголизма — 156 и 165 соответственно.

ДЕТСКОЕ ВИНО — виноградное вино со сниженным содержанием алкоголя, приготавливаемое народным способом в Грузии. Наливают в бочку хорошее вино, в очаге раскаляют камни и бросают в бочку. Вино моментально вскипает, и вместе с паром из него уходит лишний алкоголь.

ДЕТСКОЕ ШАМПАНСКОЕ — безалкогольный газированный напиток, приготовленный с использованием виноградного сока и имитирующий шампанское по способности пениться и выделять пузырьки, а также в некоторой мере по вкусу. Создано совместно российскими и венгерскими виноделами и стало выпускаться в России с 1995 года из винограда, выращенного в Венгрии. Создатели предназначали этот напиток прежде всего детям, чтобы дети в семейных празднествах могли присоединяться со своими бокалами, налитыми похожим на шампанское напитком, к общему тосту. Является разновидностью *безалкогольного вина* (см.).

ДЖЕЛЛИНЕКА БОЛЕЗНЬ — наименование заболевания алкоголизмом, предложенное M. Shenkman (1973) в деонтологических целях, чтобы избежать стигматизации больных, т.е. восприятия диагноза окружающими как позорящего клейма. Используется имя Джеллинека (E. Jellinek, 1890—1963), выдающегося исследователя алкоголизма.

ДЖЕЛЛИНЕКА КЛАССИФИКАЦИЯ (*E. Jellinek*, 1890—1963, канад. нарколог) — классификация форм алкоголизма, предложенная Джеллинеком (1960), состоящая из 5 вариантов, обозначаемых пятью первыми буквами греческого алфавита (α, $\beta, \gamma, \delta, \varepsilon$). Одна из этих форм (альфа-алкоголизм) относится к случаю, когда налицо только психическая зависимость от алкоголя, при этом алкоголь используется главным образом как средство смягчения отрицательных психологических переживаний или неприятных соматических ощущений. Три формы (гамма-, дельта- и эпсилон-алкоголизм) сопряжены с физической зависимостью от алкоголя. Для бета-алкоголизма характерно повреждение ЦНС и внутренних органов (прежде всего, печени) вследствие хронического злоупотребления алкоголем при отсутствии выраженной психической и физической зависимости. Последнее обстоятельство вызывает у современных наркологов (в частности, у российских) сомнение в отнесении бета-формы к алкоголизму как заболеванию (см. статьи по отдельным формам).

ДЖЕЛЛИНЕКА ПРЕМИЯ (*Jellinek Memorial Award*) — премия, учрежденная в память выдающегося исследователя алкоголизма E. M. Jellinek (1890—1963) и присуждаемая периодически деятелям науки, просвещения и благотворительности за достижения в исследованиях алкоголизма, его лечении и профилактике или за содействие этим достижениям. Премия состоит в определенной денежной сумме и сопровождается бронзовой медалью с рельефом Джеллинека. Средства на нее выделяются Мемориальным фондом Джеллинека, штаб-квартира которого находится в Фонде исследований наркоманий (Addiction Research Foundation) в Торонто (Канада).

ДЖЕЛЛИНЕКА СИМПТОМ (*E. M. Jellinek*, 1890—1963) — неспособность контролировать количество выпиваемых спиртных напитков, наступающая после приема первой порции алкоголя в связи с резким усилением влечения к нему. Один из ведущих признаков начальной стадии алкоголизма.

ДЖЕЛЛИНЕКА ФОРМУЛА — формула, предложенная E. Jellinek и N. Jolliffe (в 1941 г.) для определения численности больных алкоголизмом в населении (А), исходя из показателей смертности от цирроза печени. Она представляет собой выражение:

$$А = (РД/К) \times R,$$

где Д — число зарегистрированных в данном году смертей от цирроза печени; Р — процент таковых смертей, которые можно отнести предположительно за счет алкоголизма; К — коэффициент, который вычисляется путем умножения вероятности смерти от цирроза печени на вероятность возникновения цирроза печени у больных алкоголизмом с печеночными осложнениями; R — отношение числа всех больных алкоголизмом к количеству больных алкоголизмом с осложнениями. К и Р считаются константами, причем К одинаково для всех стран и равно 0,694, а Р может различаться в разных странах (в США он составляет 51,5 для мужчин и 17,7 для женщин).

Применение этой формулы к данным за 1947—1956 годы по 12 странам Европы и Америки дало оценки распространенности алкоголизма, соответствующие реальности. Однако в дальнейшем, при изменившейся эпидемиологической ситуации, формула подверглась критике и в настоящее время в практике применяется мало.

ДЖИН (англ. *gin*) — крепкий алкогольный напиток (45% об.), получаемый путем перегонки спиртового настоя можжевеловых ягод с добавлением, в зависимости от марки джина, различных пряностей (апельсиновая корка, ангеликовый корень, фиалковый корень и др.). Популярен в США, Великобритании (преимущественно в Шотландии) и Нидерландах.

ДЖУЛЕП — алкогольный или безалкогольный коктейль на основе мятного ликера или настоя мяты. Джулеп готовят прямо за столом в бокалах, которые предварительно заполняют толченым пищевым льдом, а затем добав-

Гравюра В. Хогарта «Джинный переулок» (1751)

ляют остальные компоненты. Мятный настой приготовляют заранее, размяв ложкой веточки свежей зеленой мяты и залив их небольшим количеством кипяченой воды. Через 20 минут получившийся настой процеживают в стеклянный графин и из него добавляют настой в бокалы по вкусу. Мятный джулеп: виски — 50 мл, сахарный сироп — 20 мл, настой мяты — 15—20 мл и 130 мл минеральной воды. Лимонный джулеп: лимонная водка — 50 мл, мятный ликер — 20 мл, настой мяты — 5—10 мл, минеральная вода — 130 мл. Летний джулеп: сок черносмородиновый — 10 мл, морс малиновый — 80 мл, сироп мятный — 20 мл, ягоды клубники или черной смородины — 20 г.

ДИАГНОСТИКА АЛКОГОЛИЗМА — в клинической практике сориентирована главным образом на следующие основные проявления болезни: 1) патологическое влечение к алкоголю; 2) потеря контроля над принятым количеством спиртных напитков; 3) утрата ситуационного контроля; 4) изменение толерантности к алкоголю; 5) исчезновение защитного рвотного рефлекса на передозировку (у лиц, у которых он отмечался в начале злоупотребления алкоголем); 6) изменение первоначальных форм употребления алкоголя; 7) амнестические формы опьянения; 8) абстинентный синдром; 9) характерные неврологические расстройства (вегетативно-сосудистые нарушения, гипергидроз, тремор рук и др.); 10) характерные соматические нарушения (миокардиодистрофия, гастрит, гепатит и др.); 11) изменения личности; 12) нарушения социального функционирования, связанные с употреблением алкогольных напитков.

Принимается во внимание также внешний вид. Для многих больных алкоголизмом характерны одутловатость и багрово-пепельный цвет кожи лица, потускнение роговой оболочки глаз, маловыразительная мимика, снижение живости и выразительности экспрессивных движений, внешние признаки запущенности. Вместе с тем отмечается довольно живой мимически-вкусовой рефлекс при упоминании об алкогольных напитках и выпивке (оживление положительных мимических реакций с облизыванием и проглатыванием слюны).

ДИАГНОСТИЧЕСКАЯ ФОРМУЛА АЛКОГОЛИЗМА (Канторович Н. В., 1933) — комплексная характеристика больного алкоголизмом, включающая такие элементы, как тип опьянения, дополнительные особенности опьянения, форма и стадия алкоголизма, алкогольный стаж, субъективные причины алкоголизма, степень социальной декомпенсации, осложнения.

ДИАГНОСТИЧЕСКИЕ КРИТЕРИИ АЛКОГОЛИЗМА — в российской наркологии принято подразделять на 3 группы: 1) клинические; 2) биологические; 3) социальные. К первой группе относится вся клиническая симптоматика формирования и развития заболевания; ко второй — объективные показатели патологических изменений в организме вследствие хронической интоксикации, устанавливаемые, главным образом, лабораторными методами; к третьей — стойкие нарушения социального функционирования в связи со злоупотреблением алкоголем (конфликтные отношения с окружающими, снижение или потеря трудоспособности и т.д.).

ДИАПАЗОН ПРИЕМЛЕМОСТИ — степень и форма употребления алкогольных напитков, приемлемые конкретной личностью (частота выпивок, количество выпиваемого алкоголя, поводы для употребления, выраженность эйфории и опьянения, поведение в состоянии опьянения).

ДИАПАЗОНА ПРИЕМЛЕМОСТИ РАСШИРЕНИЕ — расширение пределов допустимого личностью употребления алкогольных напитков, что касается их количества, частоты и поводов употребления, поведения в состоянии опьянения и др. Происходит в процессе становления пьянства с включением механизмов психологической защиты (см. *Защита психологическая*), делающей приемлемым, т.е. не вызывающим внутриличностного конфликта, все более интенсивное пьянство. Возникающий вначале при отдельных алкогольных эксцессах личностный конфликт приводит к временному свертыванию пьянства, приведению его в соответствие с личностными установками. Однако повторяющиеся случаи выхода за границы приемлемости в конце концов вызывают расширение диапазона, и алкогольные установки приводятся в соответствие с фактической интенсивностью пьянства. Случаи глубокого опьянения, аномального поведения теперь не вступают в противоречие с установками личности и не вызывают внутреннего конфликта.

ДИЕТИЧЕСКИЕ ВИНА — вина, назначаемые врачом в терапевтических и профилактических целях. Выбор вин соответствует определенному диетическому и лечебному режиму. При этом учитываются, помимо общих свойств вина и влияния спирта и сахара, его диуретические свойства (особенно белых вин), тонические (особенно красных), желчегонные (за счет виннокислых соединений и глицерина), антигеморройные (за счет пектиновых веществ и витаминов), а также способность содействовать выведению радионуклидов из организма. Чаще всего в качестве диетических используются легкие белые и красные столовые вина.

ДИЕТОПРОФИЛАКТИКА АЛКОГОЛИЗМА — исходит из представления, что некоторые специальные, не вредные для организма добавки в напитки или в пищу могут задержать или предотвратить развитие алкоголизма при довольно регулярном употреблении алкоголя. В Англии и Швеции с этой целью было предложено добавлять тиамин (витамин В1) в виски (50 мг на бутылку) и в пиво (5 мг на бутылку). Во Франции Центры гигиены питания рекомендуют потребителям спиртного включать в свою диету определенный набор аминокислот и витаминов. Эффективность таких рекомендаций исследуется.

7 Зак. № 1055 Мирошниченко

ДИЗАРТРИЯ ПРИ АЛКОГОЛЬНОМ ОПЬЯНЕНИИ — расстройство произношения звуков (артикуляции), проявляющееся при переходе от легкой степени алкогольного опьянения к более тяжелой (при концентрации алкоголя в крови более 0,15%). Выражается в неясности произношения, особенно согласных звуков, в замедленности или прерывистости речи и т.п.

«ДИКТАТОРСКАЯ» СЕРИЯ ВИН — набор новых вин, которые стал выпускать в середине 1990-х годов итальянский винодел А. Лунарделли. Чтобы привлечь потребителя, он дал первому из вин этой серии имя итальянского дуче Бенито Муссолини и поместил его портрет на этикетке. Спрос на вино превысил все ожидания. Тогда следующему вину он присвоил имя немецкого фюрера. Вино «Гитлер» с его портретом тоже оказалось популярным, особенно среди австрийцев. Правда, уже из-за «Гитлера» Лунарделли с трудом удалось избежать обвинения в пропаганде фашизма. Далее появились вина «Ленин» и «Сталин», и предполагается продолжение серии.

ДИОНИС (ВАКХ) — в греческой мифологии бог виноградарства и виноделия, сын бога Зевса и фиванской царицы Семелы. Культ Диониса в Древней Греции известен с VI века до н.э. и был в течение многих столетий очень популярен среди населения. Ему посвящались массовые, шумные праздники (*дионисии, вакханалии* — см.), проводившиеся несколько раз в году и сопровождавшиеся песнями, плясками, шествиями и поглощением большого количества вина.

По поводу рождения Диониса и его появления в Греции существовала красивая и поэтичная легенда. Семела была возлюбленной Зевса, а его жена, богиня Гера, снедаемая ревностью, дала Семеле назадолго до рождения ребенка коварный совет: попросить, чтобы царь богов явился к ней во всем величии. Зевсу нравилось пользоваться всяким предлогом, чтобы демонстрировать свое величие, и он явился, сверкая молниями. В результате Семела просто сгорела, но Зевс успел извлечь недоношенного Диониса из ее чрева и зашил его себе в бедро. Там Дионис окреп и вскоре родился вторично. Бог Гермес по приказу Зевса передал Диониса на вскармливание нимфам, обитавшим на лесистом горном хребте Нисы. В дальнейшем его воспитание было поручено *Силену* (см.).

Выросший и возмужавший Дионис совершил в течение трех лет большое странствие, включавшее многие страны. На обратном пути в Грецию он попал в плен к тирренским морским разбойникам, которые заковали его в цепи, чтобы продать в рабство. Однако оковы сами свалились с его рук, вокруг мачты корабля обвился плющ, а на парусах повисли виноградные грозди. Испуганные пираты бросились в море

Изображение на тарелке пьющего Диониса (Древняя Греция, VI в. до н. э.)

и были превращены в дельфинов. На своем пути Дионис встретил (на острове Наксос) покинутую Тесеем Ариадну и сделал ее своей женой. Повсюду Дионис учреждал свой культ, учил людей виноделию и совершал чудеса: являлся в образах козла, быка, льва, пантеры, заставлял бить из-под земли фонтаны вина, молока, меда и т.д. Позднее считалось, что Дионис прошел также по Сирии, Египту и другим странам, вплоть до Индии, и вернулся в Элладу.

Культ Диониса перешел и в Древний Рим, где он почитался под именем Бахуса (видоизменение греческого прозвища Диониса — Вакх). Проникновение культа Диониса в Рим сначала встречало сопротивление.

Образ Диониса и все с ним связанное были во все времена излюбленной темой искусства. Первоначально Диониса представляли в образе могучего бородатого мужчины в длинной одежде. Начиная с V века до н.э. античными мастерами он чаще изображался красивым, изнеженным юношей. Тема Диониса получила много воплощений в эпоху Возрождения и позднее. На эту тему известны, например, картины Рубенса и Пуссена в петербургском Эрмитаже, картины Тициана и Веласкеса, статуи Микеланджело и Торвальдсена, драма Ж. Кокто и др. В музыке образ Диониса вдохновил Массне («Вакх»), Дебюсси (опера «Дионис»), А.С. Даргомыжский (опера-балет «Торжество Вакха»), Штрауса и др. Пушкин отдал ему дань в своей «Вакхической песне».

ДИОНИСИИ — очень популярные праздники в честь бога виноградарства и виноделия *Диониса* (см.), широко отмечавшиеся несколько раз в год в Древней Греции на протяжении многих столетий. В Древнем Риме аналогичные празднества назывались *вакханалиями* (лат. Bacchanalia) (см.). Существовали в году 4 основные Дионисии: 1) «Малые, или «сельские», Дионисии — перед сбором винограда (конец декабря — начало января); 2) «Ленэи» — праздник выжимки винограда (конец января — начало февраля); 3) «Антестерии» — приуроченные к открыванию бочек с новым вином и первому его разливу (конец февраля — начало марта); 4) «Великие», или «городские» Дионисии — в дни весеннего равноденствия (конец марта).

Для «Малых Дионисий», отмечавшихся прежде всего в районах возделывания винограда, были характерны массовые шествия с песнями, плясками, представлениями, которые заканчивались пирушками. Традиционным развлечением была, например, «пляска на мехах». Приносили в жертву козла, приготовляли из его шкуры «мех» (бурдюк), наполняли вином, смазывали снаружи маслом, чтобы сделать его скользким, и затем старались прыгать на нем на одной ноге. Удержавшегося дольше всех объявляли победителем, упавших осыпали насмешками.

«Ленэи» отмечались в основном в Афинах. Люди проходили по городу в торжественной процессии, было принято обмениваться шутками и насмешками, устраивались мимические представления и большой пир, на котором наряду с вином люди пили новое виноградное сусло.

«Антестерии» праздновались в течение трех дней. В первый день (день «откупорки бочек») хозяева вместе с рабами пробовали новое вино, на второй — («праздник кружек») во время пира пили вино на спор, на третий («день горшков») посвящали Гермесу, как провожатому душ умерших, горшки с вареными стручковыми овощами. В этот же день справляли свадьбу Диониса с Басилиссой, а также праздновали Новый год, увенчивая трехлетнего мальчика.

«Великие Дионисии» были фактически праздником весны, они праздновались особенно пышно в течение нескольких дней. В них участвовали все слои населения, а также гости из других государств. Они включали торжественные процессии в честь бога, состязания трагических и комических поэтов, а также хоров, исполнявших «дифирамбы». Толпы народа, обвитые виноградными листьями, разодетые по-праздничному, приветствовали процессию, несущую изображение бога, восторженными кликами. Два дня посвящались драматическим представлениям, новые комедии, трагедии, сатирические драмы ставились на сцене с роскошной обстановкой, а присуждение и раздача призов победителям завершали собой праздник.

В отличие от греческих празднеств в честь Диониса, в которых важными были торжественность и одухотворенность, римским праздникам в честь его двойника Бахуса — *вакханалиям* (см.) — была присуща большая разнузданность и даже распущенность поведения участников.

ДИОНИСИЙ II (IV в. до н.э.) — тиран (тиран — единоличный правитель, захватывающий власть путем насилия) древнегреческого города Сиракузы. Отличался жестокостью и кутежами, осуждавшимися, в частности, философом Платоном, который был приглашен Дионисием в Сиракузы «для философских наставлений в управлении государством». Вместе с тем после возвращения в Афины Платон сообщает Дионисию в своем письме, что высылает ему с нарочным, наряду с изображением Аполлона, также «двенадцать кувшинов сладкого вина и два кувшина меду». Дионисий II в борьбе с соперниками за власть потерпел поражение (в 344 г. до н.э.) и был изгнан в Коринф, где умер в нищете.

ДИПСОМАНИЯ (ЗАПОЙ ИСТИННЫЙ) (лат. *dipsomania*) — форма потребления алкоголя в виде запоев, начинающихся спонтанно (самопроизвольно) на фоне подавленного настроения и продолжающихся от нескольких дней до 2—3 недель. В промежутках между запоями наблюдается полное воздержание от алкоголя и отсутствие влечения к нему (вплоть до отвращения).

Перед началом запоя обычно возникают нарушения сна, снижение аппетита, тревожно-депрессивное или тоскливо-злобное состояние с повышенной раздражительностью. Затем появляется сильное осознанное влечение к алкоголю. Дозы употребляемого алкоголя колеблются в широких границах, при этом характерным является несоответствие между большими количествами принимаемого алкоголя и незначительностью симптомов опьянения. К концу запоя алкоголь употребляется многократно в течение суток, небольшими порциями, наступает пресыщение алкоголем, общая слабость, плохой сон, тремор, рвота. Запой обрывается внезапно, как и начинается. Влечение к алкоголю исчезает.

Дипсомания является редкой формой патологического влечения к алкоголю, она чаще отмечается у психопатических личностей, в стертых случаях эпилепсии, шизофрении, при циклотимии. Дипсоманию следует отличать от *псевдодипсомании* или *псевдозапоя* (см.) — т.е. многодневного потребления спиртных напитков с обязательным опохмелением, характерного для второй (развернутой) стадии алкоголизма, которое прекращается обычно в связи с внешними обстоятельствами (отсутствие денег, неприятности на работе и дома и др.) при сохранении влечения к алкоголю.

ДИСБИХЕВИОРИЗМ (англ. *dysbehaviorism*) — разновидность поведенческих нарушений, включая такие, как алкоголизм, клептомания, сомнамбулизм.

ДИСПАНСЕР НАРКОЛОГИЧЕСКИЙ (франц. *dispenser* — распределять) — лечебно-профилактическое учреждение, в котором осуществляется специализированное лечение наркологических больных (главным образом, амбулаторное) и систематическое наблюдение за их состоянием. Является основным звеном организации наркологической помощи населению России по территориальному принципу. В его функции входит: раннее выявление, учет и лечение больных алкоголизмом, наркоманиями и токсикоманиями; социально-бытовая помощь этим больным; организация профилактики наркологических заболеваний. Для приближения наркологической помощи к населению диспансер может иметь часть своих структурных подразделений (отделения, кабинеты, пункты, стационары) в других медицинских учреждениях (поликлиниках, районных больницах и т.д.) или на крупных предприятиях.

ДИССОМНИЯ (лат. *dyssomnia*; син.: агрипния, асомния, бессонница, инсомния) — расстройство сна, проявляющееся нарушением засыпания, прерывистым поверхностными сном или преждевременным пробуждением. Наблюдается часто у больных алкоголизмом и очень характерно для периода абстинентного (похмельного) синдрома. Нарушения сна нередко предшествуют развитию алкогольного делирия (белой горячки), при этом типичны расстройства ночного сна с кошмарными сновидениями, страхами, частыми пробуждениями.

ДИСТИЛЛЯЦИЯ (англ. *distillation*) — перегонка жидкости с целью очистки, отделения более летучей жидкости от менее летучей и от других примесей путем нагревания смеси до кипения, отвода образующихся паров и их охлаждения снова до жидкого состояния.

С открытием дистилляции стало возможным получение спирта и крепких спиртных напитков (с крепостью выше 15%). Первое упоминание о перегонке вина встречается в сочинениях греческого ученого Александра Афродизи (около 300 г. н.э.) — знаменитого комментатора Аристотеля. Одним из возможных изобретателей водки, т.е. получения спиртового раствора наподобие водки с помощью дистилляции сбро-

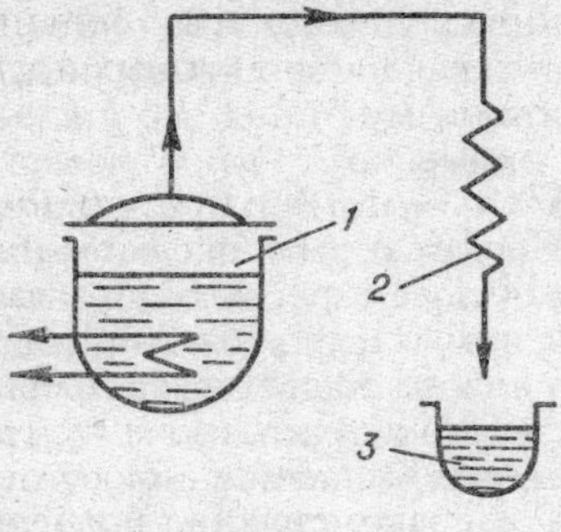

Схема процесса дистилляции

женной жидкости, называют арабского ученого Разеса (860—940 гг. н.э.). От арабов метод дистилляции попал в Испанию, а именно в университеты Кордовы и Толедо, и оттуда распространился по Европе.

Возможность отделения спирта от воды путем дистилляции основывается на том, что спирт закипает при существенно более низкой температуре (78°), чем вода (100°). При кипении смеси спирта с водой в пар попадает не только спирт, но и вода, хотя ее доля в паре значительно меньше, чем в нагреваемом растворе. Поэтому в сжиженном отгоне присутствует и вода, и чтобы еще более увеличить концентрацию спирта, требуется повторная перегонка.

ДИФИРАМБ (греч. *dithyrambos*) — культовая хоровая песня (построенная по типу современной кантаты) в честь бога вина Диониса. Из дифирамбов в античной Греции постепенно развился жанр драмы. Современное значение — преувеличенная, восторженная похвала.

ДНЕВНИК ПЬЮЩЕГО (англ. *drinking diary*) — ежедневные записи о случаях выпивки, количестве выпитого, обстоятельствах, при которых это происходило, и других фактах, имеющих отношение к алкоголю. Такой дневник может помочь пьющему наладить самоконтроль над потреблением алкоголя и встать на путь постепенного его уменьшения. Ведение дневника может выявить рискованные обстоятельства или время суток, когда выпивается больше, чем предполагалось, или когда возникают различные неприятности. Рискованными обстоятельствами могут быть определенные дни недели, компании определенных людей, те или иные эмоции, периоды беспокойства, напряжения, страха, депрессии, ссоры в семье и конфликты с другими людьми и т.д.

Выяснив с помощью дневника связь таких обстоятельств с характером выпивок и их последствиями, злоупотребляющий алкоголем учится избегать ситуаций, которые сочетаются с чрезмерной выпивкой и большими последующими неприятностями, и придерживаться таких, когда выпивки бывают умеренными.

Дневники пьющего используются также в качестве метода опроса населения с целью оценки распространенности и объема потребления алкоголя. Такой метод значительно более трудоемок и дорог, чем метод анкетирования, зато он дает существенно более точную информацию, поскольку при заполнении анкеты приходится вспоминать о случаях выпивки задним числом. В некоторых исследованиях было показано, что показатель среднесуточного потребления алкоголя на основе анкеты составляет 2/3 того, что выявляется с помощью дневников.

ДОЗА АЛКОГОЛЯ «БЕЗОПАСНАЯ» — максимальное количество алкоголя, которое можно потребить в рамках отдельного эпизода употребления или в течение суток, или на протяжении другого определенного периода времени, без риска каких-либо серьезных негативных последствий.

Обоснование универсальных рекомендаций по «безопасной дозе» алкоголя, особенно при его систематическом употреблении, затрудняется большим разбросом в выраженности реакции на алкоголь в зависимости от особенностей индивидуума и многих привходящих обстоятельств. Большую роль играет *качество алкогольного напитка* (см.), время суток, состояние здоровья пьющего, возраст и др. (См. *Чувствительность к алкоголю.)*

До недавнего времени среди специалистов был популярен принцип, предложенный J. Marconi (1965), согласно которому верхним пределом, когда начинаются опасные для организма последствия, является то количество вина, которое обеспечивает организму 20% суточной потребности в калориях. Для взрослого здорового мужчины это составляет примерно 75 грамм абсолютного (100%-го) алкоголя в сутки. Близка к этой цифре «безопасная доза», рекомендовавшаяся для мужчин в 60—70-х годах Британским обществом психиатров — 80 г/сутки (40 г — для женщин). Однако в последние годы эти рекомендации подверглись значительной корректировке в сторону снижения. Современные оценки «безопасной дозы» для мужчин лежат в пределах 30—40 грамм алкоголя в сутки, для женщин — в 2 раза ниже. Американские ученые Д. Р. Лоуренс и П. Н. Бенитта предлагают решать эту проблему следующим образом: «Если больной настаивает на том, чтобы ему определили безопасное количество алкоголя (что на самом деле точно определить невозможно), врач может посоветовать мужчине принимать не более 24 грамм, а женщине 16 грамм алкоголя в сутки. При ежедневном превышении этого количества необходимо два дня в неделю не употреблять алкоголь совсем».

Диетологи Франции считают не только безопасным, но и полезным потребление виноградного вина для мужчин пожилого возраста в количестве, составляющем 5—7% от общей калорийности рациона, что соответствует 0,4—0,5 литра сухого вина в день. (См. *Кардиопротекторное действие алкоголя.*) Специалисты из Питтсбургского университета (США) утверждают, что при умеренном употреблении алкоголя у женщин, переживающих постклимактерический период, повышается эстрогенность, снижается вероятность сердечных заболеваний и остеопороза (1992).

Некоторыми авторами, особенно в России, попытки определения «безопасного», «нормального» или «адекватного» уровня потребления алкоголя рассматриваются как бесплодные и даже как косвенная пропаганда пьянства.

ДОЗА АЛКОГОЛЯ СМЕРТЕЛЬНАЯ — составляет для большинства лиц, не злоупотребляющих им, такое количество принятых спиртных напитков, которое создает концентрацию алкоголя в крови порядка 0,5—0,6%. Это соответствует примерно 3—4 граммам 96-градусного спирта на килограмм массы тела, принятым одномоментно, или 600—800 граммов водки для мужчины среднего веса. Возможны отдельные случаи, когда смерть наступает при значительно меньших концентрациях алкоголя в крови — 0,26—0,3%.

У систематически пьющих и у алкоголиков, благодаря приобретенной повышенной толерантности к алкоголю, смертельная доза алкоголя может быть примерно в полтора раза выше, чем у обычных людей.

Но бывают случаи исключительно высокой переносимости алкоголя. 28 марта 1979 года на вскрытия умершего некоего Сэмюэля Райли из Сефтон-парк, Великобритания, патологоанатом с большим удивлением установил, что в крови покойника содержится 1,22% алкоголя. В декабре 1982 года в клинику медицинского колледжа Калифорнийского университета (США) поступила 24-летняя пациентка, плохо ориентирующаяся в окружающем, но в сознании. Когда ей сделали анализ крови, врачи были просто потрясены: ее кровь содержала 1,51% алкоголя, что в 3 раза превышает смертельный уровень. Через два дня она была выписана.

ДОЗА АЛКОГОЛЯ СТАНДАРТНАЯ (англ. *standard drink*) — разные объемы алкогольных напитков различной крепости (водки, вина, пива и др.), в которых содержится приблизительно одинаковое количество этилового спирта, принятое за условную единицу измерения выпивки. В США и Канаде такую дозу называют «drink» (можно перевести на русский как «глоток»), которая соответствует 12 граммам чистого спирта. Один «дринк» (т.е. одна доза) эквивалентен 30 граммам водки, или 120 граммам сухого вина, или 300—350 граммам среднего по крепости пива. Выпивающих за вечер больше 4—5 доз здесь считают пьяницами.

В Великобритании стандартная доза имеет название «unit» (буквально — «единица»), «весомость» которой несколько меньше, чем в США, а именно 8—9 граммов чистого спирта. Следовательно, одна стандартная доза водки у англичан составляет примерно 22 грамма водки, сухого вина — 85 граммов и так далее. Представление о стандартной дозе помогает пьющему контролировать общее количество выпиваемого им алкоголя. При социологических опросах населения по поводу употребления алкоголя в США или Великобритании обычно задают вопрос, сколько «drink» или «unit», а не граммов выпивает опрашиваемый.

В России общепринятого понятия «стандартной дозы» алкоголя не имеется. Количество выпиваемого оценивают в граммах, а в быту могут считать также рюмками, стопками, стаканами и т.д. (примером могут служить слова общеизвестной народной песенки: «Выпил рюмку, выпил две — зашумело в голове!»)

ДОЛГОЖИТЕЛЬНИЦА ФРАНЦИИ ЖАННА ЛУИЗА КАЛЬМАН (1875—1997) — дала 21 февраля 1996 года интервью по случаю своего 121-го дня рождения, в котором сообщила, что четыре года назад бросила курить, но по-прежнему любит принять стаканчик марочного портвейна и съесть плитку хорошего шоколада. На вопрос о диете она отвечала, что все дело в оливковом масле.

ДОМАШНЕЕ ПИВОВАРЕНИЕ В СТАРИНУ — было широко распространено практически в каждом большом российском селе. Жители сами себя обеспечивали этим наиболее доступным спиртным напитком к праздникам и семейным торжествам. Нередко пиво варилось коллективно — несколькими домами или улицей. Летом пиво делали зачастую у реки, зимой — около дома на улице.

Брали хорошую озимую рожь и замачивали ее прямо в мешках в реке — двое суток летом, а трое зимой. Затем зерно рассыпали слоем 10—15 сантиметров под навесом и сушили, по временам опрыскивая водой. В некоторых местностях зерно накрывали легкой простыней. Через 2—3 дня зерно ворошили для улучшения сушки. Пророщенное зерно засыпали в мешки или сгребали в кучу и (на двое суток летом, на трое зимой) устраивали «гнет»: укрывали тканью, одеялом, покрывали сеном и придавливали поленьями, камнями. Закрывали все щели, чтобы не выходил воздух. После гнета зерно очищали от ростков и мололи (дробили) на ручных жерновах.

Полученный таким образом дробленый солод засыпали в деревянный чан и заливали сначала холодной речной водой, потом добавляли кипятку. В огне нажигали докрасна десятка полтора чистых камней и опускали в чан. Его плотно закрывали деревянной крышкой и оставляли на несколько часов, а лучше на сутки. В отверстие в днище чана заранее вставлялся штырь с навязанной на него «куклой» из соломы, служившей фильтром для отделения «дробины». Этот штырь выталкивался снизу, и в подставленное под чан деревянное корыто вытекало получившееся сусло. Ковшом сусло вычерпывали в ведро. Эту сладкую жидкость собиралась пробовать вся семья.

Затем в чугунный котел, ведер на десять, подвешенный над костром или открытым очагом, клали хмель (один фунт на пуд солода). Заливали сусло и варили. Когда хмель уварился и осел на дно, отвар сливали через решето в другой чан.

Пиво «наживляли»: вводили «приголовок» из муки и дрожжей. Жидкие дрожжи, которые держали для варки пива, назывались «мел». Приголовок вводили в бродильный чан в количестве 0,5% от объема сусла и оставляли в прохладном месте на несколько дней.

Сброженное сусло, называемое «зеленым пивом» (т.е. еще неготовым), сливали для дображивания в дубовые бочки с еловыми обручами, которые, растягиваясь, позволяли открываться мельчайшим щелям между досок бочки и сбрасывать излишнее давление. При этом бочки не доливались на 15 сантиметров до края. Отверстие в бочке заколачивали втулкой и выдерживали в холодном погребе еще некоторое количество дней. Пенистое пиво было тогда готово к употреблению.

На оставшуюся в первом чане «дробину» наливали 2—3 ведра воды. Как устоится, опять сливали в корыто, заливали в котел и кипятили с хмелем. Затем выливали в бродильный чан. Молодое пиво начинало бродить от остатков «первого пива», а можно было добавить немного дрожжей. Пиво переливали в бочку и укупоривали ее. Такое «второе пиво» называлось еще «полупиво».

Оставшаяся дробина шла на корм скоту.

ДОМБРОВСКИЙ ЮРИЙ ОСИПОВИЧ (1909—1978) — русский писатель, один из немногих писателей советской эпохи, которые отказывались обслуживать своим творчеством идеологические интересы власти (в их числе были А.И. Солженицын, В.Т. Шаламов, О.Ю. Мандельштам, А.А. Ахматова) и подвергались в связи с этим всевозможным видам преследований — от запрета на публикацию до заключения в концлагерь (при сталинском режиме). Освободившись из ссылки после смерти Сталина, Домбровский в короткий период «хрущевской оттепели» опубликовал несколько произведений, которые сделали его известным широкому читателю. Особенно высокое признание получила тогда его повесть «Хранитель древностей», опубликованная благодаря А.Т. Твардовскому в журнале «Новый мир».

Однако в период правления Л.И. Брежнева (т.е. после 1964 г.) Домбровскому фактически были отрезаны пути к печати, его предумышленно замалчивала литературная критика. Его лучшее произведение, роман «Факультет ненужных вещей», был опубликован лишь через 10 лет после его смерти — уже в период «горбачевской гласности».

Преуспевавшие в те времена писатели старались избегать излишнего общения с находящимся в негласной опале писателем. Но как писатель Домбровский нуждался в литературной и вообще в непринужденной человеческой среде, и он находил ее в случайных литературных компаниях и нелитературных встречах. С ним искали общения начинающие молодые писатели, и он не отказывал им. Подобные встречи и бесконечные разговоры «за жизнь и литературу» сопровождались и подогревались чаще всего поглощением немалых количеств спиртного.

О всевозможных «питейных историях», связанных с Домбровским, можно узнать из свидетельств знавших его современников, но ни в каких ситуациях и ни при каких количествах выпивки Домбровский не терял присущего ему глубокого человеческого достоинства и интеллигентности. Это можно определенно почувствовать в его своеобразном, шутливом и одновременно лирическом эссе под названием «Эпиталама», написанном под конец жизни (и опубликованном через 15 лет), в котором он весьма выразительно и искренно живописует и себя в пестром калейдоскопе питейных ситуаций, и бытовую среду, характерную для 60—70-х годов. Здесь приводится почти весь текст этого эссе.

«...О водка, о проклятое зелье — нестершееся воспоминание о тех днях, когда Твардовский (как редактор) боролся с моей водкой в (моих) книгах и отнюдь не в нашей жизни, и возбудило во мне... желание спеть тебе, проклятое зелье, эпиталаму...

Я пил тебя из всех возможных сосудов, из рюмок, стопок, стаканов (граненых и неграненых), из медных и алюминиевых кружек, бритвенных стаканчиков и завинчивающихся из термоса, из тонких, китайского фарфора чашечек, из толстых фаянсовых с крышкой пивных кружек, просто из горлышка («Из горла будешь?») и однажды просто сосал губку; пил утром, вечером, днем и ночью, дома, в гостях, на званых ужинах и банкетах, на свадьбах и похоронах, тайно в ванне, вынимал трясущимися руками из «загашника» специально недопитую четвертинку; в подъездах, парадных, пустых дворах, озираясь по сторонам и запивая пивом, в поле, в лесу, в горах, у моря (там-то на пляже в Ялте и произведен был эксперимент с губкой), на пароходе, в поезде, автомобиле, самолете; в землянке у раскаленной печурки, в шумной веселой компании — впятером, втроем, вдвоем, один...

И со всей ответственностью могу заявить — лучше пить вдвоем. В затхлой атмосфере прокуренной холостяцкой комнаты, закусывая колбасой и огурцом, разложенными на газете. Говорю со всей ответственностью и знанием дела пившего в лучших ресторанах из хрустального бокала и тыкавшего вилкой в трепетно-розовую осетрину, распластавшуюся на кузнецовском фарфоре. Нет! Дым столбом, вернее, пластами, окурки в блюдечке, колбасу или сыр перочинным ножиком, хлеб отламывается руками и макается в бычки в томате — на дворе ночь, оба сидят в майках, — и вот тут-то открываются такие глубины и просторы, решаются такой сложности мировые проблемы, распутываются и запутываются такие морские и гордиевы узлы человеческих взаимоотношений, открываются такие чистые нетронутые уголки и закоулки души, а перспективы так радужны и манящи...

И вот тут-то кончается водка. И нужно немедленно — достать, так как самое важное еще не сказано, самое сложное не распутано, самое сокровенное не приоткрыто, самое трогательное еще не выдавило слезу... День это или ночь, открыты магазины или закрыты, есть деньги или нет — значения не имеет. Открывается и находится и то и другое — вытряхиваются карманы всех пиджаков, прощупываются все швы и подолы. И — о! Трешка! Мятая, забытая, спьяна сунутая трешка, а в пальто под подкладкой звенит еще что-то металлическое, и если не магазин, то ресторан, кафе, вокзал с заднего хода через какую-то Светочку или Жанну или на худой конец полупьяного швейцара — о! Это ожидание, пока он куда-то уходит, Бог знает сколько времени пропадает, потом появляется с заветной ношей, завернутой в газету! И назад — в дым, табак, плавающие окурки. Если это вокзал или дальний ресторан, долго еще бредешь по бульварам, шевеля листьями, футболя пустые бутылки и превращая урны в пылающие жертвенники. В этих прогулках своя прелесть, свои откровения.

Да, вдвоем, вдвоем! Третий или засыпает или — самое худшее — вступает в беседу со своим «постойте, постойте, дайте же мне сказать... был у меня однажды такой случай...»

Нет! Не надо третьего! Вдвоем! А утреннее просыпание! Нет, не на третий или пятый день, когда все уже было — и люди, и музыка, и рестораны, и ненужные девицы, а именно после той ночи, когда ничего внутри не трясется и ты точно знаешь, что Борька или Игорь Александрович вчера получил деньги и что если к ним придешь... И вот тут третий уже не мешает. Он даже нравится тебе. Нравится, что неожиданно обрадовался вам и понимает все, что предшествовало вашему визиту. И действительно вчера получил деньги, и извиняется только, что еще не успел сполоснуть физиономию, поэтому «придется, ребята, вам самим...»

И мы с радостью и веселием, сжимая в кулаках пятерки, мчимся по лестнице вниз в гастроном, и все продавщицы нам кажутся милыми и хорошенькими, и мы, разбегаясь по отделам, наполняем авоську бутылками и банками... Впереди — огни!

А было время — забавное, далекое время, когда водку продавали с семи часов, и существовало бесчисленное количество вариантов ее распития... С одним из них в те незабываемые радужные времена и ознакомил меня Александр Трифонович Твардовский. «За мной!» — сказал он в одно прекрасное утро, раскрыв свои бело-голубые глаза и сразу вскочив на ноги. «За мной!» — проехав пол-Москвы на всех видах транспорта (кроме метро — его он не переносил, чего-то боялся...) мы оказались где-то возле Киевского вокзала, у магазина, вокруг которого, поглядывая на часы — было без пяти семь, — разгуливало десятка полтора таких же, как мы, жаждущих. Ровно в семь магазин открылся. Тихо, с шуточками, не толкаясь, каждый взял свое, и — «За мной!» — мы оказались в очень симпатичном поленовском московском дворике, за длинными, вкопанными в землю столбами, и точно с неба, с облаков спустилась к нам симпатичнейшая старушка и раздала нам по куску хлеба с солью и по помидору... О, милая бабушка! Как ласкова и прекрасна ты была, как кстати появилась, раздала свой паек и так же быстренько скрылась, собрав все бутылки... И как мило мы все посидели, перекидываясь двумя-тремя словами, и скоро ушли. Ну не сказка ли, не райские времена, кисельные берега, молочные реки? Почти коммунизм...

Да, да, все знаем! Губит организм, разрушает психику, разрушает семью, и вообще страна спилась — все это нам известно — но, как говорится, что поделаешь? Так уж на Руси заведено, и так как выхода нет, сойдемся на знаменитом учении Станиславского: «Ищи в дурном хорошее, в хорошем дурное» — лучше применимо к невоздержанию не скажешь...»

ДОМИЦИАН (51—96 гг. н.э.) — римский император (81—96 гг. н.э.). Отличался жестким, деспотичным стилем правления, укреплением бюрократического аппарата и своей личной власти за счет прав Сената. В 91 году, идя навстречу монопольным интересам столичных виноделов и виноторговцев, запретил виноделие в отдаленных провинциях империи, в результате чего общая площадь виноградников сократилась наполовину. В 96 году был убит заговорщиками из оппозиции. После Домициана наложенный им запрет, как правило, не соблюдался, хотя формально просуществовал почти 200 лет, пока император Проб в 280 году не отменил его. Более того, он приказал разводить виноградники на Рейне и Дунае.

ДОМОВОГО ЗАДАБРИВАНИЕ УГОЩЕНИЕМ — было довольно распространено в простом народе в старое время. Важным элементом угощения было вино.

Особенно надо было задобрить домового (духа жилища) при переезде в новое жилье. Накануне переезда замешивали тесто и захватывали его с собой вместе с иконой, ржаным хлебом, солью и кошкой. В новой квартире или доме выпекали из теста булку, накрывали ужин и ставили лишний прибор для домового и рюмку. Могли присутствовать и гости. Наливали вино во все рюмки, чокались друг с другом и с рюмкой домового, при этом каждого угощали разрезанной испеченной булкой. Но один кусок трижды солили, втыкали в него ребром серебряную монету и клали на печку, а рядом ставили рюмку домового, полную до краев, приговаривая: «Хозяин-батюшка, сударь-домовой, меня полюби да мое добро береги, мое угощенье прими и вина отпей из полной чаши!» Кланялись печке девять раз и подносили к печке кошку со словами: «Дарю тебе, домовой-батюшка, мохнатого зверя на богатый двор». Через три дня смотрели, выпито ли вино. Если выпито, доливали с теми же словами, если нет, то просили домового девять раз, чтобы отведал угощения. Очень важно было, чтобы он выпил с первого раза.

«ДОМОСТРОЙ» — памятник русской литературы XVI века, свод житейских правил и наставлений, оказавший длительное влияние на уклад русской жизни. Предполагаемый автор — священник Сильвестр, ставший впоследствии советником молодого царя Ивана IV.

Наряду с другими нравственными и житейскими советами, в «Домострое» даются подробные советы, касающиеся употребления хмельных напитков. Эти советы отражают бытовую обстановку и культуру того времени, но в значительной мере они не устарели и для наших дней. Ниже приводятся некоторые фрагменты (в переводе на современный русский язык).

«Когда пригласят тебя на пир, не упивайся до страшного опьянения и не сиди допоздна, потому что во многом питии и в долгом сидении рождается брань и свара и драка, а то и кровопролитие. И ты, если здесь находишься, хоть не бранишься и не задираешься, в той брани и драке не будешь последний: ведь долго сидишь, дожидаешься этой брани. И хозяин с этим — к тебе упрек: спать к себе не идешь, а его домочадцам нет и покоя и времени для других гостей. Если упьешься допьяна, а спать к себе не идешь-не едешь, тут и уснешь, где пил, останешься без присмотра, ведь гостей-то много, не ты один. И в этом твоем перепое и небрежении изгрязнишь на себе одежду, а колпак или шапку потеряешь. Если же были деньги в мошне или в кошельке, их вытащат, а ножи заберут — и вот уже хозяину, у которого пил, и в том по тебе кручина, а тебе тем более: и сам истратился, и от людей позор, скажут: там, где пил, тут и уснул, кому за ним присмотреть, коли все пьяны? Видишь сам, какой и позор и укор и ущерб тебе от чрезмерного пьянства.

Если уйдешь или уедешь, а выпил все же порядочно, то по пути уснешь, не доберешься до дому, и тогда пуще прежнего пострадаешь: снимут с тебя и одежду всю, все отберут, что при себе имеешь, не оставят даже сорочки. <...> Спьяну многие от вина умирают и замерзают в пути. Не говорю: не следует пить, такого не надо; но говорю: не упивайтесь допьяна пьяными. Я дара Божьего не порицаю, но порицаю тех, кто пьет без удержу. Как пишет апостол Павел к Тимофею: «Пей мало вина — лишь стомаха (желудка) ради и частых недугов», а нам писал: «Пейте мало вина веселия ради, а не для пьянства: пьяницы царства Божия не наследуют». Многие люди лишаются пьянством и земного богатства. Если кто безмерно придерживается питья, восхвалят его безрассудные, но потом они же его и осудят за то, что глупо растратил добро свое. <...> Вместе с земным имением пьяницы лишаются и небесного, ибо пьют не Бога ради, но пьянства для. И единственно только бесы радуются, к которым пьянице путь предстоит, если не успеет покаяться».

Есть много наставлений и угощающему хозяину, например: «Если случается приветить приезжих людей, торговых ли, иных гостей, званых ли, Богом ли данных: богатых или бедных — то хозяину и хозяйке следует быть приветливыми и должную честь воздать по чину и достоинству каждого человека. С любовью и благодарностью, ласковым словом каждого из них почтить, да есть и пить на стол выставить и всякого порадовать. <> А если гости или гостьи между собой разругаются — их унимать осторожненько, а кто уже не в себе — бережно препроводить ко двору его и от всякой драки по пути уберечь».

Имеется отдельная глава «Наказ женам о пьянстве и хмельном питье». «А у жены решительно никоим образом хмельного питься бы не было: ни вина, ни меда, ни пива. А пила бы жена бесхмельную брагу и квас — и дома, и на людях. Если придут откуда женщины справиться о здоровье, им тоже хмельного питья не давать. Жене же тайком от мужа не есть и не пить, захоронков еды и питья втайне от мужа своего не держать. <...> А когда случаются гости, потчевать их питьем как пригоже, самой же хмельного питья не пить».

ДОНОЗОЛОГИЧЕСКИЕ ФОРМЫ ЗЛОУПОТРЕБЛЕНИЯ АЛКОГОЛЕМ — злоупотребление спиртными напитками, не сформировавшееся в болезненную зависимость от алкоголя (греч. Nosos — болезнь).

ДОСТАВКА ОПЬЯНЕВШЕГО ВОДИТЕЛЯ И ЕГО МАШИНЫ — услуга, в которой нуждаются иногда владельцы автомобиля, когда обстоятельства подтолкнули их к приему спиртного (в ресторане, в гостях), но необходимо вернуться домой вместе со своей машиной. Такого рода сервис существует в ряде западных стран (США, Германии, Италии, Голландии и др.), в том числе, бесплатно, на филантропической основе за счет деятельности общественных организаций, борющихся против дорожно-транспортного травматизма.

В 1997 году в Москве тоже появилась частная фирма, оказывающая подобную услугу, которую можно заказать по телефону. Фирма присылает своего водителя, который доставляет по указанному адресу машину вместе с ее владельцем (не обязательно сильно пьяным, но соблюдающим запрет управления автомобилем, имея в крови алкоголь). За доставку машины отечественной марки оплата составляла в то время сумму, эквивалентную 40 долларов, иностранной марки — 50—70 долларов.

ДРАЖЕ ЛИКЕРНОЕ (ЛИКЕРНО-СИРОПНОЕ) — кондитерское изделие в виде плотных округлых сладких камешков или зерен с начинкой, в состав которой входят винный спирт, ароматизированные вина и спиртовые эссенции. Например: «Язычки с ликером», «Кофе мокко в шоколаде», «Бобы в шоколаде» и др.

ДРЕВО ПОЗНАНИЯ ДОБРА И ЗЛА — росло, согласно Ветхому Завету, посредине земного Рая (Эдема). Бог запретил Адаму и Еве трогать его плоды, но они нарушили запрет и были изгнаны из Рая. По одной из легенд, этими плодами были виноградные гроздья, а во время всемирного потопа часть ствола Древа познания упала в воды, была вынесена потоком из Рая и попала в виде виноградной лозы после потопа к Ною, который развел из нее виноградники.

ДРОЖЖИ — сборная группа микроскопических одноклеточных грибов, широко распространенных в природе. Многие из них способны вызывать спиртовое брожение, при котором происходит разложение сахара на этиловый спирт и углекислый газ, что используется еще с древних времен для изготовления спиртосодержащих напитков.

При производстве виноградных вин брожение может быть вызвано природными дрожжами, имеющимися на самом винограде, или специально выращиваемыми для виноделия. В пивоваренной промышленности применяются различные расы культурных пивных дрожжей. Для хлебопечения используются пекарские дрожжи. В качестве корма для скота производятся кормовые дрожжи, выращиваемые на отходах переработки сельскохозяйственной продукции (соломы, лузги подсолнечника, кукурузных кочерыжек и т.д.) или на отходах древесины.

ДРОЖЖИ ПИВНЫЕ МЕДИЦИНСКИЕ (лат. *Saccharomyces cerevislae*) (синоним: *торулин*) — ферментно-витаминный лечебный препарат, обладающий способностью повышать общую сопротивляемость организма инфекциям. Применяется при авитаминозе, фурункулезе, роже, диспепсии, общей слабости и других недомоганиях. Представляют собой мелкий порошок или крупинки желтовато-сероватого цвета со специфическим дрожжевым запахом и горьковатым, но не кислым вкусом. Дозировка — 2 таблетки три раза в день за час до еды. Получаются путем высушивания процеженных через частое сито и промытых водой доброкачественных остаточных пивных дрожжей.

ДРОЗДЫ В СИЛЬНОМ ОПЬЯНЕНИИ — были обнаружены английским орнитологом Дэвидом Норманом из Ливерпульского университета у себя в саду в начале 90-х годов. Они сидели на ветке и были настолько пьяны, что ученый отловил их голыми руками. Оказалось, что они захмелели, наклевавшись перезрелых яблок, сок которых уже начал бродить.

Норман решил провести серию экспериментов, чтобы установить, как проходит у пернатых процесс «возлияния» и какие последствия он для них имеет. Периодически подкладывая в клетку «пленникам» забродившие ягоды, ученый установил, что птицы весьма охотно принимают такое угощение. Однако в отличие от людей дрозды быстро оправляются от опьянения — максимум через два часа трезвеют даже наклевавшиеся до крайней степени опьянения. Кроме того, у них не происходит привыкания к спиртному. И, наконец, дрозды, как и другие пернатые «пьяницы», совершенно не страдают от похмелья.

Затем орнитолог вместе с биохимиками перешел к следующему этапу исследования — к изучению процессов, происходящих в желудочно-кишечном тракте птиц. Возможно, таким путем удастся найти вещества, которые способствуют ускоренному распаду алкоголя в живом организме. Предполагается, что в результате могут быть созданы противоалкогольные таблетки, которые весьма пригодились бы, например, агентам спецслужб или водителям, вынужденным садиться за руль после приема спиртного. Возможно, этот путь приведет и к более эффективным средствам лечения алкоголизма.

DUM VIXI, BIBI LIBENTER. BIBITE VOS QUI VIVITIS (лат.) — «Жил, покуда пил я вволю. Пейте, кто остался жив». Популярная античная надпись на надгробии.

ДУХ МЕЛИССЫ — лечебная настойка на траве мелиссе, которая под таким названием готовилась с XVII веке в женских монастырях Германии и применялась при переутомлении, глубоких депрессиях, для повышения тонуса.

Современный рецепт изготовления этой настойки состоит в следующем. На 1 литр водки берут 20 г сухих листьев мелиссы, 1 г измельченного корня дягиля аптечного, а также по щепотке размолотого мускатного ореха и семян толченого кориандра, 1—2 штуки сушеной гвоздики. Настаивают смесь не менее 2 недель. Затем фильтруют через плотную ткань и разливают в бутылки. Напиток подают малыми дозами к чаю.

Считают, что такое средство поднимает настроение, жизненный тонус, снимает чувство усталости, повышает работоспособность. При мигренях этой настойкой натирают виски. Больные, страдающие болезнями сердца, могут капать ее на сахар, она действует не хуже валокордина. Медики древности советовали пить вино, настоянное на мелиссе, при меланхолии и ослаблении памяти.

ДЯГИЛЬ (ДУДНИК, АНГЕЛИКА) — крупное травянистое растение с округлым полым стеблем и зонтичными цветками. Цветет в июле—сентябре. Растет обычно по берегам водоемов в сырых лиственных лесах. В корнях дягиля содержатся вещества, обладающие приятным запахом, благодаря чему они используются в кондитерской и ликероводочной промышленности. Корни выкапываются осенью, нарезаются мелкими кусочками и сушатся при невысокой температуре. Используются, в частности, для придания аромата водкам и наливкам.

Е

ЕВРОПЕЙСКАЯ ХАРТИЯ ПО АЛКОГОЛЮ — перечень «этических принципов», на которых должна строиться государственная алкогольная политика в европейских странах. Принята в декабре 1995 года на парижской конференции «Здоровье, общество и алкоголь», проходившей с участием представителей (в том числе от правительств) всех 49 стран — членов (включая Россию) Европейского региона Всемирной организации здравоохранения (ВОЗ). Рекомендованы следующие принципы:

1) Все люди имеют право на семейную, общественную и трудовую жизнь, защищенную от несчастных случаев, насилия и других отрицательных последствий потребления алкоголя. 2) Все люди имеют право на научно обоснованную и объективную информацию и просвещение, начиная с раннего периода жизни, относительно последствий потребления алкоголя для здоровья, семьи и общества. 3) Каждый ребенок и подросток имеет право расти и развиваться в безопасной среде, защищенной от отрицательных последствий потребления алкоголя и, насколько это возможно, на защиту от пропаганды и рекламы алкогольных напитков. 4) Все люди, употребляющие алкоголь опасным или причиняющим ущерб здоровью образом, и члены их семей имеют право на доступное лечение и уход. 5) Все люди, не желающие потреблять алкоголь или не могущие это делать по состоянию здоровья или другим причинам, имеют право на защиту от понуждений к употреблению алкоголя и на поддержку своего неупотребления спиртных напитков.

ЕГОРОВ АЛЕКСАНДР АЛЕКСАНДРОВИЧ (1874—1969) — выдающийся русский дегустатор вина, виноградарь и винодел. Автор известных марок вин Кавказа («Цинандали», «Напареули», «Мукузани», «Телиани») и Крыма («Пино-гри Ай-Даниль», «Мускат белый Красного Камня»), которые были отмечены наградами на международных конкурсах. Работал на винзаводах «Абрау-Дюрсо» (1897—1899), №1 и №2 в Тбилиси (1900—1925), «Массандра» (1936—1969).

EDE, BIBE, LUDE (лат.) — ешь, пей, веселись. Крылатое выражение со времен Древнего Рима, означавшее призыв к наслаждению жизнью. Распространенный мотив надписей на тогдашней застольной утвари.

EDITE, BIBITE, POST MORTEM NULLA VOLUPTAS! (лат.) — «Ешьте, пейте, после смерти нет никакого наслаждения!» Строка из старинной студенческий песни, являющаяся вариацией латинской поговорки «*Ede, bibe, lude*» (см.).

ЕЖЕВИЧНАЯ НАСТОЙКА — сладкая настойка крепостью 18% об., содержащая 28 г сахара на 100 мл. Цвет темно-красный, вкус кисло-сладкий с незначительной терпкостью, аромат ежевики. Приготовляется из спиртованного сока и морса свежей ежевики с добавлением ванилина, сахарного сиропа, лимонной кислоты и спирта высшей очистки.

ЕЛЬЦИН БОРИС НИКОЛАЕВИЧ (1931—) — первый президент Российской Федерации (с 1990). В советскую эпоху занимал длительное время высокие посты в системе государственной и партийной власти (глава Свердловской области, 1976—1985; член ЦК КПСС, 1981—1990; партийный руководитель Москвы, 1985—1987).

В своей книге «Записки президента» Б.Н. Ельцин затрагивает тему употребления алкоголя в соответствии с правилами международного дипломатического этикета, а также с национальными традициями. Имеются в виду разного рода приемы, обеды, ужины в честь высоких гостей, сопровождающиеся тостами с традиционными заверениями в дружественных чувствах и лучших ожиданиях и намерениях. Ельцин счел нужным включить в книгу снимок, изображающий автора и американского президента Д. Буша, поднимающих стограммовые чарки, предназначенные для крепких напитков, а также снимок, где Ельцин и президент Чехии В. Гавел сидят в пражской пивной с белыми литровыми пивными кружками. Рядом, на столе, еще две пенящиеся кружки. В 1994 году, будучи гостем германского канцлера Г. Коля — большого поклонника знаменитых мозельских рислингов, Ельцин имел возможность оценить эти вина. Во время его визита в Белоруссию и протокольных обедов и ужинов, которые давал в его честь президент Белоруссии А. Лукашенко, Ельцин высоко оценил популярную водку «Белая Русь» и крепкую настойку «Зубровка», которую в свое время любил и Л. И. Брежнев.

Средства массовой информации, как зарубежные, так и отечественные, особенно тяготеющие к левой оппозиции (газеты «Правда», «Завтра» и др.) в течение многих лет муссировали тему отношений Ельцина с алкоголем. В своей автобиографической книге «Исповедь на заданную тему» Ельцин прокомментировал статью одной итальянской газеты о его поездке в США (сентябрь 1989), перепечатанную «Правдой». В той статье утверждалось, что все время, пока он был в Америке, он «беспробудно пьянствовал», и приводилось количество выпитого за все дни. Ельцин в своей книге такие домыслы назвал «глупостью» и «беззастенчивой ложью», а по поводу подсчитанного количества выпитого им алкоголя сыронизировал, что оно «могло свалить только слабенького иностранца».

После операции на сердце, сделанной Ельцину в ноябре 1996 года, известный американский хирург М. Дебейки, принимавший участие в операции в качестве консультанта, в газетном интервью высказал свою точку зрения на характер отношений Ельцина с алкоголем. Он заявил, что «Ельцин скорее любитель выпить, чем алкоголик» (см. Аргументы и факты», 1996, № 46, с.13). Более того, он посчитал, что у его высокого пациента в ближайшее время не будет медицинских противопоказаний отказывать себе в стаканчике вина за обедом или даже водки.

Из интервью, которые Ельцин давал в разное время журналистам, можно узнать, что из водок он отдает предпочтение «Гжелке» и «Привету» (московского завода «Кристалл»). Он похвально отзывается о широко известном рижском «Черном бальзаме», в состав которого входят около ста целебных трав. Будучи руководителем Свердловской области, Ельцин поощрял создание новой марки водки «Юбилейная». В ее основу, как объяснил Ельцин на одном из тогдашних банкетов, легло наблюдение, что «русский человек, когда опрокинет рюмку, тотчас старается занюхать хлебной корочкой». «Юбилейная» получила признание у потребителя. Она готовится с использованием спирта, настоянного на пшеничных сухарях, и меда.

В книге «Исповедь на заданную тему» Ельцин крайне отрицательно отозвался об антиалкогольной кампании 1985—1988 годов. Он назвал ее «поразительно безграмотной и нелепой».

ЕНДОВА — древнерусский пузатый металлический или керамический сосуд, снабженный носиком (рыльцем), предназначавшийся для розлива вина, меда или пива. Встречалась в русском народном быту и в более поздние времена.

ЕРОФЕИЧ — горькая настойка крепостью 40% об., светло-коричневого цвета, мягкого, слегка жгучего вкуса, с пряным сложным ароматом без выделения в запахе отдельных ингредиентов. Приготовляется в наши дни из спиртованного настоя смеси трав: мелиссы, зверобоя, мяты перечной, душицы, тимьяна, донника, мяты кудрявой, майорана, буквицы, тысячелистника, полыни, трифоля, кардобенедикта (корня), кардамона (ореха) и анисового семени. В настой добавляется спирт высшей очистки и краситель — жженый сахар. Название происходит от имени русского цирюльника Ерофеича (вторая половина XVIII в.), который лечил людей спиртовыми настойками на травах, с добавкой, предположительно, женьшеня (он раньше жил некоторое время в Китае) и вылечил, в частности, графа Алексея Григорьевича Орлова, приближенного Екатерины II, от тяжелого заболевания желудка. В старину «ерофеич» готовился по следующему рецепту: имбирь — 40 г, калган — 40 г, шалфей — 40 г, мята — 40 г, анис — 40 г, спирт — 1 л.

ЕСЕНИН СЕРГЕЙ АЛЕКСАНДРОВИЧ (1895—1925) — выдающийся русский поэт, тонкий лирик. Один из немногих российских поэтов XX века, к творениям которого не ослабевал самый массовый интерес (не исключая и интеллектуалов) от момента их создания до наших дней. Прожил короткую, творчески насыщенную жизнь в исключительно сложной обстановке первой мировой войны, революции, гражданской войны и первых лет большевистского режима.

Вокруг Есенина сложился определенный круг друзей, тоже посвятивших себя литературе, о котором распространялась молва как о пьянствующей и хулиганствующей богеме, что было в значительной мере преувеличением. Во всяком случае и после смерти Есенина почти никто из самых близких его друзей (Клюев, Мариенгоф, Шершеневич, Кусиков и др.) не был ни запойным пьяницей, ни злостным нарушителем общественного порядка. Так же несправедливо было бы утверждать, что пьянство всегда было неотъемлемой частью натуры поэта Есенина.

У Есенина изначально был очень общительный жизнерадостный характер, он чувствовал постоянную потребность в литературной среде, во внимании к его творчеству. Было вполне естественным, что взаимное общение в тех компаниях, состоявших из молодых, эмоциональных и большей частью талантливых людей, в которые он попадал и которые возникали вокруг него, по традиции сочеталось с выпивкой, подстегивающей живость общения. Однако до 1922 года Есенина фактически никогда не тянуло к алкоголю без явного внешнего повода и почти не было случая, чтобы он напивался в одиночку.

С 1919 до 1922 года Есенин снимал жилье вместе с Анатолием Мариенгофом, они редко расставались также и днем, имея общие литературные и другие дела и общих друзей. Эти годы подробно и откровенно описаны Мариенгофом в автобиографическом произведении «Роман без вранья» (1927), а также в воспоминаниях «Мой век, мои друзья и подруги» (1960). В этих книгах приводится много эпизодов, когда Есенин и Мариенгоф пили со всякими людьми при разных обстоятельствах, но нет случая, когда бы трезвый или подвыпивший Есенин, возвращаясь домой, подбивал Мариенгофа прихватить с собой бутылочку, чтобы перед сном «ублажить душу», как сделал бы настоящий алкоголик. И не бывало у них на утреннем столе даже пива для опохмелки.

Отстаивая расхожее мнение о всегдашнем безудержном пьянстве и скандальном поведении Есенина, некоторые критики ссылались и ссылаются на такие его стихи, как «Хулиган», или цикл стихов «Москва кабацкая». В том числе на такие в них строки:

«...Я иду, головою свесясь, // Переулком в знакомый кабак. // Шум и гам в этом логове жутком, // Но всю ночь напролет, до зари, //Я читаю стихи проституткам //И с бандитами жарю спирт». — «Мне осталась одна забава:// Пальцы в рот — и веселый свист. //Прокатилась дурная слава, //Что похабник я и скандалист...»

Однако нужно учесть, что Есенин был склонен и в жизни, и в стихах к браваде, к гиперболе, а если в жизни реагировал резко (а иногда драчливо), на чье-то задевающее поведение, то это было связано скорее с его экспансивным темпераментом и немедленной реакцией на, порой мнимую, обиду при столь же быстрой отходчивости. В нем не было черты агрессивности и склонности к насилию, что присуще хулигану в прямом смысле этого слова. Мариенгоф, не склонный к приукрашиванию друзей, объясняет, что Есенин, обнаружив однажды отзывчивость публики на хулиганскую атрибутику в его стихах, намеренно стал чаще прибегать к позе или «маске» хулигана, о чем откровенно сообщил своему другу. Тот же Мариенгоф рассказывает, что в 20-х годах Есенин (еще до встречи с Дункан) любил одеваться продуманно и со вкусом, и когда франтоватый Мариенгоф заказал одежду у популярного портного, Есенин тоже сделал заказ. И еще: как бы ни было поздно и где бы он ни был, Есенин предпочитал являться спать домой и ругал Мариенгофа, если тот иногда ночевал не дома.

Резко изменился ход жизни Есенина, когда он сошелся с Айседорой Дункан (1877—1927), а роль алкоголя в его жизни приобрела иной — можно вполне сказать, роковой характер. Талантливая, а в те годы знаменитая, американская танцовщица Дункан была склонна к экзальтации и бесшабашным увлечениям. Очертя голову она влюбилась в молодого русского поэта, абсолютно не зная русского языка и будучи старше его на 18 лет. Еще до встречи Есенина с Дункан, он очень живо откликнулся на предложение художника Георгия Якулова познакомить его с ней. Дункан недавно (в 1921 г.) приехала в Советскую Россию по приглашению наркома А.В. Луначарского и открыла на Пречистенке балетную школу ритмического танца.

Вот как описывает их знакомство Мариенгоф. «Якулов устроил пирушку у себя в студии. В первом часу ночи приехала Дункан. Красный хитон, льющийся мягкими складками, красные, с отблеском меди, волосы, большое тело. Ступает легко и мягко. Она обвела комнату глазами, похожими на блюдца из синего фаянса, и остановила их на Есенине. Маленький нежный рот ему улыбнулся. Изадора (англ. Isadora) легла на диван, а Есенин у ее ног. Она окунула руку в его кудри и сказала: — Solotaia golova! — Было неожиданно, что она, знающая не больше десятка русских слов, знала именно эти два. Потом поцеловала его в губы». Секретарша и подруга Дункан, Мэри Дэсти, в своих мемуарах уверяет, что сразу по приезде к Якулову Айседору заставили выпить до дна штрафной стакан водки.

Из воспоминаний поэта Всеволода Рождественского (1926): «Дункан не владела русской речью, а Есенин в те времена не знал ни одного иностранного слова. Как они понимали друг друга — остается загадкой. Их внезапно вспыхнувшая любовь изумила всю Москву... Было в есенинском увлечении знаменитой танцовщицей и нечто от привычного ему тщеславия...» Говорит Мариенгоф: «Есенин пленился не Айседорой Дункан, а ее мировой славой... Ему было лестно ходить с этой мировой славой под руку вдоль московских улиц, появляться в «Кафе поэтов», в концертах, на театральных премьерах, на вернисажах и слышать за своей спиной многоголосый шепот, в котором сплетались их имена: «Дункан — Есенин... Есенин — Дункан»». Поэт Сергей Городецкий, хорошо знавший Есенина, утверждает, что Есенин был влюблен столько же в Дункан, сколько в ее славу, и влюблен был не меньше, чем вообще мог влюбляться. По мнению Городецкого, женщины не играли в жизни Есенина такой роли, как, например, у Блока.

Во всяком случае, роль стороны, просящей любви, досталась Дункан, роль капризничающей — Есенину, что обернулось у него потерей контроля над своим поведением и ответственности за свою и ее судьбу. В таких случаях нередко бывает, что третьим партнером в «любовном треугольнике» становится алкоголь. До встречи друг с другом Есенин и Дункан, если употребляли спиртное, то преимущественно в компаниях и, в основном, как дань традиции. Теперь алкоголь стал почти непременным условием сохранения их союза. Он смягчал Есенину болезненность противоречий этого союза, в путах которых он оказался по своей воле. Дункан пила, стараясь угодить Есенину и не спорить с ним.

В начале 1922 года из комнаты в Богословском переулке, которую он снимал с Мариенгофом, Есенин переехал к Айседоре Дункан на Пречистенку, в особнячок с оставшейся от уехавшего эмигранта роскошной обстановкой, предоставленный правительством Айседоре. Есенин ходил в богатом одеянии и щеголял золотыми часами, подаренными Айседорой. Но в особняке на Пречистенке воцарилась шумная, беспокойная жизнь с вереницей случайных гостей, пирушками до утра. Мариенгоф: «Нехорошая кутерьма захлестнула дни... Скинув лаковые башмаки, босыми ногами на пушистых коврах Есенин «выделывает кренделя». Ходуном ходят на столе стаканы, расплескивая теплое шампанское. Вертуном крутятся есенинские желтые пятки... Есенин останавливается. На побледневшем лбу крупные холодные капли. Глаза тоже как холодные, почти бесцветные злые капли. — Изадора, сигарет! — Дункан подает Есенину папиросу. — Шампань! — И она идет за шампанским. Есенин выпивает залпом стакан и тут же наливает до краев второй. Дункан завязывает вокруг его шеи свои нежные и слишком мягкие руки. Она шепчет: — Essenin krepkii! Oschene krepkii. — Таких ночей стало тридцать в месяц». Мариенгоф как-то попросил у Айседоры воды, и она сказала, что забыла, когда последний раз пила воду.

Довольно скоро любовь к Дункан у Есенина стала перемешиваться с раздражением. Это еще больше подталкивало его и ее к алкогольным излишествам. Мариенгоф: «Садимся, бывало, ужинать. Изадора выпивает большую граненую рюмку ледяной водки и закусывает килькой. Потом выпивает вторую рюмку и с аппетитом заедает холодной бараниной... — «Разлука ты, разлука...» — напевает Есенин, глядя с ненавистью на женщину, запунцовевшую от водки...» Но он и сам настойчиво подливал в стакан Айседоре. Мариенгоф считает, что строка «Пей со мною, паршивая сука!» из его знаменитого стихотворения «Сыпь гармоника. Скука... Скука...» адресована напрямую к Дункан. И еще: «...самое страшное, что в трехспальную супружескую кровать карельской березы, под невесомое одеяло из гагачьего пуха, он мог лечь только во хмелю — мутном и тяжелом».

Мариенгоф не скрывает своей неприязни к Дункан, считая, что встреча с ней сгубила Есенина. Но Есенин, будучи в этой истории господином, сам затягивал запутанные петли. Мариенгоф: «Иногда он прибегал на Богословский (переулок, где они снимали вместе жилье и где остался жить Мариенгоф) с маленьким свертком. В такие дни лицо его было решительно и серьезно. Звучали каменные слова: — Окончательно... так ей и сказал: «Изадора, адьо!» — В маленьком свертке Есенин приносил две-три рубашки, пару кальсон и носки. Часа через два прибывал швейщар с письмом. Есенин писал лаконичный и непреклонный ответ. Еще через час нажимал пуговку нашего звонка секретарь Дункан. Наконец, к вечеру являлась сама Изадора. Она опускалась на пол около стула, на котором сидел Есенин, обнимала его ногу и рассыпала по его коленям красную медь своих волос: — Anquel. —

Есенин грубо отталкивал ее сапогом: — Поди ты к... — и хлестал отборной бранью. Тогда Изадора улыбалась еще нежнее и еще нежнее произносила: — Sergei Alexandrovitch, lublu tibia. — Кончалось всегда одним и тем же (возвращением Есенина на Пречистенку)».

Вспоминает другой поэт, тоже друг Есенина, Вадим Шершеневич: «На Садовой в комнате Жоржа Якулова собрались гости: легко в те годы уже пьяневший Якулов, Есенин с Айседорой (и др.). Она танцует. На полуноте Сергей одергивает пианиста и кричит Айседоре: — Брось задницей вертеть! Ведь старуха! Сядь! Лучше я буду стихи читать! — Легкое смущение. Айседора послушно садится. Сергей читает одно, другое, третье стихотворение. И сразу: — Танцуй, Айседора! Пусть все знают, какая ты у меня! — Во время танцев он тянется к стакану, и через несколько мгновений наклоняется к скатерти лучшая голова и Есенин спит... До встречи с Дункан я редко видел Есенина нетрезвым».

У Дункан иссякли средства и, чтобы пополнить их, она решила съездить на гастроли за рубеж. Есенин поехал с ней, и, кроме естественного желания «повидать мир», у него, наверное, была надежда изменить свою жизнь к лучшему. Надежда эта не оправдалась. Перед отъездом они зарегистрировали свой брак в загсе (3 мая 1922 г.), вылетели самолетом в Германию и 12 мая были в Берлине. Мэри Дести: «Первое, что Айседора сделала в Берлине, это дала Есенину свободу дейсвий в отношении портного... Она была более чем поражена, когда обнаружила, что он заказал больше вещей, чем человек способен сносить за всю жизнь... Сергей почувствовал себя в благах цивилизации, как рыба в воде, и требовал, чтобы ему каждый день мыли голову, чтобы у него была отдельная ванна, много одеколона, пудры, духов и т. п».

По свидетельству секретарши Дункан, первые недели за границей они оба были в прекрасном настроении. Чтобы Есенин не скучал по Родине, Дункан наняла в поездке за хорошую плату в качестве их секретарей двух его приятелей, тоже поэтов (один из них — А.Б. Кусиков), нуждающихся в средствах. Однако Есенина на благопристойное поведение хватило ненадолго.

Живший тогда в Берлине Горький попросил писателя Алексея Толстого устроить ему встречу с Есениным. О ней вспоминает жена Толстого Наталья Крандиевская-Толстая: «Айседора пришла, обтекаемая многочисленными шарфами пепельных тонов, с огненным куском шифона, перекинутым через плечо, как знамя.... Беспокойство внушал хозяин завтрака (Толстой), непредусмотрительно подливавший водку в стакан Айседоры. — За русский революсс! — шумела Айседора, протягивая Алексею Максимовичу свой стакан. — Алексей Максимович чокался и хмурился... Позднее пришел поэт Кусиков, кабацкий человек в черкеске, с гитарой. Айседора пожелала танцевать. Она сбросила добрую половину шарфов своих, красный накрутила на голую руку, как флаг, и, высоко вскидывая колени, запрокинув голову, побежала по комнате. Кусиков нащипывал на гитаре «Интернационал». Ударяя руками в воображаемый бубен, она кружилась по комнате, отяжелевшая, хмельная менада... Этот день решено было закончить где-нибудь на свежем воздухе. Кто-то предложил Луна-Парк... Голова Айседоры лежала на плече Есенина, пока шофер мчал нас по широкому Курфюрстендаму. — Mais dis-moi souka, dis-moi ster-r-rwa... (Ну, скажи мне, сука, скажи мне, стерва... (смесь фр. с рус.)) — лепетала Айседора, ребячась, протягивая губы для поцелуя. — Любит, чтобы ругал ее по-русски, — не то объяснял, не то оправдывался Есенин, — нравится ей. И когда бью — нравится. Чудачка! — А вы бьете? — спросила я. — Она сама дерется, — засмеялся он уклончиво... Вечеру этому не суждено было закончиться благополучно... Есенин был пьян, невесело, по-русски пьян, философствуя и скандаля...»

В Берлине, зайдя пообедать в ресторан, Есенина увидела там в кутящей компании Ирина Одоевцева, автор известных литературных мемуаров «На берегах Невы. На берегах Сены». Есенин усадил ее за свой стол, заставленный никелированными ведрами и бутылками. Из мемуаров Одоевцевой: «Лакей уставляет стол передо мной всевозможными закусками. Есенин наливает мне рюмку водки. Я качаю головой. — Не пью. — Напрасно! Вам необходимо научиться. Водка помогает. — От чего помогает? — От тоски. От скуки. Если бы не водка и вино, я уже давно смылся бы с этого света! Еще девушки, конечно. Влюбишься, и море по колено! Зато потом, как после пьянки, даже еще хуже. До ужаса отвратительно». Потом они поехали в отель к Дункан, где Есенин шумел, пил, угощал и тормошил гостей, играл на гармошке и пел частушки, заставил Айседору танцевать перед гостями, бил стаканы об стену, но у Одоевцевой от всего этого осталось грустное впечатление, и ей почему-то стало очень жалко самого Есенина.

Потом были Веймар, Дюссельдорф, Брюссель, Венеция, Рим, Неаполь, Флоренция, Париж, Америка. Мэри Дести: «Во время гастролей Айседоры в Америке (гастроли имели большой успех) начало, к сожалению, проявляться безумство Есенина. Он увидел, что Америка встретила его не так, как он ожидал, и почему-то грубо обвинял в этом Айседору, оскорбляя ее и ее страну по любому поводу. В газетах более или менее преувеличенно описывались многочисленные скандалы (Есенина), но правды в этих заметках было достаточно...» Гастроли в Америке пришлось прервать и вернуться в Европу (в феврале 1923 г.). «...На пароходе Сергей не был трезвым ни минуты...»

В Западной Европе несдержанность Есенина только усилилась. Было все: ссоры и примирения с Дункан, пьяные дебоши в отелях и выселения из них, конфликты с французской полицией и высылка Есенина из Франции, «сумасшедшая жизнь в Берлине» (по выражению Мэри Дести), и, наконец, в августе 1923 года Есенин возвратился на родину. С ним приехала и Дункан, но через короткое время он расстался с ней окончательно.

Одним из первых, кого хотел увидеть Есенин по возвращении, был Мариенгоф. Он послал из Москвы Мариенгофу телеграмму («Приехал Приезжай Есенин») в Одессу, где тот без средств застрял на отдыхе с женой, и деньги ему на дорогу.

Знавший Есенина лучше многих, его друг Анатолий Мариенгоф говорит в своих воспоминаниях: «Вернулись мы в Москву в холодный ветреный день. Пьяный Есенин встретил нас на вокзале. Трагически пьяный... Есенин вернулся из-за границы не Есениным. Тяжелые страницы придется записать об этом. Какой-то неразрываемый мрак туго запеленал его больное сознание... Есенин уехал с Пречистенки надломленным, а вернулся из своего свадебного путешествия по Европе и Америкам безнадежно сломленным... — Турне! Турне!.. Будь оно проклято, это ее турне! — говорил он (на квартире Мариенгофов), проталкивая карандашом тугую пробку вовнутрь бутылки мартелевского коньяка... Вечером были в каком-то богемном кабаке на Никитском... Есенин опьянел после первого стакана вина. Тяжело и мрачно скандалил: кого-то ударил, матерщинил, бил посуду, ронял столы, рвал и расшвыривал червонцы. Смотрел на меня мутными невидящими глазами и не узнавал... На извозчике на полпути к дому Есенин уронил мне на плечо голову, как не свою, как ненужную, как холодный костяной шар... А в комнату на Богословском при помощи незнакомого человека я внес тяжелое, ломкое, непослушное тело... Вот день — первой встречи».

Вскоре Есенин поссорился с Мариенгофом и надолго. У него испортились отношения также и со многими другими из старых его друзей. Жить ему оставалось два года, и жизнь его неотвратимо катилась под откос, все более заволакиваясь алкогольным туманом. Его душа не находила успокоения, пребывая в постоянном напряжении, которое он пытался приглушить алкоголем, а тело — пристаница. Есенин фактически был бездомным. Как-то под утро на улице Москвы его спросили: — Куда ты сегодня пойдешь спать? — А, право, не знаю! Пойдем хоть к тебе. — Да разве у тебя своей квартиры нет? — А зачем она мне? — просто ответил Есенин. Друзья говорили, что он очень не любил одиночества. После заграницы он несколько месяцев прожил в Брюсовском переулке у Галины Бениславской, всецело преданной ему и готовой сделать все, чтобы помочь ему (Галина Артуровна Бениславская (1897—1926), дочь французского студента и грузинки, расставшихся после ее рождения. Воспитывалась у удочеривших ее родственников, которые жили в латвийском городке Резекне. Окончив университет, жила некоторое время в Кремле, работая вместе с сестрой в информационном бюро ВЧК. Есенина впервые увидела в 1916 году во время его выступлений и без памяти влюбилась в него. Позже она мучительно ревновала его к Дункан. Есть свидетельства о том, что московские поэты-имажинисты, лидером которых был Есенин, знакомились с запрещенной эмигрантской литературой через Бениславскую, имевшую доступ к каналам ВЧК).

Но и здесь он не мог успокоиться и задержаться надолго, хотя он некоторое время называл Бениславскую своей женой и перетащил к ней жить двух своих сестер. Удивительно, что последние два года оказались у Есенина самыми насыщенными творчески. Испытываемое им напряжение как бы прорывалось то и дело яркими поэтическим творениями, многие из которых признаются теперь шедеврами. До этого за границей (год с лишним) Есенин, по собственному признанию, почти ничего не писал. Вот как описывает период жизни Есенина у Бениславской навещавший его там писатель Всеволод Иванов: «Он вставал рано, ровно в девять. На стол ему подавали самовар и белые калачи, которые он очень любил. — Теперь, после нашего рязанского чая, попробуй-ка кавказского, — и он доставал из-под стола бутылку с красным вином. Лицо у него было задумчивое, глаза чуть припухшие, и было такое впечатление, что он работал всю ночь. Наверное, так оно и было. Гонимый какой-то страстью, он ходил по знакомым из квартиры в квартиру всю ночь, читал стихи, пил, напивался, возвращался на рассвете, и в то же время сознание, как ни странно, не переставало работать. Много раз я был свидетелем, как он на краешке стола своим ровным почерком, точно вспоминая, без особой устали, точно давно известное, записывал свои стихи. Записав стихотворение, он читал его иногда два-три раза подряд, как бы сам удивляясь себе. К концу завтрака... Есенину приносили еще бутылку красного вина, он не спеша выпивал ее, и передо мной снова возникал тот «черный человек», который ночью так легко сливался с темнотою города».

Плохим признаком было то, что Есенин стал все чаще напиваться с утра. Он мог пьяным появиться в редакции и испортить все деловые отношения, опоздать или не явиться из-за пьянства на литературный вечер, где его ожидает публика. Всеволод Рождественский: «...Когда уставшая ждать публика начала высказывать нетерпение, Есенин, нетвердо держась на ногах, слегка покачиваясь, появился за кулисами. Его уговаривали «поостыть немного», но без всякого результата. Вырвавшись из дружеских рук, Сергей ринулся на ярко освещенную сцену. Зал затих мгновенно. Мы беспокойно наблюдали из-за кулис, что будет дальше. Есенин шел, с трудом передвигая ноги, направляясь прямо к рампе, и, казалось, еще движение — и он перешагнет в пустоту оркестра. Но он остановился и привычным, хотя и нетвердым жестом провел рукой по закинутым назад волосам. Мутноватым и как бы невидящим взглядом смотрел он в глубь зала и молчал. Пауза начинала мучительно затягиваться. — Да верните же его назад! — прошептал кто-то в отчаянии из-за кулис. Есенин недовольно покосился в ту сторону и снова тряхнул головой. Наконец он начал. Первые строки дошли до всех путано, неясно, но по мере того, как следовала строфа за строфой, голос Есенина обретал уверенность и гибкость. Он читал, как всегда, самоупоенно и трезвел с каждой минутой. Движения становились уверенными, точными, есенинский жест вновь был свободным и широким. Закончил он в необычайном подъеме и захватил весь зал».

У Есенина стали четко обозначаться основные признаки заболевания алкоголизмом. Он явно потерял способность контроля над количеством выпиваемого спиртного (потеря количественного контроля) и стремился напиться, не взирая на неподходящую ситуацию (потеря ситуационного контроля). У него появилась стойкая потребность в опохмелении, которое сразу улучшало его состояние (абстинентный синдром). Одно из свидетельств этому есть у Михаила Зощенко в повести «Перед восходом солнца»: «День. Солнце. Иду по Невскому. Навстречу идет С. Есенин. Лицо у него бледное. Глаза потухшие. Что-то бормочет. Я подхожу к нему. Он хмур, неразговорчив. Какое-то уныние во всем его облике... Есенин говорит: — Зайдемте напротив. В пивную на минуту... За столиком поэт В. Воинов с друзьями. Он радостно идет нам навстречу. Кто-то разливает пиво по кружкам. Есенин что-то говорит официанту. И тот приносит ему стакан рябиновки. Закрыв глаза, Есенин пьет. И я вижу, как с каждым глотком к нему возвращается жизнь. Щеки его делаются ярче. Жесты уверенней. Глаза зажигаются. Я прошу его почитать стихи... Есенин стоит на стуле и, жестикулируя, читает свои короткие стихи. Он чудесно читает, и с таким чувством, с такой болью, что это всех потрясает... Я никогда не видел таких чувств и такой теплоты, как к Есенину. Десятки рук подхватывают его со стула и несут к столику. Все хотят чокнуться с ним. Все хотят дотронуться до него, обнять, поцеловать...»

Друзья замечают у Есенина необычные колебания настроения. В. Рождественский: «За ним вообще после возвращения из-за границы стали замечаться некоторые странности. Он быстро переходил от взрывов веселья к самой черной меланхолии, бывал непривычно замкнут и недоверчив». В разговоре с другом за рюмкой вина он мог заплакать и жаловаться на тоску (Д. Семеновский).

Отрезвев, Есенин говорил своему другу и родственнику поэту Василию Наседкину (женившемуся на его сестре Екатерине) о том, что из того, что случилось в пьяные часы, он ничего не помнит. Это тоже один из характерных признаков алкоголизма (так называемые «палимпсесты» — частичные провалы памяти на происходившее во время выпивки).

Вся боль его жизни последних лет отразилась в его талантливых, пронзительно искренних стихах. Трудно представить человека, которого оставили бы равнодушным такие, ставшие классическими, стихотворения, как: «Мы теперь уходим понемногу», «Отговорила роща золотая», «Гори, звезда моя, не падай!, «Над окошком месяц. Под окошком ветер», «Клен ты мой опавший, клен заиндевелый» и многие другие. И никакого прежнего позерства и игры на публику, как это бывало раньше в стихах на кабацкие темы, нет теперь в таких строфах: «Я усталым таким еще не был. // В эту серую морозь и слизь // Мне приснилось рязанское небо // И моя непутевая жизнь» (1923). — «Годы молодые с забубенной славой, // Отравил я сам вас горькою отравой. // Я не знаю: мой конец близок ли, далек ли, // Были синие глаза, да теперь поблёкли. //Где ты радость? Темь и жуть, грустно и обидно. //В поле, что ли? В кабаке? Ничего не видно» (1924).

Раньше, как отмечали его друзья, он мог притворяться более пьяным, чем был на самом деле, теперь же было все наоборот. Если раньше его хулиганские выходки были нередко игрой, своего рода саморекламой, то теперь они чаще свидетельствовали о полной потере конроля над своим поведением в опьянении. Илья Эренбург («Люди, годы, жизнь»): «В 1924 году у общих знакомых я видел в последний раз Есенина. Он много пил, был в плохом виде, хотел уйти — бушевать, скандалить. Несколько часов я его уговаривал, удерживал силой, а он уныло повторял: — Ну, пусти!.. Я ведь не против тебя... Я вообще...» Владимир Маяковский (из статьи «Как делать стихи»): «Я встретил у кассы Госиздата ринувшегося ко мне человека с опухшим лицом, со свороченным галстуком, с шапкой, случайно держащейся, уцепившись за русую прядь. От него и двух его темных (для меня, во всяком случае) спутников несло спиртным. Я буквально с трудом узнал Есенина. С трудом увильнул от немедленного требования пить, подкрепляемого помахиванием густыми червонцами».

Как бы убегая от себя, Есенин трижды в течение года съездил на Кавказ — в Баку, Тбилиси, Батуми. В первой поездке (октябрь—декабрь 1924 г.) он даже пытался вести здоровый образ жизни: делал с утра в гостинице зарядку, показывал посетителям эспандер для упражнений, привезенный из Америки, и демонстрировал, как им пользоваться. Но от алкоголя ему убежать не удалось. Было и опохмеление с утра грузинским вином, и кутежи до полного «отключения». Однажды его долго напрасно ждали в самой большой, битком набитой аудитории студенты и преподаватели Бакинского университета. Устроитель встречи помчался искать его и нашел в гостинице, заснувшего беспробудным пьяным сном.

В начале 1925 года на вечеринке, устроенной в день рождения Галины Бениславской, Есенин познакомился с внучкой Льва Толстого, Софьей Андреевной Толстой. В. Наседкин: «Часам к 12 вечера Есенин был пьян, но держался хорошо. Наибольшее внимание за этот вечер он уделял своей новой знакомой». От Бениславской весной 1925 года он ушел окончательно и некоторое время жил у Василия Наседкина. Бениславская ему была дорога как друг, но он честно признался ей в одном из писем (21. 03. 25): «Милая Галя! Вы мне близки как друг, но я вас нисколько не люблю как женщину». Бениславская же продолжала самоотверженно служить Есенину, что бы он ни делал и каким бы он ни был, ничего для себя не требуя. Последние годы она взяла на себя все хлопоты по публикации его литературной продукции, снимая с Есенина эти утомительные заботы, и, возможно, тем самым способствовала его высокой творческой продуктивности. Его смерти она не смогла перенести и спустя год застрелилась на его могиле, написав в предсмертной записке: «В этой могиле для меня все самое дорогое...»

В июне 1925 года неожиданно для всех Есенин женился на Софье Толстой. Возможно, в этом браке он надеялся обрести для жизни какую-то устойчивость, которой ему так не хватало. Его страшило, что он теряет контроль над своим поведением и ходом событий своей жизни. Но уже в июле он пишет в Тбилиси писателю Н.К. Вержбицкому: «Милый друг мой, Коля! Все, на что я надеялся, о чем мечтал, идет прахом. Видно, в Москве мне не остепениться. Семейная жизнь не клеится, хочу бежать... С новой семьей вряд ли что получится, слишком все здесь заполнено «великим старцем» (Львом Толстым), его так много везде, и на столах, и в столах, и на стенах, кажется, даже на потолках, что для живых людей места на остается. И это душит меня...» В том, что надежды Есенина не оправдались, вряд ли можно было упрекнуть Толстую. По свидетельству ее близких, она любила Есенина и делала все, что могла. Все-таки в свою последнюю поездку на Кавказ в двадцатых числах июля он выехал вместе с Толстой.

В сентябре он попросил Галю Бениславскую подыскать ему квартиру. Квартира была найдена, но он остался жить пока у Софьи (Остоженка, Померанцев пер., д. 3).

Пьянство Есенина с некоторых пор приобрело характер запоев, повторявшихся почти каждую неделю. По словам Наседкина, запой начинался обычно в пятницу и продолжался три дня. Видимо, в один из таких дней его встретил Вадим Шершеневич: «За год до смерти Есенина я шел куда-то по Тверской около Страстного. Было одиннадцать утра. По площади ехал извозчик. Поперек извозчика лежал человек. Он был мертвецки пьян. Свешивалось с сиденья безвольное тело, на подножке болталась голова. Голова была русо-льняная. Извозчик промчал. У меня не хватило времени сообразить, что это Есенин».

Последние месяцы жизни Есенина подробно описаны в книге Василия Наседкина «Последний год Есенина» (изд. 1927 г.). Из нее мы узнаем следующее. «Есенин ночевал у меня, придя пьяным часа в три ночи. Утром, проснувшись, он как-то безучастно ждал завтрака. Вид у него был ужасный. Передо мной сидел мученик. — Сергей, так ведь недалеко и до конца. — Он устало, но как о чем-то решенном, проговорил: — Да... я ищу гибели. — Немного помолчав, так же устало и глухо добавил: — Надоело все... Пьяный, Есенин стал невозможно тяжел. От одного стакана вина он уже хмелел и начинал расходиться. Бывали жуткие картины. Тогда жена его Софья Андреевна и сестра Екатерина не спали по целым ночам. Хмелея, Есенин становился задирой. Оскорбить, унизить своего собеседника тогда ему ничего не стоило... Чаще нападал не тех, на кого имел какой-нибудь «зуб». Иногда вспоминал обиды, нанесенные ему два-три года тому назад. Старые знакомые потихоньку сторонились его, а на их место притекала богема, нищая и жадная до выпивки за чужой счет...... В «трезвые» дни Есенин никого не принимал. Его никуда не тянуло. Всматриваясь в него пристальней, я замечал, что он очень устал. Часто нервничал из-за пустяков, руки его дрожали, веки были сильно воспалены... Осенью Есенин закончил «Черного человека» и сдавал последние стихи в Госиздат для собрания сочинений... Над «Черным человеком» Есенин работал два года. Эта жуткая лирическая исповедь требовала от него колоссального напряжения и самонаблюдений. Я дважды заставал его пьяным в цилиндре и с тростью перед большим зеркалом с непередаваемой нечеловеческой усмешкой, разговаривавшим со своим двойником-отражением или молча наблюдавшим за собою и как бы прислушивающимся к самому себе».

Поэма «Черный человек» некоторыми литературоведами приравнивается к «Реквиему» Моцарта. Можно ее назвать и поэтической «историей болезни» автора. Об этой болезни заявляет первая же строфа: «Друг мой, друг мой, //Я очень и очень болен. //Сам не знаю, откуда взялась эта боль. // То ли ветер свистит //Над пустым и безлюдным полем, //То ль, как рощу в сентябрь, //Осыпает мозги алкоголь». Наседкин сообщает, что однажды был свидетелем бредового состояния Есенина. У него появились галлюцинации и признаки мании преследования. Вполне возможно, что «черный человек», упрекающий и обвиняющий Есенина, был персонажем одного из приступов алкогольного галлюциноза и подтолкнул Есенина к созданию этой поэмы.

Состояние галлюциноза наблюдал у Есенина и недавно помирившийся с ним Мариенгоф: «Есенин до последней капли выпил бутылку шампанского. Желтая муть перелилась к нему в глаза. У меня в комнате на стене украинский ковер с большими красными и желтыми цветами. Есенин остановил на них взгляд. Зловеще ползли секунды, и еще зловещей расползались есенинские зрачки, пожирая радужную оболочку... Есенин привстал с кресла, скомкал салфетку и, подавая ее мне, прохрипел на ухо: — Вытри им носы! — Сережа, это ковер... а это цветы... — А! Трусишь!.. — Он схватил пустую бутылку и заскрипел челюстями: — Размозжу... в кровь... носы... в кровь... размозжу... — Я взял салфетку и стал водить ее по ковру — вытирая красные и желтые рожи, сморкая бредовые носы. Есенин хрипел. У меня холодело сердце. Многое утонет в памяти. Такое — никогда».

Но тот же Мариенгоф пишет об этом времени: «Свои замечательные стихи 1925 года Есенин писал в тот единственный час, когда был человеком <т.е. трезвым>. Он писал их почти без помарок. Тем не менее они были безукоризненны даже по форме, более изощренной, чем когда-либо. Я говорю — изощренной, понимая под этим лиричность, точность, предельную простоту при своеобразии. Это было подлинное чудо!»

Друзья и родные неоднократно уговаривали Есенина лечь в больницу на лечение. Но он упрямо отказывался — даже от путевки в подмосковный санаторий, которую достали ему сестра и Бениславская. Только благодаря случаю удалось положить его в психиатрическое отделение медицинского факультета МГУ. Наседкин: «Возвращаясь из последней поездки на Кавказ, Есенин в пьяном виде оскорбил одно должностное лицо. Оскорбленный подал в суд. Есенин волновался и искал выхода. Это обстоятельство использовала Екатерина. Есенин около 20 ноября ночевал у своих сестер в Замоскворечьи. — Тебе скоро суд, Сергей, — сказала Екатерина утром протрезвевшему брату. Есенин заметался, как в агонии. — Выход есть, — продолжала сестра, — ложись в больницу. Больных не судят. А ты, кстати, поправишься. — Есенин печально молчал... словно сдаваясь, промолвил: — Хорошо, да... я лягу». 26 ноября он был помещен в светлую, просторную палату на втором этаже с окнами в сад. В истории болезни был указан диагноз: «Delirium Tremens, Hallucinations» (Белая горячка. Галлюцинации).

Врачи планировали продержать Есенина в клинике два месяца. Навестивший его Мариенгоф отметил значительно улучшившийся внешний вид Есенина. Он окреп, пополнел, голос посвежел. Есенин сказал Мариенгофу: «Мне очень здесь хорошо... только немного раздражает, что день и ночь горит синяя лампочка... Знаешь, заворачиваюсь по уши в одеяло... лезу головой под подушку... и еще — не позволяют закрывать дверь... все боятся, что покончу самоубийством.

В больнице Есенин продолжал писать стихи, притом прекрасные стихи. Уже через два дня после поступления он написал «Клен ты мой опавший, клен заиндевелый...», через четыре дня — «Какая ночь! Я не могу...», через неделю — «Ты меня не любишь, не жалеешь...» Однако по мере того, как лучше становилось его телу, беспокойней делалось в душе. Да и жизнь извне просачивалась сквозь стены палаты. Ему предъявляли к уплате на значительную сумму дутые, по его мнению, счета. Одна его старая знакомая несколько раз приходила с поручением от его бывшей жены Зинаиды Райх, прося средств на содержание его дочери Тани. Обременяли душу мысли о том, что нужно позаботитьтся о сестрах и родителях. Нужно было окончательно определиться в отношениях с нынешней женой Софьей Толстой. И проявилось, конечно, то, что бывает у алкоголиков в процессе лечения: как только им становится лучше физически, душа все настойчивее требует опьянения. Медики это называют «обострением патологического влечения к алкоголю».

20 декабря, на 26-й день после поступления, Есенин самовольно ушел из клиники и пьянствовал три дня. На третьи сутки ночью Есенина увидел в клубе Союза писателей литератор С.Б. Борисов, который так описал эту встречу: «Вид у него был жуткий — растерзанный, лицо желтое, дряблое и глаза красные, как у альбиноса. А в клубе имелось распоряжение — не подавать Есенину вина. После долгих разговоров пришлось уступить. Он мог уйти в какой-либо притон... Дрожащими руками он наливал в стакан вино и говорил о том, что уедет, бросит пить и начнет работать. Говорил тихо, проникновенно и прочел новое стихотворение. А потом как-то спросил: — Умру — жалеть будете?»

Накануне того дня, когда Есенин покинул больницу, он говорил навестившему его Наседкину о своих планах перебраться в Ленинград, издавать там журнал и даже жениться на «простой, чистой девушке». В течение трех дней после больницы, несмотря на выпивки, он побывал у всех своих родных, навестил детей — Константина и Татьяну (от первого брака с Зинаидой Райх) и даже попрощался с ними. Пришел он также к своей первой московской подруге (работавшей вместе с ним когда-то в типографии) Анне Изрядновой, у которой рос его сын Юрий (родился в 1915 г.). Анне он сказал, что уезжает, чувствует себя плохо и, наверное, скоро умрет.

Вечером 23 декабря он появляется, внешне злой, в квартире Толстой, говорит ей, что он с ней разводится, молча собирает свои вещи в чемодан, выходит, не сказав никому «до свиданья» (в квартире были также Наседкин и сестра Александра), и отправляется на ленинградский вокзал.

У Есенина оставалось четыре дня жизни. Как рассказывают видевшие его, в эти последние дни он пьяным не был. В Ленинград он приехал 24-го, не застал дома ленинградского приятеля, поэта В. Эрлиха, которого он ранее телеграммой (от 7 декабря) попросил подыскать две-три комнаты для жилья, и поехал в гостиницу «Англетер», где жил знакомый партийный журналист Г.Ф. Устинов с женой. Ему удается снять свободный соседний номер. Устиновым он сказал, что «стихов больше не пишет, а работает над повестью или романом». Гостиничному персоналу он велел не пускать никого к себе в номер. Говорившие с ним тогда знакомые утверждали, что он все боялся, что «из Москвы за ним могут следить». 25 декабря Есенин навестил своего давнего друга, поэта Николая Клюева. В его квартире, по словам Эрлиха, он якобы прикурил, из озорства, папиросу от божьей лампадки, но Клюев ничего не заметил.

В воскресное утро 27 декабря умывавшийся в номере Есенин вдруг всполошился: «Меня хотят взорвать!» Оказалось, что газовая колонка не была заполнена водой. Этим же утром он показал Устиновым надрезанную у запястья руку, рассказав, что ему очень надо было написать стихотворение, а чернил в номере не было, и он решил записать кровью. Вечером этого же дня он принимал у себя в комнате гостей: чету Устиновых, Эрлиха, журналиста Д. Ушакова и некоего Измайлова. Вспоминая этот вечер, Устиновы описывают вполне мирную картину: разговаривали, шутили, ужинали. Гости разошлись рано. Эрлиху перед его уходом Есенин всунул в нагрудный кармашек сложенный клочок бумаги, сказав: «Ты сегодня этого не читай, прочтешь завтра». Было примерно восемь вечера. На полпути домой Эрлих вспомнил, что забыл портфель, и вернулся. В номере Есенин был один. Он просматривал старые стихи. Эрлих не стал задерживаться, еще раз простился и ушел. По словам художника П.А. Мансурова, ему на следующий день Елизавета Устинова сообщила, что поздно ночью Есенин стучался к ним в номер, а проснувшиеся Устиновы попросили его прийти утром. После этого, как рассказывал дежурный гостиницы, Есенин спустился в общий зал, сел в кресло, посидел минут десять и пошел к себе. Вскоре дежурный услыхал глухой стук, как будто что-то упало. Потом стало тихо.

Утром 28 декабря Устинова постучала в дверь Есенина, чтобы пригласить его на завтрак. За запертой изнутри дверью была подозрительная тишина. Позвали коменданта, открыли дверь и увидели Есенина, висевшего на трубе парового отопления, проходящей под потолком. Постель его была не тронута. Как потом выяснилось, он повесился на веревке, которой он обвязывал свой американский чемодан, после того как были украдены чемоданные ремни.

Эрлих, узнав о трагедии, вспомнил про бумажку и развернул ее. На ней было записанное есенинской кровью прощальное стихотворение «До свиданья, друг мой, до свиданья» — всего 8 строк.

По тому, как все происходило последние месяцы, складывается впечатление, что к такому концу Есенин шел уже неотвратимо. Во время последнего разговора с Мариенгофом Есенин признавался: «Чувство смерти преследует меня, часто ночью во время бессонницы я ощущаю ее близость... Это очень страшно. Тогда я встаю с кровати, открываю свет и начинаю быстро ходить по комнате, читая книгу. Таким образом рассеиваешься».

Существуют разные объяснения страшному поступку Есенина. Диапазон их простирается от чисто медицинского объяснения (покончил с собой в состоянии алкогольной депрессии) до примитивно-большевистского («в нем столкнулось прошлое и настоящее, и он не выдержал этого столкновения») или, как выразился сразу после его смерти обласканный большевиками писатель Леонид Леонов: «Он слишком любил мужицкую свою родину... и погиб от своей любви». Поэт-эмигрант В. Ходасевич видит политическую подоплеку есенинской трагедии, но не так, как большевики. В 1926 году он написал: «Он поверил, что большевистская революция есть путь к тому, что «больше революции», а она оказалась путем к... мерзости... Он отрекся от Бога во имя любви к человеку, а человек только и сделал, что снял крест с церкви да повесил Ленина вместо иконы и развернул Маркса, как Библию».

Несомненно то, что в Есенине за последние четыре года жизни завязался сложный узел острейших душевных противоречий, мучавших его, которые так или иначе были связаны также и с политической обстановкой в стране. Он искал облегчения в чрезмерных дозах алкоголя, но алкоголь же подталкивал его, талантливого поэта с исключительно впечатлительной душой, к решению об уходе из жизни, как единственном способе развязывания этого узла.

Если же ограничиться чисто медицинской стороной, то останется следующее. До 1922 года Есенин не был даже пьяницей. Употребление им алкоголя тогда было социально обусловленным и полностью подчинялось самоконтролю. В 1922—1923 годах пьянство было налицо: Есенин искал любой предлог, чтобы принять большие дозы алкоголя ради самого опьянения. В 1924—1925 годах уже имелся полный набор основных симптомов, позволяющий ставить диагноз хронического алкоголизма (включая палимпсесты, т.е. частичные провалы памяти, галлюциноз и белую горячку). Остается неясным — нашел бы Есенин иной выход из сдавивших его противоречий, если бы не пил. (Уместно здесь вспомнить случай почти непьющего поэта Маяковского, жившего и творившего в ту же эпоху и покончившего с собой в 1930 г.)

Ё

ЁЛЕБРОД — шведский суп из пива. Материалы для приготовления: 1 бутылка светлого пива, 1 бутылка темного пива, корочка лимона, 1—2 ст. ложки сахара, 2 ст. ложки муки, 1 яйцо, 1 яичный желток, немного молока. В пиво кладут корку лимона и доводят до кипения. 1 ст. ложку муки разводят в холодном молоке и добавляют к пиву. Приправляют сахаром и солью. Яйцо смешивают с оставшейся мукой, прибавляют немного молока, хорошо размешивают, чтобы не было комочков, и вливают в суп. Кипятят в течение 5 мин. и снимают с огня. Яичный желток и несколько ложек супа хорошо взбивают и добавляют в суп.

ЁРШ (разг.) — примитивная смесь водки с пивом или вином, или смесь нескольких разных других алкогольных напитков, вызывающая быстрое и «одуряющее» опьянение. Обычно после «ерша» состояние похмелья бывает более болезненным, по сравнению с тем случаем, когда употребляется только водка или только пиво. Однако некоторые пьяницы, пьющие, главным образом, именно ради сильного опьяняющего эффекта, предпочитают составлять из напитков «ёрш», пренебрегая риском иметь на следующий день сильную головную боль.

Ж

ЖЕЛТЫЕ ВИНА — вина типа хереса, производимые во Франции в коммуне Шато-Шалон. Их описал еще Луи Пастер в «Этюдах о вине». Желтые вина имеют красивый янтарно-золотистый цвет, сильный специфический тонкий запах, полный вкус и выпускаются только сухими. Их получают из винограда сорта «Совиньон», собираемого в состоянии, близком к перезреванию. Содержание спирта 12% и выше. В желтых винах повышено содержание свободного уксусного и других альдегидов (600—700 мг/1000 мл). Выдерживают в подвале в течение 6 лет без доливки при температуре 12°С. Лучшие желтые вина получают в г. Арбуа.

ЖЕНЬШЕНЯ НАСТОЙКА (лат. *Tinctura Ginsengi*) — лечебная настойка корня женьшеня на 70%-ном спирте. Содержит широкий набор биоактивных компонентов: панаквилен, панаксин, гинзенин, панацен и др. Применяется как тонизирующее средство при гипотонии, усталости, переутомлении, неврастении и др. Принимается внутрь по 15—25 капель на рюмку воды три раза в день — желательно под наблюдением врача. Представляет собой прозрачную жидкость янтарного цвета, вкус и запах почти отсутствуют.

ЖЕСТКОЕ ВИНО — высококачественное вино с повышенным содержанием фенольных веществ. Жесткий вкус приобретают также вина, обработанные повышенными дозами сернистой кислоты.

ЖИВОТНЫЕ ПО ОТНОШЕНИЮ К АЛКОГОЛЮ — нередко проявляют себя подобно человеку. В 1883 году в России была издана книга А. Уэльша «Алкоголизм у животных». Большой знаток животных, основатель крупнейшей в мире немецкой фирмы по торговле дикими животными Карл Гагенбек (1844—1912) говорил: «Каждый, у кого есть интерес к животному миру, знает, как сильно распространена среди животных любовь к сахару и алкоголю». Опытный российский специалист по изучению поведения животных С. А. Корытин в своей книге «Тигр под наркозом» (1991) приводит немало любопытных случаев стремления некоторых животных поглощать жидкости, содержащие алкоголь, вплоть до опьянения.

Особенно отличаются этим медведи (подробнее см. *Медведи-пьяницы*), но эта слабость проявляется также у самых разных других животных, начиная от слонов и кончая мышами. С.А. Корытин как-то сделал запрос на винодельческий комбинат «Массандра» об отношении к вину мышей и крыс. Ему ответили: «Реагируют положительно. И при возможности напиваются допьяна. Стараемся не предоставлять им такой возможности».

Мыши довольно часто забираются в бутылки из-под шампанского или пива. Влекомые запахом, они ухитряются, вытягиваясь в ниточку, пролезать в горлышко даже пол-литровой бутылки. В пивных бутылках находили и по две мыши. Корытин приводит случай, как на одном спиртозаводе растворили в вине отраву для крыс, расплодившихся в огромном количестве, и выставили на ночь в противнях. Наутро собрали мертвыми больше сотни этих зверьков. (Об отношении крыс к алкоголю см. также *Крыса серая* и *Экспериментальное моделирование алкоголизма*).

В лаборатории знаменитого ученого-физиолога И.П. Павлова был пес, который без всякого принуждения пил неразведенный спирт. Корытин знал у знакомых овчарку-самца, собака добровольно потребляла с гостями хозяев все спиртное: сухие и крепленые вина, водку и коньяк.

Не отказываются пить спиртное лошади, когда им наливают водку в ведро с водой. На автозаправочной станции в американской Флориде хозяин однажды влил в рот своему ослу бутылку охлажденного пива. Осел после этого не только стал выпрашивать пиво, но и научился самостоятельно выливать себе в глотку содержимое пивной бутылки.

Орнитологи сообщают о многочисленных случаях «пьянства» среди птиц. Обыкновенный скворец, живший у одного из орнитологов, охотно пил водку, которую ему подавали в полиэтиленовой пробке. Жадно выпив содержимое, скворец начинал возбужденно ходить по просторной клетке. При этом ноги его заплетались. Скворец падал, вставал, издавая несуразные звуки. Писатель-натуралист В. Песков наблюдал возле винной торговой точки, как «люди макали в водку кусочки хлеба, а воробьи-алкоголики жадно на них набрасывались, потеряв всякую осторожность, свойственную этим птицам». Действие алкоголя на птиц используется для их ловли. Так, на Ямайке зернами, пропитанными ромом, ловят живыми цесарок. Подобным способом в Китае добывали гусей, вымачивая в вине гаолян. Корытин наблюдал на Памире в конце 40-х годов, как ловили горных куропаток, оставляя у места водопоя разбухшую от вина пшеницу. (См. также *Ловля птиц на алкоголь*.)

Любовь слонов к спиртному известна работникам зоопарков и цирка. В зоопарках, чтобы выпоить слону лекарство, смешивают его с водкой либо с другим пьянящим напитком. Некоторые цирковые дрессировщики применяют спиртное в качестве награды за хорошую работу на арене. На воле обычно мирные слоны, употребив по случаю спиртного, становятся буйными, могут нападать на людей и хижины местных жителей. Так случилось в 1984 году в Африке, в национальном парке Крюгера, когда был небывало обильный урожай мерулы, переспелые плоды которой, похожие на дыню, содержат много сахара и склонны к брожению, становясь опьяняющими. Как сообщалось, 1750 слонов в течение нескольких недель с трубными криками и воспаленными глазами бродили по бескрайним просторам саванны в поисках зарослей этих деревьев, находили их, валили и пожирали плоды. Захмелев, слоны стали громить хижины африканцев. Хмельные плоды мерулы притягивают, как магнитом, также и обезьян (см. *Обезьяны и алкоголь*).

ЖИСЛИНА СИНДРОМ ПОХМЕЛЬЯ — синоним *абстинентного синдрома* (см.), развернутое клиническое описание которого было сделано впервые русским психиатром С.Г. Жислиным (1929).

ЖОМИНИ ДА ЖОМИНИ, А ОБ ВОДКЕ НИ ПОЛСЛОВА — цитата из стихотворения Дениса Давыдова (1784—1839) «Песня старого гусара» (1817). В нем молодые гусары рассуждают о службе, упоминают своего генерала Жомини, а старый гусар ворчливо замечает: «Говорят, умней они. Но что слышим от любого? Жомини да Жомини! А об водке ни полслова». Это выражение стало использоваться в русской литературной речи как в прямом смысле, подразумевающем выпивку, так и в переносном: говорить обо всем, но ничего о самом главном. Из пьесы А. П. Чехова «Иванов» (3, 1): «— Что ж, господа, Жомини да Жомини, а об водке ни полслова. (Наливает три рюмки.) Будемте здоровы».

ЖУРНАЛЫ ПО ВИНОГРАДАРСТВУ И ВИНОДЕЛИЮ — выходят во всех странах, где развита эта отрасль. Первым таким журналом в России был «Крымский вестник садоводства и виноделия», выпускавшийся в 1874—1879 годах Ялтинским обществом садоводов и виноделов. В дальнейшем выходили журналы: «Русский винодел» (1887—1889, г. С.-Петербург); «Виноделие и виноградарство» (1904—1906, г. Кишинев); «Вестник виноделия» (1899—1917, г. г. С.-Петербург и Одесса). К последнему выпускалось приложение «Библиотека «Вестника виноделия». В советское время издавались: «Вестник виноделия Украины» (1926—1939); «Вестник виноградарства, виноделия и виноторговли СССР» (с 1929); «Сборник статей по виноградарству и технической переработке винограда» (с 1933); «Виноделие и виноградарство СССР» (с 1939). После 1991 года последний был преобразован в журнал «Вино и виноград России». Из зарубежных журналов наиболее широко известны: «Connaissance de la Vigne et du Vin», Таланс (Франция); «Revue francaise d'oenologie», Париж (Франция); «Vignes et Vin», Париж (Франция); «Rivista di Viticoltura e di Enologia», Тревизо (Италия); «Vini d'Italia», Рим (Италия); «Wines and Vines», Сан-Франциско (США); «Rebe und Wein», Вайнсберг (ФРГ); «Weinberg und Keller», Франкфурт-на-Майне (ФРГ); «Der Deutsche Weinbau», Висбаден (ФРГ); «Revista de horticulturr єi viticulturr», Бухарест (Румыния); «Градинарска и лозарска наука», София (Болгария); «Лозарство и винарство», София (Болгария); «Borgazdasag», Будапешт (Венгрия); «Mitteilungen Klosterneuburg: Rebe und Wein. Obstbau und Fruchteverwertung», Клостернойбург (Австрия): «Vinohrad», Братислава (Словакия). Международная организация виноградарства и виноделия издает на французском языке «Bulletin de I'O. I. V». (O. I. V. — Office International de la Vigne et du Vin), Париж (Франция).

З

ЗАБУЛДЫГА — спившийся, беспутный человек. Производное от устаревшего русского слова «булдыга» — гуляка, пьяница, буян (см. словарь В. И. Даля). Булдыжить — пить, гулять, пропивать все, буянить. Булдыжный — неугомонный, буйный, пропойный.

ЗАВИЛЯНСКОГО СИМПТОМ АЛКОГОЛИЗМА (И. Я. Завилянский, 1956) — заключается в том, что при вопросе, обращенном к больному, какие спиртные напитки приходилось ему употреблять, у него оживляется мимика, лицо освещается улыбкой, и часто, еще до словесного ответа, он облизывается. По существу, это следовой мимико-вкусовой рефлекс. По оценке, этот симптом встречается при алкоголизме в 50—60% случаев наряду с тенденцией к опохмелению и употреблению суррогатов алкогольных напитков.

ЗАВИСИМОСТЬ ОТ АЛКОГОЛЯ, АЛКОГОЛЬНАЯ ЗАВИСИМОСТЬ (англ. *alcohol dependence*) — патологическая потребность в приеме алкогольных напитков, становящаяся доминантой поведения у больных алкоголизмом. Проявляется в виде патологического влечения к алкоголю и отсутствия или резкого снижения количественного и ситуационного контроля при его употреблении. Этот термин нередко используется как синоним алкоголизма. Различают психическую и физическую зависимость от алкоголя (см. *Зависимость от алкоголя психическая* и *Зависимость от алкоголя физическая*).

ЗАВИСИМОСТЬ ОТ АЛКОГОЛЯ ПСИХИЧЕСКАЯ — патологическая потребность в приеме алкогольных напитков с целью снятия психологического дискомфорта и эмоционального напряжения, вызванных неудовлетворенным влечением к алкоголю. Рассматривается как обязательный синдром при формировании алкоголизма, сохраняющийся (с определенной трансформацией) на всем протяжении болезни (в частности, и с появлением синдрома физической зависимости от алкоголя).

ЗАВИСИМОСТЬ ОТ АЛКОГОЛЯ ФИЗИЧЕСКАЯ — патологическая потребность в приеме алкоголя, обусловленная необходимостью снятия или смягчения вегетативно-соматических, неврологических и психических расстройств, возникающих после прекращения приема алкогольных напитков у лиц с сформировавшимся *абстинентным синдромом* (см.). Согласно трехстадийной классификации алкоголизма, принятой в российской наркологии, является обязательным критерием перехода алкоголизма во вторую стадию, в отличие от первой стадии, где присутствует только психическая зависимость от алкоголя.

ЗАГОВОР ОТ ЗАПОЯ — произносился в старину над человеком в запое, чтобы он заснул, а после сна перестал пьянствовать. При этом брали принадлежащий ему воск и наговаривали: «Заря-зарница, красная девица, светел месяц, ясные звезды, возьмите у меня бессонницу, бездремотицу, отведите от меня окаянную силу. Ангел мой, архангел мой, сохрани душу мою, укрепи мое сердце; враг-сатана, откажись от меня. Крестом крещусь, крестом ограждаюсь, крестом ангела призываю, крестом лукавого отгоняю. Во имя Отца, и Сына, и Святого Духа. Аминь!»

ЗАГОВОРЫ ОТ ПЬЯНСТВА — были распространены в старину среди суеверных людей. Один из вариантов: «Во имя Отца, и Сына, и Святого Духа, аминь. Хмель и вино, отступись от раба Божьего в темные леса, где люди не ходят, и кони не бродят, и птица не летает. Во имя Отца, и Сына, и Святого Духа (дважды), хмель и вино, выходи на быструю воду, на которой воде люди не ездят; от раба Божьего хмель и вино поди на буйный ветер, который ветер по дальности ходит. Во имя Отца, и Сына, и Святого Духа, привяжись, который добра не сделает, от раба Божия во веки отвяжись. Во имя Отца, и Сына, и Святого Духа, аминь».

ЗАКОНОДАТЕЛЬСТВО О ВИНЕ — существует во всех цивилизованных странах мира как основа для обеспечения качества и ассортимента винодельческой продукции и для защиты прав ее потребителей. Наибольшее количество законов и декретов по этим вопросам было издано во Франции.

Начало было положено в 1415 году, когда король Карл VI запретил смешивать вина из различных районов. В 1424 году королевским указом было запрещено «давать вину название другого вина, которым оно не является». Борьбе с фальсификацией вин (иногда достигавшей больших масштабов) посвящены многие законодательные акты, выпускавшиеся в странах Европы в XVIII—

XIX веках. Было запрещено, в частности, при производстве виноградного вина добавлять в сусло или вино воду, плодово-ягодное сырье, фруктовые вина, искусственные красители, а нередко — даже этиловый спирт не виноградного происхождения.

Во Франции в 1889 году закон запретил «выпуск в обращение под названием вина какого бы то ни было иного продукта, кроме продукта брожения свежего винограда. Продукт брожения выжимок с прибавкой сахара и воды было запрещено выпускать в обращение иначе, как под названием «подсахаренное вино», а продукт брожения изюма с водой — иначе, как под названием «изюмное вино».

В России законодательство о вине начинает свою историю с 1797 года, когда император Павел I подписал указ, касающийся винопроизводства. В XIX веке в России, наряду с развитием собственного виноделия, также процветала массовая фальсификация заграничных вин. Рынок России был наводнен суррогатами известных вин: хереса, мадеры, портвейна, шампанского, марсалы, малаги, токая и др.

С целью подделки под заграничные вина приобретались дешевые вина в Бессарабии, на Дону и Тереке, а в качестве добавок использовались сахар, спирт, настои или отвары различных плодов и ягод, а также различного рода эссенции, в том числе небезвредные для здоровья (дегтярная, хинной корки и др.). В 1888 году была сделана первая попытка принять в России закон о вине и объявить войну фальсификации. В составлении закона принимали участие Д.И. Менделеев, профессор М. А. Ховренко, князь Л.С. Голицын, А.И. Шахназаров. В 1914 году закон о виноградном вине был подписан Николаем II. В нем содержалась также карательная часть, которая предусматривала конкретные наказания за разбавление водой и фальсификацию вина — вплоть до ареста, денежного штрафа и тюремного заключения.

В последние десятилетия XX века в мировом законодательстве о вине большое внимание уделяется категорическому запрету присвоения чужих родовых названий вин, связанных с названием места их происхождения, таких как Бордо, Сотерн, Шампань, Мадейра, Херес и др. По-прежнему действует международное Лиссабонское соглашение от 31 октября 1958 года о защите названий вин по «происхождению». Заимствование чужих названий, связанных с местом происхождения вин, наказывается сейчас крупными денежными штрафами через международные суды в Гааге и Люксембурге.

В настоящее время в странах ЕЭС действуют согласованные юридические регламенты, которые касаются всевозможных этапов производства и реализации вина, начиная от выращивания винограда и до этикетирования вин. Сюда относится и «Международный кодекс технологических приемов в виноделии». Во

Франции особое место в виноградно-винодельческом законодательстве занимает «Кодекс о вине» (называемый также «Уставом виноградаря»). Этот закон начали создавать еще в 1919 году, и после многократных изменений и дополнений он до настоящего времени не потерял своего значения. Аналогичные законодательные акты и регламенты приняты во всех западных винодельческих странах.

ЗАКУРГАННАЯ ЧАРКА — старинный казацкий обычай, провожая кого-либо в дальнюю дорогу, т.е. «за курганы», выпивать на прощанье чарку вина.

В старину казачьи станицы в степях ставились так, чтобы рядом с ними, на основных дорогах, обязательно были древние курганы. На них располагались сторожевые посты, вышки, сигнальные костры, которые зажигались в случае тревоги. За курганами начиналась бескрайняя степь, порою дикая и необжитая, полная опасностей. И было принято провожать гостя или родственника за ближайший курган, а дальше — на милость судьбы.

Провожали обычно молодые, сильные казаки. Останавливались там, где в таких случаях делали остановки деды и прадеды. Здесь пускалась по кругу «закурганная чарка» (чаша, кубок) или разливалась порция всем в походные кружки. Пили и уезжающие, и провожающие. Пили, как правило, без закуски, потому что только что дома закусили как следует на дорогу. Выпивали под пожелания удачи, обязательно недолго молчали, чтобы случайно ее не спугнуть, а потом провожающие долго смотрели, как уносятся вдаль по степной дороге всадники.

ЗАЛОЖНИКА ЗА ВЫПИВКУ — захватили трое российских бродяг в 1997 году. Заложником стал предприниматель, приехавший в Россию из Франции. Условием освобождения были 3 бутылки французского коньяка и обильная закуска. Заложнику дали возможность позвонить друзьям, и условие было выполнено. Получив выкуп, преступники отпустили похищенного из подвала, где его содержали, и здесь же пустили в ход выкуп, выпив весь коньяк и хорошенько закусив. В результате они заснули и спящими были арестованы.

ЗАМЕРЗАНИЕ ВИНА — в зависимости от его крепости происходит при разной температуре. Чем больше в вине алкоголя, а также экстрактивных веществ и сахара, тем ниже точка замерзания. Ориентировочно температура замерзания виноградных вин разной крепости соответствует следующей шкале:

Крепость вина (% об.)	6,6	7,6	10,3	11,5	11,8	13,1	15,2	20,7
Т замерзания (°С)	-2,7	-3,0	-4,0	-4,8	-5,2	-5,7	-6,9	-10,1

ЗАПЕКАНКА — сладкая наливка темно-вишневого цвета, кисло-сладкого вкуса, с ароматом вишни и чернослива. Приготавливается из спиртованных морсов сушеной вишни, чернослива и черники с добавлением ванилина, сахарного сиропа, лимонной кислоты и спирта высшей очистки. Содержание спирта 20%, сахара — 40%.

ЗАПОЙ (англ. *bout*) (синонимы: *питейный запой, запойное состояние*) — период резкого усиления злоупотребления алкоголем. Запои — одна из форм пьянства при алкоголизме. Принято выделять *Запой истинный* (см.) и *Псевдозапой* (см.)

ЗАПОЙ ИСТИННЫЙ — характерен для *дипсомании* (см.); он может быть также формой пьянства в третьей стадии алкоголизма. В последнем случае ему, как правило, предшествует появление интенсивного влечения к алкоголю на фоне аффективных нарушений.

В первые дни дробно употребляются наивысшие суточные дозы алкоголя. В последующем из-за нарастающего снижения толерантности и ухудшения физического состояния разовые и суточные дозы прогрессивно падают. В конце запоя наступает непереносимость алкоголя и связанная с ней невозможность продолжения пьянства. Абстинентные явления выражены в наиболее тяжелой степени. Запой сменяется полным воздержанием от алкоголя. Истинные запои проявляют тенденцию к цикличности.

ЗАЩИТА ПСИХОЛОГИЧЕСКАЯ У ЗЛОУПОТРЕБЛЯЮЩИХ АЛКОГОЛЕМ — психический процесс, позволяющий пьянице достичь в своем сознании компромиссного решения связанных с алкоголем проблем, не поддающихся полному разрешению. Таким способом пьяница пытается оградить себя от негативных, травмирующих личность переживаний. Механизмы психологической защиты включаются по большей части неосознанно; достигаемый компромисс обычно содержит сокрытие индивидом от себя истинных побуждений к употреблению алкоголя, поскольку их осознание угрожало бы его самоуважению и вызывало тревогу. Психологическая защита опирается на тот или иной *Защитный алкогольный мотив* (см.) и может сформировать целую *Объяснительную систему* (см.).

ЗАЩИТНЫЙ АЛКОГОЛЬНЫЙ МОТИВ — внешний объяснительный повод для выпивки, прикрывающий возникшую потребность в алкоголе. С его помощью снимается внутреннее психологическое напряжение, вызванное конфликтом между действиями личности по подготовке к выпивке и осознанием, что эти действия идут вразрез с воспитанием и общественной моралью.

Тому, кто начинает пить довольно часто, но не хочет выглядеть пьяницей ни в своих глазах, ни в глазах окружающих, каждую выпивку нужно объяснить, мотивировать. Выдвигаются всякие «важные» доводы необходимости выпить: встреча с друзьями, отпуск сотрудника, день рождения и т.д. При этом человек бывает достаточно искренен. Со временем круг ситуаций, оправдывающих выпивку, расширяется настолько, что поводы для выпивки начинают возникать каждый день и даже наслаиваются друг на друга. У пьяницы для оправдания его поведения формируется целая *Объяснительная система* (см.)

ЗВЕРОБОЙ — горькая настойка светло-коричневого цвета, горьковатого, слегка пряного вкуса, с ароматом травы зверобоя. Приготавливается из спиртованного настоя трав: зверобоя, душицы и донника. В настой добавляются спирт высшей очистки и краситель — колер (жженый сахар). Содержание спирта 40%.

ЗВИНАТУРА (итал. *Svinatura*) — традиционное осеннее итальянское празднество, которым отмечается готовность перебродившего молодого вина к разливу в бочки. Обычно оно приходится на день Св. Мартина (первые числа ноября), которым завершается сельскохозяйственный сезон. В «мартинов день» отмечают пробу нового вина и в Германии. В Бельгии в связи с этим вино называют «напитком Св. Мартина».

ЗГАПАРИ — грузинская сказка о происхождении вина. «В далекие времена, когда вина еще не было, рос дикий виноград в лесу, и только птицы клевали его. Как-то один бедняк вырыл из земли лозину и посадил возле дома. Созрели виноградные гроздья, вкусные, сочные. Понравилось это семье, и на второй год посадил он еще десять лоз, на третий — сто. Когда созрел обильный урожай, бедняк, чтобы не пропало добро, собрал весь виноград и выдавил из него сок. Часть выпил, остальное слил в кувшины для хранения. Через несколько месяцев попробовал сок — еще вкуснее стал напиток. Удивился бедняк, созвал соседей, затеял пир. Прилетел соловей, осушил одну чашу и сказал: — Кто этот напиток выпьет, запоет, как соловей! — Затем прилетел петушок. Осушил чашу и сказал: — Кто еще выпьет, распетушится, как я! — Третьим явился боров и, осушив чашу, сказал: Кто еще выпьет, вываляется в грязи, как я! — Наконец прибежала лиса. Осушила чашу и сказала: — А кто еще выпьет, вкрадется вино в него воровски, и натворит он таких дел, что долго будет краснеть!»

ЗЕЛЕНОЕ ВИНО — вино, приготовленное из незрелого винограда. Такое вино обладает чрезмерной кислотностью, обусловленной высоким содержанием винной и яблочной кислот, а также терпкостью, присущей недозрелым ягодам винограда.

ЗИТОН — ячменное пиво, варившееся в Древней Греции по рецепту, взятому у египтян. Часто упоминается в сочинениях Ксенофонта, Эсхила, Софокла, Страбона и других древних авторов.

ЗЛАЧНОЕ МЕСТО (ирон.) — место пьянства и разврата. Это выражение происходит из Библии, из заупокойной молитвы, где оно имеет совершенно противоположный смысл (Псал., 22. 2): «Упокой душу раба твоего в месте светле, в месте злачне, в месте покойне». Из рассказа А.П. Чехова «Беда»: «С Николаем Максимовичем Пустохиным приключилась беда... он невзначай напился пьян и в пьяном образе, забыв про семью и службу, ровно пять дней и ночей шатался по злачным местам».

ЗЛОКАЧЕСТВЕННЫЙ АЛКОГОЛИЗМ — алкоголизм, характеризующийся высокими темпами формирования основных симптомов и этапов болезни при раннем проявлении признаков выраженной социальной дезадаптации и личностной деградации. Характерны длительные запои с короткими перерывами или постоянное пьянство с высокой толерантностью — до 1 литра водки в день и более; употребление суррогатов. Пьянство сопровождается тяжелым опьянением, в ряде случаев с неконтролируемым поведением, агрессивностью, амнезиями, сопором. Первичное патологическое влечение к алкоголю безудержное, с полной утратой количественного и ситуационного контроля. Поведение больного подчинено одной цели — добыванию спиртных напитков. Быстро прогрессируют осложняющие алкоголизм заболевания внутренних органов и нервной системы.

Спонтанные ремиссии отсутствуют, а терапевтические не превышают 3—6 месяцев. По сравнению с другими типами течения, при злокачественно-прогредиентном течении алкоголизма наиболее часты алкогольные психозы. В становлении такого типа течения большую роль играет фактор наследственной предрасположенности.

ЗОЛОТАЯ ОСЕНЬ — сладкая наливка золотисто-желтого цвета, кисло-сладкого вкуса с фруктовым ароматом. Приготавливается из спиртованных соков и морсов плодов алычи, айвы и яблок, сахарного сиропа, лимонной кислоты и спирта высшей очистки. Содержание спирта 20%, сахара — 30%, кислот — 0,45%.

«ЗОЛОТОЙ ДОМ» — ресторан, игорный дом с «нумерами» (комнатами для свиданий), знаменитый в 30-е годы XIX века в Париже. В подвале гости ели и пили, затем шли играть в казино 1-го этажа. Причем ставка могла быть сделана не деньгами, а на самого игрока. Иными словами, если какая-нибудь дама выигрывала у какого-нибудь господина, то последний должен был подняться с ней на 2-й этаж в «нумера» и разделить с ней ложе.

ЗОЛОТОМ ЛЕЧЕНИЕ АЛКОГОЛИЗМА — способ лечения алкоголизма с помощью внутривенного вливания коллоидного раствора золота. Предложен в 1880 году американским врачом L.T. Kelley. В настоящее время не применяется.

ЗРИТЕЛЬНАЯ ОЦЕНКА ВИН — оценка внешнего вида вина как элемент оценки его качества. Оцениваются окраска и прозрачность, характер и интенсивность *игры вина* (см.) и пенообразование. Обязательным требованием для всех категорий и типов вин является кристальная прозрачность. Вина опалесцирующие, мутные или с видимыми включениями не допускаются к реализации.

По окраске делят вина на белые, розовые и красные с различными промежуточными оттенками. Например, молодое столовое «белое» вино должно быть светло-соломенным, а выдержанное может быть и золотистым. В то же время для «белого» портвейна или «белого» десертного вина естественным является светло- или темно-янтарный цвет крепкого чая. Сравнительно молодые (до 2 лет) красные столовые, крепкие или десертные вина могут быть средне- или густоокрашенными с гранатовым, рубиновым или темно-вишневым оттенками. В более старых красных винах вследствие выпадения в осадок красящих веществ появляются кирпичные или луковичные тона.

Важными показателями качества игристых вин является характер, интенсивность и время «игры» и пенообразования. Высококачественные игристые вина обладают умеренной, но длительной игрой и мелкозернистой пеной, которая формируется сначала на всей зеркальной поверхности вина, а затем стабилизируется и удерживается в течение 20 минут и более в форме кольца (ободочка) вокруг стенок бокала.

Визуально устанавливаются и факты заболевания вин. Например, многие формы плесени образуют различного цвета пленки, которые опускаются на дно бутылки. Наличие молочно-кислых бактерий характеризуется образованием шелковистых волн в переливаемом вине. Другие формы болезнетворных бактерий могут вызывать ослизнение или тягучесть вина.

ЗУБРОВКА — горькая настойка зеленовато-желтого цвета, мягкого, слегка жгучего вкуса, с ароматом травы зубровки. Приготавливается из спиртованного настоя травы зубровки с добавлением спирта высшей очистки. Содержание спирта 40%.

И

ИВ РОШЕ (*Iv Roche*) — газированное полусладкое виноградное вино, насыщенность которого углекислым газом обеспечивается не за счет естественного брожения (как в шампанском), а с помощью закачки газа в вино извне. Среди газированных вин «Ив Роше» выделяется приятным, естественным гармоничным ароматом и долго сохраняет свои вкусовые качества. Стало очень популярным в России и странах Восточной Европы в середине 1990-х годов, что позволило производящей его немецкой фирме St. Leonard поднять выпуск до 700 тысяч бутылок в сутки.

ИГРА ВИНА — интенсивное выделение из налитого в бокал шампанского или другого игристого вина большого количества мелких пузырьков углекислого газа. Это одно из важных отличий этих вин. Выделяющиеся газовые пузырьки выносят на поверхность вина поверхностно-активные вещества, способствующие образованию и сохранению слоя пены, постоянно возобновляемому за счет пузырьков, поступающих из вина. На поверхности пены происходит разрыв пузырьков и возникает большое количество мелких капель. Всплывающие пузырьки и образующиеся мелкие капли усиливают испарение ароматных веществ вина, от которых зависит его букет. Игра вина — один из показателей качества, которые оцениваются при дегустации. На игру вина влияет не только качество самого вина, но и степень смачивания сосуда вином, которая зависит от материала и чистоты сосуда.

ИГРИСТЫЕ ВИНА — см. *Вина игристые*.

ИЗВАР — напиток, получаемый из подогретого на медленном огне сухого красного вина с добавлением сахара, перца черного и молотого, корицы и других пряностей. Обладает согревающим и потогонным действием. В старой России был популярен как народное лечебное средство при простудах.

ИЗЫСКАННОЕ ВИНО — среди виноделов и знатоков так называется тонкое, исключительно гармоничное, обладающее прекрасным букетом и вкусом вино.

ИЛЛЮЗОРНО-КОМПЕНСАТОРНАЯ АЛКОГОЛЬНАЯ ДЕЯТЕЛЬНОСТЬ — используемое психологами обозначение активности пьющего человека, направленной на воображаемое удовлетворение потребностей путем достижения соответствующих эмоциональных состояний с помощью приема алкоголя. Пьющий пребывает в зоне психического комфорта независимо от реальных успехов. Он вызывает при помощи алкоголя искомые психические переживания, и это ведет к тому, что ослабляются естественные, нормальные психологические возможности саморегуляции.

ИЛОНА — пивной суп по рецепту латвийской кухни. Используется: 1 л светлого пива, 60 г сахара, 1 яичный желток, 6 столовых ложек кислых сливок или сметаны, 4 тоста, корица, соль, перец. Вскипятить пиво с сахаром при помешивании, снять с огня. Хорошо перемешать желток со сливками или сметаной и вылить в пиво. Добавить корицу, соль, перец и тосты.

ИНДЕКС КОЛИЧЕСТВЕННО-ЧАСТОТНЫЙ (англ. *quantity-frequency index*) — статистический критерий потребления алкоголя отдельным лицом, включающий в себя среднее количество алкоголя, потребляемого за один эпизод, и количество эпизодов выпивки (частота выпивок) за определенный календарный период времени (неделя, месяц). Предложен американцами R. Straus и S. Bacon (1953). Для расчета индекса используются 3 градации количества алкоголя и 5 градаций частоты выпивок, что дает 15 различных комбинаций.

ИНСУЛИН, ДРУГИЕ АНТИДИАБЕТИЧЕСКИЕ СРЕДСТВА И АЛКОГОЛЬ — находятся во взаимоотношениях, которые важно учитывать, прежде всего, при лечении диабета. Злоупотребление алкоголем приводит к нарушениям углеводного обмена, способствующим развитию гипогликемии (снижению содержания сахара в крови ниже нормы), а также к уменьшению тканевых запасов гликогена. Дополнительной причиной тяжелых гипогликемий являются ошибки больного диабетом в дозировке инсулина и нарушения им режима питания в состоянии опьянения. Гипогликемическая кома у больных алкоголизмом нередко заканчивается тяжелыми, необратимыми неврологическими расстройствами.

Антидиабетические препараты группы сульфонилмочевины, особенно хлорпропамид, ингибируют альдегиддегидрогеназу и поэтому при сочетании с алкоголем могут провоцировать тетурамоподобную реакцию (чувство жара, учащение дыхания и пульса, резкое падение артериального давления и др.). Алкоголь также усиливает лактоацидоз, вызываемый препаратом глибутидом (адебитом). Злоупотребление алкоголем вдвое увеличивает скорость биотрансформации синтетических антидиабетических средств, нормальный метаболизм которых восстанавливается лишь после 4—9 недель воздержания от спиртных напитков.

ИНТЕРМИССИЯ ПРИ АЛКОГОЛИЗМЕ (лат. *intermissio* — прекращение, промежуток) — стойкая длительная ремиссия (ослабление болезни), характеризующаяся утратой влечения к алкоголю и полным воздержанием от него, а также улучшением трудоспособности и способности к социальной адаптации. Значительно улучшается физическое состояние и психическое здоровье, хотя в случае запущенного алкоголизма (в конце II и в III стадии), при наличии алкогольной энцефалопатии и алкогольной интеллектуальной деградации, полного восстановления психического и социального статуса может не произойти даже при абсолютном прекращении употребления алкоголя.

ИНТОКСИКАЦИЯ (лат. *intoxicatio*) — болезненное состояние, вызванное экзогенными или эндогенными вредными веществами, отравление, токсикоз.

ИНТОКСИКАЦИЯ АЛКОГОЛЬНАЯ (лат. *intoxicatio alcoholicum*) — *состояние опьянения* (см.) под действием алкоголя.

ИНТОЛЕРАНТНОСТЬ (лат. *intolerantia* — непереносимость, нетерпимость) — непереносимость чего-либо (вещества, воздействия, условий и т.д.). *Интолерантность алкогольная* (см.) — непереносимость алкоголя.

ИНТОЛЕРАНТНОСТЬ АЛКОГОЛЬНАЯ (лат. *intolerantia*) — 1. Непереносимость или сниженная переносимость алкоголя, что выражается в таких неприятных реакциях на сравнительно низкие дозы алкоголя, как покраснение кожи, зуд, кашель, головокружение, потоотделение, боль или кровотечение. Непереносимость алкоголя может быть обусловлена генетически. Например, у значительной части китайцев, японцев и монголов (от 58 до 85%) наблюдается покраснение лица, шеи или ушей («флашинг-реакция») после приема небольшого количества алкоголя.

Предполагают, что у таких людей непереносимость алкоголя обусловлена врожденным дефицитом *альдегиддегидрогеназы* (см.), в результате чего после приема алкоголя в организме накапливаются повышенные количества высокотоксичного промежуточного продукта метаболизма алкоголя — ацетальдегида. Непереносимость может быть связана также с неспособностью стенок желудка всасывать алкоголь, из-за чего даже малое количество спиртного напитка может вызвать тошноту и рвоту. При лимфогранулематозе может возникать боль в пораженных местах в ответ на такие малые дозы алкоголя, как глоток вина или пива. Непереносимость алкоголя может иметь также психологическую природу, когда еще при низкой концентрации алкоголя в крови мысль о возможном предстоящем опьянении представляется отталкивающей.

2. Клинический признак III стадии алкоголизма, когда состояние опьянения наступает от значительно меньших, чем прежде, доз алкоголя, что объясняется хроническим расстройством ряда систем организма.

ИОГАНН ФРИДРИХ ВЕЛИКОДУШНЫЙ — курфюрст Саксонский (1501—1554), основатель Йенского университета. Проявил себя способным и дельным правителем и вместе с тем настолько любил пиво, что частенько напивался им допьяна и считал потерянным день, когда ему это не удавалось. Утром в день исторической Мюльбергской битвы (24 апреля 1547 г.), в которой его войска вместе с войсками других князей-протестантов противостояли католической армии германского императора Карла V, приближенные стали просить курфюрста, чтобы он на этот раз не пил пива. Курфюрст возмущенно ответил: «Неужели вы во что бы то ни стало хотите, чтобы этот день пропал для меня?» Он напился, как обыкновенно, проиграл сражение и попал в плен к императору Карлу V, потеряв свою власть.

ИСКРИСТЫЕ ВИНА — см. *Газированные вина.*

ИСКУПИТЕЛЬНОЕ (ЭКСПИАТИВНОЕ) ПОВЕДЕНИЕ — повышенная социальная активность человека, злоупотребляющего алкоголем, подстегиваемая стремлением сгладить, искупить свою вину перед окружающими подчеркнуто тщательным исполнением требуемого.

ИСКУССТВО ОТКУПОРИВАНИЯ БУТЫЛОК — имеет важное значение, по мнению знатоков вин. Важны и процедура открывания бутылки, и используемый инструмент, т.е. штопор. Молодые вина можно, конечно, открывать без особых предосторожностей, но старые, выдержанные, требуют определенного искусства их откупоривания, чтобы не нарушить приобретенных ими особых вкусовых качеств. Процедура откупоривания старых, особенно красных, вин должна проходить так, чтобы не дать осадку замутить вино. Поэтому за день или за два до подачи к столу бутылку осторожно вынимают из хранилища, где она лежала на боку, и ставят вертикально. Осадок, который образовался на стенке бутылки, медленно оседает на дно. Теперь важно не встряхнуть бутылку во время открывания. Штопор должен обладать спиралью с гладкими краями, — это особенно важно, когда речь идет о старых пробках, которые легко могут раскрошиться.

ИСЛАМ И АЛКОГОЛЬ — категорически несовместимы. Алкогольные напитки относятся к кругу запретного для мусульманина под общим названием «харам». Это заложено в священной книге мусульман — Коране, в котором говорится: «О вы, которые уверовали! Вино, майсир — мерзость из деяний сатаны. Сторонитесь же этого, — может быть, вы окажетесь счастливыми! Сатана желает заронить среди вас вражду и ненависть вином и майсиром и отклонить вас от поминания Аллаха и от молитвы. Удержитесь ли вы?..» (Коран, 5: 92(90)—93(91)). Нарушившим эту заповедь Коран запрещает молиться: «Не приближайтесь к молитве, когда вы пьяны, пока не будете понимать, что вы говорите...»

Согласно Шариату — своду мусульманских религиозных предписаний и законов, который лежит в основе законодательства в странах, где ислам является государственной религией (например, в Иране), грозят достаточно суровые наказания не только пьяницам, но и просто употребляющим опьяняющие напитки (включая тюремное заключение).

В Афганистане, когда к власти над всей страной в 1992 году пришли моджахеды, выдержавшие многолетнюю войну с советскими войсками — в значительной степени благодаря фанатичной исламской вере, в первые же дни были полностью запрещены продажа, хранение и употребление алкогольных напитков, включая пиво. Однажды местное телевидение показало сюжет, посвященный уничтожению запасов водки, находящихся в ресторане гостиницы «Ариана». На экране было показано большое количество картонных коробок с красной надписью «Русская водка». Под крики «Аллах акбар» («Аллах велик») коробки разламывались, содержимое бутылок выливалось на землю и сжигалось в костре.

ИСПРАВЛЕНИЕ ВИНА — совокупность технологических приемов в виноделии, направленных на ликвидацию последствий болезней, пороков и недостатков вина.

ИСТЕРИЯ АЛКОГОЛЬНАЯ — один из вариантов проявления изменения личности при алкоголизме. Истерические реакции наблюдаются как в трезвом состоянии, так и в опьянении. Характерны подчеркнутая театральность поведения, стремление привлечь к себе внимание окружающих, своеобразное бахвальство, склонность к преувеличениям, позерству, лживости вплоть до фантастической псевдологии (патологической лживости).

ИСТИНА В ВИНЕ (лат. *in vino veritas* — ин вино веритас) — афоризм, возникший в античные времена и подразумевавший, что вино в достаточном количестве может подтолкнуть выпившего высказать правду, особенно когда речь идет о тайных делах. Это выражение в различных формах присутствует во многих языках. Широко известно стихотворение Александра Блока «Незнакомка»: // «По вечерам над ресторанами // Горячий воздух дик и глух, // И правит окриками пьяными // Весенний и тлетворный дух. // А рядом у соседних столиков // Лакеи сонные торчат, // И пьяницы с глазами кроликов // «In vino veritas!» кричат. //В моей душе лежит сокровище, // И ключ поручен только мне! // Ты право, пьяное чудовище! // Я знаю: истина в вине».

ИУДАИЗМ И АЛКОГОЛЬ — не являются абсолютно несовместимыми, однако этой религией, опирающейся на Ветхий Завет, исповедуется (как и христианством) умеренность в употреблении алкогольных напитков и полное воздержание от них в определенных случаях. Вино участвует в исполнении некоторых иудейских религиозных ритуалов, при этом должно соблюдаться условие, чтобы вино было кошерным, т.е. соответствующим религиозным канонам, относящимся к пище (см. *Кошерное вино*). В Талмуде — собрании иудейских религиозных норм, говорится: «Рабби Меир сказал: «Древо, от которого вкусил Адам, было лозой, ибо вино заставляет человека плакать».

ИШЕМИЧЕСКАЯ БОЛЕЗНЬ СЕРДЦА И АЛКОГОЛЬ — вполне совместимы, если алкоголь принимается в небольших дозах, как утверждает директор Центра профилактической медицины профессор Р.Г. Оганов. В своем интервью массовой газете в конце 1996 года он назвал дозы, безопасные для больного стенокардией: в день рюмка водки или бокал сухого вина. Но предупредил, что в больших количествах алкоголь может вызвать опасные для жизни нарушения ритма сердца. (См. также *Кардиопротекторное действие алкоголя*).

Й

«ЙОНГЧОПИНГ» — название грузового корабля, направлявшегося в ноябре 1916 года из южно-европейского порта в Финляндию и потопленного в Балтийском море немецкой подводной лодкой. Это судно было найдено на дне моря в 1997 году шведской фирмой подводных следопытов.

Его основной груз оказался в полной сохранности и наделал шуму в прессе: трюмы «Йонгчопинга» заполняли 40 тысяч бутылок коньяка и много бутылок шампанского и виноградного вина. Проба содержимого поднятых на поверхность нескольких бутылок обнаружила, что напитки находятся в прекрасном состоянии.

Реконструкция картины случившегося в 1916 году привела к выводу, что немецкие моряки, перехватившие судно, обошлись без торпедирования. Придравшись к тому, что оно везло также слитки стали и гайки, которые могли быть использованы в военных целях, капитан немецкой подлодки распорядился пересадить команду «Йонгчопинга» в шлюпки, а само судно потопить, открыв кингстоны. Предварительно немцы повредили машинное отделение небольшим зарядом взрывчатки.

Судно плавно опустилось на дно, и десятки тысяч закупоренных бутылок пролежали спокойно в своеобразном подводном винном складе свыше 80 лет.

Теперь вокруг этого клада, оцененного экспертами в несколько миллионов долларов, разгорелся спор о праве на владение. Шведы считают, что он принадлежит им: они долго искали его, имея специальное разрешение финского правительства на этот поиск. Но обнаружился внук финского коммерсанта, в чей адрес направлялся груз «Йонгчопинга», и предъявил претензии хотя бы на часть наследства. Выяснилось также, что часть груза предназначалась в качестве поставки офицерам русской армии. Если найдется потомок российского купца, занимавшегося тыловым обеспечением армии, он тоже может предъявить свои права. Кроме того, некоторые юристы полагают, что теоретически на затопленный груз может претендовать и Германия: по законам военного времени конфискованный груз принадлежит тому, кто его захватил.

В начале 1998 года «винный клад» продолжал лежать на дне Балтийского моря. Шведы высказали беспокойство, что, пока идут споры, какие-нибудь подводные воры начнут потихоньку разворовывать соблазнительное сокровище.

К

КАВА — игристое вино типа шампанского, производящееся в Испании — в винодельческом крае Пенедес в Каталонии. Оно стало выпускаться в 1872 году фирмой, принадлежащей одной из старейших винодельческих династий в Пенедесе, и сразу же имело необыкновенный успех. Через несколько лет к выпуску «Кавы» присоединилась другая винодельческая фирма Пенедеса, и теперь эти две фирмы производят 70 процентов шампанских вин Испании (145 миллионов бутылок в год).

Испанцы, как и жители других стран, с охотой используют пенистый напиток по любому торжественному или праздничному случаю, а в недавней истории страны был день, когда шампанское было полностью раскуплено и его нигде нельзя было найти. Это произошло 20 ноября 1975 года, когда было официально объявлено о смерти диктатора Франко. Испанское шампанское в виде «Кавы» ценится и покупается во многих странах мира, включая родину шампанского — Францию.

CAGE — тест на наличие злоупотребления алкоголем, наиболее широко используемый в условиях клиники (в больничных и амбулаторных учреждениях). Состоит из четырех вопросов (по первым буквам из английских ключевых слов в этих вопросах составлено название теста), а именно:

1. Чувствовали ли вы когда-нибудь потребность уменьшить (Cut down) выпивку? 2. Раздражают (Annoyed) ли вас люди, критикующие ваше пьянство? 3. Ощущаете ли вы когда-нибудь вину (Guilty) за ваше пьянство? 4. Когда-нибудь утром, едва открыв глаза (Eye-opener), выпивали ли вы алкоголь, прежде чем съесть или выпить что-нибудь для того, чтобы облегчить неприятное состояние?

Два или более положительных ответов свидетельствуют о злоупотреблении алкоголем. Чувствительность этого экспресс-теста варьирует от 60 до 95%, специфичность — от 40 до 95%. Разработан в 1974 году.

КАГОР — красное десертное вино темно-рубинового цвета с характерным бархатистым терпким вкусом и легким тоном чернослива. Содержание спирта 16% об., сахара — от 16 до 25 г/100 мл.

Название этого вина произошло от названия французского города Кагор (Cahors), расположенного вблизи Пиренейских гор. Здесь оно стало изготавливаться в конце XIX века по заказу русского духовенства для использования его в церковном обряде *причащения* (см.). Согласно специальному договору французские виноделы брались выпускать очень красное, тягучее и сладкое вино, которое в глазах причащающихся прихожан, по-видимому, должно было в наибольшей мере ассоциироваться с кровью Христа, пролитой во искупление грехов человеческих. По условиям контракта французы не имели права продавать это вино никому, кроме российской стороны.

После революционных событий 1917 года контракт со стороны России был разорван и выпуск кагора французскими виноделами был прекращен, однако зарубежная Русская Церковь оплатила им понесенные издержки. В СССР тем не менее был налажен свой выпуск вина типа кагора для широкого употребления в качестве алкогольного напитка. Его производство продолжается и сейчас в ряде бывших республик СССР. Выпускаются ординарные сорта кагора и марочные (с выдержкой 3 года). Для него используются наиболее интенсивно окрашенные сорта красного винограда: «Саперави», «Матраса», «Каберне-Совиньон», «Морастель» и др.

Характерной особенностью технологии изготовления кагора является предварительное нагревание мезги (раздробленного винограда) до 75—80°С (полученные таким способом вина французские виноделы называют «вареными»), что способствует переходу в сусло (виноградный сок) большего количества дубильных и красящих веществ, придающих получаемому вину более интенсивный цвет и должный вкус. Хорошими марками кагора считаются «Шемаха» и «Кюрдамир» (Азербайджан), «Чумай» (Молдавия), «Кагор Южнобережный» (Крым), «Узбекистон» (Узбекистан) и «Черные глаза» (Россия, Геленджик).

КАЛАН — древнеиндийский философ (IV в. до н.э.), о котором рассказал греческий историк Плутарх (46—120 гг. н.э.) в своих знаменитых «Сравнительных жизнеописаниях» в связи с жизнеописанием Александра Македонского (356—323 до н.э.). Во время похода Македонского в Индию Калан по просьбе Александра присоединился к его «духовной коллегии» и сопровождал армию на обратном пути из Индии в Персию.

Когда они добрались до города Сузы, Калана настолько замучили острые боли в желудке, что он, понимая безнадежность своего состояния (ему было 73 года), попросил сложить для него костер, окропил себя, «словно жертвенное животное», попрощался со всеми, попросив «их и царя провести этот день в веселой попойке», лег на костер и «принес себя в жертву богам по древнему обычаю мудрецов своей страны».

«После самосожжения Калана Александр созвал на пир друзей и полководцев. На пиру он предложил потягаться в умении пить и назначил победителю в награду венок. Больше всех выпил Промах, который дошел до четырех хоев <хой, или хус (hus) — древнегреческая мера жидкости, равная 3,28 л.>; в награду он получил венок ценою в талант (талант = 26,2 кг серебра), но через три дня скончался». Кроме него, как сообщает Харет (секретарь Александра) умерли еще сорок один человек, «которых после попойки охватил сильнейший озноб».

КАЛЬВАДОС (фр. *calvados*) — французская яблочная водка. Приготавливается на спирте, полученном из неперезрелых яблок, сортов с хорошей сохранностью. Выдерживается в дубовых бочках от 3 до 6 месяцев, иногда до 10 лет. Крепость от 38 до 50% об. в зависимости от сорта напитка. Под таким названием на европейском рынке может продаваться только яблочная водка, произведенная в регионе Кальвадос, находящемся во французской Нормандии. Произведенная на других территориях она носит другие названия «Яблочное бренди», «Яблочный Джек» и т.д.

КАМФОРНО-САЛИЦИЛОВЫЙ СПИРТ — раствор камфоры (5%) и салициловой кислоты (1%) в 70%-ном этиловом спирте. Прозрачная бесцветная жидкость с камфорным запахом. Применяется в медицинской практике наружно как антисептическое, отвлекающее, противовоспалительное и болеутоляющее средство — при ревматических болях, ушибах, дерматитах и др.

КАМФОРНЫЙ СПИРТ (лат. *spiritus camphoratus*) — 10%-ный раствор камфоры в 70%-ном этиловом спирте; прозрачная бесцветная жидкость с камфорным запахом. Применяется в медицинской практике наружно как раздражающее и антисептическое средство: для втирания при воспалительных процессах, ревматизме, вывихах, ушибах и параличах.

КАМЮ (фр. *Camus*) — название старейшей и авторитетной французской коньячной фирмы и одной из марок выпускаемого ею коньяка. Фирма основана в 1863 году, имеет собственные виноградные плантации и, по оценкам, выпускает около 20% мирового производства марочных коньяков.

КАНФАР — большой двуручный кубок на высокой ножке, широко использовавшийся для питья вина в Греции в VI—V веках до н.э. Считалось, что из него пьет вино бог виноделия Дионис. Изготавливался из обожженной глины или металла. При археологических раскопках Шлимана (1822—1890), открывшего материальные свидетельства Микенской эпохи (II тысячелетие до н.э.), был найден золотой канфар, принадлежность которого приписали Нестору — герою «Илиады» Гомера. Этот канфар так и фигурирует в музейных описаниях как «Кубок Нестора».

КАРАМЕЛЬ С ЛИКЕРНОЙ НАЧИНКОЙ — кондитерское карамельное изделие, начинка которого готовится с использованием ликера, коньяка, виноградных вин, наливок, настоек и спирта. Российские кондитеры выпускают, в частности, следующие сорта такой карамели: «Бенедиктин» (содержит 23,0 г ликера «Бенедиктин» и 4,0 г коньяка на 1 кг); «Вымпел» (12,6 г коньяка и 5,2 спирта на 1 кг); «Спотыкач» (29,8 г наливки «Спотыкач» и 8,8 г спирта); «Арктика» (25,3 г наливки «Запеканка» на 1 кг).

КАРАС — глиняный кувшин, издавна применяемый в Армении для брожения и хранения вина. Его вместимость достигает 3500 литров. Карасы с вином закрывают крышкой, устанавливают в подвалах или закапывают в землю.

КАРДИОМИОПАТИЯ АЛКОГОЛЬНАЯ (англ. *alcoholic cardiomyopathy*) — диффузное поражение сердечной мышцы, отмечаемое у лиц, злоупотребляющих алкоголем по меньшей мере на протяжении 10 лет. У пациентов обычно выявляются: недостаточность обоих желудочков сердца, одышка напряжения и в положении лежа (ночная одышка), отек лодыжек и увеличение живота в результате асцита. Типично нарушение сердечного ритма в форме фибрилляции предсердий.

КАРДИОПРОТЕКТОРНОЕ ДЕЙСТВИЕ АЛКОГОЛЯ — предполагаемое благоприятное действие умеренных доз алкоголя в сторону снижения риска ишемической болезни сердца и инфаркта миокарда. В ряде наблюдений над большими группами людей (в одном из них, в США в 1978—1985 годах, участвовало 129 170 чел.) было замечено, что смертность от этих причин выше у непьющих и чрезмерно пьющих и ниже — у пьющих умеренно (т.н. U-образная кривая зависимости смертности от дозы алкоголя). Объяснение этому заключается в том, что алкоголь способствует повышенному содержанию в крови «липопротеидов высокой плотности», которые снижают склерозирующий эффект холестерина.

По утверждению авторов одной из статей в американском медицинском журнале New England Journal Medicine, 2—3 рюмки коньяка или водки в день снижают вероятность инфаркта вдвое.

Медики давно обратили внимание на то, что в странах, где принято регулярно употреблять легкие — сухие и полусухие — виноградные вина, инфаркты встречаются реже (т. н. *французский парадокс* — см.). Однако пока нет единого согласия специалистов с этой точкой зрения. Нельзя сбрасывать со счету, что систематическое и длительное употребление алкоголя может вызвать такое специфическое поражение сердечной мышцы, как *алкогольная кардиомиопатия (АКМП)*, которая бывает причиной внезапной смерти от острой сердечной недостаточности.

КАРФОЛОГИЯ (греч. *karphologia* — собирание клочков) — прогностически важный симптом, предшествующий агонии. Характерны автоматизированные движения рук, как бы хватающих пролетающие снежинки или мелкие предметы. При этом отмечаются тяжелые расстройства сознания и нерезко выраженное возбуждение в пределах постели. Наблюдается при мусситирующем алкогольном делирии, в терминальной стадии тяжелых соматических заболеваний.

КАСКАД ШАМПАНСКОГО — был сооружен из 10 404 стандартных стеклянных бокалов для шампанского на высокой ножке, которые образовали 44 ступени высотой 7,52 метра и наполнялись шампанским сверху. Это достижение, попавшее в книгу рекордов Гиннесса, состоялось в 1984 году в отеле «Балтимор» в американском г. Лос-Анджелес.

КАУДАЛИЯ — единица измерения продолжительности сохранения впечатления от аромата и вкуса вина после его опробования. Выражается в секундах. Дегустатор делает небольшой глоток и регистрирует по секундомеру время, в течение которого сохраняются характерные обонятельные и вкусовые ощущения.

КАХЕТИНСКИЕ ВИНА — столовые сухие вина, получаемые из белых или красных сортов винограда путем сбраживания мезги (раздавленного винограда) вместе с гребнями (скелетной частью виноградной грозди). Благодаря высокому содержанию дубильных веществ в гребнях эти вина обладают повышенной терпкостью и своеобразным вкусом. Первоначально они изготовлялись только в Грузии (их название происходит от названия грузинской местности Кахети) по старинному способу: дробленый виноград вместе с гребнями помещали в зарытые в землю большие глиняные кувшины (квеври), в которых и проходило медленное брожение. В период брожения заложенную в кувшины массу помешивали 3—4 раза в день. Затем получившееся вино оставляли в кувшинах на 3—4 месяца и после самоосветления отделяли его от мезги. Наиболее известные кахетинские вина: белые — «Тибаани», «Телави», «Кахети», красные — «Саперави» и др.

КАШАСА (КАХАСА) — популярная бразильская водка, изготавливаемая из сахарного тростника. В отличие от изготовления рома, брожению подвергается не сахарная патока, а свежий сахарный тростник. Крепость 41% об.

Кашасу стали производить в Бразилии в большом количестве с начала XVIII века. Многие торговцы «живым товаром», привозивших в Южную Америку африканских рабов, предпочитали отдавать их не за деньги, а за бочонки кашасы.

В бразильском штате Пернамбуку есть музей кашасы, где собраны бутылки и бутыли из-под кашасы, с несколькими тысячами самых разных этикеток.

КВАРТА (англ. *quart*, от лат. *quarta* — четверть) — единица объема жидкостей в англоязычных странах. Составляет одну четверть галлона, или 2 пинты. Английская кварта равна 1,136 литра, американская — 0,946 литра. Прежняя русская мера жидкостей — кружка (1,23 л) — также иногда называлась квартой. Польская кварта равна 1 литру.

КВАС — русский национальный освежающий напиток, известный еще в Киевской Руси. Изготовляется из солода (ржаного и ячменного), ржаной муки или ржаных сухарей, сахара и воды с последующим спиртовым и молочнокислым брожением (молочнокислое брожение блокирует спиртовое при определенной концентрации спирта). Обычно в квасе содержится 1,2% алкоголя, в некоторых видах кваса крепость достигает 2,5%. Квас обладает приятным кисловато-сладким вкусом и ароматом ржаного хлеба, слегка насыщен углекислым газом. Используется не только как напиток, но и для приготовления холодных первых блюд: окрошки, свекольника и др. Существует специальный окрошечный квас — с меньшим количеством сахара, но с теми же 1,2% алкоголя. Известны также плодоягодные квасы — яблочный, лимонный, клюквенный, брусничный, малиновый и др.

КВАС ВИНОГРАДНЫЙ — прохладительный напиток, приготовленный из зеленых листьев и побегов винограда, удаляемых обычно при обработке кустов. В домашних условиях этот квас готовят следующим образом: листья и побеги винограда промывают 3—4 раза проточной водой, укладывают плотно в эмалированную посуду и заливают кипящей водой. Посуду закрывают крышкой и укутывают для сохранения тепла. Чрез 2—3 дня настой сливают в стеклянную бутыль, тщательно отжав листья и побеги, закрывают пробкой и дают отстояться. Жидкость сливают с осадка, добавляют сахар и изюм (на 10 л кваса — 400—500 г. сахара, 20—25 ягод изюма), хорошо перемешивают и укупоривают пробкой. Через 7—8 дней квас разливают в бутылки и пастеризуют (выдерживают в горячей воде при 60—70 градусах в течение примерно 5 минут), затем хранят в прохладном месте. Получа-

9 Зак. № 1055 Мирошниченко

ется вкусный освежающий напиток, содержащий большое количество витамина С; хорошо утоляет жажду в жаркую погоду.

КВЕВРИ — глиняный кувшин, издавна применяемый в Грузии, а также в других регионах Закавказья для брожения и хранения вина. Его вместимость доходит до 3500 литров. Квеври с вином обычно закапывают в землю, закрывают крышкой, которую покрывают землей или глиной. Квеври до сих пор используют в производстве кахетинских вин.

КВИНТЭССЕНЦИЯ — название, данное алхимиками открытому ими спирту, которому они приписывали особые животворные свойства. Буквально — это «пятая сущность» (лат. quinta essentia) в добавление к четырем другим «сущностям» (элементам), из которых, в соответствии с воззрениями Аристотеля, состоит мир. В современном русском языке «квинтэссенция» — основа, самая сущность чего-нибудь.

КВОТА НА ИМПОРТ АЛКОГОЛЯ — предельная величина общего годового объема алкогольных напитков и спирта для их производства, ввозимых из-за рубежа, которая устанавливается органами власти. Такая квота вводится обычно для ограждения отечественных производителей алкогольной продукции от иностранной конкуренции и для получения более высоких доходов в государственный бюджет (за счет удерживания высоких цен и налогов), а также с целью повлиять на уровень потребления алкоголя населением.

В России квота на импорт алкоголя была введена с 1 января 1997 года в размере 1 миллион декалитров пищевого спирта и 10 миллионов декалитров водки, что не превышает 3—4% от общей годовой легальной продажи крепких алкогольных напитков населению. В современных западноевропейских странах квоты на алкогольный импорт не применяются.

КЕЙФ (араб. «отдых», «приятное безделье») — состояние эйфории, довольства, комфорта, прилива сил, приятного самоощущения, большой легкости, сопровождающейся приятными иллюзорными переживаниями и фантазиями. В просторечии этим словом обозначают также эйфорию при алкогольном опьянении (Ср. жарг. — «поймать кейф (кайф)», т.е. приятно опьянеть).

КЕЛЬНЕР (нем. *Kellner*) — официант в пивной, ресторане и т.д.

КЕНКО СИМПТОМ — дрожание пальцев у больного, когда они разведены веерообразно и поставлены перпендикулярно на ладонь врача. Впервые описан французским врачом Шарлем Кенко (C. E. Quinquaud, 1841—1894) как признак алкоголизма.

КЕРОСИН (жарг.) — спиртное. Керосинить — пьянствовать.

КЕТОАЦИДОЗ (лат. *keto-acidosis*) — патологическое состояние, выражающееся в повышенной концентрации кетоновых тел (ацетоуксусной, бета-оксимасляной кислот и ацетона) в тканях и крови, что характерно для сахарного диабета, но может быть связано также с хроническим злоупотреблением алкоголем, особенно при плохом питании.

КЕФИР — кисло-молочный напиток, приготовляемый из коровьего молока с помощью закваски, содержащей особые кефирные грибки, которые вызывают молочно-кислое и спиртовое брожение молочного сахара. В свежем кефире содержится до 0,6% спирта, концентрация которого через несколько дней может превысить 1%. Это легко усваиваемый организмом ценный пищевой продукт, обладающий небольшим стимулирующим действием. Ему приписывают лечебные свойства, в частности, при туберкулезе и других грудных заболеваниях, а также при поражениях радиацией.

Из-за содержания в кефире некоторого количества спирта фанатичные сторонники трезвости в период антиалкогольной кампании 1985—1988 годов в СССР требовали от правительства наложения запрета на его производство. Они утверждали, что с помощью кефира в стране в течение многих лет совершается преступное «алкопрограммирование» населения, начиная с раннего детского возраста, ослабляя организм и закладывая склонность к будущему пьянству и алкоголизму. (Содержание спирта в одном литре кефира соответствует 20—25 граммам водки.)

КИДДУШ — ритуал в еврейской религии, совершаемый в начале праздника «саббат». Произносятся соответствующие священные тексты, включая просьбу к Всевышнему о благословении чаши с вином, которую затем по очереди распивают присутствующие. Дома слова киддуша произносит глава семьи за столом перед трапезой, а в синагоге — раввин или кантор, причем вино дают отпить по глотку всем присутствующим, включая детей.

КИКСОН — напиток, наподобие современного коктейля, употреблявшийся в Древней Греции. Представлял собой виноградное вино, приправленное медом, козьим сыром, ячменной мукой, а иногда также луком, солью и различными травами.

КИМОН (ок. 510—450 гг. до н.э.) — афинский государственный деятель и полководец, прославившийся, среди прочего, победами в войне с персами. Был родственником известного греческого историка Фукидида (460—396 гг. до н.э.). Греческий историк Плутарх (46—120 гг. н.э.) в своих знаменитых «Сравнительных жизнеописаниях» одну из глав посвятил Кимону. Он отмечает его талантливость в военных и гражданских деяниях, а также благородство, «достойное удивления». Добытое в войнах богатство Кимон тратил на всякие благодеяния. «Так, например, он велел снять ограды, окружавшие его владения, дабы чужеземцы и неимущие сограждане могли пользоваться плодами, а дома у себя приказывал ежедневно готовить обед, хотя и скромный, но достаточный для пропитания многих. Каждый бедняк, если хотел, приходил на обед и получал пищу и, не будучи вынужден зарабатывать себе на пропитание, мог заниматься только общественными делами».

Вместе с тем Плутарх отмечает, что Кимон «любил вино и веселье и подвергался нареканиям молвы из-за женщин», отличаясь «юношеской несдержанностью образа жизни». Однако Кимон, как и подобает полководцу, умер в военном походе, не предавшись под конец жизни, как иные, «праздности». Плутарх, оспаривая выпады критиков Кимона, высказывает такое соображение: «Если Кимон, будучи беспечным пьяницей, взял столько городов и одержал столько побед, то не ясно ли, что, будь он воздержан и бдителен, ни до него, ни после него не нашлось бы грека, превзошедшего его подвигами?»

КИНДЕРБАЛЬЗАМ (нем. *Kinderbalsam* — букв. «детский бальзам») — популярное в старину лекарство — как в европейских странах, так и в России. Оно применялось населением, особенно в сельской местности, где не было врачей, при всевозможных легких недомоганиях. Это был спиртовый раствор набора эфирных масел: мускатного, лавандового, лимонного, гвоздичного, укропного, коричного, кудрявой мяты и мелиссы. Суммарное количество этих компонентов составляло от 0,5 до 2%. Лечебная доза — 30—60 капель на прием. Будучи относительно недорогим, киндербальзам, помимо медицинского, находил еще одно применение: для опохмелки у пьяниц, когда трудно было раздобыть спиртное.

КИРШВАССЕР (нем. *Kirschwasser*) — 1. Вишневая водка, популярная в Германии. Изготавливается путем перегонки перебродившего сусла из мелких черных (южно-германских) вишен вместе с косточками. Относится к классу плодово-ягодных бренди.

2. Вишневая наливка, вишневка.

КИСЛЫЕ ЩИ — русский народный напиток, разновидность кваса. Готовится из смеси ржаного и ячменного солода и пшеничной муки. Подобно квасу, этот напиток насыщен углекислым газом, обладает приятным вкусом и освежающим действием. Содержит до полутора процентов алкоголя.

В старой России он был весьма популярен и в простом населении, и среди знати. Писатель В.А. Гиляровский (1853—1935) в своих знаменитых очерках-воспоминаниях о старой Москве «Москва и москвичи» поясняет молодому читателю, что кислые щи —

это очень острый квас, так сильно газированный, что его приходится разливать в бутылки из-под шампанского, чтобы он их не разорвал.

Н.В. Гоголь в «Мертвых душах» описывает, как закончил свой первый день в губернском городе Чичиков: «День, кажется, был закончен порцией холодной телятины, бутылкой кислых щей и крепким сном...»

Есть предположение, что ироническое выражение «профессор кислых щей» имеет в виду не суп с капустой, а соответствующий напиток.

КЛАРЕТ (фр. *Claret*) — 1. *разновидность аперитива* (см.), приготавливаемого на яблочном спиртованном соке и настое аниса, полыни, кориандра, мускатного цвета, имбиря. Имеет травянисто-зеленый цвет, пряный слегка жгучий вкус, сложный аромат с запахом аниса. Содержание спирта 35%, сахара — 16%.

2. Легкие светлые красные вина типа «бордо».

КЛЕЙ БФ — клеящее средство, широко применяющееся в российской промышленности, которое представляет собой фенольно-формальдегидные смолы и поливинилацетат, растворенные в этаноле, ацетоне и хлороформе. Клей БФ довольно часто выполнял роль заменителя алкогольных напитков (алкогольного суррогата) в период антиалкогольной кампании в России 1985—1988 годах, особенно среди промышленных рабочих, как для опьянения, так и с целью опохмеления. (Он получил среди пьяниц ироническое название «Борис Федорович».) Пьющими БФ были придуманы примитивные приемы отделения вязкой массы клея от растворителей, хотя часть ее все-таки остается в выпиваемой жидкости.

Клей БФ вызывает молниеносное опьянение («одурение»), для которого характерна своеобразная разорванность речи. Фразы не связаны одна с другой, координация движений расстраивается в большей степени, чем от водки. Сравнительно быстро наступает тяжелая сонливость (сомноленция), причем у некоторых — почти мгновенно, у части пьющих — состояние, напоминающее сопор. Пьющие, как правило, осведомлены (по собственному опыту или со слов других), что БФ можно пить только небольшими дозами, иначе грозит сильное отравление вплоть до смертельного. У большинства первый прием БФ вызывает рвоту.

Абстинентное состояние после клея БФ особенно тяжелое. Как правило, наблюдаются тошнота, изнуряющая рвота и разнообразные соматовегетативные расстройства. Выражены беспричинная тревога, гипотимия вплоть до депрессии с суицидальными мыслями (и поступками), дисфорические явления. Опохмеление вначале вызывает рвоту независимо от принимаемого напитка. Если прием клея БФ продолжается 2—3 дня, по утрам появляется запах резины изо рта, слизь белого цвета на веках. Пьющие жалуются, что глаза краснеют, болят и слезятся. Абстиненция в таких случаях становится витально непереносимой, и приходится прибегать к неотложной помощи и госпитализации.

КЛИНТОН БИЛЛ (род. в 1946 г.) — 42-й президент США (с 1993). В ходе предвыборной борьбы, по традиции очень шумной и бурной, за пост президента США средства массовой информации высвечивают до мелких подробностей все стороны биографии претендентов, в том числе отношения со спиртным. О Клинтоне избиратель узнал, что он хотя и не трезвенник, но пьет умеренно. Предпочитает пиво, пьет его с гостями или летом в жару, после купания. По словам матери, такая сдержанность у него развилась, возможно, в результате невеселых детских впечатлений от буйствовавшего во хмелю отца, а также как реакция на неумеренно пившего брата Роджера, которого даже арестовывали за езду в пьяном виде. Мать сообщила, что в больших количествах президент пьет простую воду — «галлонами каждый день».

«КНИГА ВМЕСТО ВОДКИ» — антиалкогольная Всероссийская лотерея, проведенная «Обществом борьбы с алкоголизмом» в 1929—1930 годах. Было выпущено 2 миллиона красивых черно-зеленых билетов достоинством 30 копеек. На билете было изображение книг (в стопке и раскрытых) и других принадлежностей культуры, на отдельном рисунке — мускулистая рука с молотом, разбивающая бутылку с водкой, вдоль края билета лозунг: «Долой алкоголизм!» Каждый билет был беспроигрышным, размер выигрыша от 25 копеек до 200 рублей. На выигрыш можно было самому выбрать книгу, библиотечку или многотомное издание.

КОБЛЕР — коктейль, приготавливаемый из крепкоалкогольных напитков или вин, ликеров и фруктовых соков. От других смешанных спиртных напитков его отличает то, что он ничем не разбавляется и содержит много фруктов и ягод. Все составные части вливают в стакан типа «коллинз», заполненный на 2/3 измельченным льдом, перемешивают и украшают фруктами. Подают с соломинкой и длинной чайной ложкой или вилкой для фруктов.

«КОКТЕЙЛИ ЕРОФЕЕВА» — фантастические рецепты напитков из гротескной повести Венедикта Ерофеева (1938—1990) «Москва-Петушки» (1970). Фантазии Ерофеева своеобразно отражают советскую реальность, в которой он жил и в которой не на что было опереться человеческому достоинству и индивидуальности. Ни в одной стране западного мира даже опустившиеся алкоголики не пьют одеколон, лаки, средства от потливости ног или другие спиртосодержащие тошнотворные и ядовитые жидкости, когда в кармане нет денег на покупку нормального алкогольного напитка. В СССР их пили не только алкоголики, но молодые и даже образованные люди, особенно в 60—80-е годы, когда то и дело затевалась очередная казенная демагогическая возня против пьянства и пьющих и создавались всевозможные препятствия к приобретению обычных спиртных напитков (впрочем, в России 90-х годов по-прежнему не является редкостью употребление для опьянения алкогольных суррогатов, от которых только в 1995 г. погибли 43,5 тыс. чел.). Рецепты Ерофеева, которые являются остроумной пародией на такие суррогаты, лучше привести в контексте его повести — устами его героя.

«У меня богатый опыт в создании коктейлей. По всей земле от Москвы до Петушков (родной городок Ерофеева в 120 км от Москвы) пьют эти коктейли до сих пор, не зная имени автора... и правильно делают, что пьют... Пить просто водку, даже из горлышка, — в этом нет ничего, кроме томления духа и суеты. А вот выпить стакан «Ханаанского бальзама» — в этом есть и каприз, и идея, и пафос, и сверх того еще метафизический намек. Короче, записывайте рецепт... Денатурат — 100 г //Бархатное пиво — 200 г //Политура очищенная — 100 г.

...У меня было так: я выпил целый флакон «Серебристого ландыша» (одеколон), сижу и плачу... И как мне смешон поэтому тот, кто, приготовляя коктейль «Дух Женевы», в средство от потливости ног добавляет «Ландыш серебристый»! Слушайте точный рецепт: Белая сирень (одеколон) — 50 г // Средство от потливости ног — 50 г // Пиво жигулевское — 200 г // Лак спиртовой — 150 г. Но если человек не хочет зря топтать мироздание, пусть он пошлет к свиньям «Ханаанский бальзам» и «Дух Женевы»... и приготовит себе «Слезу комсомолки». Пахуч и странен этот коктейль... Пьющий просто водку сохраняет и здравый ум, и твердую память или, наоборот, теряет разом и то, и другое. А в случае со «Слезой комсомолки» просто смешон: выпьешь ее сто грамм, этой слезы, — память твердая, а ума как не бывало. Выпьешь еще сто грамм — и сам себе удивляешься: откуда взялось столько здравого ума? И куда девалась вся твердая память? Даже сам рецепт «Слезы» благовонен. А от готового коктейля, от его пахучести, можно на минуту лишиться чувств и сознания. Я, например, лишался: Лаванда (одеколон) — 15 г // Вербена (духи) — 15 г // Лесная вода (лосьон) — 30 г //Лак для ногтей — 2 г // Зубной эликсир (75% спирта) — 150 г // Лимонад — 150 г.

Но о «Слезе» довольно. Теперь я предлагаю последнее и наилучшее... коктейль «Сучий потрох», напиток, затмевающий все. Это уже не напиток — музыка сфер. Что самое прекрасное в мире? Борьба за освобождение человечества. А еще прекраснее вот что (записывайте): Пиво жигулевское — 100 г // Шампунь «Садко-богатый гость» — 30 г // Резоль для очистки волос от перхоти — 70 г // Тормозная жидкость — 35 г // Клей БФ — 12 г // Дезинсекталь для уничтожения мелких насекомых — 20 г. Все это настаивается на табаке сигарных сортов — подается к столу...

Итак, «Сучий потрох» подан на стол. Пейте его с появлением первой звезды большими глотками. Уже после двух бокалов этого коктейля человек становится настолько одухотворенным, что можно подойти и целых полчаса с расстояния полутора метров плевать ему в харю. И он ничего тебе не скажет».

Повесть «Москва-Петушки» долгое время была в списке запрещенной литературы, но она переписывалась, перепечатывалась многими людьми на машинке, ею зачитывалась студенческая молодежь и интеллигенция, и она стала известна всей стране, а потом всему миру, задолго до того, как появилась в легальной печати в родной стране (1988).

КОКТЕЙЛЬ (англ. *cocktail*, букв. — петушиный хвост) — охлажденный напиток, представляющий собой смесь вина (или другого спиртного напитка), сока с сахаром, ягодами, пряностями и др. добавками. За рубежом, а последнее время в России популярны, в частности, такие коктейли как джулепы, кобблеры, сангари, санди и др. Коктейли бывают крепкими и десертными. Их смешивают в миксере (наиболее легко и быстро), в специальном сосуде — шейкере или непосредственно в бокале либо фужере.

Существует ряд версий происхождения коктейля. По одной из них он появился более двухсот лет назад, на петушиных боях, которые устраивали в Америке переселенцы из Испании и Португалии. В пылу азарта болельщики смешивали для выпивки все, что попадало под руку. Получавшуюся пеструю смесь они называли «петушиным хвостом».

По другой версии напиток с таким названием появился впервые в войсках Джорджа Вашингтона во время войны с Великобританией за независимость. Его приготовила однажды известная маркитантка Элизабет Фленеган, смешав ром, виски и соки, и поднесла на бивуаке офицерам. Бокалы со смесью были украшены яркими петушиными перьями. Один из офицеров, француз по происхождению, поднимая бокал, воскликнул: «Да здравствует петушиный хвост!»

КОКТЕЙЛЬ-ГИГАНТ — самый большой в мире и пригодный для питья был приготовлен в объеме 5080 литров в испанском городе Беналмадена-Коста в 1991 году. В его состав входили джин, лимонный и апельсиновый соки, банановый ликер и гранатовый сироп.

КОКТЕЙЛЬ «ДЬЯВОЛЬСКИЙ» — получают смешиванием 250 мл пива, 10 мл рома, щепотки соли и щепотки черного перца. Разлитую по фужерам смесь украшают ломтиком лимона и посыпают молотым кофе.

КОЛЕР САХАРНЫЙ — распространенный в изготовлении алкогольных напитков безвредный краситель, получаемый из сахара путем нагревания с небольшим количеством воды до 160—180°С. Нагревание осуществляется обычно в медной посуде, в результате получается вязкая жидкость типа карамели, хорошо растворимая в воде, которая придает алкогольным напиткам (коньякам, винам и др.) окраску от янтарного до темно-коричневого или усиливает их исходный цвет.

КОЛЛЕКЦИОННЫЕ ВИНА — марочные вина особенного качества, которые после определенного срока выдержки в бочках (бутах, цистернах) выдерживаются дополнительно не менее 3 лет в бутылках. Для этого на винодельческих предприятиях создаются специальные хранилища, которые являются одновременно коллекционными фондами, или *энотеками* (см.). В них на длительное время закладываются вина, полученные из винограда, выращенного на различных участках, особых сортов или при особых погодных условиях. Эти вина имеют большую научную, коммерческую и историческую ценность, являются эталонами для виноделов на конкурсах вин. Часть коллекционных вин по мере выдержки поступает в продажу.

Продолжительность выдержки вина различна для разных вин. Меньше всего она у белых сухих вин, красные выдерживаются дольше. Десертные сладкие вина сохраняют хорошие качества до 18 лет. Очень сладкие, например, малага, сохраняют прекрасный вкус десятки лет.

При длительном хранении вина на стенках бутылки (она лежит на боку) образуется пленка (рубашка) и осадок (отлежка). Это не значит, что вино испортилось — это нормальное явление в процессе старения. Если осадок рыхлый и при изменении положения мутит вино, то перед потреблением вина его осторожно декантируют, т.е. сливают с осадка в новую бутылку. Для этого имеются даже специальные машинки.

Ошибочно утверждение, что вино с возрастом делается крепче. Наоборот, содержание спирта даже в герметически закупоренной посуде с возрастом уменьшается, что связано, в частности, с окислением и эфирообразованием. Однако одновременно вино становится более качественным благодаря образованию различных летучих и иных веществ, придающих исходному вину новые оттенки.

На аукционах коллекционные вина могут получить исключительно высокую цену.

КОЛЬЕРЕТКА — декоративная наклейка, которая наклеивается на плечико бутылки с высококачественным вином или коньяком. Имеет определенную конфигурацию, служит украшением и одновременно несет нужную информацию, в частности, о сроке выдержки напитка. Кольеретка на бутылках с игристыми винами закрывает нижний край фольги.

КОМА АЛКОГОЛЬНАЯ (лат. *coma alcoholicum*) — полная потеря сознания с утратой реакций на внешние раздражители и расстройством регуляции жизненно важных функций, вызванная высокой концентрацией алкоголя в крови при тяжелой степени опьянения. Угроза комы наиболее высока при концентрации алкоголя в крови выше 0,4%, но может развиться и при более низких концентрациях в зависимости от особенностей состояния организма и присутствия в крови некоторых других активных веществ, обладающих суммирующим (аддитивным) или усиливающим (синергическим) действием по отношению к действию алкоголя.

КОНДРАТЬЕВ ИВАН КУЗЬМИЧ (1849—1904) — русский писатель, автор пьес, бытовых очерков и стихов. Сейчас наиболее известны его книга «Седая старина Москвы» (переиздана в Москве в 1996 г.) и стихотворение «По диким степям Забайкалья», ставшее популярной народной песней.

Его имя довольно часто упоминается в разнообразных мемуарах и очерках о московской жизни конца XIX века — как знаменитого в то время «пьяницы». Знаменитой в связи с этим была и его квартира в мансарде дома на Каланчевской улице, которую он снимал со второй половины 80-х годов, где очень часто можно было застать пеструю загулявшую компанию журналистов, литераторов, артистов и т.п. («дружескую компанию с Каланчевки»). Несколько лет подряд постоянными собутыльниками Кондратьева были художник А.К. Саврасов (автор известной картины «Грачи прилетели») и писатель *Н.В. Успенский* (см.), которые почти ежедневно собирались на его квартире «на водочку», но нередко пили и чистый спирт. Квартира представляла собой чердачную комнату с низким потолком и скудной меблировкой, но примечательными были ее стены: они были расписаны черным углем по побелке рукой Саврасова.

Судя по мемуарам, Кондратьев относился к своим «верным» собутыльникам грубовато, без излишних сантиментов. Так, когда Успенский признался ему, что он хочет покончить со своей беспросветной жизнью и попросил одолжить бритву, Кондратьев посоветовал ему купить дешевый ножичек, которым можно прекрасно зарезаться вместо бритвы. Успенский вроде бы так и сделал, во всяком случае через несколько дней полиция нашла его в одном из московских переулков с перерезанным горлом (в 1889). Весной 1904 года Кондратьев был жестоко избит в пьяной драке и через несколько дней скончался на больничной койке.

КОНКУРСЫ ВИН — национальные или с участием различных стран, устраиваются для сравнительной оценки вин и коньяков (бренди). Страны, являющиеся членами Международной организации виноградарства и виноделия, периодически устраивают международные конкурсы вин. Оценка качества напитков производится методом «закрытой дегустации» по установленным правилам, предусматривающим штрафные баллы. При минимальном числе набранных штрафных баллов напитки награждаются Большим почетным дипломом, Почетным дипломом и Дипломом участия. В свою очередь, напитки, отмеченные Большим почетным дипломом, удостаиваются Большой золотой, золотой или серебряной медали.

Один раз в 4 года проводятся всемирные конкурсы вин. На них представляются напитки, изготовленные из винограда, выращенного только на территории страны — производителя данного напитка. Первый международный конкурс вин состоялся в 1955 году в Любляне (Югославия), первый всемирный — в 1972 году в Будапеште. В СССР международные конкурсы вин проводились в Тбилиси (1965) и Ялте (1970).

КОНФАБУЛЯЦИИ (лат. *Confabulari* — болтать, рассказывать) — разновидность ложных воспоминаний, «галлюцинации воспоминания». Больные сообщают о вымышленных событиях, в действительности не имевших места в период, о котором идет речь. Характерны для одной из форм алкогольных энцефалопатий — *Корсаковского психоза* (см.).

КОНФЕТЫ С ЛИКЕРНОЙ НАЧИНКОЙ — имеют начинку, при приготовлении которой используются спирт и спиртные напитки (ликер, коньяк, вино, ягодные настойки), а также сахар, фруктово-ягодное пюре, ванилин и др. Сверху обычно покрываются шоколадной глазурью. Обладают приятным, обычно винным или спиртовым, ароматным вкусом. В России выпускаются, в частности, следующие сорта: «Вишневый ликер» (содержит 90,7 г вишневой настойки на 1 кг); «Медный всадник» (18,1 г коньяка, 54,2 г портвейна и 18,1 г спирта на 1 кг); «Шоколадные бутылочки с ликером» (122,0 г коньяка и 39,1 г спирта на 1 кг); «Язычки с ликером» (10,8 г вина «Мадера», 13,4 г вишневой настойки и 29,2 г спирта на 12 кг).

КОНЦЕПЦИЯ АЛКОГОЛИЗМА КАК БОЛЕЗНИ (англ. *disease concept of alcoholism*) — представление об алкоголизме как о специфическом заболевании в клиническом смысле этого слова, в противоположность взглядам на алкоголизм как на дурную привычку, моральную распущенность, асоциальное поведение и т.п. Концепция болезни делает принципиальное различие между обычным систематическим пьянством, которое может быть прекращено пьющим самостоятельно в любое время, и наличием систематически обостряющегося логического влечения к алкоголю, для преодоления которого требуется специальная медицинская или медико-психологическая помощь.

Несмотря на отдельные высказывания, что алкоголизм является медицинской проблемой (T. Trotter, 1804; M. Huss, 1852), в XVIII—XIX веках господствовал морально-этический подход к его объяснению и преодолению. «Алкоголик» был полным синонимом «пьяницы», и если признавалось наличие у него специфических болезненных расстройств в связи с алкоголем, то одновременно утверждалось, что «хотя это и болезнь, но вызванная по собственному желанию, а поэтому все равно не болезнь». Еще в конце XIX века существовала точка зрения, что следует прекратить прием в больницы пьяниц, поскольку «это последние люди, которыми следует заниматься» (Тодд, 1882).

Достаточно полное и всестороннее обоснование медицинская концепция алкоголизма получила лишь к середине XX века, и прежде всего благодаря трудам *Джеллинека* (*E. M. Jellinek*) (см.). Он четко очертил круг основных клинических признаков, определяющих синдром физической зависимости от алкоголя и позволяющих считать алкоголизм самостоятельной нозологической категорией (повышение толерантности, потеря контроля, синдром похмелья). Более того, он разработал подробную классификацию алкоголизма, а его монография «Концепция алкоголизма как болезни» («Disease concept of alcoholism», 1960) стала классической.

КОНЬЯК (фр. *cognac*) — крепкий алкогольный напиток, изготовляемый из *коньячного спирта* (см.), который получают перегонкой белого сухого вина и подвергают затем выдержке в дубовых бочках или цистернах, загруженных дубовой клепкой. В процессе выдержки, которая длится от 3 до 15 лет и более, коньячный спирт (имеющий крепость 65—70%) обогащается дубильными и другими веществами и приобретает характерные для коньяка вкус, букет и цвет.

При изготовлении коньяка коньячный спирт разводят дистил-

Коньячная рюмка известной французской фирмы «Verrerie Cristallerie d·Arques»

лированной или умягченной водой — до крепости, чаще всего, 40—45%, примешивая некоторые небольшие добавки, в зависимости от марки коньяка. Полученный коньяк в свою очередь подвергается выдержке (т.н. «отдыху») в дубовой таре сроком от 3 до 12 месяцев, прежде чем быть разлитым в бутылки для продажи (см. *Отдых коньяка*).

Коньяки подразделяются на ординарные, марочные и коллекционные. Ординарные коньяки готовят из коньячных спиртов, выдержанных не менее 3,4 или 5 лет (возраст обозначается звездочками). Марочные коньяки готовят из коньячных спиртов, имеющих выдержку от 6 до 50 лет. Они подразделяются по срокам выдержки коньячного спирта на КВ (коньяк выдержанный), КВВК (коньяк выдержанный высшего качества) и КС (коньяк старый). Коллекционные коньяки готовят из марочных коньяков, которые подвергаются дополнительной выдержке в дубовых бочках не менее 3 лет.

Считают, что в небольших дозах коньяк благоприятно действует при некоторых заболеваниях. Наличие в коньяке таннина способствует усилению в организме человека действия витамина С, активному выделению желудочного сока, оказывает стимулирующее действие. В отличие от водок и горьких настоек, нередко отрицательно действующих на кровеносные сосуды (возможны спазмы), коньяк обладает сосудорасширяющим свойством. Небольшое количество коньяка (20—25 г), добавленного в чай, вызывает благотворное потоотделение. (См. также *Коньяка история*.)

КОНЬЯКА ИСТОРИЯ — началась в 1701 году, в городе Коньяк (Cognac), в 500 километрах от Парижа, где было налажено производство алкогольного напитка, получившего свое название по имени города. Местные виноделы и виноторговцы искали способы обойти высокие налоги на белые столовые вина, которые они вывозили в большом количестве в Англию, Швецию, Норвегию и Финляндию. Они решили сократить объем своего товара (налоги взимались с объемов) за счет перегонки вина, с тем чтобы разбавлять полученный высокоградусный продукт водой на месте доставки. Однако перегнанная жидкость в результате хранения в бочках из дуба, произрастающего в лесах французской провинции Лимузен, превратилась в оригинальный алкогольный напиток, который понравился самим производителям. Это объяснялось тем, что продукт перегонки вместо сивушного запаха приобрел тонкий аромат дуба. Говорят, что новый напиток стал особенно популярным после того, как его попробовал и оценил король Людовик XIV. Скоро коньяк стал известен во всем мире, а такие его марки, как «Мартель», «Габой», «Фин-Шампань», «Ремп-Мартен», «Курвуазье», «Наполеон», «Бранд», «Камю» и другие, стали знаменитыми.

Основатель знаменитого коньячного дома Ричард Эннеси (1724—1800)

В России производство коньяков началось в конце XIX столетия в районах Закавказья в 1888 году — в Тифлисе, в 1889 году — в Ереване. В 1980-х годах в СССР на 34 коньячных заводах (в Ереване, Тбилиси, Баку, Дербенте, Кизляре, Одессе, Тирасполе, Бельцах) производились коньяки 88 наименований общим объемом около 600 миллионов литров.

Следует учитывать, что использовать название «коньяк» для этого напитка в международной торговле может только Франция, где оно было официально зарегистрировано еще в 1909 году. В других странах он идет под общим названием «бренди».

КОНЬЯКИ АЗЕРБАЙДЖАНА — отличаются сильным ароматом, ванильными тонами, повышенной насыщенностью экстрактивными веществами. Среди марочных известны: «Гянджа» (6—7 лет), «Гек-Гель» (6—8 лет), «Баку» (10 лет), «Азербайджан» (10 лет), «Юбилейный» (10 лет), «Москва» (10 лет).

КОНЬЯКИ АРМЕНИИ — имеют сильный аромат и в большинстве своем насыщены дубильными веществами. Коньячные виноматериалы готовятся из европейских сортов винограда, выращиваемого в Армении. Используется родниковая вода из Катнахбюрского источника вблизи Еревана. Среди марочных известны: «Ани» (5—6 лет), «Армения» (10 лет), «Ахтамар» (10 лет), «Отборный» (10 лет), «Юбилейный» (10 лет), «Праздничный» (15 лет), «Васпуракан» (18 лет), «Наири» (20 лет). Из содержащих меньше дубильных веществ — «Двин» (10 лет) и «Ереван» (10 лет).

Промышленное производство коньяка в Армении началось в 1889 году на ереванском заводе, принадлежащем купцу Таирову. Технологию его изготовления наладил Мугинян, который прошел долгий курс обучения во Франции. Через несколько лет завод перешел в руки купца Шустова, поставщика императорского двора. Именно тогда, на стыке веков, был сформирован уникальный вкус армянских коньяков с их характерными бархатистыми розово-шоколадными тонами.

Каждый армянский коньяк имеет свою историю, свой особенный вкус и букет и даже свой «фирменный тост». Например, коньяк «Армения» традиционно пьют за родину гостей, «Двин» — в честь столицы гостей, «Ахтамар» — в честь влюбленных, «Праздничный» — за женщин, «Васпуракан» — когда отмечают чье-то совершеннолетие. Самый старый коньяк «Наири» армяне пьют за свою родину. (Наири — это название Армении дохристианского периода.)

Коньяк пятнадцатилетней выдержки «Праздничный», созданный в 1957 году, армянские виноделы посвятили женщинам и назвали сначала «Десертным». Они приехали с ним в Москву и предложили попробовать его А.И. Микояну, тогдашнему председателю Президиума Верховного Совета СССР. Коньяк Микояну понравился, но название он забраковал. «Все коньяки десертные, — сказал Микоян. — А что такое женщина в жизни мужчины? Настоящий праздник!» Тогда и решили назвать коньяк «Праздничным». В дальнейшем он получил на конкурсах 10 золотых медалей и 2 серебряные.

КОНЬЯКИ ГРУЗИИ — по сравнению с азербайджанскими и армянскими менее насыщены дубильными веществами, более легкие по вкусу, со свежими, цветочными тонами. Среди марочных известны: «Варцихе» (6—7 лет), «Греми» (8—10 лет), «Казбеги» (10 лет), «Энисели» (12—14 лет), «Тбилиси» (17—20 лет), «Сакартвело» (20—25 лет), «Вардзия» (20—25 лет), «Юбилейный» (около 50 лет). В состав коньяка «Юбилейный» входят коньячные спирты из винограда урожая 1905 (30%), 1915 (20%) и 1925 (50%) годов.

КОНЬЯКИ ДАГЕСТАНА — имеют сильный аромат, ванильные тона, повышенное содержание экстрактивных веществ. Среди марочных известны: «Дербент» (6—7 лет), «Лезгинка» (6—7 лет), «Каспий» (8 лет), «Кизляр» (10 лет), «Нарын-Кала» (10—12 лет), «Дагестан» (13 лет), «Россия» (15 лет).

КОНЬЯКИ МОЛДАВИИ — имеют гармоничный вкус, тонкий ванильный аромат, своеобразный букет, менее насыщены дубильными веществами, чем азербайджанские и армянские. Коньячные материалы готовятся из европейских сортов винограда, выращиваемого в Молдавии. Среди марочных известны: «Белый Аист» (3—5 лет), «Молдова» (7 лет), «Нистру» (7—8 лет), «Дойна» (8—10 лет), «Букурия» (10 лет), «Сюрпризный» (10 лет), «Кишинев» (10—12 лет), «Праздничный» (12 лет), «Лучезарный» (13—14 лет), «Солнечный» (18—20 лет), «Кодру» (20 лет).

КОНЬЯЧНЫЙ СПИРТ — спирт, получаемый путем перегонки коньячного материала, представляющего собой сухое белое виноградное вино из определенных сортов винограда («Ркацители», «Алиготе», «Сильванер», «Сент-Эмильон», «Коломбар» и др.) и подвергнутый затем длительной выдержке в дубовых бочках. Крепость — 60—70% об. Предназначен для изготовления из него коньяка. Спирт, только что полученный перегонкой вина, бесцветен, малоароматичен и резок на вкус. Благодаря длительной выдержке (от 3 до 15 лет и более) в дубовой таре (см. *Выдержка коньячного спирта*), его вкус смягчается и развивается тонкий приятный букет. Именно после выдержки он получает основания называться коньячным спиртом. Его вкус и букет передаются получаемому из него коньяку.

Коньячный спирт 3—5-летней выдержки отличается сложным букетом, чаще с цветочно-фруктовым оттенком, и несколько резковатым вкусом. Из такого спирта готовят ординарные коньяки.

С увеличением срока выдержки в букете усиливаются цветочные, ванильные, смолистые тона; в очень старых коньячных спиртах появляются шоколадные и другие тона. Из коньячного спирта с выдержкой от 6 до 50 лет готовят марочные коньяки. (См. *Коньяк*).

КОРСАКОВСКИЙ ПСИХОЗ (синонимы: *болезнь Корсакова, алкогольный паралич, полиневрический психоз*) — вариант острой алкогольной энцефалопатии, развивающейся обычно после атипичного алкогольного делирия в основном у лиц пожилого возраста. Характеризуется сочетанием полиневрита с различно выраженной атрофией мышц конечностей, ослаблением или отсутствием сухожильных рефлексов и психическими изменениями в виде триады симптомов: амнезия, дезориентировка и конфабуляции. Наряду с фиксационной амнезией, страдает в той или иной мере память на события, предшествующие заболеванию (ретроградная амнезия), продолжительностью от нескольких недель до многих лет. Конфабуляции проявляются в рассказах больного о якобы только что происшедшем с ним событии, обычно о каком-либо случае из обыденной жизни или профессиональной деятельности, которого на самом деле не было.

Течение болезни в легких случаях может быть регредиентным, с относительным улучшением психического состояния в течение года; иногда даже возможно выздоровление. В более тяжелых случаях формируется слабоумие. В наиболее злокачественно протекающих случаях возможен смертельный исход вследствие геморрагий, приводящих к обширным размягчениям в полушариях головного мозга. Патологоанатомически определяются диффузные изменения в нервных клетках, их гибель (особенно в III корковом слое), мелкие кровоизлияния в коре, стволе мозга, вокруг III желудочка, в спинном мозге и периферических нервах.

КОРЧЕМСТВО — в старой Руси тайное приготовление, привоз и продажа алкогольных напитков, прежде всего, хлебного вина (водки), при казенной или откупной торговле ими. Оно могло быть наказано как уголовное преступление. Термин «корчемство» присутствовал в российском законодательстве до середины XIX века.

С корчемством, перебивающим «питейный» доход у казны, российские власти стали упорно бороться еще с XVI века. Существовали даже особые учреждения для его предупреждения и преследования: корчемная стража, корчемные конторы и во главе их корчемная канцелярия. Для недопущения корчемства при въезде в город создавались заставы с воинскими командами, города даже окапывались рвами и обносились валами. Этим было вызвано, между прочим, обнесение Москвы Камер-Коллежским валом, на котором стояла стража.

Наказания включали: штрафы, порку кнутом, конфискацию имущества, ссылку, в том числе в работы на горные заводы, а также круговую ответственность селения за недонесение о жителе, занимающемся корчемством. В Уложении 1649 года (своде законов), принятом при царе Алексее Михайловиче, было предусмотрено даже применение пытки к покупателю «корчемного» напитка для того, чтобы он выдал «корчемника». Однако риск сурового наказания не останавливал широкого распространения корчемства в России. «Корчемствовали» даже солдаты.

В истории зафиксирован, например, такой наглядный эпизод, относящийся к XVII веку. «Однажды в Москве узнали, что в Немецкой слободе в известном доме солдаты держат (продают) вино. Подъячий с отрядом стрельцов явился на выимку и нашел вино, хотя солдаты успели спрятать его в саду. Стрельцы взяли вино, захватили и несколько солдат: но прибежали другие солдаты, освободили товарищей, отняли вино и протолкали стрельцов до городских ворот. Тут к стрельцам пришла подмога, и солдаты, в свою очередь, принуждены были бежать; но скоро и они получили подкрепление, солдат набралось 800 человек, стрельцов было 700, и произошел бой».

КОРЧМА — общественное питейное заведение у славян, возникшее задолго до появления водки. В корчме собирались не только для того, чтобы выпить и поесть, здесь за чашей пива или хмельного меда можно было поговорить о делах, обсудить последние новости, послушать музыку и певцов. Тут же зачитывались народу указы властей, а нередко судьи правили суд. (Одна из сцен трагедии А.С. Пушкина «Борис Годунов» происходила в корчме.) Корчма могла служить также постоялым двором и иметь помещения для приезжих, сараи для лошадей, возов, фуража. В XIX—XX веках это название подобных заведений сохранилось в основном на Украине, в Белоруссии, Польше. В центральной и северной России оно соответствовало кабаку или трактиру.

КОСОБОКАЯ БУТЫЛКА — используется старинной французской винодельческой фирмой «Жан Поль Шене» для своих вин в качестве фирменной приметы. Фирма дает этому такое объяснение. Однажды королю Людовику XIV (1638—1715) подали к обеду бутылку вина «Жан Поль Шене». Вино было превосходным, однако бутылка оказалась слегка кособокой (в те времена — в XVII веке — бутылки изготовлялись стеклодувами вручную). Недовольный король потребовал к себе виноторговца, который не растерялся и сказал: «Она склонилась перед Вашим блеском». Государь был польщен, а фирма «Жан Поль Шене» с тех пор разливает вино в бутылки, которые умышленно делаются для этой фирмы кособокими.

КОСТРОВ ЕРМИЛ ИВАНОВИЧ (1750—1796) — русский поэт, автор первого стихотворного перевода на русский язык «Илиады» Гомера. Был в дружеских отношениях со многими выдающимися современниками, в том числе с А.В. Суворовым, с издателем и просветителем Н.И. Новиковым, писателем Н.М. Карамзиным. Родился в крестьянской семье, учился в семинарии, Славяно-греко-латинской академии, затем в Московском университете.

Имел чрезмерное пристрастие к алкоголю, от которого тщетно пытались его избавить многочисленные друзья и покровители. В связи с выпивкой с Костровым приключались всевозможные истории, которые становились широко известными. Одна из них была приведена в журнале «Современник» (1850). Однажды императрица Екатерина II, прочитав его перевод «Илиады», пожелала видеть Кострова и поручила графу Шувалову привезти его во дворец. Шувалов, которому хорошо была известна слабость Кострова, позвал его к себе, велел одеть его за свой счет и убеждал непременно явиться к нему в трезвом виде, чтобы вместе ехать к государыне. Костров обещал, но, когда настал назначенный день и час, его, несмотря на тщательные поиски, нигде не могли найти. Шувалов отправился во дворец один и объяснил императрице, что стихотворец не мог воспользоваться ее милостивым вниманием из-за якобы внезапной и тяжелой болезни. Екатерина выразила сожаление и поручила Шувалову передать от ее имени Кострову тысячу рублей. Недели через две Костров явился к Шувалову. «Не стыдно ли тебе, Ермил Иванович, — сказал ему с укоризной Шувалов, — променять дворец на кабак?» — «Побывайте-ка, Иван Иванович, в кабаке, — отвечал Костров, — право, не променяете его ни на какой дворец!»

А.С. Пушкин в стихотворении «К другу стихотворцу» сочувственно писал: «Костров на чердаке безвестно умирает». Эта строка отражает, очевидно, тот факт, что окончательно спившийся поэт умер в крайней бедности и одиночестве.

КОСУШКА — мера объема жидкости, обычно водки, в дореволюционной России, равна 1/4 штофа или полбутылки, 0,307 литра.

КОТТАБ — популярная в Древней Греции застольная игра с вином. Она состояла в том, что остатки выпитого вина из чаши или бокала нужно было так ловко плеснуть на плоскую миску, помещенную на высокую подставку, чтобы миска упала. Другая разновидность игры: в большой таз с водой пускали маленькие чашечки, и нужно было, выплескивая на них остатки вина, заставить их погрузиться в воду. Тот, кому удавалось потопить наибольшее количество чашечек, получал от хозяина пирушки какой-либо подарок, который назывался в таком случае «коттабион».

КОФЕИНИЗМ — разновидность токсикомании, связанной с длительным злоупотреблением кофеином в чистом виде или в составе некоторых продуктов (кофе, чай). Характерны нарушение деятельности сердечно-сосудистой системы, желудочно-кишечного тракта, головные боли, нарушения сна, невралгия, мелкий тремор рук и языка, гиперрефлексия, болевая гиперестезия. Отмечается сниженное, пессимистическое настроение, у мужчин — импотенция. Синонимы: кофеиномания, кофеинофагия, теизм, чифиризм. Кофеинизм под просторечным названием чифиризм (см. *Чифирь*) нередко встречается там, где недоступен алкоголь (например, в местах лишения свободы).

КОШЕРНОЕ ВИНО — вино, которое допускается для использования в еврейских религиозных обрядах. В нем не должно быть никаких примесей, запрещенных в еврейской кулинарии или в период определенных религиозных событий. В частности, вино, употребляемое во время еврейской Пасхи, не должно быть изготовлено с применением хлебных дрожжей (как и хлебные изделия).

КРАСНЫЙ КРЕСТ (англ. *Red Cross*) — название одной из пивных в Англии. Обнаружив эту вывеску, сотрудники британского общества «Красный Крест» затеяли судебное дело против хозяина пивной, обвинив его в незаконном присвоении названия. Но от иска пришлось вскоре отказаться, поскольку выяснилось, что эта пивная возникла еще во времена крестоносцев, в XVIII веке.

«КРАСНЫЙ ЛЕВ» (англ. *Red Lion*) — самая распространенная вывеска на пивных в англоязычных странах. В Великобритании 630 пивных с таким названием.

КРАТЕР — у древних греков и римлян большой сосуд, в котором на пирах вино, как было принято тогда, смешивалось с водой. Кратеры были довольно большими, с широким горлом и с двумя ручками. Обычно они были глиняными, разрисованными, реже — металлическими.

КРЕМ — сладкий, густой алкогольный напиток, который получают смешиванием спиртованных соков и морсов из плодов или ягод с эфирными маслами или настоями из пряного и ароматического сырья. Содержание спирта 20—23% об., сахара — 50—60%. Типичными представителями являются кремы: Абрикосовый, Малиновый, Рябиновый (см. отдельные статьи) и др.

КРЕПОСТЬ АЛКОГОЛЬНЫХ НАПИТКОВ — степень насыщенности напитка алкоголем. Выражается в виде процентов или, что то же, градусов. В современном виноделии принято измерять содержание спирта по объему и после соответствующей цифры на этикетке ставить уточняющий знак «об.». Например, крепость 40% об. означает, что в 100 миллилитрах напитка содержится 40 миллилитров спирта. Если проценты не уточняются знаком «об.», то для крепких напитков, как правило, имеются в виду «объемные проценты».

Крепость пива принято измерять в «весовых процентах», т.е. если на бутылке или банке с пивом обозначено: крепость 3,5%, это означает, что в 100 мл данного пива содержится 3,5 г спирта. Чтобы от весовых процентов перейти к объемным, нужно помножить их на 1,26 (3,5% вес. x 1,26 = 4,4% об.). Иначе, чем для других алкогольных напитков, трактуются для пива «градусы» (см. *Градусы Баллинга*).

КРИКОВО — город в Молдавии, где расположен крупный винзавод, протяженность винных подвалов которого составляет в общей сложности более 35 километров. В них находятся в процессе выдержки единовременно более 1,6 миллионов бутылок коллекционных вин («Фетяска», «Совиньон», «Рислинг», «Каберне», «Шардонне», «Марло», «Пинофон» и др.). Здесь же находится одна из богатейших винотек мира, которая включает, в частности, часть винной коллекции гитлеровского рейхсмаршала Геринга, слывшего большим знатоком хороших вин.

Продукция криковского винзавода высоко ценится в Западной Европе, потребляющей ежегодно более 12 миллионов бутылок молдавского вина. Британскому королевскому двору регулярно поставляется специальная партия красного вина «Негру-де-Пуркарь», которое любит королева Елизавета II. Молдавский коньяк «Белый аист» можно видеть на столе у российского президента Ельцина.

КРИСТИАН IV (1577—1648) — король Дании и Норвегии. Издал указ о создании отечественных рецептов пива, которое до этого варилось по германским образцам и ввозилось в большом количестве из германских земель. Король был известен как большой любитель пива и выпивал, как утверждали его современники, до 12 литров этого напитка ежедневно.

КРОВАВАЯ МЭРИ (жарг.) (англ. bloody Mary) — коктейль,

представляющий собой смесь водки с томатным соком и с добавкой специй.

КРОНЕН-ПРОБКА — металлический колпачок с волнистым или гладким бортом, снабженный герметизирующей прокладкой. Используется, как правило, для укупорки бутылок с пивом, соком и другими безалкогольными напитками. В некоторых странах применяется также для укупорки бутылок с игристым вином. Выпускается зачастую с надписями, знаками и нередко с красочными рисунками. Пивные кронен-пробки являются предметом коллекционирования у бирофилов.

КРУЖКА — 1. Сосуд в форме стакана с ручкой, использующийся для питья, в том числе алкогольных напитков. Ремесло изготовления кружек известно с древнейших времен. Материалом может служить дерево, глина, металл, фарфор, стекло и др. В средние века в Европе достигло большого совершенства изготовление кружек для пива, нередко украшавшихся высокохудожественными орнаментами, надписями и изображениями. (А.С. Пушкин: «Выпьем с горя; где же кружка? // Сердцу будет веселей».)

2. Старая русская мера объема жидкостей (XV—XVII вв.), равная 10 чаркам или 1,23 литра.

КРЫСА СЕРАЯ (пасюк) — по утверждению специалистов, самый вредный и, возможно, самый хитрый грызун в мире. Живет повсюду возле человека, кормясь за счет него и отплачивая ему порчей запасов продуктов, построек, мебели и одаривая его иногда чумой, лептоспирозной желтухой и еще тремя десятками других опасных болезней. Удивительно приспосабливается к самым антиэкологическим условиям, в том числе к радиационному загрязнению среды.

Есть свидетельства, что крысы весьма неравнодушны к алкоголю, особенно к пиву. На старых пивоваренных заводах крысы ухитряются напиваться пивом, проходящим стадию брожения в чанах. Чтобы дотянуться до пива, уровень которого на несколько сантиметров ниже края, крыса опускает в чан хвост, а затем, вытянув обратно, облизывает его. И повторяет эту процедуру многократно, пока не запьянеет. Известны случаи, когда крысы объедали лица мертвецки пьяных московских бродяг (бомжей), ночующих на трубах подземных теплоцентралей. В 1995 году в Москве насчитывали примерно столько крыс, сколько жителей.

«КТО ЕСТЬ КТО» (англ. *Who is who*) — первый в мире международный справочник в области гастрономии и, в том числе, виноделия, выпущенный во Франции по типу других справочников «Кто есть кто» в 1991 году. В нем содержится около двух тысяч биографий крупных специалистов в области виноделия, виноградарства, хранения вин, виноторговли, ученых-виноделов, дегустаторов и др. Помимо биографических данных в справочнике даны названия и индексы вин и производящих их компаний, классификация профессий виноделов по разным странам, списки специализированных публикаций в мире в данной области, а также перечень основных винодельческих демонстрационных мероприятий года (конкурсы, выставки и др.). Издан на двух языках — английском и французском.

КУБОК (англ. *beaker*) — сосуд для питья, в том числе для вина, известный с древних времен. Обычно был массивным, имел форму чаши, бокала с подставкой или современного стакана, и изготавливался из разнообразных материалов: глины, дерева, кости, металла, стекла и др. В зависимости от формы кубка у древних греков имелись различные его названия: контарос, кархезион, фиал, скиф. У многих народов древности: кельтов, лангобардов, гуннов, аваров, печенегов — был обычай обращать в кубки черепа побежденных врагов и пить из них на победных пирах. У римлян было развито изготовление кубков как предметов роскоши (из драгоценных металлов, хрусталя).

КУЛИНАРНОЕ ИСПОЛЬЗОВАНИЕ ВИНОГРАДНЫХ ВИН — широко распространено во многих странах с давних времен. Из них готовят различные десертные и освежающие напитки, такие как крюшоны, пунши, глинтвейны, коктейли. Они входят как приправа в рецептуру различных мясных и рыбных блюд, кушаний из домашней птицы и дичи, в рецептуру соусов, кондитерских и мучных изделий, сладких блюд.

Белые столовые вина часто входят в состав деликатесных блюд из отварной рыбы, блюд из устриц, креветок, домашней птицы, белых соусов, блюд из белого мяса. Красные столовые вина используются при приготовлении

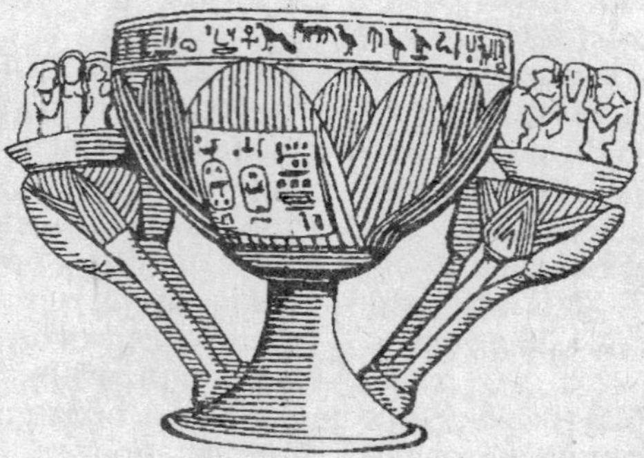

Алебастровый кубок из гробницы египетского фараона Тутанхамона (1347—1338 гг. до н.э.)

красных соусов, которые должны быть более острыми, пряными: для блюд из дичи, жирного мяса, жирной рыбы. Херес и мадеру используют при приготовлении супов-кремов: ром и коньяк — при изготовлении кондитерских изделий. Коньяк входит в рецептуру соусов и некоторых рыбных и мясных кушаний. В сладкие блюда (кисель, компот, желе, фрукты в сиропе и др.) добавляют белые или красные столовые, а также крепкие виноградные вина.

КУЛЬТУРА ИЗГОТОВЛЕНИЯ АЛКОГОЛЬНЫХ НАПИТКОВ В СТАРОЙ РОССИИ — была достаточно развитой, если судить по старым изданиям. В 1792 году в Санкт-Петербурге была опубликована книга, в которой приведены рецепты домашнего изготовления множества разнообразных напитков. Называлась она «Российский хозяйственный винокур, пивовар, медовар, водочный мастер, квасник, уксусник и погребщик» и имела подзаголовок: «Собрано из разных иностранных и Российских сочинений и записок». В этой своеобразной практической энциклопедии подробно и доступно рассказано, как изготовить всевозможные водки, наливки, ликеры, виноградные вина, различные виды пива, хмельных медов, кваса и прохладительных напитков. Даются советы, как приготовить из винограда вино мускатное, венгерское, «бургонское» и даже шампанское, как предохранять вино от порчи, «окисания», плесени и как «поправлять» вино выдохшееся или «закислое». Отдельно рассказано, как соорудить погреб для хранения питейных запасов и как ухаживать за ним.

Описано также, как готовить сырье и выгонять «вино» (т.е. спирт) для водок и как ухаживать за перегонным устройством (кубом и трубами). Приведено более тридцати рецептов изготовления одних только водок, в том числе следующих: лимонная, померанцевая, гвоздичная, розмаринная, кардамонная, ангеликовая, лавровая, тминная, сосновая, персиковая, полынная, анисная, зорная, рябиновая, шалфейная, лавенделевая, шиповниковая, миндальная, голубая, крепительная, желудочная и др.

Книга, очевидно, пользовалась большим успехом, потому что вскоре (в 1802) вышло второе ее издание, исправленное и дополненное, уже в двух томах.

(В 1991 году в г. Рыбинске было опубликовано факсимильное переиздание этой книги с экземпляра 1792 года, предоставленного владельцем личной библиотеки.)

КУПАЖ — смесь виноматериалов или спиртов с различными компонентами, из которой получают определенный тип напитка. Например, при производстве наливки «Десертная» рецептурой предусмотрен следующий состав купажа на 1000 литров готовой наливки: яблочный спиртованный сок — 475 литров; вишневый спиртованный сок — 175 литров; сахарный сироп — 275 литров. Сюда добавляют спирт и воду в таком количестве (до 1000 л), чтобы получился готовый напиток с содержанием спирта 18% и сахара 28%.

КУПАЖИРОВАНИЕ — смешивание в определенных соотношениях различных виноматериалов и других компонентов для получения *купажных вин* (см.), коньяка и др. алкогольных напитков. Купажирование применяется также для омоложения вина, устранения его пороков и болезней и др. Купажированием добиваются определенного содержания спирта, сахара, кислотности и т.д.

КУПАЖНЫЕ ВИНА — вина, полученные из двух или более виноматериалов различных сортов винограда. Например, для изготовления мадеры используют виноматериалы из сортов винограда «Ркацители», «Кокур», «Алиготе», «Серсиаль», «Вердельо» и др. К купажным винам относятся также вина *ароматизированные* (см.).

КЫРГЫЗ АРАШАН БАЛЬЗАМЫ — высококачественный бальзам (автор — академик Алтымышев). Для его приготовления используются черносмородинный спиртованный сок, облепиховый спиртованный сок, коньяк, шалфейное масло, перуанское бальзамное масло, медовая эссенция, мед и настой на следующих ингредиентах: барбарис красный, шалфей лекарственный, шиповник, эфедра. Имеет черный цвет с коричневым оттенком, слегка жгучий с горечью вкус, сложный аромат. Содержание спирта 45%.

КЬЯНТИ, КИАНТИ (итал. *Chianti*) — популярное итальянское сухое, довольно крепкое красное вино, производимое из винограда, выращенного в горах Тоскании. Поступает на рынки чаще всего в больших стеклянных круглодонных флягах, оплетенных соломой. Отличается высоким содержанием таннина. Небольшая часть самых первосортных вин «кьянти» продается в бутылках. На посуде с настоящим «кьянти» имеется фирменный знак: черный петух на золотом фоне.

КЮММЕЛЬ (нем. *Kümmel*) — водка с примесью тминного масла или приготовленная перегонкой спирта с тмином. В XIX веке была популярна в Германии, а также в России. В наше время под таким названием в Дании выпускается ликер с ароматом тмина, кориандра и ароматических трав в различных пропорциях, согласно рецептам изготовителя. Выпускается сухой и сладкий вариант ликера. Крепость — 38% об.

КЮРЭТИЛ (фр. *curethyl*) — патентованное средство, применяемое во Франции для лечения алкоголизма. Оно предложено в 1940 году L. Bruel и R. Lecoq. В первоначальном варианте препарат состоял из экстракта печени, 25% спирта и 10% глюкозы. Его действие направлено на смягчение или обрыв симптомов абстиненции и на подавление патологического влечения к алкоголю.

Л

ЛАВАНДОВЫЙ СПИРТ — раствор лавандового масла (1 часть) в этиловом спирте (25 частей 90%-го и 74 части 70%-го). Прозрачная бесцветная жидкость со своеобразным запахом лаванды. Применяется как ароматическое средство для придания приятного запаха отдельным лекарственным (растираниям, мазям, каплям) или косметическим средствам, а также как антисептическое средство при кожном зуде.

ЛАКРИМА КРИСТИ (*Lacryma Christi* — букв. «Слезы Христа») — итальянское светло-красное вино с превосходным вкусом и приятным букетом. Свое название оно получило от названия старого монастыря, находящегося у подножия Везувия, виноградники которого поставляют это прославленное вино.

LE VIN EST TIRE, IL FAUT LE BOIRE, фр. [ле вэн э тирэ, иль фо ле буар] — вино раскупорено, надо его пить. Употребляется в значении: раз дело начато, нужно доводить его до конца.

ЛЕКАРСТВ ВЗАИМОДЕЙСТВИЕ С АЛКОГОЛЕМ — важно учитывать в трех основных направлениях: 1) усиление токсичности лекарственного препарата; 2) изменение фармакокинетики лекарственного вещества, т.е. влияние алкоголя на его всасывание, распределение, метаболизм или выделение; 3) потенцирование (усиление) действия алкоголя.

Токсический эффект лекарства в результате взаимного потенцирования (усиления) действия алкоголя и некоторых лекарственных препаратов может привести к тяжелому или критическому состоянию. Примером является взаимное потенцирование угнетающего эффекта алкоголя и седативных, снотворных средств, нейролептиков и транквилизаторов на ЦНС, эффекта алкоголя и нитратов на сосудистый тонус. Стимуляторы ЦНС (аналептики, психостимуляторы, ноотропы), напротив, являются антагонистами этанола.

При злоупотреблении алкоголем развивается толерантность ко многим лекарственным препаратам. Ее причиной является как измененная чувствительность нервной системы, так и активация алкоголем микросомальной системы печени, нейтрализующей лекарства.

Влияние алкоголя на всасывание лекарств зависит от его концентрации в пищеварительном тракте: в низких концентрациях (до 10%) он облегчает всасывание, в более высоких — тормозит. Последнее обусловлено повреждением слизистой оболочки желудка при употреблении крепких напитков. Будучи органическим растворителем, этиловый спирт способствует абсорбции жирорастворимых препаратов. При хроническом употреблении алкоголя всасывание лекарств затрудняется в связи с развитием гастрита и атрофии слизистой.

Изменение распределения препаратов в организме при алкоголизме связано прежде всего с нарушением белкового обмена. В частности, алкогольному поражению печени у больных алкоголизмом присуща значительная гипопротеинемия, что ведет при лечении препаратами, связываемыми с альбуминами, к увеличению их свободной (активной) фракции в плазме крови, то есть к их относительной передозировке.

Влияние алкоголя на трансформацию лекарственных веществ обусловлено наличием в организме общих путей их метаболизма в печени. Причем в отношении ряда ферментов алкоголь оказывается более конкурентноспособен, чем многие лекарства, поэтому в состоянии алкогольного опьянения биотрансформация этих лекарств снижается и увеличивается их концентрация в крови.

Некоторые лекарственные средства существенно и быстро ингибируют фермент альдегиддегидрогеназу, что способствует накоплению в организме токсического продукта окисления этанола-ацетальдегида. Результатом является развитие специфического симптомокомплекса, аналогичного наблюдаемому при *антабусно-алкогольной пробе* (см.): гиперемия, тошнота, рвота, гиперсаливация, кардиалгия, тахикардия, одышка, снижение артериального давления. Такой эффект свойственен, кроме тетурама (антабуса), метронидазолу, бутамиду, антибиотикам группы цефалоспоринов, антидиабетическим производным сульфонилмочевины и др.

При алкоголизме тактика фармакотерапии определяется особенностями лекарственного вещества и состоянием больного. Дозы препаратов должны устанавливаться индивидуально, с учетом результатов лабораторных и функциональных исследований. Это относится прежде всего к таким средствам, как сердечные гликозиды, гипотензивные и противоаритмические средства, диуретики, антикоагулянты.

Увеличение дозировок многих лекарств возможно лишь при отсутствии нарушений функции печени. При выявлении признаков алкогольного поражения печени дозы лекарственных препаратов должны быть снижены.

Наиболее опасные комбинации с алкоголем создают следующие группы лекарственных средств: 1) Общие *анестетики, снотворные, нейролептики*, мепротан, *наркотические анальгетики*, трициклические *антидепрессанты*. Последствия взаимодействия — угнетение сознания, паралич дыхательного и сосудодвигательного центра. 2) *Ингибиторы моноаминоксидазы*. Последствия — гипертонический криз. 3) *Хлоралгидрат, фентоламин, антидиабетические* производные *сульфонилмочевины, левомицетин, гризеофульвин*, производные *нитрофурана, метронидазол, акрихин*. Последствия — тетурамоподобные реакции. 4) *Гипотензивные и спазмолитические* средства. Последствия — падение артериального давления. 5) *Антидиабетические* средства. Последствия — гипогликемия. 6) *Антикоагулянты*. Последствия — нарушение свертывания крови.

Американский Комитет по пищевой и фармацевтической деятельности настаивает на введении специальных предупреждающих этикеток на наиболее распространенных лекарствах, сочетание которых с алкоголем может привести к опасным последствиям. Американская пресса публикует сообщения для читателей о наиболее типичных осложнениях, которые дают распространенные лекарства при сочетании с алкоголем: 1)*головокружение и сонливость* — противопростудные и антиаллергические средства, транквилизаторы, мышечные релаксанты, антидепрессанты, болеутоляющие, снотворные, антиспазматические препараты; 2)*потеря координации и провалы в памяти* — снотворные, транквилизаторы, барбитураты; 3)*резкое падение сахара в крови* — инсулин — как в инъекциях, так и в таблетках; 4)*резкий подъем кровяного давления* — антидепрессанты; 5)*резкое падение кровяного давления* — средства от стенокардии, противогипертонические средства; 6) *сильное раздражение слизистой желудка* — противовоспалительные препараты; 7) *тошнота и рвота* — противодиабетические препараты, некоторые антибиотики, обезвоживание организма, мочегонные средства.

(См. также статьи о комбинациях с алкоголем отдельных лекарственных препаратов или их групп: *Анальгетики ненаркотические и алкоголь; Анестетики общие; Антигистаминные средства; Антидепрессанты трициклические; Антикоагулянты; Аспирин; Витаминные препараты; Гормональные препараты; Местные анестетики; Наркотические анальгетики; Нейролептики; Противомикробные средства; Противосудорожные средства; Сердечные гликозиды; Снотворные средства; Сосудистые и спазмолитические средства; Стимуляторы ЦНС; Транквилизаторы*.)

ЛЕКАРСТВЕННЫЕ СРЕДСТВА ДЛЯ ЛЕЧЕНИЯ И ПРОФИЛАКТИКИ АЛКОГОЛИЗМА — могут быть подразделены на 5 основных групп: 1) средства для купирования (подавления) синдрома отмены алкоголя; 2) средства, ослабляющие влечение к алкоголю; 3) средства, вызывающие аверсивную реакцию (отвращение) на алкоголь; 4) сенсибилизирующие средства, вызывающие непереносимость алкоголя; 5) средства для облегчения сопутствующих психических расстройств при алкоголизме; 6) протрезвляющие средства.

В «Регистре лекарственных средств России: 5-е издание» (М., Ремако, 1997/1998. — 880 с.), являющемся сводом отечественных и зарубежных лекарств, разрешенных к медицинскому применению в России, в качестве используемых для лечения алкоголизма названы следующие препараты: Биотредин, Бутироксан, Видайлин-М, Галоперидол, Гаммалон, Геминеврин, Грандаксин, Деманол, Диазепам, Инозие-Ф, Коаксил, Контемнол, Лимонтар, Мебикар, Медихронал, Мезапам, Метадоксил, Метионин, Напотон, Ноотропил, Ойкамид, Орвагил, Орницетал, Пикамилон, Пирацетам, Поливит Гериатрик, Сенорм, Сибазон, Супрадин Рош, Тегретол, Тетурам, Тиаприд, Тиапридил, Тиодазин, Топрал, Унитиол, Эспераль.

ЛЕМЬЕРА-БОЛТАНСКОГО-ЖЮСТИНА-БЕЗАНСОНА СИНДРОМ (*Lemierre—Boltanski—Justin—Besancon*, описан в 1937) — форма алкогольного полиневрита, встречающегося чаще всего у женщин с туберкулезом легких. Часто сопровождается синдромом Корсакова, большими изменениями в печени и быстрым развитием туберкулезного процесса.

ЛЕНИН ВЛАДИМИР ИЛЬИЧ (1870—1924) — российский революционный вождь, создатель и руководитель российской коммунистической (большевистской) партии, захватившей власть в России в результате государственного переворота 7 ноября 1917 года. Одним из элементов идеологии, на которую опиралась большевистская партия, являлось неприятие пьянства, как порока капиталистического строя. После захвата власти руководимое Лениным правительство приняло ряд мер, запрещающих или резко ограничивающих производство и потребление алкогольных напитков, прежде всего, крепких. 28 ноября 1917 года было приказано закрыть и опечатать все винные и спиртовые заводы, запретить изготовление и продажу спиртных напитков. Виновные, как и задержанные в пьяном виде, подлежали военно-революционному суду.

19 декабря 1919 года правительство издало постановление «О воспрещении на территории страны изготовления и продажи спирта, крепких напитков и не относящихся к напиткам спиртосодержащих веществ». За на-

рушение предусматривалось лишение свободы не менее чем на 5 лет с конфискацией имущества. 17 мая 1921 года, выступая на партконференции РКП(б), Ленин сказал: «Я думаю, что в отличие от капиталистических стран, которые пускают в ход такие вещи, как водку и прочий дурман, мы этого не допустим, потому что как бы они ни были выгодны для торговли, но они поведут нас назад к капитализму, а не вперед к коммунизму».

Однако быстрое и фактически принудительное отучение населения от потребления алкоголя оказалось нереальным (стало бурно развиваться самогоноварение), постепенно всякие запреты и ограничения ослабевали, а вскоре (в 1925) государство взяло в свои руки обеспечение народа алкогольным питьем и в первую очередь — водкой.

Сам Ленин вел умеренный, рациональный образ жизни, которая была заполнена, еще до революции, интенсивной организационной деятельностью, включая многочисленные заседания и написание массы печатных работ, пропагандирующих его идеи. Но в отношении потребления алкогольных напитков он не был ханжой и не считал необходимым демонстрировать абсолютный отказ от них.

Живя долгое время в эмиграции, он отдавал должное местному пиву (в Германии, Швейцарии и других странах). Максим Горький, часто встречавшийся с Лениным за границей, пишет в своих воспоминаниях, что «Ильич не прочь был посидеть в ресторанчике за кружкой густого темного пива». Особенно Ленин ценил мюнхенское пиво, которое никогда не забывал заказать к ужину во время пребывания по делам партийной газеты «Искра» (1900—1902) в баварской пивной столице. Позже, в 1913 году, по дороге из Берна на партийную конференцию в польском городе Поронине Ленин вместе со своей женой Крупской заехал в Мюнхен всего на несколько часов — от поезда к поезду. И все это время он провел с встречавшим его партийным товарищем Б. Книповичем в ресторане, славившемся каким-то особым сортом пива. Крупской запомнилось, что на стенах, столах, пивных кружках стояли вензеля владельца заведения и что «Ильич похваливал мюнхенское пиво с видом знатока и любителя». В воспоминаниях революционера И.И. Попова есть этому подтверждение от самого Ленина: «Знаете, как я люблю мюнхенское пиво? — говорил Ильич. — Во время конференции в Поронине я узнал, что верстах в четырех-пяти, в одной деревушке, в пивной появилось настоящее мюнхенское. И вот, бывало, вечерами после заседаний конференции и комиссий начинаю подбивать компанию идти пешком за пять верст выпить по кружке пива. И хаживал, бывало, по ночному холодку налегке, наскоро». В Женеве Ленина нередко можно было видеть с соратниками в кафе Ландольт. По словам Крупской, они «подолгу засиживались там за кружкой пива». Осенью 1914 года в Лозанне состоялось острое обсуждение социал-демократами вопроса об отношении к мировой войне. Возражая Плеханову, Ленин вышел к столу председателя и в течение десяти минут, держа в руках кружку с пивом, обосновывал свой тезис о превращении мировой войны в гражданскую.

Ленин отнюдь не ограничивался пивом. В своем письме матери из Италии сестра Ленина Анна Ильинична шутливо сообщала, что «Владимир Ильич совсем испортился. Вместо молока пьет кьянти». Польский революционер Адамович в своих мемуарах отмечал, что, будучи в Польше, Ленин временами пробовал, причем усиленно при этом расхваливая, крепкую польскую «Старку». Соратник Ленина Г.Е. Зиновьев, живший с ним в 1912—1914 годах в Польше, вспоминал, как они с Лениным съездили на велосипедах до венгерской границы, поговорили со встретившимися на границе цыганами, «купили по бутылке плохонького вина и вернулись».

Занимая пост главы государства, Ленин, по свидетельству окружавших его людей, пил мало. «В 1919-м или в начале 1920-го, — рассказывал в старости один из большевистских деятелей В.М. Молотов (1890—1986), — я был у Ленина дома. Он жил в Кремле. Сидели вдвоем, беседовали, наверное час... чай пили. А вино? Немного. Этим делом он особенно не увлекался.... Хотя Дмитрий Ильич — братан Ленина — был «питух хороший. Выпить любил». О некоторых партийных соратниках Ленина Молотов сообщил: «Бухарин тоже не увлекался спиртным. А вот Рыков любил. У Рыкова всегда стояла бутылочка старки. Рыковская водка была — этим он и славился. Ну, и мы все в компании выпивали, так, по-товарищески. Я в молодости очень крепко мог выпить. Сталин само собой. Куйбышев любил Валериан».

Ко всему сказанному можно добавить, что в коммунистической пропаганде личность Ленина всегда была высоким образцом нравственности и что компартия на протяжении всего периода своего властвования преследовала граждан, чрезмерно увлекающихся алкогольными напитками, и даже сделала неудачную попытку полного отрезвления народа в период правления Горбачева (в 1985—1988).

ЛЕЧЕБНОЕ ИСПОЛЬЗОВАНИЕ АЛКОГОЛЬНЫХ НАПИТКОВ — практиковалось достаточно широко с древних времен вплоть до нынешнего века, в том числе по предписанию врачей. Часто вино или крепкий спиртной напиток употреблялись как общеукрепляющее средство, нередко — как успокаивающее, снотворное или обезболивающее. Некоторым сортам вин приписывалось целенаправленное лечебное воздействие при определенных болезнях. Для усиления медицинского эффекта некоторые лекарства принимались в виде раствора в вине. Современные врачи, особенно российские, стараются не рекомендовать своим пациентам применять алкогольные напитки для улучшения здоровья ввиду высокого риска, всяких негативных последствий, с которым сопряжено употребление алкоголя (особено систематическое).

См.: *Бактериостатические и бактерицидные свойства вин; Биоэнергетические свойства вин; Вино в древней фармации; Диетические вина; Медицинское вино; Радиозащтные свойства алкоголя.*

ЛЕЧЕБНО-ТРУДОВОЙ ПРОФИЛАКТОРИЙ (ЛТП) — существовавшее в СССР учреждение, предназначенное для принудительного лечения и принудительного труда больных алкоголизмом. Первый ЛТП был открыт в 1964 году в Казахской ССР, затем такие заведения стали открываться в Российской Федерации и других республиках СССР.

В марте 1974 года вышел указ Президиума Верховного Совета РСФСР «О принудительном лечении и трудовом перевоспитании хронических алкоголиков», которым устанавливалось, что в ЛТП должны направляться хронические алкоголики, уклоняющиеся от лечения или продолжающие пьянствовать после лечения, нарушающие трудовую дисциплину, общественный порядок или правила социалистического общежития, несмотря на принятые к ним меры дисциплинарного, общественного или административного воздействия. Срок пребывания в ЛТП устанавливался от 1 года до 2 лет, решение о направлении в него принимал местный судья.

Во второй половине 70-х и в 80-х годах эти заведения стали массовыми. К 1987 году через «трудовое перевоспитание» в них прошли 1,5 миллиона алкоголиков. В 1989 году в СССР было 314 ЛТП, общее количество мест в которых составляло 273,7 тысяч.

Такого типа учреждение было характерным для советского тоталитарного режима. ЛТП принадлежали системе министерства внутренних дел, фактически это были трудовые лагеря — с военизированной охраной, режимом учреждений лишения свободы и принудительным трудом. Лечебными, как и профилактическими, они назывались совершенно формально. Лечение, в виде больших доз антабуса в первый месяц пребывания, было, по сути, частью наказания за пьянство. О «профилактике» пьянства и антисоциального поведения также нельзя было говорить всерьез.

ЛТП служили, главным образом, средством изоляции алкоголиков и пьяниц от остального общества, а также в какой-то мере источником дешевого труда для государства. «Пациенты» ЛТП своим трудом должны были обеспечить и свое пропитание (очень скверного качества), и расходы на свою охрану, и некоторую прибыль для государственного бюджета. Побег из ЛТП подлежал уголовному наказанию.

Подавляющее большинство прошедших через ЛТП уже в первые 3 месяца после освобождения снова начинали пить. Многие из них вскоре попадали в них повторно, и немалая часть — по нескольку раз. ЛТП значительно ускоряли процесс десоциализации больных алкоголизмом. При возвращении к месту жительства бывшие клиенты ЛТП зачастую не находили ни прежней семьи (жены в их отсутствии оформляли развод), ни права на свое жилье, ни работы. Устроиться на работу после ЛТП было не легче, чем после тюрьмы.

Особенно бесцеремонным стало использование ЛТП в период антиалкогольной кампании 1985—1988 годов. Милицейские инспекторы, в чьи функции входила подготовка материалов и документов на «алкогольных упрямцев» для представления их судье, нередко включали в списки кандидатов в ЛТП просто чем-то досадивших им местных выпивох, которые не имели еще никакого контакта с врачом-наркологом. Формально в представляемых материалах судья должен был видеть медицинский диагноз «алкоголизма», и обычно врач не отказывал инспектору в таком диагнозе, если «кандидат» хотя бы побывал в вытрезвителе. В некоторых отделениях милиции участковому инспектору даже давали задание, сколько алкоголиков за месяц он должен оформить в ЛТП. При большом потоке клиентов в ЛТП судьи жалели время на каждого в отдельности, и нередко выносили приговор сразу по всему списку. Участие адвоката при этом не предусматривалось, а решение судьи не подлежало обжалованию.

Во конце 80-х годов, когда вне стен ЛТП пошел бодрыми темпами процесс «демократизации» общества, внутри их стали все чаще случаться волнения: массовые отказы выходить на работу, разгромы цехов, поджоги бараков. За 1989 год в ЛТП произошло 200 бунтов, из них 20 — с захватом заложников и прорывом за ограждения.

В 1993 году Верховный Совет Российской Федерации принял решение о ликвидации ЛТП, которое вступило в силу с 1 июля 1994 года.

ЛЕЧЕНИЕ АЛКОГОЛИКОВ ПО МАНЬЯНУ (*Magnan*, 1835—1916) — изложено в книге «Алкоголизм», изданной классиком мировой психиатрии *В. Маньяном* (см.) в 1874 году. Его рекомендации представляют несомненный интерес и для сегодняшних врачей, и для широкого населения. Они опираются на следующие основные положения.

«...Умственные способности, моральные и эмоциональные устои этих пациентов и без того изначально, от природы ослаблены, они лишены сколько-нибудь надежной внутренней защиты и становятся легкой добычей развивающихся у них безудержных влечений. Надо прежде всего и во что бы то ни стало воспрепятствовать новым эксцессам:

алкоголь самым пагубным образом действует на их отмеченную дурной наследственностью нервную организацию... Наиболее важной составной частью лечения является именно эта профилактическая сторона: больному хроническим алкоголизмом, не дошедшему еще до степени слабоумия, необходимо подыскать какое-нибудь несложное занятие, по возможности, требующее подвижности, перемещений и совершаемое на свежем воздухе... Необходимо следить за режимом питания больных: умерять имеющуюся у них иногда прожорливость, исключать трудно перевариваемую пищу — избегать чересчур обильных ужинов для предотвращения расстройств пищеварения, вялости и переполнения желудка, столь способствующих приливу крови к головному мозгу. Следует назначать отвлекающие — как наружного, так и внутреннего действия: горчичные ножные ванны, растирание ног, очень хорошо алоэ, солевые послабляющие клизмы... Основой всего лечения должно стать применение тонизирующих в самом широком смысле этого слова: свежего воздуха, гигиенических мероприятий, соответственного питания, медикаментозных воздействий. Полезны горечи, применяемые как между приемами пищи, так и вместе с нею. Полезными представляются нам хинное вино (после приема пищи), водный хинный экстракт, сироп из апельсиновых корок; применение находит также смесь из хинного сиропа и баньольского или бордосского вина, в дозе от 50 до 80 г после еды».

ЛЖЕ-БАХУС — презрительное название, которое дали граждане Древнего Рима новому алкогольному напитку, что стал изготавливаться из зерна на севере Италии и явно уступал по вкусу традиционному виноградному вину. До нас дошла такого рода злая эпиграмма на него: «Ты пахнешь козлом, тебя сварили из зерна, ты — чадо амбара и земли и создано лишь для кормежки».

ЛЖИЦА — ложка на длинной рукоятке, которая используется в церкви для *причащения* (см.) прихожан. Ею берется порция освященного вина (символа крови Иисуса Христа) из *потира* (см.) и вливается в рот причащаемуся. Лжица может быть серебряной, золотой, оловянной или из сплава металлов, не поддающегося коррозии.

Причащение ложечкой — лжицой — ввел в церковный обычай епископ константинопольский Иоанн Златоуст (между 344 и 354 — 407), до этого церковный служитель давал прихожанину «приобщиться крови Христовой» прямо из потира.

Лжица используется также для извлечения из потира кусочков просфоры (освященного хлеба, символизирующего тело Христа), погруженных в вино, тоже употребляемых при причащении.

ЛИБЕР (лат. *Liber*) — древнеиталийский бог плодородия, который со временем в древнерим-

Лжица. Золото. Россия. II половина XIX в.

ском обществе уступил место Бахусу, соответствующему греческому богу *Дионису (Вакху)* (см.). Празднества в честь Либера назывались либералиями.

ЛИВЕР — прибор, применяемый для взятия проб вина из бочек. Представляет собой стеклянную трубку, имеющую расширение в средней части. Ее опускают в вино так, чтобы расширенная часть заполнилась, затем закрывают пальцем верхний конец трубки и переносят пробу в стаканчик для дегустации или анализа.

ЛИКЕР — ароматный, сладкий, крепкий алкогольный напиток, изготовляемый с использованием спирта, сахарного сиропа, спиртованных соков и морсов из фруктов и ягод, спиртованных настоев душистых трав, кореньев, семян, листьев, цветов, корок цитрусовых плодов, бобов кофе и какао, с добавкой пряностей (ваниль, корица, гвоздика) и других компонентов. Первоначально этим словом обозначались жидкие лекарственные снадобья сложного состава (лат. liquor — жидкость).

Изобретением различных ликеров занимались в старину монахи и аптекари, которые строго хранили тайну рецептур. Особенно развилось искусство изготовления ликеров во Франции. Образцами старинных французских ликеров являются «Бенедиктин» (создан в XVI веке) и «Шартрез» (XVII век), названия которых происходят от монашеского ордена Бенедиктинцев и монастыря Гранд-Шартре. Рецептуры некоторых известных ликеров до сих пор остаются фирменным секретом.

В царской России ликеры не производились. В Советском Союзе их производство было начато в 1925 году. Регулярно выпускались (до 1985 года) следующие марки ликеров, созданных по оригинальным рецептам: крепкие ликеры с содержанием спирта 33—45% («Анисовый», «Апельсиновый», «Бенедиктин», «Кристалл», «Мятный», «Прозрачный», «Пряный», «Шартрез Южный желтый»); десертные ликеры с крепостью 25—30% («Абрикосовый», «Алычовый», «Ароматный», «Ванильный», «Вишневый», «Кизиловый», «Колхида», «Кофейный», «Лимонный», «Малиновый», «Мандариновый», «Миндальный», «Новогодний», «Облепиховый», «Розовый», «Черносмородиновый», «Шоколадный», «Юбилейный») и ликеры-кремы с крепостью 20—23%, с повышенной сладостью и вязкостью («Абрикосовый», «Вишневый», «Кизиловый», «Малиновый», «Рябиновый», «Черносмородиновый», «Шоколадный» и «Яблочный»).

В ликерах ценится приятный своеобразный вкус и аромат, присущий отдельному виду ликера. Они подаются обычно в качестве десертных напитков после еды — обеда или ужина. Крепкие и десертные ликеры предназначаются главным образом для мужчин, ликеры-кремы предпочитают женщины. К плодово-ягодным ликерам на стол подаются любые плоды и ягоды, к крепким — цитрусовые, к ликерам-кремам — сладости: конфеты, шоколад. Ликеры подаются, кроме того, к крепкому чаю и крепкому кофе. В этом случае в стакан с чаем добавляются ликеры-кремы, в кофе — крепкие ликеры. Для употребления ликеров используются небольшие ликерные рюмки (емкостью 25 мл и меньше) на высокой тонкой ножке.

Ликеры входят как основная составная часть во многие коктейли, крюшоны и пунши, а также в некоторые сладкие блюда и кондитерские изделия.

ЛИННЕЙ КАРЛ (1707—1778) — великий шведский ученый, создатель системы классификации растительного и животного мира, ставшей базой для последующих крупных открытий законов живой природы. Работал некоторое время врачом и был профессором медицины. Кроме сочинений, посвященных описанию своей знаменитой системы, опубликовал трактат «Водка в руках философа, простолюдина и врача». В нем он писал:

«Имеет же напиток сей чудную силу... Сие вино есть крепительное, которое слабым придает силу; к ноздрям только поднесенное, возбуждает в обморок упавших. Работою, трудом и другими тягостями утружденный, возобновляет весьма скоро хмельным напитком свои силы, которые и через многие часы не возвратил бы пищею.

...Действует как мочегонящее, на пищу позывное, противуядное, сердцеукрепительное, творожащее кровь.

...И многие преславные стихотворцы удивительные от пьяных напитков чувствовали действия, ибо с помощью оных возбудив чувственные силы, отменную в разуме своем приемлют бодрость, и такую нередко стихам своим придают приятность и силу, какую от водопийцев никогда ожидать не можно».

ЛИПМАННА СИМПТОМ (*H.C. Liepmann*, 1863—1925 — нем. психиатр) — признак делириозного состояния, проявляющийся в том, что словесное внушение, сопровождаемое надавливанием на глазные яблоки больного, вызывает у него соответствующие зрительные галлюцинации.

ЛИЧНОСТЬ АЛКОГОЛЬНАЯ — сочетание личностных черт, наиболее характерных для больного алкоголизмом. При хроническом злоупотреблении алкоголем постепенно формируются такие типичные черты, как необязательность, недобросовестность, болезненное безволие, лживость, снижение требовательности к себе и попустительство к другим членам семьи и сотрудникам на работе, грубость, бесчувственность, эгоистичность, сексуальная распущенность. Появляется склонность к немотивированным колебаниям настроения — то к повышенному полюсу с неоправданной самоуверенностью и взятием на себя заведомо непосильных обязательств, то к глубокой депрессии с идеями самообвинения и даже суицидальными тенденциями.

Согласно МКБ-10 (10-й версии Международной классификации болезней) для диагностики алкогольного поведения или алкогольных расстройств личности достаточно наличия двух или более из следующих ее черт: а) значительно сниженная способность справляться с целенаправленной деятельностью, особенно требующей длительного времени и нескоро приводящей к успеху; б) измененное эмоциональное поведение, характеризующееся эмоциональной лабильностью, поверхностным неоправданным весельем (эйфория, неадекватная шутливость), которое легко сменяется раздражительностью, кратковременными приступами злобы и агрессии; в некоторых случаях наиболее яркой чертой бывает апатия; в) при реализации потребностей и влечений могут не учитываться последствия и социальные нормы (так, больной может совершать антисоциальные действия — например, воровать, предъявлять неадекватные сексуальные притязания, обнаруживать прожорливость или не соблюдать правила личной гигиены; г) когнитивные (мыслительные) нарушения в форме подозрительности или параноидных мыслей или чрезмерная озабоченность одной, обычно абстрактно-резонерской темой; д) выраженные изменения темпа и потока речевой продукции, с чертами случайных ассоциаций, сверхвключения (расширенного включения побочных ассоциаций в тематику мыслей), вязкость и гиперграфия; е) измененное сексуальное поведение (гипосексуальность или изменение сексуального предпочтения).

ЛИЧНОСТЬ ПРЕАЛКОГОЛЬНАЯ — тип личности с повышенной предрасположенностью к развитию алкоголизма. Особенно предрасположены к алкоголизму психопатические личности и лица с психопатоподобным вариантом психоорганического синдрома (связанного с органическим нарушением головного мозга). Они пьянеют от минимальных количеств алкоголя, опьянение часто сопровождается амнезией (нарушением памяти), агрессивными реакциями и возбуждением с неясностью сознания и судорогами. Наряду с осложненными и патологическими формами опьянения для таких личностей характерна актуализация отрицательных переживаний, часто давно изжитых, выявляются навязчивости, идеи ревности. Наиболее «агрессивный» характер острого алкогольного опьянения наблюдается у возбудимых и неустойчивых психопатических личностей. При психопатиях астенического типа прием алкоголя дает кратковременное облегчение, но затем появляются тоска, тревога, беспокойство, усиливаются вспыльчивость, раздражительность, наутро появляется раскаяние, усиливаются болезненная чувствительность, мнительность. Менее склонны к алкоголизму личности ананкастического типа (со склонностью к навязчивым мыслям и действиям), с бесчувственностью («эмоционально тупые») и фанатического склада. Развитие хронического алкоголизма на психопатической и психопатоподобной почве идет особенно быстрыми темпами, алкоголизм приобретает злокачественное течение, одновременно видоизменяя и усиливая психопатию. Частота психопатической предиспозиции, по данным разных авторов, составляет 20—80% от всех случаев алкоголизма. Авторитетный исследователь донозологического (доболезненного) периода злоупотребления алкоголем Э.Е. Бехтель (1986) приводит перечень личностных характеристик, обусловливающих повышенную предрасположенность к алкоголизму, разделив их на следующие группы: а) малая устойчивость к стрессу, непереносимость конфликтов, ожидания, боли, сниженная приспособляемость; б) напряженность, высокий уровень тревоги, заниженная самооценка, комплекс неполноценности, потребность в получении немедленного удовольствия, затруднения в установлении эмоционального контакта; в) отсутствие социально-позитивных установок, не заинтересованность в труде, неумение организовать свой досуг; г) неполное или неправильное усвоение морально-этических норм и правил, необычайно легкое следование негативным примерам, раннее криминальное поведение. Бехтель определяет «преалкогольную личность» как «аструктурную» — без четкой структуры внутренней мотивационной сферы, не выработавшую своего отношения к окружающему миру.

Синонимы: *Преморбидная личность больного алкоголизмом* (см.).

ЛОВЛЯ ПТИЦ НА АЛКОГОЛЬ — применялась охотниками еще в старые времена в некоторых странах, если нужно было поймать птиц без повреждений. Например, таким способом ловили диких гусей и лебедей, разбросав по берегу вымоченный в вине горох или хлеб. Захмелевшим птицам трудно было улететь или убежать, и их ловили голыми руками. Похожий способ применяют индейцы при отлове драгоценных миниатюрных птичек — колибри.

ЛОВЛЯ ТАРАКАНОВ НА ПИВО — основана на притягательности для них его запаха. Это очень простой народный метод. Бутылка с остатками пива споласкивается небольшим количеством воды, и эта вода выливается в поллитровую стеклянную банку. Края банки изнутри смазываются вазелином. Банку оставляют на ночь на кухне. Тараканы прибегут на запах пива, влезут в банку, а выбраться из нее не смогут из-за вазелина. Одна банка может поймать кучу тараканов. Только нужно позаботиться, чтобы ничто иное не отвлекало их: не было рядом грязной посуды, открытого мусорного ведра, крошек на полу и т.п.

ЛОНДОН ДЖЕК (*Jack London*) (1876—1916) — известный американский писатель. Герои его романов, повестей и рассказов чаще всего — волевые, мужественные люди, способные преодолевать тяжелейшие трудности и приходить на помощь другим. Сам он в юности прошел трудную школу жизни, сменив множество профессий и проколесив по всей стране, включая Аляску. Постигая жизнь, он постигал и «науку» общения с алкоголем.

Под конец жизни Джек Лондон написал увлекательную автобиографическую повесть «Джон-Ячменное Зерно» (1913), посвященную истории своих отношений с алкоголем. (Джон-Ячменное Зерно, или John Barleycorn в англ. языке — иносказательное название пива и других спиртных напитков.) Он откровенно и ярко описал, каким образом алкоголь стал постоянным спутником его жизни. Он вспоминает, как в пятилетнем возрасте впервые перенес тяжелое алкогольное отравление, выпив, подражая взрослым, изрядную порцию пива, хотя ему для этого пришлось преодолеть естественное отвращение к нему; как через два года вновь тяжело отравился вином, которое его принудили выпить взрослые парни. А взрослея, он сам уже охотно принимал участие в попойках, считая выпивку истинно мужским занятием, включая драку, которой она нередко заканчивалась. «Спиртное казалось способом бегства в широкий и свободный мужской мир из-под стреножащего женского влияния».

Алкоголь помогал юному Лондону познавать окружающий мир.

«Я кочевал по чужим городам, — рассказывает он, — и где, как не за кружкой пива или стаканом виски, можно было познакомиться с людьми и набраться впечатлений? Иногда это бывала встреча в кабаке с подвыпившими местными жителями, иногда разговор с приветливым железнодорожником, уже изрядно заложившим за воротник, но имевшим в карманах про запас еще пару фляжек, иногда выпивка с кучкой отпетых «алки» в каком-нибудь подозрительном притоне. Пили даже в тех штатах, где спиртные напитки были официально запрещены, например, в Айове. Помню, я слонялся по главной улице Де-Мойна в 1894 году, и совершенно незнакомые люди зазывали меня в подпольные распивочные: парикмахерские, слесарные мастерские, мебельные магазины. И везде мы отдавали обильную дань Бахусу.

Куда ни повернись, он был повсюду. В те благословенные времена даже бродяги могли позволить себе раздавить рюмку довольно часто. Даже в тюрьме в Буффало мы умудрились устроить грандиозную попойку, а выйдя на свободу, опохмелились, выклянчив деньги на улице у прохожих».

Столь же выразительно и откровенно он описал и коварство хмельного: «Самоубийство — быстрое или медленное, разом выбрасывающее из седла или сочащееся капля за каплей — вот цена существования Джона-Ячменное Зерно». Служа моряком, Лондон был иногда пьян по три месяца подряд. Однажды он споткнулся, свалился за борт и, пьяный, плыл в ночной темноте, борясь за жизнь, в обширных водах залива Сан-Франциско: «Но тут-то и отколол свой сумасшедший номер Джон-Ячменное Зерно: вселил в меня дикое желание отдаться воле волн. Я никогда не задумывался о смерти, тем более о самоубийстве. А тут мне взбрело на ум, что это будет прекрасный конец короткой, но яркой жизни. Я, еще не познавший любви ни девушки, ни женщины, ни ребенка, решил, что все уже знаю, все испытал, все перевидал и теперь пора прекратить земное существование. Это, конечно, были его штучки — Ячменного Зерна: окрутил меня, опутал и спьяну тащил умирать».

Лондон рано стал популярным писателем и обладал волевым характером, но уже имея славу и прочное материальное положение, он нередко прибегал к помощи алкоголя, чтобы снять усталость и нервное напряжение, «смазать винтики в голове». Он описывает, как после того, как он обосновался на собственном ранчо в Лунной долине, о котором он так мечтал, в его отношениях с алкоголем появились изменения, которые современный нарколог истолковал бы как характерные признаки зависимости от алкоголя, т.е. алкоголизма.

«Чем больше я пил, тем больше мне было нужно для достижения желаемого действия. Меня уже перестали удовлетворять коктейли. Мне было некогда возиться с ними, да и желудок мой столько не вмещал. Виски действовало куда сильнее. Его требовалось меньше, а результат был ощутимее.

...Прежде я превосходно спал, теперь мой сон испортился. Бывало, если я проснусь среди ночи, то начну читать и снова засыпаю. Теперь это уже не помогало. Я мог читать два часа и даже три, но сон не приходил. Навевало его только виски, да и то рюмки три, не меньше.

После этого до утра уже оставалось так мало времени, что алкоголь не успевал переработаться в организме, и я просыпался с ощущением сухой горечи во рту, с головной болью и спазмами в желудке... Похмелье, как у всех заядлых пьяниц! Для бодрости срочно требовалось что-нибудь выпить...

Мой организм находился под непрерывным воздействием алкоголя. Я не разрешал себе передышки. Уезжая в какое-нибудь глухое место и не зная, смогу ли достать там виски, я брал с собой из дому кварту <примерно 1 л>, а подчас и несколько кварт. Прежде меня поражало, когда это делали другие. Теперь я сам так поступал не краснея!..

Во мне горел ненасытный огонь... В течение дня не было минуты, когда бы мне не хотелось пить. Я начал отрываться от работы, чтобы осушить стакан, написав пятьсот слов. А вскоре и вовсе не приступал к работе, пока не выпью.

Я очень хорошо понимал, чем все это грозит, и положил себе за правило не пить, пока не кончу писать. Но тут возникло дьявольское осложнение. Без алкоголя работа уже не шла. Не выпив, я не мог писать... В мозгу была одна лишь мысль: против меня в буфете стоит Джон-Ячменное зерно. Отчаявшись, я наливал себе виски, и тогда колесики в мозгу возобновляли работу, и я отстукивал тысячу слов на машинке».

Свою уникальную для писателя повесть Лондон заканчивает зароком «пить умереннее и осторожнее, чем раньше». Он обвиняет мужчин, как распространителей этого зла, и возлагает надежду на женщин, которые покончат с ним. Он заявляет, что отдал свой голос за предоставление женщинам избирательного права в надежде, что как только они его получат, они первым делом потребуют уничтожения кабаков. «Сами мужчины и через тысячу лет этого не сделают, — самокритично говорит Лондон. — Женщины знают, что за пьянство мужчин им приходится платить слезами и кровавым потом. Оберегая здоровье нации, они проголосуют за закон, который обеспечит жизнь следующим поколениям. И ничего тут нет страшного. Пострадают от этого только неизлечимые алкоголики одного поколения. Я принадлежу к их числу...»

Журнал, в котором была опубликована повесть, был расхватан в считанные дни. С молниеносной быстротой разошлось отдельное издание книжки. Вскоре повесть была экранизирована. Существует мнение, что эта повесть подстегнула волну трезвеннического движения в США, которое уже в 1919 году привело к принятию «сухого закона» американским конгрессом. Голосовали за него с энтузиазмом депутаты, избранные уже при участии женщин.

Ни об этом грандиозном социальном эксперименте, ни о его бесславном последующем крахе Лондон не мог знать: в 1916 году он покончил с собой в состоянии депрессии вскоре после того, как сгорело его только что заново построенное ранчо, которое было, как говорили близкие, «воплощением его мечты».

ЛОСЬОН (фр. *lotion*) — косметическое средство для ухода за кожей. Представляет собой водно-спиртовый раствор, содержащий различные биологически активные, полезные для кожи вещества (органические кислоты и их эфиры, этиленгликоль, глицерин, экстракты из различных лекарственных растений и др.), а также ароматизаторы.

Лосьон служит иногда в качестве заменителя питьевого алкоголя (в качестве алкогольного суррогата) у больных алкоголизмом или пьяниц при физической или финансовой недоступности алкогольных напитков — обычно с целью опохмеления. Употребление лосьона с целью опьянения стало особенно распространенным в России в период антиалкогольной кампании 1985—1988 годов. Больные алкоголизмом утверждают, что из всех парфюмерных изделий лосьоны как опьяняющее средство наиболее предпочтительны и что абстиненция после них не тяжелее таковой при приеме водки или вин. Однако в действительности, по сравнению с питьевым алкоголем, лосьон обладает повышенной токсичностью, в том числе за счет окисления в организме имеющегося в нем этиленгликоля, что дает гликолевый альдегид, который нарушает обмен нейрохимических медиаторов.

ЛОТ — библейский персонаж, живший в городе Содом, когда Бог решил наказать жителей Содома и Гоморры за то, что они погрязли в грехе. Накануне осуществления кары в Содом были посланы два ангела, чтобы убедиться, действительно ли столь грешны содомляне и есть ли среди них хоть десять праведников. Ангелы нашли гостеприимство в доме Лота, но дом был окружен содомлянами, потребовавшими отдать им пришельцев, чтобы «познать их». Лот отказался, а ангелы навлекли на окружавших слепоту и вывели Лота с семьей из города. Затем Содом и Гоморра были сожжены дотла «серой и огнем».

После спасения Лот с двумя дочерьми поселяется в пещере. Дочери его, считая, что из всех людей только они остались в живых, сильно напоили отца вином, и ради восстановления рода человеческого поочереди переспали с ним, после чего родили сыновей Моава и Бен-Амми — основателей моавитян и аммонитян.

ЛТП — см. *Лечебно-трудовой профилакторий.*

ЛУКИАН (ок. 120 — ок. 190 н.э.) — древнегреческий писатель-сатирик. В его произведениях неоднократно фигурирует тема вина и опьянения. В сочинении «Разговоры богов» богиня Гера порицает изобретателя виноградной лозы и вина бога Диониса из-за того, что люди в опьянении теряют самообладание, совершают преступления и прямо впадают в безумие. Она напоминает Зевсу, что Икария, который первым из людей получил в дар виноградную лозу, убили мотыгами собственные сотрапезники. Зевс отвечает ей: «Все это пустяки! Во всем виновато не вино, и не Дионис, а то что люди пьют, не зная меры, и, переходя все границы, без конца льют в себя вино, не смешанное с водой. А кто пьет умеренно, тот только становится веселее и любезнее и ни с одним из своих сотрапезников не сделает ничего похожего на то, что было сделано с Икарием».

Несмотря на прошедшие с тех пор 18 столетий, современные дискуссии о вреде алкоголя, в сравнении со спором Геры и Зевса, мало изменились по существу. В сочинении Лукиана «Прометей, или Кавказ» есть такое высказывание о пирушке: «Право, если бы лишить пирушки этих забав — обмана, шуток, поддразнивания и насмешек, то останется только пьянство, пресыщение и молчание — все вещи мрачные и безрадостные, весьма не подходящие к пирушке».

ЛУКУЛЛ (ок. 117—56 гг. до н.э.) — римский полководец, который в войне против понтийского царя Митридата VI и армянского царя Тиграна II добился значительных успехов. После своей отставки жил в Риме и, будучи в те времена одним из самых богатых людей, устраивал пышные пиры, которые были предметом многих разговоров среди его современников. Отсюда возникло выражение «лукуллов пир», т.е. пир особенно богатый и щедрый.

Перу греческого историка Плутарха (ок. 46—119) принадлежит биография Лукулла, в которой, отдав дань его государственным и военным успехам, знаменитый историк пишет и о его пресловутых «попойках и пирушках, чуть ли не о пьяных шествиях с песнями и факелами и вообще о всяческих забавах». Плутарх рассказывает о них без явного осуждения, напротив, как о вполне оправданном желании после трудных военных походов и дел пожить в конце жизни в свое удовольствие. «Лукулл не только получал удовольствие от такого образа жизни, — говорит Плутарх, — но и гордился им. <...> Ему случилось много дней подряд угощать каких-то греков, приехавших в Рим, и эти люди, засовестившись, что из-за них каждый день производятся такие расходы, стали отказываться от приглашения. Но Лукулл с улыбкой сказал им: «Кое-что из этих расходов делается и ради вас, достойные греки, но большая часть — ради Лукулла»... Однажды, когда Лукулл прогуливался на форуме, к нему подошли Цицерон и Помпей. Первый был одним из его лучших друзей, а с Помпеем, хотя у них и была распря из-за командования в Митридатовой войне, они часто встречались и беседовали как добрые знакомые. После приветствия, Цицерон спросил, нельзя ли к нему зайти; Лукулл ответил, что был бы очень рад, и стал их приглашать, и тогда Цицерон сказал: «Мы хотели бы отобедать у тебя сегодня, но только так, как уже приготовлено для тебя самого». Лукулл замялся и стал просить отсрочить посещение, но они не соглашались и даже не позволили ему поговорить со слугами, чтобы он не мог распорядиться о каких-либо приготовлениях сверх тех, какие делались для него самого. Он выговорил только одну уступку — чтобы они разрешили ему сказать в их присутствии одному из слуг, что сегодня он обедает в «Аполлоне». Это было уловкой: по-видимому, для каждой столовой у Лукулла была установлена стоимость обеда и каждая имела свое убранство и утварь, так что рабам достаточно было услышать, где он хочет обедать, и они уже знали, каковы должны быть издержки, как все устроить и в какой последовательности подавать кушанья. По заведенному порядку обед в «Аполлоне» стоил пятьдесят тысяч драхм (1 драхма = 4,36 г серебра); и на этот раз было потрачено столько же, причем Лукуллу удалось поразить Помпея не только величиной расходов, но и быстротой, с которой все было приготовлено».

Ко всем этим подробностям Плутарх добавляет, что «следует с похвалой упомянуть о другом его увлечении — книгами. Он собрал множество прекрасных рукописей и в пользовании ими проявлял еще больше благородной щедрости, чем при самом их приобретении, предоставляя свои книгохранилища всем желающим. Без всякого ограничения открыл он доступ в примыкавшие к книгохранилищам помещения для занятий и портики для прогулок Часто Лукулл сам заходил в портики и беседовал с любителями учености»

ЛУКУЛЛОВ ПИР — чрезвычайно обильное и щедрое пиршество или угощение. Выражение происходит от имени *Лукулла* (см.), римского аристократа, который был известен своими необыкновенно пышными и богатыми зваными обедами и пирами.

ЛЮБОВНЫЙ НАПИТОК — средство, способствующее успеху в любви. Такого рода напитки были весьма популярны в древние времена, начиная с античности. Их изготовляли знахари, колдуны и колдуньи, а также и врачи, в их состав входили нередко совершенно экзотические компоненты, которые могли быть опасными для здоровья и жизни. Далеко не все эти снадобья давали хоть какой-нибудь положительный эффект.

В арсенале современных врачей-психотерапевтов, оказывающих помощь своим пациентам в любовных затруднениях, также есть снадобья, которые можно назвать «любовными напитками», поскольку в условиях интимного общения они избавляют человека от излишней застенчивости и даже стыдливости, позволяют снять скованность, напряженность, помогают «раскрепоститься». И в то же время они бодрят, возбуждают, не заставляя при этом терять голову. Некоторые рецепты подобных напитков включают алкоголь и бывают достаточно просты.

Ниже приводятся два очень простых рецепта так называемых «любовных напитков», опубликованные в последнее время. 1) Состав: полстакана рома или коньяка, стакан сухого красного вина, 1 сухая ветка можжевельника и кусочек сахара. Красное вино смешивают с измельченной веточкой можжевельника и нагревают до температуры 70—80°, после чего настаивают на «водяной бане» 10-15 минут, чтобы ароматические вещества перешли в вино. Полученный раствор процеживают и смешивают с ромом или коньяком, добавляют сахар, еще раз перемешивают, подогревают и разливают в тонкие бокалы. Употребляют напиток горячим. 2) Состав: полстакана рома и коньяка, 1 стакан минеральной воды, 1 столовая ложка натурального фруктового сиропа, 2 кусочка льда. В высокие тонкостенные бокалы кладут лед, наливают охлажденную минеральную воду, затем фруктовый сироп, смешанный с коньяком или ромом.

«ЛЮДОВИК XIII» (фр. *Louis XIII*) — один из самых дорогих коллекционных коньяков, цена которого на международном рынке составляет более 2 тысяч долларов за бутылку. Производится французской фирмой «Реми Мартен» (Remy Martin). Выдающийся вкусовой букет «Людовика XIII» складывается на протяжении многих десятилетий его выдержки, а некоторые из коньячных спиртов, входящих в его состав, имеют возраст более ста лет. Принято говорить, что ароматом и вкусом этого коньяка могут насладиться только дети и внуки винодела, поскольку время его созревания гораздо дольше одной человеческой жизни.

Знатоками красочно описывается обстановка выхаживания этого коньяка: древние глубокие подвалы с почерневшими стенами, старинные дубовые бочки, мудрые пауки. Стены чернеют вследствие того, что в процесссе выдержки в бочках коньячный спирт за долгие годы теряет значительную часть своего объема, несмотря на то что бочки закупорены, а незаметно выделяющиеся испарения оседают на стенах, делая их черными. Виноделы называют эту «усушку» коньячного спирта «долей ангелов». Коньяк «Людовик тринадцатый» наливается для продажи в специально для него выпускаемую флягу из хрусталя баккара, в точности воспроизводящую флягу короля Людовика XIII.

ЛЮТЕР МАРТИН (1483—1546) — немецкий религиозный деятель, реформатор христианства, создатель одной из его ветвей — лютеранства. Оказал также влияние на развитие немецкой культуры. Известна его фраза: «Каждая страна должна иметь своего дьявола, наш немецкий дьявол — это добрая бочка вина».

М

МАГАРЫЧ — угощение, обычно спиртным напитком, за оказанную бескорыстную помощь или добрую весть. Это старый обычай, существующий в России и на Украине. Магарыч не может считаться формой оплаты или проявлением меркантильного принципа «ты — мне, я — тебе». Во-первых, он далеко не всегда равноценен услуге, за которую дается. Во-вторых, магарычом являются обычно одна или несколько бутылок спиртного, и они, по традиции, распиваются совместно давшим и получившим.

Истинный смысл магарыча как элемента межличностного общения — это укрепление дружеских отношений между людьми, готовность к взаимовыручке, символ благодарности и уважения. «С тебя магарыч!» — говорит сосед соседу, оказав ему помощь по хозяйству, в ремонте дома или принеся с почты долгожданное письмо. Эти его слова ожидаются, встречают полное понимание и готовность соблюсти традицию.

MAGISTER BIBENDI, лат. [магистэр бибэнди — букв. «учитель питья»] — у древних римлян председатель пиршества, распорядитель попойки, современный тамада. Шутл.: мастер по части выпивки.

МАГЛАРИ — разновидность винограда, растущего на деревьях. Одна из наиболее древних культур, описанная в работах еще античных авторов. Сохранилась в некоторых районах Грузии, в Азербайджане и Туркмении. Различные модификации маглари встречаются в Италии под названием «альберата», а также в Греции, Палестине, Португалии, Франции, где в качестве опоры для винограда нередко используют декоративные и лесные породы деревьев. Кусты сажают в непосредственной близости от деревьев шелковицы, маслины, хурмы и других пород. Оплетая дерево, виноград добирается до его вершины, и часть лоз гирляндами свисает вниз. Недостатком является неудобство при уходе за кустом и сборе урожая и ограниченная возможность применения механизации.

МАДЕРА ЦАРСКАЯ — ироническое название низкосортной водки, выдававшейся бесплатно по распоряжению царя Петра I (по чарке в день — около 150 г) всем петербургским строительным, дорожным рабочим, рабочим верфей, портовым грузчикам, матросам и солдатам).

МАЗЕР (англ. *mazer*) — деревянная чаша для питья вина, которая была в ходу в Европе в средние века. Она обычно вытачивалась из ствола клена, украшалась полосками серебра или золота, а в ее донышко нередко впечатывался медальон.

МАЙКОВ ВАСИЛИЙ ИВАНОВИЧ (1728—1778) — популярный русский писатель XVIII века. Большим успехом у современников пользовалась его «ироико-комическая поэма» «Елисей, или Раздраженный Вакх» (1779) (в ней участвуют античные боги и герои в обличьи людей XVIII века).

Сюжет следующий. Вакх, бог вина и виноделия, очень обеспокоен тем, что российские винные откупщики, гонясь за прибылью, повысили цены на спиртное и этим могут уменьшить число пьющих. С согласия других олимпийских богов (как известно, не отличавшихся трезвым образом жизни) Вакх решает наказать откупщиков и орудием своей мести избирает ямщика Елисея, прославившегося кабацкой и кулачной удалью. После ряда забавных приключений Елисей, одаренный богами шапкой-невидимкой, попадает в дом к богатому купцу-откупщику, застает его жену одну в постели и, пользуясь тем, что он невидим, забирается к ней. Вошедший в спальню муж, видя странное поведение как бы спящей жены, полагает, что она одержима нечистой силой, и решает обратиться к бабке-колдунье. Елисей же, оставив при появления мужа купчиху, добирается до его винного погреба, утоляет вином жажду и затем производит там полный разгром, при содействии явившегося Вакха со свитой. Затем они громят винные погреба и у других откупщиков.

Поэма завершается красочным описанием большой пьяной драки ямщиков с купцами с переменным успехом, но в конце концов Зевс решает остановить разорение купечества. Елисей схвачен и отдан в солдаты. Написанная простым разговорным языком своего времени — в отличие от тогдашних громозвучных од, поэма содержит меткие картинки быта и нравов екатерининской эпохи. В ней весьма сильны эпикурейские мотивы, свойственные поэзии той эпохи.

Вот как описывается винный погреб глазами Елисея: «...Расставлены везде бочонки по стенам, // Там склянки видит он, бутылки видит там, // Он видит бочки там с вином сороковые, // Любуется, узря предметы таковые, // Летает, как сокол над стадом робких птиц, //Он видит лебедей, и галок, и синиц. // Лишь к первой он тогда бутылке прилетает, // Уж первую ее в объятия хватает, // Как глазом мгнуть, так он затычку ототкнул // И в три глотка сию он пташку проглотнул; // Потом и рот приставил к средней точке, // Из коея вино текло ему в гортань. // Елесенька, уймися, опомнись, перестань: // Ведь бочка не мала, тебя с нее раздует. // Но он сосет, речей как будто и не чует».

МАККАРТИ СОБРАНИЕ (англ. *McCarthy Collection*) — собрание научной литературы по проблеме алкоголя, хранящейся в виде книг, журналов, микрофильмов и другого рода копий, которое представляет значительную часть всей мировой научной литературы на эту тему. Находится в библиотеке Центра алкогольных исследований (Center of Alcohol Studies) при Рутджерском университете (Rutgers University) в г. Пискатавей (Piscataway), штат Нью-Джерси. Названо в честь R.G. McCarthy, который был сотрудником этого Центра и сделал большой вклад в организацию собрания; оно продолжает пополняться и ныне. Библиотеки любых стран, имеющие контакт с Центром, могут заказывать и получать копии материалов собрания согласно каталогу.

МАЛИНОВЫЙ КРЕМ — алкогольный напиток, для приготовления которого используется малиновый спиртованный сок, черничный морс (разбавленный водой сок), настой ванили, малиновая эссенция. Имеет малиново-красный цвет, кисло-сладкий вкус, аромат свежей малины. Содержание спирта — 23%, сахара — 55%.

МАЛЬВАЗИЯ — десертное виноградное вино ликерного типа. Происходит из Греции, было популярным еще в средние века. Согласно английской исторической легенде, мальвазия послужила орудием казни герцога Кларенса, приговоренного к смерти его братом королем Эдуардом IV (1442—1483) в борьбе за власть. По одной из версий, Кларенсу было позволено выбрать вид смерти, и он пожелал утонуть в бочке любимого вина — мальвазии. Он разделся, сел в бочку и стал медленно пить вино до тех пор, пока не захмелел до потери сознания и захлебнулся. По другой версии, его насильно утопили в бочке мальвазии.

МАНДРАГОРОВОЕ ВИНО — известная в древности настойка мандрагоры в вине, которой приписывались различные целебные свойства. Согласно греческому врачу Педаниусу Диоскоридесу (Pedanius Dioscorides, I в. н.э.), она приготовлялась путем кипячения корня мандрагоры в вине до упаривания на две трети. Рюмка такой настойки обеспечивала сильный наркоз в течение 4 часов. Другой препарат готовился с помощью настаивания в вине коры мандрагоры.

Римский автор Фронтин (Sectus Julius Frontinus, 35—103 гг. н.э.) писал о хитрости карфагенян, которые в IV веке до н.э. во время нападения африканских племен на их лагерь неожиданно оставили лагерь, а в лагере — в походных повозках — бочонки мандрагорового вина. Напавшие напились и забылись в глубоком сне. Карфагеняне возвратились и без особого труда уничтожили своих врагов.

Авиценна (980—1037) рекомендовал как снотворное и обезболивающее средство препарат, получаемый кипячением мандрагоры вместе с черной беленой в воде и последующим смешиванием с вином. Растению мандрагоре приписывалась особая магическая сила еще в связи с тем, что его корень иногда напоминает человеческую фигуру (гомункулюс).

МАНЬЯН ВАЛАНТЕН (*Magnan Vallantin*, 1835—1916) — французский психиатр, классик мировой психиатрии. Сделал значительный вклад в развитие клинической психиатрии, а также в понимание болезненной природы алкоголизма и возникновения его психотических осложнений. В частности, он с наибольшей до сего дня полнотой описал смертельную фебрильную форму алкогольного делирия и предложил экспериментальную модель делирия на собаках.

Эта модель осуществлялась следующим образом. В течение месяца подопытным собакам (таксам) давалась сравнительно большая доза алкоголя (40—50 г спирта с жидкой пищей ежедневно), что приводило к постепенному развитию у них как «психических» (галлюцинации, страхи), так и физических (характерный тремор и другие мышечные расстройства) симптомов алкогольного делирия. Оказалось, что проявления этого делирия у животного весьма сходно с таковыми у человека, и поэтому можно предполагать, что в основе лежат токсические поражения архаичных структур головного мозга, общих для человека и животного.

МАНЬЯНА ЛИХОРАДОЧНАЯ ФОРМА БЕЛОЙ ГОРЯЧКИ — атипичная, злокачественно протекающая форма алкогольного делирия. Характерны высокая температура, глубокие расстройства сознания, полная дезориентировка, эпилептиформные проявления. У некоторых больных наблюдается ригидность мышц затылка, парезы (слабость) глазных мышц, судорожное подергивание мышц лица. Летальность, как правило, высокая. Иногда — затяжное течение с неполным выздоровлением (исход в алкогольную энцефалопатию).

МАНЬЯНА ОПИСАНИЕ ОПЬЯНЕНИЯ — вполне соответствует представлениям современной ему клинической наркологии, к тому же отличается живостью и выразительностью стиля, что присуще большинству медиков-классиков XIX века. Знаменитый французский психиатр Валантен Маньян в своей книге «Алкоголизм» (L'Alcoolism. Paris, 1874) дает следующее описание развития сильного опьянения. «Когда человек, обычно непьющий, принимает непривычно большую для себя дозу алкоголя, он, как известно, пьянеет. Первые проявления опьянения — легкая возбужденность, расторможенность, ощущение полноты жизни и благополучия: все заботы отходят на второй план, речь и жестикуляция оживляются, мысли текут быстрей обычного, чувства выплескиваются наружу с особенной легкостью.

Возбуждение постепенно возрастает, мысли утрачивают ясность, хуже формулируются, ум перестает подчиняться законам разума. Пьяный человек в эту минуту может выглядеть самым различным образом: веселым, грустным и нежным; до сих пор не ясно, чем это определяется: характером ли, его наследственными задатками, физиологическими обстоятельствами, в которых застает его опьянение, или же (в дополнение ко всему прочему) свойствами того или иного горячительного напитка и количеством и способом его принятия.

Как бы то ни было, далее на смену умственной экзальтации идет помрачение рассудка: мысли становятся вовсе не последовательны и не сообразны с действительностью; слух и зрение притупляются и одновременно становятся подвержены иллюзиям; обоняние и вкусовое чувство извращаются; общая чувствительность вначале ослабевает, затем снижается до степени глубокой анестезии, так что самые тяжелые, калечащие человека травмы поначалу им не ощущаются. Добавим, что к этому времени речь его стала совершенно неразборчива, взгляд — лишенным всякой выразительности, он не стоит на ногах; затем расслабляются сфинктеры и угнетаются физиологические функции: температура тела падает, развивается состояние коматозного сна с утратой всех видов чуствительности — жизнь человека в каком-то смысле приближается к чисто растительному существованию».

МАОТАЙ — традиционная китайская рисовая водка, пользующаяся в Китае большой популярностью. Появилась когда-то в небольшой деревне на юге Китая, где производится и в настоящее время в ограниченном количестве. Выгнанный на старинном оборудовании рисовый спирт настаивают на смеси целебных трав, разводят водой и затем в закупоренных бутылках выдерживают определенное время в подвале. Цвет водки — желтоватый, она имеет характерный запах; крепость — 60% об. В большом количестве маотай выпускается в наше время более производительным способом на многих из более 10 тысяч китайских винно-водочных заводов.

В середине 1990-х годов, рекламируя свою продукцию, завод в Гуйчжоу сообщил всей стране, что один из его рабочих в течение более 30 лет выпивает ежедневно 200—300 граммов маотая, и хотя ему уже 62 года, медицинское обследование не нашло у него никакого серьезного заболевания.

МАРЕОТИС — древний сорт вина, производившийся в Малой Азии. По преданию, им напивались допьяна Антоний и царица Клеопатра в счастливый период их любви.

МАРКИАФАВЫ — Биньями болезнь (опубл. Marchiafava E., 1897; Bignami A., 1903) — вариант алкогольной энцефалопатии, характеризующейся затяжным течением (от 2 до 6 лет). Постепенно развивается деменция. Возможны эпилептиформные припадки. Обычны апатия, депрессия, иногда — периоды возбуждения. Наблюдаются слуховые и зрительные галлюцинации. Неврологические проявления — тремор рук, дизартрия, нарушения ходьбы, арефлексия или гиперрефлексия, ослабление зрачковых реакций. В конечной стадии — помрачение сознания, спутанность, псевдопаралич. Морфологически обнаруживаются некрозы в мозолистом теле мозга, полости в ткани мозга, внутренняя водянка. Прогноз неблагоприятный. Все описанные в литературе случаи этого заболевания закончились смертью.

Впервые его патоморфология и клиника были описаны у итальянских крестьян, долгие годы употреблявших много красного вина домашнего изготовления. В середине текущего столетия аналогичные случаи описаны и в других виноградарских странах (Франция, Аргентина, США). Прижизненно болезнь в настоящее время диагностируется очень редко.

Синонимы: *дегенерация мозолистого тела, прогрессирующая алкогольная деменция.*

МАРОЧНЫЕ ВИНА — см. *Вина марочные.*

МАРСА ЭЛИКСИР — средневековое лекарство, представлявшее собой раствор железа в вине. Готовилось следующим образом: 8 унций (227 г) железной ржавчины смешивали с 4 пинтами (2,28 л) крепкого красного вина и кипятили в железном тигле до тех пор, пока от исходного объема оставалась одна треть. Затем процеживали, охлаждали и применяли при всевозможных болезнях.

МАРТИНИ — вино типа вермута, производящееся в Италии. Его особенностью является большое количество добавок (более 35), в которые входят ароматические травы, цветы, семена и корни лекарственных растений, придающие ему специфический вкус и свойство возбуждать аппетит.

Идею такого напитка приписывают знаменитому греческому врачу Гиппократу (460—370 гг. до н.э.), который обнаружил, что выдержанное вино с острова Крит, если в него добавить цветы дикого бадьяна и артемизии, приобретает великолепные лечебные свойства и к тому же способствует пищеварению.

Сейчас в Италии выпускается четыре вида мартини: «Росо», «Бианко», «Розе» (крепость 16% об.) и «Экстра драй» (крепость 18% об.). Ежегодно в мире расходится свыше 200 миллионов бутылок мартини. Оно употребляется обычно в качестве *аперитива* (см.) как в чистом виде, так и в составе различных смешанных напитков.

МАСТИКАЦИИ СПОСОБ — древнейший способ приготовления пива, когда был неизвестен солод. Зерно разжевывалось во рту, затем выплевывалось в сосуд, где происходило его брожение. Зимаза, содержащаяся в слюне, обеспечивала превращение крахмала зерна в сахар, а дрожжи, попадающие в сосуд из воздуха, сбраживали сахар до алкоголя. Операция жевания (лат. masticatio) обычно поручалась женщинам.

МАТХАЙЗЕР — самый большой в мире пивной бар. Находится в Мюнхене на Байерштрассе (Bayerstrasse), 5. Ежедневно в нем продается в среднем 56 448 литров пива. Открыт в 1829 году, разрушен во время второй мировой войны и восстановлен в 1955 году. Сейчас бар вмещает 5,5 тысяч человек.

МЕД (МЕД БРОЖЕНЫЙ, ВАРЕНЫЙ, ПИТЕЙНЫЙ) — шипучий напиток, приготовляемый из пчелиного меда. Содержание спирта колеблется в больших пределах и может доходить до 17% об.

Наиболее типичный из старинных способов приготовления: мед растворяют в воде, кипятят, снимают пену, добавляют хмель, иногда — пряности (кардамон, кориандр, мускатный орех и др.) и ягодные соки (клюквенный, брусничный, смородиновый), снова кипятят, сливают в бочонок, прибавляют дрожжи, а по окончании бурного брожения переливают в другой бочонок, хорошо закупоривают и выдерживают на холоду несколько недель или месяцев.

Мед как алкогольный напиток был известен древним грекам и римлянам, но они употребляли его несравненно меньше, чем вино, и считали грубым напитком северных варваров. В греческом языке слово «мэду» означало «опьяняющий напиток» вообще. В первом тысячелетии нашей эры мед был обычным алкогольным напитком у англичан (meadu), германцев (meth), скандинавов (mjod), литовцев (medus) и у других северных и восточных народов Европы.

В Древней Руси, насколько можно судить по фольклорным упоминаниям, мед был самым распространенным напитком из числа алкогольных. Традиционной концовкой многих русских народных сказок является фраза:

«Я сам там был, мед и пиво пил, по усам текло, в рот не попало». Арабский путешественник Ибн-Рустам в начале X века отмечал, что «руссы имеют медовый хмельной напиток». Виноградное вино, которое иногда привозилось из Византии, было в те времена малодоступным, тогда как пчелиный мед имелся в количестве, которого хватало и на экспорт.

Преимуществом питейного меда перед другим распространенным напитком — пивом было то, что его можно было хранить значительно дольше без потери качества. Пиво варилось в старину обычно к большим празднествам и должно было все выпиваться за 2—3 дня. Расцвет медоварения (изготовления питейного меда) на Руси приходится на XIII—XV века В XIII веке вывоз хмельного меда за рубеж уже облагался пошлиной, а в XV веке питейным медом в достаточно больших объемах обеспечивалось даже войско.

В русских летописях можно найти случаи, когда чрезмерное употребление этого хмельного напитка было одной из причин военного поражения. Так, в 1433 году московский князь Василий Темный в борьбе за великокняжеский титул был разбит наголову и пленен войском своего дяди Юрия Звенигородского на Клязьме, в 20 верстах от Москвы, из-за того, как говорит летописец, что «от москвыч не бысть никоея же помощи, мнози бо от них пияни бяху, а и с собою мед везяху, чтоб пити еще».

По дошедшим до нас сведениям, в Древней Руси были в употреблении следующие питейные меды: вишневый, малиновый, смородинный, клюквенный, брусничный, можжевельный, черемуховый, мед с гвоздикой, белый, белый паточный, красный, оборный, старый, вешний, княжий и боярский. Иностранцы высоко ценили мед русского изготовления. После XV века на Руси питейный мед из широкого употребления был вытеснен значительно более дешевым «хлебным вином» (водкой).

Одна из современных рецептур домашнего приготовления клюквенного меда: мед — 1 кг, клюквенный сок — 1 л, гвоздика и корица — 5 г, дрожжи — 100 г, вода — 3 л. Растворяют в кипятке мед, охлаждают, добавляют сок, специи, дрожжи, дают бродить в течение 12 часов в теплом месте, затем 2—3 недели выдерживают на холоду. Разливают в прочные бутылки (из-под шампанского), крепко закупоривают и хранят в холодном темном месте.

МЕДАЛЬ «ЗА ПЬЯНСТВО» — была «учреждена» во времена Петра I для наказания за пьянство. Она отливалась из чугуна, имела вес 17 фунтов (6,8 кг) и вешалась виновному на шею.

МЕДВЕДИ-ПЬЯНИЦЫ — по мнению натуралистов, нередкое явление в природе. Еще в 1847 году в «Журнале министерства внутренних дел» в статье о

Восточной Сибири сообщалось: «Медведей очень много между Якутском и Охотском; летом везут по этой дороге верхами припасы... Часто лошади погибают от сибирской язвы... тогда бросают на дороге и сумы с мукой, и фляги с водкой. Жителей здесь нет. Одни медведи пользуются правом находки. Флягу с водкой, обшитую сырой кожей, медведь умеет раскупорить: одним ударом лапы он вышибает дно и, опустив рыло в бочонок, тянет водку, могущество которой он знает или по прежним опытам, или по инстинкту. Пьяный, валяется по земле, кувыркается; берет цельную флягу, начинает ее раскупоривать и при малейшей неудаче разбивает вдребезги. Праздник оканчивается тем, что медведь, обессилев от водки и неумеренных движений, засыпает».

Знали склонность медведя к выпивке на Руси в старину и использовали эту слабость для его ловли. Наливали в деревянную колоду хмельной напиток и оставляли в том месте, куда он часто наведывался. Напав на «угощение», медведь напивался и засыпал крепким сном, и оставалось только быстро его связать.

В Сибири, в начале 1920-х годов, когда среди местного населения, не имевшего возможность купить водку, процветало тайное *самогоноварение*, самогонщики прятали хмельную закваску в шалашах или охотничьих избушках в лесу. Нередки были случаи, когда медведь обнаруживал брагу, выпивал ее и тут же заваливался спать.

Не отказывается от спиртного и белый медведь. Однажды в 1930-х годах, когда прославленный российский ледокол «Ермак» стоял, зажатый в северных льдах, к его борту подошел медвежонок. Ему на веревочке спустили теплый кофе, а потом разбавленный спирт. Медвежонок отпил и того, и другого, а потом отошел, лег на льдину и заснул. И как только раздался гудок ледокола, испуганно вскочил и побежал.

В некоторых жарких странах, где растет финиковая пальма, местные жители делают из ее сока вино. Близко к верхушкам делают надрезы и подвязывают сосуды. Сладкая жидкость, натекая в сосуды, начинает бродить и делается хмельной. Живущие там медведи-губачи любят посещать эти пальмы. Забравшись метров на восемь к висящим сосудам, медведь нагибает к себе лапами один из них и выпивает содержимое. Много других кувшинов при этом бьется. Захмелевший медведь даже не затрудняет себя спуском на землю, а просто падает вниз.

Медведи-пьяницы появились однажды в американском штате Монтана, через некоторое время после того, как осенью 1985 года под железнодорожный откос свалились семнадцать вагонов, груженых кукурузным зерном. Рассыпавшаяся толстым слоем кукуруза пошла под снег, стала сопревать и бродить, и за зиму в ней образовалось изрядное количество спирта. Весной сюда на запах спиртного повадились медведи гризли из соседнего национального парка «Глейшер» и настолько пристрастились к хмельной еде, что долго их никак не удавалось отвадить от этого места. Захмелев, они бесстрашно выходили на железнодорожное полотно и мешали движению поездов. Что только не делали люди: пытались сгрести кукурузу, засыпали ее землей, поливали гашеной известью и даже дизельным топливом. Медведи откапывали пьяную кукурузу и продолжали поглощать ее, невзирая на запах мазута.

Медведи легко приучаются к пьянству и в неволе. В книге известного клоуна и киноактера Юрия Никулина «Почти серьезно» рассказана следующая история. После войны, в первые особенно трудные годы, по маленьким городам для заработка гастролировала небольшая цирковая группа, состоявшая из трех артистов и медведя. Были проблемы с перевозкой медведя в поезде. Циркачи нашли выход: они поили его до бесчувствия вином и везли в мешке, который засовывали в вагоне под лавку, чтобы не видел кондуктор. Глава этой цирковой компании, вздыхая, говорил: «Жалко медведя — вместе с нами спивается...»

МЕДОК (фр. *Medoc*) — сорт французского виноградного вина (по названию местности Medoc — Медок).

МЕЖДУНАРОДНАЯ ОРГАНИЗАЦИЯ ВИНОГРАДАРСТВА И ВИНОДЕЛИЯ, МОВВ (*Office International de la vigne et du vin, O. I. V.*) — неправительственная организация, занимающаяся защитой интересов виноделов, вопросами изучения свойств вин, унификацией наименования вин по их происхождению, разработкой методов защиты наименований, борьбой с фальсификацией в виноделии и др. Создана в 1924 году.

В организации состоят более 30 стран, в том числе и Россия. Штаб-квартира находится в Париже. Каждая страна-участница представлена делегатом в исполнительном комитете МОВВ, осуществляющем высшее руководство. Бюро МОВВ возглавляют президент и 2 вице-президента, избираемые сроком на 3 года. Научную программу определяет научно-технический комитет. Ежегодно проводятся заседания Генеральной ассамблеи МОВВ, на которых определяется главная линия развития виноградарства и виноделия, составляются рекомендации, разрабатываются программы международных конкурсов и симпозиумов, утверждаются отчеты и бюджет.

В МОВВ функционируют группы экспертов: по технологии вина; международному кодексу технологических приемов в виноделии; законодательству о вине и контролю его качества; столовому винограду и изюму; селекции винограда; микробиологии вина. В рамках МОВВ ежегодно проводятся научные симпозиумы по различным вопросам виноделия и виноградарства, а также международные и всемирные конкурсы вин.

Ежегодно, по предложению специального жюри, Генеральная ассамблея присуждает Гран-при и 5 премий МОВВ за лучшие труды по виноградарству, виноделию, экономике, истории, литературе и искусству, отражающие тему винограда и вина, а также по медицине и гигиене по вопросам, связанным с виноградом и вином. МОВВ поддерживает связи со специальными подразделениями ООН, а также с другими международными организациями, занимающимися родственными проблемами, издает на французском языке бюллетень «Bulletin de l'O. I. V.» (12 номеров в год, примерно по 100 стр.), выпускает информационные листы.

МЕЗГА — масса раздробленного винограда или других ягод и фруктов (кожица, мякоть, семена, гребни, сок), получающаяся на первом этапе изготовления вина. В дальнейшем мезгу прессуют, чтобы выжать из нее сусло (см.), или ставят на брожение (брожение на мезге) в зависимости от того, какого типа вино, хотят получить.

МЕЙ ЛЕВ АЛЕКСАНДРОВИЧ (1822—1862) — русский поэт, многие лирические стихи которого были положены на музыку (Глинкой, Чайковским, Мусоргским, Рахманиновым и др.), а на основе его двух стихотворных исторических драм «Царская невеста» и «Псковитянка» были созданы одноименные оперы Н. А. Римского-Корсакова. Трудные жизненные условия и напряженный литературный труд осложнились у него рано развившимся пристрастием к алкоголю, который был и причиной, как полагают, его преждевременной смерти.

Самокритичность к этой слабости у Мея выразилась однажды в экспромте, сочиненном и произнесенном им на вечере у графа Кушелева-Безбородко: «Графы и графини! // Счастье вам во всем, // Мне же — лишь в графине // И при том в большом!»

К людям и литературным собратьям Мей относился доброжелательно, но в нетрезвом состоянии бывал и резок. Так, он, будучи «под градусом», наговорил немало «хулительных слов» в лицо Александру Дюма, приехавшему в Россию в 1858 году. Мей переложил на стихи «Слово о полку Игореве» (1850).

МЕЛЛАНБИ ФЕНОМЕН (англ. *Mellanby phenomenon*) — заключается в том, что при определенной концентрации алкоголя в крови может проявиться состояние опьянения, если эта концентрация достигнута на ее подъеме, однако при той же концентрации признаки опьянения могут отсутствовать, если она установилась при снижении от более высокого уровня. Описан E. Mellanby в 1919 году.

МЕНАДЫ — (греч. — безумствующие) — в греческой мифологии спутницы бога вина Диониса (Вакха). Другие их имена —

вакханки, бессариды. Следуя толпами (фиасами) за Дионисом, полуобнаженные менады, украшенные виноградными листьями и плющом, сокрушают все на своем пути палками (тирсами), увитыми тоже плющом. В шкурах пятнистого оленя, часто подпоясанные задушенными змеями, они в безумном восторге взывают к Дионису, называя его Бромием («Шумным») или Плющевым и восклицая «Вакх Эвое». Они терзают в лесах и горах детенышей диких животных и пьют их кровь, как бы приобщаясь к растерзанному божеству, и даже приносят ему человеческие жертвы. Тирсами менады выбивают из скал и земли молоко и мед. Они увлекают за собой женщин, приобщая их к служению Дионису. Одним из источников мифов о менадах является трагедия Еврипида «Вакханки».

МЕНДЕЛЕЕВ ДМИТРИЙ ИВАНОВИЧ (1834—1907) — выдающийся русский ученый, открывший периодический закон химических элементов (1869) — один из основных законов мироздания. Автор фундаментальных исследований по химии, химической технологии, физике, метрологии, воздухоплаванию, метеорологии, сельскому хозяйству, экономике, народному просвещению и др., тесно связанных с развитием производительных сил России. Заложил основы теории растворов, предложил промышленный способ фракционного разделения нефти, изобрел вид бездымного пороха, пропагандировал использование минеральных удобрений, орошение засушливых земель.

Докторская диссертация Менделеева называлась «О соединении спирта с водою». В течение полутора лет он вел поиски идеального соотношения объема и веса частей спирта и воды в водке. Эта проблема долгое время плохо поддавалась исследователям ввиду того, что спирт в смешении с водой «сжимает» всю смесь, причем в различной степени в зависимости от концентрации. Смешение литра спирта с литром воды дает не два литра смеси, а существенно меньше. Менделеев установил, что самое большое «сжатие» происходит при взаимном растворении взятых по весу 45,88% безводного спирта и 54,12% воды. Это означает, что если на каждую молекулу спирта в растворе приходится три молекулы воды, то объем смеси становится минимальным, следовательно, удельный вес ее достигает максимума.

Открыв это явление, ученый вывел формулу, которая содержала 30 членов и занимала 5 строчек. Данные, полученные с помощью этой формулы, по точности превзошли цифры в исследованиях всех менделеевских предшествеников. Это сразу было оценено производителями крепких спиртных напитков. Измерения Менделеева были взяты в основу алкоголометрии сначала в Голландии, потом в Германии, Австрии и России. Менделеев доказал, что идеальное содержание спирта в водке — 40% объемных. Причем оно практически не может быть получено при смешивании воды и спирта объемами. Ученый дал таблицу, из каких весовых соотношений воды и спирта получается такая концентрация.

При крепости 40% об. спиртной напиток получается наиболее однородным, при его употреблении выделяется наибольшее количество тепла, причем 40-градусная водка меньше обжигает пищевод. До исследований Менделеева концентрация спирта в водке, которая продавалась в России, оценивалась весьма приблизительно, и чтобы предупредить злоупотребления в сфере водочного предпринимательства, контролирующие чиновники использовали как наиболее надежный критерий способность водки загораться от поднесенной спички. А это означает, что крепость водки должна была заметно превышать оптимальные 40%.

Вводя в 1894 году государственную водочную монополию, российское правительство одной из целей провозгласило гарантию высокого качества водки и ориентировалось на выпуск 40-градусной, которую запатентовало в том же году. Таким образом, 40-градусную водку можно считать русским изобретением.

При подготовке водочной монополии была создана специальная комиссия для выработки различных рекомендаций по ее лучшему осуществлению. Комиссию возглавил Менделеев. Она советовала, наряду с обеспечением высокой химической чистоты спиртного продукта, снижающей его вредные последствия для здоровья, всемерно улучшать условия общественного потребления водки, пропагандировать ее домашнее потребление в достойной человека обстановке, распространять знания о применении водки с разными целями и в разных ситуациях, чтобы научить смотреть на водку, как на элемент застолья, а не как на средство, вызывающее сильное опьянение и забвение.

МЕНТОЛОВЫЙ СПИРТ — лекарственное средство, представляющее собой бесцветный, прозрачный раствор ментола в 90%-ном этиловом спирте (1 или 2 г на 100 мл раствора). Применяется наружно как обезболивающее средство при невралгических болях; как антисептическое средство при воспалительных процессах верхних дыхательных путей — при лечении насморка, катара зева, гортани. При бронхите применяется в виде ингаляций с водными парами (20 капель на кружку горячей воды). При стенокардии — 4—5 капель на кусок сахара или хлеба под язык.

МЕРЗАВЧИК (простор.) — стограммовая бутылка спиртного (обычно — водки).

МЕСТНЫЕ АНЕСТЕТИКИ И АЛКОГОЛЬ — взаимодействуют таким образом, что снижается эффективность и длительность местной анестезии. Это отмечается и в стоматологических клиниках при применении новокаиновой и тримекаиновой анестезии. Тримекаин в сочетании с алкоголем и тетурамом резко усиливает токсический эффект тетурама, что связано с еще большим блокированием окисления ацетальдегида.

МЕТАБОЛИЗМ АЛКОГОЛЯ — биохимические процессы, протекающие в организме, в результате которых алкоголь в конечном счете превращается, с выделением тепла, в углекислоту и воду и выводится из тела. Будучи выпитым, этиловый алкоголь попадает в кровяное русло отчасти непосредственно через стенки желудка, но главным образом через оболочку тонкого кишечника. Разбавление его во рту и желудке биологическими жидкостями и ранее принятой пищей замедляет процесс его абсорбции. Циркулирующая кровь разносит алкоголь по всем тканям тела. Порция алкоголя, проходящая через печень, в основном именно здесь подвергается окислению — сначала до ацетальдегида, а затем до ацетата (см. *Окисление алкоголя*). Часть образующегося ацетата, являющегося универсальным метаболитом в организме, может принять участие в других самых различных обменных процессах, а часть его сразу окисляется до углекислоты. От 10 до 20% алкоголя удаляются неокисленными: до 15% через почки и около 5% с выдыхаемым воздухом. Количество алкоголя, содержащегося в определенный момент в различных тканях, зависит от общего выпитого его количества, скорости абсорбции, количества воды в тканях и скорости метаболизма.

МЕТИЛОВЫЙ СПИРТ (англ. *methyl alcohol*) — бесцветная ядовитая жидкость со слабым запахом, напоминающим запах этилового спирта. Один из способов его получения — сухая перегонка дерева, откуда его второе название — древесный спирт.

При приеме внутрь вызывает опьянение, однако уже в дозе 5—10 мл может вызвать тяжелое отравление, а более 30 мл — смерть (см. *Отравление метиловым спиртом*). Широко применяется в промышленности, в том числе как растворитель для приготовления лаков, политур и т.д. Употребление этих жидкостей в качестве замены алкогольных напитков бывает причиной несчастных случаев. Однако отмечены отдельные случаи необычной толерантности к отравляющему действию метилового спирта, причем было замечено, что некоторые бродяги даже предпочитают метиловый спирт этиловому.

Синонимы: *Метанол, Древесный спирт.*

МИЕЛИНОЛИЗ ЦЕНТРАЛЬНЫЙ ПОНТИННЫЙ, АЛКОГОЛЬНЫЙ (лат. *Myelinolysis centralis pontis, alcoholica*) — демиелинизация центральных отделов моста головного мозга, проявляющаяся постепенным развитием паралича рук и ног (тетраплегии) и псевдобульбарного паралича, иногда судорогами. Наблюдается при многолетней хронической алкогольной интоксикации в сочетании с недостаточностью питания.

МИЕЛОПАТИЯ АЛКОГОЛЬНАЯ (англ. *alcoholic myelopthy*) — поражение костного или спинного мозга, а также миелиновой оболочки нервных волокон вследствие хронической алкогольной интоксикации в сочетании с недостаточностью питания.

МИКРОВИНОДЕЛИЕ — приготовление небольших объемов вин и виноматериалов в лабораторных условиях для изучения влияния на качество вина сортов винограда, агротехники, приемов виноделия и т.д., а также в учебных целях.

МИЛДЬЮ (англ. *mildew*), **ЛОЖНАЯ МУЧНИСТАЯ РОСА, ПЕРОНОСПОРОЗ** — одно из самых опасных грибковых заболеваний винограда. Поражает зеленые части куста и ягоды в течение всего периода вегетации.

МИОКАРДИТ АЛКОГОЛЬНЫЙ (лат. *myocarditis alcoholicum*) — воспаление миокарда (мышечной стенки сердца), которое встречается у алкоголиков, скорее всего, в связи с недостаточностью витамина B1 (болезнью бери-бери).

МИОПАТИЯ АЛКОГОЛЬНАЯ (англ. *alkoholic myopathy*) — расстройство в скелетных мышцах, связанное с употреблением алкоголя. Оно может быть острым (тогда оно именуется острым рабдомиолизом) — с обширным некрозом мышц, становящихся мягкими и отечными, и может быть осложнено миоглобинурией и почечной недостаточностью. Хроническая форма алкогольной миопатии проявляется в виде слабости и дряхлости проксимальных участков мышц.

МИРОВОЕ ПРОИЗВОДСТВО ВИНОГРАДНОГО ВИНА — достигло в 1992 году рекордного уровня 336 021 000 гектолитров. Примерно 1/4 мирового объема вина производится в Италии, 1/5 — во Франции, 1/40 — в России. На экономически развитые страны приходится 90% мирового производства виноградного вина, на остальные страны (включая Китай) — 10%.

МИСТЕЛЬ — спиртованный виноградный сок или спиртованное виноградное сусло. Хотя в нем имеется алкоголь (15—16% об.), а исходным сырьем является виноград, мистель не может называться виноградным вином, в получении которого обязательно должна быть стадия брожения виноградного сусла (что закреплено и законодательным путем, например, во Франции). Мистель используется в виноделии, в основном, как купажный материал (для подмешивания к виноматериалам), с целью повышения сахаристости десертных вин, поскольку в перебродившем виноматериале большая часть сахара исчезает, превращаясь в алкоголь.

Мистель иногда выпускают и в качестве самостоятельного алкогольного напитка. Таковыми являются, например, напитки «Ратафея», «Шарантское» и «Карфагенское Пино», выпускаемые во Франции. Для получения «Шарантского Пино» сок винограда «Пино» спиртуют коньячным спиртом.

МОЗЕЛЬСКИЕ ВИНА (нем. *Moselweine*) — класс известных с давних времен немецких вин, вырабатываемых из винограда, выращиваемого в долине реки Мозель. Это белые столовые вина, отличающиеся кристаллической прозрачностью, светло-соломенной окраской и букетом полевых трав. Высококачественные мозельские вина получают только в годы, когда виноград в этом районе хорошо созревает. В противном случае приходится подсахаривать виноградное сусло и получать вино более низкого качества. Мозельские вина продаются всегда в изящных зеленых бутылках. Из мозельских вин, поступающих в Россию, можно назвать «Докторберг», «Михаэль рислинг», «Вильтингер Шарцберг» и др. Право называться «мозельскими винами» имеют также вина, вырабатываемые во Франции в департаменте Мозель (Лотарингия).

МОЙ СТАКАН НЕ ВЕЛИК, НО Я ПЬЮ ИЗ СВОЕГО СТАКАНА — цитата из произведения французского писателя Альфреда де Мюссе (1810—1857) «Чаша и уста» (1832). Это выражение стало использоваться в русской литературной речи в иносказательном смысле: хотя мои дела и скромны, но самостоятельны, самобытны. Русскими писателями оно нередко цитировалось по-французски: «Mon verre n'est pas grand, mais je bois dans mon verre». Из «Автобиографического введения» П.А. Вяземского (1792—1878): «Скажу с французского: рюмка моя маленькая, но я пью из своей, а что рюмка моя не порожняя, тому свидетель Пушкин».

МОЛИТВА ОТ ПЬЯНСТВА — читается верующими с обращением о помощи к Богу или к святым. Православная церковь советует молиться об избавлении «от страсти пьянства» иконам Божией Матери «Взыскание погибших» и «Неупоеваемая чаша», а также святому Бонифатию Милостивому и преподобному Моисею Мурину. Текст молитвы, обращенной к св. Бонифатию»: «О, всесвятой Бонифатий, милостивый раб Милосердного Владыки! Услышь прибегающих к тебе, одержимых пагубным пристрастием к винопитию и, как в своей земной жизни ты никогда не отказывал в помощи просящим тебя, так и теперь избавь этих несчастных (имена). Некогда Богомудрый отец, град побил твой виноградник, ты же, воздав благодарение Богу, велел немногие сохранившиеся грозды положить в точило и позвать нищих. Затем, взяв новое вино, ты разлил его по каплям во все сосуды, бывшие в епископии, и Бог, исполняющий молитву милостивых, совершил преславное чудо: вино в точиле умножилось и нищие наполнили свои сосуды. О, святитель Божий! Как по твоей молитве умножилось вино для нужд церкви и для пользы бедных и убогих, так ты, блаженный, уменьши его теперь там, где оно приносит вред, избавь от пристрастия к нему предающихся постыдной страсти винопития (имена), исцели их от тяжкого недуга, освободи от бесовского искушения, утверди их, слабых, дай им, немощным, крепость и силу благоуспешно перенести это искушение, возврати их к здоровой, трезвой жизни, направь их на путь труда, вложи в них стремление к трезвости и духовной бодрости. Помоги им, угодник Божий Бонифатий, когда жажда вина станет жечь их гортань, уничтожь их пагубное желание, освежи их уста небесною прохладою, просвети их очи, поставь их ноги на скале веры и надежды, чтобы, оставив свое душевное пристрастие, влекущее за собою отлучение от Небесного Царства, они утвердились в благочестии, удостоились непостыдной мирной кончины и в вечном свете бесконечного Царства Славы достойно прославляли Господа нашего с Безначальным Его Сыном и с Пресвятым и Животворящим Духом во веки веков. АМИНЬ».

МОЛИТВА ОТ ПЬЯНСТВА ПРАВЕДНОГО ИОАННА КРОНШТАДСКОГО: «Господи, призри милостиво на раба твоего (имярек), прельщенного лестью чрева и плотского веселия: даруй ему (имярек) познати сладость воздержания в посте и проистекающих от него плодов. Аминь». Св. Иоанн Кронштадский (1829—1908) — православный проповедник, духовный писатель, протоиерей и настоятель Андреевского собора в Кронштадте. Имел при жизни славу «народного святого».

«МОЛИТВА» ПЬЯНИЦЫ — шутливая прибаутка, возникшая, по предположению, в давние времена среди студентов духовной семинарии, и популярная также и в современных студенческих дружеских попойках. Ее текст: «Не прими, господи, за пьянство — прими за лекарство, не пьем, господи, а лечимся. И не по чайной ложке, а по чайному стакану. И не через день, а каждый день. И не пьянства ради, а чтобы не отвыкнуть. Так изыди, нечистая сила, останься чистый спирт, да не пойди во вред рабу божьему! Аминь».

МОЛОДОЕ ВИНО — вино, в котором недавно окончился процесс брожения, не завершился процесс осветления, еще содержится углекислый газ и не появились вкусовые свойства, присущие выдержанному вину. Тем не менее молодое вино довольно широко употребляется в начале зимы в районах виноградарства, особенно при домашнем изготовлении вина. В разных регионах оно имеет специальные названия: «маджари» или «мадчари» — в Грузии, «мачар» — в Армении, «тулбурел» — в Молдове, «шира» или «благо вино» — в Болгарии, «гейригер» — в Австрии. До XVIII века в Европе еще не была создана надежная технология выдержки вин, обеспечивающая их высокое качество и устойчивость при хранении. Вино уже на следующий год нередко портилось, и его либо подмешивали в вино нового урожая, либо пускали на производство уксуса. Поэтому молодое вино считалось лучше старого. Теперь молодое вино употребляется обычно в том случае, когда имеются остатки от вина нового урожая, поставленного на осветление и выдержку.

«МОЛОКО ЛЮБИМОЙ ЖЕНЩИНЫ» (нем. *Liebfrauenmilch*) — сухое или полусладкое вино из класса известных немецких рейнских вин. (По-немецки название вина звучит как «Либфрауэнмильх».) Это вино еще более популярно в России, чем в Германии. Содержание спирта — 9% об., сахара — до 9 г/л.

МОНОПОЛИЯ ГОСУДАРСТВЕННАЯ НА АЛКОГОЛЬ (АЛКОГОЛЬНАЯ МОНОПОЛИЯ) — монопольное право государства на осуществление или всего алкогольного оборота в стране, начиная от производства этилового спирта и алкогольных напитков до их розничной продажи населению, или каких-либо элементов этого оборота. Ключевым звеном является продажа алкоголя населению, и в ряде случае монополия относится только к продаже. Такого рода монополия (на спирт и водку) была введена в России с 1895 года (на основании закона 1893 г.), а в настоящее время существует в 17 штатах США (в большинстве случаев — на крепкие напитки). Полная монополия — на все звенья оборота и на все виды алкогольных напитков — была в СССР.

В Российской Федерации алкогольная монополия была отменена в 1992 году и вновь восстановлена в 1993 году. Согласно Федеральному закону «О государственном регулировании производства и оборота этилового спирта и алкогольной продукции», принятому 19 июля 1995 года, монопольное право федеральной исполнительной власти России включает: контроль за производством и оборотом (включая оптовую и розничную продажу) этилового спирта и алкогольных напитков; установление цен на спирт и акцизных налогов на алкогольные напитки; контроль над экспортом и импортом алкогольной продукции (включая установление квот); установление квот на объемы этилового спирта, необходимого для регионов России; установление норм и правил в области производства и оборота алкогольной продукции; осуществление ее учета. Монополия государства на производство и оборот алкогольных напитков осуществляется сейчас в России через систему лицензирования на все виды предпринимательства в этой сфере.

Из стран Западной Европы государственная алкогольная монополия в настоящее время имеется только в Норвегии, Швеции и Финляндии. В Финляндии производство и продажа крепких напитков находится в руках государственной компании «Алко», в Швеции эта деятельность может осуществляться частными предприятиями, но только по разрешению и под полным контролем государственной Алкогольной инспекции. Вместе с тем в скандинавских странах не запрещено домашнее производство вина и пива для личного потребления. В Финляндии в конце 70-х годов была отменена государственная монополия на коммерческое производство и продажу пива.

Целью государственной монополии на алкоголь обычно провозглашается предупреждение чрезмерного потребления алкоголя населением и его негативных последствий с помощью имеющихся в руках исполнительной власти инструментов для его прямого регулирования (с помощью цен, установления объемов продажи, числа и распределения точек, осуществляющих ее, времени их работы и т.д.). Однако нередко возникает стихийный конфликт между торопливостью властей в ограничении доступности алкоголя и реальным уровнем потребности населения в нем. Негативные последствия этого могут принять большие масштабы и привести к результатам, противоположным ожидаемым, как это было во время тотальной антиалкогольной кампании в СССР в 1985—1988 годах. По-видимому, возможности монопольной системы влиять на потребление алкоголя населением достаточно ограничены. Недавнее исследование, в котором сравнивалось потребление алкоголя в разных штатах США, не нашло существенной разницы между штатами с алкогольной монополией и без нее.

В наше время государственная власть обычно скрывает, что государственная монополия на алкогольные напитки направлена также на получение максимальной прибыли для бюджета от их коммерческого оборота. Эта цель нередко бывает главной, прикрываемой заботой о здоровье населения. В прошлые века монархи или их правительства, вводившие монополию или особый налог на алкоголь, открыто заявляли, что их единственная цель — не упускать этого дохода.

МОНТЕНЬ (*Montaigne*), **МИШЕЛЬ ДЕ** (1533—1592) — французский философ-гуманист эпохи Возрождения. В его знаменитой книге «Опыты», многие мысли которой о нравственности не потеряли до сих пор ценности и актуальности, имеется отдельная глава «О пьянстве». Монтень говорит следующее: «Среди других прегрешений пьянство представляется мне пороком особенно грубым и низменным. Наихудшее состояние человека — это когда он перестает сознавать себя и владеть собой». Монтень уточняет: «Врагом этого порока является не столько мой разум, сколько мой нрав и вкусы. Пьянство — бессмысленный и низкий порок, однако менее злостный и вредный, чем другие, подтачивающие самые устои человечества».

Монтень приводит много примеров по этому вопросу из античных времен и современности, из которых следует, что самое главное — не терять из-за пьяного состояния достоинства и чести и что умеренное потребление вина вполне допустимо, чему следовал и он сам. «У меня привычка пить только после еды, и поэтому я под конец почти всегда пью самый большой бокал». Вместе с тем Монтень приводит пример потребления гораздо больших количеств вина без потери рассудка: «Я знавал некоего сановника, на редкость удачливого во всех своих великих начинаниях, который без труда выпивал во время своих обычных трапез не менее двадцати пинт вина (1 пинта = 0,57 л) и после этого становился только более проницательным и искусным в решении сложных дел».

МОРЕЛЯ БОЛЕЗНЬ (*Morel F.*, 1939) — форма алкогольной энцефалопатии, развивается при длительном «винном алкоголизме». Начинается с тяжелой картины делирия, сходного с энцефалопатией *Гайе-Вернике* (см.). После исчезновения или редукции делириозных расстройств появляются и быстро прогрессируют явления псевдопаралича. Наблюдаются также астазия-абазия, сухожильная гиперрефлексия, парезы и параличи конечностей, дизартрия, птоз, нистагм, страбизм, ослабление реакции зрачков на свет, недержание мочи и кала. Прогноз неблагоприятный. Все описанные в литературе случаи закончились летально. Синонимы: *алкогольный ламинарный склероз головного мозга, синдром Мореля*.

МОРС — безалкогольный негазированный напиток, изготавливаемый из сброженных ягодных соков и пищевых эссенций (соответствующих наименованию напитка), сахарного сиропа, пищевой кислоты (лимонной, винно-каменной или молочной) и красителей — колера и амаранта. Кроме употребления в качестве напитка, используется как компонент при изготовлении спиртных напитков (ликеров, наливок и др.). В качестве самостоятельных напитков особенно популярны морсы брусничный и клюквенный.

МОТИВЫ АЛКОГОЛИЗАЦИИ — поводы, побудительные причины для потребления алкогольных напитков. Выделяются 3 основных вида мотивов алкоголизации: 1) социально обусловленные, когда употребление алкоголя связано с удовлетворением потребности в общении, самоутверждении, социальной

11 Зак. № 1055 Мирошниченко

оценке (характерны как ведущие мотивы для молодежи и лиц, случайно употребляющих алкогольные напитки); 2) психологически обусловленные, когда алкоголь употребляется для получения эйфории, достижения психического комфорта, снятия эмоционального напряжения и разрешения конфликтов (свойственны как ведущие мотивы лицам более старшего возраста и людям, умеренно и систематически употребляющим спиртные напитки); 3) биологически обусловленные, когда алкоголь употребляется не только для психологической, но и для соматической коррекции, снятия дискомфортных соматических состояний (характерны как ведущие для лиц старшего возраста, привычно пьющих и больных алкоголизмом).

МУЗЕИ ВИНОГРАДАРСТВА И ВИНОДЕЛИЯ — предназначены для сбора, хранения и популяризации материалов по истории виноградарства и виноделия. В СССР в 1984 году было 12 таких музеев, в том числе в Новочеркасске, Крыму, Тбилиси, Кишиневе и др. В них представлены винодельческие прессы, посуда, утварь и инструменты, применявшиеся в этом деле, первые издания книг и брошюр по этому вопросу, образцы винной продукции, этикетки вин, портреты и личные вещи видных деятелей виноградарства и виноделия и др. В состав подобных музеев нередко входят винотека и дегустационный зал. В западных странах наибольшей известностью пользуются музеи Франции, ФРГ, Италии, Испании и др., в восточно-европейских странах — музеи в Венгрии (Будапешт), Польше (Зелена-Гура), Румынии (Мурфатлар), Словакии (Братислава).

МУЛЬСУМ (лат. *mulsum*) — медовый напиток, изготовлявшийся в древности путем брожения смеси меда и воды. Способ его изготовления был хорошо известен древним грекам и римлянам, которые применяли его в первую очередь в лечебных целях: чтобы подсластить горькое лекарство или смешивали с маслом и давали в качестве рвотного и слабительного при отравлениях. Употребляли его и как алкогольный напиток. По крепости он лишь немного уступал вину. В Риме принято было делать медовый напиток путем смешивания меда с виноградным вином (см. *Винум мульсум*).

MULTUM VINUM BIBERE, NON DIU VIVERE (лат.) — много вина пить, недолго жить. Поговорка древних римлян.

МУРАВЬИНЫЙ СПИРТ (лат. *spiritus formicus artificialis*) — лекарственное средство, представляющее собой смесь муравьиной кислоты (1 ч.) и этилового спирта 70%-ного (19 ч.). Прозрачная бесцветная жидкость, своеобразного запаха, кислой реакции. Применяется при радикулитах, ревматизме и других заболеваниях для втираний как средство, раздражающее кожу.

МУСАЛЯС (МУСАЛЛАС) — древний алкогольный напиток, который изготавливали из умеренно уваренного виноградного сока с добавлением воды. В течение 2—3 дней сок сбраживали в глиняных кувшиных, затем отверстия кувшинов герметично укупоривали и выдерживали около 40 суток, после чего напиток был готов к употреблению. Мусаляс готовили также из разваренного в воде кишмиша или изюма путем сбраживания в глиняных кувшинах. Был распространен в Средней Азии.

МУСКАТНЫЕ ВИНА — вина, приготовленные из мускатных сортов винограда. Культура мускатов была известна еще древним грекам и римлянам, в средние века широко распространилась в Италии и Франции. Производство мускатных вин в России началось на Южном берегу Крыма в 1828 году.

В настоящее время мускатные вина производятся в России в Ростове-на-Дону, а также в ряде территорий бывшего СССР: в Крыму, Армении, Молдавии и среднеазиатских республиках. Основные сорта используемого винограда — «Мускат белый», «Мускат розовый», «Мускат черный», «Мускат фиолетовый» с участием «Муската венгерского», «Алеатико» и др. Специфический аромат мускатных вин обусловлен терпеноидными веществами, сосредоточенными в кожице ягод и прилегающих слоях мякоти. Эти вина в основном десертные (полусладкие, сладкие, ликерные), иногда столовые полусладкие, а также игристые (классический пример — итальянское «Асти спуманте»). Наибольшей известностью пользуются мускаты Франции («Мюскат де Фронтиньян», «Мюскат де Люнель», «Мюскат Мюрваль»).

МЫЛЬНЫЙ СПИРТ — смесь, обладающая дезинфицирующими свойствами, применяющаяся в хирургической практике (для мытья рук персонала), для обмывания кожи при различных кожных заболеваниях и для косметических целей (как жидкое мыло для мытья жирных волос). Состав: 20 частей зеленого мыла, 8 частей этилового спирта, 3 части *лавандового спирта* (см.) и 2 части воды. В расплавленное зеленое мыло вводят горячую воду и тщательно перемешивают до полного растворения. В охлажденный раствор вносят этиловый и лавандовый спирты и затем снова тщательно перемешивают до получения однородного раствора. Отстаивают 3 дня в прохладном месте и фильтруют. Получается прозрачная бурая или буровато-зеленая жидкость слабого лавандового запаха, дающая с водой обильную пену.

МЮЗЛЕ — каркас из мягкой проволоки специальной конструкции в виде уздечки, с помощью которого удерживается пробка в бутылках с шипучими и игристыми винами (шампанское, сидр и др.).

Н

НАГОВОРЕННОЕ ПИВО — пиво, якобы получившее волшебные свойства в результате произнесенного над ним заклинания. Вера в такую возможность была еще распространена в России среди простого населения в XIX веке. Заклинания разного содержания произносились обычно знахарем.

Существовал обычай для невест умываться наговоренным пивом. В таком случае слова «наговора» были следующими: «Как ты чисто злато-серебро, чисто и прилично; как на тебя, злато-серебро, всяк зарится, заглядывается, стар и млад, женатый и холостой, старые старухи, и молодые молодицы, и красивые девицы, и молодые молодцы, так бы на тебя, рабу (такую-то), зарились бы и заглядывались все, казалась бы ты им златом-серебром, глядели и смотрели бы, и очей с тебя не спускали!»

НАЗОРЕЙСТВО — обет самоограничения, посвященный Богу, существовавший в Древнем Израиле. Назорей, т.е. человек, дающий такой обет, обязывался не пить вино, не есть сырых или сушеных ягод винограда, не стричь волосы, не входить в дом, где есть покойник, и не присутствовать на похоронах. Обет давался обычно на восемь дней, иногда на месяц, а иногда и на всю жизнь. Когда кончался срок обета, назорей приносил жертву в храме, затем священник отрезал у него часть волос и сжигал их на алтаре, после чего назорей освобождался от своего обета и мог опять пить вино (Библия, Книга Чисел, гл. 6).

НАЙКАН-ТЕРАПИЯ — способ лечения алкоголизма, применяющийся в Японии. Основан на принципах буддистской религии, включая многократную продолжительную медитацию и самопознание. Иногда сочетается с аверсионной терапией и членством в обществе анонимных алкоголиков «даншукай».

НАПИТОК СВЯТОГО ПАВЛА — винная лечебная настойка, популярная в Европе в средние века, для изготовления которой использовались такие лекарственные травы, как девясил, анис, тысячелистник и зверобой. Особенно важное значение придавалось девясилу, обладающему желчегонным, отхаркивающим, противомикробным и противоглистным действием. Девясил до сих пор применяют при заболеваниях дыхательных путей, гастрите, заболеваниях печени и желчного пузыря. При глистах девясил действует даже лучше цитварной полыни. Он произрастает в средней полосе России, и по одной из версий его первоначальное название было «девятисил».

Современный рецепт изготовления «напитка Святого Павла»: корень девясила — 20 г; семена аниса — 20 г; трава тысячелистника (сухая) — 20 г; трава зверобоя или лист мяты (сухие) — 20 г; изюм — 50 г; вино сухое — 1,5 л. Измельченные травы и изюм настаивают в вине 14 дней. Процеживают. Принимают по рюмке за полчаса до еды при отсутствии аппетита или через полчаса после еды при нарушениях пищеварения.

НАРКОЛОГИЧЕСКАЯ СЛУЖБА — сеть специальных государственных медицинских учреждений, оказывающих лечебно-профилактическую, медико-социальную и медико-юридическую помощь больным алкоголизмом, наркоманиями и токсикоманиями. Включает наркологические кабинеты при поликлиниках общемедицинской сети, психоневрологических диспансерах, наркологические диспансеры, наркологические отделения при психиатрических больницах, наркологические больницы и дневные стационары.

Такого рода система наркологической помощи населению присуща в настоящее время, по преемственности с СССР, российскому здравоохранению, она сохранилась также в той или иной мере в ряде других бывших республиках СССР. В России она была представлена в начале 1995 года 222 наркологическими диспансерами, 13 наркологическими больницами и 35 473 койками, включая койки в наркологических отделениях при других больницах. В наркологической службе работали в это время 6263 врача-нарколога.

НАРКОЛОГИЯ — научная дисциплина, изучающия условия возникновения и механизмы формирования болезненной зависимости от психоактивных веществ и разрабатывающая методы диагностики, лечения и профилактики этой зависимости. Сюда относятся такие наркологические заболевания, как алкоголизм, наркомания и токсикомания. Термин «наркология» используется для обозначения соответствующего раздела медицины в России и бывших республиках СССР.

В западных странах аналогом

этому термину может быть термин «аддиктология» (англ. addictology), однако он употребляется редко и не используется для наименования специалистов и медицинских учреждений, занимающихся лечением наркологических заболеваний, традиционно включающихся в этих странах в круг психических заболеваний. В российском здравоохранении (как и ранее в СССР) существует отдельная *наркологическая служба* (см.), оказывающая медицинскую помощь больным, страдающим наркологическими заболеваниями.

«НАРКОМОВСКАЯ ДОЗА» — ежедневная порция водки, равная 100 граммам, которая выдавалась солдатам Красной Армии, участвовавшим в боевых действиях во время войны СССР с Финляндией (30. 11. 1939—12. 3. 1940) и Отечественной войны (1941—1945)

Регулярная выдача порции водки бойцам была введена в январе 1940 года. С самого начала войны с финнами советские войска терпели большой урон от сильных морозов (температура опускалась ниже —40 °С). В связи с этим с санкции Совета Народных Комиссаров СССР, народный комиссар (нарком) обороны К.Е. Ворошилов распорядился выдавать ежедневно бойцам и командирам, участвующим в боях, 100 граммов водки и дополнительно к продовольственному пайку — 100 граммов сала. Летчикам вместо водки должны были выдавать 100 граммов коньяка. Отсюда появилось среди фронтовиков название «наркомовская доза» или «наркомовские 100 грамм». Было распространено еще название «боевые 100 грамм».

На финский фронт первое время водка подвозилась в бутылках, и на водочных заводах скоро возникла острая проблема с пустой посудой. Поэтому на фронте были организованы специальные бригады для сбора и отсылки в тыл пустых бутылок, а Ленинградский обком ВКП(б) объявил чрезвычайный сбор бутылок населением. С фронта вернулось около 250 вагонов пустых бутылок.

Согласно докладу начальника тыла Красной Армии генерала А.В. Хрулева, в советские войска, сражающиеся с финнами, было поставлено за два с половиной месяца 10 057 500 литров водки и 88 800 литров коньяка.

Выдача водки по 100 граммов в сутки солдатам и офицерам на войне с Германией была введена с 1 сентября 1941 года. На боевые линии обычно доставлялся в бочках или флягах спирт и на месте разбавлялся водой до концентрации водки. Эта обязанность была возложена на старшину роты, который разливал водку по солдатским фляжкам и котелкам. Нередко это происходило после боя, в сильно поредевшем подразделении, и тогда оставшиеся в живых выпивали и порцию убитых товарищей.

В послевоенные годы, особенно со стороны убежденных трезвенников, эта практика подверглась критике. Однако у нее имеются и защитники, в том числе со стороны врачей. Так, в 1997 году директор Центра профилактической медицины профессор Р.Г. Оганов в интервью газете высказал убеждение, что, учитывая стрессовую ситуацию и тяжелые физические условия на фронте, регулярное потребление умеренных количеств алкоголя было, с медицинской точки зрения, разумным, а доза 100 граммов водки в таком случае — оптимальной.

НАРКОТИЧЕСКАЯ ФАЗА ОПЬЯНЕНИЯ (СОН-НАРКОЗ) — быстрое и как бы неожиданное наступление сна на высоте опьянения. Характерна для декомпенсированных вариантов опьянения. Внезапное засыпание выпившего алкоголика с зажженой сигаретой в руке в кресле или на постели является типичной причиной жилищных пожаров.

НАРКОТИЧЕСКИЕ АНАЛЬГЕТИКИ И АЛКОГОЛЬ — взаимодействуют таким образом, что повышается угнетающее действие анальгетиков на центральную нервную систему. Поэтому токсичность, например, опиатов, при острой и хронической алкогольной интоксикации существенно увеличивается. В состоянии средней степени опьянения (при концентрации алкоголя в крови 0,18—0,2%) возможны смертельные исходы при введении морфина в терапевтической дозе (15—30 мг).

НАСЕЛЕНИЕ РОССИИ В ОТНОШЕНИИ ПОТРЕБЛЕНИЯ АЛКОГОЛЯ — распределяется, согласно оценкам социологов, таким образом (имеются ввиду взрослые):

абсолютные трезвенники — 9—10%;

умеренно потребляющие — 75—80%;

злоупотребляющие — 8—10%;

алкоголики — 4—5%.

Это картина фактического поведения. А позиция к потреблению алкоголя отражена в ответах на вопрос: «Как вы думаете, в какой мере допустимо употребление алкогольных напитков». Он был задан в ходе опроса 2,8 тысячи жителей России в различных населенных пунктах, проведенного в конце 1995 года Всероссийским центром общественного мнения. Было получено следующее распределение ответов (в %):

	Город	Село
допустимо, когда для этого есть настроение, желание и деньги	34	48
допустимо в праздники и по случаю значительных событий в жизни	50	38
допустимо в дни выплаты зарплаты	2	1
допустимо в конце недели	2	2
недопустимо вообще	9	8
затрудняюсь ответить	3	3

НАСТРОЕНИЕ И ВЫПИВКА — обнаружили у россиян определенную взаимосвязь во время опроса, проведенного в сентябре 1997 года Всероссийским центром изучения общественного мнения (ВЦИОМ). Было опрошено 2549 человек обоего пола. Каждый четвертый россиянин, находившийся в это время в прекрасном настроении, был «под хмельком». Из тех, кто пребывал в нормальном, ровном состоянии, выпившим был каждый восьмой. Из числа испытывающих напряжение, раздражение выпившим был один из десяти. И только один из тридцати охваченных страхом или тоской был в момент опроса выпившим.

Опрос показал также связь между выпивкой и материальным положением. Если материальное положение очень хорошее, то россиянин, в среднем, выпивает через день или четыре раза в неделю. Но если материальное положение очень плохое, то выпивать «как следует» удается только раз в две недели.

Если взять мужчин и женщин отдельно, то получается следующее. В трудоспособном возрасте мужчины выпивают (до заметного воздействия алкоголя, при этом употребление только одного пива не считается) не реже одного раза в неделю. Женщины выпивают в среднем один раз в две недели, а в возрасте после сорока пяти лет — один раз в месяц (включая пиво). Если распределить опрошенных по роду занятий, то оказывается, что чаще всех выпивают неквалифицированные рабочие, руководители и безработные.

НАСЫЩЕНИЯ ФЕНОМЕН ПРИ ПРИЕМЕ АЛКОГОЛЬНЫХ НАПИТКОВ — исчезновение желания пить в ходе эпизода выпивки и соответственно отказ от ее продолжения. Этот момент соответствует уровню потребности в алкоголе, которая формируется в результате социализации личности, усвоения культуры своей социальной группы, ее морально-этических норм, обычаев и привычек, в том числе сопряженных с алкогольными напитками.

У лиц, употребляющих алкоголь от случая к случаю, чувство насыщения появляется обычно после умеренных количеств спиртного на фоне незначительного опьянения. У привычных пьяниц и больных алкоголизмом феномен насыщения сдвигается во времени, возникает при приеме значительно больших количеств алкоголя, вызывающих выраженное и глубокое опьянение. Меньшие количества (частичное удовлетворение алкогольной потребности) переводят у них начавшую развиваться эйфорию в дисфорическую фазу, усиливающую потребность в алкоголе. Ситуация в таком случае приближается к альтернативной — «все или ничего».

Запаздывание феномена насыщения (практически он может вовсе отсутствовать) лежит в основе такого базового признака формирования заболевания алкоголизмом, как *утрата количественного контроля* (см.). Потребность в алкоголе становится патологической, ее удовлетворение требует количеств, близких к пределу биологической переносимости и даже превышающих ее.

НА ТРОИХ (англ. *three on the bottle*) — идиома, возникшая в России во времена правления Хрущева после того, как по его инициативе в 1958 году было запрещено отпускать водку в розлив в столовых, закусочных и других дешевых заведениях общественного питания. Люди, привыкшие к ежедневному приему небольшой дозы крепкого спиртного по дороге с работы домой, вынуждены были покупать бутылку водки в магазине и делить ее «на троих» со случайными компаньонами здесь же, вблизи магазина — в сквере, во дворе или в подъезде. Полулитровая бутылка водки в те времена стоила около 3 рублей, и взнос каждого участника составлял 1 рубль. В поисках недостающих компаньонов организатор выпивки поднимал у входа в магазин или у винного прилавка палец, что означало условный, всем мужчинам известный сигнал: «Присоединяйся с рублем на троих». Возникли соответствующие выражения: «сообразить на троих» или «раздавить на троих».

НАТУРИЗМ (от лат. *natura* — природа) — стремление к «естественному» образу жизни, близкому к жизни природы. Натуризм предусматривает максимальное использование природных элементов: солнца, воздуха, воды, вегетарианской сырой пищи — и активный физический труд. Люди, следующие натуризму (натуристы), воздерживаются от спиртных напитков, табака, кофе, чая, не употребляют пищу животного происхождения, термически обработанные и консервированные продукты питания. В их рацион входят фрукты, зелень, орехи, пыльца, семена. Широко потребляется свежий и сушеный виноград, его сок, а также листья, верхушки и усики побегов.

НАУТИЛУС — декоративно оформленный бокал для вина, изготовленный из полированной

Наутилус, сделанный из раковины, оправленной в серебро (начало XVII в., Германия)

Наутилус на ножке из слоновой кости (Фландрия, начало XVII в.)

спиралевидной раковины морского моллюска-кораблика (лат. nautilus). Такие бокалы были популярны в Европе в XVI—XVII веках. Производились в Нюрнберге, Аугсбурге и Данциге — известных центрах ювелирного искусства. Чаще всего раковина оправлялась в серебро с рельефным изображением морских божеств и морских обитателей.

НЕВЕСТУ В АЛКОГОЛЬНОЙ КЛИНИКЕ — нашел популярный голливудский актер Гарри Голдмен, когда ему самому пришлось лечиться от алкоголизма. Он с детских лет испытывал тягу к спиртному, а его отец был «домашним тираном-алкоголиком». Когда Голдмен был уже знаменитым после роли Дракулы в одноименном фантастическом фильме, его тогдашняя возлюбленная поставила условие выхода за него замуж: Гарри должен отправиться на лечение.

Для того, чтобы угодить ей, Голдмен заставил себя в 1997 году усердно посещать назначаемые врачом сеансы лечения. На этих сеансах он встретил свою старинную подружку, тоже лечившуюся от алкоголизма. Их общая беда, воспоминания о совместных днях молодости, полное взаимопонимание и взаимоподдержка во время лечения — все это сблизило их настолько, что они не только помогли друг другу успешно пройти курс лечения, но и решили соединиться браком. Вскоре в Голливуде состоялась их пышная свадьба, на которую были приглашены многие кинозвезды и музыканты известных групп. Не было только той принципиальной женщины, которая заставила Голдмена лечиться.

НЕ ВЛИВАЮТ МОЛОДОЕ ВИНО В СТАРЫЕ МЕХИ — выражение, взятое из Евангелия, в котором говорится (Матф., 9, 17; Марк, 2, 22): «Не вливают <...> вина молодого в мехи ветхие; а иначе прорываются мехи, и вино вытекает, и мехи пропадают. Но вино молодое вливают в новые мехи, и сберегается то и другое» (мехи — кожаные мешки для хранения вина). Это выражение употребляется в литературной речи в значении: нельзя создавать что-либо новое, не порвав со старым, а также: новое содержание требует новых форм.

НЕДОСТАТКИ ВИНА — отклонение качества вина от его стандарта, обусловливающее негармоничность вкуса из-за избыточного или недостаточного содержания того или иного компонента, присущего данному сорту вина. Могут быть вызваны как объективными (погодные условия), так и субъективными (нарушение технологии) факторами.

НЕЙРОЛЕПТИКИ И АЛКОГОЛЬ — взаимодействуют таким образом, что утяжеляются побочные эффекты нейролептиков (гипокинезия, атаксия, нарушение координации движений). Однократное употребление алкоголя способствует кумуляции нейролептиков в организме, хроническая алкоголизация стимулирует их биотрансформацию. При острой алкогольной интоксикации и особенно при абстинентном синдроме в связи с повышением вероятности судорог противопоказан аминазин. Следует избегать также и применения тиоридазина, кардиотоксичность которого возрастает. Производные фенотиазина, особенно аминазин, этаперазин и левомепромазин, ингибируя алкогольдегидрогеназу и альдегиддегидрогеназу, пролонгируют действие этанола.

НЕЙТРАЛЬНОЕ ВИНО — вино с нормальным химическим составом, но не имеющее выраженного букета и характерных вкусовых качеств. Часто используется для купажирования (подмешивания к виноматериалам, полученным из других сортов винограда).

НЕМЕЦКОГО ВИНА ТРИ КАТЕГОРИИ — установлены для натуральных виноградных вин законом 1879 года, действующим и поныне. Одна из них — «Немецкое столовое вино» (Deutscher Tafelwein — Дойчер Тафельвайн). Вторая — «Качественное вино» (Qualitätswein — Квалитетсвайн). Третья (высшая) — «Качественное вино с отличием» (Qualitätswein mit Pradikat или QmP — Квалитетсвайн мит Предикат). Соответствующая категория должна быть обозначена на этикетке бутылки.

Чтобы получить категорию, вина подвергаются обязательному многостороннему тестированию. Вино, не прошедшее ни в одну из трех категорий, считается безымянным, и его обычно сливают в общую цистерну для приготовления газированного вина «Сект» — немецкой имитации шампанского. Слово «вино», т.е. Wein в немецком написании , может входить только в название соответствующей категории, отдельно же, как таковое, согласно закону, на этикетке бутылки оно не может использоваться.

НЕПРЕРЫВНОЕ ПЬЯНСТВО — см. *Постоянное пьянство.*

НЕПЬЮЩИЙ (англ. *nondrinker*) — согласно народным представлениям, это человек, не злоупотребляющий спиртными напитками, не пьянствующий. Если он иногда употребляет их, то под действием обстоятельств, без желания и избегая опьянения. Противоположность «пьющему» (англ. drinker). Это слово содержит лишь констатацию факта неупотребления или редкого употребления алкоголя, в отличие от «трезвенника» (англ. abstainer), который принципиально воздерживается от употребления алкоголя по религиозным, моральным или другим мотивам.

НЕФЕРТИТИ (нач. XIV в. до н.э.) — древнеегипетская царица, слывшая незаурядным мастером варки ячменного пива, которое в Древнем Египте было повседневным пищевым продуктом. При раскопках в Тель-эль-

Амарне, древней египетской столице, английские археологи обнаружили остатки пивоварни, принадлежавшей построенному царицей Нефертити храму Солнца. Там же было найдено настенное панно, изображающее Нефертити, которая наливает пиво через нечто, похожее на ситечко, видимо, чтобы очистить напиток от примесей.

НОЙ — библейский персонаж, основатель нового человечества, спасшийся со своей семьей в построенном им ковчеге по благословению Бога во время всемирного потопа.

После потопа Ной стал обрабатывать Землю, и среди прочих культурных растений насадил виноградник. Считается, что он изобрел плуг и серп, а также изготовление вина. По одному из преданий, виноградная лоза была взята не из Ноева ковчега, а была принесена рекой из Эдема (земного Рая). Однажды Ной выпил лишнего, в опьянении сорвал с себя одежду и голый уснул в своем шатре. Его застал в таком виде младший сын Хам и смеясь сообщил братьям Симу и Иафету о том, что увидел. Однако Сим и Иафет проявили больше уважения к отцу: отводя глаза, они укрыли его одеждой. Когда Ной проснулся и узнал, как вел себя Хам, то пришел в такой гнев, что проклял его сына Ханаана и предсказал, что он станет рабом у сыновей Сима и Иафета.

От сыновей Ноя произошли три большие группы рода человеческого: от Иафета — народы Севера, от Сима — семитские народы, а от Хама — африканские. Есть легенда, что после потопа виноградную лозу посадил дьявол и научил жену Ноя спаивать мужа. (Библия, Быт., гл. 9; 19—27.)

NON EST CULPA VINI, SED CULPA BIBENTIS (лат.) — не вино виновато, в виноваты пьющие. Пословица древних римлян. Применяется в переносном смысле и в современной литературной речи.

НОРМА ПРИЕМА АЛКОГОЛЯ ФАРМАКОЛОГИЧЕСКАЯ — количество алкоголя, которое, вызывая состояние опьянения у взрослого здорового человека, достаточно легко и быстро метаболизируется, не оставляя заметных психических и физических последствий. Понятие «норма» в данном случае является условным, оно относится лишь к отдельному эпизоду приема алкоголя и не учитывает возможного развития алкоголизма и ущерба для физического здоровья при хроническом употреблении алкоголя на уровне этой же «нормы».

Фармакологическая «норма» у разных людей может различаться значительно (в зависимости от возраста, пола, массы тела, метаболических особенностей). По последним оценкам фармакологов, она составляет в среднем 0,8 г абсолютного спирта (2,0 г водки) на 1 кг массы тела. (С. Baum-Beicer, 1985.) Это соответствует для мужчины с массой тела 70 кг приему 140 мл водки, или 600 мл сухого вина, или 300 мл крепленого вина, или 1750 мл пива. Однако, по мнению ряда специалистов, регулярное потребление даже существенно меньшей дозы (ежедневно или несколько раз в неделю) может оказаться опасным для здоровья (см. *Доза алкоголя безопасная*).

NUNC EST BIBENDUM! (лат. «Теперь выпьем!») — употребляется в значении: нужно отметить успех (или событие). Эта фраза взята из оды римского поэта Горация (65—8 гг. до н.э.), написанной в честь победы императора Августа над объединенным флотом Антония и египетской царицы Клеопатры при мысе Акциум (31 г. до н.э.).

НЮРНБЕРГСКАЯ КОЛЫМАГА — большая повозка, которая по распоряжению городских властей Нюрнберга в XVI—XVII веках ставилась в ночное время у дверей наиболее посещаемых питейных заведений. Специально назначенные городские служащие должны были загружать в нее напившихся горожан и отвозить их домой. Делалось это, среди прочих соображений, для того, чтобы «уберечь выпивших горожан от валяния в грязи и помешать торопящимся утром на занятия школярам лицезреть это неприглядное зрелище».

О

ОБ. — сокращение слова «объемных», которое добавляется к значку %, когда уточняется, что содержание спирта в алкогольном напитке (т.е. его крепость) выражено в процентах по объему. Например, «40% об.» означает, что в 100 миллилитрах данного напитка содержится 40 миллилитров спирта, или «40 процентов объемных». Реже используются «весовые проценты», тогда после значка % добавляют «вес». Если после % нет уточняющих указаний, то для вин и крепких спиртных напитков обычно подразумевается, что концентрация спирта выражена в объемных процентах, как это принято современными виноделами. Крепость же пива обычно выражают в весовых процентах. (см. *Крепость алкогольных напитков*).

ОБЕЗЬЯНЫ — проявляют себя в подходящих обстоятельствах большими любителями спиртного. Когда в африканских джунглях поспевает мерула с крупными, желтыми сладкими плодами, похожими на дыню, для обезьян наступает своего рода праздник. Они скачут в ветвях деревьев и ищут плоды, которые начали бродить. Найдя и наевшись их до опьянения, они, по-видимому, чувствуют себя на вершине удовольствия и забывают обо всякой опасности.

Эта их слабость используется ловцами обезьян. Ловцы оставляют кувшины с пивом и вином в местах обитания обезьяньей стаи, а когда через некоторое время возвращаются, то находят возле кувшинов в расслабленном состоянии своих биологических предков, «хвативших лишку». Любопытно, что обезьяна в состоянии сильного опьянения позволяет без сопротивления увести себя под руки (как уводят домой пьянчужку из кабака), возможно, потеряв способность отличать соплеменников от человека.

Одно время в Московском зоопарке жил самец шимпанзе, который охотно пил любое предлагаемое ему спиртное: вино, водку, пиво. Он, словно типичный пьяница, не отказывался также и от пузырька лекарства на спирте, вроде настойки календулы.

ОБЕСПЛОЖИВАНИЕ ВИНА — технологический прием уничтожения или удаления микроорганизмов из вина для придания ему биологической стабильности. В практике виноделия наиболее распространенным методом является пастеризация (нагревание до определенной температуры) и стерилизующая фильтрация (вино фильтруют через специальные фильтры, не пропускающие микроб).

ОБЕСЦВЕЧЕННОЕ ВИНО — вино, у которого естественная для него окраска поблекла, выцвела. Обесцвечиваются постепенно старые красные вина, так как со временем их красящие вещества осаждаются.

ОБЕСЦВЕЧИВАНИЕ ВИНОМАТЕРИАЛОВ — специальный технологический прием удаления красящих и ароматических веществ из виноматериалов. Обесцвеченные виноматериалы используются при выработке ароматизированных вин («Букет Молдавии», «Поляна», «Утренняя роса» и др.). Это обеспечивает более стабильное и полное проявление аромата экстракта (настоя), добавляемого к виноматериалам, что придает этой группе вин высокое качество.

ОБЛИГАТНОСТИ ОПЬЯНЕНИЯ СИМПТОМ — характерен для привычного пьянства и заключается в трудности подавления возникшей потребности в алкоголе. Если сложилась ситуация, в которой обычно происходит выпивка, и начаты какие-то действия по ее подготовке, то прекращение этой деятельности и воздержание от спиртного становятся крайне затруднительными. Симптом облигатности (обязательности) опьянения ярко проявляется при неожиданном препятствии к выпивке, подготовка к которой уже начата. Если выпивка не состоялась, то у привычного пьяницы остается чувство неудовлетворенности и незавершенности, тоскливое раздраженное настроение. При переходе пьянства в алкоголизм симптом облигатности опьянения усиливается и становится основой утраты ситуационного контроля.

ОБРАБОТКА КОНЬЯКОВ ХОЛОДОМ — технологическая операция воздействия минусовых температур на коньяки в течение определенного времени с последующей обязательной фильтрацией на холоде. Цель обработки — получение розливо-стойкого коньяка, устойчивого к помутнениям при хранении в бутылках.

ОБРАЗОВАНИЕ ВИНА — первая стадия изготовления вина. Включает: приемку и дробление винограда, *настаивание сусла* (см.) на *мезге* (см.) или без мезги, обработку мезги, осветление сусла и полное или частичное сбраживание сусла в зависимости от типа вина, который хотят получить на следующей стадии — формирования вина — (см. *Стадии жизни вина*).

ОБЪЯСНИТЕЛЬНАЯ СИСТЕМА У ЗЛОУПОТРЕБЛЯЮЩИХ АЛКОГОЛЕМ — система обоснования неизбежности выпивки (в собственных глазах и глазах окружающих), формирующаяся при развитии пьянства. Она нужна для снятия внутреннего психологического напряжения, связанного с угрозой потери самоуважения, дискредитации «я». Система включает набор конкретных поводов для выпивки и испытанную схему «рациональных», «логических» рассуждений для объяснения как отдельных случаев злоупотребления спиртными напитками, так и пьянства в целом как стиля жизни (вплоть до такой объяснительной системы, как «пропащая жизнь»). В западной литературе такую систему принято называть «системой алиби алкоголиков» (alibi system of alcoholics).

ОДЕКОЛОН — косметическое средство, содержащее алкоголь (от 60 до 75%). Употребляется пьяницами и больными алкоголизмом в качестве замены обычных алкогольных напитков. Особенно распространенным питье одеколона стало в России в годы тотальной антиалкогольной кампании 1985—1988 годов при резком сокращении продажи алкогольных напитков.

Опьянение от одеколона резче, суше, грубее, чем от водки, оно наступает несколько быстрее и от меньших доз. Нередко отмечаются состояния, напоминающие оглушение. У больных алкоголизмом от одеколона быстрее, чем от водки, наступает вялость, двигательная и психическая заторможенность, сон. Сон после приема одеколона обычно глубокий, не сопровождается сновидениями, однако возможны устрашающие сновидения в предделириозных состояниях. Относительно нередко случаются рвоты во сне, даже у лиц с казалось бы утраченным рвотным рефлексом. При приеме индивидуально высоких доз одеколона (50—150 мл) часто наступает алкогольная кома, особенно у лиц, не имевших ранее контакта с суррогатами и не умеющих варьировать их дозы. Опохмеление одеколоном приводит к быстрому засыпанию (как говорят алкоголики, «сбивает с ног», «вырубает»).

ОЖИРЕНИЕ ВИНА — термин, применяющийся виноделами и означающий заболевание вина, которое приводит к маслянистой консистенции и тягучести, хорошо заметной при переливании. Причиной болезни являются молочно-кислые бактерии. Букет вина почти не изменяется, но вкус становится «плоским». Ожирение возникает в основном в молодых, малоспиртуозных, низкокислотных и малоэкстрактивных белых столовых винах с остаточным сахаром. Ожиревшие вина исправляют разбрызгиванием с сильным проветриванием, затем пастеризуют.

ОЙНОПТ (от греч. *oinos* — вино) — инспектор по винам в Древней Греции. Его обязанностью было следить за виноторговцами, чтобы они не обманывали покупателей, и за виночерпиями на пиршествах, чтобы они не подавали неразбавленные вина.

ОЙНОХОЯ (греч. *oinos* — вино, *hoia* — кувшин) — древнегреческий кувшин для разливания жидкостей, обычно вина. Отличительной его особенностью было горлышко, имевшее три стока, что позволяло наливать вино сразу в три чаши. Изготовлялся из обожженной глины, бронзы или других материалов, имел одну ручку.

ОКИСЛЕНИЕ АЛКОГОЛЯ — химическая реакция этилового спирта с кислородом. Этиловый спирт — хороший горючий материал, а с воздухом даже образует взрывоопасные смеси (в диапазоне концентраций паров 3,28—18,95% по объему). Сгорая, он превращается в безвредные углекислый газ и воду (уравнение этой реакции: $C_2H_5OH + 3O_2 = 2CO_2 + 3H_2O$). Однако в организме окисление алкоголя происходит не по механизму сгорания, а биохимическим путем, с участием ферментов, через ряд ступеней. При этом образующиеся промежуточные продукты могут производить сильное токсическое действие и не сразу подвергаться дальнейшему окислению. Эти ступени следующие: алкоголь а ацетальдегид а ацетат (уксусная кислота) а углекисый газ + вода. Самым ядовитым из этих продуктов является *ацетальдегид* (см.), а также его производные.

Первая стадия окисления этилового спирта до ацетальдегида ($2C_2H_5OH + O_2$ а $2C_2H_4O + 2H_2O$) может осуществляться в организме тремя путями: с помощью фермента *алкогольдегидрогеназы (АДГ)* (см.), микросомальной этанолокисляющей системы (МЭОС) и каталазно-пероксидазной системы. Основной путь — с помощью фермента АДГ, который практически весь находится в печени (в ее клетках-гепатоцитах). При высоких концентрациях алкоголя в организме подключается система МЭОС, которая также локализована в гепатоцитах. Она может обеспечить максимум 20% окисления алкоголя. При этом вероятность образования высокотоксичных промежуточных продуктов существенно больше, чем при окислении с помощью АДТ. Участие каталазно-пероксидазной системы, локализованной в пероксисомах, в норме совсем невелико (несколько процентов).

Вторая стадия окисления — окисление ацетальдегида с превращением в уксусную кислоту ($2C_2H_4O + O_2 = 2CH_3COOH$) осуществляется с помощью фермента *альдегиддегидрогеназы (АлДГ)* (см.) также главным образом в печени. Образующаяся уксусная кислота (в виде ацетата) может подвергнуться сразу дальнейшему окислению до углекислоты

($CH_3COOH + 2O_2 = 2CO_2 + 2H_2O$), или принять участие в других, самых разных процессах метаболизма, будучи универсальным компонентом многих метаболических циклов (см. *Метаболизм алкоголя*). Скорость окисления этилового алкоголя в человеческом теле довольно постоянна: около 150 мг на килограмм массы тела в час.

В конечном счете из всего алкоголя, поступающего в организм в виде алкогольного напитка, примерно 95—98% превращается в результате цепочки окислительных реакций в углекислый газ и воду. Остальное его количество выводится в неизмененном виде: с выдыхаемым воздухом, потом, слюной, мочой и калом.

ОКРАСКА ВИНА, ЦВЕТ ВИНА — одна из характеристик, присущих определенному виду вина. Зависит от сорта, состояния, степени зрелости винограда, места и способа приготовления вина, его возраста и типа и колеблется от бледной, почти бесцветной, до интенсивной темно-красной (сине-красной). Все вина делятся на три основные группы: белые, розовые и красные. Среди белых вин различают светлоокрашенные и темные. К светлоокрашенным относятся малоокисленные белые столовые вина. Их окраска может быть серебристо-белой, светло-зеленой, зеленоватой, слабого настоя трав, светло-соломенной, желтоватой. К темным белым винам относятся вина, приготовленные из зрелого и перезрелого винограда, выдержанные в бочках, умеренно окисленного типа: кахетинские, токайские, сотернские и др. Темные вина имеют желтую, желто-коричневую и коричневую окраску разных оттенков и интенсивности: соломенную, соломенно-желтую, светло-золотистую, золотистую, золотисто-желтую, темно-золотистую, янтарную, темно-янтарную, цвета настоя чая, коричневую, темно-коричневую. К темным белым винам относится также обширная группа белых крепких и десертных вин.

Розовые вина приготавливают из красных сортов винограда с неокрашенным соком, применяя быстрое отделение сусла от мезги. Розовой окраской обладают также вина, полученные брожением белого сусла на мезге красных сортов винограда и смешиванием (купажированием) белых и красных вин. Окраска розовых вин может быть бледно-розовой, розовой, бледно-красной, светло-красной.

Красные вина образуются при частичном или полном сбраживании сусла на мезге красных сортов винограда, сбраживании целых гроздей винограда, длительном настаивании спиртованной мезги. Цвет красных вин может быть светло-красным, красным, рубиновым, темнокрасным, темно-рубиновым, гранатовым, фиолетово-красным, сине-красным. При выдержке красные вина теряют яркость окраски. Присутствие луковичного, кирпичного или коричневого оттенка в красных винах является отклонением от нормы и свидетельствует об окислении красящих веществ.

ОКСФОРДСКИЕ ПИРУШКИ — в традиции у студентов знаменитого Оксфордского университета (Англия, основан в XII веке), как и в других старейших университетах Европы. У студентов Оксфорда за год проводятся несколько всеобщих попоек, причем по издавна установившемуся ритуалу. После торжественной части начинается повальное веселье, подогреваемое большим количеством спиртных напитков, и когда большинство становятся основательно пьяными, наступает «гвоздевой момент» программы: прыгание с моста в Темзу, которая протекает через Оксфорд. Прыгают в любую погоду, будь то солнце, дождь или снег, никто не хочет показать себя трусом, причем прыгают в чем были: в смокингах, в цилиндрах, в куртках или джинсах.

Побарахтавшись в воде и навизжавшись вволю, студенты настраиваются на более высокий лад и с большим пафосом читают наизусть перед собравшейся публикой бессмертные творения классиков, от Вергилия до Байрона и Теннисона. Публика отвечает им одобрительными дружными аплодисментами, на что чтецы отвешивают им своеобразные поклоны: они поворачиваются спиной, снимают штаны, наклоняются и показывают голый зад. Существуют освященные традицией всеобщие попойки и у российских студентов (см. *Татьянин день*).

ОКТОБЕРФЕСТ (нем. *Oktoberfest* — букв. «октябрьский праздник») — ежегодный праздник пива, проводящийся с 1810 года в Мюнхене. Первое такое празднество торжественно открыла королева Тереза — супруга короля Баварии Людвига.

Длится он в наше время, по традиции, с 16 сентября по 2 октября и проводится на большом мюнхенском лугу Терезенвизе, где знаменитые мюнхенские пивоварни выстраивают большие красочные павильоны, которые вмещают по 3—5 тысяч человек и даже больше. На длинные деревянные столы пиво подается в деревянных кружках. С подмостков, нередко построенных в виде гигантской пивной бочки, гремят оркестры, рядом с павильонами развлекают публику всевозможные аттракционы. На празднике всеми соблюдается негласное правило: никаких стычек, никаких драк, а пивом «наливайся» сколько угодно, пой песни, кричи и галди от души.

За время этого фестиваля его посещают 6—7 миллионов человек, выпивается 6—7 миллионов литров пива, съедается 700—750 тысяч жареных цыплят, 60—70 тысяч свиных ножек, 350 тысяч порций сосисок и 70—80 жареных на вертеле быков. Публика уносит с собой в качестве сувениров 150—160 тысяч пивных кружек. В самом Мюнхене вся деловая активность на это время почти останавливается, потому что столица Баварии тоже превращается в один большой пивной праздник. Самая обычная картина в это время — заснувший за столом немец. Если спросить его, сколько он выпил пива, то ответ бывает впечатляющим: 10—12 кружек, а немецкие пивные кружки имеют литровую емкость. По окончании фестиваля жизнь надолго утихомиривается, входит в обычный ритм, и немцы позволяют себе, как правило, не более одной кружки светлого пива за ужином.

Подобные фестивали проводятся также в германском городе Штутгарте и в некоторых других странах.

ОЛДРИЧ ТОМАС (*Aldrich*, 1836—1907) — американский писатель, автор популярной книги для детей — «Рассказ о плохом мальчике». Дружил с Г. Лонгфелло. У него есть шутливое стихотворение о поводах для выпивки: «Для пьянства есть такие поводы: // Поминки, праздник, встреча, проводы, // Крестины, свадьба и развод, // Мороз, охота, Новый год, // Выздоровленье, новоселье, // Печаль, раскаянье, веселье, // Успех, награда, новый чин // И просто пьянство — без причин!» (Перевод С. Маршака.)

ОЛОВЕННИК — металлическая, в том числе оловянная, посуда для питья и хранения жидкостей в допетровской Руси. Хранили жидкости, в основном спиртное, в ведерных, полуведерных и четвертных (в четверть ведра) оловенниках. Для питья служили оловенники в виде кружки или стакана.

ОЛОФЕРН — персонаж библейских сказаний, военачальник, посланный ассирийским царем Навуходоносором для завоевания Иудеи. Для него опьянение однажды стало роковым. Согласно библейскому сказанию, когда ассирийская армия осадила иудейский город Вифулию и его жители готовы были сдаться, Юдифь, богатая и красивая вдова, придумала способ спасти их. Она украсила себя «так, чтобы прельстить любого, кто взглянет на нее», и отправилась со своей служанкой в стан ассирийцев. Притворившись, будто она покинула своих сограждан, она добилась доступа к Олоферну и предложила ему ложный план, как победить иудеев.

После нескольких дней ее пребывания в стане врагов Олоферн был покорен ею и решил устроить в честь нее пир. Когда пир кончился и они остались в шатре одни, Олоферн пытался овладеть ею, но был чересчур пьян, ибо «выпил вина весьма много, сколько не пил никогда, ни в один день от рождения». Юдифь не упустила момента: стремительно выхватила его меч и отсекла ему голову. Ее служанка была наготове с мешком, в который они и положили голову Олоферна. Им удалось пройти через лагерь и вернуться в Вифулию прежде, чем обнаружилось то, что они сделали.

Это открытие настолько потрясло ассирийцев, что они обратились в бегство, преследуемые израильтянами. Разные эпизоды этой истории стали популярным сюжетом для многих картин художников в эпоху Возрождения (например, для картины итальянского художника Джорджоне «Юдифь»). Чаще всего Юдифь изображалась с отсеченной головой Олоферна, обычно сопровождаемая служанкой, держащей мешок.

ОМАР ХАЙЯМ (ок. 1048 — после 1122) — знаменитый персидский поэт, философ и математик. Автор большого, до сих пор читаемого и почитаемого во всем мире, цикла четверостиший (рубаи), в которых на фоне философских раздумий основным мотивом является проповедь наслаждения земной жизнью — прекрасной, несмотря на все ее невзгоды. Многие четверостишия Хайяма посвящены восхвалению вина, помогающего преодолевать грусть и радоваться жизни.

«Сегодня возвратилась мне свежесть юных дней. / Подай живее чашу — вино и радость в ней. / Пусть будет даже горько на вкус твое вино, / Я выпью: вкус такой же и жизни всей моей».

«Налей! Вино — целитель сердечных ран — забот, / Наперсник тех, кто знает любви печаль и гнет. / Милей его обманы и пьяные мечты, / Чем этот череп мира — нависший небосвод».

«Заря. Пора проснуться, пора вино искать, / Чтобы чертам увядшим румяный блеск придать. / А заворчит рассудок, ему в лицо плесну / Глоток вина скорее, чтоб он уснул опять».

Ввиду того, что употребление вина в его стране запрещалось исламской религией, похвалы вину были достаточно смелой формой вольномыслия, выражавшегося Хайямом со всей прямотой:

«Хоть мудрый шариат и запретил вино, / Хоть терпкой горечью пропитано оно, / Мне сладко с милой пить. Недаром говорится: / Мы тянемся к тому, что нам запрещено».

«Отречься от вина? Да это все равно, / Что жизнь свою отдать! Чем возместишь вино! / Могу ль я сделаться приверженцем ислама, / Когда им высшее из благ запрещено!»

«Запрет вина — закон, считающийся с тем, / Кем пьется, и когда, и много ли, и с кем. / Когда же соблюдены все эти оговорки, / Пить — признак мудрости, а не порок совсем».

В книге Хайяма «Наурузнаме», обращенной к правителям Ирана, содержатся многочисленные исторические факты, предания, медицинские советы, рассказы о различных предметах и явлениях, об обычаях прежних властителей Ирана. Есть в ней отдельная глава «Слово о пользе вина». Ссылаясь на ученых древности — Галена, Сократа и Гиппократа, а также на знаменитых медиков средневекового Востока (Ибн Сину и др.), Хайям утверждает, что *«для организма лю-*

дей нет ничего более полезного, чем вино, в особенности виноградное вино, горькое и профильтрованное. Оно уносит горе, веселит сердце, способствует перевариванию густой пищи, румянит щеки, скупого делает щедрым, трусливого делает храбрым. Вино как много ни пьешь, только больше его хочешь, потому что оно — царь напитков. Мудрому нужно пить так, чтобы с начала питья вина до конца от него не происходило никакого зла и грубости ни в словах, ни в поступках, а только добро и веселье». Ссылаясь на Галена, ар-Рази и Ибн Сину, Хайям рассматривает 13 сортов вина, указывая пользу и вред каждого сорта с медицинской точки зрения, и дает совет, как устранить вред каждого сорта.

Несмотря на свое вольнодумство Омар Хайям одно время был придворным всемогущего султана Малик-шаха (в должности «надима» — ученого советника) и пользовался большим почетом и уважением у своих современников, особенно в преклонных годах. Он имел духовное звание «имама» и почетный титул «ходжи», который давался тогда высшему духовенству, придворным сановникам и богатым купцам.

ОМОЛАЖИВАНИЕ ВИНА — способ восстановления утраченных вином качеств при чрезмерно продолжительной выдержке и хранении, когда приходит его «отмирание». В таком вине ухудшается букет, во вкусе появляются неприятные тона, цвет становится менее интенсивным. Для омолаживания отмирающее вино смешивают (купажируют) с более молодым. При оптимальном составе смеси (купажа) недостатки отмирающего вина сглаживаются. С целью возвращения утраченной свежести вино обогащают также углекислым газом.

ОНИ НЕМНОЖЕЧКО ДЕРУТ, ЗАТО УЖ В РОТ ХМЕЛЬНОГО НЕ БЕРУТ — цитата из басни И. А. Крылова (1769—1844) «Музыканты» (1808). В басне говорится о певцах, которые поют громко и фальшиво, зато хорошо себя ведут. Цитата стала использоваться в русском литературном языке иронически по поводу людей, профессионально не соответствующих своему месту, но претендующих на оправдание за счет своего хорошего поведения. На эту же тему крылатым выражением также стала другая цитата из этой басни: «По мне, уж лучше пей, да дело разумей».

ОПОХМЕЛЕНИЕ — прием спиртного на другой день после выпивки с целью облегчения *состояния похмелья* (см.). Потребность в опохмелении возникает обычно после чрезмерной выпивки, она является у больных алкоголизмом основным признаком *абстинентного синдрома* (см.).

Опытные пьяницы знают разнообразные и, по их мнению, хорошие способы опохмеления. В России популярен для опохмеления прием 100 граммов водки в сочетании с огуречным или капустным рассолом. Ресторанный вариант: 100 граммов коньяка и острый восточный суп типа «харчо» либо хаш. Популярно также использование сырых яиц. Неопытные люди обычно опохмеляются с утра пивом, что еще более чревато обострением желания продолжать пьянство. Это желание может обостриться при любом способе опохмеления, поэтому лучше избегать приема спиртного с целью облегчения похмельного состояния.

ОПОХМЕЛЕНИЯ СТАТИСТИКА — была получена в результате опроса 1,4 тысячи взрослых москвичей, проведенного Всероссийским центром изучения общественного мнения (ВЦИОМ) в декабре 1996 года.

Выяснилось, что вопреки распространенному обывательскому мнению об особой разгульности московских жителей опохмеляются после выпивки (т.е. облегчают утреннее тяжкое состояние дозой спиртного после изрядной выпивки накануне) лишь 10% опрошенных; 69% вообще не страдают от похмелья; 11% «лечатся» традиционными домашними средствами (рассол и т.п.); 8% отпаиваются чаем, водой и другим безалкогольным питьем; 1% — принимают аспирин и обычные лекарства; 1% — рекламированные лекарственные средства.

Иными словами, те, кто облегчает состояние похмелья безалкогольными способами, явно предпочитают традиционные, а не лекарственные средства.

ОПЬЯНЕНИЕ АЛКОГОЛЬНОЕ (ОСТРАЯ ИНТОКСИКАЦИЯ АЛКОГОЛЕМ) — симптомокомплекс психических и соматоневрологических расстройств, вызванный воздействием алкоголя на центральную нервную систему. По глубине опьянения различают легкую, среднюю и тяжелую степень опьянения. Им соответствует следующая концентрация алкоголя в крови: 0,03—0,15%; 0,15—0,25% и 0,3—0,5%.

Для легкой степени характерно повышение настроения с чувством бодрости, довольства, ощущением физического и психического комфорта. Речь становится более громкой, появляется многословие, стремление говорить, спорить, двигаться. Движения нередко выглядят размашистыми, порывистыми. Внимание становится легко отвлекаемым, суждения — поверхностными, иногда не вполне последовательными, темп мышления ускоряется. Неустойчивость настроения может перейти в агрессивность. Легкая степень опьянения заканчивается постепенно наступающим отрезвлением. Неприятного самочувствия после отрезвления не наблюдается. Легкое опьянение может сопровождаться гиперемией кожных покровов, тахикардией, умеренным повышением артериального давления, повышением аппетита, негрубыми нарушениями моторики.

Средняя степень опьянения отличается более грубыми нарушениями двигательной сферы. Движения становятся атактичными, плохо координированными, неточными, неуклюжими, речь — дизартричной (с затрудненным произношением). Характерна шаткость походки, падения. Грамматическая структура речи упрощается, часто используются одни и те же обороты, увеличивается количество оговорок. Темп мышления замедляется, содержание высказываний становится банальным, однообразным, повторяющимся. Нарушается способность к концентрации внимания, повышается порог восприятия — опьяневший недостаточно хорошо воспринимает обращенную к нему речь, не сразу осмысливает ее содержание. Возникает расторможенность влечений, стремление к их немедленной реализации. Поступки начинают определяться случайными обстоятельствами. Настроение отличается торпидностью аффекта: то длительное время сохраняется приподнятое настроение с тупым благодушием, то раздражительность, гневливость со стремлением к агрессии. Опьянение обычно переходит в глубокий сон, по пробуждении часть событий нередко выпадает из памяти. В течение некоторого времени после протрезвления наблюдаются астенические проявления, снижение аппетита, жажда, слабость, пониженное настроение.

Тяжелая степень опьянения характеризуется глубоким помрачением сознания. Оглушение сознания может выражаться в появлении сопора (с отсутствием реакции на окружающих) или комы (с полной потерей сознания). Из неврологических симптомов характерны атаксия, дизартрия, мышечная гипотония, снижение кожных и сухожильных рефлексов, вегетативные расстройства. После протрезвления отмечается вялость, слабость, адинамия. По клиническим формам алкогольное опьянение разделяют на 3 основных типа: простое, атипичное (измененное) и *патологическое опьянение* (см.). Опьянение у *больных алкоголизмом* (см.) имеет некоторые особенности.

ОПЬЯНЕНИЕ АЛКОГОЛЬНОЕ АТИПИЧНОЕ (ИЗМЕНЕННОЕ) — те случаи опьянения (обычно при легкой и средней степени опьянения), когда по сравнению с простым (типичным) опьянением происходит чрезмерно резкое усиление или, напротив, ослабление каких-нибудь расстройств, характерных для опьянения, либо нарушается последовательность их возникновения, либо развиваются симптомы, не свойственные простому алкогольному опьянению. Наибольшее видоизменение претерпевают психические нарушения; значительно меньше — неврологические.

Измененные формы алкогольного опьянения возникают обычно на психопатологической почве (психопатии, олигофрении, различные по генезу психические заболевания; резидуальное органическое поражение головного мозга); в случае раннего начала алкоголизма; при одновременном употреблении алкоголя и лекарственных средств; сочетанном приеме различных видов спиртных напитков; в случаях, когда опьянению предшествует соматическое заболевание или на фоне его; а также при недосыпании, недоедании, переутомлении и на фоне психогений.

По клиническим особенностям выделяют следующие основные варианты атипичного опьянения (см.): параноидное, эпилептоидное; депрессивное; маниакальноподобное; опьянение с импульсивными действиями; с преобладанием сомноленции; с дисфорическими проявлениями; с истерическими чертами; с эксплозивностью. Синонимы: *измененные формы опьянения* (Жислин С. Г., предл. в 1965), *осложненное опьянение* (Wyss R., предл. в 1967).

ОПЬЯНЕНИЕ АЛКОГОЛЬНОЕ ДЕПРЕССИВНОЕ — вариант атипичного алкогольного опьянения, для которого характерно подавленное настроение с тоской, тревогой. В легких случаях отмечается субдепрессивный аффект со слезливостью, неприятными воспоминаниями, жалостью к самому себе; в других случаях могут возникнуть ощущение безысходности, двигательная и речевая заторможенность, суицидальные мысли. Иногда в таком состоянии совершаются попытки самоубийства. Эйфория начального периода опьянения непродолжительна и может даже отсутствовать.

ОПЬЯНЕНИЕ АЛКОГОЛЬНОЕ МАНИАКАЛЬНОПОДОБНОЕ — вариант атипичного алкогольного опьянения, для которого характерно повышенное настроение с беспечностью и благодушием, прерываемое непродолжительными вспышками раздражения. Двигательное возбуждение сопровождается различными «озорными» поступками, назойливым приставанием, повышенной откликаемостью на окружающее, неуместными шутками, смехом. Нередко проявляется гиперсексуальность. При более выраженном повышенном аффекте возникает речедвигательное возбуждение, и картина опьянения начинает напоминать маниакальное состояние органического генеза.

ОПЬЯНЕНИЕ АЛКОГОЛЬНОЕ ПАРАНОИДНОЕ — вариант атипичного алкогольного опьянения, для которого характерно появление кататимно обусловленных идей отношения, ревности, осуждения, недоверия к окружающим. В ситуации конфликта опьянение может сопровождаться высказываниями, напоминающими бредовые. Опьяневшие выкрикивают отдельные слова или короткие фразы, которые выражают ситуацию напряженности или опасности: «шпионы», «война», «фашисты», «вы окружены», «спрячь меня», «люди в черном» и т.п. Вместе с тем в своих высказываниях и в своем поведении они в достаточной мере учитывают реальную обстановку. Агрессивные поступки обычно дифференцированы, совершаются в звисимости от слов и действий окружающих. Психические симптомы опьянения исчезают обычно литически. Амнезия опьянения отмечается приблизительно в 2/3 случаев.

ОПЬЯНЕНИЕ ПАТОЛОГИЧЕСКОЕ — редко встречающийся кратковременный психоз, вызванный приемом алкоголя. Его характеризует мгновенно наступающее глубокое нарушение сознания, при этом исчезают внешние признаки опьянения (походка и речь не изменены). Развивается после приема небольшого количества спиртного напитка, реже — на фоне средней степени опьянения. Поведение обусловливается внутренними психотическими, импульсивными побуждениями, чувством страха, тревоги, которые могут сменяться яростью, неистовой злобой. Действия лиц в состоянии патологического опьянения лишены целенаправленности и могут проявляться в форме бессмысленных актов нападения, защиты или бегства, что приводит к случаям асоциальных и криминальных поступков. Свои действия они производят либо с криком, стереотипным произношением одних и тех же слов, либо сосредоточенно молча. Патологическое опьянение чаще всего заканчивается сном либо резким психическим и физическим истощением вплоть до прострации, сопровождаемой безразличием к окружающему и собственному состоянию. Отмечается полная, реже частичная амнезия на происходившие события. По клинической картине патологическое опьянение подразделяют на два варианта — эпилептоидное и параноидное (галлюцинаторно-бредовое).

ОПЬЯНЕНИЕ АЛКОГОЛЬНОЕ ПРОСТОЕ — самый частый тип острой интоксикации алкоголем. В зависимости от концентрации алкоголя в крови проявляется симптоматика, типичная для легкой, средней или тяжелой степени опьянения (см. *Опьянение алкогольное*).

ОПЬЯНЕНИЕ С ДИСФОРИЧЕСКИМИ ПРОЯВЛЕНИЯМИ — вариант атипичного алкогольного опьянения, для которого характерно преобладание стойкого состояния напряженности, сопровождаемой недовольством, угрюмостью, неприязнью или злобой. Обычно возникают ощущение соматического дискомфорта и резко выраженная гиперестезия. Неприязнь и злоба распространяются на все видимое и слышимое. Опьяневший становится придирчивым, язвительным, задиристым, ищет повода для ссор. Перечисленные симптомы могут оставаться еще несколько дней после эксцесса.

ОПЬЯНЕНИЕ С ИМПУЛЬСИВНЫМИ ДЕЙСТВИЯМИ — вариант атипичного алкогольного опьянения, для которого характерны импульсивно проявляющиеся половые извращения —

гомосексуальные акты, эксгибиционизм, флагелляция. Значительно реже встречаются такие формы импульсивных действий, как пиромания и клептомания. Этот вариант опьянения нередко наблюдается у больных шизофренией.

ОПЬЯНЕНИЕ С ИСТЕРИЧЕСКИМИ ЧЕРТАМИ — вариант атипичного алкогольного опьянения, для которого характерна склонность опьяневшего к позерству, громким фразам, хвастовству и стремление обратить на себя внимание окружающих. Поведение опьяневшего всегда рассчитано на зрителя. Могут возникнуть моторные реакции с двигательным возбуждением, принятием экспрессивных поз, заламыванием рук, истерическими припадками, демонстративно-шантажными попытками самоубийства. Нередко эти лица наносят себе легкие повреждения. Длительность этих нарушений во многом определяется поведением окружающих, их реакцией на поведение опьяневшего. Опьянение с истерическими чертами не возникает при употреблении алкоголя в одиночку.

ОПЬЯНЕНИЕ С ПРЕОБЛАДАНИЕМ СОМНОЛЕНЦИИ — вариант атипичного алкогольного опьянения, при котором после непродолжительного и обычно слабо выраженного периода эйфории возникает состояние сонливости, быстро переходящее в сон.

ОПЬЯНЕНИЕ С ЭКСПЛОЗИВНОСТЬЮ — вариант атипичного алкогольного опьянения, для которого характерны вспышки раздражения, гневливости, склонности к словесной или физической агрессии. Эти вспышки непродолжительны и легко сменяются относительным успокоением и даже благодушием, но в период опьянения могут неоднократно повторяться. Эта форма опьянения встречается у больных органическими поражениями мозга и лиц с психопатическими чертами характера.

ОПЬЯНЕНИЕ ЭПИЛЕПТОИДНОЕ — вариант атипичного алкогольного опьянения, для которого характерно постоянно проявляющееся недовольство окружающими или отсутствующими лицами, придирчивостью, угрюмо-злобным аффектом, готовностью к совершению агрессивных поступков, нередко отличающихся жестокостью. Для опьяневших типично стремление сделать неприятное окружающим, предъявлять им различные претензии, обвинения. Двигательные нарушения выражены нерезко. Эта форма опьянения характерна для лиц с эпилептоидными чертами характера. Амнезии не наблюдаются.

ОПЬЯНЕНИЕ САМОГОНОМ — имеет некоторые особенности по сравнению с воздействием более чистых крепких спиртных напитков, например, водки. Опьянение обычно возникает быстрее и длится дольше.

Степень выраженности опьянения также может быть большей. Практически сразу же после приема средней дозы плохого самогона нарушается координация движений, снижаются рефлексы и снижается способность человека контролировать свои действия. Эти особенности приписывают воздействию на организм человека изоамилового спирта, который содержится в самогоне в повышенном количестве, составляя до 60% сивушного масла.

В зависимости от соотношения различных токсических веществ в самогоне или каком-либо другом алкогольном напитке домашнего приготовления клиническая картина опьянения может иметь свои особенности. В одних случаях отмечаются общемозговые нарушения в виде головной боли, головокружения, тошноты, рвоты, в других — преобладают висцеральные и вегетативные расстройства, а именно: ощущаются боли в животе, голове, повышается артериальное давление, нарушается деятельность почек и печени. Абстинентные состояния при злоупотреблении плохо очищенным самогоном имеют сравнительно большую выраженность, в их структуре в большей мере представлены соматовегетативные нарушения. Эти явления с меньшим успехом облегчаются с помощью опохмеления порцией алкоголя, наоборот — в некоторых случаях самочувствие еще более ухудшается.

ОПЬЯНЕНИЕ СНОМ (*Hudden H.*, опубл. 1905) — неполное пробуждение, внезапно наступающее среди глубокого сна. Характеризуется аффективной окраской, неясным сознанием, возможны агрессивные поступки. Играют роль конституциональное предрасположение, употребление алкоголя перед засыпанием («алкогольное опьянение сном» — см. *Элпенора синдром*), глубокие переживания накануне сна («аффективное опьянение сном»), яркие образные кошмарные сновидения («сновидное опьянение сном»). Соответствует современным представлениям о патологических просоночных состояниях.

ОПЬЯНЕНИЕ У БОЛЬНЫХ АЛКОГОЛИЗМОМ — имеет свои особенности. По мере развития алкоголизма начальная фаза опьянения, для которой характерно появление эйфории, сокращается. В некоторых случаях выпивки эйфория не возникает, отмечается лишь некоторое оживление. Напротив, вторая фаза опьянения — появление дисфории (мрачного, раздражительного настроения) — становится все более длительной. Отмечаются измененные формы опьянения, нередко сопровождающиеся проявлением раздражительности, гневливости, агрессии или депрессивных состояний. В ходе дальнейшего развития алкоголизма отмечавшееся ранее в начале опьянения возбуждение может вообще не возникать, и довольно быстро начальная эйфория сменяется сонливостью, переходящей в сон.

ОПЬЯНЯЮЩИЕ НАПИТКИ (англ. *intoxicating beverages*) — напитки, содержащие алкоголь в концентрации, достаточной для того, чтобы вызвать состояние заметного опьянения у человека с обычной толерантностью (переносимостью) к алкоголю (не измененной вследствие систематического злоупотребления алкогольными напитками). К ним относятся все напитки, полученные с использованием перегонки (водка, коньяк, ром и др.), виноградные и другие вина, крепкие сорта пива. Считается, с физиологической точки зрения, что при обычной форме и нормальном темпе их употребления явное опьянение у взрослого человека могут вызвать напитки, содержащие более 4% алкоголя (по объему). Поэтому некрепкое пиво, сидр или некоторые вина с меньшей концентрацией алкоголя можно называть не опьяняющими напитками, хотя они относятся к алкогольным напиткам. В некоторых странах юридические нормы устанавливают меньший порог (в США, например, 3,2% об.).

ОРГАНОЛЕПТИЧЕСКИЕ СВОЙСТВА — термин, использующийся в винно-водочном производстве при оценке качества алкогольных напитков. Подразумеваются свойства, которые выявляются и оцениваются с помощью органов чувств (вкус, цвет и запах).

ОРФЕЙ — персонаж греческой мифологии, популярный образ в творчестве писателей и художников с античных времен (Аристофан, Овидий, Вергилий) до новейших (О. Роден, Р. М. Рильке, Ж. Ануй, А. Жид и др.). Орфей славился как певец и музыкант, наделенный магической силой искусства, которой покорялись не только люди, но и природа. Впечатляющим моментом в его жизни являются поиски безвременно умершей жены Эвридики в подземном царстве. Судьба самого Орфея была трагична. Он, в отличие от многих других мифологических персонажей, не очень почитал бога вина Диониса, считая величайшим богом Гелиоса-Апполона. Рассерженный Дионис наслал на Орфея менад (вакханок), своих постоянных спутниц. Они растерзали Орфея, разбросав повсюду части его тела, собранные и погребенные потом музами. Смерть Орфея, погибшего от дикого неистовства вакханок, оплакивали птицы, звери и даже камни, очарованные его музыкой.

Голова Орфея плыла к острову Лесбос, где ее принял Аполлон. Тень Орфея сошла в Аид, где соединилась, наконец, с Эвридикой. Согласно версии римского поэта Овидия, Дионис был недоволен жестокостью менад и в наказание превратил их в дубовые деревья.

ОРФИКА (по-гречески — «учение Орфея») — культурно-философское течение, возникшее, вероятно, в VI веке до н.э. на почве фракийских дионисийских мистерий и провозгласившее *Орфея* (см.) «учредителем обрядов». Согласно этому учению, люди состоят из двух противоположных элементов: дионисийского и титанического, или благого и злого. До нас дошли лишь фрагменты орфических сочинений, из которых видно, что посвященные в это учение должны были вести довольно аскетический образ жизни (например, не есть мяса, яиц и бобов). Однако орфики верили, что после смерти их ожидает блаженная жизнь, подобная великому пиршеству, в то время как другие люди погибнут в Тартаре (преисподней). По поводу этого убеждения орфиков иронически высказался Платон (427—348 гг. до н.э.): по их мнению, награда, ожидающая праведников на том свете, состоит в вечном пьянстве.

ОСАДОК ВИНА — осадок, образующийся при хранении и выдержке вина. Имеет различный состав в зависимости от процессов, ведущих к его образованию. При снижении температуры вина выпадают кристаллы винного камня и аморфных частиц красящих веществ. В результате действия окислительных ферментов на фенольные вещества вина образуется осадок темно-коричневого или бурого цвета. Соединения железа с таннинами дают осадок черного цвета, с антоцианами — фиолетово-синего цвета, а с фосфатами — светло-коричневый. Осадок вина появляется также при наличии повышенных количеств алюминия, цинка, олова, никеля, а также активных винных и пленчатых дрожжей и болезнетворных микроорганизмов. Методы удаления образующихся винных осадков: фильтрование, переливки, центрифугирование, термообработка, химическая обработка, применение сорбентов.

ОТДЫХ КОНЬЯКА (ВЫДЕРЖКА КОНЬЯКА) — выдержка коньяка в дубовой таре от момента его изготовления из коньячного спирта до розлива в бутылки. Эта выдержка является дополнительной к значительно более длительной выдержке в дубовой таре (от 3 до 15 лет и более), которой до этого подвергается сам коньячный спирт (см. *Выдержка коньячного спирта*). Срок отдыха ординарных коньяков установлен до 90 суток, для марочных коньяков группы КВ — 270 суток, групп КВВК и КС — 360 суток. Во время отдыха при необходимости коньяк может подвергаться *оклейке* (см.), специальной обработке для удаления избытка железа и обработке теплом для улучшения качества. К концу отдыха коньяки обрабатываются холодом с одновременной фильтрацией (см. *Обработка коньяков холодом*).

ОТЕЛЛО СИНДРОМ (Todd J., Dewhurst K., опубл. 1955) — бредовые идеи ревности паранойяльной структуры, наблюдающиеся у алкоголиков, психопатических личностей, при шизофрении, эпилепсии, эндогенной депрессии. Чаще всего проявляется в четвертой декаде жизни, преимущественно у мужчин. Поводом для появления подозрений в неверности супруга или супруги обычно служит неадекватная интерпретация какого-нибудь реального и весьма банального эпизода супружеских взаимоотношений. Следуют настойчивые и длительные поиски доказательств измены, требования к партнеру по браку признать свою вину. Как доказательство неверности часто воспринимается отказ супруги или супруга от половой близости.

ОТМИРАНИЕ ВИНА (РАЗРУШЕНИЕ ВИНА) — см. *Стадии жизни вина*.

ОТРАВЛЕНИЕ АЛКОГОЛЕМ (англ. *alcohol poisoning*) — случается, когда в течение непродолжительного времени человек выпивает такое количество питьевого (этилового) алкоголя, которое значительно превышает физиологически переносимую дозу. Сильное отравление (с коматозным состоянием) развивается при концентрации алкоголя в крови около 3 г/л, смертельная концентрация составляет 5—6 г/л. Смертельная разовая доза выпитого алкоголя составляет 4—12 граммов спирта на килограмм массы тела (в среднем около 0,8—1 л водки при отсутствии приобретенной толерантности).

Систематическое употребление алкогольных напитков обычно значительно повышает толерантность к алкоголю как в смысле его опьяняющего, так и отравляющего действия. Ослабленность организма какими-либо причинами снижает толерантность. Если действие этих причин носит массовый характер, то количество смертельных отравлений алкоголем в населении может заметно возрасти при том же уровне потребления алкоголя. Так, в начале 1990-х годов было отмечено, что в российской Карелии только за один 1992 год средняя смертельная концентрация алкоголя в крови снизилась в 1,4 раза, при этом число смертельных отравлений алкоголем возросло в 3 раза.

Острое отравление алкоголем более вероятно при приеме спирта, водки или других спиртосодержащих напитков с крепостью более 15%. Оно чаще случается в странах северных и средних широт, где население потребляет больше крепких алкогольных напитков, чем слабых. В России алкогольные отравления в течение многих лет занимают ведущее место среди бытовых отравлений — до 60% всех смертельных отравлений связано с алкоголем (включая суррогаты алкогольных напитков).

Признаки развивающегося алкогольного отравления: сильное покраснение лица (иногда бледность), гиперемия конъюнктив, сужение зрачков (при асфиксии — расширение), запах алкоголя, пена изо рта, потеря сознания и чувствительности, неподвижность. Грозным признаком тяжести алкогольного отравления является коматозное состояние. Признаки алкогольной комы: полная потеря сознания с утратой реакций на внешние раздражители; кожа холодная, липкая; лицо гиперемированное, цианотичное; дыхание прерывистое; пульс нитевидный, слабого наполнения и напряжения; артериальное давление резко снижено.

Экстренная помощь при тяжелых алкогольных отравлениях оказывается в специальных токсикологических центрах и стационарах с реанимационным отделением. Догоспитальная помощь заключается в согревании больного, во введении кофеина, кордиамина, коразола, этимизола, лобелина, цититона, сердечных гликозидов (строфантин, коргликон), вдыхании кислорода (см. также *Первая помощь при отравлении алкоголем*).

При энергично проведенных лечебных мероприятиях улучшение наступает в течение 2—6 часов, в тяжелых случаях коматозное состояние может затягиваться до 1—2 суток. После того как пострадавший пришел в сознание, он должен находиться в постели при поддерживающем и укрепляющем лечении в течение 2—5 дней.

В наиболее тяжелых случаях алкогольной комы приходится прибегать к методам реанимации, включая искусственное дыхание, введение плазмозаменителей и др.

ОТРАВЛЕНИЕ МЕТИЛОВЫМ СПИРТОМ — случается обычно, когда его выпивают по ошибке вместо этилового спирта. Метиловый спирт (метанол) быстро всасывается в желудке и тонком кишечнике и метаболизируется в основном в печени с помощью алкогольдегидрогеназы до образования формальдегида и муравьиной кислоты, которые и обусловливают высокую токсичность метанола. Окисление метанола в организме протекает значительно медленнее, чем этилового спирта. Метанол и продукты его окисления выводятся почками, а часть (15%) — в неизмененном виде через легкие.

Токсическое действие метанола связано с угнетением ЦНС, развитием тяжелого метаболического ацидоза, поражением сетчатки глаза и дистрофией зрительного нерва. Смертельная доза при приеме внутрь — 100 мл (без предварительного приема этанола). Токсическая концентрация в крови — 300 мг/л, смертельная — 800 мг/л.

Отравление происходит на фоне слабого проявления опьянения. Наблюдается тошнота. Серьезные симптомы отравления могут проявиться, нарастая, и позже, через 1—2 суток: рвота, боли в животе, головная боль, головокружение, боль в икроножных мышцах, неясность видения, мелькание «мушек» перед глазами, диплопия, слепота. Отмечаются мидриаз и ослабленная реакция зрачков на свет. Сознание спутано, возможно психомоторное возбуждение. Нередко развиваются судороги, ригидность затылочных мышц, гипертонус мышц конечностей, кома. Кожа и слизистые оболочки сухие, гиперемированы, с цианотичным

12 Зак. № 1055 Мирошниченко

оттенком. Тахикардия с последующим замедлением и нарушением ритма сердца. Артериальное давление сначала повышено, затем падает. Острая сердечно-сосудистая недостаточность быстро прогрессирует в сочетании с центральными нарушениями дыхания.

Неотложная помощь: методы детоксикации — промывание желудка, форсированный диурез с ощелачиванием плазмы, ранний гемодиализ, перитонеальный диализ. Специфическая терапия: 30%-ный раствор этилового алкоголя внутрь по 50 мл через 3 часа или 5%-ный внутривенно. При нарушении зрения — супраорбитальное введение атропина, гидрокортизона. Повторные люмбальные функции, коррекция метаболического ацидоза.

ОТРАВЛЕНИЕ ЭТИЛЕНГЛИКОЛЕМ — впервые было отмечено в России в период Великой Отечественой войны, когда этот препарат в качестве антиобледенителя и тормозной жидкости стал применяться для обслуживания боевой техники в авиации и в танковых войсках.

Этиленгликоль (двухатомный спирт) и в настоящее время входит в состав антифриза и тормозной жидкости. Он быстро всасывается в желудке и кишечнике. Около 60% окисляется в печени под воздействием алкогольдегидрогеназы с образованием гликолевого альдегида, глиоксаля, щавелево-уксусной кислоты и др. 20—30% выделяется в неизмененном виде почками. Продукты биотрансформации этиленгликоля проникают в специфические клетки печени и почек и резко повышают внутриклеточное давление. Возникает острая печеночно-почечная недостаточность.

Различают 3 периода интоксикации: начальный — продолжается до 12 часов, преобладают симптомы поражения ЦНС по типу алкогольного опьянения; нейротоксический — когда прогрессируют симптомы поражения ЦНС и присоединяются нарушения дыхания и сердечно-сосудистой системы; нефротоксичесский — когда на 2—5-е сутки преобладают симптомы поражения почек. При тяжелых отравлениях пострадавший теряет сознание, возникает ригидность затылочных мышц, судороги, повышение температуры тела. Дыхание глубокое, шумное. Явления острой сердечно-сосудистой недостаточности (коллапс, отек легких).

Неотложная помощь: методы детоксикации — промывание желудка через зонд, форсированный диурез. В 1—2-е сутки — гемодиализ, перитонеальный диализ, гемосорбция. Специфическая терапия: 30%-ный раствор этилового спирта в 1—2-е сутки внутрь по 50 мл через 3 часа (или 5%-ный раствор внутривенно); 10%-ный раствор хлорида кальция или глюконата кальция по 10—20 мл внутривенно повторно (для связывания образующейся щавелевой ксилоты. При позднем начале лечения и необратимом поражении почек применяют пересадку донорской почки.

ОТРЕЗВЛЕНИЯ СТАРИННЫЕ СПОСОБЫ — 1. Пять капель нашатырного спирта растворить в стакане холодной воды и дать пьяному выпить. (Из старого лечебника.) 2. Взять голову пьяного так, чтобы ладони были наложены на уши. Быстро и сильно тереть оба уха. Прилив крови достаточно быстро приведет пьяного в сознание. (Этот способ распространен и сейчас. Его применяют, например, сотрудники милиции.) 3. После сильного опьянения на следующий день бывает достаточно скверное состояние: болит голова, тошнит и т.д. Эти проявления «вчерашнего кутежа» лечатся двадцатью каплями мятного спирта (настойка мяты на спирту) в стакане холодной воды. Облегчение может наступить немедленно. 4. Проявления «вчерашнего кутежа» можно облегчить, если утром натощак выпить стакан теплого молока. 5. Выпить капустного рассолу. 6. На сильно опьяневшего человека оживляющим образом действует холодная вода, наливаемая на затылок так, чтобы она текла вдоль хребта.

Болгарский священник Нефит Калчев в составленном им «Народном домашнем лечебнике» приводит такой способ: «Если человек упился до смерти, нарежьте репчатого луку и дайте понюхать. Полейте конский навоз теплой водой, отцедите воду, влейте в рот пьянице — тот сразу отрезвеет».

ОТСТАВЛЕННЫЙ АБСТИНЕНТНЫЙ СИНДРОМ — см. *Сухая абстиненция*.

ОХРЕМЕНКО СЕРГЕЙ ФЕДОРОВИЧ (1860—1926) — винодел, один из основателей русской школы виноделия. Впервые в практике отечественного виноделия разработал технологию выработки высококачественных крымских южнобережных десертных и крепких вин. С 1890 года главный винодел опытного винодельческого хозяйства «Магарач». Автор оригинального десертного вина из винограда сорта «Мускат черный». За десертные вина был удостоен высоких наград на Всемирной выставке в Париже (1900) и на Международной выставке в Турине (1911). Подготовил выше 300 специалистов-виноделов.

ОЦЕНКА КАЧЕСТВА ВИНА ПО ВНЕШНЕМУ ВИДУ — см. *Дегустация вина, Игра вина, Окраска вина, Прозрачность вина*.

ОЦЕНКА КАЧЕСТВА ПИВА ПО ВНЕШНЕМУ ВИДУ — основана, главным образом, на впечатлении от пены. У хорошего пива пена обильная, густая и стойкая. Она должна иметь высоту не менее 4 сантиметров и сохраняться не менее 4 минут. Когда пиво низкого качества, пена быстро исчезает, если на нее подуть. У хорошего пива она в этом случае не исчезает, а только сопротивляется струе воздуха — «загибается». Кроме того, пена должна оставлять на стенках стакана стойкие следы, которые позволяют определить, сколько было сделано глотков.

Чешские заядлые любители пива считают, что на шапке пены в бокале с великолепным пивом может лежать плашмя монета достоинством в одну крону. (Как обнаружить фальсификацию пива см. *Тесты на качество алкогольных напитков.)*

ОЧИСТКА ВИНА — операция удаления из вина взвешенных частиц и микроорганизмов с целью обеспечения его прозрачности и стабильности к помутнению и порче. Для очистки вина используются разнообразные технологические приемы (фильтрация, декантация, пастеризация и др.).

П

ПАБ (сокращ. от англ. *public hous* — общественный дом) — название пивных в Великобритании. Их примерно 80 тысяч — по одному на 750 жителей, включая младенцев. Часто они называются в честь королей, королев, принцев и принцесс, а также выдающихся англичан. 670 пабов носят название «Красный лев». Пабы — неотъемлемая часть жизненного уклада британцев с очень давних времен. То же можно сказать и о ирландцах. Они уверяют, что в средневековом Дублине, где проживало 4 тысячи человек, пивных было больше тысячи.

Паб для англичанина — «второй дом», особый мир со своей жизнью и традициями, где можно отдохнуть, сменить свой облик, куда, в отличие от ресторана, можно прийти в джинсах. Многие сохраняют верность одному пабу. Здесь можно читать газеты, писать письма и даже повести и драмы, как это делали Шекспир или Джеймс Джойс. В лондонском пабе «Голубь» часто бывали Грэм Грин и Хемингуэй. Хозяин паба «Дорога в Иерусалим» в Ноттингеме в наши дни гордится тем, что в нем собиралось английское рыцарство, чтобы начать поход в Палестину.

В средние века посетители портовых пивных предпочитали брать пиво в прозрачных стеклянных кружках и внимательно просматривали его на свет, так как вербовщики могли незаметно опустить на дно шиллинговую монету с королевским профилем. Бесплатное пиво и шиллинг в придачу означало то же, что и письменное согласие служить на флоте.

В пабах играют в популярные игры дартс, криббэг, скиттлс, шов-хэйпни, проводятся чемпионаты. Днем, когда пивные полупусты и за столиками сидят, в основном, пенсионеры, в них назначаются деловые свидания. Большинство взрослых англичан 2—3 вечера в неделю проводят в пабах. Непременная принадлежность паба — колокол над стойкой. В 22. 50 бармен ударом в него извещает посетителей о приближающемся времени закрытия заведения (в 23. 00).

ПАВЛОВ ИВАН ПЕТРОВИЧ (1849—1936) — выдающийся русский ученый, создатель новых методов физиологических исследований, автор классических трудов по физиологии пищеварения и кровообращения, а также нового учения о высшей нервной деятельности. Лауреат Нобелевской премии (1904).

Еще с молодых лет его интересовали причины развития алкоголизма, и он, прежде всего, решил испытать действие алкоголя на себе. Вот как рассказывала об этом эксперименте его жена: «Купил — не помню хорошо — бутылку или полбутылки рому, сел у себя в комнате перед зеркалом. С одной стороны положил тетрадь и карандаш, с другой — поставил бутылку рома и стакан. Очень его интересовало, что за ощущения привлекают людей к выпивке. Начал он пить, следя за выражением своего лица в зеркале и в то же время прислушиваясь к ощущениям, чтобы не пропустить и все занести в тетрадь. Но удалось записать только о том, что глаза посоловели. Больше он ничего не помнил, записей никаких не сделал, а очнулся на полу. Голова трещала, во рту был неприятный вкус. Он испытывал такое угнетенное состояние, которого в жизни до этого не испытывал и которое впоследствии никогда не повторялось».

После этого эксперимента Павлов ни разу в жизни не был пьян, да и вообще не употреблял алкогольных напитков. Однако со своими сотрудниками он ставил эксперименты с алкоголем на животных. Павлов полагал, что, проводя опыты на животных, можно объяснить нервные механизмы алкоголизма и даже найти пути его лечения. С этой целью они давали собакам по 15—20 грамм алкоголя, который предварительно разводили в молоке. Оказалось, что разница в действии его на различных животных была значительной. У собак с «сильным типом» нервной системы алкоголь вызывал опьянение только в течение 40 минут, а на другой день никаких следов вредного действия алкоголя не обнаруживалось. У собак со «слабым типом» нервной системы вредное действие алкоголя продолжалось (при том же количестве алкоголя) в течение 8 дней. У этих же собак обнаружилось быстрое привыкание к алкоголю, и они делались заправскими «пьянчужками». У одной собаки с «сильным типом» нервной системы через час после первого приема 15 грамм алкоголя возникла сильная рвота, и она целый день ничего не могла есть. Плохое состояние у нее продолжалось 7 дней. Спустя 8 дней ей дали дважды ту же дозу алкоголя, действие которого прекратилось на 6-й день. Потом она отказывалась пить молоко, если в нем был алкоголь, и, наконец, перестала пить даже чистое молоко, поскольку оно напоминало ей алкоголь.

Павлова крайне заинтересовал этот случай и, обсуждая его с сотрудниками, он подчеркнул, что «это пример поразительного благоразумия собаки, которая «поняла», как вредно на нее влияет алкоголь, и перестала прикасаться к молоку... Какая умница, какое благоразумие, можно поставить ее в пример людям... Другие же слабые собаки сосут, сосут на свою погибель, как это сколько угодно бывает и в человеческой массе». Более длительное воздействие алкоголя вызывало у подопытных собак Павлова состояние, которое было очень сходным с галлюцинациями. У некоторых из них возник страх. Они боялись всех посторонних людей и особенно экспериментатора.

ПАЛИМПСЕСТ АЛКОГОЛЬНЫЙ (греч. *palimpsestos* — вновь соскобленный) (синоним: *лакунарная алкогольная амнезия*) — разновидность амнезии (запамятования) после периода опьянения, весьма характерная для алкоголизма. Из памяти выпадают отдельные фрагменты происходившего во время опьянения, хотя общий ход событий в периоде опьянения восстанавливается потом в памяти достаточно легко. Поведение больного алкоголизмом в происходящих эпизодах, о которых он потом не может вспомнить, выглядит достаточно правильным, движения — заметно не нарушенными, а ориентировка в происходящем — сохранной.

Палимпсесты появляются обычно при заметном росте толерантности больных к алкоголю и могут служить признаком систематического злоупотребления алкогольными напитками. Они возникают после приема высоких доз алкоголя также во второй и третьей стадиях алкоголизма. Впервые описаны у больных алкоголизмом немецким психиатром К. Бонгеффером (1901). В древности и в раннем средневековье палимпсестом называли рукопись, написанную на пергаменте по смытому или счищенному первичному тексту.

ПАЛИНКА — словацкий и венгерский крепкий напиток, который получают перегонкой сброженных плодов и ягод — абрикоса, черешни, груши и др. Относится к напиткам типа *бренди* (см.).

ПАНКРЕАТИТ АЛКОГОЛЬНЫЙ — воспаление поджелудочной железы, вызванное злоупотреблением алкоголем, сопровождающееся нарушением ее функции. Часто сочетается с некрозом и фиброзом поджелудочной железы. Алкогольный панкреатит может быть острым и хроническим. Острая форма проявляется болью в верхней части живота, анорексией (отсутствием аппетита) и рвотой и может осложниться гипотонией, почечной недостаточностью. Хроническая форма обычно проявляется периодической или постоянной болью в животе, анорексией и потерей веса. Могут проявиться симптомы недостаточности поджелудочной железы: как ее экзокринной функции (нарушения всасывания в кишечнике), так и эндокринной (сахарный диабет).

ПАРАЛИЧ АЛКОГОЛЬНЫЙ ВОСХОДЯЩИЙ ТИПА ЛАНДРИ — тяжелое алкогольное поражение спинного и продолговатого мозга, которое начинается с пареза нижних конечностей, затем присоединяются парезы рук и бульбарные расстройства, возможен смертельный исход. В отличие от восходящего паралича Ландри инфекционного генеза алкогольный паралич не сопровождается лихорадкой.

ПАРАНОИД АЛКОГОЛЬНЫЙ — бредовой психоз, возникающий у больных алкоголизмом обычно после тяжелых алкогольных эксцессов. У больного после протрезвления, как правило, в похмелье, внезапно возникают идеи преследования. Окружающие посторонние люди кажутся ему врагами, бандитами, которые преследуют его и грозят расправиться с ним. За преследователей он принимает, например, пассажиров в автобусе, поезде, самолете. В разговорах, которые ведут между собой пассажиры, ему слышатся угрозы в свой адрес, случайные жесты этих людей он принимает за условные сигналы. Больной постоянно испытывает страх, он напряжен, боясь преследования, пересаживается в другой автобус, поезд, но и там видит преследователей. Сознание при этом остается ясным, ориентировка в окружающем — правильной. Эпизодически возникают обманы восприятия в виде вербальных или зрительных иллюзий, реже — галлюцинаций.

Спасаясь от мнимых преследователей, больной может быть опасен для себя, например, может попытаться выпрыгнуть на ходу из поезда. Однако чаще больные обращаются за помощью в милицию, к окружающим и тем самым выдают свои бредовые переживания. Длительность острого алкогольного параноида, как правило, не превышает 7—10 дней.

Синонимы: *алкогольный бред преследования; бредовой алкогольный психоз.*

ПАРТИЙНЫЕ РАЗЛИЧИЯ АЛКОГОЛЬНЫХ ПРЕДПОЧТЕНИЙ — обнаружились в России совершенно отчетливо в опросе членов различных наиболее видных партий и партийных блоков, проведенном в начале 1996 года Всероссийским центром изучения общественного мнения в ходе президентской избирательной кампании.

Оказалось, что традиционный российский напиток — водка занимает первое место в иерархии напитков только у членов КПРФ («Коммунистическая партия Российской Федерации», лидер — Г.А. Зюганов), НДР («Наш Дом — Россия», лидер — В.С. Черномырдин) и «Державы» (лидер —

А.В. Руцкой). Члены «Яблока» (лидер — Г.А. Явлинский) предпочитают шампанское и сухое вино, ЛДПР (лидер — В.В. Жириновский) — пиво, а затем водку, ДВР («Демократичесий выбор России» — лидер Е.Т. Гайдар) — сухое вино и пиво. Любопытно, что у членов «Партии любителей пива» первое место в качестве любимого напитка заняло шампанское, а пиво — лишь второе. Ничего неожиданного не принес опрос членов группы «Женщины России»: выше всего среди напитков они ставят шампанское, затем сухое вино и ликеры.

ПАСТЕР ЛУИ (*Pasteur Lui*) (1822—1895) — выдающийся французский микробиолог и химик, основоположник современной микробиологии и иммунологии. Среди других его крупных открытий одним из важнейших было открытие биологической природы брожения, в том числе спиртового.

Началось с того, что крупные французские спиртопромышленники попросили Пастера выяснить, почему на их заводах нарушился процесс изготовления спирта из свеклы. Пастер выяснил, что брожение вызывают мельчайшие живые существа — дрожжи. Нормальное брожение соков осуществляют спиртовые дрожжи, а в заводских чанах, где такое брожение было нарушено, размножились микроорганизмы, которые вызывали молочно-кислое брожение.

Пастер фактически заложил научные основы виноделия. Наряду со спиртовым брожением, им были изучены болезни вин (уксусное скисание, ожирение, прогоркание и др.) и впервые предложен способ предохранения вина от порчи путем кратковременного нагревания без контакта с кислородом. Этот способ применяется и для защиты других продуктов и получил название пастеризации (по имени его изобретателя). Большим вкладом в науку виноделия явился его труд «Исследования о вине» (1866). Ему принадлежит фраза: «Вино — самый полезный и самый гигиеничный из всех напитков». Пастер исследовал также и производство пива, помог предпринимателям разработать лучшую технологию его изготовления.

В 1873 году Пастер вступил в только что возникшую «Ассоциацию против злоупотребления алкогольными напитками». Одной из провозглашенных целей Ассоциации было «содействие замене крепких алкогольных напитков напитками целебными, такими как натуральные вина, сидр, кофе, чай и пиво».

ПАСТЕРИЗАЦИЯ ВИНА — кратковременное нагревание вина до 55°—75°С и выше (в зависимости от типа вина) с целью придания биологической стабильности, зрелости и улучшения вкусовых свойств.

ПАТОКА — сахаристый продукт, получаемый из картофельного или зернового крахмала в результате осахаривания (гидролиза) крахмала с помощью разбавленных минеральных кислот при нагревании или обработка ферментами с последующим фильтрованием и упариванием полученного сиропа. Получается густая, вязкая масса, слабоокрашенная и прозрачная, состоящая главным образом из сахаров декстрозы (глюкозы) и мальтозы и декстринов. Имеет сладкий вкус, высокую питательность и усвояемость. Используется при изготовлении различных спиртных напитков (ликеров, наливок и др.), варенья, фруктово-ягодных консервов, кондитерских и хлебных изделий.

Святой Патрик, которого ирландцы считают изобретателем виски

ПАТРИК СВ. (389—461) — святой покровитель Ирландии. Будучи миссионером, он сделал большой вклад в обращение ирландцев в христианство. День его смерти, 17 марта, уже более тысячи лет празднуется ирландцами как день Святого Патрика, а после образования Ирландской республики (1949) как Национальный день Ирландии.

Из летописи известно, что Патрик в своей жизни отличался повышенным пристрастием к пиву, из-за этого, выпив лишнего, даже несколько раз попадал в тюрьму. Тем не менее эти случаи не помешали причислению его к лику святых и не препятствуют массовой любви к нему современных ирландцев. Мифы и легенды приписывают Святому Патрику всяческие чудеса: он исцелял прокаженных, призывал воду в святые источники, изгнал всех змей из Ирландии, которых до сих пор нет на этом острове.

Традиционно в день Святого Патрика ирландцы устраивают праздничные парады и шествия, при этом в неограниченных количествах поглощают прославленный ирландский крепкий портер «Гиннес» (Guinnes) и веселятся от всей души. Причем подобные парады и празднества устраиваются 17 марта во всех частях мира, где есть заметное количество выходцев из Ирландии. Подсчитано, что в США ирландцев теперь даже больше, чем в самой Ирландии, и первый праздник Святого Патрика был проведен в Бостоне еще в 1737 году.

В России нет ирландских иммигрантов, но в 1997 году в Москву приехала группа молодых ирландцев и провела на Новом Арбате 17 марта карнавальное шествие, в котором участвовали зелено-бело-оранжевые клоуны, военный оркестр, игравший марши и народную кельтскую музыку, и два десятка грузовиков с огромным количеством воздушных шаров и больших надувных пивных кружек и бутылок. Парад завершился, как положено, обильным пивным возлиянием. День Святого Патрика отмечается в настоящее время не только ирландцами. Поскольку большинство ирландцев — рыжеватые блондины, то этот день теперь считается еще и праздником «всех рыжих и конопатых».

ПЕЙ, ДА ДЕЛО РАЗУМЕЙ — русская пословица, подразумевающая, что можно не быть образцовым в поведении, лишь бы быть на высоте в деле. Предполагается, что в эту пословицу трансформировались строки из басни И.А. Крылова «Музыканты» (1808): «По мне, уж лучше пей, да дело разумей».

ПЕЙСАХ — еврейская изюмная водка. Изготавливается на спирте из изюма в Израиле и на Украине. Применяется двойная или тройная перегонка.

ПЕННИК (стар.) — название, которое употребляли в России в XVIII—XIX веках по отношению к водке высшего качества, полученной с применением тройной перегонки. Причем от третьей перегонки бралась только первая фракция, составлявшая 15—20% от всей выгонки. Она профильтровывалась через березовый уголь и разбавлялась чистой, холодной, мягкой ключевой водой в соотношении 100:24. «Пенник» стоил дорого, его могли позволить себе лишь состоятельные люди.

ПЕНООБРАЗУЮЩАЯ СПОСОБНОСТЬ ВИНА — свойство шипучего или игристого вина давать более или менее устойчивую пену при выделении из него пузырьков газа.

ПЕНООБРАЗУЮЩАЯ СПОСОБНОСТЬ ПИВА — важное свойство пива, влияющее на его вкусовое восприятие. Оно характеризуется высотой пены в миллиметрах и стойкостью пены в минутах и оценивается по 5-балльной шкале. Бутылочному пиву дается 5 баллов, если минимальная высота пены — 40 мм, а ее стойкость — 4 минуты. Четырем баллам соответствуют 30 мм и 3 минуты, трем — 20 мм и 2 минуты, двум — 10 мм и 1 минута. Бочковое пиво получает 5 баллов при минимальной высоте пены 35 мм и стойкости 3,5 минуты, 4 — при 25 мм и 2,5 минутах, 3 балла — при 15 мм и 1,5 минутах. Пиво, получившее по пенообразованию 2 балла, снимается с дегустации.

ПЕНФЕЙ — персонаж греческой мифологии, фиванский царь, который препятствовал установлению культа Вакха — Диониса, преследовал вакханок, хотел убить самого бога Вакха. В наказание Вакх вдохнул безумие в мать Пенфея Агаву, и она в вакхическом экстазе, присоединившись к менадам, растерзала своего сына, не узнав его. Это случилось на лесистой горе, где проходило вакхическое празднество, на которое Пенфей тайно проник с шпионскими целями.

ПЕРВАЯ ПОМОЩЬ ПРИ ОТРАВЛЕНИИ АЛКОГОЛЕМ — должна быть оказана как можно скорее. Прежде всего надо вызвать скорую помощь. Если человек находится без сознания, до приезда врачей необходимо проследить за тем, чтобы у него не запал язык и он не задохнулся, а также за тем, чтобы пострадавший не захлебнулся при рвоте. Поскольку алкоголь расширяет сосуды кожи, человек быстро теряет тепло. Это может привести к переохлаждению. Необходимо уложить отравившегося в теплое место и хорошо укутать. Если он в состоянии глотать, ему можно дать одновременно до двадцати таблеток активированного угля.

Распространенный способ помощи — дать выпить раствор холодной воды с содой и, надавив пальцем на корень языка, вызвать рвоту. Но это возможно в том случае, если отравившийся может контролировать свои действия. Грозным признаком тяжести острого алкогольного отравления является коматозное состояние. Оно проявляется в следующем: лицо гиперемировано, цианотично (синюшного цвета), кожа холодная, липкая, дыхание прерывистое, пульс нитевидный, слабого наполнения. В таком критическом состоянии необходима помощь врача-реаниматолога.

Возможность алкогольной комы особенно велика, когда человек среднего веса, редко употребляющий алкоголь, выпивает за короткое время 150—180 граммов алкоголя (в пересчете на 100%-ный спирт), или 420—450 г водки, что создает концентрацию алкоголя в крови 0,3% и выше.

ПЕРВАЯ (I) СТАДИЯ АЛКОГОЛИЗМА — одна из трех стадий в динамике алкоголизма согласно классификации, принятой в российской наркологии. Имеет названия: начальная; легкая; компенсированная; неврастеническая. Первую стадию алкоголизма характеризуют следующие основные клинические признаки, отличающие начало алкоголизма от бытового пьянства: 1) *психическая зависимость* (см.) от *алкоголя* (см.) в форме навязчивого (болезненного) влечения к нему; 2) рост *толерантности* (см.) к алкоголю; 3) снижение или утрата контроля над количеством выпитого при утрате чувства *насыщения* (см.); 4) нарушения памяти, наблюдающиеся при состояниях сравнительно умеренного опьянения в виде запамятования отдельных деталей и эпизодов ситуации (*палимпсесты* см.) или в виде *«наркотичес-*

кой амнезии» (см.), возникающей эпизодически при дозах, вызывающих тяжелое опьянение; 5) некоторые изменения в характере опьянения, чаще у лиц с преморбидными личностными аномалиями; 6) расстройства в психической сфере в основном в форме астенического синдрома.

У подавляющего большинства больных I стадия алкоголизма формируется в возрасте до 30 лет. Средняя продолжительность этой стадии — от года до 6 лет. В последние годы некоторыми российскими учеными-наркологами высказывается мнение, что начало алкоголизма следует отсчитывать с момента формирования *абстинентного синдрома* (см.), а приведенная выше симптоматика относится к донозологическому (доболезненному) или доклиническому периоду алкоголизма, иными словами — к бытовому пьянству.

ПЕРЕДОЗИРОВКА АЛКОГОЛЯ — прием алкогольных напитков в количестве, вызывающем симптомы алкогольного отравления (см. *Отравление алкоголем*).

ПЕРЕЛИВКА ВИНА — один из основных технологических приемов в производстве вина. Заключается в перемещении виноматериалов из одной емкости в другую для отделения их от осадков, удаления избытка углекислого газа, для аэрации. Количество переливок и способ их выполнения зависят от типа вина. Например, при производстве белых столовых вин проводят на первом году выдержки две открытые (с доступом воздуха) переливки, на втором году — одну закрытую (без доступа воздуха).

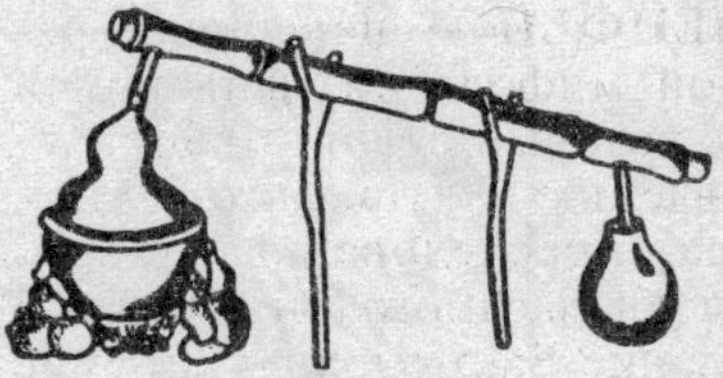

Примитивный перегонный аппарат туземцев Молуккских островов для дистилляции пальмового вина

ПЕРЕМЕЖАЮЩЕЕСЯ ПЬЯНСТВО — см. *Формы употребления алкоголя при алкоголизме.*

ПЕРСИДСКАЯ ЛЕГЕНДА О ВИНЕ — повествует об открытии вина. Жил-был когда-то некий человек по имени Джамшид, очень любивший виноградный сок. Однажды он приготовил слишком много сока и не смог сразу весь его выпить. Оставил он несколько фиал сладкого сока на следующие дни.

Но тем временем питье из сочных ягод винограда забродило, и когда Джамшид вздумал допить его, то после нескольких же глотков почувствовал себя дурно. Тогда, желая предотвратить случайную беду, он написал на каждой фиале слово «яд» и забыл о них.

Вскоре после этого одна из его жен, впав в немилость, решила покончить с собой. Увидев «яд»,

Старинная гравюра XV в. из итальянского города Солерно с изображением перегонного аппарата

она быстро отпила несколько глотков. Однако, к величайшему своему удивлению, вместо ожидаемых предсмертных страданий, почувствовала блаженство. И всегда она после того, как выпивала этот напиток, становилась радостной и выглядела привлекательней.

В конце концов, она совсем успокоилась, вернула милость своего повелителя и опять стала его любимой женой. Она хранила свою тайну, пока полностью не выпила весь запас чудодейственного напитка. Но, когда Джамшид обнаружил, что фиалы пустые, ей волей-неволей пришлось сознаться. Тогда она описала действие напитка такими удивительными красками, что Джамшид решил еще раз изготовить его и попробовать. Попробовал и возликовал.

Вот таким образом было открыто вино.

ПЕТР I ВЕЛИКИЙ (1672—1725) — русский царь с 1682 года (правил с 1689), первый российский император (с 1721). Выдающийся государственный реформатор, направивший развитие России на европейский путь. При всех своих талантах, силе воли и ума, Петр I отличался известной приверженностью к шумным пирам и веселым празднествам и способностью к поглощению больших количеств спиртного. Он стремился, чтобы и окружающие разделяли с ним эту склонность. Голштинский посланник Берхгольц описывает в своем дневнике, — как «славно пили при дворе Петра» и как он «заставлял пить послов и придворных дам, а для того, чтобы никто не мог уклоняться от этого, ставил к дверям военный караул». Петр часто пускал в ход придуманный им «Кубок Великого орла», а был это просто большой ковш с вином, который должен был выпить залпом в чем-нибудь провинившийся участник празднества или «ассамблеи». Отведавший «орла» нередко валился на землю без чувств. Как-то Петр навестил больного датского посла Юста и в разговоре с ним упомянул, что, по счету его денщиков, он уже выпил в тот день 36 стаканов вина. Порой попойкам придавался состязательный характер. Так, на одном из пышных ужинов, данном Петру в Голландии знатными хозяевами, он «перепоил их со свитой по-московски».

Склонный к веселым чудачествам, он учредил из своих соратников и собутыльников так называемую «коллегию пьянства», или «Сумасброднейший, всешутейший и всепьянейший собор». Председатель носил титул «князя-папы», или «всешумнейшего и всешутейшего патриарха московского, кокуйского и всея Яузы». При нем был конклав из 12 «кардиналов» — «отъявленных пьяниц и обжор», с огромным штатом таких же «епископов, архимандритов и других духовных чинов», носивших прозвища, которые, по мнению историка, никогда и ни при какой цензуре не появятся в печати. Петр носил в этом «соборе» сан «протодьякона Пахома» и сам сочинил для него устав, в который вложил не меньше обдуманности, чем в любой свой серьезный государственный регламент. В этом уставе определены были до мельчайших подробностей процедуры избрания «папы» и «рукоположения» на разные степени пьяной иерархии, облачения, молитвословия и «песнопения». Первейшей заповедью было «напиваться ежедневно и не ложиться спать трезвыми». По свидетельству современника, «бывало, на святках компания человек в 200, во главе с шутовским патриархом с жезлом и в жестяной митре, на нескольких десятках саней пустятся по Москве или Петербургу «славить» всю ночь до утра. Хозяева домов, удостоенных посещением этих славельщиков, обязаны были угощать их и платить за славление — пили при этом страшно». Одно время «патриархом» был избран Никита Зотов, бывший учитель царя.

Особенно любил Петр веселиться по случаю спуска на воду нового корабля. Бережливый во многих государственных расходах, здесь он не жалел средств на попойки. На корабль приглашалось все высшее столичное общество с дамами. Как отмечает историк, пили, бывало, до тех пор, «пока генерал-адмирал старик Апраксин начнет плакать горючими слезами, что вот он на старости остался сиротою круглым, без отца, без матери, а военный министр светлейший князь Меншиков свалится под стол, и прибежит с дамской половины его испуганная княгиня Даша отливать и оттирать бездыханного супруга».

К захмелевшим подданным из своего ближайшего окружения Петр относился снисходительно (хотя любил и крепко подшутить над ними, а то и побить), лишь бы они трезвыми не теряли чести, достоинства и патриотизма.

Вместе с тем он принимал некоторые меры, чтобы пьянство не распространялось среди простого народа по всей Руси. Были приняты специальные «винные статьи» по «кабацкой части». Кабацким «головам» и «целовальникам» (продавцам спиртного) строго предписывалось смотреть, чтобы «никто через силу не пил, и от безмерного питья до смерти не опился». Если же кто-либо «опился» в кабаке до смерти по попустительству кабацкого «хозяина», то последнего наказывали кнутом и большим штрафом в пользу жены и детей опившегося. Пить должно было «умеренно и честно в веселие и отраду, а не в пагубу своей души». Злостным пьяницам тоже грозили наказания: битье батогами, сидение в яме, штрафы. Если кто-то просто напивался «до потери соображения», такого «обирали всего» (раздевали догола), укладывали в особый чулан, чтобы проспался, а когда проспался, то увещевали его словами, а все «обобранное» возвращали в целости, взяв с него, сколько он пропил.

Характеризуя увлечение Петра I спиртным, историк В.О. Ключевский отмечает, что «в тот век пили много везде в Европе».

ПИВА ИСТОРИЯ — насчитывает много веков. Еще в III тысячелетии до н.э. его приготовление подробно описали шумеры, причем уже тогда говорилось о нем, как о весьма распространенном напитке с разнообразной рецептурой. Древние шумеры знали по меньшей мере 8 видов ячменного пива, столько же пшеничного и три смешанного. Некоторые источники свидетельствуют, что пиво делали в Древнем Вавилоне за 7 тысяч лет до н.э.

Сохранились достаточно подробные сведения о процедуре приготовления пива в Древнем Египте за 2 тысячи лет до н.э., которая по сути была примерно такой же, как в наши дни: пиво варилось из ячменного солода, но в нем не было хмеля. В Древнем Египте пиво было очень распространено, оно было доступно и беднякам. Дневная норма строителя пирамид состояла из нескольких пучков лука и чеснока, трех буханок хлеба и трех жбанов пива. Бочки с пивом ставились в гробницы египетских фараонов, врачи прописывали его для лечения зубной боли. Считалось, что изготовлению пива научил сам Озирис — бог производительных сил природы и

Так называемая «апостольская» пивная кружка (Германия, конец XVI в.)

возрождения, один из наиболее почитаемых богов в египетской мифологии.

Учитывая тот факт, что пиво умели делать также в Древней Индии и Древнем Китае времен Шанской династии (конец II тысячелетия до н.э.), можно прийти к заключению, что пиво появилось у разных народов совершенно независимо в очень отдаленные времена. По дошедшим свидетельствам можно судить, что в далекой древности существовали три способа приготовления пива: 1) из размолотых зерен ржи, пшеницы или ячменя делали кислое тесто, смешивали с водой и оставляли бродить; в таком напитке едва ли было заметное количество спирта, он, скорее, походил на квас; 2) из

Гравюра В. Хогарта «Пивная улица» (1751)

проросших зерен злака, т.е. солода, как и в наше время; 3) из солода с примесью сырых непроросших злаковых зерен.

Известно было пиво в Древней Греции и в Древнем Риме, но широкого распространения не получило ввиду предпочтения вина. Репутация у него здесь была сомнительная: пиво считалось заменителем вина у северных и восточных «варварских» народов.

Римский историк Тацит в своем знаменитом сочинении «О происхождении германцев» (конец I в. н.э.) свидетельствует: «Их напиток — ячменный или пшеничный отвар, превращенный посредством брожения в некое подобие вина...» Однако некоторые медицинские снадобья у древних римлян, например от кашля и кишечных паразитов, содержали пиво в качестве одной из составных частей.

Уже в раннем средневековье пивоварение стало распространяться в широких масштабах в северных и центральных странах Европы. Одними из главных производителей пива были монахи в многочисленных монастырях. Сортов пива было уже очень много. В Германии пиво производилось традиционно из ячменя, в Англии предпочтение отдавалось пшенице. За качеством напитка следили очень строго. Любопытный способ его проверки существовал в Пльзене (Чехия) — пивоваренном центре Чехии. Свежесваренным пивом поливали деревянную скамью, на которую садился пивовар в кожаных штанах. Если он через некоторое время намертво прилипал к скамье (т.е. вставал вместе с ней), пиво считалось превосходным. До нашего времени дошла легенда, что некий чешский мастер проволок тяжеленную скамью, прилипшую к штанам, целых пять метров. Некачественное пиво при скоплении народа выплескивалось на ратушной площади.

В Древней Руси, судя по дошедшим до нас текстам, были напитки с названием «пиво». Однако первоначально (в X—XI вв.) это слово означало всякое питье, напиток вообще. В Никоновской летописи XI века можно прочитать: «Благослови пищу нашу и пиво». Позднее, в XII—XIII веках, пивом называли всякий алкогольный напиток: вино, мед, сикеру. Для обозначения же напитка, подобного современному пиву, тогда использовалось другое слово: ол. Ол приготовлялся из ячменя с добавлением трав (зелий): хмеля, полыни. Поэтому иногда его и называли «зелием», «зельем».

Пивоварение в старой Руси долгое время оставалось дорогостоящим, трудоемким, оно требовало больших затрат сырья, особой посуды (больших котлов) и поэтому чаще было коллективным и приурочивалось к двум-трем праздникам в году. Пиво варили всей деревней, а в городах — всей улицей, посадом, слободой. Варили сразу на несколько сотен человек, и израсходовать его нужно было быстро, в 2—3 дня, поскольку сохранять пиво тогда еще не умели. Поэтому пили его тоже коллективно.

Во время раскопок (1951—1989) на территории Древнего Новгорода (XI—XУ вв.) ученые обнаружили, что бочки для варки ячменного напитка имелись почти в каждом доме. Новгородское вече устанавливало твердые расценки на пиво и определяло требования к его качеству.

Ко времени царствования Ивана III (примерно с начала XVI в.)

Средневековые монахи за трапезой

пиво становится повседневным напитком, его продают в кабаках наряду с «хлебным вином» (водкой). В это время бралась пошлина не только с варки пива, но и с использования хмеля. В XVIII веке только в Москве насчитывалось около сотни небольших пивоварен, а к началу XX века в России насчитывается более тысячи пивоваренных заводов.

ПИВА ХИМИЧЕСКИЙ СОСТАВ — представлен в наиболее распространенных сортах следующими основными компонентами (в г на 100 мл); этиловый спирт — 2—5,5; сахара — 2,7—5,3; декстрины (продукты частичного расщепления крахмала) — 2,5; глицерин — 0,1—0,3; органические кислоты — 0,15—0,4; углекислый газ — 0,2—0,4; минеральные вещества — 0,15—0,4; общий сухой экстракт — 4—14. Содержание спирта в некоторых особых марках пива доходит до 17% об. (см. *Пиво крепкое*).

ПИВНАЯ БАНКА (англ. *beer can*) — жестяной, герметически закрытый сосуд, в котором пиво хранится, перевозится и продается. После откупоривания банки пиво может быть непосредственно из нее и выпито. Современная пивная банка имеет тонкие стенки, и если она пустая, ее легко раздавить рукой. Но когда она полная, давление в ней в три раза больше, чем в автомобильной шине. И если на ней нет вмятин, она выдержит нагрузку на нее в 115 килограммов.

Идея использования жестяной банки для консервирования продуктов была воплощена в жизнь еще в начале XIX века, когда французский предприниматель Аппер в 1810 году стал применять такую упаковку для мясных консервов и снабжать ими наполеоновскую армию. Однако мысль о выпуске пива в жестяных банках возникла только в 1933 году, в американской пивоваренной компании Г. Кругера, и оказалась настолько удачной, что благодаря ей удалось за короткое время увеличить в несколько раз продажу пива.

Первые пивные банки были плоскими и толстостенными, также как и мясные консервы, и их так же приходилось вскрывать консервными ножами. В 1935 году стали делать пивные банки с коническим верхом, который закупоривался, как пивная бутылка, кроненпробкой. В таких банках, между прочим, пиво в огромных количествах поступало к американским солдатам во время второй мировой войны. В 1958 году появились алюминиевые пивные банки. Новый переворот в технике их открывания произошел в 1959 году, когда американец Фрейз придумал выдергивающееся кольцо. Говорят, что это изобретение пришло ему в голову после того, как он забыл взять на семейный пикник консервный нож.

Теперь во всем мире продается ежегодно более 150 миллиардов банок с пивом и безалкогольными напитками. Емкость большинства пивных банок — 355 мл (12 амер. унций).

Стало популярным коллекционирование пивных банок. Одна из самых больших коллекций, состоящая из 25 тысяч банок, собралась у Джона Аренса из Маунт Лоренса (штат Нью-Джерси, США). Предполагают, что сейчас в мире насчитывается около 30 тысяч видов пивных банок. В Швеции выпускают даже пивные банки с порнографическими изображениями, чтобы повысить их раскупаемость.

ПИВНАЯ РЕГАТА — гонки на суднах, сооруженных из пустых пивных банок, проводящиеся ежегодно в австралийском городе Дарвине любителями спортивной экзотики. Обычно это моторные лодки длиной до 3,5 метра. Однажды была сооружена галера длиной в 13 метров, на что понадобилось 25 тысяч банок. Трое смельчаков на судне из банок, названном «Кэн-Тики» (по англ. can [кэн] — консервная банка) за 2 недели доплыли от Дарвина до Сингапура, сделав хорошую рекламу пивовареным фирмам, финансировавшим это путешествие.

ПИВНОЕ СЕРДЦЕ (англ. *beer heart*) — увеличенное в объеме сердце, встречающееся у злоупотребляющих алкоголем — и не только в виде пива. Ранее полагали, что расширение сердца происходит в результате систематического приема больших объемов жидкости у любителей пива. В настоящее время пришли к выводу, что расширенное сердце является одним из признаков дефицита витамина B1, который создается в результате длительного злоупотребления любым алкоголем и приводит к нарушениям по типу болезни «бери-бери». Существует также термин «мюнхенское пивное сердце», под которым имеется в виду гипертрофия и ожирение сердца.

ПИВНОЙ ПУТЧ — под таким названием вошла в историю Европы попытка государственного переворота 8—9 ноября 1923 года, предпринятая фашистами во главе с Гитлером и генералом Людендорфом. О создании партии фашистов (Национал-социалистическая немецкая рабочая партия — НСДАП) под руководством Гитлера было объявлено 12 сентября 1919 года в старой мюнхенской пивной «Штернекерброй», где собрались с тяжелыми глиняными пивными кружками в руках 46 первых ее членов. Партийные заседания фашистов проходили традиционно в пивной «Бюргербройхаус» на Дахауэрштрассе, а крупные митинги — в крупном пивном ресторане «Хофбройхаус».

8 ноября 1923 года в пивной «Бюргербройкеллер» собрались мюнхенские промышленники на встречу с баварским правительством и его главой Густавом фон Каром. Кар, стоя на трибуне, говорил речь, как вдруг дверь зала распахнулась, и перед взглядами собравшихся, окруженный ближайшими приспешниками и вооруженными штурмовиками, предстал Гитлер. Он выскочил на сцену, выпалил из револьвера в потолок и прокричал: «Национальная революция началась! Зал окружен шестьюстами хорошо вооруженными людьми! Всем оставаться на своих местах! Образовано временное правительство! Казармы полиции и рейхсвера заняты нашими сторонниками! Рейхсвер и полиция выступают под знаменем со свастикой!»

Гитлер блефовал: единственным успехом фашистов в городе был захват боевиками здания командования военного округа. Но фон Кар поначалу растерялся и, вступив в переговоры с наглым шантажистом, согласился выступить заодно с ним. Однако едва нацисты покинули пивную местные руководители связались с Берлином и попросили военной поддержки.

На следующее утро около трех тысяч сторонников путча во главе с Гитлером и примкнувшим к нему прославленным в первой мировой войне немецким генералом Людендорфом, построившись в колонны и подбодрившись, по-видимому, порцией пива, отправились выручать заблокированных в здании военного округа товарищей. Вскоре путь им преградила шеренга полицейских. Начались словопрения, но вдруг из рядов мятежников раздался выстрел. Говорят, стрелял или сам Гитлер, или лидер нюрнбергских фашистов Штрассер. В ответ полиция дала залп. Перепуганные путчисты бросились в рассыпную, а несколько убитых и раненых остались лежать на мостовой. И лишь старый вояка Людендорф вместе со своим адъютантом под пулями приблизился к полицейским, прошел сквозь их строй и сдался властям.

Гитлер и другие вожаки выступления были арестованы и некоторое время отсидели в тюрьме. Находясь в тюрьме, Гитлер написал свою программную книгу «Майн кампф», ставшую для нацистов «библией».

ПИВНЫЕ СИМФОНИИ — курьезные музыкальные сочинения. Одна из двух известных сочинена преподавателем музыкальной школы П. Чейгером в Филадельфии (США). Она представляет собой композицию из звуков, возникающих при наливании пива в разную посуду: керамическую, стеклянную, железную. По словам автора, сочетание таких звуков дает приятную для любителей этого напитка мелодию. Симфония была исполнена и записана на магнитную пленку.

Другая пивная симфония была создана профессором консерватории в Лос-Анджелесе (США) П. Чихара. В ней в качестве солирующих инструментов выступают пивные бутылки, кружки и само пиво.

ПИВНЫЕ СУПЫ — не редкость в меню народов стран, где пиво считается национальным напитком. Наиболее часто они встречаютя на столах немцев, бельгийцев и шведов, популярны они также в Чехии, в странах Прибалтики. Просты в изготовлении, хорошо усваиваются организмом.

См. *Варшавский пивной суп, Ёлеброд (шведский пивной суп), Илона (латвийский пивной суп).*

ПИВНЫЕ ЭТИКЕТКИ — предмет популярного коллекционирования. Коллекция Яна Солберга из Осло (Норвегия) в марте 1990 года насчитывала 322 200 различных пивных этикеток со всего мира. В коллекции Кейта Осборна (Англия) — 30 722 британских пивных этикетки, в том числе самая старая, относящаяся к 1846 году.

ПИВО — слабоалкогольный ароматный пенистый напиток с хмелевой горечью. Изготовляется из проросшего ячменя (солода), хмеля и воды. Для отдельных сортов пива ячменный солод частично заменяется рисовой, кукурузной или ячменной мукой, а также сахаром. Пиво — освежающий, хорошо утоляющий жажду напиток. Содержит, в зависимости от сорта, 4—10% легкоусвояемых питательных веществ, главным образом углеводов, а также небольшое количество аминокислот, других продуктов расщепления белка и минеральные вещества. Содержание алкоголя — от 2,0 до 7% (весовых), углекислого газа — 0,2—0,4%. Процесс приготовления пива разделяется на несколько стадий: 1) производство солода из ячменя; 2) варка из него пивного сусла; 3) сбраживание сусла пивными дрожжами; 4) дображивание (созревание); 5) фильтрация и розлив.

Солод готовят следующим образом: ячмень замачивают и проращивают, пока ростки не достигнут длины самого зерна. Ячмень превращают в солод потому, что содержающийся в нем крахмал не сбраживается дрожжами. В процессе же проращивания накапливается фермент (диастаза), который способен превратить крахмал в сахар. Проросщенное зерно сушат и очищают от ростков Для получения темного пива сушку солода проводят медленно и при более высокой температуре.

Варка сусла начинается с «затирания» солода в подогреваемой воде, при этом крахмал под воздействием диастазы превращается в сахар и получается сладкое сусло. Готовый горячий раствор фильтруют, добавляют в него хмель и кипятят в течение 1,5—2 часов. Затем остужают, добавляют дрожжи и сбраживают в больших чанах в течение 7—10 дней. В это время образуются спирт и углекислота. Получающееся пиво осветляется, приобретает янтарный цвет, необходимый запах и вкус.

Это пиво еще «молодое» или «зеленое», его разливают в бочки или специальные металлические емкости с эмалированной внутренней поверхностью и выдерживают (дображивают) в холодном подвале от одной недели до трех месяцев при температуре 1—3° С. Жигулевское пиво выдерживают на холоде не менее 21 дня, Московское — 42, Ленинградское — 90 и т.д. Во время выдержки пиво улучшает свои вкусовые качества.

Затем его фильтруют и разливают в бутылки или бочки. Доброкачественное пиво должно быть прозрачным (за исключением «бархатного пива» и портера), не иметь постороннего запаха и привкуса, посторонних примесей. Важным показателем качества является высота и стойкость пены. Так, хорошее пиво при температуре 12—15°С имеет высоту пены в стакане не менее 3 сантиметров, стойкость пены — не менее 3—4 минут.

ПИВО БЕЗАЛКОГОЛЬНОЕ — напиток, по вкусу похожий на пиво, но почти не содержащий алкоголя (в нем содержится около 0,5% алкоголя — меньше, чем в квасе). Он предназначен прежде всего для тех, кто по какой-либо причине не может употреблять обычное пиво, к которому уже имеется привычка. Такими причинами могут быть расстройства здоровья, лечение от алкоголизма или ситуация, несовместимая с опьяняющим воздействием алкоголя, например, управление транспортным средством.

Созданием такого пива стали заниматься в разных странах в 1970-х годах, когда в связи с резким возрастанием массы автомобилей на дорогах участились аварии в связи с опьянением водителей. Особенно в нем были заинтересованы страны, где потребление пива традиционно было очень распространенным.

В 1975 году в Чехии на старинном пивоваренном заводе Раковник (вблизи Праги) было разработано безалкогольное пиво «Пито», ставшее популярным у водителей, а заодно и у школьников. Его стали выпускать и другие чешские заводы. Чешские власти уверяли, что аварийность на дорогах заметно пошла на убыль. Безалкогольное пиво выпускают в Германии, США и других странах. В 1985 году в связи с антиалкогольной кампанией в СССР безалкогольное пиво под названием «Пивко» стали выпускать на киевском заводе «Оболонь».

Получение напитка, сходного с пивом, но практически лишенного алкоголя, является более сложной процедурой, чем изготовление обычного пива. Поэтому он получается несколько более дорогим.

ПИВО В СОВРЕМЕННОМ МИРЕ — представляет собой существенный элемент повседневной жизни в большинстве немусульманских стран. Несмотря на широкую антиалкогольную пропаганду, проводившуюся во многих западных странах в последние десятилетия XX века и имевшую, по-видимому, некоторое воздействие на потребление крепких спиртных напитков, производство и потребление пива в странах, где оно было относительно низким, устойчиво растет, а в странах с традиционно высоким уровнем потребления сохраняет его. Потребление пива растет даже в странах, где повседневным напитком традиционно было вино — в таких, как Испания, Португалия, Франция и др. Например, в Испании теперь пива потребляется в два раза больше, чем вина.

Пиво по-прежнему остается в глазах людей продуктом с многосторонними полезными и приятными свойствами: оно утоляет жажду, является продуктом питания с ценными компонентами, включая витамины, повышает настроение и может способствовать лечению от ряда болезней, с чем соглашаются и многие медики — при условии соблюдения меры и определенных оговорок.

В конце XX века странами с самым высоким потреблением пива на душу населения, остаются, как и в начале века, Германия, Чехия, Дания, Австрия, Бельгия, Ирландия, Новая Зеландия, Великобритания, Австралия, Венгрия. Здесь на каждого жителя (включая младенцев) приходится более 100 литров пива в год. Близки к ним такие страны, как США, Нидерланды,

Финляндия, Канада, Швейцария, Испания и др. Скоро приблизится к ним и Япония, в которой потребление пива за последние 20 лет удвоилось. Россия пока сильно отстает от высоких «ориентиров» — со своими 25—26 литрами пива на душу населения в год.

В 1991 году во всем мире было произведено 109,4 миллиарда литров пива.

Самый крупный производитель пива в мире — США. Здесь в 1990 году было произведено 23,9 млрд. л пива. Затем идут Германия (12,0 млрд. л), Китай (7,0 млрд. л), Япония (6,6 млрд. л), Великобритания (6,0 млрд. л), Бразилия (5,8 млрд. л). Россия в том году произвела пива 3,4 миллиарда литров.

В странах, где пивоварение имеет древние корни, сохранилось много народных традиций и ритуалов, связанных с пивом, которые соблюдаются широко до сих пор. Например, в Германии, в Мюнхене, ежегодно в течение двух недель отмечается старинный всенародный праздник пива (*Октоберфест* — см.), в котором непосредственно участвуют 6—7 миллионов человек. В том же Мюнхене ежегодно устраиваются состязания на звание «Сильнейшей руки Баварии». Победителем является тот, кто дольше всех на вытянутой руке продержит литровую кружку пива. В другом германском городе Битбурге на одной из главных улиц состязаются команды в том, кто быстрее докатит до финиша бочку с пивом.

ПИВО В СРЕДНЕВЕКОВОЙ МЕДИЦИНЕ — широко рекомендовалось при всевозможных недомоганиях. Особенно советовали принимать его при недоедании, расстройствах пищеварения, болезнях почек и мочевого пузыря. Некоторым специальным видам пива приписывался направленный лечебный эффект. При кашле и гудении в ушах рекомендовали пить пиво, приготовленное с использованием шалфея. Вермутовое пиво назначали для лечения селезенки и желудка. Папоротниковое пиво употребляли для лечения больной печени, лавандовое и гвоздичное — от тошноты, эпилепсии, сердцебиения, при судорогах.

Многие авторы старых медицинских книг рекомендуют пить пиво даже кормящим матерям и грудным младенцам, всерьез утверждая, что после материнского молока пиво — самая подходящая пища для детей. Знаменитый немецкий врач эпохи Возрождения Парацельс (1493—1541) прописывал своим истощенным больным теплое пиво, которое, по его мнению, превращалось внутри человека в кровь.

ПИВО ДЛЯ ВСЕГО СТАДИОНА — в награду за рекорд обещал бельгийский пивоваренный завод, чтобы воодушевить спортсменов на выдающиеся достижения в ходе соревнований на XX легкоатлетическом Мемориале Иво Ван Дамма, которые проходили летом 1996 года в Брюсселе. Действительно, одной спортсменке удалось установить новый мировой рекорд в беге на один километр. Это была Светлана Мастеркова из России. Пивоваренная фирма выполнила обещание: каждому из 40 тысяч зрителей на стадионе (стадион был заполнен доотказа) после состоявшегося рекорда была вручена бесплатно откупоренная бутылка пива.

ПИВО ИЗ ПЫРЕЯ — хмельной напиток, способ получения которого из этого очень распространенного злостного сорняка дошел до нас из старых времен. Его придумали, по-видимому, в условиях, когда обычного зерна не хватало и для еды. Корень пырея содержит в сухом виде 5—6% белка и 30—40% сахара.

Рецептура пива из пырея в современном виде: корень пырея сухой — 800 г; хмель — 50 г; дрожжи (сырые) — 50 г; вода — 18 л. Корень пырея собирают осенью или ранней весной до всхода травы. На одном квадратном метре луга можно собрать до 2,5 килограммов корневищ, основная масса которых залегает на глубине 10—12 см. Вымыв и связав корни в небольшие пучки, дают им обсохнуть, затем мелко режут и сушат. В таком виде они могут храниться в сухом прохладном месте несколько лет.

Измельченные корни пырея заливают 12 литрами холодной воды и оставляют на ночь. Затем отваривают их в той же воде около часа, помешивая и опуская всплывающие корни в раствор, пока все они не утонут. После этого снимают с поверхности пену и мусор. Если воды испарилось много, доливают до прежнего объема. Полученное сусло процеживают через льняную ткань, в еще горячее сусло кладут хмель, но уже не кипятят. На оставшиеся после процеживания корни наливают еще 6 литров воды, доводят до кипения и снова процеживают. Смешивают обе порции сусла, отливают 6 литров, остужают их до тех пор, пока не кажется горячо руке (20—25 °С), кладут дрожжи и ставят в теплое место. Через 8 часов на поверхности должна образоваться белая пена. Забродившее сусло смешивают с остальной частью, процеживают и через 3 часа разливают в сухие бутылки, которые на ночь ставят в теплое место, а затем переносят в погреб, где их вначале слегка, а на следующий день плотно закупоривают. Через 8—10 дней пиво готово к употреблению.

ПИВО КРЕПКОЕ — может соперничать по содержанию алкоголя с виноградным вином, однако при концентрациях спирта выше 6—7% трудно обеспечить хорошие вкусовые качества пива. К маркам самого крепкого пива, имеющим основания называться хорошим пивом, относятся: «Роджер энд Аут» (Roger and Out) — 16,9% (об.) алкоголя — это пока рекордная крепость (выпускается с 1985 г. английским заводом «Фрог энд Паррот»); «Замихлаус Дарк» (Samichlaus Dark) — 13,94% (выпускается с 1987 г. швейцарским заводом «Хюрлиманн») и «Экю Кульминатор Уртуп Хелл 28» (EKU Kulminator

Urtup Hell 28) — 13,52% (выпускается в германском г. Кульмбах).

ПИВО НА ДУШУ НАСЕЛЕНИЯ — больше всего потребляется в ФРГ; здесь его было выпито в 1990 году в среднем на одного жителя 143 литра. В Чехословакии в том же году на душу населения было потреблено 135 литров пива, в Дании — 126, Австрии — 121, Бельгии — 120, Великобритании — 110, Венгрии — 107, США — 91. В Российской Федерации в 1990 году было выпито на душу населения 20,7 литра пива.

ПИВОВАРЕНИЕ — стало серьезной отраслью во многих европейских странах еще в средние века. Лидерами здесь были и остаются Германия, Великобритания, Дания, Бельгия, Австрия, Чехия, где пиво является одним из наиболее любимых напитков. Первые промышленные пивоваренные цехи появились в Германии в XIV в.

На Руси в XVI веке в Новгороде существовала большая группа ремесленников, участвовавших в производстве пива — солодовщики, хмельники, пивовары. В середине XIX веке в России были построены крупные пивоваренные заводы: в Петербурге — «Старая Бавария» и Калинкина, в Москве — «Трехгорный», в Самаре — «Жигулевский» и др. В 1913 году насчитывалось 1016 пивоваренных заводов, производивших около 1 миллиарда литров пива.

В современной России (Российской Федерации) пик производства пива пришелся на 1983 год — 3,55 миллиарда литров. Во время антиалкогольной кампании 1985—1988 годов выпуск пива упал почти в 1,5 раза, многие пивоваренные заводы пришли в упадок или были закрыты и демонтированы. В 90-е годы производство пива возросло, но еще не достигло уровня 1983 года. В 1984 году Великобритания (с населением, в 3 раза меньшим, чем в России) произвела 6 миллиардов литров пива, ФРГ — 9,26 млрд. литров, Нидерланды — 1,7 миллиарда , Бельгия — 1,43 миллиарда. Бельгия держит рекорд по количеству выпускаемых сортов пива — свыше 600.

ПИЛОРОСПАЗМ — резкое сокращение сфинктера, расположенного между желудком и двенадцатиперстной кишкой, которое препятствует переходу желудочного содержимого в следующую полость. Иногда сопровождается тошнотой и рвотой. Это явление встречается у некоторых лиц после приема небольшого количества любых алкогольных напитков, но чаще — после приема значительной дозы напитка с высокой концентрацией алкоголя. Пилороспазм замедляет попадание алкоголя в кровяное русло.

ПИНТА (англ. *pint*) — единица измерения объема жидкостей в англоязычных странах. Составляет 1/2 кварты или 1/8 галлона. В Англии пинта равна 0,568 литра, в США — 0,473 литра. В английских пивных заведениях пинта — наиболее часто заказываемая порция пива.

ПИР — богатое и торжественное угощение с подачей хмельных напитков для большого числа приглашенных гостей. Пиры были в традиции многих стран с древних времен, в том числе на Руси. Они обычно приурочивались к какому-либо большому событию или празднику и являлись важной формой общественного сближения людей.

В древних летописях и былинах есть немало упоминаний о пирах, которые устраивались великими русскими князьями. В имеющемся в одной из летописей описании пира, который устроил князь Юрий Долгорукий в честь князя Святослава Олеговича и его дружины, содержится самое раннее упоминание о Москве и эта дата (1147) теперь принята как год ее основания. Позднее пиры стали распространенным обычаем и среди менее высокой знати и просто богатых людей. Соблюдался определенный ритуал проведения пира.

Вот как описывает русский историк Н. И. Костомаров (1817—1885) порядок проведения пира, принятый в городском сословии в XVI—XVII веках. Начинался пир с того, что перед собравшимися гостями выходила жена хозяина и кланялась им в пояс, затем хозяин кланялся до земли и просил целовать жену. Каждый гость тоже кланялся до земли, целовал хозяйку и опять делал поклон. Хозяйка подносила каждому гостю чарку вина. Первым выпивал хозяин, потом гости, и всякий раз, как пил очередной гость, хозяин кланялся ему до земли. Жена уходила в женское общество, и гости рассаживались за столом. Хозяин разрезал хлеб на кусочки и подавал одному за другим гостям вместе с солью. Потом вносились кушанья.

Отличительной чертой русского пиршества было чрезвычайное множество кушаний и обилие напитков. Хозяин старался напоить гостей, если возможно, до того, чтобы их отвезли домой без памяти. С другой стороны, считалось постыдным сделаться скоро пьяным. Пиршества были длинны и тянулись с полудня до вечера и позже. Принято было пить за здоровье разных лиц, называемых хозяином, начиная с царя и членов царского семейства. Каждый гость должен был выходить из-за стола, становиться посредине и пить за здоровье того, за кого предлагалось. При этих заздравных тостах пели «многая лета» тому, за чье здоровье пили. В обычае было после пира подносить хозяину подарки, в свою очередь хозяин одаривал гостей. Во время пиров кормили и слуг, приехавших с гостями, и один доверенный слуга должен был наблюдать, чтобы они спьяну не передрались и не наделали вреда хозяину.

ПИСАТЕЛИ США И АЛКОГОЛЬ. — Хотя писатели своим творчеством поднимают культуру и укрепляют нравственные силы общества, в своей жизни они нередко проявляют слабость по отношению к алкоголю, пристрастие к которому принято считать противоречащим и нравственности, и культуре. Согласно своеобразному исследованию, проведенному американским псхологом (D.W. Goodwin, 1992), 70% американских писателей — лауреатов Нобелевской премии злоупотребляли алкоголем, как и большинство других известных американских писателей первой половины XX века (см. Лондон, О'Генри, Хемингуэй, Стейнбек, Фицджеральд, Фолкнер).

Выдвигаются следующие объяснения этого явления. Творчество писателя можно рассматривать как своего рода исповедальный процесс, он облегчается растормаживающим действием алкоголя. Алкоголь повышает общительность, дает необходимую писателю уверенность в себе, подстегивает его фантазию. Писатель по своей сути одинок, алкоголь смягчает одиночество. Труд писателя требует концентрации всех духовных сил, и поэтому периодически ему нужна релаксация. Особо нуждаются в веществах, способных изменять настроение, поэты.

Подсчет показывает, что американские писатели, злоупотреблявшие алкоголем, прожили в среднем значительно меньше, по сравнению с не злоупотреблявшими. Список известных писателей, страдавших хроническим пристрастием к алкоголю, составленный зарубежными литературоведами, очень длинен. В него входят, помимо перечисленных, Роберт Бернс, Эдгар *По* (см.), Поль Верлен, Суинберн, Ивлин Во, Льюис Синклер, Юджин О'Нил, Джон Берримен, Ринг Ларднер, Дороти Паркер, Дешил Хэммет, Эдмунд Уилсон, Малколм Лаури и многие другие.

Из известных русских писателей, приверженных к алкоголю, тоже можно составить достаточно обширный список. Но, даже если судить только по вышесказанному, вряд ли можно согласиться, как с бесспорным, с расхожим утверждением о пьянстве русских писателей как специфической национальной черте.

Среди известных русских писателей, имевших какие-либо серьезные проблемы с алкоголем — иногда роковые, называются: Е.И. *Костров* (автор первого русского перевода «Илиады»), А.И. Полежаев, Аполлон *Григорьев*, Николай *Успенский*, И.К. *Кондратьев*, Александр *Блок*, Сергей *Есенин*, Александр Фадеев, Алексей Толстой, Михаил Светлов, Александр Твардовский, Николай *Рубцов*, Василий Шукшин, Владимир Высоцкий и др.

«ПИТЕЙНЫЙ КОДЕКС» — название книги, вышедшей в Германии в 1615 году, в которой были собраны, в виде некоего свода законов, по аналогии с серьезными юридическими кодексами, питейные правила и традиции, существовавшие в различных студенческих корпорациях того времени. Книга называлась по-латыни «Jus potandi» (т.е. «питейный кодекс»), и многие приведенные в ней правила также имели латинское название.

Пьянствующий студент

Из книги можно узнать, что опустошение бокала с алкогольным напитком совершалось в соответствии с двумя основными системами: парциальной (partialis) и тотальной (totalis), т.е. частичной и полной. При частичной системе бокал выпивался не за один раз, а по частям. Такое питье не пользовалось среди студентов уважением. Большего признания удостаивался modus bibendi totalis, т.е. «способ полного опорожнения». У него были две разновидности: Hausticos и Floricos. При способе Hausticos пьющий поднимал бокал ко рту и одним махом, не переводя дыхание, выпивал все содержимое. Такое умение считалось азбучным, им должен был владеть каждый, кто хотел занять место за дружеским столом. Floricos предусматривал подготовку более высокого уровня. Пьющий по этому способу должен был охватить губами, как кольцом, края бокала, потом резко задрать голову, чтобы содержимое разом перелилось в горло.

В ходе застолий могли возникнуть самые разные юридические

коллизии. Например, что нужно предпринять, если за кого-то произнесут тост способом Floricos, а он отказывается пить, так как не владеет этим методом? Ответ: из-за этого нельзя налагать наказание, потому что никого нельзя заставить совершить поступок, требующий сверхъестественного усилия. А как нужно поступить с тем, кто откажется пить способом Hausticos или не сумеет выпить этим способом? Ответ: без всякого сожаления следует заставить его выпить штрафной бокал, потому что никто не имеет права освободить себя от того, что должен уметь каждый. И еще одна ситуация: как быть с тем, кто берется выпить способом Floricos, но попытка будет неудачной? Ответ: такой тип должен все начать вновь и пить до тех пор, пока глаза у него не вылезут на лоб, ибо он взялся за то, что делать не умеет.

Две основные системы не исключали использование различных неординарных, порой весьма изощренных способов. Например, брались сразу два бокала и одновременно лилось их содержимое в рот с двух сторон. Желающий особо отличиться не пил непосредственно из стакана, а наклонял голову назад и цедил вино на лоб. Вино со лба должно было по гребню носа течь прямо в рот. Курносым не стоило пытаться освоить этот метод, он хорошо получался у тех, у кого был длинный, а еще лучше — орлиный нос.

В книге приводится много принятых тогда питейных церемониалов. Например, «Клевер» означал, что тот, за здоровье которого произнесен тост, должен выпить три бокала, один за другим, залпом. Если произнесший тост настаивает и на стебле клевера, то опрокидывался и четвертый бокал. Согласно ритуалу «Конь и всадник», тот, кто должен был по очереди пить, становился на четвереньки, а собутыльник садился ему на спину. Бокал с вином ставили на пол в дальнем углу зала. Стоявшему на четвереньках надо было доковылять до бокала и выпить вино. Всадник в это время мог как угодно терзать и мучать его. В качестве образца строгости соблюдения правил приводится случай, когда «конем» в порядке очереди оказался герцог Вратислав Девятый. Его всадник к тому времени был настолько пьян, что, плохо соображая, плюнул и попал в кубок. Герцогу ничего не оставалось, как выпить из кубка. Один из церемониалов назывался «Перлэнке». Тот, в чью честь произносился тост, пил из большого кубка сколько хотел, а остаток вина выплескивал в лицо тому, кто произнес тост, после чего кубком бил его по голове. Запрещалось сердиться на эту грубость. Зато была возможность отплатить тем же. Автор книги отказывался установить связь между названием и характером этой процедуры.

Отдельные параграфы «кодекса» были посвящены разным

организационным вопросам: как сорвать планы тех, кто стремится избежать участия в выпивке или помешать ее осуществлению; с рюмки или бокала начинать выпивку; в каком общем темпе лучше напиваться и др.

Книга «Jus potandi», автор которой скрылся под псевдонимом Blasium Multibibum (Блазий Многопьющий), выдержала за сравнительно небольшой период 9 изданий, что для XVII века было рекордным. Немецкие студенты в те времена славились массовыми буйными кутежами, и не случайно магистраты немецких университетских городов не рекомендовали гражданам появляться на улицах ночью, когда отмечаются какие-нибудь университетские события. Пьяная студенческая компания могла запросто избить или даже зарезать. (Студенты по статусу имели шпаги или сабли).

ПИТТ, УИЛЬЯМ МЛАДШИЙ (1759—1806) — известный британский государственный деятель, премьер-министр (с 1783 г.). Отличался привычкой к поглощению больших количеств спиртного. Однажды было подсчитано, что в течение года он выпил 574 бутылки кларета, 854 бутылки мадеры и 2410 бутылок портвейна, т.е. в среднем десять с половиной бутылок в день. (Это достижение записано в современной «Книге рекордов Гиннеса».) Организовал в 1793 году коалицию европейских государств против революционной Франции, а в 1806 году умер от сердечного приступа, узнав о победе Наполеона под Аустерлицем.

ПИТЬ — принимать, проглатывать какую-нибудь жидкость. В русском языке это слово используется также в значении «употреблять спиртной напиток» (А.С. Пушкин: «Давайте пить и веселиться») или «быть приверженным к спиртному, пьянствовать» (И.А. Крылов: «По мне уж пей, да дело разумей!»). В европейских языках слово «пить» (англ. drink, нем. trinken, фр. boir, итал. bere) также используется как синоним к «употреблять спиртное» или «пьянствовать». В русском языке такому смыслу соответствует множество разговорных или жаргонных синонимов: балдеть; бухарить; бухать; гудеть; дуть; закладывать за воротник, заправляться; зашибать; квасить; керогазить; керосинить; кирять; лакать; лечиться; ломать; лопать; наливаться; пить горькую (мертвую); пить мертвой чашей; прикладываться (к бутылке); причащаться; пропускать по маленькой; употреблять; цедить; чибиргасить и др. (См. *Выпить*.)

ПИТЬ ДО НОГТЯ — то же, что «пить до последней капли». Это выражение происходит из древнеримской эпохи и на латыни звучит как Supernaculum. В те времена от пьющего так же, как и теперь, нередко требовали «пить до дна» или «до последней капли». Чтобы проверить, дей-

13 Зак. № 1055 Мирошниченко

ствительно ли в бокале осталась только последняя капля вина, принято было после опустошения бокала перевернуть его вверх дном и подставить ноготь мизинца левой руки. Если последняя капля вина капала на ноготь и не скатывалась с него, это служило доказательством, что содержимое бокала честно выпито до дна. В противном случае требовалось по питейным правилам выпить еще один бокал. Выражение «пить до ногтя», как и сам ритуал проверки, перешло в дальнейшем и к некоторым другим европейским народам.

ПИФОС — большой глиняный древнегреческий сосуд яйцевидной формы без ручек, для хранения вина и других продуктов. Пифосы обычно достигали высоты двух метров и часто вкапывались в землю. Перед заполнением пифоса вином рекомендовалось окуривать его изнутри пчелиным воском или растительным ладаном, что защищало вино от порчи и придавало ему особой аромат.

ПЛАТО ТОЛЕРАНТНОСТИ К АЛКОГОЛЮ — период времени, который может измеряться годами, когда у систематически пьющего или алкоголика отмечается максимально высокая выносливость к алкоголю. Обычно максимальная толерантность составляет 750—1000 мл водки, у некоторых лиц она может достигнуть 2,5 литра крепких спиртных напитков в сутки без каких-либо выраженных признаков алкогольного отравления. Плато толерантности характерно для развернутой (второй) стадии алкоголизма. (См. *Толерантность к алкоголю*.)

ПЛАТОН (428—347 гг. до н.э.) — древнегреческий философ. Его мысли об идеальном государстве оказали большое влияние на воззрения многих философов последующих столетий. В одном из своих основных сочинений «Законы» он высказался за «закон, чтобы дети до восемнадцати лет совершенно не вкушали вина», ибо «не надо ни в теле, ни в душе к огню добавлять огонь, прежде чем человек не достигнет того возраста, когда можно приняться за труд». «Те, кто не достиг тридцати лет, могут уже вкушать вино, но умеренно. Достигшие сорока лет могут пировать на сисситиях (сисситии — совместные трапезы свободных граждан), призывая как остальных богов, так в особенности и Диониса на священные праздники и развлечения стариков. Ведь Дионис даровал людям вино как лекарство от угрюмой старости». «Ни раб, ни рабыня никогда не должны вкушать вина; ни правители, когда они отправляют свою должность; ни кормчие, ни судьи, стоящие у своего дела». «Нельзя пить и ночью, имея в виду брачное общение и зачатие».

Платон был не против пирушек, устраиваемых в надлежащее время — «лишь бы для наведения порядка был распорядитель застолья, сдерживающий остальных. Ибо опьянение — это хорошее и верное испытание натуры всякого человека, оно, как ничто другое, способно придать пожилым людям смелость пуститься в пляс или затянуть песню, чего они не решились бы сделать в трезвом виде. Вино способно придать душе выдержку, телу — здоровье». Сам Платон, в отличие от своего учителя, Сократа, употреблял вино умеренно, как в молодом, так и в пожилом возрасте.

ПЛАТОНОВА МЕТОД ВНУШЕНИЯ ЛЕЧЕБНЫХ СНОВИДЕНИЙ (К.И. Платонов, опубл. в 1930) — метод лечения алкоголизма, основанный на суггестии (внушении). Больному внушается сновидение, которое по своему содержанию является противоположным алкогольному сновидению (в котором больной видит алкоголь или пьет его) или исправляет его. Такие «лечебные сновидения» могут реализоваться по указанию врача во время гипнотического сеанса или же они в качестве постгипнотического внушения осуществляются во время ближайшего естественного сна, этой же ночью. Этот метод рекомендуется прежде всего для воздействия на остаточные явления влечения к алкоголю.

ПЛИНИЙ СТАРШИЙ (23 или 24—79 гг. н.э.) — римский писатель, ученый и государственный деятель. Сохранилось только одно его произведение — «Естественная история» в 37 книгах, которая является своеобразной энциклопедией античности. В этом труде содержатся, наряду с прочим, и описания около 100 сортов винограда, говорится о зависимости качества вина от почвенных условий возделывания винограда. Плиний пишет, что одно лето в консульство Опимиуса было столь жарко, что виноград на ветках высыхал. Полученное из этого винограда вино существовало еще в его время и имело возраст около 200 лет, от времени оно приняло густоту сиропа.

ПЛОСКОЕ ВИНО — вино с недостаточной кислотностью и свежестью. Такое вино называют еще пресным.

ПЛУТАРХ (ок. 45 — ок. 127 гг. н.э.) — древнегреческий писатель и историк. Ему приписывают знаменитую формулу: «Пьяницы рождают пьяниц». В ней можно усмотреть соответствие современным представлениям о значительном вкладе фактора наследственности в заболевание алкоголизмом.

ПЛЭДЖИНГ (англ. *pledging*; *pledge* — ругаться; быть поручителем, а также пить за чье-либо здоровье) — питейный ритуал, возникший в Англии во времена средневековья. Заключается он в следующем. Собирающийся осушить большой кубок, обращается к кому-нибудь из присутствующих и спрашивает, готов ли он обезопасить его жизнь, пока он пьет. Тот, кто соглашается, становится за спину произносящего тост и, пока он пьет, держит над его головой обнаженную шпагу или саблю. Затем, как водится, ему оказывается встречная такая же услуга, скрепляющая дружбу. Согласно молве, этот ритуал возник после того, как английский король Эдуард II (1284—1327) был убит из ревности своей мачехой, вонзившей ему в спину кинжал во время выпивки.

ПО ЭДГАР АЛЛАН (1809—1849) — выдающийся американский писатель-романтик. Для его новелл, признанных классическими, характерна атмосфера тайны, смешанной с ужасом, а некоторые его рассказы («Золотой жук» и др.) заложили основы будущей детективной литературы. Короткая жизнь Эдгара По была полна крутых перемен и была окрашена рано проявившимся пристрастием к алкоголю. Его родители были странствующими актерами и умерли совсем молодыми: мать — от скоротечной чахотки, отец — в связи с пьянством.

В возрасте двух лет Эдгар По остался круглым сиротой. Его усыновила бездетная семья богатого американского купца, который через несколько лет взял его с собой в поездку в Англию — по делам и навестить родные края. Здесь Эдгар учится в частной школе в пригороде Лондона, а в 11 лет возвращается в Америку, где продолжает учебу под руководством лучших учителей. Затем, в 16 лет, он поступает в Виргинский университет, где отличился способностями в учебе, особенно в математических и естественных науках, но также и чуть ли не «сверхъестественным», как говорят биографы, изобилием всяких страстей и проделок, присущих студенческой среде. Через 10 месяцев он был исключен из университета «за безнравственность и буйство». К тому же он поссорился с приемным отцом из-за нескольких неприятных карточных долгов.

Тогда он задумывает принять участие в греческой освободительной войне против турецкого владычества. В ней 3 года назад уже принял участие знаменитый английский поэт Байрон, что наделало в Европе шуму, но вскоре заболел лихорадкой и умер, в связи с чем среди греков на три недели был объявлен траур. Эдгар отправился в Грецию, но что он там делал, почему оказался потом в Петербурге без паспорта, замешанный в какое-то дело и принужденный просить помощи у американского посланника, чтобы избежать русской тюрьмы, — все это осталось достаточно туманным. Через три года он вернулся в Америку, поступил в солдаты, а затем, по настоянию приемного отца — в знаменитую военную академию в Вест-Пойнте, но из-за проявившегося крайнего нежелания подчиняться дисциплине был исключен из нее через 11 месяцев. В то же время в приемной семье Эдгара произошли большие перемены: умерла мать, отец женился второй раз и появились дети. Эдгар По окончательно поссорился с приемным отцом.

Однако к этому времени Эдгар По уже издал первую книгу своих стихов, и литературное творчество все больше завладевает его жизнью. В 1829 году появилась вторая книга, в 1831 — третья. В литературных кругах Эдгар По приобретает определенный авторитет, и он становится в 26 лет главным редактором балтиморского литературного журнала, который благодаря ему приобрел широкую популярность.

Но все чаще он предается приступам дурного настроения и пьянства, что стало одной из причин разрыва с издателем журнала. Затем будут другие крупные города и журналы, где он проявляет себя самым блестящим образом — редактированием, статьями и новеллами, полными таинственности. Но нигде он не удерживается надолго, приобретая все более широкую известность своими творениями и скандальными подробностями личной жизни. В 1836 году По женится на 14-летней кузине, по родному отцу, — Виргинии. С ней он познакомился 7 лет назад, и она стала героиней его лучших лирических стихотворений. Но ему не суждено было пожить спокойной семейной жизнью. Юная жена опасно заболевает, умирает, и вскоре По переносит первые приступы белой горячки. Французский поэт Шарль Бодлер (1821—1867), который своими переводами открыл для Европы творчество Эдгара По, написал его биографию (1852). Он с искренним сочувствием и пониманием говорит о слабости По к алкоголю, описывая ее следующим образом.

«...Поэт, еще ребенком брошенный в случайность свободной жизни, изнуренный тяжелой и продолжительной работой, искал от времени до времени забвения в вине. Литературные дрязги, головокружение от созерцания бесконечного, семейное горе, оскорбительная нищета — всего этого По избегал в бездне опьянения, как в предварительной могиле. Но, как бы это объяснение ни было удачно, я все-таки считаю его недостаточно полным...

...По пил не как лакомка, но по-варварски, быстро и экономя время, совсем по-американски, словно подготовляя самоубийство, словно намереваясь убить в себе что-то...

...Рассказывают, что однажды, когда По решил жениться вторично, кто-то поздравил его с браком... По сказал: «Возможно, что вы слышали церковное оглашение моего брака, но хорошенько заметьте себе следующее: я не женюсь». Вслед за тем, совершенно пьяный, он начал скандалить у дома своей невесты. В этом случае он прибег к своему пороку, чтобы освободиться от клятвопреступления по отношению к его бедной покойной жене, чей образ постоянно жил в нем и которую он воспел в своей восхитительной «Аннабель Ли» (стихотворение, впервые опубликованное в день похорон По)...

...С другой стороны... никогда чистота и законченность его стиля, ясность его мысли, увлечение работой не страдали от этой пагубной привычки. Художественная отделка его превосходных вещей или предшествовала этому припадку, или следовала за ним: после напечатания «Эврики» он надолго предался пьянству, и в то самое утро, когда «Ворон» вышел в Нью-Йорке и имя поэта передавалось из уст в уста, он проходил по Бродвею, совершенно пьяный и спотыкаясь.... Пьянство могло служить По как для возбуждения, так и для отдыха.... Я думаю, что в большинстве случаев — не всегда, разумеется, — опьянение было для По лишь мнемоническим средством, методом работы, методом энергичным и смертельным, но свойственным его страстной натуре».

К высказываниям Бодлера можно добавить, что сам он ускорил свою смерть экспериментированием с наркотиками — гашишем и опиумом.

Утром 27 сентября 1849 года Эдгар По отправился из Ричмонда по делу в Балтимор, где 3 октября был подобран на улице в бессознательном состоянии и скончался в госпитале 7 октября от белой горячки. Его последние дни в Балтиморе остаются покрытыми туманом. По одной из версий, он собирался оттуда ехать в Филадельфию (для чтения лекций), был уже на железнодорожной станции и велел отнести свои вещи на платформу. До прибытия поезда он зашел в какую-то таверну выпить чего-нибудь согревающего. К несчастью, там он встретил своих старых знакомых и не только опоздал на поезд, но, проведя ночь непонятно где и с кем, оказался утром на дороге лежащим без сознания.

ПОГЛОЩЕНИЕ ПИВА НА СКОРОСТЬ — один из заманчивых способов попасть в Книгу рекордов Гиннесса. Один из подобных рекордов принадлежит служащему британских ВВС Питеру Даудезуэллу, который в расположении своей части выпил в 1975 году за 5 секунд кружку пива объемом 1,42 литра.

ПОДДАВАТЬ — (прост.) пьянствовать, выпивать часто.

ПОДКРАШЕННАЯ ВОДА (фр. eau rougie) — слабоалкогольная смесь воды с красным вином, которую во Франции по традиции дают детям за обеденным столом в качестве питья, когда взрослые употребляют вино.

«ПОЕДАНИЕ ГРЕХОВ» — обычай, существующий в Англии и Уэльсе. Суть его в том, чтобы передать грехи умершего добровольцу из живых. Делается это обычно следующим образом. Когда тело вынесено из дому и возложено на погребальные дроги, приносят буханку хлеба и подают ее «поедателю грехов», а вместе с нею и большой кленовый кубок, наполненный пивом, которое он выпивает тут же, а также шестипенсовую монету. В связи со всем этим считается, что этот человек принимает на себя все грехи усопшего и избавляет его душу от посмертных скитаний. Для этой цели в селении обычно используется один и тот же старик, которого постоянно приглашают «поедать грехи» усопших (можно сказать, и «выпивать» их).

Один из современных исследователей английских обычаев так описывает этот ритуал, который он сам наблюдал в графстве Шропшир. «Поедатель грехов», будучи извещен о том, что кто-нибудь умирает, тут же появлялся у дверей его дома. Домашние выносили ему трехногий табурет, он садился лицом к дверям и получал монету и кружку пива. Спрятав монету в свой кошелек, он одним глотком выпивал пиво, затем вставал с табурета и с торжественным видом объявлял, что душа усопшего «отошла легко и свободно».

В графстве Херефордшир был отмечен такой случай. Одного человека, случайно оказавшегося на фермерских похоронах, пригласили на второй этаж, где лежал мертвец. Рядом на столе стояла бутылка портвейна и несколько стаканов. Когда ему предложили выпить, он вежливо отказался, сказав, что не пьет вина. «Выпейте, выпейте, сэр, — услыхал он в ответ. — Это дело святое. Помогите моей сестре избавиться от грехов».

ПОКЛЕВСКИЙ-КОЗЕЛЛ АЛЬФОНС ФОМИЧ (ум. 1890) — крупный российский винопромышленник во второй половине XIX века на Урале и в Западной Сибири. Происходил из обедневшей дворянской семьи с польско-литовской родословной. Начав коммерческую деятельность с пароходства на Иртыше и Оби, Поклевский развернул широкомасштабное производство и продажу спирта, водки и пива, обеспечивая ими несколько губерний.

Основное производство было налажено в небольшом городе Екатеринбургской губернии Талице (4,5 тыс. чел. жителей), где 4 винокуренных завода выдавали ежегодно 325 тысяч ведер спирта, винокуренно-дрожжевой — 82 тысячи ведер спирта и 13 тысяч пудов дрожжей, ректификационный — 450 тысяч ведер спирта, пивоваренный — 260 тысяч ведер пива. Выпускалось за год 3770 тысяч штук винной посуды, причем для своих напитков Поклевский-Козелл изготавливал фирменные бутылки с очень длинным горлышком (которые сейчас высоко ценятся у коллекционеров).

Торговые склады Поклевских

имелись во всех крупных городах Уральско-Сибирского региона, дрожжи и пиво сбывались в Пермской, Оренбургской, Тобольской губерниях и Акмолинской области. В статистическом обзоре Пермской губернии за 1891 год отмечалось,. что нет ни одного сколько-нибудь значительного поселка, села или местечка, не говоря уж о городах, «где бы не было трактирных и других такого рода заведений, принадлежащих этой фамилии». Рекламная листовка фирмы гласила: «Продается собственных заводов пиво: венское пиво — 1 руб. 80 коп., баварское — 1 руб. 50 коп., русское — 1 руб. 10 коп. за ведро (20 бутылок) с доставкой на дом». Водка продавалась по 45 копеек за полштофа (0,6 л).

В Талице Поклевский-Козелл построил жилье для рабочих, больницы и школы, открыл библиотеку и народный театр. Жертвовал средства на строительство церквей в разных городах. Большую денежную сумму он вложил в прокладку железной дороги Екатеринбург—Тюмень, причем одна из станций в 1885 году была названа его именем. (Станция «Поклевская» только в 1963 году была переименована в «Талицу».) Его преемники расширили и коммерческую, и благотворительную деятельность. В 1919 году (при власти белых) все семейство Поклевских выехало через Дальний Восток в Польшу.

ПОКРАСНЕНИЯ РЕАКЦИЯ АЛКОГОЛЬНАЯ (англ. *flash reaction*) — покраснение лица, шеи и плеч после приема алкоголя, часто сопровождающиееся тошнотой, головокружением и сердцебиением. Отмечается почти у 50% монголоидов (японцев, китайцев, тибетцев и др.) обусловлена наследственной недостаточностью у них фермента альдегиддегидрогеназы (см.), из-за чего в организме накапливаются токсические концентрации ацетальдегида, являющегося промежуточным продуктом распада алкоголя (этилового спирта). Реакция возникает также в тех случаях, когда алкоголь употребляется людьми, принимающими препараты, которые подавляют активность альдегиддегидрогеназы. К таким препаратам относится антабус (тетурам), что используется для лечения алкоголизма путем вызывания непереносимости алкоголя.

ПОЛИТИКА АЛКОГОЛЬНАЯ (англ. *alcohol policy*) — совокупность государственных мероприятий, проводимых с целью контроля за доступностью алкогольных напитков, влияния на потребность в них населения, предупреждения отрицательных последствий. Сюда входит: регулирование производства и оборота алкогольных напитков с помощью таких мер, как система налогообложения, регламентирование правил продажи и рекламы; предупреждение и устранение последствий злоупотребления алкоголем, включая образовательные, оздоровительные, лечебные и правоохранительные программы и др. Термин возник в скандинавских странах в 1960-х годах и используется теперь во многих странах. В России до последнего времени предпочитали применять в этом значении термины с приставкой анти-: антиалкогольная политика, антиалкогольная программа и т.д.

ПОЛИЦЕЙСКИЕ МЕРЫ ПРОТИВ ПЬЯНСТВА — предусматриваются в том или ином объеме в законодательстве большинства стран. Они воплощаются, в основном, в трех видах деятельности полиции: 1) пресечение нарушений общественного порядка, связанных с употреблением алкогольных напитков; 2) пресечение нарушений правил дорожного движения в связи с алкогольным опьянением; 3) контроль за соблюдением законодательных норм, относящихся к обороту алкогольных напитков (в торговле, питейных заведениях и т.д.) и принятие мер к их нарушителям.

За нарушения такого рода в США, например, подвергают санкциям около 4 миллионов человек в год. В России за эти нарушения привлекаются к ответственности до 7 миллионов человек в год, из них около 4 миллионов — за нарушения общественного порядка, связанные с употреблением алкогольных напитков.

Суровость наказаний за нарушения в связи с алкоголем в разных странах различается значительно.

В США в каждом штате и даже отдельном округе по этому поводу существует свое законодательство. Например, согласно «Своду законов» округа Колумбия, распитие спиртных напитков или появление в нетрезвом виде на улицах, в парках, общественном транспорте и в других общественных местах влечет за собой наказание в виде штрафа до 100 долларов и тюремного заключения до 90 дней. Продажа под видом алкогольных напитков каких-либо спиртосодержащих жидкостей, используемых в промышленности, медицине, парфюмерии и т.д., наказывается штрафом до 1000 долларов и тюремным заключением до одного года. Такое же наказание грозит тем, кто продает или бесплатно предлагает крепкие алкогольные напитки лицам, не достигшим возраста 21 года. В некоторых штатах «за нахождение в общественных местах в состоянии опьянении» полиция задерживает только тех, кто «не способен обеспечить собственную безопасность». К «общественным местам», где возбраняется появление в нетрезвом состоянии, в США относят также поезда, в Великобритании — морские суда, во Франции — кладбища.

Во Франции, где во все времена пили много, и большинство — ежедневно, за появление «в явно пьяном виде» в общественных местах предусмотрены достаточно суровые меры: штраф от 200 до 600 франков. При повторном таком нарушении в течение 12 месяцев штраф увеличивается до 600—1300 франков. Троекратное нарушение может быть наказано даже тюремным заключением на срок от 1 до 6 месяцев. Правда, на практике все эти наказания применяются крайне редко (возможно, потому, что сильно выпивший француз умеет показать, что он находится не «в явно пьяном виде», а полицейский умеет не обращать излишне на это внимание).

В Финляндии пребывание в нетрезвом виде в общественных местах само по себе не является наказуемым. Сильно нетрезвого могут забрать в полицейский участок, составить протокол, провести с ним беседу (если он способен ее воспринимать), а потом отвезти его либо домой (если он способен назвать адрес), либо в вытрезвитель, причем за счет полиции. Дом выпившего может находиться далеко, и эта обязанность, введенная в 1968 году, значительно прибавила работы полицейским, из-за чего в 1976 году они даже устроили забастовку. Более серьезным нарушением в Финляндии считается распитие алкогольных напитков в общественных местах.

ПОМИНКИ — обед в память умершего. Это старинный обряд, который соблюдается у русских, украинцев, белорусов до сих пор, совершаемый непосредственно после похорон близкого родственника. Это понятие соответствует древнеславянской тризне, которая представляла собой нередко большое пиршество в честь погибшего или умершего знатного лица.

Поминки обычно проводятся в доме усопшего по возвращении с кладбища. На поминки не принято приглашать. Считается, что на них приходят по зову души и сердца. За передним торцом поминального стола размещаются взрослые сыновья и дочери, потерявшие родителя, или же отец и мать, потерявшие сына или дочь. По правую и левую руку от них располагаются ближайшие родственники, друзья умершего.

Первое поминальное слово об усопшем, держа в руке рюмку с напитком, произносит самый близкий ему родственник, и под конец предлагает всем выпить со словами «Царство ему (ей) небесное», «Пусть земля ему (ей) будет пухом» или др. Чоканье в таких случаях не принято. Затем инициативно высказываются по очереди другие участники поминок.

На поминках обычно пьют водку и выставляют один-два сорта виноградного вина для мало пьющих. Распитие коньяков, ликеров, шампанского, пуншей, коктейлей и т.п. не практикуется. На поминальный стол, обычно на пустую тарелку, ставится «поминальный стакан» с налитой до краев водкой — для ушедшего в мир иной. Этот стакан накрывается ломтиком хлеба, и стоит он на той части стола, где должен был бы сидеть тот, кого теперь нет в живых. Закуски подаются простые, хотя и сытные — как бы с тем, чтобы не обижать усопшего его отсутствием за богатым разнообразным столом. Среди закусок должна быть кутья (вареный рис с изюмом), с которой начинается закусывание.

Проводить человека в последний путь и помянуть его траурной трапезой считается у славян важным проявлением нравственного долга со стороны близких. Уклонение от него, как правило, осуждается. При этом не принято ограждать от печального ритуала и детей.

ПОМУТНЕНИЕ ВИНА — изменение нормального вида вина при хранении в период после его изготовления. Выражается и в появлении видимой опалесценции либо осадка. При развитии помутнения вина направляются на повторную обработку.

ПОПОВА СМЕСЬ (Е. А. Попов, опубл. в 1956) — средство для купирования (прерывания) алкогольного делирия, представляющее собой раствор фенобарбитала (0,3—0,4 г) в этиловом спирте (30—50 мл) с добавлением воды (100—120 мл). Способствует ослаблению вегетативных и неврологических расстройств, в первую очередь, тремора.

ПОПОЙКА — пьяная пирушка. Синонимы (ирон., разг., жарг.): *выпивка, пьянка, возлияние, жертвоприношение Бахусу, выпивон, выпивончик, выпиванция, балдеж, междусобойчик, сабантуй, мальчишник, девичник, кутеж, оргия, гулянка вечеринка, складчина* и др.

ПОРОКИ ВИНА — изменения свойств вина (прозрачность, цвет, аромат, вкус), ухудшающие его качество, например, помутнение. Пороки вина разнообразны по их причинам и формам проявления. Пороки химической природы бывают связаны с избытком тяжелых металлов в вине или случайно попавшими в вино посторонними веществами.

ПОРТВЕЙН (нем. *Portwein*) — тип крепленого виноградного вина. Его название происходит от названия города Порто в Португалии, расположенного на берегу Атлантического океана. Вино этого типа возникло в Португалии в XVIII веке, оно стало производиться из винограда, растущего в долине реки Дуэро. Через город Порто это вино стало вывозиться на экспорт и скоро стало популярным во многих странах. В Англии его называли «порто-вино», или просто «порт» (port), в Германии — «портвайн», откуда название перешло в русский язык.

Одной из характерных особенностей портвейна является коньячный тон в его вкусе, создающийся в результате того, что для крепления исходного виноматериала используется винный спирт, выдержанный в дубовых бочках. Другим характерным признаком является «плодовый» или «фруктовый» тон в сочетании с терпкостью. Это достигается путем сбраживания виноградного сока на *мезге* (см.), в том числе с предварительным нагреванием мезги до 60°С, которая перед сбраживанием охлаждается. Кроме того, при производстве марочных портвейнов применяют так называемую *портвейнизацию* — нагревание виноматериала (исходного вина) в бочках на солнечных площадках в течение двух-трех летних сезонов или в термокамерах 75—100 суток при температуре 45—50°С с последующей выдержкой 12—18 месяцев. При изготовлении ординарных портвейнов тепловая обработка виноматериала проводится в течение 5 суток при 65—70°С с последующей выдержкой не менее трех месяцев. Содержание спирта в портвейнах — 17—20% об., сахара — 6—14%. Они могут быть белыми или красными.

В России вина типа портвейна начали производить с 1890 года в Крыму. Наилучшие марочные портвейны, производимые теперь в России: «Дербент», «Кубань», «Терек»; в СНГ: «Портвейн белый Южнобережный», «Портвейн красный Ливадия», «Карданахи», «Акстафа», «Алабашлы», «Айгешат» и др.

ПОРТВЕЙНИЗАЦИЯ — тепловая обработка крепленых *виноматериалов* (см.) с целью ускорения их созревания, улучшения качества и придания типичных для *портвейна* (см.) вкусовых свойств.

ПОРТЕР (англ *porter* — букв. носильщик) — крепкое черное пиво (5—7% спирта), в котором сочетаются хмелевая горечь и солодовый вкус и аромат. Его темный цвет обеспечивается тем, что часть исходного солода предварительно прогревают при высокой температуре до темно-коричневого цвета. Портер возник в Англии, где был особенно популярен в XVIII веке.

Первоначально портер считался подходящим напитком для простых людей, занимающихся тяжелым физическим трудом, в том числе для носильщиков, поэтому первое название было «porter beer», т.е. «пиво носильщиков», а потом уже сократилось до «porter».

Благодаря высокому содержанию питательных веществ, портер в старое время рекомендовался врачами как общеукрепляющее средство. Это один из наиболее популярных сортов пива в настоящее время в Великобритании и во всем мире. Лучшим по-прежнему считается «Английский горький портер».

В России портер как напиток появился в последней четверти XVIII века. По одной из версий, его появлением страна обязана современнице Екатерины II графине А.К. Воронцовой. Как повествует русский историк князь М.М. Щербатов (1733—1790) в своем сочинении «О повреждении нравов в России», «... пиво английское, до того и совсем не бывшее в употреблении, но введенное графиней Анной Карловной Воронцовой, которая его любила, стало не только в знатных столах ежедневно употребляться, но даже подлые (простые) люди, оставив употребление русского пива, стали оным упиваться...»

Русский портер впервые стал производиться в Санкт-Петербурге на пивоваренном заводе Абрахама Крона в 1797—1798 годах. Завод Крона изготавливал большое количество пива, и портера в том числе, используя английский хмель и солод, приготовленный из ячменя, поставляемого Ревельской и Рижской губерниями. Крон полностью обеспечивал портером императорский двор, дома знатных особ и петербургские пивные лавки, которые назывались портерными. В 1804 году его завод выпускал около 100 000 ведер первоклассного портера и обычного пива. Эта продукция поступала также в Москву, Киев и другие города России.

С началом XIX века производство пива «на английский манер» начинает быстро расти. В 1802 году по поручению петербургского губернатора М. И. Кутузова (будущего победителя Наполеона) два чиновника провели тщательную дегустацию пива петербургских заводов и отчитались, что самые лучшие по качеству пиво и портер производятся на заводах вдовы Казалета и купца Бальзера (родственника семейства Крон). В продажу пиво поступало бочками по цене 60 рублей у вдовы Казалета и по 45 — у Бальзера. В Москве в эти годы тоже сильно возрос спрос на пиво, в большом количестве открывались портерные. Активизировалось строительство пивоваренных заводов и в Москве, и по всей России.

С 1846 года конкуренцию портеру по популярности стало составлять т. н. «баварское» пиво, которое начало изготовляться методом «низового брожения» на том же заводе Абрахама Крона.

У А. С. Пушкина в стихотворении «Погреб», обращенном к лицейским друзьям, есть такие строфы: «Там, там во льду хранится //Бутылок гордый строй, //И портера таится //Бочонок выписной. //Нам Либер <древнеримский бог виноделия> заикаясь, //К нему покажет путь, — / /Пойдемте все, шатаясь, //Под бочками заснуть!»

ПОРТЕРНАЯ (от слова «портер» — сорт пива) — название пивной в старой России. (М. Е. Салтыков-Щедрин, 1826—1889): «Выйдет пьяница из портерной и сейчас же начнет песни петь».)

ПОРЧА ПЬЯНСТВОМ — согласно старинному русскому народному поверью, возможна, если выполнить такой ритуал (заговор). Берут червей, зарождающихся в винных бочках, высушивают их и кладут в вино, над которым читают следующее: «Морской глубины царь, пронеси ретиво сердце раба (имя рек) от песков сыпучих, от камней горючих; заведись в нем гнездо оперунное. Птица Намырь взалкалася, во утробе его взыгралася, в зелии, в вине воскупалася, а опившая душа встрепыхталася; аминь». «Начитанным» таким образом вином поят того, кого хотят испортить, и он становится пьяницей.

ПОРЧА ЧЕРЕЗ ВОДКУ — может быть наведена, согласно русскому народному поверью, на ненавистного человека. Для этого нужно взять водки в рот и вылить ее незаметно в чужой стакан. Если эту водку выпьет мужчина, то станет «бессильным по мужской части», если женщина — станет бесплодной.

ПОСОШОК НА ДОРОЖКУ (посошок, на посошок) (шутл.) — последняя рюмка вина гостю перед расставанием — «расстанная». В английском языке есть аналогичное выражение — «stirrup cup» (стремянная чаша). У древних римлян последнюю порцию выпивки перед прощанием называли «poculum boni genii» (чаша для доброго духа).

Происхождение русского выражения «на посошок» объясняют следующим образом. Отправлявшегося пешком в дальнюю дорогу родные и близкие провожали за ворота с добрыми напутствиями и с чаркой бодрящего напитка. Наливал ее обычно старший в роду. Чарку ставили на посох уходящего, на его верхний, утолщенный конец, и если она не опрокинулась, это был добрый знак. Затем она выпивалась уходящим почти до дна, а остатки он выплескивал через плечо — «смочить дорожку». Чарка возвращалась на посох, но уже вверх дном.

ПОСТОЯННОЕ (НЕПРЕРЫВНОЕ) ПЬЯНСТВО — ежедневное или почти ежедневное употребление опьяняющих доз алкоголя. См. *Формы употребления алкоголя, Пьянство постоянное с высокой толерантностью, Пьянство постоянное с низкой толерантностью.*

ПОТАТОР (лат. *potator* — пьяница) — потребитель алкогольных напитков; пьяница.

ПОТИР — сосуд для освящения вина и совершения обряда *причащения* (см.) прихожан. Это большая металлическая чаша (в том числе из золота или серебра) на высокой ножке, обычно богато украшенная гравированными изображениями и надписями, эмалями, драгоценными камнями и т.п. Порция освященного вина, символизирующего кровь Иисуса Христа, черпается из потира и дается причащаемуся обычно специальной ложкой (*лжицей* — см.). Древние потиры были каменные, деревянные, из рога или слоновой кости. Драгоценные камни для отделки потиров стали применяться с V века. В VIII—IX веках в богатых церквах уже старались иметь потиры из золота и серебра, в бедных приходах пользовались оловянными и другими потирами. Во время литургии потир выносится к прихожанам через Царские Врата.

ПОХМЕЛЬЕ, ПОСТИНТОКСИКАЦИОННЫЙ СИНДРОМ (мед.) (англ. *hangover, post-intoxication state*) — болезненное состояние после отдельного эпизода чрезмерной выпивки (обычно состоявшейся накануне). Оно начинает развиваться, когда боль-

Потир. Чаша изготовлена в Новгороде в начале XVI в., поддон — во Франции в XIV в. Серебро, литье, эмаль, резьба, золочение

шая часть принятого алкоголя уже удалилась из организма.

Физически проявляется в виде головной боли, головокружения, жажды, желудочных расстройств, тошноты, рвоты, дрожания рук, бессонницы, чувства разбитости, подъема или падения артериального давления и т.д. Психические симптомы могут включать сильное беспокойство, чувство вины, раздражительность, обостренную чувствительность, склонность к депрессии.

В книге американского журналиста Д. Аутербриджа «Руководство по похмелью» (D. Outerbridge, The Hangover Handbook), перевод которой вышел и в России, приводится художественно очень выразительное описание этого состояния, знакомого многим мужчинам. «Малейший поворот головы отзывается болью в затылке. В ушах звон, откуда-то доносятся мерзкие скребущие звуки. Вкус во рту отвратителен... Язык и глотка обложены. В груди изжога. Стоит пошевелиться, как начинается сильное головокружение. Дурнота, как при морской болезни, иногда завершается приступом рвоты, но чаще держит жертву в полуобмороке, который сопровождается малоприятными позывами в желудке, но никак не дает этим позывам завершиться отвратительными конвульсиями. Нервная система все еще находится под наркотическим воздействием, отчего тело охватывает дрожь; особенно сильно дрожат руки. И в придачу ко всему лицо покрывается красными пятнами».

Чем больший объем алкоголя был принят накануне (т.е. чем выше был уровень алкоголя в крови), тем тяжелее последующие симптомы похмелья. Но их выраженность зависит также от общего физического и психического тонуса выпивающего, от выпиваемых напитков, от окружающей обстановки. Некоторые болезненные проявления похмелья могут продолжаться в течение 36 часов после исчезновения остатков принятого алкоголя из организма.

Ряд симптомов похмелья входит также в состав *абстинентного синдрома* (см.), который возникает после выпивки у лиц с физической зависимостью от алкоголя, которая сформировалась ранее в результате его систематического употребления (т.е. у больных алкоголизмом). Принципиальным отличием является то, что при абстинентном синдроме небольшое количество алкоголя (50—100 г водки), принятое на следующий день после большой выпивки (*опохмеление* — см.), улучшает самочувствие, уменьшает или снимает общую слабость или головные боли. Если же человек не болен алкоголизмом, то прием спиртного на другой день после попойки обычно не облегчает тяжелого состояния, а, наоборот, ухудшает его. В состоянии утреннего похмелья мысли о спиртном у такого человека вызывают чаще отвращение, у больного же алкоголизмом, напротив — сильное желание выпить (опохмелиться).

Существуют разнообразные методы облегчения состояния похмелья как медицинские (см. *Дезинтоксикация*), так и бытовые, народные (см. *«Похмелье»*, *Антипохмельная самопомощь, Антипохмельные народные средства*).

«ПОХМЕЛЬЕ» — старинное русское кушанье, облегчающее состояние похмелья на следующий день после чрезмерной выпивки. Состоит из холодной, разрезанной на тонкие ломтики баранины, смешанной с мелко искрошенными солеными огурцами, огуречным рассолом, уксусом и перцем.

ПРАЗДНИК ПРОБЫ НОВОГО ВИНА — традиционный праздник, до сих пор широко отмечаемый во Франции. Самое большое празднество такого рода организуется ежегодно в Дижоне (старой столице Бургундии) в начале сентября и продолжается несколько дней. В программу праздника, начинающегося с включения фонтана, бьющего молодым вином, и дегустации различных вин, включаются различные театрализованные представления, шествия в национальных костюмах, так называемая «битва конфетти», конкурсы народных певцов и танцоров из разных стран, балы и др. Группа-победительница награждается золотым ожерельем и правом зажечь следующей осенью символический огонь празднества. Аналогичные празднества устраиваются и в других винодельческих странах (см. *Звинатура*).

ПРЕАЛКОГОЛЬНАЯ ЛИЧНОСТЬ — см. *Личность преалкогольная*.

ПРЕДЕЛ АНСТИ (англ. *Anstie's limit*) — предельная среднесуточная доза алкоголя, которую, согласно расчетам английского специалиста Фрэнсиса Ансти (опубл. в 1874), взрослый мужчина может принимать без большого риска для здоровья. Она составляет 40 г или 45 мл абсолютного алкоголя, что эквивалентно 90 мл крепкого спиртного напитка, 200 мл крепленого вина, 350 мл столового вина или 1 л пива — при условии, что алкогольный напиток будет приниматься вместе с едой.

В 1920-х годах американские страховые компании приняли эту дозу как критерий умеренного потребления алкоголя при страховании жизни. В 1974 году Американский Национальный институт по злоупотреблению алкоголем и алкоголизму подтвердил, что классический «предел Ансти» соответствует тому количеству алкоголя, потребление которого еще не повышает сколько-нибудь существенно риск сокращения продолжительности жизни.

ПРЕДЕЛИРИЙ — начальная стадия делирия, характеризующаяся беспокойством, тревожно-подавленным настроением, страхами в вечернее время, бессонницей, затруднениями концентрации внимания и его неустойчивостью, вегетативными расстройствами. Нередко, при своевременном начале лечения, симптоматика собственно делирия не развивается.

ПРЕДЕЛЬНАЯ ДОПУСТИМАЯ КОНЦЕНТРАЦИЯ АЛКОГОЛЯ В КРОВИ ВОДИТЕЛЕЙ — это тот ее уровень, при превышении которого вождение автомобиля становится не допустимым и наказывается. Законодательства разных стран устанавливают различные предельные уровни и различные наказания. Наиболее распространенный предел — 80 мг на 100 мл. Такая концентрация алкоголя в крови создается, когда мужчина, весящий 70—80 кг, выпивает примерно две кружки пива, или сто граммов водки. Только в Ирландии этот предел повыше: 100 мг на 100 мл, зато наказание за его превышение самое строгое — до 6 лет тюрьмы или штраф до 1100 ирландских фунтов. В других странах допустимый предел ниже или вообще запрещается вождение после любой принятой дозы алкоголя.

Предел 80 мг/100 мл установлен в Австрии (штраф 3 тыс. шиллингов или 6 недель тюрьмы); Бельгии (штраф или 0,5-8 мес. тюрьмы и дисквалификация до 5 лет); Великобритании (100 фунтов стерлингов или 6 мес.); Германии (3 тыс. марок или 3 мес.); Дании, Испании, Италии (штраф или 6 мес. тюрьмы); Франции (2—30 тыс. франков или 2—24 мес., возможна конфискация автомобиля); Швейцарии (штраф или до 6 мес. тюрьмы и дисквалификация).

Предел 50 мг/100 мл существует в Голландии, Греции, Норвегии, Португалии и Финляндии, 20 мг/100 мл — в Польше и Швеции. Не допускается любое потребление алкоголя за рулем в России, Венгрии, Румынии, Турции, Чехии и Словакии. В двух последних странах при показателе свыше 10 мг/100 мл — возможно наказание до 1 года тюрьмы.

Суровые меры наказания введены в связи с тем, что при концентрации алкоголя в крови водителя 80 мг на 100 мл вероятность аварии со смертельным исходом возрастает в 4 раза по сравнению с нулевой концентрацией.

ПРЕДПОЧИТАЕМЫЕ АЛКОГОЛЬНЫЕ НАПИТКИ В РАЗНЫХ СТРАНАХ — определяются в значительной степени историческим прошлым, особенностями географии и культуры.

В странах Южной Европы, где в изобилии произрастает виноград, с древних времен привычным и чуть ли не ежедневным напитком было виноградное вино. О населении этих стран принято было говорить, что они «пьют понемногу, но часто». Чем дальше к Северу, тем больше предпочтения отдавалось крепким напиткам, а также пиву. У северян (скандинавов), была репутация, что они «либо пьют до беспамятства, либо ни капли».

В конце XIX столетия в Италии, например, 96% потребляемого алкоголя (в пересчете на чистый спирт) приходилось на виноградное вино, 3,8% — на водку (и др. крепкие напитки) и лишь 0,2% — на пиво. В Германии соответствующие цифры выглядели следующим образом: вино — 20%, водка — 40%, пиво — 40%. В Швеции: вино — 10%, водка — 60%, пиво — 30%.

К концу XX века различия в значительной степени сгладились. Там, где раньше преобладало вино, стали больше пить крепких напитков и пива, где преобладали крепкие напитки, стали больше внимания уделять пиву и вину. (Доли вина, водки и пива в трех приведенных странах в 1990 году в общем объеме выпиваемого алкоголя выглядели так: Италия — 80,9 и 11%; Германия — 33,21 и 46%; Швеция —

30,30 и 40%.) Во всех странах повсеместно выросло потребление пива, а там, где мало пили вина, выросло и потребление вина. В такой исстари винодельческой стране, как Испания, в 1990 году пива потреблялось (72 литра на душу населения) уже почти в 2 раза больше, чем вина (37 литров), а каких-нибудь 28 лет назад было все наоборот: вина выпивалось (64 литра) гораздо больше, чем пива (15 литров).

Тем не менее в разных европейских и других развитых странах определенные национальные предпочтения и свои питейные традиции еще сохранились, хотя в любой стране хронические алкоголики готовы, конечно, употреблять любые напитки, лишь бы в них был алкоголь.

Население англоязычных стран (США, Канада, Великобритания, Австралия) по-прежнему первое место отводит пиву, второе — крепким напиткам (виски, коньяку, водке). Причем принято употреблять крепкие напитки в разбавленном виде или в виде всевозможных смесей с добавлением льда (коктейли, коблеры, физы и т.п.). Шотландцы и ирландцы любят, кроме того, глинтвейны и пунши.

Жители Скандинавии при организации застолья ставят на стол, прежде всего, хорошую водку, хотя потребление пива у них нарастает из года в год.

В Германии, Австрии, Чехии, Венгрии, где пиво издавна является повседневным напитком, на взрослого жителя в 1990-х годах приходилось 160—180 литров пива в год.

У французов на стол даже в обыденные дни обязательно подается красное или белое сухое виноградное вино, обычно из расчета — полбутылки на человека. При приготовлении многих блюд и соусов французской кухни используются в качестве компонентов вина, коньяки и ликеры.

На обеденном столе у итальянцев принято держать рядом с сухим вином кувшин с холодной водой — они любят пить вино разбавленным, для утоления жажды.

Для жителей Юго-Восточной Азии (Япония, Корея, Китай, Вьетнам) традиционным спиртным напитком с давних времен была рисовая водка. Ее положено наливать в миниатюрные рюмки и бокальчики, она участвует в ряде бытовых ритуалов. Во второй половине XX века в этих странах стало быстро нарастать потребление пива (в Японии — с 13 литров на душу населения в 1961 году до 52 литров в 1990 году)

В России конца XIX века в предпочтениях жителей лидировала водка: она составляла около 2/3 (в пересчете на чистый спирт) потребляемого алкоголя. Остальную 1/3 делили примерно поровну вино и пиво. Однако, в отличие от западных стран, к концу XX века в России не произошло снижения доли крепких напитков в выпиваемом алкоголе за счет менее крепких. Наоборот, водка еще более лидирует, составляя около 80% потребляемого алкоголя. Вино (разных видов) и пиво составили в 1996 году лишь, примерно, по 10%. Потребление пива на душу населения в России сейчас в 2 раза меньше, чем в Японии, и в 5,5 раза меньше, чем в Германии. Причина столь низкой доли некрепких напитков в общем объеме потребляемого алкоголя связана не только с психологией населения, но и с экономическими проблемами, а также с проблемами массового сервиса.

ПРЕДУПРЕЖДАЮЩАЯ НАКЛЕЙКА НА СОСУДЕ С АЛКОГОЛЕМ (англ. *alcohol warning label*) — призвана своим текстом удержать пьющего от приема рискованной дозы и способствовать профилактике пьянства в населении вообще. Обязательное помещение такого рода текстов на сосуды с алкогольными напитками, предназначенные для розничной продажи, стало вводиться законодательным путем пока в немногих странах в недавние годы вслед за предупреждающими надписями на пачках сигарет.

С ноября 1989 года Конгресс США обязал производителей алкогольных напитков печатать на наклейках такой текст: «ПРАВИТЕЛЬСТВО ПРЕДУПРЕЖДАЕТ: 1) Согласно мнению Главного Хирурга, женщины не должны пить алкогольные напитки во время беременности из-за риска дефектов у новорожденного. 2) Употребление алкогольного напитка нарушает Вашу способность водить автомобиль или работать с механизмами, и оно может причинить вред здоровью». Эффективность таких наклеек остается дискуссионной, поэтому проявляют активность сторонники применения более устрашающих текстов, в которых фигурировали бы слова «яд», «отрава», «рак» и т.п.

ПРЕМОРБИДНАЯ ЛИЧНОСТЬ БОЛЬНОГО АЛКОГОЛИЗМОМ (от лат. *morbus* — болезнь) — особенности личности человека, начинающего злоупотреблять спиртным, которые влияют на риск дальнейшего развития у него алкоголизма. Синонимы: преморбид. См. *Личность преалкогольная*.

ПРИВЕТСТВИЕ ПЕРЕД ВЫПИВКОЙ — слово или короткий набор слов, традиционно произносящихся в выпивающих компаниях непосредственно перед приемом очередной порции спиртного. По-русски чаще всего принято говорить: «На здоровье!», «Ваше здоровье!», «Будем здоровы!» (или «Ну, будем!»). Аналогичного содержания слова произносят представители многих других народов. Немцы — «Прост!» (Prost!), «Прозит!» (Prosit!) или «Цум воль!» (Zum Wohl!); французы — «А вотр сантэ!» (A votre sante!), «Вотр сантэ!» (Votre sante!) или «Сантэ!» (Sante!); англичане — «Хэлф!» (Health!); испанцы — «А ту салюд!» (A tu salud!) или «Салюд!» (Salud!); итальянцы — «Салютэ!» (Salute!); чехи — «На здравие!» (Na zdravie!).

Произносятся традиционно и другие слова: у англичан — «Чиаз!» (Cheers! — Ура! Будем веселы!); у шведов — «Сколь!» (Skal! — Поднимем пиршественную чашу!); у евреев — «Лехаим!» (Lehaim! — За жизнь!); у китайцев — «Кан пей!» (Чтобы река не обмелела!).

ПРИВКУСЫ ВИН — посторонние, не свойственные здоровому вину вкусовые ощущения, обусловленные веществами, вносимыми с виноградом, тарой или аппаратурой, вспомогательными веществами или в результате нарушения технологии. Устраняются различными способами (аэрация, термическая обработка, оклейка, купажирование, фильтрация и др.).

ПРИВЫЧНОЕ ПЬЯНСТВО — см. *Бытовое пьянство.*

ПРИЗ ЗА ЛУЧШИЙ РЕЦЕПТ САМОГОНА — обещала еженедельная газета бесплатных объявлений «Город Невинномысск», которая в 1997 году стала регулярно печатать предлагаемые рецепты этого кустарного алкогольного напитка. Были уже предложены способы приготовления этого домашнего «горячительного пойла» из варенья, патоки, сухофруктов, крахмала, томатной пасты, конфет, халвы и др. Еще сравнительно недавно — в период антиалкогольной кампании 1985—1988 годов, за изготовление самогона можно было попасть в тюрьму. (См. *Самогон*).

ПРИМИТИВНЫЙ ПЬЯНИЦА (англ. *Stupid drinker*) — термин, которым социологи в 20-х годах называли человека, чье пьянство обусловлено недостатком ума, образования и культуры и для кого выпивка представляет собой самый дешевый и легкодоступный способ получения удовольствия. Предполагалось, что примитивные пьяницы становятся опасными и преступными пьяницами, потому что их дремлющие примитивные побуждения подхлестываются выпивкой при недоразвитости сдерживающих элементов в структуре их личности, которые могли бы противостоять этому даже в опьянении.

ПРИЧАЩЕНИЕ (ЕВХАРИСТИЯ) — один из важнейших ритуалов христианской церкви, во время которого верующий принимает от священника освященные хлеб и вино (называемые «святыми дарами») как символ плоти и крови Иисуса Христа, проглатывает их и таким образом становится «причастным» к Христу. Совершается во время литургии или обедни. До причастия нельзя ни пить, ни есть. В случае тяжелой болезни верующего его причащение может быть совершено на дому.

Считается, что «таинство причащения» было установлено самим Иисусом Христом на Тайной вечере. Благословив приготовленный хлеб, Иисус преломил его по числу учеников и, раздавая им, сказал: «Приимите, ядите, сие есть Тело мое. Потом, взяв чашу и воздав хвалу Богу, подал им, говоря: «Пейте из нее все. Ибо сие есть Кровь Моя нового завета, за многих изливаемая во оставление грехов». (Евангелие от Матфея, гл. 26; от Марка, гл. 14; от Луки, гл. 22).

Ритуал причащения принят как в православной, так и в католической церкви.

ПРОБКА УКУПОРОЧНАЯ — закупорка для бутылок. В производстве спиртных изделий используются корковые и пластмассовые пробки и «кронен-пробка». Корковые пробки в зависимости от качества делятся на сорта: бархатные, полубархатные, средние и простые. Пластмассовые пробки изготовляются обычно из полиэтилена. «Кронен-пробка» представляет собой металлический, обычно гофрированный колпачок со стопорной прокладкой, который закрепляется на венчике бутылки путем обжима.

ПРОБКИ НА ПАМЯТЬ — собирал в XIX веке в течение многих лет парижский врач Шардон от бутылок вина, которое показалось ему однажды особенно вкусным — в гостях или в другом месте. По его просьбе хозяева отдавали ему пробку, он уносил ее домой и приклеивал к ней этикетку, на которой указывал сорт вина, дату выпивки и ее повод, а также другие достойные внимания сопутствующие обстоятельства. Пробки размещались на специальной подставке в его кабинете.

ПРОБКОВЫЙ ДУБ — разновидность дуба, из коры которого изготавливают пробки для укупорки бутылок. Ствол и толстые ветви дуба покрываются пробковой корой к 3—5 годам жизни. Съемная зрелость пробки наступает на 15—20 году. Снимают пробку один раз в 10 лет до 200-летнего возраста дерева. Высота ствола пробкового дуба достигает 20 метров, диаметр — одного метра. Разводится на южном берегу Крыма, на Кавказе, в приморской полосе Западного Средиземноморья.

ПРОВАЛ ПАМЯТИ У АЛКОГОЛИКОВ — см. *Палимпсест.*

ПРОГИБИЦИОНИЗМ (англ. *prohibition* — запрещение) — политика запрета производства и продажи (а иногда и употребления) алкогольных напитков. Ярким примером является «сухой закон» в США в 1919—1933 годах. В исламских государствах (например, в Иране) законом запрещено также и употребление алкогольных напитков.

ПРОГОРКАНИЕ ВИНА — заболевание вина, характеризующееся появлением в нем сильной горечи. С развитием болезни вино мутнеет, цвет его становится грязно-бурым, вкус горьким, появляется запах летучих кислот, на дне образуется осадок. Горечь удаляют различными способами (переброживанием, замораживанием с последующим оттаиванием и др.). Затем вино насыщают таннинами, подкисляют, обязательно пастеризуют.

ПРОГРЕДИЕНТНОЕ ТЕЧЕНИЕ АЛКОГОЛИЗМА — течение, при котором происходит прогрессирование (утяжеление) основных симптомов алкоголизма с переходом заболевания в последующие стадии (другие варианты течения — *Стационарное* и *Регредиентное*). Злоупотребление алкоголем практически не прекращается на протяжении ряда лет, лечение оказывается малоэффективным, воздержание от алкоголя после лечения не превышает в среднем 6 мес. Такой тип течения болезни преобладает у большинства больных алкоголизмом, состоящих на учете в наркологических диспансерах. (См. *Прогредиентность алкоголизма*.)

ПРОГРЕДИЕНТНОСТЬ АЛКОГОЛИЗМА (лат. *progredior* — идти вперед) — присущая алкоголизму склонность к прогрессированию, углублению болезни, если продолжается злоупотребление алкоголем. В соответствии с этим в российской наркологии общепринято представление о стадиях течения алкоголизма (см. *Стадии алкоголизма*) и последовательном переходе из одной стадии в другую, если не применяется эффективное лечение. При этом проявляется тенденция к формированию все более тяжелой алкогольной зависимости, прогрессирующему изменению реактивности организма, нарастанию признаков психической, физической и социальной деградации.

Различают: 1) высокий темп прогредиентности (при таком темпе алкоголизм формируется в сроки до 3 лет от начала систематического злоупотребления алкоголем и быстро формируется физическая зависимость от алкоголя); 2) средний темп (срок формирования алкоголизма — от 3 до 6—8 лет) и 3) низкий (срок формирования алкоголизма — более 8 лет и долгое время не возникает физическая зависимость от алкоголя). В случаях высокопрогредиентного алкоголизма выделяют злокачественный тип течения алкоголизма (см. *Злокачественный алкоголизм*). В случаях, когда прогредиентность алкоголизма мало выражена или остановлена с помощью эффективных лечебно-профилактических мероприятий, отмечают *стационарное, ремиттирующее* или *регредиентное течение алкоголизма* (см.).

ПРОЗРАЧНОСТЬ ВИНА — характеризует внешний вид вина и зависит от присутствия в нем коллоидных частиц. Для оценки прозрачности вина применяются различные термины. При высшей степени прозрачности вино характеризуется как «кристаллически прозрачное», «с блеском», «блестящее», «искристое». Далее, по убывающей степени прозрачности, различают вино очень прозрачное, довольно прозрачное и малопрозрачное. Мутность вина также имеет ряд степеней: опалесцирующее, сизое, тусклое, мутноватое, мутное, очень мутное, грязно-мутное. Разлитые в бутылки вина в норме должны быть кристаллически прозрачными.

ПРОИСХОЖДЕНИЕ РУССКОГО СЛОВА «ВИНО» — имеет истоки в латинском слове

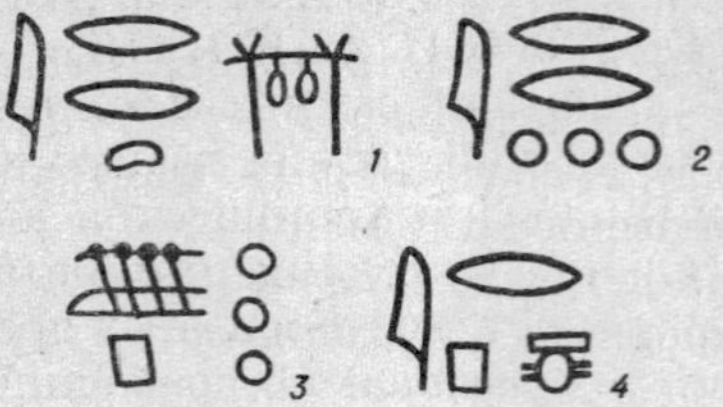

Египетские иероглифы: 1 — виноградная лоза; 2 — грозди винограда; 3 — изюм; 4 — вино

vinum, которое означает «виноградное вино, виноград, виноградная гроздь, виноградник». Поскольку древние римляне в большой степени способствовали распространению виноградарства и виноделия в Европе, то и слово vinum легло в основу соответствующих слов в языках европейских народов, причем сначала через германские языки.

Предполагаемая цепочка перехода латинского слова vinum в значении «вино» в другие языки следующая: vinum (латинское) — wein (готское) — win (древневерхненемецкое) — fin (ирское, или исландское) и т.д. — вплоть до современных слов в языках западной и северной Европы (wine — английское, vin — французское, wein — немецкое, vino — испанское и т.д.). Тем же путем (через германские языки) это слово пришло и в праславянский, а затем в старославянский язык, поэтому соответствующее понятие обозначается: одним и тем же словом «вино» (с различным ударением) в древнерусском, украинском, болгарском и сербско-хорватском языках, словом vino — в словенском, чешском, словацком, wino — в польском, верхне- и нижнелужском языках. Литовское слово vinas заимствовано уже из русского или средненижненемецкого win. От латинского vinum, быть может, произошли также грузинское gvino и армянское gini.

Ряд этимологов считает, что в самом начале всех приведенных цепочек лежит древнееврейское слово jajin, из которого произошло индоевропейское voino, перешедшее не только в индоевропейские языки (через латинское vinum), но и в семитские (арабское waynum, ассирийское inu), а также в древнегреческое oinos. Слова, обозначавшие вино, в ряде других языков древней цивилизации сформировались своим путем. На древнеегипетском языке это erp или elp, на китайском — tchon, на древнеперсидском — mei или bude.

ПРОТИВОМИКРОБНЫЕ ПРЕПАРАТЫ И АЛКОГОЛЬ — в сочетании могут обусловить два основных вида последствий: усиление токсичности препаратов, которое может проявиться даже при случайной алкоголизации, и изменение фармакинетики лекарственного вещества, что особенно существенно при алкоголизме.

Для некоторых препаратов, таких как левомицетин, цефалоспорины, производные нитрофурана, метронидазол, акрихин, гризеофульвин, ингибирующих альдегиддегидрогеназу, характерны тетурамоподобные реакции. Кроме того, фуразолидон обладает свойством ингибитора моноаминоксидазы и при употреблении вина или пива может спровоцировать гипертонический криз. Алкоголь усиливает нейротоксичность гризеофульвина, циклосерина, многих противоглистных препаратов.

При алкоголизме нарушается всасывание тетрациклина, что объясняется снижением кишечного лимфотока, уменьшается также действие пенициллина. Поражение слизистой оболочки пищеварительного тракта сопровождается усилением абсорбции антибиотиков группы аминогликозидов. В результате активации микросомальных ферментов ускоряется метаболизм и снижается эффективность рифампицина и доксициклина (вибрамицина). Активизируется ацетилирование сульфаниламидов и гидразидов изоникотиновой кислоты, в результате чего период полувыведения сульфадимезина уменьшается на 20%, а изониазида — на 30%.

Этанол значительно нарушает всасывание противотуберкулезных препаратов, в 1,5—4 раза снижая их концентрацию в плазме. У больных алкоголизмом изониазид в два раза чаще вызывает поражение печени. Регулярное употребление даже умеренных доз алкоголя (около 80 мл 40%-ного раствора) у 80% больных туберкулезом, получавших этамбутол, изониазид и рафампицин, ведет к нарушению функции печени. Причиной гепатотоксичности гидразидов изоникотиновой кислоты является усугубление нарушений обмена никотиновой кислоты, пиридоксина и коэнзима А.

ПРОТИВОСУДОРОЖНЫЕ СРЕДСТВА И АЛКОГОЛЬ — обнаруживают важные с клинической точки зрения взаимоотношения. При хронической алкогольной интоксикации метаболизм противосудорожных препаратов повышен по сравнению с нормой, в связи с чем эффективная концентрация их в крови снижается вдвое. Этанол, как и дифенин, нарушает обмен фолиевой кислоты, поэтому их сочетание увеличивает риск развития анемий. При эпизодическом употреблении спиртных напитков эффект антиконвульсантов не изменяется.

ПРОТИВОЯДИЕ К АЛКОГОЛЮ — средство, снижающие токсическое действие алкоголя. Таким свойством обладает, например, экстракт из корней элеутерококка колючего. В лабораторном эксперименте было показано, что если к спирту добавить 2% этого экстракта, спирт становится значительно менее токсичным для белых мышей. А если мышам предварительно вводить элеуторококк в течение 30 дней, то смертельную для них дозу алкоголя (LD50) нужно увеличивать втрое. Эти и другие данные послужили основанием для выпуска горькой спиртовой настойки «Золотой Рог» с добавкой экстракта элеутерококка. Употребление этой настойки, как предполагают, вызывает у человека существенно меньше неприятных последствий, чем обычная водка при той же дозе алкоголя.

ПРОТОАЛКОГОЛИЗМ (англ. *protoalcoholism*) — согласно M. Keller (1978) — повышенный риск развития алкоголизма при генетической, семейной или поведенческой предрасположенности к нему.

ПРОФЕССИОНАЛЬНЫЙ ПЬЯНИЦА (англ. *occupational drinker*) — согласно классификации Боумана (Bowman) и Джеллинека (Jellinek) (опубл. в 1941), это человек, чье неумеренное потребление алкоголя обусловлено постоянным контактом с алкогольными напитками в связи с его профессией (официанты, бармены, работники пивоваренных и других предприятий, производящих алкогольные напитки) или принадлежностью к профессии с традицией сильного пьянства (моряки, сапожники, маляры), или реакцией на тяжелый ручной труд (сельскохозяйственные рабочие, портовые грузчики), или тем, что приходится пить в связи с характером занятий (уличные продавцы, проститутки).

ПРОФИЛАКТИКА ТЯЖЕЛОГО ПОХМЕЛЬЯ — может быть обеспечена при соблюдении некоторых правил поведения до, во время и после застолья. Самое надежное — пить умеренно. Но если по каким-то причинам умеренность соблюсти трудно, могут оказаться полезными следующие советы.

Не следует начинать с десертных вин, шампанского или коньяка и смешивать разные алкогольные напитки. Принявшему большую дозу крепких напитков не следует сразу пить воду или чай, так как попавшая в желудок жидкость усиливает всасывание алкоголя в кровь.

Некоторые знатоки советуют запивать спиртное молоком. Его положительный эффект, возможно, связан с тем, что оно покрывает внутренние стенки желудка пленкой, препятствующей проникновению алкоголя в кровь.

Сглаживают последствия выпивки блюда (салаты) из свежей капусты. Еще в Древнем Риме на пиршествах было принято жевать капустные листья в перерывах между блюдами.

В конце вечера или во время паузы отрезвляющее действие производят некоторые специальные смеси — так называемые *«аустеры»* (см.). В их состав в качестве основных компонентов часто входит желток сырого яйца, томат-пюре или острый томатный соус, черный и красный перец.

Если после застолья есть основания опасаться, что следующее утро будет тяжелым, будет хорошо прочистить перед сном желудок, выпив большое количество раствора соды (1 столовая ложка соды на литр кипяченой воды), и принять 1 грамм аспирина и 10 таблеток активированного угля.

ПСЕВДОАБСТИНЕНЦИЯ — см. *Сухая абстиненция*.

ПСЕВДОЗАПОЙ (ЛОЖНЫЙ, СИТУАЦИОННЫЙ ЗАПОЙ) — одна из форм пьянства во второй стадии алкоголизма, когда злоупотребление алкоголем приобретает характер периодичности алкогольных эксцессов, но в отличие от истинных запоев (см. *Запой истинный*) эта периодичность обусловлена не внутренними, биологическими закономерностями, а чисто внешними, ситуационными факторами.

Начало алкогольного эксцесса может быть связано с днем зарплаты, окончанием рабочей недели, началом отпуска, семейными торжествами. Интенсивное употребление алкоголя продолжается обычно на протяжении двух-трех дней, редко — более недели. Окончание эксцесса также связано с внешними моментами — отсутствием денег, необходимостью выхода на работу, внутрисемейными и иными конфликтами, хотя физическая возможность продолжать выпивки и потребность в них сохраняется.

ПСЕВДО-КУШИНГА СИНДРОМ АЛКОГОЛЬНЫЙ (англ. *pseudo-Cushing syndrome, alcohol-induced*) — эндокринное расстройство, вызванное алкоголем, при котором происходит чрезмерная выработка кортикостероидов надпочечниками. Для него характерно отечное и покрасневшее лицо (подобно тому, как при синдроме Кушинга), тучность и гипертония. Отличается от истинного синдрома Кушинга тем, что повышенный уровень кортизола более легко подавляется путем введения дексаметазона. Кроме того, биохимические отклонения нормализуются после прекращения злоупотребления алкоголем.

ПСЕВДОПАРАЛИЧ АЛКОГОЛЬНЫЙ — развивается после тяжелых алкогольных делириев и алкогольной энцефалопатии Гайе-Вернике или же без предшествующего алкогольного психоза постепенно и малозаметно на фоне выраженной и углубляющейся алкогольной деградации. Психические и неврологические расстройства при этом напоминают прогрессивный паралич сифилитической этиологии. Типичны резкое снижение уровня суждений, потеря приобретенных знаний, отсутствие критического отношения к себе и окружающим, грубые (часто циничные) шутки, грубость и бесцеремонность с другими людьми, сочетающиеся с беспечностью, эйфорией и переоценкой своих возможностей вплоть до появления идей величия. Среди неврологических симптомов отмечаются тремор пальцев рук, языка и мимической мускулатуры, дизартрия, *симптом Гуддена* (см.), невриты, изменения сухожильных рефлексов.

В настоящее время алкогольный псевдопаралич встречается относительно редко (реже, чем корсаковский психоз) — преимущественно у мужчин в зрелом и позднем возрасте.

ПСЕВДОТАБЕС АЛКОГОЛЬНЫЙ — редкое тяжелое алкогольное поражение центральной нервной системы, характеризующееся нарастанием неврологической симптоматики, напоминающей спинную сухотку (лат. tabes dorsalis) сифилитического происхождения: расстройства мышечно-суставного чувства, отсутствие ахилловых рефлексов, зрачковые нарушения и пр. Одновременно с этим отмечается резкое интеллектуально-мнестическое снижение, грубые расстройства памяти не только на текущие события, но и разрушение прежних запасов знаний. В тяжелых случаях могут развиваться маразм, кахексия. Бывает, как правило, у пожилых больных с большой давностью алкоголизма, нередко сочетающегося с сосудистыми заболеваниями головного мозга.

ПСИХОЗЫ АЛКОГОЛЬНЫЕ — развиваются во II—III стадиях алкоголизма. Наиболее частые формы — белая горячка (алкогольный делирий), алкогольный галлюциноз (острый и, значительно реже, хронический), алкогольные бредовые психозы (острый, абортивный, затяжной параноид, алкогольный бред ревности). Алкогольные психозы могут быть сложными по структуре, когда в клинике сочетаются симптомы параноида, вербального галлюциноза, делирия. Алкогольные психозы возникают при большой давности течения алкоголизма, поражении внутренних органов и расстройствах метаболизма, способствующих накоплению токсических веществ в организме, в связи с чем их называют также металкогольными. (Термин «металкогольные психозы» предложен немецким психиатром Э. Крепелином в 1912 г.) Они возникают, как правило, во время абстиненции (воздержания), когда содержание алкоголя в крови резко снижается.

ПСИХОТЕРАПИЯ ПРИ АЛКОГОЛИЗМЕ — психическое воздействие (словом, поступками, обстановкой) на больного с лечебной целью. В настоящее время она составляет важный, если не основной, компонент лечения алкоголизма. Психотерапия направлена на формирование у больного алкоголизмом критичной оценки своей болезни, убеждения в необходимости и возможности лечения, желания активной борьбы со своим недугом (влечением к алкоголю) и на выработку положительных жизненных установок.

Основные виды психотерапии: рациональная (путем разъяснения); суггестивная (внушение словом) в состоянии бодрствования; гипносуггестивная (внушение в состоянии гипноза) и аутогенная тренировка (самовнушение). Те или иные психотерапевтические приемы используются на протяжении всего курса лечения алкоголизма, а также существуют отдельные специальные методики, такие как ситуационно-психологический тренинг, эмоционально-стрессовая гипнотерапия, стресс-психотерапия по А.Р. Довженко и др. Метод психотерапии выбирается в зависимости от стадии алкоголизма, степени внушаемости у больного и характера его основных жизненных ценностей (в профессии, семье, увлечениях и т.п.).

Психотерапевтические методы являются главной, если не единственной альтернативой для больных алкоголизмом с тяжелыми сопутствующими заболеваниями внутренних органов, пожилых больных, а также беременных женщин, которым противопоказана условно-рефлекторная, сенсибилизирующая и другие виды терапии, сопряженные с соматическим стрессом.

ПУЛЬКЕ (исп. pulque) — алкогольный напиток, распространенный в Мексике и некоторых районах Центральной Америки. Изготавливается из сладкого сока *агавы* (см.) путем сбраживания. Крепость 6—7% об. Богат витаминами В и С. Известен был в государствах майя и ацтеков еще до испанской колонизации. Из перебродившего сока агавы с помощью перегонки получают также мексиканскую водку «*текилу*» (см.).

ПУЛЬКЕРИЯ — питейное заведение в Мексике. Название происходит от «*пульке*» (см.) — национального алкогольного напитка.

ПУНШ (англ. *punch*) — горячий или охлажденный (реже) напиток, представляющий собой смесь из алкогольных напитков, фруктовых соков, сахара, пряностей и др. Слово «пунш» происходит от древнеиндийского «панч», что означает «пять». Предполагается, что пунш придуман английскими моряками в XVII веке, которые на корабле ежедневно получали порцию рома, и им нужно было както образом разнообразить свой напиток. Первоначально были обязательными пять составных частей пунша: ром, вино, фруктовый сок, сахар или мед, пряности (гвоздика или чай).

В настоящее время пунши не имеют строго определенного количества компонентов, в их рецептуре и приготовлении основную роль играют искусство составителя и тонкий вкус.

Напиток обычно готовят в эмалированной кастрюле, нагревая в ней все компоненты на слабом огне при непрерывном помешивании до 70—80°С (при более высокой температуре заметно теряются вкусовые качества вина и улетучивается часть спирта, температура кипения которого 78°С) и оставляя в тепле для настоя от нескольких минут до нескольких часов. Если в состав пунша входит чайный напиток, то заваривать черный байховый чай нужно крутым кипятком из расчета 1—2 чайных ложки на стакан воды. Заварку чая нельзя подогревать и тем более кипятить: это испортит ее вкус и аромат. Для пунша лучше брать не натуральный, молотый, а растворимый кофе. Горячий пуншевый настой (около 65°С) переливают через сито в предварительно подогретую фарфоровую миску, в которой напиток, закрытый крышкой, подается на стол.

Пунш пьют из фарфоровых чашек или стеклянных стаканов для чая. Бокалы непригодны: они не выдерживают высокой температуры.

Пунши не являются напитками, возбуждающими аппетит, их принято подавать к концу званого обеда или ужина, особенно в холодную погоду. Разновидностью пунша является *глинтвейн* (см.) — обычно более крепкий, чем другие пунши.

Рецепт чайного пунша: подогреть до 80 градусов смесь из 0,5 л красного столового вина, 0,5 л крепкого горячего чая и 50—100 г сахара. Одновременно прокипятить 2—3 мин. другую смесь: 0,5 стакана воды, 2 бутона гвоздики, кусочек коры гвоздики и кусочек лимонной кожуры. Вторую смесь процедить и соединить с первой. Готовый пунш подать горячим.

ПЬЮЩИЙ (англ. *drinker*) — человек, любящий пить алкогольные напитки или злоупотребляющий ими. Крайний случай пьющего — ***пьяница*** (см.).

ПЬЯНА — река на юге Нижегородской области, левый приток Суры, впадающей в Волгу. С этой рекой связан важный эпизод в истории борьбы русских с татаро-монгольской ордой. В июле 1377 года большое объединенное войско русских княжеств пришло сюда, чтобы разгромить войско ордынского хана, собравшегося захватить Нижний Новгород.

Как описывают русские историки Н.М. Карамзин и С.М. Соловьев, русские ратники, перейдя реку и не найдя противника, который явно избегал столкновения, легкомысленно предались вместе со своими воеводами пиршествам, охоте на зверей и прочим «забавам», уверенные в своем превосходстве над врагами, которые значительно уступали им в численности.

Однако через несколько дней (2 августа) вражеская рать под предводительством татарского царевича Арапши подкралась скрытно, окружила россиян и внезапно напала на них. Увлечение местным пивом и хмельным медом сослужило русским воинам плохую службу: совершенно дезорганизованное полупьяное русское воинство, не успев даже воспользоваться доспехами и оружием, сваленными на телеги, побежало к реке и почти все было перебито или утонуло в Пьяне. Утонул и главнокомандующий — нижегородский князь Иван Дмитриевич вместе «со множеством бояр».

В результате был захвачен, полностью разграблен и сожжен не только Нижний Новгород, но и Рязань. Если бы не это досадное поражение, возможно, пришлось бы положить меньше сил и жизней, чтобы через три года одержать верх над Мамаевым войском, которое на этот раз оказалось равным по численности (в знаменитой Куликовской битве). Есть сведения, что ранее река Пьяна имела другое название — Межевая. С той поры на Руси стала ходить пословица: «За Пьяной люди пьяны».

ПЬЯНАЯ ШУТКА ЦЕНОЙ В НЕСКОЛЬКО МИЛЛИОНОВ — имела место в баре отеля «Шарон» в Тель-Авиве в 1997 году. Пятидесятичетырехлетний контрабасист из гастролировавшей тогда в Израиле известной Немецкой оперы, изрядно выпив, весьма неудачно пошутил, когда официантка принесла ему счет. Он подписал счет именем Адольф Гитлер и заявил, что тот его и оплатит. Шутка была не принята, попала в прессу, и разразился большой скандал — вплоть до демонстраций протеста в Израиле. В результате руководство оркестра немедленно отправило контрабасиста в Берлин, а Немецкая опера лишилась спонсорской помощи в несколько миллионов марок. Кроме того, пришлось подключиться немецким дипломатам, чтобы загладить возникший международный конфликт.

ПЬЯНИЦА (англ. *drunkard*) — человек, пьющий много алкоголя, часто напивающийся допьяна, лицо, подверженное пьянству. Со строго клинической точки зрения, пьяница отличается от алкоголика тем, что пристрастие к алкоголю у него еще не приобрело патологическую форму. В бытовом употреблении слова «пьяница» и «алкоголик» обычно являются синонимами. Презрительные или жаргонные эквиваленты: алик; алкаш; бормотолог; выпивала; выпивоха; горький (беспробудный, беспросыпный) пьяница; забулдыга; запивоха; кирюха; одеколонщик; питок; питух; похметолог; пропойца; пьянчуга; пьянь; ханыга; хронь и др.

ПЬЯНСТВА «ИССТУПЛЕННОГО» СИМПТОМ — характерен для шизофрении. Пьянство при этом заболевании нередко носит запойный характер. Продолжительные запои, на месяц и более, с «исступленным» пьянством, могут быть прогностическим признаком шизофрении.

ПЬЯНСТВО (англ. *inebriety*) — привычное, частое употребление алкогольных напитков в количествах, вызывающих опьянение, сопровождающееся нарушением поведения индивидуума в семье и обществе и появлением проблем со здоровьем. Оно может быть проявлением заболевания алкоголизмом при наличии комплекса соответствующих клинических симптомов (патологическое влечение к алкоголю, потеря количественного контроля, амнезии и др.).

Согласно известному американскому наркологу М. Келлеру (опубл. в 1978), это — «потребление больших количеств алкогольных напитков с последующим опьянением или же с целью опьянения в отличие от обрядового приема алкоголя, связанного с получением удовольствия или являющегося средством общения, а также от удовлетворения пищевых потребностей без намерения опьянеть».

М. Келлер приводит множество вариантов этого термина, встречающихся в англоязычной специальной литературе (см. отдельные статьи): *пьянство асоциальное*; *асоциально-соматопатическое;* злостное*; неумеренное;* неумеренное эпизодическое*;* неумеренное привычное*; патологи-*

Радости пьянства (деталь немецкой гравюры XVII в.)

ческое; проблемное*; соматопатическое; тайное; тимогенное; тимосоматопатическое*, *эскапическое (с целью ухода от действительности)*. Некоторые из этих определений используются и в русской медицинской литературе. В последней, кроме того, принято различать типы пьянства по клиническим особенностям злоупотребления алкоголем у алкоголиков, а именно (см.): 1) *псевдозапои*; 2) *постоянное пьянство с высокой толерантностью*; 3) *перемежающееся пьянство*; 4) *истинные запои*; 5) *постоянное пьянство с низкой толерантностью*.

Пьянство отличается от *случайного* (см.) или *умеренного* (см.) употребления алкоголя четко выраженной потребностью в выпивке, повышенной толерантностью к алкоголю, большей частотой выпивок, более выраженным и длительным опьянением, что связано с запаздыванием и ослаблением симптома насыщения (см. *Насыщения феномен*). Все это обусловливает потребление пьяницами в среднем существенно более высоких доз алкоголя в течение отдельного алкогольного эпизода (300—500 мл водки и более) по сравнению с пьющими случайно и умеренно.

Некоторые специалисты считают, что содержание термина «пьянство» следует ограничить случаями донозологического (доболезненного) злоупотребления спиртными напитками, когда оно еще не перешло в заболевание алкоголизмом (Э. Е. Бехтель, опубл. в 1986). Однако, чтобы исключить терминологическую рассогласованность, многие авторы предпочитают обозначать случаи злоупотребления алкоголем без клинических признаков алкоголизма уточненным термином *«Бытовое пьянство»* (см.). По частоте злоупотребления алкоголем бытовое (или привычное) пьянство обычно подразделяют на (см. соотв. статьи): 1) *Систематическое (регулярное)* и 2) *Постоянное (непрерывное)*. Согласно представлениям российской школы наркологии, имеется высокая вероятность перехода бытового пьянства в алкоголизм.

ПЬЯНСТВО АСОЦИАЛЬНОЕ (англ. *dyssocial drinking*) — согласно M. Keller (опубл. в 1982), частое потребление алкогольных напитков, эквивалентное 65 мл абсолютного алкоголя в сутки или более, сопровождающееся нарушением правовых и моральных норм, семейными конфликтами и экономическими осложнениями. Может указывать на наличие алкогольной зависимости или, по меньшей мере, на риск ее развития.

ПЬЯНСТВО АСОЦИАЛЬНО-СОМАТОПАТИЧЕСКОЕ (англ. *dyssociosomatopathic drinking*) — согласно M. Keller (1982), комбинация асоциального и соматопатического пьянства, свидетельствующая о большой вероятности наличия алкогольной зависимости или, по меньшей мере, о состоянии преалкоголизма.

ПЬЯНСТВО В СТАРОЙ РУСИ — как свидетельствуют многие письменные документы, было достаточно распространенным явлением, особенно среди городского населения.

В своем классическом труде «Домашняя жизнь и нравы великорусского народа», посвященном XVI—XVII векам, историк Н.И. Костомаров (1817—1885) писал: «Русский народ издавна славился любовью к попойкам. Русские придавали пьянству какое-то героическое значение. В старинных песнях доблесть богатыря измерялась способностью перепить других и выпить невероятное количество вина. Радость, любовь, благосклонность находили себе выражение в вине. Если высший хотел показать свою благосклонность к низшему, он поил его, и тот не смел отказываться: были случаи, что <...> тот, не смея отказаться, пил до того, что падал без чувств и даже умирал. Знатные бояре не считали предосудительным напиваться до потери сознания и с опасностью потерять жизнь. Один русский посол в Швеции в 1608 году в глазах чужестранцев обессмертил себя тем, что напился крепкого вина и умер от него».

Из летописей можно узнать, что и в Древней Руси, еще до на-

14 Зак. № 1055 Мирошниченко

шествия монголов, хмельные пиршества по разным поводам были в традиции у русских князей с их боевыми дружинами. Распространенность этой традиции, видимо, была достаточно широкой среди древних славян вообще, и уже тогда она беспокоила иерархов православной церкви. До нас дошел текст «Слова против пьянства», произнесенного в конце XII века перед прихожанами киевского Софийского собора епископом Белгородским Григорием, в котором есть такие слова:

«...Прекратите, братья, проклятое пьянство, ибо на радость нам дал Бог напитки, а также в угодное время, а не на пьянство. Горе мне! Горе мне! Зачем Бога, создавшего вас, покидаете и предаетесь пьянству, которое идолов хуже? Скажите мне: чем отличаетесь вы от неверных, когда напиваетесь до опьянения?...И говорите: «Тогда только праздник хорош, если на несколько дней мы упьемся!» Подумайте сами, что говорите: ведь, отвлекаясь от праздника, дьяволу вы угождаете! Как очерствил сатана вашу душу!..Раскайтесь! Откажитесь от такого веселья, что велит напиваться по праздникам, и всплачьте, каясь в ваших излишествах, иначе закроется царство небесное...»

Вместе с тем многие современные российские авторы утверждают, что русский «простой народ», и прежде всего крестьяне, пили в древние и средневековые времена довольно редко, в основном по большим праздникам, и главным образом напитки, изготовленные дома к этому случаю: брагу, пиво, «мед».

ПЬЯНСТВО ДЕВИАНТНОЕ (англ. *deviant drinking*) (социол.) — потребление алкогольных напитков в таких формах и количествах, которые выходят за рамки общепринятых социальных норм.

ПЬЯНСТВО НЕУМЕРЕННОЕ (ЧРЕЗМЕРНОЕ) (англ. *excessive drinking*) — этот термин имеет толкование среди разных специалистов столь же неоднозначное, как и *пьянство* (см.). Его могут ограничивать рамками бытового пьянства, исключая случайное, умеренное потребление алкоголя, а с другой стороны — алкоголизм. В этом случае пьянство, бытовое пьянство, неумеренное пьянство по существу являются синонимами (см. Бехтель Э. А., предл. в 1986).

По М. Келлеру (1978) неумеренное пьянство характеризуется: 1) потреблением чрезмерных количеств алкоголя (с превышением 20% суточной энергетической потребности организма); 2) чрезмерной кратковременной интоксикацией или постоянным потреблением алкоголя; 3) чрезмерным воздействием алкоголя на организм (в сравнении с воздействием алкоголя на других людей); 4) чрезмерной реакцией на пьянство со стороны ближайшего окружения данной социальной группы; 5) нанесением вреда здоровью; 6) разрушением семьи, нарушением социального функционирования, потерей работы, ухудшением материального положения. Эти признаки могут быть выражены в разной степени, при этом не исключается алкогольная зависимость.

«Руководство по диагностике и статистике психических расстройств» Американской психиатрической ассоциации (1968) подразумевает два варианта: 1) эпизодическое (episodic) неумеренное пьянство, когда алкоголь принимается до выраженного опьянения (нарушение координации и речи, изменение поведения) примерно 4 раза в год и 2) привычное (habitual) неумеренное пьянство, когда алкоголь принимается до опьянения более 12 раз в году или же индивидуум находится под воздействием алкоголя чаще одного раза в неделю даже при отсутствии выраженных признаков опьянения.

ПЬЯНСТВО ПАТОЛОГИЧЕСКОЕ (англ. *pathological drinking*) — согласно M. Keller (предл. в 1982), асоциальное, соматопатическое или тимогенное пьянство.

ПЬЯНСТВО ПОСТОЯННОЕ С ВЫСОКОЙ ТОЛЕРАНТНОСТЬЮ — форма употребления алкоголя при алкоголизме, когда алкоголь употребляется ежедневно на протяжении значительного времени, от нескольких недель до нескольких месяцев. В связи с высокой толерантностью, в том числе на уровне «плато», обычно употребляются значительные дозы алкоголя, преимущественно в виде крепких спиртных напитков. Прием наибольшей дозы падает на вторую половину дня или вечер. Перерывы непродолжительны, не связаны с ухудшением физического состояния, а зависит от внешних обстоятельств. Наблюдается во второй стадии алкоголизма.

ПЬЯНСТВО ПОСТОЯННОЕ С НИЗКОЙ ТОЛЕРАНТНОСТЬЮ — форма употребления алкоголя при алкоголизме, когда алкоголь употребляется на фоне низкой толерантности дробными дозами на протяжении всего времени суток, в том числе в ночное время. Днем промежутки в приемах алкоголя составляют 1—3 часа. Предпочитаются крепленые вина. Больные непрерывно находятся в состоянии опьянения, чаще неглубокого. Тяжелые абстинентные состояния возникают лишь при прекращении приемов алкоголя. Наблюдается в третьей стадии алкоголизма.

ПЬЯНСТВО СОМАТОПАТИЧЕСКОЕ (англ. *somatopatic drinking*) — согласно M. Keller (предл. в 1982), пьянство со среднесуточным потреблением около 120 мл абсолютного алкоголя (иногда большего количества), что обусловливает состояние опьянения и похмелья и вызывает повреждения тканей, ведущие к таким заболеваниям, как гастрит, гепатит, миопатия. Такое пьянство может свидетельствовать об имеющемся алкоголизме или риске развития алкогольной зависимости.

ПЬЯНСТВО ТАЙНОЕ (англ. *closet drinking*) — согласно M. Keller (1982), потребление алкоголя в избыточных количествах скрытно, обычно в домашних условиях, чаще женщинами.

ПЬЯНСТВО ТИМОГЕННОЕ (англ. *thymogenic drinking*) — согласно M. Keller (опубл. в 1982), частое употребление алкоголя в значительных дозах (около 85 мл абсолютного алкоголя за эпизод) в качестве средства, помогающего справляться с жизненными трудностями, ладить с людьми, избавляться от социального или эмоционального дискомфорта. Такое пьянство может свидетельствовать об алкоголизме или по меньшей мере о риске развития алкогольной зависимости (addiction).

ПЬЯНСТВО ТИМОСОМАТОПАТИЧЕСКОЕ (англ. *thimosomatopathic drinking*) — согласно M. Keller (1982), комбинация тимогенного и соматопатического пьянства, свидетельствующая о большой вероятности наличия у индивидуума алкогольной зависимости (addiction).

ПЬЯНСТВО ЭСКАПИЧЕСКОЕ (англ. *escape drinking*) — согласно M. Keller (1982), прием алкоголя, обусловленный главным образом стремлением или необходимостью получить облегчение от состояния психического дискомфорта, напряжения или тревоги.

ПЬЯНЫЙ — находящийся в опьянении, нетрезвый, сильно охмелевший, напившийся спиртного. В русском языке имеется множество синонимов у этого понятия (разговорных, просторечных и жаргонных), накопленных за столетия питейного опыта, как, впрочем, и в других европейских языках. Например: косой, поддатый, тепленький, хороший, готовый, нагрузившийся, забуревший, подзаряженный, начитанный, осоловелый, под хмельком, под мухой, подшофе, под балдой, под градусом, под газом, под куражем, под парами, на взводе, навеселе, на бровях, лыка не вяжет, упился до положения риз (стар.), хоть выжми и т.д. Можно быть пьяным: в стельку, в доску, в дымину, в дугу, вдрызг, вдребезги, вдребодан, мертвецки, как сапожник, как зюзя, как змий, как свинья, как дизель, как паровоз, как лошадь, как собака, как африканский бульдог, как божья коровка, как сволочь, как сто китайцев, как Федя с мыльного завода и т.д.

ПЬЯНЫЙ ВЕК — так было названо историками XVI столетие, когда массовое пьянство охватило все страны Европы. Реформатор христианской религии Мартин Лютер (1483—1546) писал, что «вся Германия зачумлена пьянством». По свидетельству тогдашних историков, от чрез-

Радости пьянства (деталь немецкой гравюры XVII в.)

мерного потребления на севере Германии национального напитка пива и на юге — виноградного вина «стон стоял во всей стране». То же самое можно было сказать относительно Англии и Франции.

ПЬЯНЫЙ ЛЕС (спец.) — лес с изогнутыми и наклоненными (в одну или в разные стороны) стволами деревьев под действием деформаций грунта во время их роста. Наиболее часто участки «пьяного леса» встречаются в райо-

Иллюстрация из «Книги против пьянства». Аугсбург, 1535 г.

нах оползней (например, по правобережью среднего течения Волги, на черноморском побережье Кавказа, южном берегу Крыма). «Пьяный лес» встречается также в областях развития термокарста (особенно в Якутии) и в карстовых районах со свежими просадками, провалами и оседанием грунта.

«ПЬЯНЫЙ ТАНЕЦ» — методика оздоровительного физического упражнения, основанная на принципе максимальной раскованности мышц. Автор методики — российский врач М. Перепелицын. Название методики происходит из наблюдения, что движения пьяного человека значительно разнообразнее (развязаннее), чем у трезвого, а ее идея имеет корни в таких системах, как «танцы вертящихся дервишей», медитационные танцы в буддийских храмах, динамические медитации Раждниша и др. Упражнение выполняется стоя, при слегка подогнутых коленях под мягкую плавную музыку. В начале при максимальном состоянии расслабленности делаются легкие вращательные движения туловищем, затем в процесс вращения включаются голова, руки, ноги (в разные стороны) — фактически все суставы, при этом само тело как бы бросает из стороны в сторону (наподобие пьяного). Движения должны быть самопроизвольными и не утомлять, продолжаясь в течение 15—20 минут.

ПЬЯНЫЙ ХЛЕБ — хлеб, изготовленный из зерна, зараженного грибком Fusarium graminearum. Прием такого хлеба в пищу вызывает острое отравление, напоминающее алкогольное опьянение.

ПЯТНА ОТ ПИВА (ВЫВЕДЕНИЕ) — на светлой одежде имеют светло-желтый или коричневый цвет и с течением времени, а также под действием тепла могут прочно закрепиться на материале. Можно воспользоваться следующими рекомендациями по своевременному их удалению.

1-й способ: Материал кладут на какую-нибудь подложку и с помощью мягкой щетки смачивают пятно смесью из 6 мл глицерина, 6 мл спирта, 16 мл дистиллированной воды и 20 мл 1%-ного аммиачного раствора. После обработки промывают теплым мыльным раствором, а затем водой.

2-й способ: Протирают пятно щеткой, смоченной в 20%-ном растворе уксусной кислоты, часто меняя подложку. После этого несколько раз прополаскивают материал в дистиллированной или дождевой воде. Если на нем остались следы, смачивают их 1%-ным раствором пербората натрия с добавкой 10%-ной уксусной кислоты. Через 15—20 минут материал прополаскивают 5—6 раз в воде.

Р

РАБЛЕ ФРАНСУА (1494—1553) — французский писатель, автор романа «Гаргантюа и Пантагрюэль», который оценивают как энциклопедию культуры эпохи Возрождения. Написанный в гротескно-сатирическом стиле, роман тем не менее пронизан духом радости жизни, в которой далеко не малое место занимали обильные трапезы и выпивки. Кстати, столетие, в котором жил и творил Рабле, было названо «*пьяным веком*» (см.).

Полные приключений странствия героев романа (где была даже война с колбасами на «Острове Колбас») завершаются в конце книги символическим посещением «Храма Бутылки», стены которого украшены мозаичными изображениями подвигов Бахуса с его армией вакханок, менад, сатиров и фавнов. В храме был оракул в виде огромной хрустальной бутылки, лежащей в фонтане. Из ее горла раздался короткий звук, истолкованный верховной жрицей храма как слово «тринк». Она пояснила, что это слово «известно и понятно всем народам и означает — Пей!»

Далее жрица просветила странников, что «способность пить составляет отличительное свойство человека, и не просто пить, пить все подряд — этак умеют и животные, — а доброе вино. Вино нам дано, чтобы мы становились как боги, оно обладает самыми убедительными доводами и наиболее совершенным пророческим даром. Вину дарована власть наполнять душу истиной, знанием, любомудрием». В ответ один из главных персонажей, Панург, промолвил: «О добрый Бахус! В честь твою, я, тринкнув, чарку разопью».

Из книги Рабле можно узнать, что в его времена умели делать достаточно качественную водку, «пятикратно пропущенную через змеевик».

РАДИОАКТИВНОСТЬ ВИНА — обусловлена присутствием в вине радиоактивных изотопов, в основном — углерода, трития и калия. Они попадают в виноградное растение, а затем в вино, как и в другие пищевые продукты, из почвы и атмосферы. Явление повышенного содержания изотопов углерода в атмосфере в тот или иной сезон используется для определения года урожая вина и винных спиртов. С этой целью на основе статистических данных в винодельческих странах вычислен для каждого года, начиная с 1950, интервал колебаний содержания изотопов в винах и винных спиртах. Значительно повышенное содержание радиоизотопов обнаружено в немецких винах в период наземных испытаний ядерного оружия в 1962—1963 году. Исследования бордосских вин показали, что в пределах одного года урожая и одного района состав изотопов вина варьирует в зависимости от сорта.

РАДИОЗАЩИТНЫЕ СВОЙСТВА АЛКОГОЛЯ — способность алкоголя и алкогольных напитков снижать поражающее действие радиоактивного облучения. Она была показана в экспериментах на животных и в той или иной мере используется на практике в чрезвычайных условиях. При опытах на мышах было установлено, что употребление алкоголя в течение 15 суток до облучения и такого же времени после него значительно снижается смертность лабораторных животных.

Ликвидаторы последствий катастрофы на Чернобыльской атомной электростанции (1986) также возлагали надежды на радиозащитные свойства алкоголя и при возможности использовали его.

Существует мнение среди атомщиков-практиков, что для этой цели лучше подходят красные виноградные вина типа «Каберне». Это же вино (200 граммов к обеду) выдавали членам экипажа советских подводных лодок до 1985 года. После 1985 года, в связи с развернутой в СССР антиалкогольной кампанией, вино подводным морякам заменили яблочным соком. Во всяком случае, данный вопрос требует еще основательного изучения специалистами радиационной медицины.

РАДОНИЦА (РАДУНИЦА) — традиционный весенний праздник у восточных славян (русских, украинцев, белоруссов), связанный с поминовением умерших. Приходится на первый понедельник или вторник (у русских) после пасхальной недели. Название, возможно, родственно слову «радость». В этот день в дореволюционной России родственники ходили на кладбище с закусками и вином, «угощали» умерших родителей и угощались сами. На могилу обычно клали яйца и другие продукты, ставили или выливали рюмку вина и произносили принятые к этому случаю слова в адрес предков. Был обычай и причитать по усопшим. После чего начиналась возле могилы трапеза с выпивкой.

Этот ритуал восходит к древним языческим временам, к весенним заупокойным тризнам. Древность обычая усматривается в том, что после поминовения и плачей в день радоницы обычно начиналось шумное веселье с песнями и плясками. Особенно это ярко проявлялось там, где были крепкими старые традиции (Белоруссия, Сибирь). Такое сочетание скорби и разгула не вызывало осуждения, а воспринималось как должное: так и в древнейших похоронных обрядах обязательным финалом были ритуальный смех, шутки, веселье. Этим думали преодолеть смерть, парализовать ее вредное влияние и утвердить жизнь. Прикрепление радоницы по срокам к пасхе было очень естественным, так как это был своего рода праздник воскресения из мертвых.

В настоящее время в России снова стало принято посещать могилу родных, но не после пасхальной недели, а в первый или другие дни Пасхи с непременным использованием водки или вина, а также закуски. Первый сборник стихов С. Есенина назывался «Радуница» (1916).

РАЗЛАЖЕННОЕ ВИНО — вино, у которого вследствие пороков и заболеваний испорчен вкус.

РАЙНХАЙТСГЕБОТ (нем. *Reinheitsgebot* — букв. приказ о чистоте) — закон о чистоте пива, изданный баварским герцогом Вильгельмом IV в 1516 году, который предписывал варить пиво исключительно ответственно и только из ячменя, хмеля и чистой воды, запрещая использовать «другую пачкотню».

РАК И АЛКОГОЛЬ — обнаруживают между собой, согласно ряду специальных исследований, определенную связь, наличие которой наиболее убедительно доказано в отношении верхних отделов пищеварительного тракта (ротовой полости, глотки, пищевода) и печени. Предполагается также, что алкоголь повышает риск рака легких и женской молочной железы.

Сам алкоголь не является канцерогеном, и его влияние на канцерогенез осуществляется, возможно, посредством индукции микросомальных ферментов, а также через воздействие на метаболизм ДНК путем подавления способности клеток к регенерации повреждений ДНК, вызванных проникшим канцерогеном. Может иметь также значение вызванное алкоголем повышение проницаемости клеточных мембран для проканцерогенов и обусловливаемый алкоголем дефицит в организме некоторых витаминов (рибофлавина, каротина, фолиевой кислоты, витаминов А и С).

РАППОПОРТА ПРОБА (Раппопорт А.М., опубл. в 1924) — применяется для диагностики алкогольного опьянения, в том числе у водителей. Основана на обесцвечивании окрашенного раствора специального состава (смесь дистиллированной воды с химически чистой концентрированной серной кислотой и раствора перманганата калия), когда через него продувается выдыхаемый воздух, содержащий пары алкоголя.

Наиболее распространена следующая методика. В 2 пробирки (одна из них контрольная) наливают по 2 мл дистиллированной воды. В одну из них вводят стеклянную трубку, так чтобы ее конец был погружен в воду. Обследуемый тщательно прополаскивает рот и дует в трубку в течение 15 секунд. Если в выдыхаемом воздухе содержится алкоголь, он поглощается водой. После этого в обе пробирки наливают по 15 капель серной кислоты и добавляют по 1 капле 0,5%-го раствора перманганата калия. В контрольной пробирке жидкость будет розовой, а в другой обесцветится, если в выдыхаемом воздухе был алкоголь. Однако эта реакция недостаточно специфична, так как дает положительный результат с ацетоном (который может выделяться с дыханием при диабетической коме), эфиром, метиловым спиртом, сероводородом, бензином.

РАУТ (англ. *rout*) — торжественный званый вечер, прием. Возможно угощение дорогими винами (коньяком, шампанским и др.), но без обильной закуски. Эта форма общения, заимствованная у англичан, была распространена в дореволюционной России в светских кругах.

В книге «Светский человек», вышедшей в 1880 году, приводится следующее разъяснение: «Раут есть вечернее собрание без танцев, где все время проходит в беседе: составляются отдельные кружки, слушают рассказы людей, имеющих дар слова, или сами рассказывают случаи из своей жизни, современную новость или занимательный анекдот. Раут есть прекрасное общественное препровождение времени для людей умных, талантливых и светских».

РАУШ-ЭЙФОРИЯ — быстро развивающееся и резко выраженное эйфоризирующее действие алкогольного напитка, возникающее сразу после его приема и сопровождающееся ярким удовольствием, сужением поля сознания и утратой чувства реальности (сочетается с малоподвижностью).

РАЦИОНАЛЬНАЯ ПСИХОТЕРАПИЯ — метод лечения психических или наркологических заболеваний, основанный на воздействии на больного логическим убеждением в бодрствующем состоянии. Предложен П. Дюбуа (P. Dubois, 1905). Проводится в форме диалога между больным и врачом, во время которого врач выявляет и демонстрирует больному ошибки в его рассуждениях по поводу своего состояния и приводит основанные на специальных знаниях аргументы с целью изменить взгляды больного на вопросы, связанные с его заболеванием.

РВОТНЫЕ СРЕДСТВА ДЛЯ ПРЕРЫВАНИЯ ЗАПОЯ — применяются с целью ускорения протрезвления, в частности, при поступлении больного в стационар в состоянии опьянения. Для этого используется инъекция апоморфина или прием внутрь таких рвотных средств, как эметин, соли тяжелых металлов, рвотный «коктейль» и др.

РВОТНЫЙ КОКТЕЙЛЬ (РВОТНАЯ СМЕСЬ) — препарат, применяемый для выработки отвращения к алкоголю по методу УРТ (условно-рефлекторной терапии). В практике популярен состав, рекомендованный И.В. Стрельчуком: порошок корня ипекакуаны — 1 г; сульфат натрия — 15 г; поваренная соль — 15 г; касторовое масло — 30 г; рыбий жир — 50 г; дистиллированная вода — 200 мл. Основным рвотным средством в этой смеси является корень ипекакуаны, содержащий не менее 2% сильнодействующих алкалоидов — эметина, цефалина, психотрина и др. Пациент делает глоток алкогольного напитка и выпивает столовую ложку рвотного коктейля. Чаще всего рвотная реакция наступает сразу, но ей может предшествовать длительная тошнота и только позже возникает обильная рвота. Для выработки условного рефлекса бывает достаточно 8—10 сеансов. Рвотный коктейль может оказаться эффективным в тех случаях, когда метод УРТ с применением более распространенных средств — апоморфина или эметина не дает желаемого результата.

РВОТНЫЙ РЕФЛЕКС НА ПЕРЕДОЗИРОВКУ АЛКОГОЛЯ — характерен для большинства людей, не страдающих алкоголизмом. Обычно рвота возникает в состоянии опьянения, но в некоторых случаях она наступает после употребления даже небольших доз алкоголя. В начальной стадии алкоголизма по мере роста толерантности к алкоголю рвота возникает все реже и только после употребления очень больших дозировок алкоголя. Полная утрата рвотного рефлекса характерна для второй стадии алкоголизма, когда отмечается максимальное повышение толерантности к алкоголю. Рвота в таком случае не возникает, какое бы количество алкоголя не было выпито и как бы глубоко не было выражено оглушение сознания.

РЕАКЦИЯ АЛКОГОЛЬНАЯ ИСТЕРИЧЕСКАЯ — истерическая форма реагирования у лиц в состоянии опьянения на какую-либо психотравмирующую ситуацию. Наблюдается обычно уже при наличии алкогольного изменения личности по психопатоподобному типу, во второй стадии алкоголизма. Характеризуется нарочито-демонстративным поведением, преувеличенным реагированием на окружающее, суицидальными высказываниями и попытками, совершаемыми обычно в присутствии окружающих и также демонстративно: например, больной наносит себе многочисленные поверхностные кожные порезы ножом или бритвой в области предплечий.

РЕГРЕДИЕНТНОЕ ТЕЧЕНИЕ АЛКОГОЛИЗМА — самое благоприятное течение алкоголизма, которое характеризуется длительными спонтанными (самопроизвольными) или *терапевтическими ремиссиями* (см.) (не менее года), во время которых происходит обратное развитие (постепенное ослабление) алкогольной симптоматики. При кратковременных рецидивах выпивок (если они случаются) эта симптоматика не приобретает остроты, бывшей до ремиссии. Возникновению спонтанных ремиссий способствуют особенности личностного склада, благоприятная семейная и социальная ситуация. При регредиентном течении алкоголизма — наиболее редком и доброкачественном из всех типов течения, имеется высокая возможность восстановления социальных и семейных связей, избавления от появившихся алкогольных изменений личности и поведения, практически полного восстановления психического здоровья.

РЕГУЛЯРНОЕ ПЬЯНСТВО — см. *Систематическое пьянство.*

РЕЗКОЕ ВИНО — негармоничное вино с повышенной кислотностью, высоким содержанием дубильных веществ или спирта.

РЕЗОРЦИНОВЫЙ СПИРТ — лекарственное средство, представляющее собой раствор резорцина в 70%-ном этиловом спирте (1 или 2 г в 100 мл растора). Применяется наружно при кожных заболеваниях (экзема, себорея, зуд, грибковые заболевания, фурункулез). Прозрачная бесцветная или слегка розоватая жидкость нейтральной реакции, характерного спиртового запаха.

РЕЙНСКИЕ ВИНА (нем. *Rheinwein*) — всемирно известные немецкие вина, производимые в Германии в долине реки Рейн. Первые виноградники были заложены здесь еще в I веке н.э. Основной используемый сорт винограда (до 70%) — «Рислинг рейнский». Из него вырабатываются высококачественные белые столовые сухие вина с красивым золотисто-зеленоватым цветом и своеобразным плодовым букетом. Из-за климатических условий виноград собирают очень поздно, иногда уже при наличии снежного покрова.

РЕКОРД ПО АРЕСТАМ ЗА НЕТРЕЗВОЕ ВОЖДЕНИЕ — принадлежит в настоящее время 67-летнему американцу Вирлинду Рэдмону. За свою жизнь он 390 раз был задержан за вождение транспортного средства в нетрезвом состоянии, в том числе более 100 раз платил штрафы, 33 раза у него отбирали водительские права, из них 5 раз — с запретом садиться за руль всю оставшуюся жизнь. В 1988 году в 66-летнем возрасте умер в Австралии (г. Брисбен) Томми Джонс, который значительно превысил это «достижение»: в течение своей жизни за вождение автомобиля в нетрезвом виде и нарушения общественного порядка он арестовывался почти 3000 раз.

РЕКОРДНАЯ БЕСПЛАТНАЯ ВЫПИВКА — была предложена в винном баре «Лорд Байрон» (г. Солихалл, Великобритания) неким Л. Фаллоном всем присутствующим 1613 посетителям — в ходе собрания, посвященного сбору средств на благотворительность.

РЕКОРДЫ ВЫПИВАНИЯ ПИВА — зарегистрированы в «Книге рекордов Гиннесса» в двух случаях. 7 февраля 1975 года Питер Г. Даудсвелл выпил 2 литра пива за 6 секунд. 22 июня 1977 года Стивен Петрожино (Пенсильвания, США) выпил 1 литр пива за 1,3 секунды. Несколько ранее, в 1970 году, на Всемирной выставке ЭКСПО-70 в Осаке гражданин Чехословакии Мидлер за 3 минуты выпил 10,5 литров пива. Любопытно, что издателем первой «Книги рекордов», давшим ей имя, в 1955 году стал пивоваренный завод Гиннеса.

Рекорды на количество и скорость выпивания пива остаются заманчивыми для любителей пива во многих странах. Во время Всепольского праздника пива, организованного в начале 1990-х годов парламентской группой Польской партии любителей пива, 30 поляков за 12 часов выпили 400 литров — каждый в среднем по 26,5 кружки. На первом российском конкурсе «Кто больше выпьет пива», проведенном в те же годы, победитель выпил за 10 минут 9 поллитровых кружек пива.

Жительница из г. Бирмингема (Великобритания) Харнсэт Брукс не заботилась ни о каком рекорде. Тем не менее то количество пива, которое она выпила за свою долгую жизнь, оценивается знатоками как одно из рекордных. Ежедневно, начиная с 18 лет, она выпивала не менее одного литра пива, дожив до 91 года. Подсчитано, что общее количество выпитого ею пива составляет около 70 тонн.

РЕКТИФИКАЦИЯ — способ перегонки смеси жидкостей с целью разделения ее жидких компонентов с помощью специального аппарата (ректификационной колонны), построенного на принципе непрерывной многократной дистилляции. Применяется также для получения этилового спирта высокой чистоты (см. *Спирт-ректификат*).

РЕМИССИЯ ПРИ АЛКОГОЛИЗМЕ (АЛКОГОЛЬНАЯ РЕМИССИЯ) (лат. *remissio* — ослабление) — период воздержания от алкоголя у больного алкоголизмом, достаточно продолжительный, чтобы исчезли все симптомы хронической интоксикации и в определенной мере нормализовалось соматическое и неврологическое состояние. О наличии ремиссии принято говорить лишь при воздержании больного от алкоголя не менее одного месяца.

Алкогольная ремиссия может наступить под действием специального лечения или без него (в последнем случае говорят о «спонтанной ремиссии»). Ремиссия считается неполной, если воздержание от алкоголя сочетается с периодическим или постоянным появлением влечения к алкоголю, возникновением алкогольных сновидений, *«отставленной абстиненции»*, беспричинных колебаний настроения. При отсутствии этих остаточных проявлений ремиссию можно считать полной. *«Интермиссией»* называют полную ремиссию, характеризующуюся исчезновением неврологических проявлений хронической алкогольной интоксикации, восстановлением трудоспособности, семейного и социального статуса, отсутствием «алкогольных» изменений личности.

РЕМИТТИРУЮЩЕЕ ТЕЧЕНИЕ АЛКОГОЛИЗМА — характеризуется сравнительно длительными ремиссиями (воздержанием от алкоголя) — от 6 месяцев до года и более. Ремиссии (см. *Ремиссия при алкоголизме*) при этом могут быть как терапевтические, так и спонтанные. При ремиттирующем течении алкоголизма, в отличие от *регредиентного* (см.), в период ремиссии не наблюдается обратного развития (свертывания) алкогольной симптоматики, а при случающихся рецидивах пьянства (в ряде случаев достаточно длительных), возобновляются основные клинические симптомы алкоголизма, бывшие до лечения.

Ремиттирующее течение алкоголизма — относительно благоприятное, и когда ремиссии становятся длительными, а рецидивы кратковременными, оно может смениться регредиентным течением. Однако не исключен переход ремиттирующего течения в *стационарное* (см.) и даже *прогредиентное* (см.).

РЕМЮАЖ (от франц. *remuage* — перемещение) — технологическая операция в производстве шампанского или других шампанизированных вин бутылочным методом. Заключается в том, что с целью достижения идеальной прозрачности и чистоты напитка дают постепенно выпасть осадку и переместиться вниз на пробку в перевернутой вверх дном бутылке. Бутылку предварительно хорошо взбалтывают, а осадок выпадает примерно в течение месяца. В помещении должен быть абсолютный покой, чтобы исключить малейшее влияние посторонних сотрясений или вибрации. Когда осадок накопился на пробке, специальный мастер (дегоржер) быстро откупоривает бутылку, обращенную горлышком вниз, при этом осадок с пробкой выбрасывается давлением углекислого газа (эта операция называется *дегоржажем* — см.). Затем бутылку доливают и вновь закупоривают. Операция ремюажа повторяется несколько раз.

Ремюаж до сих пор производится вручную, обеспечивая шампанское самого высокого качества. Он был изобретен в конце XVIII века владелицей винодельческой фирмы баронессой Николь Клико (см. *Вдова Клико*).

РЕЦИДИВ АЛКОГОЛИЗМА — возобновление злоупотребления алкоголем в период ремиссии с появлением симптомов вторичного и (или) первичного патологического влечения к алкоголю. Если обострения этих симптомов нет и сохраняется способность контролировать количество потребляемых спиртных напитков, то случайное употребление алкоголя в ремиссии принято называть не рецидивом, а «срывом». Рецидивы алкоголизма разделяют на ранние — в течение первых шести месяцев после лечения, и поздние, развивающиеся в более поздние сроки.

Наиболее типичные причины рецидивов: повышенная внушаемость личности; недостаточная критичность к заболеванию и неспособность противостоять предложению принять участие в выпивке; стремление проверить эффективность проводившегося лечения; чувство неполноценности, вызываемое необходимостью полного воздержания от алкоголя; спонтанно возникающие или психогенно обусловленные нарушения настроения (депрессии, тревожно-депрессивные, тоскливо-злобные состояния); не исчезающее или периодически возникающее влечение к опьянению. Рецидив может начаться внезапно или ему может предшествовать предрецидивный период.

РИЖСКИЙ БАЛЬЗАМ ЧЕРНЫЙ — настойка черного цвета с коричневыми оттенками, вкус горький с легким привкусом жженого сахара, сложный аромат, крепость 45% (об.). Приготовляется из спирта, имбирного корня, черного перца, мускатного ореха, свежей малины, горечавки, мелиссы (травы), зверобоя, мяты кудрявой, валерианы лекарственной, полыни, трифоли (травы), аира болотного, медовой эссенции, генцианового корня, арникового цвета, липового цвета, дубовой коры, померанцевой сушеной корки, черники сушеной, перуанского масла, сахара, колера и коньяка.

РИНГ-И-РИНГ (дат. *ring i ring*) — общество взаимопомощи алкоголиков в Дании, действующих на принципах, аналогичных обществу *Анонимных алкоголиков* (см.) (АА).

РОЗЛИВ ВИНА — технологическия операция, при которой готовое вино разливают в бутылки для отправки в торговлю или для дополнительной выдержки с целью получения коллекционного вина. Некоторые вина, подверженные закисанию и порче (столовые сухие, полусухие и полусладкие), разливают в горячем виде (55—60°С) в подогретые бутылки для обеспечения их лучшей сохранности или применяют бутылочную пастеризацию, т.е. нагревание бутылок с вином до 60—70°С и быстрое их охлаждение. Для особо ценных вин может быть применена более дорогая холодная стерилизация, при которой вино пропускают через специальные пластинчатые фильтры, задерживающие микроорганизмы.

РОМ (англ. *rum*) — крепкий напиток, изготавливаемый из спирта, полученного из перебродившего сока сахарного тростника или патоки тростникового сахара. Ромовый спирт выдерживают в дубовых бочках 3—4 года при температуре 18—22°С. Ром имеет жгучий вкус, золотистый цвет. Крепость до 55% об. Имеются разные виды рома: кубинский, ямайский, пуэрториканский, гаитянский.

Производство рома началось в XVI веке в Вест-Индии. Наряду с производством сахара ром стал играть важную роль в экспорте продукции английских и французских колоний на Антильских островах. Попытки изготовления рома с таким же вкусом в Европе из свекловичной патоки были неудачны, возможно, из-за отсутствия особых тропических дрожжевых грибков. Наилучшим долгое время считался ямайский ром.

Огромные количества рома в XVII—XVIII веках потреблялось пиратами, разбойничавшими в Карибском море и на других маршрутах, по которым шли в Европу корабли с богатствами из Центральной и Южной Америки. В холодных водах океана, как говаривал знаменитый английский пират Вудс Роджерс, «хорошая выпивка для моряка нужнее одежды». Алкоголь давал легко усваиваемые калории и на короткое время согревал людей, носивших одну и ту же мокрую одежду круглые сутки. Подбадривал он, конечно, и боевой дух «джентльменов удачи».

Запасы рома были в те времена обязательными вообще на морских кораблях. Письменные контракты, заключавшиеся с моряками как на военных, так и на купеческих кораблях, гарантировали каждому ежедневную порцию спиртного напитка. Для проверки качества закупаемого на стоянке рома традиционно использовался такой способ. В него подбавляли немного воды и несколько крупинок оружейного пороха. Смесь подогревалась через увеличительное стекло. Если порох не взрывался, значит в роме было слишком много воды.

РОМ МОРСКОЙ КОРОЛЕВСКИЙ — начал выпускаться британским флотом для собственных потребностей в 1655 году. До 1948 года имел крепость 79% об.. В дальнейшем крепость была уменьшена до 46%, а с 31 июля 1970 года его производство было прекращено. Королевский морской ром (крепостью 46% об.) выпускается сейчас только новозеландским королевским флотом.

РОМБЕРГА ПОЗА (M. H. Romberg, 1795—1873, нем. врач) — поза, в которую ставят обследуемого для оценки его способности удержать равновесие. Применяется также для определения степени опьянения. Испытуемому предлагают поставить стопы ног одну впереди другой на одной линии, а руки вытянуть вперед. Большинству лиц, находящихся в средней степени опьянения (1,5—2,5 г алкоголя на 1 л крови) не удается устоять в этой позе без сильного пошатывания и даже падения.

РОССИЙСКОЕ ВИНОГРАДАРСТВО — сосредоточено, ввиду климатических условий, главным образом на Северном Кавказе, на сравнительно узкой полосе, начинающейся на побережье Каспийского моря и идущей до Черного моря.

Собственно в России разведение винограда началось в 1613 году в Астраханской губернии — для снабжения царского двора виноградом, а потом Петр I распорядился сажать виноград и на Дону. Здесь виноградарство развивалось, главным образом, вокруг станиц Раздорской и Цимлянской, а местные казаки научились делать из винограда вино. Началом же промышленного виноградарства и виноделия на российских землях можно считать 1870-годы, когда были заложены виноградники и устроены винные подвалы на Кубани в царском имении *Абрау-Дюрсо* (см.), которые стали давать прекрасное вино, в том числе шампанское.

Особенно успешно виноградарство на территории современной России развивалось в 1960—1970-х годах и первой половине 80-х годов. В 1940 году виноградники занимали 40 тысяч гектаров земли, в 1960 — 176 тысяч га, в 1984 — 190 тыс. га. Сбор винограда составил в 1960 году 224 тысячи тонн, в 1984 — 1 миллион 134 тысячи тонн.

Во время антиалкогольной кампании 1985—1988 годов значительная часть виноградников была уничтожена, и в дальнейшем понесенные потери восстанавливались очень медленно. В 1991 году виноградники занимали 136 тысяч га, было собрано 543 тысячи тонн винограда.

Основные районы современного российского промышленного виноградарства: Дагестан (более 1/3 всех площадей), Краснодарский край (более (1/4) Ставропольский край, Ростовская область, Кабардино-Балкария, Чечня и Ингушетия. Небольшие площади виноградников имеются в Северной Осетии, в Нижнем и Среднем Поволжье и в Приморском крае на Дальнем Востоке.

Столовые сорта винограда занимают 10—15% площадей виноградников, технические (для виноделия) — 85—90%. Основным техническим сортом является Ркацители (более 40%). Среди других сортов от 3 до 6% каждый составляют: «Алиготе», «Рислинг рейнский», «Саперави», «Каберне-Совиньон» и «Траминер»; от 1 до 2% — «Совиньон», «Плавай», «Клерет», «Мускат белый», «Сильванер», «Изабелла», «Пино серый», «Мерло» и «Пино белый».

Столовые сорта представлены виноградами: «Агадаи», «Шасла», «Галан», «Мускат гамбургский», «Кардинал», «Карабурну», «Италия» и др.

Переработка винограда и первичное виноделие (производство виноматериалов из винограда) осуществляется в основном на месте — в хозяйствах, разводящих виноград. Большинство этих хозяйств обладает также и необходимым оборудованием для вторичного виноделия, т.е. для получения готовых вин из виноматериалов. Кроме того, переработкой виноматериалов занимаются винзаводы, расположенные в основном в крупных городах России: Ростове, Краснодаре, Москве, Санкт-Петербурге и др.

РОССИЙСКОЕ ВИНОДЕЛИЕ — стало развиваться как коммерческая отрасль во второй половине XIX века в Крыму (Массандра), на Северном Кавказе (Абрау-Дюрсо), в Закавказье, в Одесском регионе и Бессарабии. К 1914 году производство виноградного вина достигло 300 миллионов литров в год.

Мировые войны и гражданская война надолго задержали развитие этой отрасли. В 1945 году в СССР было произведено лишь 76 миллионов литров вина. Но после второй мировой войны советское виноделие стало энергично развиваться. В 1960 году винодельческие предприятия СССР уже дали 777 миллионов литров вина, в 1970 — 2685 миллионов литров, в 1984 — 3400 миллионов литров (9,5% от выпускаемых в мире виноградных вин). Российская Федерация, находясь в составе СССР, обеспечивала выпуск около 40% всего объема вина, главным образом из виноматериалов, поставляемых из других союзных республик. Производство собственных виноматериалов составляло тогда 12—13% от общего объема в СССР.

После 1984 года, в связи с антиалкогольной кампанией, производство виноградного вина в СССР (как и других алкогольных напитков), резко упало — до 1790 миллионов литров вина в 1988 году. После распада СССР Россия далеко не восстановила уровень выпуска вин, который был накануне 1985 года. В 1980 году Российская Федерация произвела 1590 миллионов литров виноградного вина, в 1988 — 916 миллионов литров, в 1991 — 647 миллионов литров, в 1993 — 780 миллионов литров.

Россия имела в начале 90-х годов более 50 крупных винзаводов, которые располагались не только в местах выращивания винограда (Северный Кавказ), но также в ряде больших городов средней и северной европейской полосы (Москва, Н.-Новгород, Ярославль, С.-Петербург, Архангельск и др.), а также Южной Сибири (Омск, Новосибирск, Красноярск, Иркутск и др.) и Дальнего Востока (Хабаровск, Владивосток).

РУБЦОВ НИКОЛАЙ МИХАЙЛОВИЧ (1936—1971) — яркий русский поэт советского периода. При жизни печатался мало — главным образом, по причине того, что не приспосабливал свое поэтическое творчество к обслуживанию идеологии господствующего тоталитарного режима, в отличие от большинства других поэтов — его современников. Его произведения стали широко публиковаться только после его смерти, в период объявленной М. С. Горбачевым «гласности», и, по общему признанию, он теперь встал в ряд классиков русской поэзии. В 1986 году в Тотьме, где Рубцов одно время жил, ему поставили памятник. На его стихи были написаны популярные в народе песни.

Он прожил короткую, очень трудную жизнь, в которой немаловажная роль пришлась на долю алкоголя. Вполне возможно, что он не был алкоголиком в сугубо медицинском смысле, и по этому поводу с медиками он не сталкивался. Однако в последние годы жизни он нередко принимал большие дозы спиртного, чтобы сбить невыносимо высокое душевное напряжение. Впрочем, сам он в таком средстве не видел ничего недостойного, считая применение его для подобной цели вполне в духе традиции — у простого ли народа, или в избранных литературных кругах. И уж совсем нормальной в те времена считалась выпивка в дружеской компании, ради общения.

Выпивка стала существенной частью жизни Рубцова только после 26—27 лет. До этого возраста он редко бывал пьяным, да и то при каком-либо случайном стечении обстоятельств. Его жизнь с раннего возраста протекала очень нелегко. В начале войны отца забрали на фронт, в 1942 году внезапно умерла мать, и шестилетнего Рубцова помещают в сельский детский дом (в Вологодской области). Было голодно и холодно, детдомовцам приходилось работать в огороде, заготавливать сено и дрова, но еды не хватало. В обед воспитанникам полагалось пятьдесят граммов хлеба и тарелка супа. Они выдергивали тайком на колхозных полях кормовой турнепс и пекли его на костре. Спали по двое на койке.

Вернувшись с войны, отец завел новую семью, а сына, который жил ожиданием отца, даже не навестил. Окончив семь классов, Рубцов поехал в Ригу, чтобы поступить в мореходное училище, но его не приняли из-за того, что ему еще не было пятнадцати лет. Потом были два года учебы в лесотехническом техникуме недалеко от детского дома. В шестнадцать лет, получив паспорт, Рубцов уезжает в Архангельск, где устраивается кочегаром на рыболовный траулер. Его сил на эту тяжелейшую работу хватило лишь на год. Скитания Рубцова можно объяснить и поисками своего места в жизни, и фактической бездомностью. После Архангельска он пытался учиться в горном техникуме в Кировске, потом съездил в Ташкент. В 1955 году он разыскал в Вологде отца, но мачеха была против нового члена семьи. Через полгода Николаю Рубцову предстояло идти на военную службу, и на эти полгода его приютил старший брат, живший со своей семьей в поселке под Ленинградом.

Четырехлетняя военная служба на эсминце в Белом море, конечно, была нелегкой, но зато не было заботы о жилье. Наверное, здесь Рубцов впервые по-настоящему понял, что смысл его жизни заключается в поэзии, а все остальное — второстепенно. Он посещает занятия литературного объединения при флотской газете, печатается в ней, много пишет. Хотя это еще далеко не те стихи, за которые ему воздвигут посмертный памятник. Отбыв воинскую повинность, Рубцов устраивается в Ленинграде на работу на завод и на койку в заводском общежитии, и одновременно — в вечернюю школу, чтобы получить аттестат зрелости. Видимо, у него уже был замысел поступить в Литературный институт. Он занимается в одном из литературных объединений, у него появился широкий круг литературных друзей. Среди них были и будущие популярные и даже знаменитые имена: Глеб Горбовский, Александр Кушнер, Иосиф Бродский и др.

В Московский литературный институт Рубцов поступает в год окончания вечерней школы, когда ему уже было 26 лет. Его замысел был вполне практичным — стать писателем-профессионалом. Но именно с этого времени у него отчетливо проявилась несовместимость со многими из окружавшего его мира. По мере того как крепла его поэзия и достигала бесспорных высот, ему все труднее было ладить с людьми, особенно с теми, кто представлял какую-то власть, хотя бы институтскую. Раньше к конфликтным столкновениям с административными лицами он относился, как к обычным житейским трудностям, а свои проигрыши в них переносил терпеливо и, в общем, не теряя оптимизма. Теперь же, после всего перевиданного и пережитого, когда окончательно определилось, что в литературе он не случаен, что создаваемые им искренние произведения теперь не только имеют профессиональный уровень, но способны задеть читательскую душу, у Рубцова стало обостряться болезненное неприятие двойной морали, царившей как в литературных кругах, так и вне их. Терпеть унижение от тех, кого он презирал и даже ненавидел, он уже не мог. При выпивках все это выплескивалось наружу, а совместные выпивки тогда были обычным делом как среди студентов в общежитии Литературного института, где Рубцов жил, так и в среде членов Союза писателей, излюбленным местом общения которых был ресторан ЦДЛ (Центрального дома литераторов). За короткое время у Рубцова в состоянии подпития произошло много стычек с официантами ресторана ЦДЛ, с комендантом общежития, с московскими таксистами и милиционерами.

По рассказам его товарищей, бывших свидетелями таких стычек, они чаще всего были спровоцированы. По-видимому, те, кого не переносил Рубцов, догадывались о его неприязни и со злорадством, с натренированным хамством, легко провоцировали его на поведение, которое потом в милицейских протоколах называлось дебошом, хулиганством и т.п. А Рубцов, безусловно, не был ни в коей мере ни хулиганом, ни примитивным пьяницей. У него была чересчур чувствительная душа, не загрубевшая на жестком жизненном пути, и слабая способность к мимикрии или хотя бы к подлаживанию к обществу, в котором он не видел своего места. Устав писать всякие объяснительные записки администрации института, он адресовал ректору Литературного института следующие стихи, наделавшие в институте много шума: «Возможно, я для вас в гробу мерцаю, // Но заявляю вам в конце концов: // Я, Николай Михайлович Рубцов, // Возможность трезвой жизни отрицаю». Конечно, это была бравада: Рубцов мог отрицать только жизнь без стихов.

Между прочим, многие его сокурсники пили не меньше и нередко с ним в одной компании, но умели увертываться от неприятностей и впоследствии сделали хорошую литературную карьеру. Слава о пьянках в общежитии Литинститута шла по всей студенческой Москве.

Летом 1964 года, после двух лет учебы, Рубцов был исключен из Литературного института «за систематическое появление в нетрезвом виде в ЦДЛ и недостойное поведение». Снова он оказался бездомным и неприкаянным. Выброшенный на улицу детдомовец. Потеряв прописку в общежитии, от мог быть в любой момент арестован милицией как бродяга «за нарушение паспортного режима». А в это время выходили подборки его стихов в престижнейших журналах — «Юности», «Молодой гвардии», «Октябре», и его поэтическое имя было замечено в стране.

Он уезжает в село Никольское, Вологодской области, где живет в крайней бедности его жена с годовалой дочкой и своей матерью. Рубцов познакомился со своей женой незадолго до поступления в институт, и вместе они почти не жили. Жена работала в местном клубе за зарплату в тридцать шесть рублей. Рубцов не привез с собой ни копейки. Деваться ему было некуда, но и здесь он был лишним.

Рубцов любил деревню, любил природу, и вся его поэзия пронизана этой любовью, но он писал отсюда своему другу: «Я проклинаю этот божий углок за то, что нигде здесь не подработаешь, но проклинаю молча, чтоб не слышали здешние люди и ничего обо мне своими мозгами не думали. Откуда им знать, что после нескольких (любых, удачных и неудачных) написанных мной стихов мне необходима разрядка — выпить и побалагурить». Он пытался заработать деньги сбором клюквы на болотах, писал заметки за грошовые гонорары в районную газету, но все это не было выходом. Терпение жены и тещи прорывалось вспышками ссор, а осенью в сельсовете на стенде «Тунеядцам — бой!» появилась для всеобщего обозрения фотография Рубцова. Это клеймо в те времена было чревато нешуточными последствиями. Но за то же лето, промыв северным лесным воздухом душу, отравленную московским угаром, Рубцов написал около пятидесяти стихотворений, некоторые из них пополнили золотой фонд русской поэзии («Тихая моя родина», «Звезда полей» и др.).

Осенью и зимой Рубцов несколько раз съездил в Москву, пытаясь восстановиться в Литературном институте и ночуя тайком в общежитии на свободных койках и где еще удается. Он пытается безуспешно получить прописку у своей сестры в Череповце. В институте после выматывающих хлопот его восстановили только на заочном отделении без права проживания в общежитии. Бездомные скитания продолжаются, и он бывает рад какой-нибудь командировке от московского журнала на край страны или от областной вологодской газеты в сельскую глубинку. Иногда он жил в редакции районной газеты. Он постепенно старается зацепиться якорем в Вологде, где его, в отличие от Москвы, оценили как бесспорно хорошего, сложившегося поэта. Московские журналы уже перестали печатать его стихи. В 1967 году в Вологде вышла первая тоненькая книжечка стихов Рубцова, благодаря чему его в следующем году приняли в Вологодское отделение Союза писателей. Теперь он, как человек с официальным удостоверением писателя, имел, наконец-то, серьезные формальные основания на получение собственного жилья, которое ему дали в виде маленькой однокомнатной квартиры, после изрядной бюрократической волокиты, вологодские городские власти. Он въехал в нее в 1969 году один: с намучавшейся с ним семьей он уже расстался. В том же году закончилась его заочная учеба в Московском литературном институте, он получил диплом и был принят в качестве штатного сотрудника в редакцию газеты «Вологодский комсомолец».

Казалось бы, все, наконец, утряслось и встало на определенные места. Он выдержал все долгие испытания, которые на него обрушила судьба, начиная со смерти матери в раннем дестве. Теперь у него был весь тот основной минимум для жизни, чего он был лишен еще совсем недавно: жилье, профессия, неплохая постоянная работа, круг профессиональных друзей, уважающих его талант и всегда готовых откликнуться на какие-либо его проблемы. Они уже доказали это, помогая получить то, что он имел. Можно было теперь начать спокойную, уверенную жизнь, работая и творя. Совсем еще не поздно было решить более счастливым образом проблему семьи. Ему было 33 года.

Однако жизнь не пошла по гладкому пути. Ему оставалось жить лишь два года, и они оказались и не простыми, и мучительными. И теперь алкоголь, можно сказать, прямо повел его к гибели. Раньше, с некоторых пор, алкоголь был как бы спутником, порой сильно подводившим его, заводя в очень неприятные ситуации. Спутника еще можно было отогнать. Теперь алкоголь стал частью его самого. Потребность напиться шла не извне, а изнутри его души.

«На глазах подтачивались нервы Николая, — вспоминал один из вологодских литературных друзей Рубцова. — Говорить с ним об этом было бесполезно... Приехал как-то Эрнст Сафонов (ленинградский поэт), разыскали мы Николая и пошли в столовую пообедать. Сидели, вспоминали о былом, и вдруг Николай вспылил без всякой причины, заговорил обиженно и грубо. “Что с тобой, Коля? — сказал Эрнст. — Я не узнаю тебя”. — “Все вы меня не узнаете! — крикнул Николай. И добавил тихо: — Я и сам себя не узнаю...”»

Его состояние, которое даже недостаточно назвать «разочарованием в жизни», отразилось, наверное, наиболее близко к истине в строках, написанных в 1969 году, — внешне самом удачном году в его жизни: «... За мыслью мысль — какой-то бред, // За тенью тень — воспоминания, // Реальный звук, реальный свет // С трудом доходят до сознания. // И так раздумаешься вдруг, // И так всему придашь значение, // Что вместо радости — испуг, // А вместо отдыха — мучение».

Друзья Рубцова вспоминали впоследствии: «...Смутные за Колю тревоги и переживания делались уже постоянными, может, еще и оттого, что выглядел он часто усталым безмерно, будто очень пожилой и очень больной человек». Они отмечают, что в последние месяцы у Рубцова обострилось чувство одиночества. С. Чухин: «Прихожу на улицу Яшина, где жил Рубцов, поднимаюсь на пятый этаж, звоню условленным звонком... С моим приходом он смахнул в стол какие-то рукописи, принес с кухни вареную картошку в мундире, селедку, початую бутылку вина. “Хлеб есть, но черствый: я уже два дня из дома не выхожу... Слушай, ночуй у меня, как-то не хочется оставаться одному...”»

Вполне понятно, что чувство одиночества Рубцов смягчал алкоголем. В. Оботуров: «Зашел... в его квартиру, подивился пустоте, неуюту, которые, видимо, за долгие годы бездомности стали привычными для него... У стены напротив окна стоял диван, к нему был придвинут стол, в пустом углу, справа у окна, лежала куча журналов, почему-то малость обгоревших. «...Заснул незаметно...», — равнодушно пояснил Николай, заметив мой взгляд». Рубцов курил, и заснул он, наверное, сильно выпивши и с горящей сигаретой. Хорошо, что не сгорел сам.

И вот в этой неуютной, одинокой жизни неожиданно появляется женщина, которая сама его искала, приехала к нему, чтобы помочь ему, любить его, наладить ему нормальную жизнь. А получилось все наоборот: она превратила последние полтора года его жизни в невыносимую драму и в конце концов убила его. Это — Людмила Дербина, поэтесса, с которой он познакомился в общежитии Литинститута еще в 1963 году. Тогда между ними ничего не возникло, их пути разошлись. Она вышла замуж, родила дочь, развелась, а когда она прочитала стихи Рубцова в первой его книжке «Звезда полей», в ней разгорелось сильное чувство к Рубцову, которое можно назвать любовью, поэтической экзальтацией, последней надеждой на счастье и т.д. — но всё, наверное, будет неточно.

Людмила Дербина приехала издалека в Вологду и прямо пришла к нему в квартиру. Он, конечно, был ошеломлен, но очень обрадовался ей. Она объяснила откровенно, почему приехала, и Рубцов сразу принял ее в свою жизнь.

«Я хотела сделать его жизнь более-менее человеческой, — пишет Дербина в своих воспоминаниях, отбыв шестилетний тюремный срок за его убийство. — Хотела упорядочить его быт, внести хоть какой-то уют. Он был поэт, а спал как последний босяк. У него не было ни одной подушки, была одна прожженная простыня, прожженное рваное одеяло... Ел он прямо из кастрюли. Почти всю посуду, которую я привезла, он разбил. Все восхищались его стихами, а как человек он был никому не нужен».

Наверное, она честно собиралась сделать все это, но все пошло по-другому.

Они оба нуждались друг в друге, но очень скоро между ними стали возникать стычки и ссоры, с каждым разом все острее. Оба были поэтами, склонными к вспышке даже по незначительному поводу. Рубцов уже знал себе цену, он был уверен в своих оценках творчества других и обычно не желал или не умел подсластить критическую пилюлю. Когда-то он хвалил стихи Дербиной, теперь же, с более высокими требованиями к поэзии, он нередко браковал ее новые опусы, и мог сделать это насмешливо, не представляя, какую бурю и даже злобу поднимает в ее обостренно самолюбивой авторской душе. Возможно, она легче перенесла бы насмешку над своей внешностью, чем над своими стихами.

Они ссорились, мирились, снова ссорились, она убегала в деревню, в двух километрах от Вологды, где нашла жилье для себя и дочери и работу в библиотеке. И снова возвращалась к Рубцову. Иногда их мирил алкоголь, иногда, наоборот, провоцировал стычку.

Вначале друзья Рубцова видели улучшение жизни Рубцова. Его друг А. Романов вспоминает, что как-то он зашел к нему и «удивился заботливой прибранностью квартиры и тихой просветленностью его самого. Показалось, что он обрадовался моему приходу и что ему любо оттого, что Люда рядом...»

Но тот же Романов мог заявить с удивлением о «противоестественности того, что они живут вместе, ведь «два медведя в одной берлоге не живут!» Замечая учащающиеся ссоры между Рубцовым и Дербиной, друзья и знакомые все больше старались уклониться от общения с ними, у них нарастало явное недоброжелательство к ней. Рубцова это злило. Вспоминает жена писателя В. Астафьева: «Возвратить долг Коля пришел не один, а вместе со своей будущей женой. Оба пьяненькие, оба наспех одетые. “ Я пришел вернуть долг!” — сказал он, уставившись на меня пронзительным, не очень добрым взглядом. “Хорошо! — сказала я. — Теперь у тебя все в порядке?..” — “А она — талантливая поэтесса!” — кивнул он в сторону своей спутницы, оставшейся на лестничной площадке... — “Возможно”. — “И она же — моя жена! — Он опустил голову, что-то тяжело соображая и опять уставился на меня в упор: — Ничего вы не знаете! Я тоже ничего знать не желаю!” — Выпятился из прихожей на площадку и с силой закрыл за собой дверь!»

В июне 1970 года произошел драматический эпизод, который как бы предвещал скорую развязку. Они сильно поссорились, и Людмила ушла в свою деревню. Поостыв у себя за несколько дней, Рубцов пришел к ней мириться. Был он выпившим. Она в этот момент поливала на огороде грядки из чайника вместо лейки. Рубцов хотел помочь ей, она не соглашалась — в знак того, что еще не простила, но он отнял чайник и, как бы шутя, вылил на нее воду. Людмила не приняла эту шутку, вскочила разозленная, обозвала его идиотом, взбежала на крыльцо дома и захлопнула дверь перед носом Рубцова. Тот подергал дверь, просил открыть, потом требовал, а потом хмельная кровь бросилась в голову, и он с размаху ударил кулаком в окно, пробив два стекла. Из руки хлестнула кровь, Рубцов упал на клумбу. Увидев это, Людмила выскочила на улицу и позвала на помощь. Пришлось Рубцову довольного долго побыть в больнице. Происшествие наделало шуму, было много разговоров в вологодской писательской организации о том, что Рубцову надо помочь, но не придумали ничего лучшего, как уговорить или заставить его лечиться от алкоголизма в ЛТП. Было по этому поводу даже заседание в обкоме КПСС. Возмущенный Рубцов отказался категорически.

Был ли у него в последние годы алкоголизм — как болезненная зависимость от алкоголя? Определенно судить об этом нет возможности. В воспоминаниях о нем нет эпизодов, говорящих о настоятельной тяге к утреннему опохмелению. Однако привычное пьянство у него явно развилось — как сомнительное спасение от внутреннего щемящего диссонанса.

После очередной очень сильной ссоры незадолго до Нового 1970 года Дербина решила совсем и далеко уехать из Вологды. «Нужно было зайти к Рубцову за вещами... Он открыл дверь, я увидела его трясущегося, услышала мерзкий запах водки. Кругом была грязь. Свалка на столе. На постели среди смятых грязных простыней, сбитых к самой стене, ком моего белья: сорочки, блузки и даже сарафан. Рубцов был не один. На кухне сидел его приятель радиожурналист. Он пришел еще вчера, переночевал у Рубцова, и вот уже сутки они пьянствовали. Улучив минутку, приятель сказал: «Люсенька, не бросай Колю, люби его, он бредил тобой всю ночь...»

Людмила уезжала насовсем, а оказалось ненадолго: не выдержала, 5 января 1971 года вернулась и сразу с вокзала поехала к Рубцову. Он был один. Открыл дверь и сразу лег на диван. Оказалось, что накануне у него был сердечный приступ. «Я села на диван и, не стесняясь... беззвучно заплакала. Он ткнулся лицом мне в колени, обнимая мои ноги, и все его худенькое тело мелко задрожало от сдерживаемых рыданий. Никогда еще не было у нас так, чтобы мы плакали сразу оба. Тут мы плакали, не стесняясь друг друга. Плакали от горя, от невозможности счастья, и наша встреча была похожа на прощанье...»

Потом были долгие, почти бессвязные объяснения, примирение. 8 января Рубцов и Людмила Дербина пошли в загс. Заявление на регистрацию брака у них не взяли — надо было представить свидетельство о расторжении первого брака Людмилы. Почти всю ночь они не спали, искали в квартире Рубцова свидетельство. Нашли под утро. Регистрацию брака им в загсе назначили на 19 февраля.

Все эти дни Рубцов не пил. Он собирался после свадьбы отправиться вдвоем с женой в Дубулты — в престижный Дом творчества для членов Союза писателей. Но всё, что теперь налаживалось в их совместной жизни, как никогда, всерьез, оборвалось вдруг нелепо и трагически.

18 января Николай отправился с Людмилой в жилищную контору, чтобы прописать ее в своей квартире. Но им отказали — не хватало площади на ее ребенка. Рубцов, как всегда в столкновении с бюрократией, вспылил. Он пригрозил, что завтра же отправится к начальнику паспортного стола, будет жаловаться в обком партии. «Идите... Жалуйтесь...» — равнодушно ответили ему, и сердце у него сжалось в тоскливом отчаянии. Потом они пошли к машинистке из редакции газеты, которая перепечатывала рукопись стихов Дербиной — эту рукопись Рубцов собирался отвезти в московское издательство. В пути он все не мог успокоиться, ругался и придумывал способы управы на жилищных бюрократов. В центре города они столкнулись со знакомыми газетчиками. К машинистке пришлось Людмиле идти одной. Когда она вернулась домой, все уже были пьяные. Рубцов начал буйствовать, и компания стала расходиться, уклоняясь от скандала. Людмила попыталась уложить Рубцова в постель, но Рубцов вскочил, натянул на себя одежду и сел к столу, где стояло недопитое вино. Он закурил, а горящую спичку шутя кинул в сторону Людмилы. Пьяная шутка. Но с подтекстом. Спичка погасла, не долетев, но Людмила вовсе не восприняла это как шутку. Он

кинул еще одну спичку, другую. «Я стояла у кровати... Пока он бросал спички, я стояла не шевелясь, молча в упор смотрела на него, хотя внутри меня все кипело... Потом оттолкнула его и вышла в прихожую».

Когда она вернулась, Рубцов, уже допивший вино, швырнул стакан в стену над кроватью. Осколки стекла разлетелись по постели, по полу. Рубцов схватил свою гармошку, но скоро отшвырнул и ее. Ударил об пол свою любимую пластинку Вертинского и разбил...

Все происходившее в последние часы жизни Рубцова известно только со слов Дербиной. На суде Людмила сказала, что Рубцов якобы приревновал ее к одному человеку из ушедшей из дому компании. Возможно, она не сообщила главного: она могла сказать Рубцову такое, что он совершенно потерял контроль над собой.

«Потом он словно очнулся и сказал: “Люда, давай ложиться спать. Иди ко мне...” — “Ложись, я тебе не мешаю”. — “Иди ко мне!” — “Не зови, я с тобой не лягу!” Тогда он подбежал ко мне, схватил за руки и потянул к себе в постель. Я вырвалась. Он снова, заламывая мне руки, толкал меня в постель. Я снова вырвалась и стала поспешно одевать чулки, собираясь убегать».

Неоднократные показания Дербиной на следствии и суде не всегда совпадают в подробностях — она старалась оправдать свои действия и уменьшить свою вину. Но основное выглядело однозначным. Была борьба, Рубцов пытался заставить Людмилу подчиниться ему, говорил ей что-то очень резкое, а она, чтобы он замолчал, чтобы не слышать его, сдавила ему горло. Сдавила так, что удушила насмерть. Один из соседей показал на суде, что Дербина в тот вечер тоже была выпившей.

Проснувшаяся соседка слышала за стеной последний отчаянный крик Рубцова: “Я люблю тебя!” — Эти слова подтвердила на суде и Дербина.

Суд признал убийство умышленным, без отягчающих обстоятельств, и приговорил Дербину к восьми годам лишения свободы.

Случилась бы эта трагедия, если бы не алкоголь? Наверное, нет. Другое дело, сумели бы они ужиться, создали бы прочную семью. Скорее всего, тоже нет. Они были абсолютно несовместимы. А Рубцов так нуждался в поддержке, так был одинок. И если говорить по крупному счету, то одиночество его шло не изнутри, не от его характера, а от эпохи, в которой ему пришлось жить. Пока он считал себя учеником в поэзии, одиночество не было для него острой проблемой, он тянулся к общению и находил друзей. А когда он почувствовал свою силу, он понял, что уперся в глухую стену. Или надо было уступить режиму, подмявшему под свой контроль и души, и творчество талантливых людей, или стать одиноким волком в стороне от стада, послушного бесчисленным идеологическим пастырям и контролерам, которые тоже были частью этого стада. Большой талант и гордость не позволяли Рубцову влиться в стадо и подлаживать свой голос к фальшивым песнопениям, как это делали его литературные собратья, за исключением очень немногих, готовых пожертвовать благополучием, а то и свободой. В 1937 году его бы просто расстреляли.

Поэтому было бы вернее сказать, что чрезмерное употребление алкоголя Рубцовым в последние годы жизни было скорее симптомом болезни общества, а не результатом моральной распущенности Рубцова. Это был человек с очень чистой душой, способный на такое поэтическое предчувствие: «Я умру в крещенские морозы. // Я умру, когда трещат березы. // А весною ужас будет полный: // На погост речные хлынут волны! // Из моей затопленной могилы // Гроб всплывет, забытый и унылый, // Разобьется с треском, и в потемки // Уплывут ужасные обломки...»

РУССКИЙ БАЛЬЗАМ — один из популярных бальзамов, производящихся в России. Для его приготовления используются яблочный спиртованный сок, ванилин, коричное масло, ананасная эссенция, натуральный мед и настой на следующих 13 ингредиентах: эвкалипт, девясил, левзея сафлоровидная, тысячелистник обыкновенный, тимьян ползучий, лимонник, горчавка желтая, березовые почки, аир болотный, розмарин лекарственный, майоран садовый, зверобой пронзенный, шалфей лекарственный. Имеет темнокоричневый цвет, слегка горький вкус, пряный аромат. Содержание спирта 45%.

РЮМКА (от гол. *roemer*) — небольшой сосуд в виде суживающегося книзу стаканчика (его техническое название — «пойло») на ножке, используемый для приема спиртных напитков. Изготавливается, главным образом, из стекла и хрусталя, а также из некоторых металлов (серебра, мельхиора и др.). Фасоны рюмок очень разнообразны в зависимости от формы пойла (коническая, цилиндрическая, бочонком, яйцеобразная, грушевидная, колокольчиком и др.), размера ножки (высокая, низкая) и ее формы (ровная, гладкая, фигурная с перехватом вверху или внизу, в виде капли из двух шариков, в виде колонки и др.). Емкость рюмок обычно колеблется в диапазоне 30—100 мл. Рюмки на 30—40 мл предназначаются в основном для коньяка, 50—60 мл — для водки, 75 мл — для крепких виноградных вин, 100 мл — для сухих вин.

РЯБИНОВЫЙ КРЕМ — алкогольный напиток, приготавливаемый на рябиновом морсе. Имеет коричнево-красный цвет, кисло-сладкий вкус, аромат рябины. Содержание спирта — 20%, сахара — 49%.

С

САКСОНСКИЙ ПИВНОЙ СУП — готовится из 1 л темного пива, ломтя черного хлеба, 25 г сливочного масла, 1 чайной ложки сахара, небольшого количества молотого тмина, 2 яиц, 150 г сливок и соли. Пиво нагревают с тертым хлебом, маслом, сахаром, солью, тмином. Не доводя до кипения, снимают с огня и процеживают. Прибавляют хорошо взбитые яйца и перемешивают. Популярен в Германии.

САКЭ — японский национальный алкогольный напиток, изготавливаемый из риса. Рис предварительно обрабатывается паром, потом подвергается осахариванию с помощью специальной закваски и спиртовому сбраживанию, которое длится 30—40 дней. Затем применяется дополнительное сбраживание от 8 до 10 дней. После очистки получается бесцветный прозрачный напиток крепостью 16—18% об. Употребляется традиционно в горячем виде. Сакэ принято называть японской рисовой водкой, хотя это не совсем корректно, поскольку в наши дни к водкам относят крепкие напитки (40° и выше), приготовленные на основе спирта. (См. *Водка*.)

САЛИЦИЛОВЫЙ СПИРТ — лекарственное средство, представляющее собой раствор салициловой кислоты в 70%-ном этиловом спирте (1 или 2 г в 100 мл раствора). Прозрачная бесцветная жидкость спиртового запаха, кислой реакции. Применяется наружно как антисептическое, отвлекающее и раздражающее кожу средство при кожных заболеваниях.

САЛОМОН АЛЕКСАНДР ЕГОРОВИЧ (1842—1904) — основатель русской школы химии вина (энохимии). Предложил новое направление в технологии десертных и крепких вин. Удостоен золотой медали Агрономического общества Франции. Автор книг «Виноделие и погребное хозяйство» (1888) и «Основы виноделия» (Одесса, 1897).

САЛЬВАТОРИ — ЭСКВИРОЛЬ — ГУГЕЛАНДА СИНДРОМ (Salvatori, описан в 1817; Esquirol, 1838; Hugeland) — приступообразная необходимость потребления большого количества алкоголя, предшествуемая периодом беспокойства, раздражения. Больной пьет до полной интоксикации и впадает в сон.

«САМАРСКИЙ ПЬЯНИЦА» — газета, первый номер которой вышел в 1993 году в г. Самаре. Редакция газеты объявила своей задачей «защиту гражданских прав пьющих, пропаганду культуры пития, борьбу за упорядочение торговли спиртным». В первом номере содержались советы, как держаться в вытрезвителе, что из спиртного купить без риска отравиться, куда обратиться, если выпил все-таки что-то ядовитое или просто перебрал. Были в нем также всякие статистические сведения: о числе алкоголиков в Самарской области, о количестве выпитого и т.д.

САМАЯ СТАРАЯ БУТЫЛКА РУССКОГО ВИНА — «Мускат розовый Магарач». Она была налита в 1836 году — за год до смерти А.С. Пушкина. Сейчас хранится в винотеке фирмы «Магарач», Ялта, Крым.

САМОГОН — спиртной напиток, изготавливаемый путем перегонки на кустарном оборудовании (обычно в домашних условиях) спиртосодержащей массы, которая получается в результате брожения доступных в домашнем хозяйстве продуктов, содержащих в себе крахмалистые или сахаристые вещества (зерно, картофель, сахар, сахарная свекла, фрукты, ягоды и т.д.). Из-за примитивности оборудования и технологии (см. *Самогонный аппарат*) получается напиток обычно низкого качества как по вкусу, так и по содержанию неприятных или вредных примесей, прежде всего, *сивушных масел* (см.). Крепость самогона достаточно высокая — 30—40% и выше. Ряд медицинских специалистов считает, что при употреблении самогона, в сравнении с более качественными крепкими напитками промышленного производства, отличаются и характер опьянения, и развитие алкоголизма (см. *Опьянение самогоном, Суррогаты алкоголя*).

Население прибегает к изготовлению самогона (самогоноварению) обычно в условиях, когда коммерческие алкогольные напитки становятся недоступными по цене или в результате резкого ограничения их продажи, наложенного государством — вплоть до полного запрета (введения «сухого закона»). Именно тогда государство усиливает преследования за изготовление самогона.

В период антиалкогольной кампании 1985—1988 годов в СССР изготовление самогона и его хранение без цели сбыта наказывалось осуждением к исправительным работам на срок до двух лет или штрафом до 300 рублей (до 400 дол. по офиц. курсу). Эти же действия, совершенные повторно, могли быть наказаны лишением свободы до двух лет. Еще более суровыми были наказания, когда самогон предназначался для сбыта: кроме штрафов и исправительных работ могли быть применены лишение свободы от 1 до 3 лет и конфискация имущества. При повторном таком же правонарушении применялось лишение свободы от 3 до 5 лет с конфискацией имущества. Все эти же наказания применялись за изготовление аппаратов для производства самогона, даже самых примитивных. Наказывалось большим штрафом также и приобретение самогона, изготовленного другим лицом. К самогону в юридическом смысле были отнесены в этот период также и традиционные крепкие напитки, изготовлявшиеся и употреблявшиеся с давних времен в различных народностях СССР: чача, арака, тутовая водка, кумышка и др.

В России после распада СССР уголовное преследование за самогон перестало действовать. В настоящее время (1997) домашнее изготовление любых алкогольных напитков для собственного употребления не запрещено, но продажа самогона не разрешена — как незаконная торговля и нарушение государственной монополии на оборот алкогольной продукции. Она наказывается экономическими санкциями (штрафы и т.д.).

Понятие «самогона» в юридическом контексте появилось в России только во время Гражданской войны 1918—1922 годов, когда отсутствие крепких спиртных напитков в условиях экономической разрухи подтолкнуло население к массовому самогоноварению, несмотря на карательные меры нового государства. В 1922 году только в РСФСР было возбуждено более 500 тысяч уголовных дел о самогоноварении. Но оно продолжало расти: в 1923 году сельское население употребило, по оценкам, 186,9 миллиона литров самогона. Оно упало, только когда государство наладило в 1925 году массовое изготовление и продажу водки.

Вспышка нелегального изготовления крепких спиртных напитков наблюдалась и в ряде западных стран, где вводились резкие ограничения или запрет на их легальную продажу. Ярким примером является период «сухого закона» в США (1919—1932), где в 1924 году объем только конфискованного самогона (англ. «moonshine») поднялся до 6,3 миллиардов литров. До сих пор остается высоким уровень самогоноварения в Норвегии, где сохраняются большие ограничения в объеме государственной монопольной продажи крепких спиртных напитков. По оценкам, около одной четверти потребляемого норвежцами алкоголя приходится на самогон.

Синонимы (разг.): *самопал, самопляс*. Англ.: *moonshine* — букв. «лунный свет».

САМОГОННЫЙ АППАРАТ — кустарно изготовленное, обычно примитивное устройство для получения *самогона* (см.) в домашних условиях из перебродившей закваски (браги) путем перегонки. При бесконечном разнообразии самодельных конструкций в самогонном аппарате имеются три основных компонента: металлическая емкость, в которой нагревается до кипения брага; охлаждающее приспособление для конденсации пара и посуда, в которую стекает образующийся из пара жидкий самогон.

Составные части подбираются нередко из подручных бытовых предметов. Для нагрева браги может использоваться ведро, большая кастрюля, бидон или молочная фляга. Для отвода и охлаждения пара берется длинная медная или латунная трубка, которую обычно сгибают в виде спирали (змеевик) и погружают в емкость (корыто, таз) с холодной водой, льдом или снегом, а для сбора вытекающего из трубки самогона годится любая посуда. Самое уязвимое место в таком аппарате — это место соединения охлаждающей трубки с сосудом, в котором кипит брага. Чтобы не было утечки пара, применяются всякие ухищрения (резиновая пробка с отверстием для трубки, цемент, тесто, другие замазки и т.д.), однако без сварки трудно обеспечить полную герметичность этого стыка.

Если есть возможность, то более удобный и производительный самогонный аппарат изготавливают тайком в производственной мастерской или цехе, с применением сварки или пайки и хороших инструментов. При наличии технических возможностей и высокой квалификации изготовителя сооруженный самогонный аппарат способен давать продукцию, мало уступающую по качеству питьевому спирту, выпускаемому на промышленном спиртовом заводе.

Если нет возможности раздобыть даже самый примитивный самогонный аппарат, то для извлечения самогона из браги нередко используют следующее приспособление. Берется большая кастрюля и наполняется до половины брагой. В брагу ставят дырявую консервную банку такой высоты, чтобы она выступала над брагой. На банку кладут пустую широкую миску. На кастрюлю ставят таз, наполненный водой, со снегом или льдом. Линию соединения таза с кастрюлей замазывают тестом. Далее нагревают на каком-угодно огне кастрюлю до кипения и терпеливо кипятят, пока вся вода в тазе не станет теплой. Таз снимают с кастрюли и обнаруживают в миске готовый самогон — невысокого качества, но вполне пригодный для опьянения.

При государственной монополии на производство и продажу алкогольных напитков обычно преследуется как изготовление самогона, так и самогонных аппаратов, даже самых примитивных. В СССР наказания за эти действия включали и лишение свободы. Могли наказать даже за вышеописанную комбинацию из

15 Зак. № 1055 Мирошниченко

кастрюли, миски и таза, если милиции удавалось застать «злоумышленника» за сооружением такой комбинации.

САМОЕ ДЛИННОЕ НАЗВАНИЕ ПИВНОЙ — принадлежит, согласно «Книге рекордов Гиннесса», пабу в городе Брайтоне, Великобритания. Оно состоит из 83 букв латинского алфавита и звучит так: «Брайтонская пивоваренная компания Берти и Белчера предлагает отведать пива в «Еже и бочонке», что в Хове, а не где-нибудь еще».

САМОУБИЙСТВА ПРИ АЛКОГОЛИЗМЕ — одна из наиболее частых причин смерти больных алкоголизмом. Нередко совершаются в состоянии опьянения (по некоторым данным, до 20% случаев).

Различают 3 группы суицидов (самоубийств) в опьянении: 1) опьянение активизирует длительное подспудное намерение покончить с собой; 2) алкоголь принимается специально, с целью облегчить задуманное самоубийство, к которому в обычном состоянии отношение двойственное; 3) опьянение влечет за собой неодолимое стремление к смерти, так как она представляется единственным способом «развязаться» с жизненными проблемами. В этих случаях самоубийства, особенно у мужчин, зачастую производятся с необычной жестокостью.

У женщин суициды чаще происходят не в состоянии опьянения, а во время похмельного синдрома, протекающего с депрессивными расстройствами.

САМЫЕ ДОРОГИЕ АЛКОГОЛЬНЫЕ НАПИТКИ — бьют рекорды по ценам, главным образом, не за счет их особого питьевого качества, а в связи с историческими, коллекционными или рекламными интересами.

На аукционе «Кристи» в Лондоне в 1985 году за бутылку кларета «Шатолафит», выпуска 1787 года, было уплачено 105 тысяч фунтов стерлингов (покупатель — американец Форбз). На цену повлиял тот факт, что на этикетке стояли инициалы Томаса Джефферсона (1743—1826), третьего президента США. К несчастью, через год пробка этой бутылки, высушенная теплом осветительных ламп, провалилась, что сделало вино непригодным к употреблению.

Бутылка белого вина «Шато д'Икем», выпуска 1784 года, также носящая инициалы Томаса Джефферсона, была продана на аукционе «Кристи» в 1986 году за 36 900 фунтов стерлингов трезвеннику из Иордании Шиблаку.

Рекордную цену за бокал вина — 1700 канадских долларов, как за первый бокал вина «Божоле нуво» нового урожая 1991 года, уплатил 21 ноября 1991 года Джозеф Нешода, владелец местного ресторана и винного бара, на аукционе в канадском городе Торонто.

Самым дорогим российским вином стало вино типа «Портвейн белый Ливадия» 1891 года из коллекции вин крымского предприятия «Массандра», бутылка которого была продана на аукционе «Сотби» в Лондоне 2 апреля 1990 года за 2900 фунтов стерлингов. На цену повлияло то, что на бутылке имелись оттиски русской императорской печати и двуглавого орла — герба Российской империи. Притом вино оказалось отменного качества.

САМЫЕ СТАРЫЕ ВИНА — обнаруживаются археологами при раскопках древнейших поселений. В гробнице, обнаруженной в 1980 году в китайской провинции Синьянь, были найдены две бутылки с вином, дата рождения которого была определена 1300 годом до н.э.

При раскопках поселения в горах Северного Ирана были обнаружены затвердевшие остатки, пожалуй, самого старого вина из найденных в мире. Желтоватые остатки этого напитка лежали на дне глиняного кувшина среди развалин дома — жилища каменного века. В их составе определили винный камень и канифоль, которая, как предполагают, добавлялась против прокисания вина. Оценка возраста — около 7 тысяч лет.

На обнаруженном во время раскопок в Риме запечатанном кувшине, в котором вино было еще жидким, была нанесена надпись: «FAL MAS Q. LUTATIO C. MARIO COS», которая означала, что это вино было произведено в правление римских консулов Кв. Лутация и Г. Мария, т.е. в 102 году до н.э.

САМЫЙ БОЛЬШОЙ РЕСТОРАН В МИРЕ — находится, согласно книге рекордов Гиннесса, на окраине Бангкока (Таиланд). Название ресторана — «Королевский дракон». Площадь его зала превышает площадь четырех футбольных полей (3,34 га), он может одновременно принять 5000 клиентов. Чтобы не задерживалась доставка заказанного из кухни на столы, официанты мчатся с подносами между столиками на роликовых коньках. Всего в штате ресторана 1200 человек, а в меню — около 1000 разных блюд.

Чтобы попасть на работу в этот ресторан, претендент должен показать умение кататься на роликовых коньках и в течение месяца шлифовать это умение под руководством инструктора ресторана.

САНГАРИ — коктейли, отличающиеся тем, что они посыпаются мускатным орехом, измельченным на терке. Обычно готовятся из крепкого алкогольного напитка, сиропа или ликера. Подаются холодными или горячими, в соответствии с чем разбавляются холодным либо горячим вином или пивом. Компресс-сангари: перцовая настойка — 35 мл; сахарный сироп — 15 мл; пиво — 100 мл; мускатный орех. Московский сангари: настойка «Старка» — 35 мл; сахарный сироп — 15 мл; пиво — 100 мл; яйцо и мускатный орех.

САНДИ — освежающий коктейль, приготавливаемый из

фруктовых сиропов, соков протертых фруктов, мороженого с добавлением небольшого количества ароматизированных спиртных напитков.

САТУРАЦИЯ — газирование, насыщение и перенасыщение вина и других напитков углекислым газом под давлением в специальных аппаратах — сатураторах.

САХАР ОСТАТОЧНЫЙ — углеводы, не распавшиеся под действием дрожжей в процессе изготовления вина. Наибольшее практическое значение имеет содержание остаточного сахара для столового вина и недобродов. В сухих столовых винах оно не должно быть более 0,3 г/л. В недобродах, напротив, определенное количество сахара оставляют путем искусственного прерывания брожения, для того чтобы получить в дальнейшем игристое вино с помощью вторичного брожения.

СБИТЕНЬ — старинный горячий (иногда слабоалкогольный) напиток, который был популярен в России и Белоруссии. Готовился на меду с пряностями: в кипяток с медом добавляли при размешивании перец, гвоздику, корицу, мускатный орех, лавровый лист и иногда также пиво или спирт.

Сбитень продавался на улицах разносчиками — «сбитенщиками», а также в специальных заведениях — «сбитенных курenях», где его готовили и где можно было посидеть за стаканом этого горячего напитка.

«СВЕТСКИЙ ЧЕЛОВЕК» — книга о хороших манерах и правилах приличного поведения, изданная в России в 1880 году для широкого читателя. (В Ленинграде в 1991 г. вышла ее перепечатка.) Заметное место в ней отведено и отношениям с алкоголем, в частности, в гостях на званом обеде.

В ней сообщается, что, по обыкновению, «перед каждым прибором ставят две или три непочатые, но раскупоренные бутылки разного столового вина, но это не доказывает еще, что это вино должно непременно выпить: кто не имеет привычки его употреблять, тот может вовсе не прикасаться к бутылкам или только подкрашивать им воду, и вообще молодые люди хорошо сделают, осторожно воздерживаясь от излишеств в этом случае, потому что даже при привычке пить вино иные сорта бывают очень крепки и легко бросаются в голову. Девицы и молодые женщины должны взять за неизменное правило пить только дома известные им своими качествами вина или употреблять их как лекарство после болезни для восстановления сил...

...Нынче же, когда мы, русские, по словам новых людей, слились с Европою и сделались подражателями американцев (к сожалению, более в дурном, чем в хорошем), молодые женщины, стремясь к правам мужчины, нисколько не стыдясь, пьют вино за столом, без церемонии протягивая рюмку лакею... Нововведение это вкралось в ущерб женской красоты и скромности.

Так как большей частью гости бывают размещены за столом так, что мужчина сидит возле дамы, то очень естественно ему быть к ней внимательным, предупреждая и исполняя ее желания...

...У англичан не принято, чтобы дама или девица протянула своему кавалеру пустую рюмку, прося его налить ей такого и такого вина. Ее, бедняжку, осмеяли бы за такое бесстыдство, а потому кавалер, сидящий возле нее, обязан предупредить подобную для нее неприятность, наливая в ее рюмку вино по ее выбору. У нас и у французов не существует этой щепетильности, и не только молодые женщины, но и девицы имеют право, нисколько не возбуждая насмешек, просить кавалера налить в рюмку хереса или лафита. Пить вино не должно никогда залпом или пощелкивая губами, как делают иные охотники и знатоки, для женщины это не годится, так как предполагается, что она пьет вино только в гигиеническом отношении, а вовсе не как лакомое питье.

В былые времена кавалер, налив себе рюмку вина, должен был обращаться к соседке с желанием ей здоровья, нынче же этот стеснительный этикет совершенно вышел из обыкновения и сохранился еще только при шампанском. Когда кавалер пьет за здоровье своей соседки, она должна ответить ему тем же, но, если ей запрещено докторами пить шампанское, она может просить налить в ее бокал очень малое количество, вполне безвредное для ее здоровья, обмакнуть в него губы и, слегка наклонив голову в сторону кавалера, поднести свой бокал к его бокалу. Настаивать же на большем приеме или просить возобновить его было бы со стороны кавалера крайне неприлично и даже дерзко.

Зная, что в доме, где вы обедаете, хозяин любит щеголять разнообразием вин и отказываться от них будет значить сделать ему неприятность, не давайте лакею наливать вам полные рюмки, а ограничивайтесь всякий раз весьма небольшим количеством, так как смешение сортов вредно действует на голову и легко охмеляет человека.

Для различных вин подаются и разного вида рюмки. Например, для шампанского — бокалы, для рейнвейна — плосковатые рюмки из темного стекла, для бургундского — широкие хрустальные кубки (равно как и для кларета), для хереса и мадеры — обыкновенные рюмки, для токайского — зеленого стекла, для портвейна — большие рюмки в форме колокола. Светские люди твердо знают эти различия и не подвергнут себя насмешкам, протянув лакею обыкновенную рюмку, когда он предлагает портвейн, и не нальют хереса в зеленого стекла кубок.

Все водки, ром, коньяк употребляются для возбуждения аппетита, приготовляя желудок безнаказанно принимать маловарительную пищу, и чем скорее проникнут они в пищеварительные органы, тем легче человек выдержит излишнее количество пищи. Поэтому крепкие напитки рекомендуется выпивать залпом... Пропуская же крепкий напиток малыми глотками, мы приводим только в раздражение горловую оболочку, в которой от этого происходит неприятное щекотанье, возбуждающее кашель. Но опять-таки повторяем: и залпом выпить рюмку водки должно прилично, не закидывая безобразно голову назад, не раскрывая безмерно рот и не покрякивая после приема».

СВИФТ ДЖОНАТАН (1667—1745) — английский писатель-сатирик. Изобразил устами героя своего произведения «Путешествие Гулливера» взаимоотношения соотечественников с алкоголем следующим образом: «Вино, привозимое к нам из чужих стран, служит не для восполнения недостатка в воде и в других напитках, но <эта> влага веселит нас, одурманивает, рассеивает грустные мысли, наполняет мозг фантастическими образами, убаюкивает несбыточными надеждами, прогоняет страх, приостанавливает на некоторое время деятельность разума, лишает нас способности управлять движениями нашего тела и в заключение погружает в глубокий сон; правда, нужно признать, что от такого сна мы просыпаемся всегда больными и удрученными и что употребление этой влаги рождает в нас всякие недуги, делает нашу жизнь несчастной и сокращает ее». Свифт целил в своих сограждан, однако эта характеристика явно подходила к любой европейской нации.

«СВОБОДНАЯ ЖИЗНЬ» (фр. *vie Libre*) — французская ассоциация взаимопомощи алкоголиков с целью воздержания от алкоголя.

СВЯТОЧНАЯ — горькая настойка. Приготавливается на настоях зверобоя, календулы, миррис душистой, пижмы бальзамической, корня аира, ромашки аптечной, женьшеня (надземная часть). Имеет светло-желтый цвет, мягкий вкус с легкой горечью, цветочно-травянистый аромат хорошей интенсивности. Содержание спирта 40% об.

СГУЩЕННОЕ ВИНО — нередкое, по-видимому, явление в древние времена. Греки и римляне хранили вино не только в глиняных амфарах, но также в бурдюках, из которых вода постепенно испарялась. При длительном хранении вино сгущалось до такой степени, что получалась плотная масса, которую для питья разводили водой. Современные исследователи указывают, что в таком сгущенном вине остается очень мало спирта, однако следует учесть, что древние ценили вино не только как опьяняющий напиток, но и как полезный, долгохранящийся и удобный в употреблении продукт питания.

Древнеримский писатель и ученый Плиний Старший упоминает о вине, которое за сто лет хранения стало густым, словно мед, и для питья его разбавляли горячей водой. Знаменитый римский врач Клавдий Гален писал о некоторых азиатских винах, которые приобретали твердость соли вследствие медленного испарения, происходившего в сосудах, подвешенных в углах дымовых труб. О выпаренном до густоты сиропа вине сообщал и Аристотель. Императрица Ливия, вторая супруга римского императора Августа, была уверена, что своему крепкому здоровью в возрасте 82 года она обязана ежедневному употреблению очень густого вина.

СЕНЕКА (ок. 4 г. до н.э. — 65 н.э.) — древнеримский философ и писатель, представитель стоицизма. Сейчас часто цитируется его высказывание, что «опьянение — не что иное, как добровольное безумие». Вместе с тем, в сочинении, откуда взята эта фраза, Сенека разъясняет, что последствия зависят от того, каков человек.

«Пьянство не создает пороков, а только выставляет их напоказ». «Пьянство и разжигает, и обнажает всякий порок, уничтожая стыд, не допускающий нас до дурных дел. Где душой овладевает слишком сильный хмель, все скрытое зло выходит наружу». «Между пьяным и пьяницей — большая разница: пьяный может быть пьян впервые и не подвержен этому пороку, а пьяница нередко бывает и не под хмелем». «Мы еще посмотрим, придет ли дух мудреца в расстройство от лишнего вина и будет ли мудрый делать то, что всегда делают пьяные». Однако если мудрости не хватает, то «как от долгой болезни люди становятся плаксивыми, раздражительными, так что малейшая обида приводит их в бешенство, так от непрестанного пьянства становится свирепой душа; когда она часто не в себе, то пороки, укрепленные привычным безумием, возникнув во хмелю, и без него не теряют силы».

Сенека был в течение нескольких лет воспитателем будущего императора Нерона. К несчастью, придя к власти, Нерон оказался предельно жестоким и распущенным, в том числе и в отношении пьянства, и хотя Сенека первые годы был одним из его ближайших сановников, дело кончилось тем, что Нерон приказал своему бывшему наставнику покончить самоубийством. Что тот и сделал вместе с женой.

СЕРДЕЧНЫЕ ГЛИКОЗИДЫ И АЛКОГОЛЬ — при взаимодействии могут вызвать нежелательные последствия. Первый этап биотрансформации гликозидов протекает при участии альдегиддегидрогеназы, поэтому прием алкоголя создает условия конкуренции за фермент и затрудняет их инактивацию, что повышает опасность развития гликозидной интоксикации. При хроническом алкоголизме, если отсутствуют поражения внутренних органов, развивается толерантность к сердечным гликозидам. При алкогольном поражении миокарда и нарушениях электролитного баланса высок риск гликозидной интоксикации. В этих условиях (особенно в состоянии абстиненции) при применении гликозидов вследствие повышения возбудимости сердца часто возникают нарушения сердечного ритма.

СИВАДОНА — БЮКЕРЕЛЯ СИНДРОМ (Sivadon M.P., Buquerell, опубл. в 1946) — влечение к употреблению вовнутрь духов и одеколона как разновидность токсикомании.

СИВУХА (СИВАК, СИВОЛДАЙ) (разг.) — плохо очищенная водка (или самогон) крайне низкого качества, мутная или сероватая (сивая) по цвету.

СИВУШНОЕ МАСЛО (англ. *fusel oil*) — побочный продукт спиртового брожения, вредная примесь, попадающая в алкогольные напитки при перегонке, чаще — в напитки кустарного изготовления. Отделенное от спирта при его очистке, сивушное масло представляет собой маслянистую жидкость от светло-желтого до красно-бурого цвета. В его составе принято различать две группы веществ: вещества с точкой кипения ниже точки кипения этилового спирта (78,4°С) и выше нее. В первую группу входят в основном ацетальдегид и уксусно-этиловый эфир, во вторую — изопропиловый, пропиловый, амиловый, изоамиловый, изобутиловый спирты, пиридин, масляно-этиловый эфир, фурфурол.

Наибольшую опасность представляет изоамиловый спирт, который может составлять до 60% сивушного масла. При употреблении небольшого количества чистого изоамилового спирта человек не испытывает сразу выраженных неприятных ощущений, отсутствует и стадия опьянения. Однако уже через 5—10 минут может произойти потеря сознания и наступить коматозное состояние.

Пропиловый и изопропиловый спирты, составляющие также значительную часть сивушного масла, оказывают выраженное угнетающее действие на углеводную функцию печени, вызывают изменения крови — увеличение числа лейкоцитов, уменьшение содержания нуклеиновых кислот, снижение активности ферментов оксидазы и каталазы (обеспечивающих кислородный обмен).

Другие компоненты сивушного масла не менее ядовиты, но присутствуют в меньшем количестве. В самогоне, приготовленном из сахара́, содержится 0,21—0,42% сивушного масла; из ржаной муки — 0,3—0,63%; из ячменя — 0,52%, из кукурузы — 0,82%. В водке, произведенной на промышленных предприятиях, его содержание не должно превышать 0,03%.

СИЛЕНЫ — в греческой мифологии демоны плодородия, воплощение стихийных сил природы. Составляют вместе с сатирами свиту бога вина и винограда — Диониса (Вакха). Приемным отцом и воспитателем Диониса был тоже силен. Силены славятся задиристым нравом, страстью к вину, ухаживанием за нимфами. В праздничных вакхических шествиях силена традиционно изображал грузный седок на осле, сильно пьяный, поддерживаемый с боков «сатирами», чтобы он не свалился.

Силены — излюбленный образ искусства в античные и более поздние времена. И хотя их чаще всего изображали изрядно пьяными и вызывающими улыбку, иногда опьянение силена интерпретировалось как вдохновенное опьянение прорицателя, могущего открыть людям тайну бытия. У римского поэта Вергилия (70—19 гг. до н.э.) есть такой текст: «Пастухи и нимфы нашли спящим пьяного силена; они связали его венками и, разбудив, стали требовать от него вдохновенных песен. Он запел, и тотчас вокруг него фавны и все животные принялись вертеться в такт его ритмических стихов; даже самые старые сильные дубы и те закивали в такт своими верхушками. Силен пел о том, как в бесконечной пустоте необъятного пространства собирались все начала, все причины сотворения воздуха, земли и воды, и как из этих первых элементов образовались все существа, как, вначале только мягкая глина, шар земной мало-помалу округлился и, став твердым, принудил моря войти в берега. Он воспевал землю, пораженную первыми лучами солнца, облака, поднимающиеся в пространстве для того, чтобы с высоты небес вернуться на землю в виде дождя, леса с их колеблющимися вершинами и немногочисленных еще животных, блуждающих по неизвестным горам».

Платон видел в силене эмблему мудрости, скрытой под отталкивающей наружностью. В Македонии показывают место, именуемое «Садами Мидаса», где царь Мидас поймал силена, подмешав вино в воду источника, из которого тот пил.

СИМЕОН ПОЛОЦКИЙ (1629—1680) — российский церковный и общественный деятель, наставник царских детей, один из основателей русской поэзии. Среди его сочинений есть стихотворение «Вино», в котором говорится:

«Вино хвалити или хулити — не знаю, // Яко в оном и пользу и вред созерцаю. // Полезно силам плоти, но вредные страсти // Возбуждает силою, свойственной сласти».

СИММЕЛА ТИПЫ ПЬЯНИЦ — психодинамическая классификация (типология) пьянства (алкоголизма), предложенная психоаналитиком Симмелом (E. Simmel, 1948). Выделяются 3 типа: невротический пьяница, реактивный пьяница и социальный пьяница.

В первом случае речь идет о «невротике», для которого пьянство служит средством «ухода от себя». Невроз у него формируется еще в детстве вследствие того, что родители запрещали ему то, что позволяли себе. Таким образом образуется «множественное супер-эго», которое с помощью алкоголя подталкивается к вседозволенности. Алкогольная эйфория является «триумфом в психической экономии невротика» и представляет собой «дегенитализированную сексуальность».

«Реактивное пьянство» обусловлено чувством «бесплодности личной жизни», которая явилась результатом «подавления инстинктивных желаний».

«Социальный пьяница», по Симмелу, это личность, которой необходимо принимать хотя бы небольшие дозы алкоголя, чтобы чувствовать удовлетворение от общения с другими людьми.

СИМПОСИАСТ — участник пирушки, *симпосия* (см.) в Древней Греции.

СИМПОСИЙ (греч. *symposion* — пиршество) — пирушка, попойка в античном обществе, организуемая, как правило, после совместной трапезы. Детальное представление о симпосиях времен греческой античности можно получить из рисунков на вазах и из письменных источников (Ксенофонт, Плутарх, Лукиан, Петроний и др.).

Участники симпосия («симпосиасты») нередко увенчивали себя цветами. Для руководства ходом пиршества из участников выделялся «симпосиарх» (распорядитель, глава пира). Симпосий открывался жертвенным возлиянием. Пирующие не только услаждались вином, но и под руководством симпосиарха развлекались пением, разгадыванием загадок и интеллектуальными играми. В увеселениях участвовали гетеры, танцоры и мимы.

От слова «симпосий» происходит современное слово «симпозиум» — совещание, конференция по специальному научному вопросу.

СИМПТОМ ВОЛОСА (описан Вассерманом М. А. в 1941 г.) — ложное ощущение во рту инородного тела, чаще всего волоса или нити, вызывающее у больного попытку освободиться от него с помощью движений языка и губ. Наблюдается при различных интоксикационных психозах, в том числе при некоторых вариантах алкогольного делирия.

Синонимы: *симптом инородного тела, симптом постороннего тела во рту, галлюцинаторное ощущение волос во рту и в горле, ротоглоточные галлюцинации инородного тела.*

СИМПТОМ ОБИРАНИЯ — однообразные движения, имитирующие процесс снимания чего-то со своего тела или с одеяла, простыни. Наблюдается при муссирующем алкогольном делирии, аментивном состоянии.

СИМПТОМАТИЧЕСКИЙ (ВТОРИЧНЫЙ) АЛКОГОЛИЗМ — обобщающее понятие для обозначения различных форм злоупотребления алкоголем у психически больных. В данном случае злоупотребление алкоголем рассматривается как симптом, непосредственно связанный с психическим заболеванием: например, больной пьет, чтобы подавить депрессию, устранить чувство внутреннего напряжения, страха, освободиться от болезненных идей преследования. Вторичный, или симптоматический, алкоголизм может также являться следствием дисфорических, гипоманиакальных состояний.

Формы потребления алкоголя при вторичном алкоголизме существенно отличаются от таковых при первичном алкоголизме. Алкогольные эксцессы непосредственно связаны с обострением симптоматики основного психического заболевания. В периоды ремиссии первичное патологическое влечение к алкоголю может отсутствовать. Более того, возможно умеренное употребление спиртных напитков с сохранением количественного и ситуационного контроля.

В ряде случаев симптоматического алкоголизма симптоматика основного психического заболевания стерта, соответствует состоянию ремиссии, но она может стать «пусковым механизмом» тяжелых алкогольных эксцессов с компульсивным влечением к алкоголю, утратой ситуационного и количественного контроля, тяжелым опьянением, антисоциальным поведением в опьянении, крайне злокачественными формами пьянства.

СИНДРОМ ПОХМЕЛЬЯ — см. *Абстинентный синдром алкогольный*.

СИНДРОМ ПРИКРЫТИЯ — переход от «открытого» к «скрытому» пьянству как раннее проявление наступающей болезненной зависимости от алкоголя, сопряженное с появлением симптома утраты *количественного контроля* (см.) и с трудностями сохранения *ситуационного контроля* (см.)

Развитие синдрома прикрытия означает, что у человека уже возникли проблемы, связанные с употреблением алкоголя, он их сознает, но не в состоянии по собственной воле прекращать употребление алкоголя. При этом он страдает от мысли, что необходимо скрывать употребление алкоголя также и от близких. Это усиливает у него беспокойство, тревогу, чувство вины на фоне учащающихся конфликтов в семье, где ему приходится давать обещания прекратить пьянство. Все это становится основой для развития психического дискомфорта, характерного для раннего этапа алкоголизма.

СИНДРОМ УТРЕННЕЙ РВОТЫ — иногда наблюдается у больных алкоголизмом и обусловлен наличием алкогольного гастрита. Проявляется рвотой натощак слизью.

СИНЕРГИЗМ АЛКОГОЛЯ С ДРУГИМИ ВЕЩЕСТВАМИ — совместное действие алкоголя и некоторых других веществ, при котором эффект каждого взаимно усиливается. В результате суммарный эффект становится выше суммы эффектов по отдельности. Это явление необходимо учитывать при приеме некоторых лекарств, когда следует полностью исключить употребление алкогольных напитков. Примером являются барбитураты, совместный прием которых с алкоголем при простом суммировании эффектов должен бы давать лишь выраженное успокаивающее (седативное) действие, в действительности же может привести к глубокой коме и даже смерти. См. *Лекарств взаимодействие с алкоголем.*

СИСТЕМАТИЧЕСКОЕ ПЬЯНСТВО — прием опьяняющих доз алкоголя с более или менее регулярной частотой (1—2 раза в неделю).

СИТУАЦИОННЫЙ КОНТРОЛЬ — способность выпивающего определять, в каких ситуациях употребление спиртного допустимо и в каких — непозволительно. Формирование ситуационного контроля во многом определяется отношением общества к употреблению алкогольных напитков и воспитанием. Утрата ситуационного контроля является признаком прогрессирующего алкоголизма.

На ранней стадии, когда пьющий осознает, что у него утрачивается количественный контроль и что, начав пить, он не сможет остановиться, он еще старается избегать ситуаций, когда его пьянство может быть обнаружено и пострадает его репутация. Он старается пить либо в одиночестве, либо в постоянной пьющей компании, либо со случайными собутыльниками. «На людях» (в гостях или других местах, где напиваться непозволительно или предосудительно) он либо совсем не пьет, либо ограничивается минимальной («субкритической») дозой, не вызывающей даже начальных признаков опьянения. В кругу постоянных собутыльников, вне семейного и служебного контроля, он «отводит душу», напивается до глубокого опьянения.

Утрата ситуационного контроля вместе с утратой контроля количественного происходит практически на II стадии алкоголизма.

СКОЛИОН (греч. *skolion*) — короткая застольная песня, состоящая, как правило, из четырех строк, которая исполнялась древними греками в виде кругового запева на пирушке (*симпосии* — см.). Сколион мог быть импровизацией, общеизвестным стихотворением или специально придуман для данного случая. Тема могла быть политической (например, восхваление тираноубийц), философской, шутливо-бытовой и т.д.

СКОНС (англ. *sconce*) — штраф в виде большой кружки пива, которую нужно выпить залпом, согласно традиции, существующей в Оксфордском университете среди старшекурсников. Наказание назначается за нарушение правил приличия и хороших манер, например, за скверную шутку, хвастовство успехами в зубрежке или за унижающее обращение к женщине, и выполняется во время совместного обеда. Виновный, не сумевший одолеть кружку одним махом, должен выставить пиво на всю компанию.

СКРИНИНГ НА АЛКОГОЛИЗМ (англ. *screening*, от *screen* — просеивать, сортировать, отбирать) — массовое обследование населения для выявления лиц, у которых с большой вероятностью можно предполагать наличие алкоголизма или высокого риска заболеть им. В настоящее время скрининг широко применяется во многих странах как составная часть эпидемиологических исследований. Чаще всего используется анкетный метод, реже, значительно более дорогой — лабораторный (с использованием специальных лабораторных тестов).

Существует целый ряд разновидностей скрининговых (тестовых) анкет, среди которых наиболее популярными и проверенными являются такие, как MAST (Michigan Alcoholism Screening Test); SMAST (Short MAST — укороченная анкета MAST); AUDIT (Alcohol Use Disorder Identification Test); CAGE; SAAST (Self-administered Alcoholism Screening Test) и др. (см. соотв. статьи).

По некоторым данным, чувствительность тестирования (процент выявляемых алкоголиков из имеющихся в обследуемом населении) с помощью такой анкеты, как MAST, достигает 98%. Некоторые виды анкет разработаны для обследования специфических групп населения, например, для подростков (POSIT — Problem Oriented Screening Instrument for Teenagers); для женщин (TWEAK). Анкета SAAST предназначена для самодиагностики алкоголизма. Лабораторный метод скрининга обычно основывается на определении некоторых ферментов в крови (таких, как *гамма-глутамилтранспептидаза — ГГТ* (см.) и аспартатаминотрансфераза — АСТ, активность которых может сильно изменяться при систематическом злоупотреблении алкоголем. Предполагается, что на хроническое употребление алкоголя реагируют достаточно специфично такие показатели, как средняя величина объема эритроцитов (см. *Эритроцитов объем*) и свертываемость крови, что также используется в скринингах.

СЛАБОАЛКОГОЛЬНЫЕ ВИНОГРАДНЫЕ НАПИТКИ (ВИНА) — напитки с низким содержанием спирта (не более 7—8%), имеющие вкус вина. Существует несколько способов их приготовления. По одному из способов их готовят путем смешивания (купажирования) столовых вин с безалкогольными компонентами — водой, соками, фруктовыми эссенциями.

Наиболее известные слабоалкогольные напитки «Гешпритцер» (Gespritzer) (Австрия) и «Шпритц» (Spritz) (ФРГ) представляют собой смесь сухого вина с водой. Напиток «Сангрия», выпускаемый в Испании, является смесью красного или белого сухого вина с водой, сахаром, эссенциями или настоями и соками цитрусовых или других плодов. Имеет крепость 5—7% и содержание сахара от 0,5 до 7 грамм на 100 миллилитров. Экспортируется в США, ФРГ, Швейцарию, Скандинавские страны. В Аргентине под этим же названием выпускают газированный напиток, получаемый в результате смешивания красного столового вина, виноградного сока или концентрированного виноградного сусла и натуральной цитрусовой эссенции (допускается введение лимонной кислоты). Крепость напитка 5—12%, содержание сахара 10 грамм на 100 миллилитров. В Бразилии подобный напиток готовят смешением в равных пропорциях виноградного вина с натуральными соками (апельсиновым, яблочным, ананасовым и др.).

Другим способом изготовления слабоалкогольных напитков является удаление спирта из столовых вин, причем для сохранения исходных вкусовых свойств применяются «мягкие» методы отгонки спирта — при низких температурах и глубоком вакууме. Иногда предварительно проводят экстрагирование из вина ароматических веществ, которые возвращаются затем в готовый продукт. Для удаления спирта предложены также технологии, основанные на диализе, обратном осмосе, ультрафильтрации и др. В Грузии путем отгонки спирта из виноматериалов в щадящем режиме получают безалкогольные вина *«Гвиниса»* (см.), *«Армази»* (см.) и «Цицкари» с содержанием спирта 0,5%.

Еще одним способом является частичное сбраживание виноградного сусла с остановкой брожения на ранней стадии. В Аргентине таким способом выпускается напиток «Чича», имеющий крепость 5%, сахаристость 8 грамм на 100 миллилитров.

СЛАДОСТЬ ВИНА — одна из характеристик виноградного вина, связанная с содержанием в нем сахара в виде глюкозы и фруктозы. Она может колебаться от 0,3% (сухие вина) до 35% (ликерные виноградные вина). Дегустаторы различают следующие оттенки сладости вина: сладость легкая (у полусладких вин); гармоничная, благородная (у десертных вин); слащавая; приторная; негармоничная.

СЛИВОВИЦА — сливовая водка, традиционно изготовляемая в ряде восточно-европейских и балканских стран — Венгрии, Словакии, Румынии, странах бывшей Югославии. Приготавливается на спирте, полученном из черной сливы типа «венгерки». Применяется двойная перегонка. Перед сбраживанием сливовой массы примерно одна треть косточек раздробляется для придания напитку характерного запаха.

СЛУЧАЙНОЕ УПОТРЕБЛЕНИЕ АЛКОГОЛЯ — употребление алкогольных напитков — как правило, редкое, по чисто случайным, ситуационным причинам. Такими причинами могут быть семейные торжества, праздники, различные ритуалы и церемонии, сопровождающиеся обязательным угощением алкогольными напитками, или какие-либо чрезвычайные ситуации. Состояние опьянения в таких случаях не является целью употребления алкоголя и нередко сознательно избегается.

СМЕШАННЫЕ НАПИТКИ — напитки, которые готовятся прямо за столом в домашних условиях или за стойкой бара путем смешения различных составных частей в соответствии с рецептурами. Смешивают виноградные вина, ликеры, виски, водку, коньяк, ром, а также сахар, пряности, плодово-ягодные соки и многое другое. Существуют следующие группы смешанных напитков, отличающихся составными частями и особенностями приготовления: коктейли, кремы, пунши, коблеры, джулепы, шербеты, флипы, боули, физы и др.

СМИРНОВ ПЕТР АРСЕНЬЕВИЧ (1831—1898) — основатель одной из самых известных и крупных в дореволюционной России водочных фирм «Товарищество Петра Арсеньевича Смирнова». Возникла она в 1860 году с небольшой винного торгового заведения с 9 служащими у Чугунного моста в Москве.

Петр Арсеньевич Смирнов — самый знаменитый русский водочный фабрикант

Через четыре года был построен водочный заводик, где работало 25 человек. К середине 80-х годов он превратился в крупное современное предприятие с электрическим освещением и числом рабочих более полутора тысяч. Выпускаемая им пшеничная водка под названием «Смирновская» получила широкое признание не только в России, но и за рубежом. Завод производил также множество сортов других водок, настоек, бальзамов и даже виски. Всего продукции выпускалось на 17 миллионов рублей в год. Семь стекольных заводов поставляли ему бутылки разных фасонов, четыре литографии печатали для «Товарищества Смирнова» 60 миллионов этикеток и ярлыков. Только на одни пробки фирма тратила 120 тысяч рублей ежегодно.

В 1886 году Смирнов получил звание поставщика Российского Императорского Двора и Двора великого князя Сергея Александровича, а затем — Двора королевского величества Оскара II, короля Швеции и Норвегии. За поставку водки императорскому двору ему был пожалован орден, и четырежды его продукция удостаивалась чести изображать на этикетках Государственный Герб Российской империи.

Кроме знаменитой смирновской водки «Товарищество» вело широкую торговлю вином, как отечественным, так и иностранным, которая составляла около 100 миллионов бутылок в год. В подвалах фирмы всегда находились на выдержке 15 тысяч бочек с вином, общим объемом более полумиллиона ведер. Кроме огромного центрального склада в начале улицы Пятницкой, в Москве имелось 15 запасных. Нередко за неимением места в погребах еще до 3 тысяч 40-ведерных бочек со вновь прибывшим вином лежало во дворе. Вино скупалось в южных районах (в том числе в Кизляре) и на Нижегородской ярмарке, купажировалось и выдерживалось в своих подвалах, а потом шло в торговлю.

Всего в «Товариществе» трудилось более 5000 рабочих и служащих. Фирмой управляли также один из братьев Петра Арсеньевича и двое из трех старших сыновей (всего у него было 13 детей).

Продукция П. А. Смирнова получала почти на всех выставках высокие награды. Большие золотые медали были получены на выставках в Париже, Чикаго и Барселоне.

У фирмы Смирнова был девиз: «Давать лучшее, вырабатывать продукты из первоклассных русских материалов и не жалеть средств и затрат на усовершенствование производства».

После кончины Петра Арсеньевича его старшие сыновья в 1902 году ликвидировали «Товарищество П.А. Смирнова» и основали Торговый дом «Петр, Николай и Владимир Петровичи Смирновы, торгующие под фирмой П.А. Смирнова в Москве». Примерно в те же годы, когда существовала фирма П.А. Смирнова, действовала и активно конкурировала с ним водочная фирма другого Смирнова — его двоюродного брата Ивана Алексеевича. Она старалась взять верх не за счет масштабов производства, а за счет особенно высокого качества водки. Фирма «И. А. Смирнов» для своей водки название «Смирновская» не использовала.

В настоящее время в США производится водка «Смирнофф» (Smirnoff), пользующаяся большой популярностью в мире. Ее выпускает фирма «Хьюблайн», выкупившая дело у эмигранта из России Рудольфа Кунета, который, в свою очередь, приобрел в 1933 году права на эту водку у сына Петра Смирнова — Владимира Смирнова, покинувшего Россию после революции 1917 года. «Хьюблайн» продает ежегодно около 15 миллионов ящиков водки «Смирнофф». По популярности она прочно занимает место лидера среди наилучших водок мира, далеко обогнав по объему продажи знаменитую шведскую водку «Абсолют» (4,5 миллионов ящиков в год).

В 1990-х годах в России объявились наследники П.А. Смирнова, которые стали оспаривать право «Хьюблайн» на выпуск водки с его именем. В Москве возникла фирма «Торговый дом потомков П.А. Смирнова», которую возглавил Б.А. Смирнов от имени 17 прямых потомков Смирнова. Фирма наладила выпуск сорокаградусной водки под названием «Настоящая Смирновская водка» с подзаголовком «Столовое вино № 21», как она называлась при Петре Смирнове. Свою тяжбу против американских конкурентов московская фирма выиграла в российском суде. Тем не менее «Хьюблайн» оспаривает правомерность решения суда, заручившись поддержкой еще пяти других прямых потомков П.А. Смирнова, и продолжает проникать со своей водочной продукцией на территорию России.

СМЯТЕНИЕ ЯЗЫКОВ — эпизод из Библии, когда в 50-й день после вознесения Христа на Апостолов «сошел Святой Дух» и сделал их способными говорить на многих «иных» (т.е. иностранных) языках, дабы они могли нести в разные народы учение Христа. В Иерусалиме в этот день находились люди «из всякого народа под небесами», которые «пришли в смятение», когда услышали из уст апостолов «собственное наречие, в котором родились». Чтобы объяснить это чудо, «иные, насмехаясь, говорили: они напились сладкого вина». Апостол Петр опроверг этот домысел в адрес своих сотоварищей, заявив, наряду с прочими пояснениями, что «они не пьяны, как вы думаете, ибо теперь (лишь) третий час дня». Эти слова свидетельствуют, что в те древние времена существовал строгий обычай не пить раньше вечера, который не потерял своей значимости и в наши дни. (Новый Завет. Деяния Святых Апостолов, гл. 2.)

СНА РАССТРОЙСТВА ПРИ АЛКОГОЛИЗМЕ — см. *Диссомния*.

СНОТВОРНЫЕ СРЕДСТВА И АЛКОГОЛЬ — при взаимодействии обусловливают последствия, которые должны учитываться при использовании снотворных препаратов. При условии острой алкогольной интоксикации наблюдается усиление снотворного эффекта барбитуратов, вследствие как синергизма их действия на ЦНС, так и влияния этанола на их фармакинетику. При концентрациях этанола в содержимом желудка до 10% всасывание барбитуратов ускоряется, при более высоких — замедляется. Облегчается проникновение длительно действующих препаратов (барбитала, фенобарбитала) через гематоэнцефалический барьер. При выраженной алкогольной интоксикации экскреция снотворных несколько снижается в связи с гипотензией и уменьшением почечного кровотока. Все эти факторы приводят к тому, что период полувыведения снотворных препаратов из организма возрастает вдвое. Комбинация барбитуратов с алкоголем резко повышает их токсичность, что даже на фоне легкого опьянения (концентрация этанола в крови менее 0,1%) может привести к угнетению дыхательного и сосудодвигательного центров и к летальному исходу. Алкоголь снижает смертельную дозу барбитуратов в 2 раза.

При хронической алкоголизации развивается перекрестная толерантность к барбитуратам, связанная не только с привыканием нервной системы, но и с индукцией микросомальных окислительных ферментов и ускорением биотрансформации снотворных препаратов. Однако несмотря на активацию их метаболизма, вероятность отравления велика, так как летальная доза возрастает в меньшей степени, чем терапевтическая. Установлено также, что длительное применение фенобарбитала больными алкоголизмом приводит к жировой дистрофии печени.

Характер взаимодействия алкоголя с ноксироном в целом сходен со взаимодействием алкоголя с барбитуратими.

Влияние алкоголя на фармакокинетику хлоралгидрата имеет свои особенности ввиду того, что в метаболизме последнего участвует алкогольдегидрогеназа. Кроме того, ингибируется активность альдегиддегидрогеназы, что может приводить к токсическим осложнениям и нарушениям слуха.

СОБУТЫЛЬНИК — тот, кто выпивает или пьянствует с кем-нибудь.

«СОВЕТСКОЕ ШАМПАНСКОЕ» — марка игристого вина типа шампанского, технология которого была разработана в СССР в 1930-х годах (основатель технологии — А.М. Фролов-Багреев). В отличие от французской технологии — бутылочного метода шампанизации, была применена шампанизация в акратофорах (больших цилиндрических резервуарах емкостью 5—50 куб. м), что позволило ускорить технологический процесс в 30 раз при обеспечении высокого качества продукции. Франция купила эту технологию и внедрила ее на многих заводах. В 1961 году в России был внедрен новый, еще более производительный метод шампанизации вина «в непрерывном потоке», авторы которого Г.Г. Агабальянц, А.А. Мержаниан и С.А. Брусиловский были награждены Ленинской государственной премией. Часть «Советского шампанского», в качестве коллекционных сортов, выпускается бутылочным методом.

«Советское шампанское» — кристально-прозрачное вино светло-соломенного цвета, с легким зеленоватым оттенком, с тонким цветочным букетом, мягкое и гармоничное, со стойкой, долго сохраняющейся «игрой». Выпускаются марки: «брют», «сухое», «полусухое», «полусладкое» и «сладкое» — с содержанием сахара соответственно 1,3, 5,8 и 10%, а спирта — 10,5—12,5%.

В соответствии с международными правилами в области виноделия, название «Шампанское» (champagne) могут использовать только французские виноделы. Эти правила обязалась соблюдать и Россия. Поэтому на бутылочной этикетке российским виноделам разрешено писать «Советское шампанское» только русскими буквами (кириллицей), на английском или ином языке, использующем латинские буквы, нужно использовать другое название этого вина.

СОВЕТЫ ПЬЮЩИМ, ЧТОБЫ НЕ СТАТЬ ПЬЯНИЦЕЙ — выработались в итоге длительного знакомства с приятными и неприятными свойствами алкоголя у многих народов. Большинство советов являются универсальными. Вот как выглядят советы по разумной выпивке у англичан:

— уменьшайте глотки, делайте глотки редкие и небольшие, считайте число глотков до тех пор, пока не выпьете рюмку, пытайтесь увеличить число глотков при питье следующей рюмки;

— старайтесь отвлечься от рюмки, занимайтесь чем-нибудь другим, чтобы выпить меньше, например, можно есть, слушать музыку, метать дротики («дартс»), беседовать и т.д.;

— поменяйте напиток на такой, который помог бы вам разрушить старые привычки и уменьшить объем выпивки;

— пейте со вкусом, пейте медленнее и наслаждайтесь букетом напитка;

— в гостях подражайте тому, кто пьет медленно, оглянитесь вокруг и найдите кого-нибудь, кто пьет медленно, и делайте так же, не поднимайте рюмку, пока он этого не сделает;

— ставьте рюмку на стол между глотками, делайте еще что-нибудь руками вместо того, чтобы они подносили слишком часто рюмку к губам;

— разбавляйте спиртные напитки, дополняйте спиртное безалкогольными смесями в коктейлях;

— старайтесь пить меньше, когда пьете «по кругу», не пейте свою порцию, когда ваша очередь угощать компанию;

— ешьте и перед выпивкой, и после нее, еда уменьшает всасываемость алкоголя;

— делайте разгрузочные дни от алкоголя, не пейте, по крайней мере, один раз в неделю, а лучше два-три или даже четыре дня, попробуйте другие формы развлечения и отдыха;

— начинайте позже, чем обычно, например, позже направляйтесь в пивную;

— учитесь отказываться от выпивки, например: «Нет, благодарю, я воздерживаюсь» или «Не сегодня, у меня не в порядке желудок».

СОЛОД (лат. *maltum*, англ. *malt*) — проросшие и высушенные зерна хлебных злаков (ячменя, пшеницы, овса и др.), в которых образуется в повышенных количествах фермент мальтаза (диастаза), способный превращать крахмал в сахар. Крахмал, содержащийся в зернах, во время приготовления солода успевает частично превратиться в сахар, поэтому солод имеет сладкий вкус. Образующийся из крахмала благодаря применению солода сахар можно подвергнуть сбраживанию с помощью дрожжей и получить из него алкоголь. Поэтому солод применяется главным образом для производства пива и крепких алкогольных напитков из сырья, в котором есть много крахмала и мало сахара (прежде всего, из зерна хлебных злаков). Используется он также в производстве кваса и дрожжей.

Способность проросших зерен к сбраживанию и получению хмельного напитка была обнаружена человеком в далекой древности. Изучение надписей, высеченных на камне, найденном на территории между реками Тигр и Евфрат (Двуречье), позволяет утверждать, что около 7000 лет до н.э. древние шумеры умели готовить напиток (типа пива) из ячменного солода.

При использовании в производстве алкогольных напитков солод размалывают, смешивают (затирают) с водой и кипятят несколько часов, что ускоряет осахаривание крахмала, содержащегося в самом солоде и в добавленном материале (см. *Пиво*).

СОЛОМОН — царь Израильско-Иудейского царства в 965—928 году до н.э. Его царствование отличалось расцветом торговли, искусства и ремесел, а его мудрость, проявившаяся в делах, изречениях и загадках, стала легендарной. Соломон является автором трех книг в Библии (Ветхий Завет): «Притчей», «Екклесиаста» и «Песни песней».

В «Книге притчей» (Прит., 20, 23, 31) предупреждается о вреде, таящемся в алкоголе. «Вино глумливо, сикера [хмельной напиток из фиников и других материалов] — буйна; и всякий, увлекающийся ими, неразумен».

«Не будь между упивающимися вином, между пресыщающимися мясом: потому что пьяница и пресыщающийся обеднеют, и сонливость оденет в рубище».

«У кого вой? У кого стон? У кого ссоры? У кого горе? У кого раны без причины? У кого багровые глаза? У тех, которые сидят за вином, которые приходят отыскивать вина приправленного. Не смотри на вино, как оно краснеет, как оно искрится в чаше, как оно ухаживается ровно; впоследствии, как змей, оно укусит, и ужалит, как аспид».

«Не царям... пить вино, и не князьям — сикеру, чтобы, напившись, они не забыли закона и не превратили суда всех угнетаемых. Дайте сикеру погибающему и вино огорченному душой; пусть он выпьет, и забудет бедность свою, и не вспомнит больше о своем страдании».

Вместе с тем в «Книге Екклесиаста» (Еккл., 9) говорится:

«Итак, иди, ешь с веселием хлеб твой и пей в радости сердца вино твое, когда Бог благоволит к делам твоим».

СОН-НАРКОЗ — см. *Наркотическая фаза опьянения.*

СОСУДИСТЫЕ, СПАЗМОЛИТИЧЕСКИЕ СРЕДСТВА И АЛКОГОЛЬ — при взаимодействии могут привести к нежелательным последствиям. Алкоголь потенцирует как гипотензивный, так и седативный, снотворный и гипотермический эффект клофелина. Усиливается гипотензивное действие октадина и его способность вызывать ортостатический коллапс. Под влиянием алкоголя возрастает эффект и других нейротропных гипотензивных средств — резерпина, метилдофы, апрессина, ганглиоблокаторов. Нежелательно сочетание алкоголя с фентоламином, вызывающим тетурамоподобную реакцию.

Потенцирующее влияние алкоголь оказывает на гипотензивный эффект миотропных спазмолитиков. В экспериментах на животных обнаружено, что на фоне этанола дибазол вызывает в 1,5 раза более выраженную гипотензию, а ее длительность при этом удваивается.

Под влиянием алкоголя усиливается абсорбция нитроглицерина и потенцируется его эффект. Вследствие суммации влияния нитроглицерина на сосуды скелетной мускулатуры и этанола на сосуды кожи значителен риск возникновения ортостатической гипотензии.

Прием нитратов пролонгированного действия лицами, систематически употребляющими алкоголь, также сопровождается осложнениями — головокружением, тошнотой, рвотой, потливостью.

Увеличение частоты развития и выраженности побочных явлений при использовании нитратов при эпизодической и хронической алкоголизации связано с усилением фармакодинамических эффектов алкоголя, скорость окисления которого снижается за счет способности нитратов ингибировать алкогольдегидрогеназу.

СОТЕРНСКИЕ ВИНА — популярные сладкие натуральные вина, изготовляемые в Сотерне (Франция). Отличаются золотистой окраской, богатым и тонким ароматом с тонами меда, липы, акации. Их получают из винограда (сортов «Семильон» и «Совиньон»), пораженных т. н. «*благородной плесенью*» (см.). Сахаристость такого винограда достигает 50% и выше. Сотернские вина — строго «натуральные», без добавления сахара и спирта. Одна из лучших марок — «Шато-Икем».

СОТКА — старая русская мера объема жидкостей, равная 1/100 ведра, или 0,123 литра.

СОЮЗ ЧАЕПИТНИКОВ — объединение людей, давших зарок не пить спиртного, существовавшее во второй половине XIX века в России. Иногда в этот союз вовлекались жители всей деревни или села. Перед въездом в такие населенные пункты обычно стоял огромный кипящий самовар, и любой путник мог выпить бесплатно чашку хорошего чая. Найти там стакан вина или водки было невозможно.

СПИРТ (англ. *spirit*) — согласно научному определению, это вещество, молекула которого имеет гидроксильную группу (-OH), присоединенную к насыщенному атому углерода. Существует множество видов спиртов: метиловый, этиловый, пропиловый, бутиловый, изобутиловый и т.д. В алкогольных напитках содержится этиловый спирт (см. *Спирт питьевой, Спирт этиловый*). В быту и литературе под словом «спирт», если нет оговорок, подразумевается спирт этиловый.

СПИРТ АРОМАТНЫЙ — раствор ароматических веществ растительного происхождения (в основном, масел) в водно-спиртовой смеси крепостью 75—80% или продукт отгонки с водно-спиртовыми парами летучих веществ, содержащихся в эфиромасличном сырье. Сырьем могут быть такие ароматические травы и коренья, как полынь, корень валерьяны, имбирь, шалфей, ромашка, мята, лаванда, кориандр и др. Используется в производстве ароматизированных вин, а также в косметике.

Французскому королю Людовику XIV (1638—1715) протирка лица и рук небольшим количеством ароматного спирта нередко заменяла утреннее умывание. (См. *Вина ароматизированные.*)

СПИРТ ПИТЬЕВОЙ — этиловый спирт, получаемый из пищевого сырья путем сбраживания и последующей перегонки, и предназначенный для изготовления алкогольных напитков. Должна обеспечиваться высокая чистота спирта, для чего должны быть, прежде всего, в максимальной степени удалены такие вредные примеси, образующиеся при брожении, как компоненты *сивушного масла* (см.). Эта чистота достигается в промышленном производстве, главным образом, перегонкой методом ректификации (получается *спирт-ректификат* — см.) и некоторыми другими дополнительными способами обработки.

В соответствии с действующим в России государственным стандартом, на отечественных ликеро-водочных заводах используются четыре вида питьевого спирта: «высший», «экстра», «люкс» и «супер».

Питьевой спирт может поступать в розничную продажу и как таковой, разлитый в бутылки, если это разрешено государственными органами. Его поставка в бутылках и продажа населению считается целесообразной в северных районах ввиду того, что водка при транспортировке и при хранении в условиях Севера может замерзнуть при сильных морозах, кроме того, достигается экономия на дорогой транспортировке.

Питьевой спирт при употреблении, естественно, разводят водой (хотя находятся «удальцы», демонстративно выпивающие его неразбавленным, обжигая пищевод и желудок). У профессиональных полярников существует обычай разбавлять спирт для питья так, чтобы его крепость в градусах соответствовала географической широте, на которой происходит застолье. Во всяком случае, такой напиток принято предлагать новичкам при «полярном крещении». В Магадане это соответствует 60 градусам, в Якутске — 62, на полярном круге — 66, в Мурманске и Норильске — 69, а на Земле Франца-Иосифа — 80.

СПИРТ-РЕКТИФИКАТ — техническое название этилового спирта высокой чистоты, полученного путем *ректификации* (см.). Содержит 96—96,5% об. спирта, 3,5—4% воды и не более 0,1 г/л других примесей. Для достижения еще меньшего содержания воды применяют другие специальные методы (см. *Абсолютный спирт*).

СПИРТ СУХОЙ — сухое горючее, представляющее собой уротропин (гексамин) в виде таблеток. Таблетки легко зажигаются от спички и горят желтовато-голубым спокойным пламенем, напоминающим пламя спирта. (откуда и название) и не оставляющим золы. Применяется обычно в походных условиях для приготовления чая, разогрева пищи, разведения костра и т.д. Другое товарное наименование — гекса.

СПИРТ ЭТИЛОВЫЙ (СПИРТ, ЭТАНОЛ, ВИННЫЙ СПИРТ, ЭТИЛОВЫЙ АЛКОГОЛЬ, АЛКОГОЛЬ) — прозрачная бесцветная жидкость с резким специфическим запахом и жгучим вкусом (хим. формула C_2H_5OH). Хорошо смешивается с водой и органическими растворителями. Образуется при сбраживании пищевого сырья, содержащего углеводы. В промышленности его получают также из целлюлозы растительных материалов (гидролизный спирт) или синтетически из природного газа (синтетический спирт).

Из водных растворов этиловый спирт выделяется с помощью перегонки (дистилляции, ректификации). Максимально концентрированный с помощью перегонки спирт (см. *Спирт-ректификат*) содержит 3,5—4% воды, имеет относительную плотность 0,808—0,812 и кипит при температуре 78,15°С. Горит синеватым пламенем.

Этиловый спирт применяется для приготовления спиртных (алкогольных) напитков (см. *Спирт питьевой*), а также широко в промышленности — как растворитель, как сырье для получения синтетического каучука, пластмасс, этилового эфира и др. По объему производства занимает одно из первых мест среди органических продуктов (в 1991 г. его мировое производство составляло около 26 млн. т).

В медицине этиловый спирт (в разных концентрациях) применяется главным образом как наружное антисептическое и раздражающее средство (или компонент наружных средств) для обтираний, компрессов и т.д., а также для приготовления настоек, экстрактов и др. лекарственных форм.

Раньше в течение веков он применялся вовнутрь как обезболивающее и анестезирующее средство, в том числе при хирургических операциях. Разбавленный спирт при приеме вовнутрь раздражает слизистые оболочки, быстро проникает через них и всасывается в кровь, одновременно оказывая анестезирующее действие. В полости рта вызывает гиперемию и выделение слюны. В небольших концентрациях обладает вяжущим, в средних — прижигающим действием, при высоких концентрациях становится протоплазматическим и нейротропным ядом.

Этиловый алкоголь является психоактивным веществом, вызывая при определенных концентрациях в крови выраженное психотропное действие, проявляющееся в виде состояния опьянения и изменения многих психических функций, в связи с чем его прием сопряжен с риском нарушения поведения. Ввиду способности алкоголя вызывать у человека болезненное пристрастие к нему, систематическое его употребление может привести к заболеванию алкоголизмом.

СПИРТОВОЕ ОБЛАКО В КОСМОСЕ — нашли в далеких глубинах Вселенной астрономы, как сообщили в 1996 году некоторые средства массовой информации. Оно будто бы находится в созвездии Орла на расстоянии в 10 тысяч световых лет от Земли. Его размеры настолько велики, что всем жителям Земли хватило бы на триллион лет, если бы каждый из них потреблял более тонны спирта в день.

СПИРТУОЗНОСТЬ ВИНА (спец.) — содержание спирта в вине, выраженное в объемных процентах (% об.). То же, что крепость (см. *Крепость алкогольных напитков*).

СПИРТЫ МЕДИЦИНСКИЕ (*spiritus medicinales*) — растворы различных лекарственных веществ в этиловом спирте. Наиболее известны в медицинской практике следующие «медицинские спирты» (см. под соотвествующими названиями): *Борный, Горчичный, Камфорный, Камфорно-салициловый, Лавандовый, Ментоловый, Муравьиный, Мыльный, Резорциновый, Салициловый.*

СТАДИИ АЛКОГОЛИЗМА — в соответствии с концепцией прогредиентности алкоголизма (см.), принятой в российской наркологии, последовательные этапы в течении алкоголизма, отличающиеся клиническими особенностями. Общепринята классификация, предложенная первоначально И. В. Стрельчуком (1966), которая предусматривает три основные стадии, обозначаемые обычно римскими цифрами. Основанием для такого деления на стадии является то, что каждая из них характеризуется новым качеством основных симптомов алкоголизма, имеет свои закономерности течения и прогноза.

Эти стадии в настоящее время имеют следующие названия: I стадия — начальная, компенсированная; II стадия — средняя, развернутая, субкомпенсированная; III стадия — конечная, тяжелая, декомпенсированная, энцефалопатическая. (Клинические характеристики стадий см. в отдельных статьях: *Первая, Вторая и Третья стадии алкоголизма*). В последнее время предложено также наряду с тремя основными выделять две промежуточные (переходные) стадии: I—II и II—III стадии. В современной западной медицине деление течения алкоголизма на стадии не распространено, хотя в свое время Джеллинек (1890—1963) предложил четырехфазную концепцию развития алкоголизма, известную как *«фазеология Джеллинека»* (см.).

СТАДИИ ЖИЗНИ ВИНА — периоды в соответствии с основными физико-химическими процессами, протекающими в вине на протяжении его существования. Виноделы выделяют 5 стадий: образование вина, формирование, созревание, старение и отмирание.

Образование вина — период брожения виноградного сока. При получении столовых вин он продолжается около месяца. При этом кроме этилового спирта образуется небольшое количество важных побочных продуктов брожения: глицерин, другие спирты, эфиры, альдегиды.

Формирование вина охватывает период 3—5 месяцев после окончания брожения, в этом периоде происходят сложные биохимические процессы с участием продуктов брожения и кислорода, при этом образуются новые вкусовые и ароматические вещества, придающие вину характерные качества. Вино осветляется и после отделения от осадка идет на изготовление ординарных вин или на выдержку.

Созревание вина — продолжение биохимических процессов в вине в условиях выдержки, т.е. в специальных винохранилищах при температуре 10—12°С и в особой таре (обычно в дубовых бочках). Эта стадия занимает от 1,5 до 4 лет. У выдержанного вина появляются дополнительные потребительские качества (вкус, букет), дающие ему преимущества перед ординарным. После этой стадии могут выпускаться марочные вина.

Старение вина приводит к получению коллекционных вин. В этой стадии полностью исключается контакт вина с кислородом, поэтому продолжение выдержки вина осуществляется в плотно укупоренных бутылках. Бутылки укладываются в штабеля горизонтально, и никто без особого разрешения не может к ним прикоснуться, так как это уже не марочные, а коллекционные вина. Стадия старения для столовых вин продолжается 5—20 лет, а для крепких и десертных — 50—80 лет. На этой стадии в винах образуются сложные соединения (альдегиды и ацетали, летучие кислоты и сложные эфиры и др.), придающие коллекционным винам неповторимый *букет* (см.).

Отмирание вина — распад важных компонентов вина, при этом разрушаются и выпадают в осадок красящие вещества, исчезает букет, вино приобретает неприятный вкус и запах продуктов разложения.

СТАЙРОН ВИЛЬЯМ (Styron W., 1925—) — известный американский писатель, автор ряда романов морально-философской направленности. В течение 40 лет злоупотреблял алкоголем, выпивка для него была, по его шутливому выражению, «ежедневной промывкой настроения». Стайрон утверждал, что он «использовал алкоголь как магический проводник к фантазии и эйфории» и для подстегивания воображения.

В возрасте 60 лет у Стайрона внезапно возникла совершенная непереносимость алкоголя. Один глоток вина вызывал тошноту, состояние одурения, ощущения проваливания. Но без алкоголя у него стала развиваться депрессия, настроение за шесть месяцев ухудшилось настолько, что появились мысли о самоубийстве. Лишь шестинедельное лечение в психиатрической больнице помогло ему улучшить свое состояние. Свои переживания в этот период он описал в книге «Прозрачная темнота: воспоминание о сумасшествии». [Darkness Visible: A Memoir of Madness, 1990].

СТАЛИН ИОСИФ ВИССАРИОНОВИЧ (1879—1953) — коммунистический деятель, фактический руководитель СССР после смерти В.И. Ленина, а с 1927 года, когда он устранил основного соперника — Л.Д. Троцкого, и до своей смерти — единовластный диктатор. Одним из основных его методов поддержания тоталитарного режима в государстве было устрашение, безжалостное уничтожение реальной и потенциальной оппозиции. Количество жертв этого режима исчисляется десятками миллионов.

Большое значение Сталин придавал созданию видимости счастливой, радостной жизни в стране. Он не жалел никаких средств на то, чтобы по многочисленным поводам, общим и частным, большие массы населения втягивались в организованные праздничные шествия, фестивали, торжественные митинги и собрания, банкеты с произнесением бессчетных тостов во славу великих дел компартии и ее вождя. Партийные и государственные чиновники на всех уровнях власти и во всех регионах страны были хорошо вышколены для выполнения таких мероприятий. Банкеты могли быть весьма помпезными, в больших залах, в том числе кремлевских, с сотнями участников, с приглашением артистов, а также со щедрым угощением, включая хорошие вина.

Практиковал Сталин также выпивки, по поводу и без повода, и в более узком кругу своих приближенных, прежде всего, членов Политбюро. Нередко важнейшие государственные решения принимались Сталиным и его соратниками за обеденным столом во время многочасового застолья с вином. Дочь Сталина, Светлана Аллилуева, объясняла эту манеру отца кавказской традицией. В своих мемуарах она сообщает также, что отец «по кавказской привычке» часто давал своим малолетним детям пить «хорошее виноградное вино», против чего пыталась бороться их мать, Надежда Аллилуева. «Наверное, она была права, — пишет Светлана, — брата моего Василия впоследствии сгубил алкоголизм». Сталина иногда раздражал отказ жены личным примером поддержать выпивку.

Однажды такой отказ закончился трагедией. 7 ноября 1932 года, после официальных торжеств в честь пятнадцатилетнего юбилея Октябрьской революции, Сталин со своими ближайшими соратниками отмечал вечером праздник в квартире К. Е. Ворошилова в Кремле. Присутствовали и жены. Сталин, как всегда, был оживлен, объявлял тост за тостом и уверенно вел банкет. Он заметил, нахмурившись, что жена пропускает тосты. «Эй, ты, пей!» — крикнул он жене через стол. «Я тебе не — ЭЙ!» — неожиданно резко отреагировала Аллилуева, встала из-за стола и ушла. Сталин пришел домой (в квартиру в Кремле) поздно и лег спать в комнатке возле столовой. Он не слышал, как в спальне, в конце коридора, идущего от столовой, застрелилась жена, что обнаружилось утром. Многие, в том числе Н.С. Хрущев, свидетельствуют, что смерть жены он переживал очень сильно. Но ходили также и слухи, что он сам убил ее, а потом притворился спящим в другой комнате.

Устройство многолюдных банкетов по поводу коммунистических юбилеев и праздников стало широко практиковаться после того, как в конце 1935 года были отменены продовольственные карточки, введенные в связи с продовольственным кризисом, вызванным коллективизацией крестьян.

Вначале банкеты выглядели достаточно скромно. Вот как вспоминает о банкете, состоявшемся в Кремле 8 марта 1936 года в честь Международного женского дня, одна из партийных активисток Зинаида Немцова. «Узнаю: дано указание, чтобы все наши деятельницы женского движения явились на банкет не нигилистками в строгих английских костюмах, с кофточкой и галстуком, короткой стрижкой, а выглядели женщинами, и чтобы наряд был соответствующий. Наши активистки носились по Москве как угорелые, приводили себя в предписанный Сталиным вид.

И вот банкет. Их раньше не

проводилось. Сидит Сталин. Рядом — наши знаменитые женщины, конечно, и Ворошилов, Каганович. Начались тосты. Не знаю, когда появилась легенда, что Сталин пьет исключительно грузинское вино — он пил тогда водку. Активистки целовали его нежно в плечико. Пели частушки.

Сталин подозвал Буденного: «Ну, покажи, как умеешь играть». Буденный взял гармонь. Долго играл, устал, пот ручьем, хотел передать гармонь, но Сталин приказал: «Нет, играй!» — и приплясывал. Тут наступил перерыв, и Косарев поставил пластинку, тогда появились патефоны, заиграла музыка — фокстрот, можно было потанцевать. Но Сталин гаркнул: «Прекрати!» Что, мол, ты эту западную пошлость заводишь. И опять приплясывал, крепко выпив, под гармошку, окруженный полными счастья активистками.

В конце 30-х годов, праздничные банкеты в Кремле стали просто грандиозными. Один из них, новогодний, подробно описан скрипачом Государственного джаза Ю. Елагиным. До выступления его оркестра очередь дошла только к 2.30 ночи.

«...Программой командовал какой-то чекист в форме майора госбезопасности. Он был весь красный и потный от волнения и не выкликал фамилии артистов, а прямо рявкал и рычал, как заправский фельдфебель на провинившихся солдат... В проходах через каждые четыре шага стоят чекисты. Мы идем и слышим команду очень тихим голосом: «Идите вперед! Быстро! Не останавливаться!» Перед нами в конце прохода дверь. Около нее два последних чекиста. Они распахивают дверь, и мы попадаем на эстраду.

Зал поражает нас обилием света. Это Георгиевский зал — нарядный зал, парадный зал для кремлевских приемов и банкетов. В зале идет пир горой. За большими столами полно народу. Прямо перед нашей эстрадой, несколько изолированно от всех остальных, стоит стол для членов Политбюро.

Вожди сидят спиной к нам и лицом к залу. Они сидят без дам, строго по рангу. Сталин посередине, справа от него Молотов, слева Ворошилов. Члены Политбюро сидят чинно и спокойно и производят впечатление единственных трезвых людей в зале.

За столом налево сидит компания летчиков. Они что-то весело кричат и громко чокаются бокалами. Толстый и пьяный Алексей Толстой стоит на столе и машет белой салфеткой. Справа кто-то говорит тост, стараясь всех перекричать и заставить себя слушать.

По залу носятся лакеи в черных смокингах, с подносами и бутылками в руках. Их очень много — почти столько же, сколько и гостей. Это все молодые и здоровые ребята с молодцеватой выправкой, и почему-то кажется, что им куда больше подошел бы не смокинг, а совсем другой костюм.

...Когда мы входим на эстраду, Сталин и его соседи поворачиваются к нам и аплодируют. Сталин одет в куртку защитного цвета, без орденов и каких-либо знаков отличия. Он улыбается и ободряюще кивает нам головой. Перед ним стоит наполовину наполненный стакан. По цвету похоже на коньяк. Мы начинаем играть.

Из всего зала нас слушают только члены Политбюро. Они перестают есть и оборачиваются в нашу сторону. Вся остальная публика продолжает есть и не обращает на нас ни малейшего внимания. Стучат тарелки, звенят бокалы.

Мы играем виртуозное сочинение для джаза — «Еврейскую рапсодию» Кнушевицкого. Когда солисты играют свои трудные пассажи, Сталин ухмыляется и обращает внимание своего соседа Ворошилова на мастерство музыканта. Однако когда наша певица начинает петь, то вожди слушают ее почему-то не так внимательно. Они отворачиваются от нас и начинают есть. Вероятно, европейский вид (певицы) и настоящий джазовый стиль ее пения (она подражала известным заграничным джазовым певицам) не производят на Сталина хорошего впечатления...

Когда мы кончаем нашу программу, вожди хлопают долго и энергично. Уже у самого выхода из зала я оборачиваюсь и вижу усатое лицо «вождя народов», который продолжает нам аплодировать.

...Мы снова попадаем в большое фойе. Через несколько минут к нам подходит наш шеф — капитан: «Товарищи, занесите ваши инструменты в комнату, а потом милости просим откушать!» После того, как мы выступили, наблюдение за нами делается значительно слабее, и чекисты не проявляют к нам прежнего интереса. Мы относим инструменты и идем в большой зал на первом этаже, где накрыты длинные столы специально для участников концерта.

На столах самая разнообразная закуска. Много икры, окорока, салаты, рыба, свежие овощи и зелень. Однако все холодное. Графины с водкой. Красные и белые вина. Великолепный армянский коньяк. Столы накрыты не менее чем на тысячу человек, а нас всех не более четырехсот. Так что можно было рассаживаться и есть и пить вволю.

Мое особенное внимание привлек салат из свежих помидоров, которые в это время года достать совершенно невозможно. Шампанское не стоит на столах, но его можно получить в неограниченном количестве тут же за специальным буфетом.

Чекист с лейтенантскими отличиями выполняет роль буфетчика и чрезвычайно ловко и быстро, как заправский ресторанный кельнер, открывает бутылки. Вообще в то время, как наверху высоких гостей обслуживали лакеи в смокингах, нам прислуживали чекисты в форме. Очевидно, мы были не столь важные птицы, чтобы стоило для нас переряжаться.

Вскоре к нам пришли с верхнего этажа наши начальники: председатель Комитета по делам искусств, начальник музыкального управления и вместе с ними видные советские артисты — завсегдатаи кремлевских банкетов: В.В. Барсова, И.С. Козловский, В.И. Качалов и другие. Они пришли, чтобы поздравить своих младших коллег и подчиненных с Новым годом и, конечно, произнести несколько подходящих случаю тостов. Первым говорил Назаров (председатель Комитета). Он провозглашает тост за Сталина. Затем следуют тосты за партию и правительство. Барсова предлагает ответный тост за председателя Назарова.

Наконец, один из наших товарищей, после изрядного количества рюмок водки и коньяка, совершенно потрясенный и глубоко восхищенный окружающим великолепием, тоже поднимается и просит слова. «Товарищи! — говорит он заплетающимся языком. — Где, в какой стране это возможно, чтобы я, простой музыкант, попал сюда? Этим я обязан только нашему отцу, другу и великому вождю всех музыкантов, дорогому товарищу Сталину! За здоровье товарища Сталина! Ура!»

...Слух о том, что пора ехать, возникает внезапно и облетает всех. Мы встаем и идем по широкой лестнице вниз в вестибюль. Приятная неожиданность! У подъезда нас ждут машины. Это закрытые военные автомобили, в которых помещаются радиостанции и телефоны. Нас набивается человек по 12 в машину, шофер трогает, и через минуту мы выезжаем за кремлевские ворота».

У Сталина (когда в его руках уже была абсолютная власть) была склонность превращать свои домашние ужины в небольшие банкеты. Они начинались обычно в 10—11 вечера и длились до 3—4 утра. Приглашалось человек 8—12 (из наиболее приближенных). На стол подавались в большом количестве изысканные блюда. В изобилии выставлялось шампанское, коньяк, грузинские вина, водка.

По свидетельству одного из участников таких ужинов, сам хозяин пил не так много, отдавая предпочтение сладкому шампанскому и винам типа «Хванчкары». Но других он заставлял хорошенько выпить, как бы исходя из тезиса, «что у трезвого на уме, то у пьяного на языке». Отказ пить воспринимал как боязнь проболтаться о чем-то, желание что-то скрыть. Поэтому никто в конечном итоге не отказывался.

Даже иностранных гостей вроде югославского лидера Тито он заставлял напиваться «до неприличия». После одного из таких случаев Тито сказал на утро своим товарищам, что к Сталину на ужин больше никогда не поедет. Об этом Сталин, конечно, узнал, и, может быть, с этого времени у него стала развиваться неприязнь к Тито, которая впоследствии обернулась полным разрывом с Югославией.

Когда шел ужин, запасные чистые тарелки, приборы, хрустальные фужеры в большом количестве стояли неподалеку, чтобы «обслуга» не мельтешилась рядом во время разговоров.

Иногда хозяин вдруг произносил по-грузински два слова, в переводе означавших «новая скатерть» или «свежая скатерть». Немедленно появлялась «обслуга», брала скатерть с четырех углов, поднимая ее. Все содержимое — икра вперемежку с чуть остывшими отбивными, капустой по-гурийски и жареными куропатками (Сталин их особенно любил), притом вместе с посудой, приборами и бокалами — оказывалось как бы в кульке, где лишь звенели битые фарфор и хрусталь, и уносилось. На новую, чистую скатерть приносились другие яства, любимые Сталиным и только что приготовленные.

Во время домашнего ужина с гостями в период войны, и поэтому более скромного, Сталин получил известие о гибели старшего сына Якова в немецком плену (1943). Ранее немцы предлагали обменять его сына на плененного в Сталинграде Паулюса. Сталин отказался со знаменательными словами: «Солдата на маршала не меняю!» На этом ужине присутствовал актер Геловани, исполнявший роль Сталина в советских фильмах, который вспоминал потом: «Застолье было сумрачным. Получилось что-то вроде тризны...»

...По грузинскому обычаю, Сталин оросил кусочек черного хлеба несколькими каплями красного вина и съел его в память о сыне. Меня поразило, как тщательно и аппетитно Сталин поглощал цыпленка-табака, разгрызая каждую косточку и запивая еду небольшими глотками «Киндзмареули». В конце этого позднего ужина Сталин, любивший говорить о себе в третьем лице, произнес тост: «Предлагаю последний раз в году выпить за вождя народов товарища Сталина».

О том, как прикладывались к спиртному высшие коммунистические «жрецы», пишет в своих поздних воспоминаниях один из самых близких сталинских подручных В.М. Молотов.

«В общем, пили «по-настоящему»... Сталин шампанское любил. Это его любимое вино. Он с шампанского начинал. Пили мы еще «Киндзмареули», но мало. «Хванчкару» — редко, «Оджалеши» тоже пили. Очень много. До войны. Сталин пил еще «Цоликаури». Но он мало пил вина. Предпочитал коньяк понемногу... Калинин мало пил. Он редко бывал в компании вождя... Хрущев выпивать сильно стал позже. Берия... всегда с нами пил, потому что перед Сталиным всегда хотел отличиться... Ворошилов всегда угощал перцовкой.

Сталин много не пил, а других втягивал здорово. Видимо, считал нужным проверить людей, чтобы немножко свободней говорили. А сам любил выпить, но умеренно. Редко напивался, но бывало... Выпивши был веселый, обязательно заводил патефон. Ставил всякие штуки. Много пластинок было... русские, грузинские народные песни.

Очень хорошие пластинки... Мы у Сталина не раз ели сибирскую рыбу — нельму. Как сыр, кусочками нарежут — хорошая, очень приятная рыба. Вкусная... Рыбу ели по-сибирски, мороженую, сырую, — с чесноком, с водкой, ничего получалось, с удовольствием ели... Берия привозил... вот эти самые сыры. Сыр очень хороший. Ну мы все набрасывались, нарасхват...»

Угощение выпивкой служило немаловажным инструментом кремлевской дипломатии сталинской эпохи. На одном из хроникальных снимков августа 1939 года можно видеть, как Сталин поднимает объемистую чарку в обществе гитлеровского министра иностранных дел Риббентропа и главы советского иностранного ведомства Молотова, которые протягивают к вождю свои фужеры. Это фрагмент из кремлевского приема в честь подписания советско-германского «пакта о ненападении», с которого началась вторая мировая война.

Договор с Японией был скреплен более обильной выпивкой, и он оказался для СССР гораздо надежней, чем пакт с Германией. «Мы со Сталиным, — вспоминает В. Молотов, — крепко напоили Мацуоку (японский министр иностранных дел) и чуть ли не внесли его в вагон. Эти проводы стоили того, что Япония не стала с нами воевать. Мацуока у себя потом поплатился за этот визит».

Советский Главный маршал авиации А. Голованов рассказывает, как Сталин давал обед в честь приезда У. Черчилля в Москву. Тосты следовали один за другим, и я, — говорит маршал, — с беспокойством следил за Сталиным, ведь Черчилль — известный выпивоха, устроил за столом как бы состязание со Сталиным, кто больше примет спиртного. Сталин пил на равных и, когда Черчилля на руках вынесли из-за стола отдыхать, подошел ко мне и сказал: «Что ты на меня так смотришь? Не бойся, России я не пропью. А он у меня завтра будет вертеться, как карась на сковородке...»

СТАНДАРТНАЯ ДОЗА — см. *Доза алкоголя стандартная.*

СТАЦИОНАРНОЕ ТЕЧЕНИЕ АЛКОГОЛИЗМА (лат. *stationarius* — неподвижный) — отличается тем, что длительное время нет заметного прогрессирования болезненных симптомов алкоголизма, сохраняются профессиональная работоспособность, социальные и семейные связи. Физическая зависимость от алкоголя (становление абстинентного синдрома) формируется долго — 10—15 лет и более от начала систематического употребления алкоголя. Пьянство сравнительно умеренное, алкогольных психозов, как правило, не бывает. Хотя спонтанные или терапевтические ремиссии непродолжительны, больные в большинстве случаев не обращаются за наркологической помощью в течение многих лет и десятилетий (противоположный случай — см. *Злокачественный алкоголизм*).

СТЕПЕНИ ОПЬЯНЕНИЯ В РУССКОМ РАЗГОВОРНОМ ЯЗЫКЕ — отражены множеством чрезвычайно образных и остроумных эпитетов и словосочетаний, которых нет ни в одном языке мира, и свидетельствуют не только о богатстве языка, но также о большом опыте знакомства с предметом.

Легкая степень опьянения: в подпитии, вполпьяна, забурел, замазанный, навеселе, на взводе, под газом, под градусом, поддатый, подвыпивший, подзаряженный, подогретый, под парами, под хмельком, тепленький.

Средняя степень опьянения: бухой, во хмелю, готовый, датый, забалдел, косой, нагрузившийся, начитанный, под балдой, под банкой, под мухой, подшофе, хмельной, хороший.

Тяжелая степень опьянения: в доску, вдребезги, вдребодан, в дугу, в дым, в дымину, в лоскуты, в смятку, в стельку, в муку, вошел в штопор, горит синим пламенем, закидывает крюки, мечет петли, лыка не вяжет, осоловелый, папа-мама сказать не может, сам себя не видит, хватается за стенку.

Очень тяжелая степень опьянения: вусмерть, до отключки, до посинения, мертвецки, на бровях. (См. *Пьяный*.)

СТЕРОИДНЫЕ ГОРМОНЫ И АЛКОГОЛЬ — влияют на активность друг друга. Кортикостероиды и половые гормоны, введенные в организм как лекарственные препараты, инактивируются в микросомах клеток печени. А поскольку активность микросом при хронической алкоголизации возрастает, поэтому при алкоголизме ускоряется метаболизм этих гормонов и снижается их терапевтический эффект. В свою очередь, половые гормоны угнетают всасывание алкоголя из желудочно-кишечного тракта и стимулируют его метаболизм, что противодействует опьяняющему эффекту разовой дозы алкоголя.

Однако синтетический стероидный препарат эстроген-этинилэстрадиол, входящий в состав пероральных противозачаточных средств (бисекурина, ригевидона и нововлона), снижает активность алкогольдегидрогеназы, повышая действие алкоголя.

СТИМУЛЯТОРЫ ЦНС И АЛКОГОЛЬ — являются при одновременном употреблении антагонистами. Стимуляторы противодействуют угнетающему эффекту алкоголя, но лишь некоторые из них обладают антиэтаноловой активностью, достаточной для практического применения.

Наиболее сильным антагонистом алкоголя является коразол, в том числе при лечении алкогольной комы, однако при его применении следует соблюдать осторожность в связи с повышенной судорожной готовностью больных алкоголизмом.

Кофеин не имеет практического значения как антагонист алкоголя. При назначении кофеи-

16 Зак. № 1055 Мирошниченко

на больным, страдающим алкогольным гепатитом, следует учитывать, что в этом случае период его полувыведения резко увеличивается (с 6 до 60—168 часов).

Из психостимуляторов-фенилалкиламинов наиболее ценным антагонистом является меридил, высокоэффективный при острой алкогольной интоксикации с умеренным угнетением сознания и дыхания.

СТОЙКА ПИВНАЯ — часть пивного бара. Это перегородка, отделяющая посетителей от обслуживающего персонала. На ней посетитель получает заказанную выпивку и здесь же, стоя или сидя на высоком сидении, может употребить ее. В барах с большой массой клиентов общая длина стойки может быть весьма внушительной.

К числу рекордных по длине принадлежит стойка, находящаяся в пивном баре «Лулуз роудхауз» в канадском городе Китченер. Ее длина 103,6 метра. Еще большая длина была у стойки в баре «У Эриксона» в период его расцвета (1883—1920) в американском городе Портленд. Стойка длиной 208,48 метра проходила, не прерываясь, по периметру главного зала и поперек его.

СТОЛИЧНАЯ (ВОДКА) — см. *Водка столичная.*

СТОЛОВЫЕ ВИНА — см. *Вина столовые.*

СТОЛОВЫЕ СОРТА ВИНОГРАДА — сорта, выращиваемые для потребления винограда в свежем виде в качестве пищи. Получение столового винограда требует, в общем, больше затрат, чем технического, идущего на производство вин и другой продукции пищевой промышленности. Это связано с соблюдением особых требований к качеству ягод, в том числе должны быть обеспечены высокая сахаристость и низкая кислотность сока, приятный аромат, красивая форма ягод и виноградной грозди, стойкость ягод к перевозке и хранению.

Из всего производимого в мире винограда (около 70 млн. тонн в год) примерно одна десятая приходится на столовый виноград. К нему относятся такие сорта, как «кардинал», «кишмиш», «шасла», «конкорд» и др.

СТОМАХА РАДИ — выражение из Библии, из текста Первого послания апостола Павла к Тимофею (5, 23): «Впредь пей не одну воду, но употребляй немного вина, ради желудка (греч. — стомаха) своего и частых твоих недугов». Выражение это перешло в старинный монастырский устав, согласно которому в определенные дни (дни «разрешения вина и елея») монахам дозволялось пить вино «ради братского утешения и ради стомаха и частых его недугов». Из письма Н.С. Лескова Л.Н. Толстому (12 июля 1891): «Не курю табаку, но червонное вино (как говорил дьякон Ахилка) пью умеренно «стомаха ради и многих недуг своих».

СТОПКА — небольшой невысокий стакан для алкогольных напитков (чаще — водки) емкостью 80—100 мл. Есть устойчивые выражения: выпить стопку водки; опрокинуть стопку (стопочку); махнуть стопку (разг.).

СТРЕЛЬЧУКА ГИПНОСУГГЕСТИВНЫЙ МЕТОД ЛЕЧЕНИЯ АЛКОГОЛИЗМА (Стрельчук И. В., предложен в 1949) — метод лечения алкоголизма выработкой отрицательного условного рефлекса на алкоголь в гипнозе. Используется и в сочетании с методом апоморфинотерапии, при этом гипнотическое внушение проводится в сочетании с небольшими дозами апоморфина.

СУБДЕЛИРИЙ — начальная стадия или облегченное или непродолжительное (абортивное) течение алкогольного делирия.

СУГГЕСТИВНАЯ ПСИХОТЕРАПИЯ (ЛЕЧЕНИЕ СЛОВЕСНЫМ ВНУШЕНИЕМ) (лат. *suggestio* — внушение) — применяется для подавления болезненного влечения к алкоголю и для формирования отрицательной эмоциональной реакции на запах и вкус спиртных напитков. Осуществляется в форме внушения негативного отношения к алкоголю наяву (суггестивная психотерапия в состоянии бодрствования) или с помощью гипноза (*Гипносуггестивная психотерапия* — см.). Суггестивная психотерапия путем внушения наяву, как и *рациональная психотерапия* (см.), используется в различных формах фактически на протяжении всего курса лечения алкоголизма, гипнотерапия — на определенном его этапе или самостоятельно.

СУДОРОГИ, СВЯЗАННЫЕ С АЛКОГОЛЕМ (англ. *alcohol-related convulsion*) — эпилептиформный синдром, который может возникнуть у больного алкоголизмом в период воздержания от алкоголя. Характеризуется потерей сознания и мышечной ригидностью (сопровождаемой временной остановкой дыхания), вслед за которыми возникает непроизвольное сокращение конечностей и всего тела. За рубежом используется также старый синоним «ромовые припадки» (rum fits).

СУЖЕНИЕ ПИТЬЕВОГО РЕПЕРТУАРА (англ. *narrowing of the drinking repertoire*) — тенденция у много пьющего к постепенному снижению разнообразия дозировок и типа алкогольных напитков, места и способа их употребления. Может служить одним из признаков развития синдрома зависимости от алкоголя (алкоголизма).

СУЕВЕРИЯ В СВЯЗИ С ВЫПИВКОЙ — существуют у многих народов. В России до сих пор распространены следующие поверья.

— Нельзя оставлять на столе

пустую бутылку из-под выпитого вина (водки, пива) — иначе стол у хозяев будет пустым (т.е. будет мало еды). По другому варианту: пустая бутылка на столе — пустая жизнь (или карманы) у хозяев.

— Нельзя оставлять в бутылке остатки недопитого вина — это остаются слезы.

— Кому достанется последняя капля из бутылки — тот будет богат.

— Допивающий остатки вина из чужого стакана будет пьяницей. Другой вариант: если допиваешь за кем-либо вино, то берешь на душу его грехи.

В Англии есть поверье, что немощный или болезненный ребенок может быть исцелен последней каплей церковного вина, использованного для причастия.

СУЛЕЯ — старинная южнославянская фляга или плоская склянка с широким горлом для вина или масла.

СУЛЬФОЗИНОТЕРАПИЯ — один из методов прерывания запоя. Основан на пирогенном (повышающем темперутру тела) эффекте сульфозина, представляющего собой 1%-ную или 0,37%-ную взвесь очищенной (возгоночной) серы в персиковом или другом масле.

Взвесь вводят внутримышечно (в ягодичную область) в дозе, достаточной для достижения температурной реакции, которая возникает обычно через 4—6 часов и достигает максимума (38—39°С) еще через 4 часа, затем температура тела нормализуется в течение суток. Препарат продолжают вводить в оптимальной дозе ежедневно до купирования абстинентных явлений. При очень резкой температурной реакции возможны осложнения в виде коллаптоидных состояний.

Применяется с согласия больного или его родственников.

СУП АЛКОГОЛЬНЫЙ (англ. *candle*, фр. *candel*) — горячий пряный напиток, представляющий собой подогретую смесь вина с яйцами, сахаром и различными пряностями, который в старые времена давался больному для подкрепления сил.

СУРРОГАТЫ АЛКОГОЛЬНЫХ НАПИТКОВ (СУРРОГАТЫ АЛКОГОЛЯ) — жидкости, выпиваемые с целью опьянения вместо обычных алкогольных напитков из-за недоступности последних по какой-либо причине. Подразделяются на две группы: 1-я — приготовленные с использованием этилового спирта и 2-я — без него — с содержанием других спиртов (одноатомных и многоатомных).

Из первой группы в практике скорой помощи встречаются чаще всего: гидролизный и сульфитный спирт (этиловый спирт, полученный из древесины путем гидролиза); денатурат (технический спирт с незначительной примесью метилого спирта и альдегидов); одеколоны и лосьоны (косметические средства, содержащие до 60% этилового спирта, эфирные масла и др.); клей

БФ (на основе фенолоформальдегидной смолы и поливинилацеталя, растворенных в этиловом спирте и ацетоне); политура (технический этиловый спирт с ацетоном, бутиловым и амиловым спиртами); нигрозин (морилка для дерева, которая содержит этиловый спирт и красящие вещества) и др.

Ко второй группе относят прежде всего *метиловый спирт* (см.) и этиленгликоль.

Употребление алкогольных суррогатов сопряжено с высоким риском тяжелого отравления, включая смертельный исход. Отравление некоторыми суррогатами сопровождается специфическими симптомами. Например, отравление мебельным красителем — морилкой вызывает у пострадавшего интенсивное и длительное окрашивание кожных покровов и слизистых оболочек в синий цвет.

См.: *Отравление метиловым спиртом; Отравление этиленгликолем.*

СУСЛО — 1. Сок, получаемый при дроблении и прессовании винограда (или других ягод и фруктов). Из сусла путем сбраживания получают вино Различают виноградное «сусло-самотек», образующийся при дроблении ягод без прессования, и «прессовое сусло», выдавливаемое из винограда с помощью пресса или других давильных средств. Прессовое сусло бывает 1-го, 2-го и 3-го давления. Самотек используется отдельно или вместе с прессовым суслом 1-го давления — для производства высококачественных вин. Сусло 2-го и 3-го давления используется для получения ординарных вин.

2. Густая, содержащая сахар жидкость, образующаяся при обработке крахмалистого сырья (картофеля, зерна) солодом и предназначенная для производства (через последующее сбраживание) пива или спирта.

СУХАНОВА ДЕЛИРИЙ ПРИ ЗАКРЫТЫХ ГЛАЗАХ (Суханов С.А., опубл. в 1906) — абортивный делирий, возникающий в состоянии абстиненции у алкоголика. Психотическое состояние проявляется в эпизодах гипнагогических зрительных галлюцинаций, возникающих, когда больной закрывает глаза. В дальнейшем возможен переход в развернутую клиническую картину белой горячки, поэтому он квалифицируется как предделирий.

СУХАЯ АБСТИНЕНЦИЯ (синонимы: *отставленный алкогольный абстинентный синдром, псевдоабстинентный синдром*) — возникающее во время алкогольной ремиссии (в периоде воздержания от алкоголя) состояние, напоминающее по своим проявлениям абстинентный синдром.

Оно может появиться утром в форме ощущения физического и психического дискомфорта, напоминающего субъективно состояние похмелья, хотя накануне не было никакой выпивки. В выраженном случае дискомфорт может проявляться в виде ощущения сухости во рту, потливости, легкого дрожания рук, незначительного повышения артериального давления, влечения к алкоголю различной интенсивности. Нередко возникают опасения возможности возникновения запоя, сопровождающиеся легкой тревогой.

Появлению «сухой абстиненции» могут предшествовать сновидения «алкогольного» содержания. Явления «сухой абстиненции» могут возникнуть даже через 8—12 месяцев воздержания от алкоголя.

СУХОЕ ОПЬЯНЕНИЕ (ИЛИ УСЛОВНО-РЕФЛЕКТОРНОЕ ОПЬЯНЕНИЕ) — возникновение достаточно четких признаков опьянения без употребления спиртных напитков. Может возникнуть, например, у больных алкоголизмом, находящихся на лечении в стационаре и длительно не принимавших алкоголь, при виде нового пациента, поступившего в состоянии ярко выраженного опьянения.

Подобный феномен был описан еще в 1888 году русским психиатром П.И. Ковалевским: «Если в лечебницу приводят нового субъекта в полной красе опьянения, то содержащиеся там больные, месяцами не знавшие алкоголя, при виде этого безобразия как бы одуревают и опьяневают так, что у некоторых развивается полная картина опьянения».

Сухое опьянение может возникнуть также как эффект ожидания желаемого опьянения при приеме безалкогольного напитка, имитирующего алкогольный (эффект плацебо).

СУХОЙ ЗАКОН (англ. *prohibition*) — распространенное в разговорном языке и в средствах массовой информации название закона о полном запрещении производства и продажи алкогольных напитков в стране. В XX веке вводился в нескольких странах: в Исландии (1912—1923), Финляндии (1919—1932) и США (1919—1933). Предполагалось, что население при отсутствии алкогольных напитков в легальном обороте отвыкнет от их употребления. Однако ни в одном случае такая цель не была достигнута. Развивалось подпольное производство спиртного, его контрабанда, употребление суррогатов.

СУХОЙ ЗАКОН В США — был принят в 1919 году Конгрессом США (в виде 18-й поправки к Конституции) как полный запрет на производство, перевозку и продажу любых алкогольных напитков (включая пиво) во всей стране. Введен в действие с начала 1920 года. Он имел длительную предысторию трезвеннических движений и частичных запретов торговли алкогольными напитками.

Еще в 1826 году в Бостоне организовалось общество трезвости, которое имело большой успех. Через семь лет оно насчитывало в разных городах 6 тысяч отделений с миллионом участников, что составляло 8 процентов от тогдашнего населения

США. В 1846 году защитники трезвости добились запрета продажи и потребления крепких спиртных напитков (виски, водки и т.п.) в штате Мэн. В 1851 году такой запрет был введен уже в 16 штатах из 31 и просуществовал до 1856 года.

В начале XX века новая волна трезвеннического движения привела к тому, что в 1906 году в 18 штатах из 36 были приняты законы, запрещающие продажу алкогольных напитков. В штатах, где не было такого законодательства, некоторые местные власти запрещали или ограничивали продажу алкоголя на своей территории. Федеральный Конгресс запретил продажу алкоголя в округе Колумбия и индейских резервациях. Однако тем штатам, где был введен «сухой закон», было трудно контролировать его осуществление из-за нелегального ввоза алкогольных напитков из штатов, где такого законодательства не существовало. В связи с этим Конгресс США в 1913 году принял закон о запрещении ввоза алкоголя в те штаты, где его производство и потребление не разрешалось.

Распространение «сухого закона» в 1919 году на всю страну не дало ожидаемого результата. Уже за первые полгода действия «сухого закона» было обнаружено и ликвидировано 4888 подпольных винокуренных и 24 111 пивоваренных заводов и было конфисковано 517 миллионов литров самогона. В 1924 году было конфисковано уже 6,3 миллиарда литров самогона, а также 32,9 миллиарда литров вина, сидра и других самодельных хмельных напитков. Обнаружили и ликвидировали 15 853 винокурен и 124 720 пивоварен. В том же 1924 году за нелегальное производство и сбыт алкогольных напитков было арестовано 68 тысяч человек. За все время действия «сухого закона» в США число наказанных его нарушителей исчислялось многими сотнями тысяч.

После отмены «сухого закона» в США быстро восстановился уровень производства и потребления алкоголя, который был до его принятия, но еще долго беспокоила волна преступности, порожденной этим крупномасштабным социальным экспериментом.

СУХОЙ ЗАКОН В ФИНЛЯНДИИ — полный запрет на производство и продажу любых алкогольных напитков, просуществовавший в этой стране с 1919 по 1932 год. Когда Финляндия была в составе России, финляндский парламент (сейм) еще в 1907 году принял закон о таком запрете, но он не был утвержден царским правительством.

Однако жизнь показала, что потребность финского населения в алкоголе не может быть «отменена» просто изданием государственного закона даже с самыми благими намерениями. Как реакция на запрет торговли алкогольными напитками отпуск спирта и спиртосодержащих лекарств в финских аптеках по рецептам врачей возрос со 100 тысяч кг перед 1919 годом до 900 тысяч кг после него. Развилось в больших масштабах самогоноварение, изготовление домашнего пива и других домашних хмельных напитков с использованием дрожжей, потребление спиртосодержащих косметических средств.

Фактически потребление алкоголя в Финляндии на душу населения, по сравнению с годами первой мировой войны, возросло, как это произошло и во всех европейских странах, где власти не принимали мер по его ограничению. Объем только аптечного спирта, потреблявшегося в качестве замены алкогольным напиткам в первые годы после введения «сухого закона», составлял 45% продажи алкоголя населению Финляндии до «сухого закона»

Ввиду возникших социальных и экономических осложнений «сухой закон» в 1932 году был заменен государственной монополией на производство и продажу алкогольных напитков со строгим контролем над их распределением населению. Однако и таким путем не удалось умерить потребность населения в алкоголе. В 1950-х годах финские жители нелегально производили самогона до 450 тысяч литров в год (в пересчете на 100-й алкоголь), домашнего пива и других некрепких алкогольных напитков — в спиртовом эквиваленте до 800 тысяч литров. В эти же годы продолжалось широкое употребление парфюмерных жидкостей как замена спиртных напитков (до 120 тыс. л в год).

В 1968 году пришлось значительно ослабить ограничения на легальную продажу алкогольных напитков. Ее объем стал существенно расти, зато почти прекратилось потребление алкогольных суррогатов, в том числе медицинских препаратов, содержащих спирт.

Динамика потребления легальных алкогольных напитков (в пересчете на 100%-ный спирт) на душу населения в Финляндии в XX веке выглядит следующим образом:

1901—1905 гг. — 1,9 л;
1923—1926 гг. — 0,0 л;
1938—1939 гг. — 1,4 л;
1950 г. — 2,5 л;
1960 г. — 3,0 л;
1970 г. — 4,4 л;
1980 г. — 6,4 л;
1990 г. — 7,7 л.

СЫТА — безалкогольный старинный русский напиток, получаемый путем разведения натурального пчелиного меда или солодовой патоки водой. Патоку заготавливают путем упаривания солодового сусла, которое получается из проросшего ячменя как промежуточный продукт для изготовления пива (проросшее ячменное зерно сушат, размалывают, заваривают горячей водой и образующийся раствор, сусло, сливают).

Самый простой способ приготовления сыты: мед или патоку (50—60 г) разводят теплой водой (1л воды), кипятят, снимают пену, процеживают, охлаждают и хранят на льду. Подают на стол после обеда в стеклянных кувшинах или чайниках. Пьют из бокалов или чашек, в которые кладут кусочки пищевого льда. Для обеспечения аромата и разнообразного вкуса используют отвары душицы, зверобоя или других душистых трав, различные ягодные (малина, смородина) и фруктовые (апельсин, лимон) соки.

СЫТНЫЙ ДВОРЕЦ — хозяйственная служба Московского Кремля в XVI—XVII веках, обеспечивавшая царский стол напитками. Название происходит от «сыты» — популярного в те времена напитка, представлявшего собой мед, разведенный водой (см. *Сыта*).

По словам историка И.Е. Забелина (Домашний быт русских царей. — М., 1918), это было большое, сложное и хорошо отлаженное хозяйство. В ведении Сытного дворца находились: палаты для отпуска водок, вин и других напитков; изба винного сидения, где перегоняли водку и было несколько десятков перегонных кубов; клюшная изба, в которой по заказу готовили различные водочные настойки (коричную, анисовую и др.); палата медвяная; погреб малый государев, в котором готовили («ставили») легкие пива, браги, квасы яичные и овсяные; палаты, где ставили хмельные меды опытные медоставы; поварня для приготовления приказного пива, т.е. сделанного по заказу (приказу), и много других погребов и производственных помещений.

Все эти хозяйства обеспечивали в изобилии напитками царскую семью, многочисленную придворную свиту, послов и гостей. Среди них был и огромный погреб для хранения заморских (фряжских) вин. В этом погребе хранились также уксус (рейнский и новгородский), лимоны и деревянное масло (оливковое масло низкого качества).

Сытному дворцу подчинялись также кладовые, где хранились пряности; палатки и погреба, в которых заготавливали яблоки, груши, арбузы и т.д., квасили и солили всякие овощные соленья. Ему подчинялась также Огородная слобода.

Хлебными продуктами Кремль обеспечивался Хлебным дворцом (в его ведении были запасы зерна, муки, дрожжей, инвентаря и др., а также хорошо оборудованные пекарни).

Подготовкой к столу различных блюд ведал Кормовой дворец, в группу служб которого входили: палаты скатертные (инвентарная, бельевая); палата подъячная, работники которой вели учет; палата казенная (для хранения ценной посуды из золота, серебра и др.) и палата клюшная — ведомство ключника, который ведал распределением столового обихода.

Т

ТАБУРЕТОВКА (ирон.) — плохой самогон.

ТАВЕРНА (ит. *taverna*) — небольшой трактир, харчевня, кабачок — распространенный вид питейных заведений в европейских странах в средние века.

ТАЙЛГАН — старинный праздник жертвоприношений у бурятов. Справлялся три раза в год, наиболее торжественно — как праздник наступления весны. Участники вместе с шаманом собирались на горе, сооружали жертвенник и вблизи ставили посудины с кислым молоком и тарасуном — хмельным напитком, приготовленным из кобыльего молока. Без тарасуна не обходилось почти ни одно действие праздника.

Сначала тарасун освящался шаманом, потом им обливались жертвенные животные, затем устраивались гадания, во время которых бросались вверх чашки с тарасуном. Чашка, упавшая вверх дном, означала несчастье, наоборот — счастье. Победитель в конских скачках выливал немного тарасуна на гриву своего коня. Наконец начинался общий пир, на котором все пили тарасун допьяна, пели, кричали по-волчьи и целиком отдавались общему веселью.

ТАМАДА (от груз. *Tamadoba* — старшинство во время пира) — распорядитель пирушки, кандидатура которого предлагается кем-то из состава участников в самом ее начале с общего согласия. Тамада обычно бывает на больших пирушках по радостному поводу (свадьба, юбилей и т.п.). На роль тамады избирается, как правило, наиболее авторитетный и остроумный в компании человек, умеющий красиво и тактично дирижировать всем ходом застолья. Он должен следить за тем, чтобы каждый желающий получил возможность произнести свой тост и помочь ему в этом, должен уметь развлечь гостей смешной историей, зажечь всех песней, танцем. Он и сам произносит интересные тосты, своевременно заполняя какие-то пробелы. В конце застолья традиционно пьют за тамаду, благодарят его за умелое исполнение своих обязанностей. А тамада отвечает последним благодарственным тостом за здоровье всех присутствующих и за будущие встречи за дружеским столом.

В Грузии традиция избрания тамады как руководителя застолья существует с древних времен. Вместе с наименованием она давно перешла в Россию и широко практикуется и в наше время.

ТАТЬЯНИН ДЕНЬ — праздник основания Московского Университета (1755), отмечавшийся его студентами в дореволюционное время с большим энтузиазмом и размахом, при поддержке и участии преподавателей, ежегодно 25 января (по новому стилю).

В те времена ходила поговорка: «В день Татьяны все студенты пьяны». В этот день, по традиции, студенту неприлично было оставаться трезвым, а московской полиции запрещалось забирать пьяных студентов в участок, что бы они ни натворили. Более того, полицейским городовым и извозчикам предписывалось в этот нередко очень морозный день «обязательно подбирать на улицах упившихся до потери способности ходить «господ студентов» и, «бережно усадив в экипаж», доставлять их бесплатно (!) домой».

Особенно с большой помпой стал праздноваться Татьянин день во второй половине XIX — начале XX века. Утро начиналось с молебена в университетской церкви в честь Святой мученицы Татианы. Затем проводилось торжественное собрание в актовом зале с участием профессуры, студентов, почетных гостей и столичных властей. Далее разгоралось веселье — на улицах и в других местах, а центром его становился знаменитый ресторан «Эрмитаж» на углу улицы Неглинной и Петровского бульвара. Сюда солидные профессора и веселые студенты направлялись порой единой гурьбой, не забывая согреться по пути в пивных и трактирах.

Вот как рассказывал об этом «дне всеобщего безумия» П. Иванов в своей книге «Студенты в Москве. Быт. Нравы. Типы», изданной в 1903 году. «Глубокий безумный круговорот подхватывает весь университет, всех студентов. И все кружится, кружится в каком-то фантастическом полубреду, в бешеной вакханалии... Нет денег, чтобы опьянить себя благородным шампанским... Водка и мутное пиво — два напитка Татьянина дня... Шум страшный. То и дело раздается звон разбитой посуды. Весь пол и стены облиты пивом. К полуночи «Эрмитажа» становится мало и наиболее разгульные и состоятельные мчатся на лихачах к «Яру» и в «Стрельну»... Каждый хочет превзойти другого в безумии. Один едет на плечах товарища к стойке, выпивает рюмку и отъезжает в сторону. Другие лезут на декоративные растения... Кто-то купается в аквариуме.

Под утро швейцары «Стрельны» и «Яра» нередко надписывали мелом на спинах молодежи адреса, и их развозили по домам более стойкие товарищи.

На круглые юбилеи разгул был особенно грандиозным, например, как это было в год 130-летия (1885 год), о котором недавний выпускник медицинского факультета Московского университета Антон Чехов пошутил следующим образом: «В этом году было выпито все, кроме Москвы-реки, и то благодаря тому, что она замерзла...»

В 1889 году Лев Толстой в своей статье выразил возмущение подобными нравами в «Храме науки». «Ужасно то, — стыдил он, — что люди, стоящие... на высшей ступени человеческого образования, не умеют ничем иным ознаменовать праздник просвещения, как только тем, чтобы в продолжение нескольких часов сряду есть, пить, курить и кричать всякую бессмыслицу...

...Все знают, что пьянство дурно. Но вот пьянствуют образованные, просвещенные люди, и они вполне уверены, что тут не только нет ничего стыдного и дурного, но что это очень мило, и с удовольствием и смехом пересказывают эпизоды своего прошедшего пьянства. Дошло дело до того, что безобразнейшая оргия... ежегодно повторяющаяся во имя образования и просвещения, никого не оскорбляет и никому не мешает и во время пьянства, и после пьянства радоваться на свои возвышенные чувства и мысли и смело судить и ценить нравственность других людей...»

Однако студенты не приняли, как хотелось бы Толстому, этих поучений, и несколько поколений сочиняли о нем язвительные куплеты, распевавшиеся на Татьяниных празднествах.

В 90-х годах текущего века в МГУ стали возрождать этот обычай во всей полноте, начиная с молебена в честь Святой Татьяны и кончая большим совместным застольем с участием преподавателей и студентов. На таком застолье в 1993 году сам ректор разливал пиво всем желающим, причем совершенно задаром. Однако на грандиозную гульбу в роскошных заведениях наподобие прежнего «Эрмитажа» или «Яра» не было денег не только у студентов, но и у профессоров ввиду плачевного финансового состояния науки и культуры в стране в эти годы.

ТАФИЯ (*tafia*) — крепкий дешевый гаитянский ром, широко распространенный в странах Вест-Индии.

ТАШЕНА ПРОБА — один из простейших способов определения степени опьянения по способности испытуемого к координации движений (наряду с «*позой Ромберга*» — см.). Испытуемому предлагают быстро повернуться вокруг своей оси, сделав за 10 секунд 5 оборотов. При легком опьянении он сумеет это сделать; при среднем — будет делать это с задержками, с пошатыванием и не все обороты; при тяжелом — практически не сможет выполнить ни одного оборота.

ТВОРЧЕСТВО АКТЕРА И АЛКОГОЛЬ — зачастую бывают тесно связаны, как и у писателей (см. *Писатели США и алкоголь*). Творческое напряжение, которое актер испытывает во время исполнения роли, может продолжать перегружать его психику и после закрытия занавеса, и тогда традиционным средством разгрузки бывает алкоголь. С давних времен в европейских странах и в России были традицией шумные ночные кутежи, которые происходили после спектакля-премьеры или бенефиса в каком-нибудь ночном клубе или ресторане с участием артистов, меценатов и поклонников.

Немалому числу актеров не удалось избежать судьбы безудержных пьяниц. Среди них были и крупные артисты, в том числе и такие звезды Голливуда, как Ричард Бартон, Морин Стейплтон, Элизабет Тейлор, Джуди Гарланд, Лайза Минелли. Пришлось лечиться от алкоголизма талантливейшей французской актрисе Симоне Синьоре. Неприятным спутником оказался алкоголь у одного из самых популярных современных киноартистов, в том числе среди зрителей России, француза Жерара Депардье. Неоднократно и безнадежно лечился от алкоголизма любимый советскими зрителями 30—40-х годов киноактер Петр Алейников.

Некоторым артистам, как они уверяют, алкоголь помогает настроиться на роль. Так, популярный российский артист 1970—90-х годов Виталий Соломин в своем интервью утверждал, что для того, чтобы прийти в хорошую творческую форму, необходимо накануне крепко выпить. На следующий день опохмеляться нельзя. Надо погулять в парке, пообедать солянкой и устроить «тихий час». К вечеру, по наблюдениям Соломина, актер входит в наилучшую форму: нервная система возбуждена, и жизнь воспринимается гораздо острее.

ТЕГЕСТОЛОГИЯ — коллекционирование бирдекелей — подставок под пивные кружки и стаканы. Самая большая их коллекция принадлежит жителю Вены Лео Пискеру, который к апрелю 1993 года собрал 140 180 тысяч различных подставок из 159 стран мира.

ТЕИЗМ (лат. *thea* — чай) — разновидность кофеинизма, злоупотребление крепким чаем (чифирем). Син. *Чифиризм.*

ТЕЙЛОРА МЕТОД ЛЕЧЕНИЯ АЛКОГОЛИЗМА (Taylor A.T., 1964) — основан на пероральном применении метронидазола (трихопола), прием которого вызывает у больных тошноту и рвоту не только при употреблении алкоголя, но и при одном его запахе. Резко повышается толерантность к алкоголю, что препятствует получению удовольствия от выпивки. Восстанавливается рвотный рефлекс, угасающий на ранних стадиях алкоголизма.

ТЕКИЛА (исп. *tequila*) — известная мексиканская водка, изготавливаемая на спирте, полученном из *перебродившего сока агавы* (см.). Применяется двойная перегонка., Крепость около 45% об. На рынок поступает с белой и золотой наклейкой на бутылке. Текила с белой наклейкой — бесцветная («бланко»), с золотой — легкого янтарного цвета («аньехо»). Иногда в бутылки текилы кладут стручок перца или даже гусеницу. Мексиканский напиток, получаемый путем сбраживания сока агавы без последующей перегонки, называется *«пульке»* (см).

ТЕОДОР — архиепископ Кентерберийский (Англия), издавший в VII веке декрет, по которому христианин, выпивший неумеренно, должен в течение 15 дней читать покаянные молитвы.

ТЕРПКОСТЬ ВИНА — одно из основных вкусовых качеств вина. Обусловлена, главным образом, наличием фенольного соединения — энотаннина. Терпкость вина зависит от сорта винограда, способа и режима переработки. Недостаток терпкости приводит к ощущению «жидкого», «пустого» вкуса, избыток придает вину грубость. Из качественных вин наиболее высока терпкость у вин кахетинского типа.

ТЕСТ НА СТЕПЕНЬ ОПАСНОСТИ СТАТЬ АЛКОГОЛИКОМ — набор несложных вопросов или утверждений, позволяющий по общему итогу получить для определенного человека оценку степени риска попасть в зависимость от алкоголя. Таких тестов существует немало, причем многие вопросы (или утверждения) в них совпадают по существу при вариациях формы и количества позиций. Ниже приводится один из подобных тестов для самооценки.

При согласии с каким-либо из 20 следующих утверждений начисляется 1 балл:

1) Заглушить неприятность или усталость после тяжелой работы проще всего кружкой пива или рюмочкой чего-нибудь покрепче.

2) В Вашей жизни бывали случаи, когда наутро после вечеринки Вы хватались за голову: «Господи, чего же я вчера натворил!»

3) Перед важным делом или ответственной встречей неплохо чего-нибудь выпить, чтобы не волноваться.

4) Друзья могли бы сказать о Вас: «Когда он слегка выпьет, с ним становится весело».

5) Вам знакомо чувство вины после выпивки.

6) Вы прячете на всякий случай бутылки со спиртным во время вечеринки так, чтобы их никто не видел.

7) Вы с удовольствием соревновались с друзьями, кто быстрее выпьет кружку пива или что-то в этом роде.

8) У Вас бывали провалы в памяти, случаи, когда Вы не могли точно вспомнить, что делали в какой-либо из моментов состоявшейся накануне выпивки.

9) Вам приходилось сидеть за рулем в нетрезвом состоянии.

10) Уж лучше напиться, чем мучиться.

11) Случалось, когда Вы употребляли алкоголь на работе, хотя бы пиво.

12) Бывает, что когда выпьешь, настроение поднимается.

13) Первую рюмку Вы, как правило, выпиваете залпом.

14) Если выпить не с кем, то можно выпить и в одиночку.

15) На всякий случай у Вас дома где-то припрятана бутылка со спиртным.

16) Алкоголь — это благо, и слухи о его вреде преувеличены.

17) Всякого рода трезвенники Вас раздражают.

18) Вы пьете и не считаете каждую рюмку.

19) Пить нужно то, что доступно в данный момент, не строя из себя тонкого ценителя напитков.

20) Тесты типа этого, с глупыми высказываниями, совершенно бесполезны.

Результаты:

I. Если в сумме получился 0 или 1 балл, то Вы фактически совершенный трезвенник.

II. 2—4 балла: никакой опасности Вам не грозит, Вы спокойно относитесь к алкоголю, не делая из него ни культа, ни пугала.

III. 5 баллов: пришло время контролировать себя.

IV. 6—12 баллов: есть повод насторожиться, последить за своим поведением во время выпивок и попытаться соблюдать определенный предел для всего количества выпитого.

V. 12 баллов и более: налицо опасность стать алкоголиком (если Вы уже не стали им), пора обратиться к специалисту.

ТЕСТЫ НА КАЧЕСТВО АЛКОГОЛЬНЫХ НАПИТКОВ — производятся экспертами с применением специальных приборов (например, газового хроматографа) и химических реактивов. Но есть способы, доступные широкому потребителю, позволяющие обнаружить грубую подделку алкогольного напитка, или ядовитую примесь, или его скверное качество.

Качество водки зависит от чистоты спирта, использованного для ее производства. Если под рукой есть спирт с гарантированной чистотой, то можно проверить качество купленной водки следующим образом. Приготавливают слабый раствор марганцовки, а спирт разводят кипяченой водой до крепости водки. Затем к 10 частям водки и разведенного спирта добавляют (в разных сосудах) по 1 части раствора марганцовки. В идеале скорость окрашивания водки и спирта должна быть одинаковой. Чем быстрее проверяемая водка приобретает цвет марганцовки, тем хуже спирт, использованный для ее приготовления.

С помощью марганцовки можно оценить и чистоту самого спирта, выдаваемого за питьевой. Для этого приготовляют слабый водный раствор марганцовки и смешивают с испытуемым спиртом в соотношении 1 : 3—4. Если при температуре 15—20°С спирт окрасится в розовый цвет спустя 5 минут, значит, он совершенно чистый. Если же он окрасится менее чем за 5 минут, то чем быстрее он окрашивается и чем более темный цвет приобретает окраска, тем менее он чист. Очень плохо очищенный спирт, содержащий много посторонних примесей, моментально окрашивается в темно-коричневый цвет.

Чрезмерное количество сивушных масел в некачественной водке можно обнаружить с помощью серной кислоты. Небольшое количество водки смешивают с равным объемом разбавленной серной кислоты. Если смесь почернела, от этой водки лучше избавиться.

Серную кислоту некоторые фальсификаторы добавляют в слабую водку, чтобы повысить ее «крепость». Ее можно обнаружить с помощью синей лакмусовой бумажки, которая в такой водке покраснеет.

Виноградное вино иногда подделывают, растворяя в воде анилиновый краситель, лимонную кислоту и сахар. Чтобы разоблачить подделку, наливают вино в небольшой пузырек, затыкают горлышко пальцем, погружают в стакан с водой и вынимают палец. Если содержимое пузырька не смешивается с водой — вино натуральное. Если в воду начинают перетекать окрашенные струйки и опускаться на дно стакана — вино фальсифицированное. Чем быстрее смешиваются жидкости, тем больше в вине примесей.

Если глицерин налить в натуральное вино (в соотношении 1:5 по весу), он опускается на дно сосуда и остается бесцветным. Если вино фальсифицировано, то глицерин окрасится в фиолетовый, красный либо светло-желтый цвет.

Чтобы убедиться, что горечь в пиве естественного, а не искусственного происхождения, достаточно добавить к пиву немного уксусной кислоты. При этом в жидкости немедленно выпадет осадок. Это осаждается хмель, который придает пиву необходимую горечь. Далее уксус продолжают подливать до тех пор, пока образование осадка прекратится, и дают смеси отстояться. Затем пробуют жидкость на вкус. Если бывшее пиво начисто утратило горький вкус, то примесей в нем не было. Если жидкость продолжает горчить, значит, горечь была придана искусственно. Дело в том, что фальсификаторы для искусственного усиления горечи могут добавить в пиво отвар горьких, нередко вредных, трав. Уксусная кислота способна осаждать только хмель, посторонние же горькие примеси остаются неосажденными.

Иногда для придания пиву горечи в него могут добавить даже пикриновую кислоту, весьма чужеродную для человеческого организма. Чтобы обнаружить даже очень малое ее присутствие, надо прокипятить в пиве в течение 10 минут кусочек чистой белой шерстяной материи, затем ткань хорошо отполоскать в воде. Если ткань окрасилась в желтый цвет, пиво пить нельзя. Чем интенсивнее окраска, тем больше яда в пиве.

ТЕТУРАМ — см. *Антабус*.

ТИБЕРИЙ (*Tiberius*) (42 г. до н.э. — 37 н.э.) — римский император, правивший 23 года (14—37 гг. н.э.). Накопив большой государственный опыт еще до занятия высшей должности, Тиберий-император укрепил финансовое положение империи и обеспечил длительное состояние мира, причем проявлял уважение к власти и правам сената. Вместе с тем античные историки (в т.ч. Светоний, 70—140 н.э.) сообщают о некоторых отрицательных сторонах его личности, проявлениях жестокости и коварства.

Еще в молодости за его излишнее пристрастие к вину солдаты армии, которой он командовал, переиначили его полное имя Тиберий Клавдий Нерон в Биберий Калдий Мерон. «Биберий» означает пьяница, «Калдий» — разгоряченный вином, «Мерон» — тот, кто пьет вино, не разбавляя его.

Когда Тиберий стал императором, до него дошли слухи, что в Медиолануме (нынешнем Милане) живет большой любитель вина по имени Новеллий Торкват. Он был знаменит тем, что какую бы посудину не наполнили ему доверху, он мог выпить вино одним махом. Его пригласили в Рим, и во время пира император распорядился залить в огромный кубок три конга вина (1 конг = 3,275 литра) и произнес здравицу в честь гостя. Тот без колебаний, одним махом влил в себя это озеро вина. Оценив подвиг, Тиберий назначил Новеллия на высокую должность проконсула, и в дальнейшем римляне называли его «Трикongий», что по нынешним меркам соответствовало бы прозвищу «Десятилитровый».

Были и другие случаи, когда питейные способности принимались во внимание Тиберием при назначениях на ответственные государственные должности. Светоний в своей книге «Жизнь двенадцати цезарей» сообщает о нем следующее. «Однажды два дня и ночь напролет он объедался и пьянствовал с Помпонием Флакком и Луцием Пизоном; из них одного он тут же назначил префектом Рима, другого — наместником Сирии и в приказах о назначении величал их своими любезнейшими и повсечасными друзьями. Цестия Галла, старого развратника и мота, которого еще император Август заклеймил бесчестием, он при всех поносил в сенате, а через несколько дней сам назвался к нему на обед, приказав, чтобы тот ничего не изменял и не отменял из обычной роскоши и чтобы за столом прислуживали голые девушки. При назначении преторов он предпочел ничтожного соискате-

17 Зак. № 1055 Мирошниченко

ля знатнейшим за то, что тот на пиру по его вызову выпил целую амфору вина». Именно в правление Тиберия солдаты его наместника в Иудее Понтия Пилата распяли Иисуса Христа.

ТИНКТУРА (лат. *Tinctura*) — настойка лекарственного вещества на спирте.

ТИХИЕ ВИНА — виноградные вина, которые в отличие от шампанского, игристых и шипучих (газированных) вин не содержат углекислоту. К тихим относятся столовые (сухие, полусухие и полусладкие), крепленые, десертные (полусладкие, сладкие, ликерные), ароматизированные вина.

ТОКАЙСКИЕ ВИНА — популярные в мире вина, производящиеся в Венгрии из винограда (сортов «Фурминт», «Гарс Левелю» и «Мускат белый»), который выращивают на склонах горы Токай в северо-восточной части страны. Они имеют золотистый цвет, сложный тонкий аромат с мускатными и цветочными тонами и тоном корочки свежеиспеченного ржаного хлеба. Токайские вина олицетворяют испытанную временем славу венгерских виноделов.

Для токайских вин виноград в Токайском предгорье начинают собирать в самом конце сезона сбора, когда ягоды уже перезрели, сильно увялились и сморщились. Поэтому его до сих пор собирают вручную, используя традиционные заплечные корзины. Токайские погреба, где токайские вина выдерживаются в течение 3—5 лет, были вырыты в склоне горы около 700 лет назад. Это многопроходные лабиринты, общая протяженность которых насчитывает десятки километров. Здесь зимой и летом сохраняется примерно одна и та же температура — не выше 12°С, и высокая влажность. Стены и своды покрыты густым слоем темносерой плесени, которая, как уверяют знатоки, влияет на специфический вкус вина.

В Венгрии можно услышать, что в старые времена, когда бравые гонведы (венгерские гусары) проезжали на конях мимо горы Токай, они разворачивались в ее сторону и отдавали честь — как дань национальной гордости и в знак благодарности за испытанные удовольствия от этого вина. Известны слова философа Вольтера о токайском вине: «Его сладость и крепость возрождают человека. Это вино приводит в действие все извилины мозга и зажигает в глубине души волшебный фейерверк искрящегося остроумия и радости». В России токайское вино было известно и популярно в дворянском обществе с XVIII века. До конца XVIII века в Венгрии даже находилась постоянно специальная «Русская комиссия по заготовке токайских вин», посылавшая вина к царскому столу.

Наиболее знамениты марки «Токай-ассу» (спирт от 12 до 14% об., сахар от 3 до 15 г/л) и «Токайское самородное» (спирт около 13% об., сахар до 4 г/л). Вина токайского типа производятся также в Крыму («Токай Южнобережный») и в Молдове («Нежность»). Тона токая ощутимы также в высококачественном крымском вине «Пино гри Ай-Даниль» и в молдавском «Трифешты».

ТОКСИКОМАНИЯ (греч. *toxikon* — яд+мания) — болезненное состояние, характеризующееся привыканием к приему лекарственных или других веществ, не относимых к наркотикам. Характеризуется хронической интоксикацией, наличием синдрома физической и (или) психической зависимости. Разновидность токсикомании — алкоголизм (этилизм).

ТОЛЕРАНТНОСТЬ (лат. *tolerantia* — способность переносить) — в психофармакологии — способность переносить воздействие обычных лечебных доз лекарств или ядов без достижения заметного терапевтического или токсического эффекта. В наркологии — способность переносить определенные дозы наркотика, алкоголя или другого психоактивного вещества без появления ожидаемого эффекта (эйфории, опьянения и др.). (См. *Толерантность к алкоголю*.)

ТОЛЕРАНТНОСТЬ К АЛКОГОЛЮ (лат. *tolerantia* — способность переносить) — переносимость алкоголя, степень устойчивости организма к его действию. В клиническом смысле — это наибольшая доза алкоголя, которая еще не вызывает выраженного опьянения. У человека, не злоупотребляющего алкоголем, величина этой дозы сравнительно низка, причем она зависит от конституциональных особенностей организма, от соматического и психического состояния на момент приема алкоголя.

Систематическое употребление алкоголя, даже если еще не развился алкоголизм, как правило, существенно повышает толерантность к нему по сравнению с периодом редкого употребления. Поэтому толерантность является важным критерием в ранней диагностике алкоголизма. Рост толерантности — один из основных симптомов начавшегося алкоголизма. Прежняя минимальная опьяняющая доза алкоголя увеличивается в несколько раз (в среднем в 2—3 раза). Рост толерантности часто сопровождается исчезновением защитного рвотного рефлекса. (Это может случиться и при привычном употреблении алкогольных напитков, когда еще нет алкоголизма.)

На этапе развернутой клинической картины алкоголизма возрастающая толерантность достигает максимума и на протяжении ряда лет остается постоянно высокой (так называемое «плато» толерантности). Для достижения состояния опьянения больной алкоголизмом принимает значительные количества алкогольных напитков (0,3—0,5 л водки и более в течение одного эпизода выпивки), причем предпочитаются крепкие напитки.

На отдаленных этапах алкоголизма (в III стадии по А. А. Портнову и И.Н. Пятницкой, 1971) толерантность снижается. Больной пьянеет от значительно меньших, чем ранее, доз алкоголя. Предполагается, что снижение толерантности может быть связано с присоединившимися, ослабляющими организм заболеваниями: тяжелым гастритом, гепатитом, органическим поражением головного мозга, диабетом и т.д.

ТОЛЕРАНТНОСТЬ ПЕРЕКРЕСТНАЯ ПРИ АЛКОГОЛИЗМЕ — способность больных алкоголизмом переносить повышенные дозы наркотиков, эфира, хлороформа и других наркогенных веществ на фоне высокой толерантности к алкоголю.

ТОПОНИМИЯ АЛКОГОЛЬНЫХ НАПИТКОВ — связь названий напитков с определенной местностью или населенным пунктом. Многие всемирно известные и популярные вина носят имя того места, где они были впервые созданы, что зачастую произошло много столетий назад.

Так, вино мадера получило свое название от испанского острова Мадейра, где оно начало изготовляться более 500 лет назад. Портвейн получил имя от города Порту в Португалии, малага — от города Малаги на юге Испании, кагор — от небольшого французского городка Кагор, херес — от испанского города Херес-де-ла-Фронтера. Популярнейшее шампанское обязано своим названием французской провинции Шампань, где оно было создано в 1670 году. Пенистые игристые вина типа шампанского стали производиться сходным методом и в других странах, но, согласно современному международному праву, «шампанским» может называться только игристое вино, произведенное во Франции и только в местности Шампань (Champagne).

Но подобные ограничения в использовании названия применяются не ко всем винам. В таком случае можно говорить о групповом названии или об определенном типе вина. Например, в СССР выпускались разнообразные марки вин типа «портвейн» или «кагор» и др. Сортов портвейна выпускалось более 60, из них 15 высококачественных марочных, имеющих свои индивидуальные названия («Айгешат», «Акстафа», «Кизляр» и др.) Большинство простых, «ординарных» портвейнов было просто пронумеровано: Портвейн белый № 12, Портвейн белый № 33 (кстати, очень популярный среди российских пьяниц, имеющих склонность к виноградному вину — «портвешку»), Портвейн красный № 54 и т.д. Ряд прежних марок продолжают выпускать в современной России.

С местом своего создания бывают связаны названия не только вин. Например, знаменитый ликер «шартрез» получил свое имя от монастыря Шартре (Франция), где он был «изобретен» монахами еще в 1605 году. Ликер «бенедиктин» обязан своим появлением монастырю Святого Бенедикта (Франция), где он был создан в XVI веке. Коньяк, как известно многим, получил название от французского города Коньяк (Cognac). Многие популярные в России марки пива также названы по месту появления: «Жигулевское», «Клинское», «Ленинградское», «Московское», «Тверское», «Рижское», «Пльзенское» (Чехия), «Вюрцбургское» (Германия) и др.

Перечень всех алкогольных напитков, особенно вин, названия которых происходит от названия местности, очень длинен. Ниже приведен выборочный список достаточно известных и популярных в России марочных вин (особенно в советское время), названных по имени места, где они возникли и продолжают производиться (в скобках — название места): «Алазанская долина» (Алазанская долина, Грузия); «Ахмета» (г. Ахмета в Алазанской долине Грузии); «Аштарак» (г. Аштарак, Армения); «Гурджаани» (г. Гурджаани, Грузия); «Карабах» (Нагорно-Карабахская республика); «Кахетинское» (район Кахетия, Грузия); «Кварели» (г. Кварели в Алазанской долине Грузии); «Кюрдамир» (г. Кюрдамир, Азербайджан); «Напареули» (район Напареули, Грузия); «Псоу» (местность у реки Псоу); «Шемаха» (г. Шемаха, Азербайджан) и др.

ТОРГОВЫЙ ТРЕУГОЛЬНИК (англ. *Triangle trade*) — название замкнутого коммерческого маршрута, процветавшего в XVIII — начале XIX века, который представлял собой треугольник с его вершинами в Вест-Индии, (Куба, Гаити, Ямайка и др.), в Новой Англии (Сев. Америка) и в Западной Африке. Из Вест-Индии перевозили тростниковый сахар в Новую Англию, где он перерабатывался в ром. Ром везли в Западную Африку, где на вырученные за него деньги покупали рабов и доставляли их в Вест-Индию. Там их продавали, а на деньги покупали тростниковый сахар, который перевозили в Новую Англию, и так далее.

ТОРИН (фр. *taurin*) — чесночный суп, традиционно применяющийся французами на голодный желудок для облегчения состояния похмелья. Готовится он очень просто: в суповую тарелку кладут ломтик хлеба, густо посыпают его мелко накрошенным чесноком и заливают кипятком. Можно еще выпустить туда сырое яйцо. Употребляют на голодный желудок.

ТОСО (О-ТОСО) — ритуальный напиток, с которого, согласно древнему японскому обычаю, начинается первая в Новом году трапеза. Он представляет собой настой в рисовой водке (*сакэ* — см.) смеси различных растений (багряник стручковый, коричное дерево, красные бобы и др.), взятой из рецептов китайской медицины. Настоянные кусочки растений кладут в красный мешочек, который в последний день года, в Час кабана (с 9 до 11 часов вечера), погружают в колодец, а затем в первый день Нового года, в Час тигра (3—5 часов утра), вынимают и снова опускают в это же сакэ. Хозяин дома преподносит тосо каждому члену семьи, начиная с младшего, при этом кланяется и произносит слова поздравления с Новым годом, затем семья приступает к первому в Новом году завтраку.

Согласно поверьям, вкусивший тосо на Новый год будет всегда здоров. В древности тосо использовали как лекарство.

ТОСТ (англ. *toast*) — короткая или не очень короткая застольная речь, здравица в честь кого-либо или чего-либо, произносимая обычно в тот момент, когда участники встречи взяли в руку рюмку (или другой сосуд), наполненную спиртным напитком. Традиционным искусством произносить затейливые тосты, в том числе в виде притч, славятся кавказские народы.

Это слово было заимствовано в первой половине XIX века из английского языка, где другим значением toast является «поджаренный хлеб». Данное значение происходит от английского обычая ставить перед выступающим с речью стакан воды и поджаренный кусок хлеба.

ТОСТ-ПРИТЧА — популярная форма застольного тоста у некоторых народов, в частности, народов Кавказа. Текст тоста бывает нередко довольно длинным, он может быть взят из старинной притчи, сказки, легенды собственного или иного народа, или иметь современное происхождение, или же быть сымпровизированным провозглашающим тост. Концовка тоста — с предложением выпить («Так выпьем же...») носит традиционно неожиданный и шутливый характер. Ниже приводится несколько образцов распространенных тостов.

Пришло время умирать старику, а умирать не хочется. Взмолился он, поднял руки к небу и обратился к Богу: «Боже, дай пожить еще хоть чуть-чуть!» — «Сколько лет ты хочешь?» — спросил Бог. «Столько, сколько листьев на этом дереве». — «Нет, так не пойдет». — «Ну, тогда сколько яблок на этом дереве». — «Так тоже не пойдет. Я дам тебе пожить столько, сколько у тебя друзей». — «Нет у меня друзей», — печально сказал старик и дрожащей рукой вытер слезу. Так выпьем же за друзей, и чтоб их было не меньше, чем листьев на дереве!

Поехали два соседа на базар вино продавать. По пути сели они отдохнуть и перекусить. «Хорошо бы сейчас по стаканчику вина пропустить», — вздохнул один. «Хорошо-то хорошо, но вино мы везем продавать, и нельзя тратить даром ни капли!» — рассудил другой. Тогда первый пошарил в карманах, нашел медную монетку и говорит соседу: «Налей-ка мне на эту сумму». Налил ему сосед стаканчик, потом вернул ту же монету и попросил: «А теперь ты мне налей». Так и ходила монета из рук в руки, пока не опустели оба бурдюка, а их хозяева захрапели хмельные и довольные торговлей. Так выпьем же за удачную сделку!

Довольный барашек прибежал к овце: «Мама-мама, пастух сказал, что я гожусь на шашлык!» — «Чему ты радуешься, глупый? — «Все-таки приятно, что я на что-то гожусь!» Так выпьем за то, чтобы и мы на что-нибудь годились!

Осел долго шел и очень захотел есть и пить. Вышел он к реке, на берегу которой стоял стог сена. Осел долго думал, что сначала сделать: попить или поесть? Думал-думал и умер. Так не будем же мы такими ослами! Сначала выпьем, а потом закусим!

ТРАВМАТИЗМ И АЛКОГОЛЬ — тесно связаны между собой. В состоянии опьянения нарушается внимание, координация движений, контроль над собственным поведением, снижается быстрота реакции. Поэтому риск несчастного случая или смерти в определенных условиях повышается во много раз.

Это понимали еще древние египтяне. На одном из папирусов, дошедших до нас, сохранился такой текст: «Не доводи себя до беспомощности, когда пьешь в пивной лавке. Упавши, ты поломаешь свои члены, и никто не подаст тебе руку, чтобы помочь тебе подняться».

Согласно данным многочисленных исследований западных и отечественных специалистов, у больных алкоголизмом и тяжелых пьяниц риск погибнуть от несчастного случая в 2,5—8 раз выше, чем у населения в целом, в том числе в результате падения — в 16 раз, ожога или пожара — в 10 раз, производственной травмы — в 2—3 раза.

Имеются данные о зависимости степени риска несчастного случая от дозы выпитого алкоголя, точнее, от концентрации алкоголя в крови. Влияние алкоголя на величину риска становится заметным уже при его концентрации в крови 0,05 грамма на 100 миллилитров (0,5 промилле), поэтому во многих западных странах законом запрещается вождение транспорта лицам, у которых содержание алкоголя в крови превышает эту цифру. (Такая концентрация может возникнуть у мужчин среднего веса (70—75 кг) после приема 500—600 мл пива, 250—270 мл сухого вина, 120—130 мл портвейна или 60—70 мл водки.)

ТРАКТИР (от латин. *tracto* — угощаю) — питейное заведение с небольшой гостиницей, распространенное в старой России. (Пушкин: «И заведет крещеный мир на каждой станции трактир».)

ТРАНКВИЛИЗАТОРЫ И АЛКОГОЛЬ — взаимодействуют определенным образом, что необходимо учитывать при использовании первых. Кратковременное употребление алкоголя усиливает седативный и снотворный эффект транквилизаторов и замедляет их выделение. Так, освобождение организма от различных производных бензодиазепина снижается на 18—66%. Период полувыведения мепротана, который по характеру своего взаимодействия с алкоголем близок к снотворным и также, как они, может вызывать в сочетании с алкоголем глубокие расстройства сознания и дыхания, увеличивается в 2,5 раза. В отличие от мепротана производные бензодиазепина могут использоваться по своему назначению при острой алкогольной интоксикации. Предпочтительнее выбор элениума (хлордиазепоксида).

При алкоголизме всасывание транквилизаторов затрудняется, а их биотрансформация активируется. Седуксен в терапевтической дозе 10 миллиграмм создает в крови больных алкоголизмом концентрацию препарата в 2,3 раза меньшую, по сравнению со здоровыми лицами. Хотя бензодиазепиновые транквилизаторы широко используются для купирования алкогольного абстинентного синдрома, снятия возбуждения, страха и тревоги, длительное их назначение нежелательно в связи с легкостью формирования психической зависимости по отношению к транквилизаторам у больных алкоголизмом.

ТРАНС АЛКОГОЛЬНЫЙ (англ. *alcoholic trance*) — выглядящее нормальным автоматическое поведение, которое может наблюдаться у алкоголика в пределах отдельных эпизодов опьянения, выпадающих потом из памяти (амнезируемых) после отрезвления.

ТРЕЗВЕННИК (англ. *abstainer*) (синоним: *абстинент*) — человек, принципиально отказывающийся от употребления алкогольных напитков по моральным, религиозным или иным мотивам и обычно отстаивающий идею трезвенничества. В конце XIX — начале XX веков в России трезвенниками были члены ряда религиозных сект (анисимовцы, колосковцы, чуриковцы и др.), которые пропагандировали трезвость как главный путь к «царству Божьему» и религиозно-нравственному самосовершенствованию.

ТРЕЗВЫЙ АЛКОГОЛИК — так называют человека, который, прекратив пить, продолжает демонстрировать весь спектр свойств алкоголика. Это бывает в том случае, когда попытка бросить пить не подкреплена внутренней перестройкой личности и нет твердой убежденности в необходимости полной трезвости, при этом приходится отказываться от прежних привычек и интересов, а новые не появились. Такой человек начинает чувствовать себя «белой вороной» в своей среде, ему некуда себя деть, на пустячные ситуации он реагирует частыми вспышками раздражения, становится конфликтным, и все кончается обычно рецидивом пьянства.

ТРЕМОР АЛКОГОЛЬНЫЙ (греч. *tremor* — дрожу) — дрожание пальцев, рук, головы или всего тела, характерное для запущенного алкоголизма. Тремор пальцев и рук у алкоголиков часто наблюдается по утрам в состоянии похмелья, как один из признаков абстинентного синдрома. После приема спиртного он уменьшается или исчезает. При белой горячке наблюдается дрожание или трясение всего корпуса, мышц лица, языка, рук, головы.

ТРЕТЬЯ (III) СТАДИЯ АЛКОГОЛИЗМА — последняя из трех стадий в течении алкоголизма согласно общепринятой в России трехстадийной классификации (см. *Стадии алкоголизма*). Имеет названия: конечная, тяжелая, декомпенсированная, энцефалопатическая.

Третья стадия характеризуется снижением толерантности к алкоголю; утяжелением физической зависимости от алкоголя; появлением истинных запоев: нарастанием психической, физической и социальной деградации личности. Влечение к алкоголю становится совершенно неодолимым. Окончательно теряется ситуацинный самоконтроль; в попытках раздобыть очередную порцию спиртного больные, порой, не останавливаются ни перед чем. Они становятся совершенно неразборчивыми в выборе места выпивки, компании собутыльников, качества алкогольного питья. Часто прибегают к употреблению алкогольных суррогатов, различных спиртосодержащих жидкостей, продающихся в аптеках, парфюмерных и хозяйственных магазинах.

Влечение к алкоголю в третьей стадии алкоголизма может быть настолько сильным, что больные готовы употреблять любые, даже заведомо ядовитые жидкости, лишь бы они содержали хоть небольшой процент алкоголя. В состоянии абстиненции (похмелья) сомато-вегетативные нарушения могут достигать такой степени, что становятся опасными для жизни больного. На фоне абстинентных явлений часто возникают судорожные припадки и алкогольные психозы с тенденцией к затяжному течению.

Типичная для больных в третьей стадии алкоголизма социальная деградация сопровождается развитием психической деградации, обусловленной нарастанием симптомов органического поражения головного мозга (энцефалопатии). У больных нарушается память, мышление становится ригидным, снижается интеллект, в связи с чем они становятся малоспособными к какому-то ни было труду.

В этой стадии часто наблюдаются тяжелые соматические заболевания: гепатиты, переходящие в цирроз печени; заболевания поджелудочной железы; атрофические гастриты; полиневриты; тяжелые расстройства сердечно-сосудистой и дыхательной системы и др. Третья стадия формируется при давности алкоголизма от 10 до 20 лет.

ТРИФОНОВ ДЕНЬ — болгарский весенний праздник, посвященный виноградникам, покровителем которых считается Святой Трифон.

Празднуется в начале февраля. Основным элементом ритуала, совершаемого в поле, является подрезание виноградной лозы, отсюда другое название праздника — «Трифон зарезан» (по-болгарски слово «подрезать» звучит «зарезать»). Место первого, символического среза лозы поливается вином или «святой водой» и посыпается золой. Собравшимися жителями избирается «царь виноградника» — по традиции, самый лучший в селе виноградарь. На голову ему надевают «корону», сплетенную из срезанных виноградных лоз. Царя поливают вином, что должно принести много винограда и вина. Празднество завершается всеобщим угощением и хороводом на сельской площади.

Этот праздник до сих пор отмечается в Болгарии, и даже в городах, по сокращенной программе — в кафе, ресторанах, погребках и домах.

ТУТОВКА — тутовая водка из Азербайджана и Армении. Приготавливается на спирте, полученном из ягод белого и черного тута. Имеет специфический приятный аромат, желтовато-зеленоватый оттенок.

ТЮРЬМА И АЛКОГОЛЬ — в глазах властей традиционно несовместимые понятия, поскольку возможность выпить толкуется в преступном мире как один из важных атрибутов свободы. Кроме того, исключение алкоголя из списка разрешенного в тюрьме диктуется соображениями поддержания внутритюремной дисциплины.

Особенно жестко это правило соблюдалось в России советского периода, когда заключенным резко ограничивалась даже доступность чая, который использовался ими в виде очень густой заварки как замена алкоголю (см. *чифирь*). Разумеется, заключенные старались и стараются обойти этот запрет, добывая водку, спирт или спиртосодержащие жидкости всевозможными хитроумными способами, изобретая все новые и новые.

Один из распространенных способов, известный еще в бериевские времена, основан на использовании презерватива. Заключенный, имеющий выход за пределы «зоны», например, для работы на стройке или другом промышленном объекте, глотает там презерватив с привязанной к нему соломинкой или тонкой резиновой либо пластмассовой трубочкой. Затем вливает через трубочку в находящийся в желудке презерватив раздобытую бутылку водки и возвращается мимо охраны в лагерную зону, где его товарищи по заключению пьют водку через соломинку прямо из его рта.

Если на внутрилагерном предприятии, на котором используется труд заключенных, производство связано с применением спиртовых составов, таких как клеи, лаки, политура и т.п. (например, на деревообрабатывающей фабрике), они тайком проносят их в свои бараки, чтобы выпить самим или снабдить других. Такие выпивки нередко заканчиваются сильными отравлениями и тюремной больницей, да и смертью.

Большое событие, если заключенным удается стащить во время дежурства на кухне немного дрожжей, сахара и кое-каких других продуктов (томат, рис, горох), из которых изготовляется брага. Тогда в течение недели барак живет радостным ожиданием готовности вожделенного продукта. Для выбраживания традиционно используют двухведерную флягу из-под молока, если можно где-то ее спрятать. Иногда, чтобы брагу не обнаружили надзиратели, ее закачивают в отопительные батареи, предварительно перекрыв краны. Проще изловчиться в лесных колониях. Там летом брагу замешивают и прячут в какой-нибудь яме на лесосеке. Зимой флягу с брагой закапывают под кострищем, где она доходит «до кондиции».

В середине 90-х годов в российских исправительных учреждениях кое-где стали наблюдаться некоторые официальные поблажки в отношении низкоградусных напитков. Так, в одной из исправительно-трудовых колоний (№ 31) Красноярского края в 1996 году заключенным разрешили соорудить пивной бар, что они и сделали с энтузиазмом, снабдив его не только соответствующей стойкой и мебелью, но и светомузыкой. Однако подобные случаи являются скорее исключением.

В отношении спиртного на особом положении в современных российских тюремных заведениях находятся преступные «авторитеты» (главари, «воры в законе») и т. н. «новые русские» (сделавшие за короткий срок крупные состояния в мутной воде приватизаций государственного имущества после 1991 года). Как свидетельствуют сами заключенные, для этой элиты доступны и водка, и коньяк, и шампанское. И закусить они могут не только хорошей ветчиной и сыром, но и икрой. На вопросы, каким путем все это попадает за колючую проволоку, заключенные предпочитают помалкивать.

У

УКСУС — 5%-ный водный раствор уксусной кислоты, который получают путем уксусного сбраживания 6—7%-го раствора этилового спирта с использованием специального уксусного грибка (Mycoderma aceti) и при доступе воздуха.

Уксус используется как приправа ко многим блюдам и закускам. Он входит в состав многочисленных соусов и маринадов. С помощью уксусного брожения получают для кулинарии также «винный уксус» из виноградного сока или второсортного вина, «яблочный» или «грушевый уксус» — из яблочного или грушевого сока, предварительно подвергнутых спиртовому брожению.

Вместе с тем уксусное брожение является причиной порчи — скисания готовых качественных вин (с крепостью до 14%), когда они контактируют с воздухом в теплом помещении и содержат в себе хотя бы небольшое количество уксусного грибка. В таких винах алкоголь постепенно может почти весь превратиться в уксус и сделать их непригодными для употребления в качестве алкогольного напитка.

В обычном уксусе еще остается до 0,5% алкоголя, в винном — до 1,5%. Поэтому некоторые врачи при лечении алкоголизма не рекомендуют употреблять уксус в виде приправ, чтобы не провоцировать усиление влечения к алкоголю.

УКСУС ЧЕТЫРЕХ РАЗБОЙНИКОВ — старинное средство, употреблявшееся как предохранительное средство против чумы и другой заразы для окуривания комнаты больных. Для его приготовления брали смесь полыни, мяты, розмарина, шалфея, дягиля, цветов лаванды, корня аира, чеснока, корицы, мускатного ореха и гвоздичных корней и заливали двумя литрами винного уксуса и 120 миллилитрами крепкого уксуса. Через несколько дней все отжимали и к выжимке прибавляли

11 граммов камфоры, растворенной в 30 граммах спирта.

УМЕРЕННОЕ УПОТРЕБЛЕНИЕ АЛКОГОЛЯ — употребление ограниченных количеств алкогольных напитков, обусловленное, как правило, ситуационными причинами (торжества, встречи, ритуалы и т.п.). В этом оно сходно со *случайным употреблением алкоголя* (см.), но отличается от него тем, что состояние опьянения пьющим не избегается, хотя и допускается лишь умеренная степень опьянения в пределах легкой эйфории. Диапазон оправдывающих выпивку ситуаций более широк за счет случаев участия в компаниях, собирающихся с целью общения. Поэтому питейные эпизоды происходят, в среднем, чаще (до нескольких раз в месяц), чем при случайном употреблении. С другой стороны, в отличие от приверженных к *бытовому пьянству* (см.), люди, для которых характерно умеренное употребление алкоголя, не ищут и не организуют ситуацию с выпивкой.

УМЕРЕННОСТЬ (англ. *temperance*) — одна из четырех главных христианских добродетелей (наряду со справедливостью, мудростью и стойкостью). Она означает разумное самоограничение в личных потребностях. Одним из важных признаков умеренности всегда служило ограничение потребления алкоголя (или отказ от него), поэтому в эпоху Средневековья и Возрождения было принято изображать эту добродетель аллегорически как женщину, переливающую жидкость из одного кувшина в другой, что означало разбавление вина водой.

Широкие общественные движения за ограничение употребления или отказ от спиртного, распространившиеся в Северной Америке и Европе в XIX веке и начале XX, развивались чаще всего на религиозной почве и носили буквальное название «движений умеренности» (англ. temperance movement), а общества трезвости получали название «обществ умеренности» (temperance society). Члены таких обществ давали «клятву умеренности» (temperance pledge), означавшую отказ от спиртного.

УРАЛЬСКИЙ РЕЦЕПТ УСКОРЕННОГО ПОЛУЧЕНИЯ САМОГОНА — включает использование сырой картошки. Картошку в кожуре (2 кг), натертую на терке или пропущенную дважды через мясорубку, смешивают с 3 кг сахарного песка, 0,5 л молока, 100 г дрожжей и 10 л кипяченой воды и ставят на 3—5 дней в теплое место. Затем отцеживают и перегоняют, получая 3 литра самогона.

УСЛОВНО-РЕФЛЕКТОРНАЯ ТЕРАПИЯ АЛКОГОЛИЗМА (УРТ) — основана на выработке отвращения к алкогольным напиткам путем их сочетания с приемом веществ, вызывающих тошноту и рвоту, или с другими отрицательными воздействиями (например, электрическим током). В качестве веществ такого рода используют апоморфин, эметин, соли тяжелых металлов, термопсис, баранец, чабрец (см. под соответствующими названиями) и др. УРТ во всевозможных модификациях широко применяется в наркологических лечебных заведениях России.

УСЛОВНО-РЕФЛЕКТОРНАЯ ТЕРАПИЯ С РАЗДРАЖЕНИЕМ ЭЛЕКТРИЧЕСКИМ ТОКОМ (по Н. В. Канторовичу, предложена в 1929 г.) — применяется для выработки отвращения к алкоголю в тех случаях, когда у больного алкоголизмом имеются заболевания, при которых противопоказано вызывание искусственной рвоты (язвенная болезнь желудка и двенадцатиперстной кишки, бронхиальная астма, активные формы туберкулеза легких и др.), или проявляется непереносимость лекарственных препаратов, применяемых для вызывания рвоты (одновременно с приемом алкоголя).

В современном варианте этого метода источником тока служит аппарат низкочастотной физиотерапии (например, модели 707 или СНИИМ-I), который генерирует двухтактный импульсный ток синусоидной формы с частотой 10 Гц. Когда сила тока достигает индивидуально непереносимого порога, к носу больного подносят ватку, смоченную спиртом, и производят словесное внушение отвращения к алкоголю. Затем сила тока сбрасывается до нуля, и процедура снова повторяется 6—8 раз. После 3—4 подобных сеансов может выработаться столь сильный отрицательный рефлекс, что одно лишь словесное упоминание об алкоголе вызывает у пациента оборонительную реакцию.

УСПЕНСКИЙ НИКОЛАЙ ВАСИЛЬЕВИЧ (1837—1889) — русский писатель, печатался в «Современнике» Н.А. Некрасова, «Отечественных записках» и «Вестнике Европы», был учителем в Яснополянской школе, основанной Л.Н. Толстым. Его очерки и рассказы из народного быта принесли ему литературную известность и были встречены с похвалой критикой.

Однако у него рано проявилсь чрезмерное пристрастие к алкоголю, что драматически отразилось на его литературной и жизненной судьбе. Сменив ряд должностей в разных городах (в основном, по педагогической линии), Успенский рано (с 1874 г.) устранился от систематического труда и, не имея устойчивых источников средств существования, много пьянствовал и жил в окружении, чаще всего, случайных людей.

В последний период своей жизни он совершенно опустился, жил в трущобах, попрошайничал в дачных поездах, проводил время в кабаках и трактирах в компании таких же «забулдыг» и пьяных купцов, перед которыми за грошовые подачки разыгрывал роль шута, заставляяя свою малолетнюю дочь плясать под звуки гармошки (его жена умерла в 1881 г.).

Его поведение и образ жизни резко осуждались его двоюродным братом, известным писателем Глебом Ивановичем Успенским. Последнего особенно возмутили литературные воспоминания Н.В. Успенского, опубликованные в журнале «Развлечения», в которых писатели Толстой, Тургенев, Григорович, Некрасов, Помяловский и Левитов — все были выведены как «плуты, дураки, мошенники и пьяницы».

Одним из собутыльников Н.В. Успенского был писатель *И.К. Кондратьев* (см.), в квартире которого — в мансарде дома на Каланчевской улице — случались частые пьянки. Участником этих выпивок был также старый друг Кондратьева известный русский художник, и тоже спивавшийся, А.К. Саврасов, который, между прочим, разрисовал побеленные стены чердачной комнаты приятеля с помощью угля рисунками и эскизами.

Когда Н.В. Успенский писал свои скандальные мемуары, вспоминая предвзято и даже с накоторым озлоблением Тургенева, Некрасова, Толстого и др., подвыпивший Кондратьев, по собственному признанию Успенского, подначивал его писать еще злее: «Жарь их хорошенько! Разноси этих господ!»

В 1889 году Н.В. Успенский, окончательно спившийся и не находивший выхода из беспросветных обстоятельств, зарезался в одном из московских переулков, где был подобран полицией. Кондратьев рассказывал после этого события: «Он все бритву у меня просил, а я ему сказал: да ты купи за пятиалтынный ножичек, — сумеешь им зарезаться-то!.. Он так и сделал!»

УТРАТА КОЛИЧЕСТВЕННОГО КОНТРОЛЯ — неспособность больного алкоголизмом ограничиться небольшим количеством алкогольных напитков. После первой же рюмки водки или вина, кружки пива у него может возникнуть компульсивное, практически непреодолимое желание пить. Он продолжает пить, пока не напьется до выраженного опьянения. Поскольку толерантность к алкоголю у него значительно повышена, он выпивает большое количество алкоголя, практически до физической невозможности дальнейшего его поглощения.

Утрата контроля (самоконтроля) над количеством выпитого является одним из самых ранних и основных симптомов алкоголизма. Это могут заметить и близкие больного: в гостях он старается «опередить круг», т.е. пить чаще, чем другие, и каждый раз как можно больше и обязательно крепкие напитки. Время, когда сформировался устойчивый симптом утраты количественного контроля, принято считать началом I стадии алкоголизма и с этого момента отсчитывать давность заболевания алкоголизмом.

УФОФОП (англ. *ufofop*) — крепкий напиток, получаемый перегонкой пальмового вина, распространенный в Нигерии.

Ф

ФАЗЕОЛОГИЯ ДЖЕЛЛИНЕКА (англ. *Jellinek phaseology of alcoholism*) — деление типичного развития алкоголизма на IV фазы, предложенное выдающимся западным специалистом Е.М. Джеллинеком (E.M. Jellinek, 1952). Они имеют названия: преалкогольная; продромальная; критическая и хроническая.

Первая фаза, преалкогольная, относится к тому этапу, когда злоупотребление алкоголем еще нельзя назвать болезненным. Ее можно разделить на два периода: а) случайные выпивки в социально приемлемой среде с выраженным удовлетворением в связи с чувством облегчения от испытываемого напряжения, переходящие в б) постоянные выпивки с подобной целью облегчения и по-прежнему в социально компенсированной форме, но с возрастающей толерантностью после нескольких месяцев или лет регулярного употребления алкогольных напитков.

Вторая фаза, продромальная, представляет собой начало алкоголизма с такими симптомами, как *алкогольные палимпсесты* (см.) с выпадением из памяти отдельных эпизодов пьянки; скрытое пьянство; поглощенность мыслями об алкоголе; сильное влечение к нему; жадное поглощение сразу нескольких рюмок спиртного; чувство вины по поводу пьянства; борьба с желанием выпить.

В *третьей фазе*, критической, происходит потеря контроля в виде стремления довести себя до выраженного опьянения. Периоды воздержания сменяются пьянством, учащающимся под влиянием психологического или социального стресса. Возникает потребность в опохмелении, в выпивке по утрам. Появляется симптом «*объяснительной системы*» или «алиби» для оправдания выпивок, чтобы сохранить самоуважение и противостоять общественному давлению. Проявляются симптомы: забота об обеспечении себя алкоголем и пренебрежение полноценным питанием; необоснованные обиды и агрессивное поведение; пересмотр личных отношений, потеря друзей и избегание общества; утрата прежних интересов; снижение работоспособности; попытки изменить место проживания и семейное положение; обращение к врачу по поводу какого-либо соматического расстройства, вызванного алкоголем.

У *четвертой фазы*, хронической, кардинальным признаком становятся длительные алкогольные эксцессы, когда выпивка продолжается с утра до ночи, и снижение толерантности к алкоголю, а также частые алкогольные психозы. Для нее также характерны: потеря критичности к своему положению; навязчивая тяга к выпивке; обращение к непитьевому алкоголю; употребление алкоголя со случайными лицами; признаки этического снижения; безотчетная слезливость; психомоторная заторможенность без алкоголя; смутные религиозные побуждения.

В каждом конкретном случае проявляются не все симптомы и не обязательно в данной фазе и в перечисленном порядке. Данная «фазеология» и соответствующий набор симптомов отражают статистически усредненную картину, составленную Джеллинеком на основании анализа большого числа историй болезней, а также 2000 анкет, заполненных членами «Общества анонимных алкоголиков».

ФАКТОРЫ РИСКА — обстоятельства, не играющие прямой этиологической роли в возникновении заболевания, но увеличивающие его вероятность. Для алкоголизма факторами риска могут быть определенные черты характера (низкая устойчивость к стрессу, непереносимость конфликтов, ожидания, боли, потребность в получении немедленного удовольствия и др.), особенности личности (низкий уровень самоуважения, бедность интересов и культурных запросов и др.), неблагоприятная социальная среда (в семье, на работе и т.д.), тяжелые производственные, экологические или климатические условия.

ФАКТОРЫ РИСКА РАЗВИТИЯ АЛКОГОЛИЗМА СЕМЕЙНЫЕ — факторы, связанные с семьей, существенно повышающие вероятность развития алкоголизма. К ним чаще всего относят: алкоголизм отца или матери; алкоголизм других родственников; отсутствие эмоциональной привязанности между родителями, частые ссоры между ними; отсутствие эмоционально теплых отношений между родителями и детьми; хаотический уклад жизни семьи без соблюдения ритуалов и традиций; терпимое отношение родителей к употреблению детьми алкоголя или к девиантному поведению.

ФАРМАКОЛОГИЧЕСКИЕ ЭФФЕКТЫ АЛКОГОЛЯ — воздействие алкоголя, как биологически активного вещества, на функции различных органов и систем организма. Характер реакций на алкоголь и их выраженность зависят от дозы алкоголя и от особенностей состояния организма, но можно назвать наиболее типичные эффекты на разные его системы после однократного приема алкоголя у здорового человека.

Нервная система. В малых дозах алкоголь производит возбуждение, в больших — угнетение, наркоз. Последствия алкогольного воздействия (при опьянении средней степени) сохраняются в течение двух суток, они выражаются в изменении субъективного психологического состояния, некоторого снижения умственной работоспособности вследствие снижения подвижности нервных процессов и объема внимания. Физическая работоспособность также может понизиться в результате замедления психомоторных реакций.

Сердечно-сосудистая система. В малых дозах алкоголь вызывает учащение пульса (тахикардию), повышение систолического и минутного объема, снижение диастолического и среднего артериального давления, умеренное увеличение систолического артериального давления с последующим его снижением. Большие дозы могут вызвать гипотензию и коллапс. Изменения электрической активности миокарда выявляются после воздействия алкоголя в условиях покоя в течение двух суток, в условиях нагрузки — трех суток.

Дыхательная система. В малых дозах алкоголь стимулирует дыхание, в больших — угнетает.

Пищеварительная система. Алкоголь раздражает слизистые оболочки, стимулирует выделение желудочного сока с высокой кислотностью и низким содержанием ферментов.

Мочевыделительная система. Алкоголь стимулирует выделение мочи (диурез).

Эндокринная система. Пропорционально концентрации алкоголя в крови изменяется продукция кортикостероидов. После элиминации (выделения) алкоголя из организма наступает угнетение стероидогенеза, сохраняющееся до трех суток. После приема алкоголя существенно возрастает уровень тиреоидных гормонов и сохраняется повышенным в течение 15 часов. Увеличивается симпатоадреналовая активность, эта система остается в состоянии напряжения в течение двух суток. В поджелудочной железе увеличивается инсулинопродуцирующая активность, вместе с тем ферментообразующая активность снижается (нормализация функции отмечается через 1,5—2 суток).

Свертывающая активность крови. Под воздействием алкоголя стимулируются процессы образования тромбопластина и тромбина на ранних этапах свертывания, повышается общая свертывающая активность (сдвиги сохраняются двое суток после алкоголизации).

ФЕМИНИЗАЦИИ ФЕНОМЕН ПРИ АЛКОГОЛИЗМЕ (лат. *femina* — женщина) — появление у мужчины вторичных половых признаков по женскому типу (например, увеличение грудных желез) вследствие нарушений функции желез внутренней секреции. Может быть следствием длительного злоупотребления алкоголем, в связи со снижением содержания тестостерона в крови и повышением содержания пролактина.

ФЕРНЕТ БРАНКА — горькая спиртовая настойка, предназначенная для возбуждения аппетита (в количестве 10—15 капель, добавленных к воде), но, пожалуй, не менее популярная в некоторых странах как средство от похмелья, например, среди британских моряков (в количестве 50—90 граммов, выпиваемых залпом). Содержит экстракты алоэ, горечавки, цитварного корня, коры хинного дерева, сыти длинной, ревеня, бріонии, дягиля лесного, мирриса, ромашки и шафрана, а также мятное масло. Крепость — не менее сорока градусов.

ФИЗ (англ. *fizz*) — слабоалкогольный пенящийся напиток, который получают смешиванием небольшого количества джина или рома со всевозможными фруктовыми соками, яичным белком, мороженым и другими компонентами. Смесь взбивают непосредственно перед употреблением в шейкере или в миксере, переливают в длинные бокалы с дробленым льдом и доливают газированную воду. Бокал украшают ягодами, ломтиками лимона и т.д. Физы пьют через соломинку.

ФЛЯЖКА (нем. *flasche* — бутылка, фляжка) — походная плоская бутыль из металла, пластмассы или стекла. Используется для воды или напитков, в том числе алкогольных. Ее принято носить на ремне на плече или на поясе. Также выпускаются небольшие стеклянные фляжки со спиртными напитками (водкой, виски, коньяком) для ношения в заднем кармане брюк, имеющие соответствующие размеры и форму (вогнутую с одной стороны и выпуклую с другой). Навинчивающийся колпачок нередко служит стаканчиком. Фляжки со спиртными напитками были особенно популярными в США в XIX в.

ФОЛКНЕР УИЛЬЯМ (Faulkner W., 1897—1962) — американский писатель, лауреат Нобелевской премии (1949), автор романов «Шум и ярость», «Свет в августе», «Авессалом, Авессалом» и др.

Общеизвестно его пристрастие к алкоголю, которое рано перешло в алкоголизм, тянувшийся до самой смерти. Пьяницами были его отец и дед, который и познакомил его в детстве со вкусом спиртного. В 18 лет Фолкнер пил уже наравне с известными пьяницами его города (Мемфиса). В 20 лет он попытался попасть на первую мировую войну, вступив с этой целью в Канадскую королевскую авиацию, но, будучи выпившим, потерпел аварию на тренировочном самолете, в котором он прятал бутылку виски.

Когда на страну свалился «сухой закон» (1919), Фолкнер проявил большую настойчивость и изобретательность в добыче спиртного. Он пил в потайных кабаках, где кипела игра в кости, кукурузный спирт, изготовлявшийся самогонщиками округа, и часто ходил в публичные дома Мемфиса из-за того, что там был широкий выбор виски. Кроме того, он сам тайно изготовлял самогон для себя и для продажи, чтобы добыть деньги для обеспечения возможности творчества.

Фолкнер пил и на людях, и в одиночестве, он бывал и общительным, и замкнутым пьяницей. Даже когда он недолгое время вынужден был работать на городской почте (откуда ушел, ибо не мог оставаться «во власти всякого сукина сына с двухцентовой маркой»), он во время работы то и дело отхлебывал из бутылки с виски «Белая молния». Земляки долго помнили его слова: «На свете нет плохого виски, просто одни сорта лучше, другие хуже».

По его словам, он пил, чтобы «успокоиться и свалиться с ног в полном изнеможении». Нередко он пил, когда писал (что объясняет, возможно, некоторые особенности его стиля: длиннейшие предложения с их внезапными обрывами и др.). Иногда он недоуменно взирал на людей, спрашивающих разъяснения по поводу чего-нибудь, что он написал, и отвечал: «Откуда я знаю, что это значит? Я был пьян, когда написал это».

В связи с пьянством ему довелось испытать алкогольное истощение, белую горячку, язвенную болезнь, падения с лестниц и лошадей, переломы ребер и позвонков, травмы головы, дрожание рук, провалы памяти. Но перебороть алкоголизм он не смог. Вместе с тем все же Фолкнер остается одним из лучших американских писателей XX века.

ФОЛЬКЛОР ПИТЕЙНЫЙ РУССКИЙ — отражает, как и у других наций, черты народных нравов и культуры. Вот некоторые образцы народных изречений, дошедших до нас из прошлого века.

«В кабаке родился — в вине крестился. — Невинно вино, виновато пьянство. — Горько пить вино, а обнесут — горчее того. — Курица, да и та пьет. — Чужое вино и пил бы, и лил бы, и скупаться попросил бы. — С кумом бранюсь, на пиве мирюсь; а с чужим побранюсь, винцом зальюсь. — Кабак лучше метлы дом подметет. — Вино вину творит. — Перед хмелем падко, во хмелю сладко, по хмелю гадко. — Пьян да умен, два угодья в нем; пьян да глуп, больше бьют. — Первая чарка крепит, вторая веселит, а третья морит. — Чарку пить — здорову быть, вторую пить — ум повеселить, утроить — ум устроить, четвертую пить — неискусну быть, пятую пить — пьяну быть, чара шестая — мысль будет иная, седьмую пить — безумну быть, у осьмой приплести — рук не отвести, за девятую приняться — с места не подняться, а выпить чарок с десять — так поневоле взбесят».

ФОЛЬКЛОР ПИТЕЙНЫЙ РУССКИЙ, СОВРЕМЕННЫЙ — отличается от прошлого века большей склонностью к примитивному алкогольному юмору и меньшим этическим звучанием. Ниже приводятся некоторые образцы присловий и прибауток.

«Не послать ли нам гонца за бутылочкой винца? — Будешь много пить вина — останешься без ума, а чтобы не стать дураком, водку пей иль ром. — Изопью портвею, грусть свою развею. — Я ж не комуняк, чтобы пить коньяк, изопью винишка, не велика шишка. — За край родной можно и в запой. — Без поливки и капуста сохнет. — Чай, кофей не по нутру, была бы водка поутру. — Недопой хуже перепоя. — После чаю примечаю, я по вермуту скучаю. — Что-то стало холодать, не пора ли нам поддать? — Плохой водки не бывало, ее было только мало. — Что-то ноги стали зябнуть, не пора ли нам дерябнуть? — Между первой и второй перерывчик небольшой. — Было семь рублей (цена бутылки водки), а стало восемь, все равно мы пить не бросим. Передайте Ильичу (Леониду Ильичу Брежневу): нам и десять по плечу!»

ФОЛЬКЛОР ПИТЕЙНЫЙ СТАРОМОСКОВСКИЙ — красочно отражает быт и разговорный язык москвичей конца XIX — начала XX века. Москвичи при случае любили выпить и пошутить по этому поводу.

Если человек пил помалу, говорили, что он «воробья причащает». Если кто перебрал крепкого вина, то говорили, что он напился «забирательного», а если при этом шумел, то говорили, что он «губернаторствует». Если же это происходило в ресторане, то «отворяйлы» и «запирайлы» (т.е. швейцары) вели его «под шары» (т.е. в отделение полиции). Про любителей выпить, но знающих меру, говорили, что да, он «прикосновенен», а про запойных — «пьет мертвой чашей». Сам запой называли «ушибом». Отказаться участвовать в совместной попойке называлось «загородиться».

Заключение больших сделок между крупными коммерсантами сопровождалось традиционно шампанским. Окончанием сделки считался момент, когда поставленный на стол между участниками переговоров цилиндр заполнялся доверху пробками от шампанского, а это составляло примерно 30 бутылок шампанского на 3—4 человека.

ФОЛЬКЛОР СТУДЕНЧЕСКИЙ НА АЛКОГОЛЬНУЮ ТЕМУ — в иных случаях пародирует научный, академический подход к теме — конечно, с примесью озорства. Например, на тему, кто как напивается:

Плотник — *в доску.* Извозчик — *в дугу.* Портной — *в лоскуты.* Скотник — *до поросячьего визгу.* Шофер — *в баранку.* Футболист — *в аут.* Повар — *в сосиску.* Бондарь — *в бочку.* Конюх — *в уздечку.* Электронщик, электрик — *в отключку.* Поп — *в рясу, до положения риз.* Девушки из мединститута — *до потери пульса.* Химики — *до выпадения в осадок.* Журналист — *до точки.* Стекольщик — *вдребезги, до остекленения.* Сапожник — *в стельку.* Пожарный — *в дым, в дымину.* Гробовщик — *в усмерть.* Охотник — *в дупель.* Железнодорожник — *в дрезину.* Шахматист — *в пешку.* Лесник — *в шишку.* Музыкант — *в дудку.* Математик — *в ноль.* Физкультурник — *в лежку.* Физики и девушки из Политехнического — *до потери сопротивления.* Писатель — *до ручки.* Франт, щеголь — *в лоск.*

ФОРМЫ УПОТРЕБЛЕНИЯ АЛКОГОЛЯ У БОЛЬНЫХ АЛКОГОЛИЗМОМ — согласно принятым в российской наркологии представлениям, находятся в определенных соотношениях со стадиями развития алкоголизма. Выделяют следующие типичные формы.

1. *Употребление алкоголя с преобладанием однодневных алкогольных эксцессов.* Большинство выпивок ограничивается одним днем с последующим промежутком воздержания в один-несколько дней. Реже возникают ситуационно-обусловленные 2—3-дневные эксцессы, после которых появляются симптомы интоксикации с отвращением к алкоголю и более длительным перерывом в употреблении. Характерно для 1-й стадии алкоголизма.

2. *Псевдозапои.* Алкоголь употребляется периодически с длительностью отдельного эксцесса от 2—3 дней до недели, редко больше. Начало эксцессов связано обычно с внешними причинами (получка, конец недели, значимые события и т.д.). Окончание эксцессов также связано с внешними моментами — отсутствием денег, семейными и иными конфликтами, хотя возможность продолжать выпивки и потребность в них сохраняется. Воздержание от алкоголя продолжается от 2—3 дней до недели и более. Характерны для 2-й стадии алкоголизма.

3. *Постоянное пьянство на фоне высокой толерантности.* Алкоголь употребляется ежедневно на протяжении значительных отрезков времени — от нескольких недель до нескольких месяцев. В связи с высокой толерантностью (в т.ч. на фоне «плато») употребляются значительные дозы алкоголя. Прием наибольшей дозы приходится на вторую половину дня или вечер. Перерывы непродолжительны, они связаны не с ухудшением физического состояния, а с внешними обстоятельствами. Характерно для 2-й стадии алкоголизма.

4. *Перемежающееся пьянство.* На фоне постоянного многомесячного пьянства периодически, на протяжении нескольких дней, употребляется максимальное для данного лица количество спирт-

ных напитков. Возвращение к более низким дозам алкоголя связано с появлением физических симптомов снижениия толерантности, выраженных в незначительной степени и, несмотря на продолжающееся пьянство — преходящих. При более выраженном снижении толерантности иногда возникают кратковременные перерывы. Характерно для 2-й, начала 3-й стадии алкоголизма.

5. *Истинные запои*. Многодневному запою предшествует появление интенсивного влечения к алкоголю, сопровождающееся изменениями физического и психического состояния, в первую очередь в связи с аффективными расстройствами. В первые дни дробно употребляются наивысшие суточные дозы алкоголя. В последующем из-за нарастающего снижения толерантности и ухудшения физического состояния разовые и суточные дозы алкоголя постепенно падают. В конце запоя наступает интолерантность и связанная с ней невозможность дальнейшего продолжения пьянства. Запой сменяется полным воздержанием, хотя абстинентные явления выражены в тяжелой степени. Со временем появляется тенденция к укорочению запоев и удлинению «светлых промежутков». Характерны для 3-й стадии алкоголизма.

6. *Постоянное пьянство на фоне низкой толерантности*. Алкоголь употребляется дробными дозами на протяжении всего времени суток, в том числе и в ночное время. Днем промежутки в приемах алкоголя составляют 1—3 часа. Больной непрерывно находится в состоянии опьянения, чаще неглубокого. Тяжелые абстинентные состояния возникают лишь при прекращении пьянства. Характерно для 3-й стадии алкоголизма.

ФРАНК (*Frank*) **СЕБАСТЬЯН** (1499—1542) — немецкий протестантский религиозный философ-мистик, историк, автор первой всемирной истории на немецком языке. Написал книгу, бичующую пьянство: «Об ужасном пороке пьянства» (Von den greulichen Laster der Trunkenheit), которая в течение 80 лет после напечатания (1528) выдержала еще 9 изданий.

ФРАНЦУЗСКИЙ ПАРАДОКС — заключается в том, что заболеваемость ишемической болезнью сердца во Франции, особенно в ее южных районах, существенно ниже, чем в других странах Западной Европы. По мнению ряда специалистов-медиков, это явление связано с кардиозащитным действием некоторых компонентов натурального виноградного вина, которое является основным видом алкоголя, потребляемого населением Франции.

Российский хирург Р. Акчурин, который делал операцию на сердце президенту Ельцину, считает, что 100—150 граммов сухого красного вина в день препятствует развитию атеросклероза. Не сбрасывается со счету и кардиозащитное действие самого алкоголя, если он потребляется регулярно, но не в чрезмерных количествах. (См. *Кардиопротекторное действие алкоголя*.)

ФРИДРИХ IV (1574—1610) — курфюрст (князь) пфальцский, Германия. Энергичный сторонник возникшего в XVI веке протестантства. Известен также тем, что в 1600 году организовал в своем окружении общество сторонников умеренности, члены которого подписывали следующий документ:

«ДОГОВОР о воздержании на два года. Обязуюсь не выпивать каждый раз за столом более 7 стаканов, а в течение дня — более 14 стаканов вина. Для утоления возможной жажды допускается только пиво и минеральные воды. Разрешается выпивать один стакан водки или какого-либо другого крепкого напитка».

Подобная «умеренность» выглядит довольно странно в глазах современного человека. Однако не лишне вспомнить, что к моменту, когда составлялся этот «Договор», только что закончился XVI век, который получит у будущих историков эпитет «пьяного».

ФУГГЕР ИОГАНН (*Iohann Fugger*, XVI в.) — немецкий епископ, представитель богатого и влиятельного рода в Южной Германии XV—XVII веков. Отличался страстью к спиртному, что, впрочем, было не редкостью среди духовных лиц в Европе в средние века, среди которых XVI век получил у историков название «пьяного века». Иоганн Фуггер завещал ежегодно выливать на его могилу бочку вина с тем, чтобы «его тело могло продолжать впитывать в себя эту вкусную жидкость». Специально для этого он оставил родному городу большую сумму денег.

Х

ХАММУРАПИ (1792—1750 гг. до н.э.) — древневавилонский царь, автор знаменитого свода законов. На месте древнего города Сузы при раскопках в 1901—1902 годах был найден каменный столб с текстом этих законов, высеченным клинописью. Свод законов состоял из 282 статей, некоторые из них касались пива. Предусматривались суровые наказания для пивоваров, разбавлявших пиво водой и не соблюдавших его качество. Им предоставлялся выбор: либо быть утопленным в бочке с испорченным пивом, либо пить его, пока не упадешь замертво. Кабачников, завышавших цену на пиво, положено было без лишних проволочек топить в реке.

«Законы Хаммурапи» вообще оказали сильнейшее влияние на последующее развитие законодательства в древних странах передней Азии.

ХАНКА — на блатном жаргоне — водка. Ханочник, ханыга — безнадежный алкоголик. Ханыжить — пьянствовать.

ХАНШИНА, ХАНЖА — китайская водка. Изготавливается на спирте, полученном из проса. Мутновато-желтого цвета, со специфическим запахом. Качество невысокое.

ХАРАКТЕРОПАТИИ — психопатоподобные состояния, являющиеся результатом органического поражения головного мозга и характеризующиеся дисгармонией личности с заострением отдельных ее свойств. Выделяются следующие основные варианты характеропатий: алкогольная, посттравматическая, эпилептическая.

ХЕМИНГУЭЙ ЭРНЕСТ (1899—1961) — известный американский писатель, лауреат Нобелевской премии (1954). Отличался склонностью к частым и обильным выпивкам и к посещению всевозможных питейных заведений. Герои в его романах и рассказах очень часто действуют в ситуации выпивки и в состоянии большого опьянения.

Одним из любимых мест для Хемингуэя была Куба. В гаванском баре «Флоридита» и сейчас можно услышать легенду, как изрядно нагрузившийся «папаша Хэм» открывал стрельбу из винтовки по сигарам, торчавшим из ртов столь же пьяных посетителей. Говорят, что попадал девять раз из десяти.

В 1961 году Хемингуэй, находясь в состоянии депрессии, покончил жизнь самоубийством.

ХЕРЕС (исп. *Jerez*) — несладкое крепкое или столовое виноградное вино с особым вкусом, способ получения которого был изобретен в городе с названием Херес (точнее, Херес-де-ла-Фронтера), в испанской провинции Андалузия (по преданию, еще в XII веке до н.э.). Особенностью приготовления хереса является то, что поверхность вина во время выдержки в неполных бочках покрывается пленкой плесени, которая образуется при брожении особых, хересных, дрожжей и придает вину специфический запах и вкус. Через 5—6 месяцев около 1/3 вина отбирается из-под пленки и заменяется молодым вином. Взятое из-под пленки вино смешивается со столовым и десертным винами и затем выдерживается еще от 2 месяцев до 2 лет. Имеет значение и почва, на которой выращивается виноград. Установлено, что в окрестностях Хереса распространены так называемые сульфатные почвы и карбонатные глиноземы.

В старой России херес пользовался большой популярностью, и в начале XX века была сделана попытка освоить его изготовление. Был послан в г. Херес специалист, которому испанские виноделы гостеприимно рассказали про весь процесс, позволили заглянуть со свечкой внутрь бочки на замечательную пленку и предложили взять ее образец с собой. Однако он отказался под предлогом, что «такой плесени у нас тоже много». Промышленное производство хереса в России началось в 1945—1948 годах.

Из испанских хересов наиболее известны марки «Фино» (содержание спирта 15—17%, сахара 0—2,5%), «Монсанилья» (спирта 15,5—17%), «Олоросо» (спирта до 24%) и «Амонтильядо». На территории бывшего СССР выпускаются марочные хересы «Аштарак» и «Блоракан» (Армения), «Херес крымский» и «Херес массандр» (Украина), «Херес Молдова» и «Херес Янтарь» (Молдова). В России известен «Херес донской», изготавливаемый в Ростовской области из виноградов сортов «Алиготе», «белый круглый», «Рислинг», «Пухляковский» и «Ркацители». Он содержит спирта 20%, сахара 3%, имеет цвет от светло-соломенного до чайного. Награжден на конкурсах золотой и серебряной медалями.

Уильям Шекспир испробовал херес в 1597 году, после взятия испанского города Кадиса лордом Эссексом, с которым Шекспир был знаком. В свою трагедию «Генрих IV» он вставил маленькую оду хересу от лица Фальстафа: «Добрый херес вдвойне полезен. Во-первых, он, устремляясь вам в голову, разгоняет все скопившиеся в мозгу пары глупости, мрачности и грубости, окрыляет мысль, и потому все, что слетает с языка, становится метким словцом. Второе воздействие доброго хереса в том, что он согревает кровь, ведь если она холодная и слабо пульсирует, то печень делается бледной, почти восковой, что всегда служит признаком трусости и малодушия. Херес горячит кровь и гонит ее по всему телу... И вот полчища жизненных сил собираются вокруг своего предводителя — сердца, а оно, раззадорясь и гордясь эдакой свитой, отваживается на любой подвиг — и все это от хереса».

ХИМИЯ ВИНА (ЭНОХИМИЯ) — прикладная наука, изучающая химический состав винограда и вина, химические процессы, протекающие на разных стадиях образования вина, и помогающая совершенствовать его технологию. Она широко использует методы и достижения общетеоретической химии и смежных химических наук — органической, аналитической и физической химии, биохимии и др.

Простейшее определение сахаристости винограда и крепости вина производилось в Греции, Египте и других странах еще до нашей эры.

В текущем столетии в виноделии получили широкое распространение микрометоды и приборы, обладающие очень большой чувствительностью и точностью получаемых результатов. В винограде и винах идентифицировано более 50 компонентов, для значительной части которых установлена их роль в процессах виноделия. Данные лабораторного анализа, отражающие состав вина, являются теперь обязательными для его объективной оценки.

Тем не менее *дегустация вина* (см.), хотя и является субъективным способом оценки, по-прежнему лежит в основе окончательного суждения о качестве винодельческой продукции.

ХИРОМАНТИЯ В ДИАГНОСТИКЕ АЛКОГОЛИЗМА — утверждает, что по руке можно определить предрасположенность человека к алкоголизму. Во-первых, признаком склонности к алкоголизму считается очень мягкая, дряблая рука, что одновременно является показателем слабой воли, лености.

Вторым существенным признаком алкоголика хироманты называют направленность «линии ума» на «холм Луны». Ситуация с прогнозом усугубляется, если при этом «линия ума» заканчивается «звездой» (пересечением трех коротеньких черточек). Указаниями на склонность к алкоголизму можно также считать малые размеры большого пальца и наличие «линии Плутона», соединяющей «холм Луны» и «холм

Венеры». Последнее также характерно для людей, склонных к наркомании.

ХМЕЛЬ I (лат. *Humulus*) — многолетнее травянистое растение с длинным, тонким вьющимся стеблем. Длина может достигать 18 метров. Его плоды, имеющие вид мягких шишек, используются в пивоварении — их добавляют на стадии варки солода. В них содержатся вещества, которые придают пиву особый аромат и вкус, а также стойкость при хранении. (К этим веществам относятся: хмелевая горечь, смола, эфирное масло, таннин, яблочная кислота, алкалоид гопеин и др.)

Для пивоварения годится и дикий хмель, но для получения хорошего пива уже с давних времен выращивают культурные сорта хмеля. Созревает хмель с середины августа. Хмелевые шишки высушивают под навесом. Они должны быть крупными, темно-желтого цвета, иметь острый пряный запах. При растирании пальцами появляется мука. Это лупулин — важнейшая часть хмеля, в которой сосредоточены горькие вещества.

В России хмелеводство возникло в X веке. Из старых русских сортов хмеля наиболее известными были: «Скрипунчак», «Рыхляк», «Починский хмель», «Ядреный кругляк». В советское время наиболее распространенными сортами стали «Клон» и «Житомирский». Основными производителями хмеля являются Германия, Великобритания, Чехия, Словакия, Югославия, Бельгия, Польша, США, Япония и Россия.

Самая большая в мире плантация хмеля попала в «Книгу рекордов Гиннесса». Она находится возле Топпениша, штат Вашингтон, США, и занимает площадь 694 гектара. Ей владеет фирма «Джон И. Хаас», которая является крупнейшей производительницей хмеля в мире. Эта фирма обладает плантациями хмеля с общей площадью 2089 гектаров, которые помимо Америки расположены на Тасмании, в Австралии и в графстве Кент, в Великобритании.

Хмель используется также в медицине. Настой из шишек хмеля применяется для возбуждения аппетита и улучшения пищеварения, в качестве мочегонного и противовоспалительного средства при катаре желудка, болезнях желчного пузыря, печени и почек. Настой готовят завариванием одной столовой ложки растертых сухих шишек хмеля стаканом кипятка и, процедив, пьют по чайной ложке 3—4 раза в день.

Настойка хмеля на спирте оказывает успокаивающее действие при повышенной нервной возбудимости и бессоннице при приеме 5—7 капель на ночь. Паровая баня с добавлением хмеля применяется при покраснении кожи лица и высыпаниях нервного характера. Экстракт хмеля, содержащий витамины и гормоны, входит в состав лосьонов, шампуней, кремов.

ХМЕЛЬ II — состояние опьянения. Например: быть под хмелем, во хмелю; буен во хмелю. (Н.А. Некрасов: «Нет меры хмелю русскому...» И. С. Тургенев: «Хмель мгновенно соскочил с него».)

ХМЕЛЬНОЙ — 1. Опьяняющий, алкогольный. Например: хмельные напитки. 2. Пьяный, нетрезвый. Например: хмельные речи, хмельная удаль, хмельные глаза.

ХРИСТИАНСТВО И АЛКОГОЛЬ — не находятся в непримиримом антагонизме. В Библии можно найти много примеров благого действия вина при разумном его употреблении и достаточно примеров дурных последствий — при неразумном (см. *Вино в Библии*). Одним из важных событий после Всемирного Потопа было разведение виноградника Ноем и получение виноградного вина. Первым чудом, которое совершил Иисус Христос к радости присутствующих, было превращение воды в вино на свадьбе в Кане Галилейской. «Вино веселит сердце человека», — сказал библейский царь Давид. А его премудрый сын царь Соломон предупреждает: «Не смотри на вино, как оно краснеет, как оно искрится в чаше, впоследствии, как змей, оно укусит и ужалит, как аспид».

Иисус Христос в своих притчах неоднократно упоминает виноградную лозу, виноград и вино и называет самого себя аллегорически: «Я есть истинная виноградная лоза, а Отец Мой виноградарь» (Иоан. XV, 1). В конце Тайной вечери, на которой он прощался со своими учениками, Христос берет чашу с вином и завещает им: «Пейте из нее все. Ибо сие есть Кровь Моя нового завета, за многих изливаемая во оставление грехов (Матф. XXVI, 27—28). «И взяв хлеб и благодарив, преломил и подал им, говоря: сие есть Тело Мое, которое за вас предается; сие творите в Мое воспоминание» (Лук. XXII, 19).

Эта заповедь Иисуса воплотилась у христиан в важнейший ритуал *причащения* (см), во время которого священнослужитель дает прихожанину вкусить немного вина и хлеба, как символ крови и тела Христова.

После того, как в храме собираются записки «о здравии» или «за упокой» и священник приступает к их оглашению, он отламывает кусочки от специальных хлебов (просфор) и, погружая их в чашу с вином, называет по очереди имена из записок, произнося: «Отмый, Господи, грехи поминавшихся здесь, кровию Твоею честною».

Христианская церковь, молясь «о изобилии плодов земных», освящает весь процесс от насаждения виноградной лозы до получения и употребления вина. Существует специальная молитва на насаждение винограда, которая свидетельствует, что изначально подразумевалось его предназначение на производство вина, на что указывают слова: «во еже претворитися в кровь».

Существует молитва и на освящение хлеба и вина, которая произносится на праздничном вечернем богослужении. Эта традиция берет свое начало с тех времен, когда праздничные богослужения продолжались всю ночь (всенощное бдение), и молящиеся подкрепляли свои силы освященным хлебом и вином.

Христианская церковь называет вино, как и прочие «плоды земные», «даром Божиим», и призывает употреблять его «с молитвой и благодарением». Однако и в отношении вина истинный христианин, как и во многом другом, должен соблюдать строгую умеренность. А если эта умеренность не дается, то остается только безоговорочное трезвенничество, т.е. полное воздержание от этого чреватого злом напитка. На этой основе строились все трезвеннические движения, возникавшие с благословения христианской церкви.

ХРУЩЕВ НИКИТА СЕРГЕЕВИЧ (1894—1971) — советский партийный и государственный деятель, руководитель СССР (в качестве главы КПСС и председателя Совета министров СССР) с 1953 по 1964 год. Он продолжил традицию, заложенную Сталиным, отмечать важные для государства даты и события пышными и многолюдными банкетами в Кремле. Он развил эту традицию, устраивая массовые официальные застолья вне стен Кремля, в том числе на лоне природы в загородных резиденциях.

В истории страны остались особенно известными банкеты, которые он устраивал для встречи с деятелями литературы и искусства с целью их «наставления на правильный путь». «Наставления», которые для некоторых приглашенных лиц (например, поэта А. Вознесенского) оказывались форменным разносом, хотя для других — поощрительной похвалой, сочетались со щедрым угощением дорогими яствами и отборными алкогольными напитками.

В 1957 году состоялся знаменитый прием в Тайницком саду Кремля в честь окончания Всемирного фестиваля молодежи, с помпой прошедшего в Москве. Под открытым небом за столами расположились 10 тысяч гостей. За главным столом были Хрущев, Н. Булганин, Е. Фурцева, Г. Жуков и другие руководители партии и правительства того времени. Громкие тосты следовали один за другим. Прием шел без жесткого протокола. Всем разрешалось ходить с бокалом от стола к столу, включая и самый главный стол. Пили все, и пили много. «Выбывших из строя» осторожно подбирали специальные дежурные. И был салют, по словам очевидцев, «такой плотный, что с неба летел град пустых картонных патронов».

Хрущев обладал неугомонным и непоседливым характером, он много разъезжал по стране, а также за ее пределами, значительно приоткрыв сталинский «железный занавес». И везде, при самых разных обстоятельствах и по самым разным поводам, в разном окружении, Хрущев был готов угостить хорошей выпивкой и угоститься сам. Угощался он и в своих спецсамолетах и спецпоездах — иной раз изрядно. Так, в июле 1960 года на импровизированном митинге на площади Хмельницкого в Киеве, устроенном в честь его приезда, он выступал в состоянии, вполне соответствующем названию площади. В связи с агитацией за разведение «чудесницы» — кукурузы, которой он сильно увлекся после посещения Америки, Хрущев заглядывал непосредственно в колхозы, где охотно принимал угощение простым борщом и водкой или украинскими варениками и горилкой.

Свой отдых, особенно с приглашением гостей, Хрущев нередко также сочетал с выпивкой. В январе 1964 года он вместе с Н. Подгорным принимает на такой «отдых» Фиделя Кастро — в правительственном охотничьем хозяйстве Залесье под Киевом. Здесь была организована «образцово-показательная» охота в честь дорогого гостя. Как вспоминает П. Шелест, тогдашний секретарь ЦК Компартии Украины, «охота удалась на славу». Хрущев убил двух больших кабанов, двух козлов, четырех зайцев. Кастро — оленя, двух козлов, кабана. Тут же в лесу, у костра, хорошенько «обмыли» трофеи изрядным возлиянием, в том числе любимой Хрущевым перцовой настойкой.

Хрущеву пришлось пережить обиду предательства, как он считал, со стороны его партийных соратников (прежде всего, со стороны Брежнева), и неожиданной потери высокого поста. Годы после отставки, в качестве пенсионера, он прожил в основном на подмосковной даче, за высоким забором, при непрерывно дежурившей охране, встречаясь нечасто с узким кругом гостей. Навещали его также и художники, которым он когда-то на выставке в Манеже и на приемах творческой интеллигенции устраивал разносы за отклонение от «здорового соцреализма».

По свидетельству его личного повара Анны Дышковой, незадолго до кончины он потребовал подать бутылку пива и соленый огурец на закуску.

Ц

ЦАРСКАЯ МАДЕРА — ироническое название низкосортной водки, выдававшейся бесплатно по распоряжению царя Петра I (по чарке в день — около 150 г) всем петербургским строительным, дорожным рабочим, рабочим верфей, портовым грузчикам, матросам и солдатам).

ЦВЕТОЧНЫЕ ВИНА — вина, изготавливаемые из цветков (преимущественно в домашних условиях). Эти напитки привлекательны тем, что в их получении участвует цветочный нектар. Для обеспечения достаточного количества алкоголя в готовом вине (10—12%) при сбраживании к цветкам добавляют сахар.

Можно придерживаться следующих рекомендаций при получении цветочного вина. Цветки собирают в солнечную сухую погоду, желательно после дождя или росы, чтобы меньше было пыли, поскольку цветки мыть нельзя из-за необходимости сохранить нектар. Листья, цветоносы и другие вспомогательные части цветка отбрасываются.

Цветки заливают горячей водой (3,5 литра воды на 1 литр цветков, плотно набитых в какую-либо посудину), кипятят 5 минут и оставляют на сутки настаиваться. После этого тщательно отжимают цветки, а в полученную жидкость добавляют сахар (1 кг сахара, растворенного в 0,5 л теплой воды), 1—2 чайных ложки лимонной кислоты (для обеспечения лучших условий брожения, поскольку в цветках, в отличие от фруктов и ягод, нет собственных кислот) и 8—10 немытых изюминок (которые предоставляют винные дрожжи для брожения).

Сначала дают развиться бродильному процессу в течение 1—2 дней в теплом месте, а затем оставляют при комнатной температуре, исключив каким-нибудь способом контакт жидкости с воздухом (используя газоотводную трубку, погруженную в воду; надев детский резиновый шарик на горло бутылки др.). После окончания брожения вино сливают с осадка, закрывают герметически и оставляют в темном месте настаиваться. Обычно процесс созревания готового вина занимает несколько месяцев.

Известны вина из цветков липы, белой акации, черной бузины, таволги, мать-и-мачехи, одуванчиков и др. «Вино из одуванчиков» даже стало названием книги популярного американского писателя-фантаста Рэя Бредбери.

ЦЕРКОВНОЕ ВИНО — вино, используемое в православной церкви для *причащения* (см.). Принято использовать для этого *кагор* (см.).

ЦЕХОВЫЕ ПИТЕЙНЫЕ СОСУДЫ — специальные кубки, бокалы, чаши или кружки из керамики, стекла, серебра или олова, использовавшиеся определенными ремесленными цехами Европы во время коллективных праздничных возлияний или для приема гостей с XV до середины XVIII века. Они украшались символами данной гильдии, нанесенными на особом щитке, и нередко на них вырезались имена всех мастеров и подмастерьев.

Наиболее распространен был сосуд «вильком» (от нем. Willkomm — привет). Начиная с XVI века из него было принято пить по праздникам, сопровождая забавными тостами. По тулову (корпусу) вильком украшали изображениями звериных и человеческих масок, из пастей которых свисали картуши (декоративный элемент в виде полуразвернутого свитка) с именами мастеров, цеховыми знаками и памятными датами. Крышку вилькома (которую он обычно имел)

Цеховой питейный сосуд Нюрнбергских сапожников (1561)

венчала фигура бородатого человека со щитом. Очень дорогие вилькомы из позолоченного серебра заказывали у известных мастеров аристократы. Многие из таких вилькомов были изготовлены ювелирами немецкого «города мастеров» — Аугсбурга. В Польше подобного рода сосуды назывались szklanicy godowey, т.е. «кубками почета».

ЦИМЛЯНСКОЕ ИГРИСТОЕ — красное игристое вино, изготавливаемое из выращиваемого в Ростовской области винограда сортов «Цимлянский черный», «Плечистик», «Буланый», «Цимладар». Имеет цвет от красного до темно-красного с рубиновым или гранатовым оттенком и хорошо выраженные «игристые» свойства. Стало производиться Цимлянским заводом игристых вин (г. Цимлянск) в 1945 году и заслужило большой успех (на конкурсах награждалось многими медалями, в том числе золотыми). Выпускается в двух вариантах: сладкое (крепость 10—10,5% об.) и полусладкое (крепость 11,5—13,5% об.).

Предшественником «Цимлянского игристого» является вино, которое изготовлялось в давние времена казаками из недобродившего местного красного вина. Они разливали такое вино в бутылки, укладывали в прохладные подвалы, где оно постепенно дображивало и насыщалось углекислым газом. В 1986 году Цимлянский завод игристых вин наладил, по технологии, сходной со старинной, выпуск «Цимлянского игристого казачьего» (полусладкое).

ЦИРРОЗ ПЕЧЕНИ АЛКОГОЛЬНЫЙ — тяжелое хроническое заболевание печени, вызванное систематическим (особенно ежедневным) употреблением повышенных доз алкоголя. Встречается у 10—20% хронических алкоголиков с длительным стажем злоупотребления алкоголем. По оценкам отдельных специалистов, риск развития цирроза печени у мужчин, выпивающих в среднем 120—180 грамм алкоголя (в пересчете на 100%-ный) в день, в 24 раза выше, чем у пьющих менее 60 грамм; у выпивающих 240 грамм этот риск выше в 150 раз, и он практически отсутствует при среднесуточном потреблении алкоголя в количестве менее 20 грамм. Предполагается, что риск алкогольного цирроза печени резко повышается при сопутствующем заражении вирусом гепатита В. Морфологически болезнь проявляется в виде значительных дистрофических и дегенеративных изменений печеночной ткани, при этом появляются участки разрастания соединительной ткани, печень резко уплотнена.

В начальной (компенсированной) стадии алкогольного цирроза печени наблюдается стойкое отсутствие аппетита (анорексия), метеоризм, утомляемость, склонность к пониженно-апатичному настроению. Нередко бывает истончение кожных покровов с появлением на них характерных сосудистых «звездочек» и белых пятен. Иногда обнаруживается «лакированный» язык, выпадение волос, похудание, гинекомастия, ослабление полового влечения. Печень на ощупь обычно увеличена и плотна, имеет острый край.

В декомпенсированной стадии возникает тошнота, рвота, стойкая диарея (понос). Кожные покровы имеют либо желтушный, либо сероватый оттенок вследствие повышенного содержания меланина. Развиваются такие тяжелые осложнения, как асцит, эзофагальное (в области пищевода) и геморроидальное кровотечения, портальная гипертония. Может развиться тяжелая печеночная недостаточность с прекомой или комой.

Хотя при полном воздержании от алкоголя у больного алкогольным циррозом печени может наступить длительная относительная стабилизация состояния печени, смертность при этом заболевании очень высока. В эпидемиологическом исследовании было показано, что в течение 5 лет из больных алкогольным циррозом умерло 40% при условии воздержания от приема алкоголя и 60% при продолжении его употребления.

Заболеваемость циррозом печени и смертность от него считаются настолько характерными для алкоголиков, что на основе показателя смертности от этого заболевания были предложены формулы расчета числа лиц, злоупотребляющих алкоголем (или больных алкоголизмом) среди населения той или иной страны. Первой такой формулой было уравнение Е. Джеллинека (см. *Джеллинека формула*), предложенное им в 1952 году.

Вместе с тем в разных странах при примерно одинаковом уровне потребления алкоголя на душу населения смертность от цирроза печени может отличаться значительно, что зависит от особенностей местных условий, качества и структуры питания, уровня медицинской помощи и др. Например, в Венгрии в 1983—1985 годах душевое потребление алкоголя было 11,5 литра в год, в Швейцарии — 11,1 литра, а смертность от цирроза печени в Венгрии составила 41,2 случая на 100 000 населения, в Швейцарии — 12,4. В 1980—90-х годах в большинстве западных стран смертность от цирроза печени заметно снизилась, причем чаще в странах, где снизилось душевое потребление алкоголя.

ЦЬЕВЕ СИНДРОМ (*Ziewe L.*) — характерен для больных алкоголизмом с поражением печени и включает в себя анорексию (отсутствие аппетита), тошноту, слабость, озноб, боль в верхней части живота, субфебрильную температуру, дрожание. Характерны гиперхолестеринемия или гиперлипемия, желтуха, гемолитическая анемия.

Ч

ЧАБРЕЦ (БОГОРОДСКАЯ ТРАВА, БОГОРОДСКИЙ ЧАБЕР) — многолетнее полукустарниковое растение, отвар которого вызывает тошноту и рвоту и применяется для выработки условного рефлекса отвращения к алкоголю. После приема внутрь 150—200 мл 7%-ного отвара больному дают нюхать спиртной напиток, а при возникновении рвоты он должен прополоскать спиртным напитком рот и глотку и сделать небольшие глотки.

Проводят ежедневно или через день общим числом 7—10 таких сеансов и более до выработки выраженного отвращения к алкоголю. Кроме того, в дозах 50 миллилитров 2—3 раза в день отвар чабреца может быть использован как седативное средство, подавляющее влечение к алкоголю. По сравнению с отваром баранца вегетативные реакции, тошнота и рвота при применении отвара чабреца значительно более слабые и кратковременные. Осложнений не бывает. Можно применять чабрец в амбулаторных условиях.

ЧАН (англ. *vat*) — большая кадка, емкость для сбраживания жидкостей в процессе получения вина, пива или спирта. Изготавливается из дуба, бетона, камня — в старые времена даже из мрамора.

В городе Харефорд, Великобритания, находится самый большой чан в мире — как утверждает «Книга рекордов Гиннесса». Его высота — 19,65 м, диаметр — 23 м, а вместимость — более 343 тысяч литров. Он называется «Стронг боу» и используется фирмой «Г. П. Балмер лимитед» для производства сидра.

ЧАРКА (ЧАРА) — 1. Низкий круглый сосуд для питья (обычно крепких напитков), один из наиболее древних на Руси. В Оружейной палате Московского Кремля хранится серебряная чара черниговского князя Владимира Давыдовича, датируемая по над-

Чарка царя Михаила Федоровича. Горный хрусталь, золото, драгоценные камни. XVII в.

писи на ней 1151 годом. Для русского быта XVII—XVIII веков было характерно многообразие форм чарок, украшавшихся серебряной чернью, эмалями и чеканкой.

Любопытна история золотой чарки, принадлежавшей великому князю Василию III (отцу Ивана Грозного). В «смутное время» начала XVII века, когда поляки распоряжались в Москве, эта чарка, по-видимому, украденная, исчезла из царской казны, а потом всплыла в частной продаже. После того, как московский престол занял первый царь из рода Романовых, Михаил (1613), его мать, инокиня Марфа, купила эту чарку и подарила ему в 1616 году, о чем свидетельствует надпись на оборотной стороне ручки. На дне чарки чернью изображен и украшен жемчужиной двуглавый орел, а по венцу сделана надпись с титулом первого владельца чарки Василия III, «собирателя земель русских».

В Ипатьевском монастыре хранится другая уникальная чарка, принадлежащая царю Михаилу — из горного хрусталя в массивной золотой оправе. Ее держалка (прикрепленная к оправе) украшена драгоценными камнями. О ее принадлежности царю Михаилу Федоровичу Романову свидетельствует надпись вязью по золотому венцу.

(А.С. Пушкин: «И чарка пенного вина из рук в другие переходит».)

2. Русская мера объема жидкостей (прежде всего, алкогольных напитков), применявшаяся до

введения метрической системы мер (1918), составлявшая 1/100 ведра (поэтому называвшаяся также «соткой») или 1/10 штофа. Равняется 0,123 литра.

ЧАЧА — грузинская и абхазская виноградная водка. Приготавливается на спирте, полученном из незрелого несортового винограда и отходов винного производства. Имеет некоторый «винный» аромат. Крепость 45% об.

ЧАША — старинный сосуд для питья, в том числе для вина, округлой формы, обычно более низкий и широкий, чем кубок. Изготавливался из дерева, глины, металла и других материалов.

ЧАША ГЕРАКЛА — сосуд, из которого пил этот герой греческой мифологии. Ее вместимость — почти четыре литра. По преданию, причиной смерти Александра Македонского было то, что он осушил до дна наполненную вином чашу Геракла. Римский философ Сенека выразился по поводу этой гибели так: «Здесь лежит этот герой, которого не победили никакие трудности удивительных переходов, никакие опасности осад и сражений, самые ужасные крайности жары и холода — здесь лежит он, побежденный невоздержанностью и повергнутый в землю».

ЧАША РАДОСТИ — ритуальный сосуд с вином, подносящийся подружками невесты по нескольку раз по очереди «молодому» и «молодой» при завершении обряда корейской свадьбы. Представляет собой маленькую чашечку, сделанную из тыквы и всю перевязанную красными и синими нитками.

ЧЕКУШКА (разг.) — бутылка со спиртным (обычно — с водкой) емкостью 1/4 литра. Измененное слово от «четвертинка».

ЧЕТВЕРТИНКА (разг.) — бутылка емкостью 1/4 литра, используемая для крепких спиртных напитков.

ЧЕТВЕРТЬ — медный (с XVII века) сосуд емкостью в четверь ведра (3,08 л) или большая стеклянная бутыль, предназначенные для хранения водки и других жидкостей. Стеклянные четверти (3,0—3,25 л) стали использоваться с начала XX века. В некоторых губерниях четверть носила название «гусь», причем это слово склонялось по женскому роду.

ЧИФИРИЗМ — см. *Теизм.*

ЧИФИРЬ (ЧИФИР, ЧИФИРЕК, ЧЕФИР) (прост.) — очень крепко заваренный чай с выраженным возбуждающим действием, благодаря чему служит заменой алкоголю при трудностях его добычи (например, в местах заключения). Обычно берутся равные объемы сухой заварки и заливаемого кипятка. Фактически чай не заваривается, а вываривается. Получается густо-коричневый, непрозрачный настой. Пьется мелкими глоточками. Спустя 39—40 минут после приема средней дозы чифиря наступают выраженные явления «дурмана», характеризующиеся приподнятым настроением, облегчением и ускорением течения мыслительных процессов с одновременным возбуждением. Учащается пульс, поднимается артериальное давление. Действие чифиря продолжается 4—5 часов; как правило, нарушается сон.

При хроническом употреблении чифиря может развиться болезненное пристрастие — *чифиризм* или *теизм* (см.) как разновидность *кофеинизма*. Длительное злоупотребление чифирем приводит к аффективной неуравновешенности, явлениям психопатизации. Особенно легко привыкание возникает у психопатических личностей астенического круга и неустойчивых.

ЧУВСТВИТЕЛЬНОСТЬ К АЛКОГОЛЮ — значительно различается у разных людей как по опьяняющему эффекту, так и по воздействию на организм. Повышенный риск вредных последствий имеется в следующих случаях: детский или очень пожилой возраст; повышенный уровень сахара в крови; повышенное артериальное давление; повышенное беспокойство или депрессия; эпилепсия; прием лекарств, усиливающих действие алкоголя; табакокурение; избыточный вес и др.

Женщины, как правило, существенно более чувствительны к поражающему действию алкоголя, чем мужчины, при прочих равных условиях.

Ряд обстоятельств утяжеляет действие спиртного. Сильному опьянению способствует употребление спиртных напитков на пустой желудок. Быстрое питье — залпом — вызывает более интенсивные нарушения сознания, психомоторные расстройства. Вместе с тем эйфорический эффект опьянения ощущается сильнее, если то же количество выпивается малыми порциями. Более вредоносно опьянение при утомлении. Значимо время суток: менее травматичен прием алкоголя в вечерние часы.

ЧУДО ПРЕВРАЩЕНИЯ ВОДЫ В ВИНО — первое чудо из серии многих чудес, совершенных Иисусом Христом, согласно Евангелию. Произошло оно в Кане Галилейской, на свадьбе, на которую был зван Иисус с его учениками. Не хватило вина, и Иисус сказал водоносам: наполните сосуды водой. Когда их наполнили до верха, он сказал, чтобы отнесли их распорядителю пира. Распорядитель попробовал и удивился тому, что вино еще лучше того, что они уже выпили. Он даже сделал замечание жениху, что положено подавать сначала хорошее вино, а потом уже худшее, когда все напьются (Евангелие от Иоанна, гл. 2).

ЧУКЛЕНИЕ ХЛЕБА — старинный обряд у чувашского народа, посвященный новому урожаю. В доме на широкий стол ставились всякие яства и большая кадка с пивом, приготовленным из нового солода и хмеля. Оставлялась открытой дверь или окно в направлении на восток. Старший в семействе читал благодарственную молитву за урожай хлеба, потом, трижды осенив избу свежеиспеченной буханкой хлеба, разрезал ее на куски и раздавал присутствующим. Каждый должен был съесть половину ломтя, а другую бросить на печь. По примеру старшего все черпали из кадки пиво и с ковшами в руках обращались на восток с теми же благодарениями и молитвами. Потом каждый, отлив немного пива обратно в кадку, выпивал остальное. Затем начинался веселый пир — с разговорами, песнями и плясками. Считалось, что тот, кто стал употреблять новый хлеб и новое пиво, не приняв участия в чуклении, является большим грешником.

ЧУУ-ЧЕН-СОК — по-корейски, «водка из камня». Согласно корейской сказке, одна женщина из бедной семьи нашла на дороге камень с ямкой на нем, в которой была какая-то жидкость. Она принесла его домой, а когда ее тесть попробовал жидкость из ямки, он сказал, что это лучшая из всех водок. Попробовали ее и другие, и сколько бы ее не пили, она не уменьшалась. С таким камнем вся семья скоро разбогатела. С той поры у корейцев принято говорить про человека, который, угощая, не жалеет водки, что «у него чуу-чен-сок». (Эту сказку записал русский писатель Н. Г. Гарин-Михайловский в своей поездке по Корее в 1898 г.)

Ш

ШАБЛИ — сухое белое вино, зародившееся в районе, прилегающем к городку Шабли в Нижней Бургундии Франции. Теперь это общий термин для схожих столовых вин соломенного цвета, производимых в США, Чили и других странах.

ШАМПАНИЗАЦИЯ — естественное насыщение вина (виноматериалов) углекислотой путем вторичного алкогольного брожения. Таким способом получают *шампанское* (см.) и другие *игристые вина* (см.) в отличие от газированных вин, в которые закачивают углекислый газ извне. Шампанизацию осуществляют бутылочным методом (в бутылках), в больших стальных резервуарах (акратофорах), с емкостью 5—50 куб. м, и непрерывным методом (в батареях бродильных аппаратов). Самый дорогой — бутылочный метод дает игристое вино высшего качества.

ШАМПАНСКОЕ (фр. *champagne*) — игристое виноградное вино, насыщенное углекислым газом путем вторичного брожения специально приготовленного и обработанного виноматериала в герметически закрытых бутылках либо резервуарах. Бутылочный способ выдержки шампанского (наиболее высокого качества) занимает от одного года до трех лет, резервуарный — около одного месяца. Повышенное содержание углекислоты обусловливает вспенивание вина и его «игру» при вскрытии бутылки.

Название шампанского происходит от провинции Шампань (Франция), где такое вино было создано в середине XVII века. Его создателем считается французский монах Дом Периньон (1670).

Согласно действующему французскому законодательству шампанским может называться игристое вино, полученное только в Шампани и только бутылочным методом «с последующей выдержкой на дрожжевом осадке не менее одного года». Игристые вина других винодельческих районов Франции носят название mousseaux (муссо). В Германии выпускается подобное вино под названием sekt (сект), в Италии — spumante (спуманте).

В России производство шампанского (по французской технологии) было налажено в 1896 году в *Абрау-Дюрсо* (см.) по инициативе князя *Л. С. Голицына* (см.). В советский период производство шампанского (в виде марки *«Советское шампанское»* — см.) было возрождено в 1937—1940 годах, при этом была разработана собственная технология шампанизации вина в резервуарах (акратофорах), которая позволила ускорить процесс получения шампанского в 30 раз по сравнению с французским методом. В 1961 году был внедрен новый метод шампанизации вина «в непрерывном потоке», что значительно повысило производительность оборудования.

В настоящее время в России применяются все три метода. Изготавливаемое игристое вино типа «Советское шампанское» содержит 10,5—12,5 % об. спирта, а в зависимости от содержания сахара имеет разновидности: брют (до 0,3%), самое сухое (0,8%), сухое (3%), полусухое (5%), полусладкое (8%), сладкое (10%).

Для производства шампанского подходят только некоторые сорта винограда, такие как «Пино», «Шардонне», «Траминер», «Совиньон», «Мускат белый», «Сильванер», «Рислинг», «Алиготе», «Каберне». Французское шампанское производится из винограда «Пино». Производимое в России «шампанское» в случае продажи его в странах Европейского сообщества, признающих французские законы, должно иметь другое название.

Наилучший вкус — у шампанского, которое хранилось в бутылке от 3—4 до 7—8 лет. Во время хранения бутылка должна лежать только горизонтально, в темном помещении при постоянной температуре от 10—14°С. В домашних условиях шампанское может храниться в холодильнике, но только не в морозильной камере. Перед подачей к столу шампанское ставят на 20 минут в металлическое ведерко (серебряное, мельхиоровое, медное) с водой и со льдом.

ШАМПАНСКОЕ ЗНАТОКУ «ТРУБАДУРА» — будет выдано как приз, если он своими словами, последовательно и понятно перескажет содержание этой оперы Верди. Этот шутливый приз был назначен более сотни лет назад еще при жизни композитора в трактире, расположенном напротив знаменитого миланского театра «Ла Скала». Здесь издавна собираются артисты, музыканты и знатоки сцены. Пока никому не удалось выиграть бутылку, которая до сих пор лежит не откупоренной под стеклом всем на обозрение.

ШЕМИХАН — шах Древней Персии (V в. до н.э.). Существует легенда о том, как во время его владычества началось виноделие в Персии. Семена винограда были принесены шаху орлом. Их посадили. Вырос виноград. Плоды собрали, выжатый из них сок поместили в сосуд. Через некоторое время сок в сосуде «вскипел без огня», а затем стал красным и чистым, как рубин. Шах заставил попробовать жидкость приговоренного к смерти. Увидев, что человек стал веселым и остался невредимым, шах помиловал его. С тех пор люди изготовляют вино и употребляют его на праздниках.

ШИНКАРЕНКО — Мохова проба (Шинкаренко И.П., Мохов Л.А., предлож. в 1955) — служит для диагностики алкогольного опьянения, в том числе у водителей. О содержании паров алкоголя в выдыхаемом воздухе судят по изменению цвета реагента, представляющего собой мелкозернистый силикагель, обработанный раствором хромового ангидрида в концентрированной серной кислоте. Реагент находится в специальной стеклянной трубке с запаянными концами, которые обламывают перед употреблением. Обследуемый берет в рот широкий конец трубки и продувает через нее воздух в течение 20—25 секунд. В присутствии алкоголя желтая краска индикатора меняется на зеленую или голубоватую, что расценивается как положительный результат. Чувствительность реакции вполне достаточна для обнаружения алкоголя при концентрации его в крови от 0,02 до 0,03%.

Недостатком реакции является ее неспецифичность: положительный результат дают также пары эфира, ацетола, метилового спирта. Некоторые вещества, например, бензин, керосин, хлороформ, также изменяют окраску реагента, однако он становится не зеленым, а коричневым, темно-серым или какого-нибудь иного цвета.

ШИПУЧИЕ ВИНА — см. *Газированные вина.*

ШКАЛИК (от нем. *schale* — чаша) — старая русская мера вина, водки или пива, составлявшая 0,01 ведра. По емкости соответствовала *чарке* (см.), т.е. 0,123 литра.

ШНАПС (нем. *Schnaps*) — немецкая водка, спирт для которой изготавливается из картофеля. Применяется двойная перегонка.

ШОСТАКОВИЧ Д. Д. (1906—1975) — всемирно известный советский композитор, автор 15 симфоний, двух опер и двух балетов. Всячески поощрялся коммунистической властью (4 Сталинских, 2 Государственных и Ленинская премии, звание Героя социалистического труда и др.), которая же неоднократно в грубой форме публично его одергивала (пресловутое обвинение в «антинародном формализме» в постановлении ЦК КПСС 1946 г. и т.п.).

По свидетельству друживших с ним людей (Г. Вишневская), отличался необыкновенной внутренней сдержанностью и дисциплиной. Вместе с тем любил принять дома близких друзей, посидеть за столом. Выпивал перед едой, предпочитая водку, причем не любил маленьких рюмок, а разливал сам. Потом ел и выпивал еще столько же, — это была его «норма». Обыкновенно он сидел молча за столом, не участвуя в общей беседе. Долго не засиживался, пьянел довольно быстро и, вставая неожиданно, говорил почти всегда одну и ту же фразу: «Ну, попили, поели, пора по домам, по домам...». Быстро уходил к себе и больше не появлялся до конца вечера. *(Г. Вишневская. Галина. История жизни. М., 1993, с. 253-254.)*

ШТЕГЕЛИНА СИМПТОМ (Staehelin J. E., опубл. в 1943) — стремление пьющего человека как можно быстрее довести себя до степени глубокого оглушения. Наблюдается у психопатов, невротиков и у больных, находящихся в психотическом состоянии и желающих опьянением заглушить тягостно переживаемую ими психотическую симптоматику.

ШТОПОР, ПРОБОЧНИК — инструмент для откупоривания бутылок, основной частью которого является винтовой стержень, ввинчивающийся в пробку. Изготовляется из прутковой стали горячим штампованием или фрезеровкой. Лучшими являются штопоры с фрезерованными стержнями, которые, ввинчиваясь острыми краями в пробку, не разрушают ее и хорошо удерживаются в ней.

Помимо обыкновенных штопоров имеются механические штопоры, которые обладают «упорным» устройством, благодаря чему затрачивается меньшее усилие для рук, а пробка по мере ввинчивания спирального стержня плавно выходит из горлышка бутылки.

ШТОФ — 1. Старая русская мера объема жидкости (обычно вина, водки), равная 1/10 ведра (1,23 л), применявшаяся до введения метрической системы мер. 2. Четырехгранная стеклянная бутылка для вина или водки такой вместимости.

Штоф с вензелем Павла I. Частное производство XIX в.

ШУМКОВА СИНДРОМ АЛКОГОЛЬНЫХ ЗОН (Шумков Г.Е., опубл. в 1926) — проявление соматовегетативной патологии при хронической алкогольной интоксикации, которая обнаруживается, например, в виде защитной рефлекторной реакции при пальпаторно-сотрясающем исследовании правого подреберья.

Э

ЭДГАР — король, правивший Англией во второй половине X века. Известен тем, что, обеспокоенный пьянством подданных, он распорядился во всех посудинах, используемых для выпивки (особенно в больших кружках), наносить изнутри от донышка до края равномерно расположенные метки (pegs). Делая очередной глоток хмельного напитка, пьющий не должен был переходить через следующую метку. Однако, таким способом пьянство не удалось умерить, при этом среди любителей спиртного возник новый вид состязания — «питья по количеству меток» (peg drinking).

ЭЙМС ОЛДРИЧ (род. 1941) — сотрудник Центрального разведываельного управления (ЦРУ) США, в котором он работал на различных должностях с 1962 года. В 1981 году был командирован в Мексику, где он пытался завербовать крупного агента советского КГБ И. Шурыгина. В течение двух лет они вместе завтракали, ужинали и выпивали, но из многочисленных отчетов о встречах с Шурыгиным, которые представлял Эймс своему начальству, вытекало, что скорее Шурыгин прощупывает Эймса на предмет вербовки, а не наоборот.

После неудачи с Шурыгиным Эймс старался по возможности меньше выходить из американского посольства. В это время у него начинает быстро прогрессировать пристрастие к спиртному. Он сократил до минимума число оперативных контактов и постоянно опаздывал с финансовой и оперативной отчетностью. Вскоре Эймс уже не может выполнять даже незначительного задания после ленча с выпивкой. Тогда же у него начинается роман с атташе по культуре колумбийского посольства в Мексике Марией Росарио, который повлиял существенным образом на его дальнейшую судьбу. В 1983 году он вернулся в Вашингтон вместе с Марией, на которой он собирался жениться, разведясь с первой женой.

Несмотря на неудачную работу в Мексике Эймс вернулся в штаб-квартиру ЦРУ с повышением: его назначили начальником контрразведовательного отделения в отделе СССР и Восточной Европы, что говорит о его способностях. Тем не менее его привычка к алкоголю стала хронической и оказывала влияние на выполнение им служебных обязанностей. Несколько раз он в рабочее время пьяным засыпал в своем кабинете, о чем было хорошо известно его сослуживцам.

Впрочем, в те годы в ЦРУ алкоголизм не был редкостью. Как отмечает в своем отчете генеральный инспектор ЦРУ Ф. Хитц по результатам служебного расследования, проведенного в 90-х годах, «пьянство не было чем-то непривычным в оперативном управлении во второй половине 80-х годов», а «запои Эймса не выделялись на общем фоне, поскольку были сотрудники с еще большей зависимостью от алкоголя».

Так или иначе, Эймс получил доступ к секретным данным обо всех операциях ЦРУ против СССР по всему миру. В это время он затеял бракоразводный процесс с первой женой, который при его разболтанном образе жизни в связи с алкоголем вогнал его в большие долги, составившие 50 тысяч долларов. К тому же ожидавшаяся женитьба на Марии Росарио и последующее устройство новой семейной жизни также требовали немалых расхдов.

Не видя иного выхода, Эймс решил заработать деньги на продаже секретных сведений советскому КГБ. Возможно, если бы его личность уже не была сильно расшатана алкоголем, он не пошел бы на подобный шаг.

Весной 1985 года, участвуя в очередной операции ЦРУ, развивавшей последние успехи по вербовке сотрудников КГБ (были завербованы майор и подполковник КГБ), Эймс встречался с сотрудниками советского посольства в Вашингтоне, чтобы прощупывать их осторожно на предмет вербовки. 16 апреля он должен был под вымышленным именем встретиться с сотрудником посольства СССР, занимавшимся вопросами контроля над вооружениями, в одном из отелей. Прождав его 45 минут, Эймс, в нарушение всех правил, сам отправился в посольство, где пребывал довольно продолжительное время.

Как выяснилось впоследствии, он вручил сотруднику, которого должен был вербовать, запечатанный конверт с просьбой передать его резиденту КГБ. В конверте находилось письмо, в котором Эймс называл себя, указывал свой пост в ЦРУ и сообщал фамилии двух советских граждан, предложивших свои услуги ЦРУ. В обмен на эти сведения Эймс просил заплатить ему 50 тысяч долларов и оговаривал условия связи.

Предложение Эймса было встречено в КГБ как дар небес. Дело в том, что в последние годы советскую разведку преследовали постоянные неудачи, свидетельствующие о том, что в ее рядах появились предатели. Затребованная Эймсом сумма была выплачена (бывшими в обращении купюрами) при первой же встрече, а спустя некоторое время ему сказали, что его услуги оцениваются в несколько миллионов долларов. Щедрость КГБ была понятной: благодаря сведениям, получаемым от Эймса, были арестованы все агенты ЦРУ в рядах советских спецслужб аж с начала 60-х годов.

Полученными от КГБ деньгами Эймс рассчитался со всеми долгами и сделал Марии шикарные подарки к свадьбе, которая состоялась в авкусте 1985 года. Объясняя Марии неожиданное появление крупных сумм, Эймс сказал, что его школьный друг, бизнесмен из Чикаго, помог ему сделать удачные денежные операции.

В 1986 году Эймс был послан в Рим, где пробыл с женой до 1989 года. Там он по-прежнему много пьет и мало работает, нередко засыпая прямо в кабинете после обеда. Однако он не прерывает контактов с агентами КГБ, регулярно передавая им всю информацию, к которой имел доступ. Здесь он начал сдавать физически, в частности, у него проявилось ослабление половой потенции, что впоследствии засвидетельствовала его жена. Впрочем, у них уже родился сын, и Мария была поглощена своим сыном.

По возвращении в Вашингтон Эймс продолжает тайно сотрудничать с КГБ и спецслужбами России вплоть до своего ареста 21 февраля 1994 года. Уклониться от более раннего разоблачения ему помогала репутация старейшего сотрудника ЦРУ, обладавшего способностью к сложному анализу огромного набора фактов и разведывательной интуицией. Внимание контрольных органов ЦРУ он привлек тогда, когда они обнаружили, что в последние годы его расходы на крупные приобретения совершенно не соответствуют его зарплате.

ЭЙФОРИЯ (от греч. *euphoria* — eu хорошо + phero переношу) — повышенно-радостное, веселое настроение, состояние благодушия и беспечности, обычно не соответствующее реальной действительности. При этом, как правило, наблюдается общее двигательное и эмоциональное оживление, психомоторная расторможенность.

Эйфория может возникнуть под действием самых разных причин, например, при кислородном голодании (высотная болезнь), при некоторых тяжелых болезнях (прогрессивный паралич, опухоли мозга и др.), после приема наркотиков, а также алкоголя (см. *Эйфория алкогольная*).

ЭЙФОРИЯ АЛКОГОЛЬНАЯ — один из основных психологических факторов, способствующих формированию патологического влечения к алкоголю. Желание снова испытать состояние приятного возбуждения, вызванного приемом алкоголя, может подталкивать, наряду с другими факторами, учащение выпивок и переход от эпизодического, случайного употребления алкогольных напитков к систематическому.

Первоначально эйфория испытывается при относительно небольших дозах алкоголя, в легкой степени опьянения. В дальнейшем, когда выпивки становятся систематическими, для получения эйфории требуются все более высокие дозы алкоголя, а период эйфории укорачивается. При сформированной физической зависимости от алкоголя, когда он употребляется с целью облегчения абстинентных расстройств (похмелья), эйфория обычно не возникает или выражена незначительно.

ЭКЗОГЕННЫЙ ПЬЯНИЦА (англ. *exogenous drinker*) — согласно классификации Боумена и Джеллинека (Bowmen, Jellinek, предл. в 1941), человек, чье неумеренное употребление алкоголя развивается преимущественно по внешним причинам, т.е. под влиянием окружающей среды.

Противоположным понятием является «эндогенный пьяница» (endogenous drinker) — относящееся к случаю, когда неумеренное употребление алкоголя обусловлено изначально внутренними причинами, в том числе психическим расстройством или физической болезнью. Определения «экзогенный» и «эндогенный» можно отнести и к алкоголизму.

ЭКОЛОГИЧЕСКОЕ ВИНОГРАДАРСТВО — выращивание винограда без применения механизированной обработки почвы, минеральных удобрений и синтезированных фунгицидов. Стало развиваться за рубежом в 80-х годах в общем русле экологизации сельского хозяйства.

ЭКСПЕРИМЕНТАЛЬНОЕ МОДЕЛИРОВАНИЕ АЛКОГОЛИЗМА — комплекс методик, позволяющих получить физическую зависимость от алкоголя у животных. Поскольку подавляющее большинство животных отказываются добровольно принимать алкоголь, обычно применяется принудительная алкоголизация животных. В частности, в клетку подается для питья вместо воды только спиртовой раствор.

Используются, главным образом, лабораторные крысы и мыши. В одном из исследований среди лабораторных крыс были выделены три группы, отличающиеся отношением к алкоголю: испытывающие отвращение к нему (52%), проявляющие умеренное влечение, т.е. потребляющие в равных количествах алкоголь и воду (25%), и выраженное влечение (23%). В результате кропотливых экспериментов удалось вывести генетически чистые линии мышей и крыс как многопьющих, так и полностью отвергающих алкоголь.

Проявление физической зависимости от алкоголя у экспериментальных животных (в частности, симптомы отмены или абстинентного состояния) имеет ряд аналогий с таковой у человека, однако до сих пор ведутся споры специалистов, в какой степени эти аналогии могут быть использованы при рассмотрении патогенеза человеческого алкоголизма.

Некоторые поведенческие аналогии достаточно ярки. Например, к увеличению потребления алкоголя приводит содержание животных в одиночку. Крысы, проводящие время парами, пьют гораздо меньше. Еще большее влияние оказывают различные экспериментальные стрессовые ситуации, когда привыкшие к алкоголю животные с его помощью снимают эмоциональное напряжение, не пытаясь найти выход из трудного положения. Исследование активности ферментов мозга показало, что крысы-«алкоголики» находятся в хроническом депрессивном состоянии и наиболее подвержены действию стрессовых факторов. Они становятся неконкурентоспособными в борьбе за свои биологически значимые цели, в ситуации стресса быстро сдаются, уступая своим непьющим сородичам, и ищут «забвения» в алкоголе. Неудача выбивает их из колеи, и, потерпев неудачу в одной ситуации, они перестают бороться, попадая в другую стрессовую ситуацию.

ЭКСПЕРТИЗА АЛКОГОЛЬНОГО ОПЬЯНЕНИЯ — установление факта алкогольного опьянения и его степени для решения вопросов юридического характера. Проводит экспертизу врач-нарколог, врач-психиатр, невропатолог или, за неимением таковых, врач другой специальности.

Диагностика алкогольного опьянения опирается на следующие основные данные: 1) проба на алкоголь в выдыхаемом воздухе; 2) изучение поведения и внешнего вида обследуемого; 3) исследование вегетативных функций; 4) неврологические исследования; 5) наблюдение за физиологическими функциями; 6) анализ лабораторных показателей; 7) наблюдение явлений возможного синдрома похмелья. Зачастую основным показателем являются результаты пробы на алкоголь в выдыхаемом воздухе по методу *Раппопорта* (см.), *Мохова* и *Шинкаренко* (см.) или с помощью других специальных приборов. Это относится прежде всего к водителям дорожного транспорта. В спорных или особо ответственных случаях определяют алкоголь в крови и моче.

В отдельных случаях диагностику опьянения приходится проводить на следующий день после употребления алкогольного напитка. Здесь экспертизе могут помочь так называемые остаточные явления, такие как головная боль, подташнивание, пониженное настроение, выраженные вегетативные симптомы, дрожание языка и пальцев и др., которые характерны для синдрома похмелья.

Нередки ситуации, когда необходимо установить: был ли факт опьянения перед смертью, — на основании данных исследования биологических жидкостей, взятых у трупа, а также свидетельских показаний.

После окончания экспертизы составляется «Акт медицинского освидетельствования для установления состояния алкогольного опьянения» (обычно используется стандартный официальный бланк), в котором указывают внешний вид, поведение, состояние сознания обследуемого, его ориентировку, память, речь, неврологические знаки, результаты проведенных проб и исследований и др.

ЭКСТРАКТ ВИНА — сумма всех содержащихся в вине нелетучих веществ. Один из важных показателей качества, позволяющий судить о потенциальных вкусовых достоинствах вина. Содержание экстракта в белых сухих винах составляет 22 г/л, в красных — до 30 г/л, в крепких и десертных — 30—40 г/л.

ЭЛПЕНОРА СИНДРОМ (синоним: *Опьянение сном*) — вариант просоночного состояния с дезориентировкой, неполным пониманием окружающего. Нередко наблюдается у алкоголиков, которые при внезапном пробуждении, находясь в состоянии неполного понимания, могут проявить агрессивно-разрушительные тенденции.

Название синдрома связано с именем Элпенора — персонажа из «Одиссеи» Гомера. Он был младшим из спутников героя. Уснув на крыше дворца Цирцеи, он был внезапно разбужен голосами и шумом шагов своих товарищей, и, ничего не соображая спросонок, шагнул в сторону, противоположную лестнице, упал с большой высоты и погиб вследствие перелома шейных позвонков.

ЭЛЬ (англ. *ale*) — разновидность английского пива. Его получают, как и другие виды пива, путем сбраживания солода, изготовленного из ячменя или другого зерна. В старой Англии (до XVIII в.) в эль, в отличие от пива, хмель не добавлялся, поэтому он был нестойким при хранении и обычно изготовлялся в домашних условиях в сельской местности для быстрого потребления. Великий английский мореплаватель Джеймс Кук, прибыв в 1773 году после долгого плавания в Новую Зеландию, немедленно распорядился сварить эль, дабы избавить команду от цинги. В качестве сырья были использованы побеги чая и ели, а также черная патока.

В настоящее время «элем» в Великобритании и США принято называть светлое прозрачное пиво, получаемое (с использованием хмеля) по способу «верхового брожения», в отличие от темных и густых сортов пива, получаемых путем «низового брожения». В бытовой речи в современной Великобритании «эль» зачастую употребляется как синоним «пива» вообще, особенно в сельской местности. В Англии с 1972 года существует «Общество борьбы за настоящий эль» (Campaign for Real Ale), выступающее против«интервенции» континентальных типов пива в Англию и насчитывающее около 50 000 членов. В наши дни производится множество популярных сортов эля, в том числе «Светлый» (Pale Ale), «Легкий» (Light Ale), «Мягкий» (Mild Ale), «Старый» (Old Ale), «Шотландский» (Scotch Ale) и др.

ЭМБРИОПАТИЯ АЛКОГОЛЬНАЯ (синоним: *Синдром алкогольного плода, Фетальный алкогольный синдром*) — патология детей, родившихся от пьющих во время беременности матерей. Для нее характерно: задержка и недостаток массы тела и роста в дородовом и послеродовом периоде; отставание в физическом и психическом развитии; черепно-лицевые уродства (микроцефалия, короткие и узкие глазные щели, эпикантус, гипоплазия верхней и нижней челюсти, расщелины неба, микрогнатия).

Наблюдаются также аномалии суставов, изменения рисунка ладонных складок, врожденные пороки сердца, аномалии наружных половых органов, капиллярные гемангиомы, нарушения тонкой моторики, умственная отсталость разной степени. Степень выраженности патологии коррелирует с тяжестью алкоголизации матери.

ЭМЕТИН — вещество, извлекаемое из корней тропического растения ипекакуаны, обладающее рвотным действием, что используется для выработки условного рефлекса отвращения к алкоголю (метод условно-рефлекторной терапии — УРТ). Белый или слегка желтоватый порошок без запаха, горького вкуса. Легко растворим в воде и спирте. Рвотная доза подбирается индивидуально. После приема порошка или инъекции раствора больному дают воды или теплого чая от 1 до 2 литров, а с наступлением тошноты и рвоты дают нюхать и пить алкогольный напиток. Рвотная реакция наступает через 10—30 минут. Может быть слабительное действие. Осложнения редки. Противопоказания те же, что при лечении *апоморфином* (см.). Эметин применяется также при лечении амебной дизентерии.

ЭМОЦИЙ ВЛИЯНИЕ НА ВЫПИВКУ — нередко является решающим как в отношении ее начала, так и в отношении ее продолжения и количества выпитого. К алкоголю зачастую прибегают для снятия эмоционального напряжения, ослабления страха или раздражения, сглаживания состояния тоски или других негативных эмоциональных состояний. Опыт облегчения подобных эмоциональных трудностей с помощью алкоголя стимулирует повторение выпивок и развитие психологической зависимости от алкоголя, особенно у эмоционально неустойчивых личностей. Стимулом к выпивке могут быть и некоторые положительные эмоции (приподнятое, праздничное настроение и др.).

В одном из исследований, проведенном американскими психологами на выборке из 1069 человек старше 20 лет (H. Klein, D.Y. Pitman, 1993), изучалось влияние настроения на количество выпиваемого алкоголя (в течение предшествовавшей исследованию недели) в зависимости от пола, возраста и вида напитка.

Оказалось, что у мужчин потребление пива возрастало в ответ на негативные эмоции (в частности, на чувство одиночества), но не на позитивные.

Напротив, у предпочитающих пиво женщин его потребление увеличивалось при положительных эмоциях. У них же при таких состояниях, в отличие от мужчин, увеличивалось и потребление вина.

Количество потребляемых крепких спиртных напитков как у мужчин, так и у женщин оказалось наименее подверженным влиянию эмоций по сравнению с другими алкогольными напитками.

С увеличением возраста связь между эмоциональным состоянием и потреблением алкоголя ослабевает как в отношении крепких напитков, так и вина и пива.

ЭМОЦИОНАЛЬНО-СТРЕССОВАЯ ГИПНОТЕРАПИЯ КОЛЛЕКТИВНАЯ — применяется при лечении алкоголизма. Предложена В.И. Рожновым в 1971 году. С помощью гипнотического внушения вырабатывается условно-рефлекторная эмоционально отрицательная реакция на вкус и запах алкоголя. Здесь играют роль групповой эффект, директивность, создание стрессовой ситуации, взаимоиндукция и т.д.

ЭНДОГЕННЫЙ ПЬЯНИЦА — см. *Экзогенный пьяница.*

ЭНЕРГОЕМКОСТЬ АЛКОГОЛЬНЫХ НАПИТКОВ — количество тепловой энергии, заключенной в единице объема напитка (вина, водки и др.). Синоним — калорийность.

Может быть определена расчетным методом (приближенно), исходя из содержания основных компонентов напитков и удельной калорийности каждого из них. Для расчета принимаются во внимание прежде всего этиловый спирт (30 кДж/г), сахар (15,64 кДж/г) и «приведенный сухой экстракт» вина (сумма всех нелетучих веществ за вычетом сахара) (20 кДж/г). Наиболее же точно энергоемкость напитка определяется прямым инструментальным методом — путем сжигания пробы в калориметрической бомбе.

У основных видов напитков следующие показатели энергоемкости (в расчете на литр):

кДж/лккал/л

Пиво 1260—3350300—800.

Вино сухое 2530—3700600—880.

Вино полусладкое 3000—4490720—1070.

Вино десертное 4700—100901120—2410.

Коньяк 10080—141302400—3370.

Водка 40%100802400.

Большая часть содержащейся в алкогольных напитках энергии может быть использована организмом как биологический источник тепла (согревающий эффект). См. также *Биоэнергетические свойства вина.*

ЭНОЛОГИЯ (от греч. *oinos* — вино) — наука о винах.

ЭНОМАНИЯ (редк.) — сильное влечение к вину, к алкоголю.

ЭНОТЕКА (от греч. *oinos* — вино и theke — склад) — коллекция вин и хранилище с винами, разлитыми в бутылки. Энотеки обычно устраиваются в специальных подвальных помещениях, достаточно сухих, хорошо вентилируемых, в которых поддерживается температура 10—16оС. Вдоль стен или между ними устанавливаются специальные полки — казы.

Одна из самых больших коллекций старых вин находится в Крыму, в Ялте, в глубоком подвале одного из заводов хозяйства «Массандра». В ней около 800 тысяч бутылок с винами всевозможных марок и возрастов, в том числе более 100 лет. Эту коллекцию начал собирать знаменитый русский винодел князь Л.С. Голицын.

ЭНОТЕРАПИЯ — методы лечения с использованием виноградного вина.

ЭНОФИЛИЯ (редк.) — любовь к винам.

ЭНОФОБИЯ (редк.) — отвращение к вину.

ЭНЦЕФАЛОПАТИЯ АЛКОГОЛЬНАЯ — хроническое заболевание головного мозга с необратимыми патологическими изменениями, вызванное злоупотреблением алкоголем или связанное с ним. Это понятие охватывает группу расстройств, для которых характерно сочетание психических нарушений с системными соматическими и неврологическими расстройствами.

Первые описания клинической картины алкогольной энцефалопатии были сделаны французским офтальмологом Гайе (A. Gayet) в 1875 году и немецким психиатром Вернике (K. Wernicke) в 1881 году. Они наблюдали острое возникновение разнообразных неврологических расстройств, в первую очередь атаксии и параличей глазодвигательных нервов, сопровождавшихся спутанностью сознания с нарастающей сонливостью, переходящей в кому.

В настоящее время принято различать острые алкогольные энцефалопатии (митигированная форма, «сверхострая» форма, алкогольная энцефалопатия Гайе-Вернике) и хронические (корсаковский психоз, алкогольный псевдопаралич, синдром Маркиафавы-Биньями, алкогольная пеллагра, алкогольное бери-бери, болезнь Мореля и др.).

ЭПИЗОДИЧЕСКОЕ ПЬЯНСТВО — прием опьяняющих доз алкогольных напитков нерегулярно, от нескольких раз в году до нескольких раз в месяц. Альтернативный вариант — ***систематическое пьянство*** (см.).

ЭПИЛЕПСИЯ АЛКОГОЛЬНАЯ (V. Magnan, опубл. в 1883) — характеризуется большими судорожными припадками, возникающими у хронических алкоголиков в периоды чрезмерного употребления алкоголя или абстиненции, однако впоследствии припадки могут возникать самопроизвольно.

В настоящее время алкогольная эпилепсия рассматривается как развивающаяся по типу эпилептической болезни, утрачивающей первоначальную связь с предшествующим ей алкоголизмом, который сыграл причинную роль. Процесс «эпилептизации» базируется на формирующейся алкогольной энцефалопатии с происходящими параллельно изменениями обмена веществ, в том числе предполагается повышение уровня эндогенного конвульсанта кинуренина.

ЭПСИЛОН-АЛКОГОЛИЗМ (ε-АЛКОГОЛИЗМ) — согласно *классификации Джеллинека* (предл. в 1960) (см.), одна из 5 форм алкоголизма, для которой характерны циклически повторяющиеся запои. Соответствует понятию *дипсомании* (см.). При этой форме злоупотребление алкоголем носит периодический, но чрезвычайно интенсивный характер. Промежутки между алкогольными эксцессами могут составлять несколько месяцев и даже лет. В промежутках влечение к алкоголю отсутствует, оно спонтанно возникает перед эксцессом.

ЭРИТРОЦИТОВ ОБЪЕМ — в среднем увеличен у многих больных алкоголизмом. Это явление используется иногда в качестве биологического (лабораторного) теста на злоупотребление алкоголем при массовом обследовании (скрининге) населения. Количественным показателем служит «средний корпускулярный объем эритроцитов» (СКОЭ) (англ. «mean corpuscular volume» — MCV). Чувствительность этого теста не очень высока (выявляется от 20 до 60% имеющихся алкоголиков), а в 20—30% случаев заключение может оказаться ложно-положительным.

ЭСПЕРАЛЬ (фр. Esperal) — препарат *тетурама* (см.), предназначенный для внутримышечного вшивания (имплантации) больному алкоголизмом с целью обеспечения длительного действия препарата. Представляет собой специальным образом обработанные таблетки (для снижения реакции их отторжения организмом как инородного тела). Длительность действия препарата связана с количеством имплантированных таблеток.

Вшивание эсперали больному проводится, как правило, на заключительных этапах лечения после снятия похмельного синдрома, купирования патологического влечения к алкоголю, достижения эмоциональной стабилизации, проведения лечебных мер по улучшению работы внутренних органов и выработки твердой трезвеннической установки. После имплантации обязательно поддерживающее лечение, стабилизирующее психическую и физическую деятельность организма, в частности, — употребление витаминов.

Имеется ряд противопоказаний для лечения имплантированным тетурамом: сосудистые заболевания головного мозга, сердечные заболевания, бронхиальная астма, невриты слухового и глазного нервов, глаукома, эпилепсия, ряд психических болезней, эндартерииты, язвенная болезнь желудка и двенадцатиперстной кишки в стадии обострения, болезни печени и почек и др. «Эспераль» — торговая марка известной французской фирмы. Отечественный аналог — радотер.

ЭТАНОЛ (англ. *ethanol*) — то же, что этиловый спирт (см. *Спирт этиловый*), этиловый алкоголь, алкоголь. Химическая формула этанола — C_2H_5OH.

ЭТНОНАРКОЛОГИЯ — раздел наркологии, посвященный изучению этнических, культуральных факторов в развитии и течении наркологических заболеваний.

Ю

«ЮБИЛЕЙНОЕ» ПИВО — марка пива, выпущенная в Великобритании в 1995 году в честь 50-летнего юбилея окончания второй мировой войны. Для англичан пиво является не только любимым напитком, но и своего рода символом национального единства. В последний год этой войны по распоряжению главы правительства Черчилля в обязательный недельный рацион британского солдата входили два литра пива.

ЮМОР АЛКОГОЛЬНЫЙ — присущ более всего больным алкоголизмом в третьей стадии заболевания как признак *алкогольной деградации* (см.) по типу хронической эйфории. Отличается брутальностью, плоскими, шаблонными циничными шутками. Нередко больной в своих остротах не щадит и себя, обнажает свою интимную жизнь, представляет в черном цвете своих близких. Смешным ему представляется то, что вовсе не выглядит смешным для здорового человека. Характерна своеобразная бравада. Юмор алкоголиков часто выступает как проявление механизма психологической защиты.

«ЮНОСТИ ЧЕСТНОЕ ЗЕРЦАЛО, ИЛИ ПОКАЗАНИЕ К ЖИТЕЙСКОМУ ОБХОЖДЕНИЮ» (1717) — пособие для обучения и воспитания детей дворян, составленное сподвижниками Петра I, переиздававшееся в последующие 50 лет 5 раз.

В отношении выпивки юношам полагалось соблюдать следующие правила. «От... пьянства должен каждый отрок себя вельми удержать, и от того бегать, ибо из того ничто ино вырастает, кроме великой беды и напасти телесные и душевные... и разорение пожиткам». — «Честный отрок должен остерегать себя от неравных побратенств в питье, чтоб ему опосле о том не раскаиваться было. И дабы иногда новый его побратеник не напал на него безчестными и необыкновенными словами, что часто случается, ибо когда кто с кем побратенство выпьют, то чрез оное дается повод и способ к потерянию своей чести».

Из правил за общим столом: «...первый не пий, будь воздержен и бегай пьянства, пий и яждь, сколько тебе потребно... Когда тебе пить, не утирай губ рукою, но полотенцем, не пий, пока еще пищи не проглотил».

Я

ЯРЕМЧА — горькая настойка. Приготавливается из ароматных спиртов, полученных с использованием веток черной смородины и кориандрового семени, настоев чебреца, майорана, шалфея мускатного, дубовой коры, зверобоя. Имеет светло-коричневый цвет, слегка жгучий гармоничный вкус, «округленный» аромат без выделения отдельных компонентов. Содержание спирта 40% об. Название связано с г. Яремча в украинском Закарпатье.

ИСПОЛЬЗОВАННАЯ ЛИТЕРАТУРА

Алкоголизм (руководство для врачей). — М.: Медицина, 1983. — 432 с.

Алкогольные напитки / Ред.-сост. С.П. Самуэль, Е.К. Знак — Минск: МЕТ, 1994. — 352 с.

Аллилуева А.И. Двадцать писем к другу. — М.: Известия, 1990. — 176.

Альтшулер В.Б. Хронический алкоголизм и патологическое влечение к алкоголю. Дисс. докт. мед. наук. — М., 1984.

Антология мирового анекдота. (А еще в шляпе!..) — Киев: Довира, 1994. — 350 с.

Аполлон Григорьев. Одиссея последнего романтика: Поэмы. Стихотворения. Драма. Проза. Письма. Воспоминания об Аполлоне Григорьеве. — М.: Моск. рабочий, 1988. — 495 с.

Аутенббридж Д. От алкогольного тумана до ясной головы. Похмелье: как его избежать и как вылечить. — М.: Текст, 1996. — 175 с.

Ашукин Н.С., Ашукина М.Г. Крылатые слова. — М.: ХЛ, 1966. — 823 с.

Бабаян Э.А., Гонопольский М.Х. Наркология. — М.: Медицина, 1987. — 335 с.

Бабичев Н.Т., Боровский Я.М. Словарь латинских крылатых слов. — М.: Русская мысль, 1982. — 959 с.

Бабкин А.М., Шенндецов В.В. Словарь иноязычных выражений и слов: В 2 т. — М.-Л.: Наука, 1966. — 1344 с.

Бехтель Э.Е. Донозологические формы злоупотребления алкоголем. — М.: Медицина, 1986. — 272 с.

Библейская энциклопедия: В 2-х книгах. (Репринт. воспр. изд. 1891 г.). — М.: NB-press, Центурион, АПС, 1991.

Блейхер В.М., Крук И.В. Толковый словарь психиатрических терминов. — Воронеж: МОДЭК, 1995. — 640 с.

Блок А. Собрание сочинений в 8 томах. — М.-Л.: ГИХЛ, 1960—1963.

Бодлер Ш. Жизнь и творчество Эдгара По. /В кн.: Искусственный рай — М.: Аграф, 1997. — с. 192—213.

Большая энциклопедия: В 22 т./ *Под ред. С.Н.Южакова.* — СПБ: Просвещение, 1898—1909.

Большой энциклопедический словарь: В 2 т. — М.: Советская энциклопедия, 1991.

Боровик К.А. Красная книга вещей. — М.: Экономика, 1996. — 215 с.

Бородкин Ю.С., Грекова Т.И. Алкоголизм: причины, следствия, профилактика. — Л.: Наука, 1987. — 159 с.

Брант С. Эразм Роттердамский. Гуттен У. /БВЛ, Серия первая, т. 33. — М.: ХЛ, 1971. — 767.

Бугаенко В.П., Филатов А.Т. Доклинические формы алкоголизма. — Киев: Здоровья, 1989. — 80 с.

Бурно М.Е. Клиника хронического алкоголизма (лекция). — М.: ЦОЛИУВ, 1986. — 41 с.

Быков В. Русская феня. — Смоленск: ТРАСТ-ИМАКОМ, 1993.

Взаимодействие алкоголя и лекарственных средств. (Методические рекомендации для аптечных работников и практических врачей.) — Л., 1989. — 24 с.

Вино. — М.: Терра, 1997. — 168 с.

Водка и чеснок в народной медицине. — М.: Пионер, 1996. — 73 с.

Всемирное остроумие. Сборник изречений, метких мыслей, острых слов и анекдотов всех времен и народов. — Дубна: Феникс, 1995. — 384 с.

Всемирное Писание. Сравнительная антология священных текстов. — М.: Республика, 1995. — 591 с.

Глоссарий по квантифицированной оценке основных проявлений алкоголизма. (Методическое пособие.) /Составит. А.Г. Гофман, А.Ю. Магалиф, Е.Н. Крылов, В.Л. Минутко, Л.Н. Виноградова. — М.: МНИИпсихиатрии, 1991. — 28с.

Глоссарий: стандартизованные психопатологические симптомы и синдромы для унифицированной клинической оценки алкоголизма и алкогольных психозов. / Составители А.К. Качаев, Н.Н. Иванец, А.Л. Игонин, И.Г. Ураков, Н.Г Шумский. — М., 1976. — 63 с.

Гузиков Б.М., Мейроян А.А. Алкоголизм у женщин. Л.: Медицина, 1988. — 224 с.

Даль В.И. Пословицы русского народа. — Марийский полиграф.-изд. комбинат, 1996. — 672 с.

Довгань В. Книга о пиве. — Смоленск: Русич, 1995. — 576 с.

Домострой. — М.: Сов. Россия, 1990. — 304 с.

Дружинин В.В., Константинов Е.Б. Виноделие на дому. — М.: Радио и связь, 1991. — 30 с.

Дунаевский В.В., Стяжкин В.Д. Наркомании и токсикомании. — М.: Медицина, 1990. — 208 с.

Дункан А. Моя жизнь. Моя Россия. Мой Есенин. Воспоминания. — М.: Политиздат, 1992. — 397 с.

Забылин М. Русский народ. Его обычаи, обряды, предания, суеверия и поэзия. — М., 1880. — 607 с.

Заздравная чаша. — М.: Евразия, 1996. — 400 с.

Заиграев Г.Г. Общество и алкоголь. — М.: НИИ МВД РФ, 1992. — 200 с.

Замятина Н.Г. Кухня Робинзона. — М.: Ин-т технологических исследований, 1994. — 656 с.

Застолье. / Сост. Е.Ю. Басаргина. — СПб.: Диамант-Золотой век, 1996. — 512 с.

Иванец Н.Н., Валентик Ю.В. Алкоголизм. — М.: Наука, 1988. — 176 с.

Иванец Н.Н., Савченко Л.М. Типология алкоголизма. — М.: НАН, 1996. — 47 с.

Иванов Ю.Г. Крепкоалкогольные напитки. — Смоленск: Русич, 1997. — 512 с.

Ионова Ю.В. Обряды, обычаи и их социальные функции в Корее. Середина XIX — начало XX века. — М.: Наука, 1982. — 232 с.

Календарные обычаи и обряды народов Восточной Азии. — М.: Наука, 1989. — 360 с.

Календарные обычаи и обряды в странах зарубежной Европы (летне-осенние праздники). — М.: Наука, 1978. — 295 с.

Карманная энциклопедия (The Hutchinson). — М.: Внешсигма, 1995. — 665 с.

Катастрофы сознания (Серия «Энциклопедия преступлений и катастроф). — Минск: Литература, 1996. — 576 с.

Книга о водке / Сост. Ю.Г. Иванов. — Смоленск: Русич, 1995. — 432 с.

Книга рекордов Гиннесса. — М.-Лондон: Изд. «Тройка», 1993. — 303 с.

Ковалев Н.И. Энциклопедия

гурмана. — Вып. 2-й. — СПб.: Фламинго, 1996. — 480 с.

Копыт Н.Я., Сидоров П.И. Профилактика алкоголизма. — М.: Медицина, 1986. — 240 с.

Короленко Ц.П., Завьялов В.Ю. Личность и алкоголь. Новосибирск: Наука, 1987. — 168 с.

Корытин С.А. Тигр под наркозом: (Животные — наркотики — человек). — М.: Знание, 1991. — 240 с.

Косидовский З. Библейские сказания. — М.: Политиздат, 1975. — 455 с.

Красиков С.П. Легенды о цветах. — М.: Молодая гвардия, 1990. — 303 с.

Краскова В.С. Кремлевские свадьбы и банкеты. — Минск: Литература, 1997. — 544 с.

Краткая философская энциклопедия. — М.: Изд. группа «Прогресс»-энциклопедия, 1994. — 576 с.

Лазовский И.Р. Клинические симптомы и синдромы. — Рига: Звайзгне, 1971. — 837 с.

Лекции по клинической наркологии / Под ред. Н.Н. Иванца. — М.: Моск. Мед. академия, 1995. — 216 с.

Лисицын Ю.П., Копыт Н.Я. Алкоголизм (социально-гигиенические аспекты). — М.: Медицина, 1983. — 264 с.

Личко А.Е., Битенский В.С. Подростковая наркология. — Л.: Медицина, 1991. — 304 с.

Лужников Е.А., Костомарова Л.Г. Острые отравления. — М.: Медицина, 1989. — 432 с.

Маньян В. Клинические лекции по душевным болезням. Алкоголизм. — М.: Закат, 1995. — 426 с.

Машковский М.Д. Лекарственные средства: В 2 т. — М.: Медицина, 1978.

Медведев Р.А. Личность и эпоха. Политический портрет Л.И. Брежнева. — М.: Новости, 1991. — 336 с.

Миневич В.Б., Кершенгольц Б.М. Суррогаты — клиника и биохимия. — Якутск, 1989. — 26 с.

Мирошниченко Л.Д., Ураков И.Г. Медицинские последствия хронического употребления алкоголя. — М.: ВНИИМИ, 1987. — 80 с.

Мифы в искусстве. — СПб., 1899. — 256 с.

Мифы народов мира: В 2 т. — М.: Сов. Энц., 1992.

Мой век, мои друзья и подруги. Воспоминания Мариенгофа, Шершеневича, Грузинова. — М.: Моск. Рабочий, 1990. — 735 с.

Мой муж пьяница / Сост. Ф. Величко, О. Данилина, Н. Мазнев и др. — М.: Тип. газеты «Красная звезда», 1993. — 80 с.

Московский летописец: Сборник. — М.: Московский рабочий, 1988. — 352 с.

Нарушения, связанные с потреблением алкоголя / Под ред. Дж. Эдвардс и др. — Женева: ВОЗ, 1978. — 140 с.

Николай Рубцов: Вологодская трагедия. — М.: Эллис Лак, 1997. — 464 с.

Новый энциклопедический словарь: В 29 т. — СПб: Изд-во Брокгауз-Ефрон, 1911.

О Есенине. Стихи и проза писателей — современников поэта. — М.: Правда, 1990. — 640 с.

Ожегов С.И. Словарь русского языка. — М.: Русский язык, 1990. — 917 с.

Пир на весь мир (почти все о напитках). — М.: Эрбо, 1994. — 288 с.

Пищевой спирт. — Харьков: Центр Леся Курбаса, 1992. — 38 с.

Плутарх. Избранные жизнеописания: В 2-х томах. — М.: Правда, 1990.

Похлебкин В.В. История водки. — М.: Интер-Версо, 1991. — 288 с.

Д-р Папюс. Практическая магия. — М.: Обновление, 1993. — Книга 1, 400 с.

По Э.А. Избранные произведения в двух томах. (Вступительная статья). — М.: ХЛ, 1972.

Практический справочник врача-психиатра. — Киев: Здоровья, 1981. — 192 с.

Профилактика пьянства и алкоголизма (цифры и факты). — М., 1987. — 27 с.

Пьянство и преступность: история и проблемы. / Сост. И.П. Лановенко, А.Я. Светлов, В.В. Скрибицкий и др. — Киев: Наукова думка, 1989. — 528 с.

Пятницкая И.Н. Злоупотребление алкоголем и начальная стадия алкоголизма. — М.: Медицина, 1988. — 288 с.

Разум сердца. Мир нравственности в высказываниях и афоризмах. — М.: Изд-во политической литературы, 1990. — 605 с.

Ранняя диагностика психических заболеваний. / Под ред. В.М. Блейхера М. и др. — Киев: Здоровья, 1989. — 288 с.

Рат-вег Й. История человеческой глупости. — Дубна: Феникс, 1996. — 634 с.

Религиозные традиции мира: В 2-х томах. — М.: Крон-пресс, 1996.

Розенфельд Б.А., Юшкевич А.П. Омар Хайям. — М.: Наука, 1965. — 191 с.

Россiйский хозяйственной винокуръ, пивоваръ, медоваръ, водочный мастеръ, квасникъ, уксусникъ, и погребщикъ. Собрано изъ разныхъ иностранныхъ и Россiйских сочиненiй и записокъ. < Сост.> Н. О. – Во граде С. Петра, печатано въ Императорской Типографiи, иждив. И. Глазунова, 1792 года. *(Факсим. изд. книги из личной библиотеки В.М. Соболева. — Рыбинск: Рыбинский Дом печати, 1991. — 281 с.)*

Руководство по психиатрии: В 2 т. — М.: Медицина, 1988.

Русская литература XVIII века, 1700—1775. Хрестоматия. — М.: Просвещение, 1979. — 447 с.

Русский литературный анекдот конца XVIII — начала XIX века. — М.: ХЛ, 1990.

Русский торгово-промышленный мир.- М.: Планета, 1993. — 335 с.

Прыжов И.Т. История кабаков в России. (Репринт. воспроизведение изд. 1913 г.) — М.: book chamber international, 1991. — 270 с.

Светоний Г.Т. Жизнь двенадцати цезарей. — М.: ХЛ, 1990.

Светский человек, изучивший свод законов общественных и светских приличий. /Сост. Клеопатра Светозарская. — Л.: Ассоциация «Невский проспект» (репринт. воспроизв. изд. 1880 г.) , 1991. — 127 с.

Словарь иностранных слов (11-е изд.). — М.: Русский язык, 1984. — 608 с.

Словарь искусств (The Hutchinson) / — М.: Внешсигма, 1996. — 534 с.

Словарь синонимов русского языка. — М.: Русский язык, 1989. — 495 с.

Словарь современного русского литературного языка: В 20 т. — М.: Русский язык, 1991.

Словарь-справочник синдромов и симптомов заболеваний. — Варшава, 1996. — 240 с.

Словарь терминов, относящихся к алкоголю, наркотикам и другим психоактивным средствам. — Женева: ВОЗ, 1996. — 80 с.

Смит Г. Драгоценные камни. — М.: Мир, 1984. — 558 с.

Снегов С. Язык, который ненавидит. — М.: Просвет, 1991. — 224 с.

Соколова В.К. Весенне-летние календарные обряды русских, украинцев и белорусов. — М.: Наука, 1979. — 287 с.

Спичка А. Наука выпивать. — СПб: Питер Паблишинг, 1997. — 256 с.

Стрельчук И.В. Алкоголь и здоровье. — М.: Знание, 1980. — 96 с.

Судебная психиатрия (руководство для врачей). — М.: Медицина, 1988. — 400 с.

Тиандер К.Ф. Культовое пьянство. /В кн.: История винопития. Бахус. — СПб.: БРАСК, 1994. — с. 195—196.

Ткачевский Ю.М. Право и алкоголизм. — М.: Изд-во МГУ. 1987. 160 с.

Товарный словарь: В 9 т. — М.: Гизторгиздат, 1956—1961.

Тосты, тосты, тосты! (Вып. 1). — М.: Лана, 1996. — 31 с.

Трезвость — закон нашей жизни. Постановления ЦК КПСС, Сов. Мин. СССР, Указы Презид. Верх. Сов. СССР, Презид. Верх. Сов. РСФСР о мерах по преодолению пьянства и алкоголизма, искоренению самогоноварения. — М.: Политиздат, 1985. — 32 с.

Холл Д. Словарь сюжетов и символов в искусстве. — М.: Крон-Пресс, 1966. — 656 с.

Шанский Н.М., Боброва Т.А. Этимологический словарь русского языка. — М.: Прозерпина, 1994. — 400 с.

Энтин Г.М. Лечение алкоголизма. — М.: Медицина, 1990. — 416 с.

Энциклопедический словарь Т-ва Гранат: В 58 т. (7-е изд.). — М., 1910.

Энциклопедический словарь медицинских терминов: В 3 т. — М.: Советская энциклопедия, 1983.

Энциклопедия суеверий. — М.: Миф, Локид, 1955. — 560 с.

Alcoholism and Health: Eighth Special Report to the U.S Congress. — Alexandria, 1993. — 369 p.

A Dictionary of Alcohol and other Drug Terms. — Geneve, WHO, 1990. — 75 p.

Gadard J. Mais au fait, qu'est ce que l'alcoologie? — Alcool et sante, 1990,№ 4 — p. 6-7.

Keller M., McCormick M., Efron V. A Dictionary of Words about Alcohol. — New Brunswick-New Jersey, 1982. — 291 p.

Lexicon of alcohol and drug terms. — Geneva: WHO, 1994. — 65 p.

Rausch und Realität. Drogen im Kulturvergleich: Teil 1 und 2. Herausgegeben von G. Volger. — Koln: Rautenstrauch-Jost-Museum, 1981. — 876 S.

Schoonmaker F. Das Wein Lexikon. Die Weine der Welt. — Frankfurt am Main und Hamburg: Fischer Bucherei,1969. — 277 S.

Мирошниченко Л.
М 63 Энциклопедия алкоголя: Великие люди. История. Культура. — М.: Вече, 1998. — 560 с. (Энциклопедии)

ISBN 5-7838-0237-9

В этой уникальной энциклопедии (более 1300 статей) содержится самая разнообразная информация об алкоголе — от исторической до медицинской. Книга послужит справочным подспорьем специалистам (медикам, психологам, социологам, историкам, педагогам), а также всем читателям, интересующимся вопросами истории и культуры. В книге рассказывается о многовековых отношениях человека с алкоголем, о роли алкоголя в истории различных цивилизаций и религий, судьбах известных людей — от Александра Македонского до Иосифа Сталина, курьезных случаях, фольклоре, обычаях и традициях, связанных с алкоголем.

ЛЕВ ДЕНИСОВИЧ МИРОШНИЧЕНКО
ЭНЦИКЛОПЕДИЯ АЛКОГОЛЯ

Генеральный директор *Л. Палько*
Ответственный за выпуск *В. Еленский*
Главный редактор *С. Дмитриев*
Редактор *С. Шевелев*
Научный редактор *В. Пелипас*
Корректор *Н. Киселева*
Художник *Б. Федотов*
Верстка *О. Фирсова*

ЛР № 064614 от 03.06.96
Издательство «Вече», 129348, Москва, ул. Красной сосны, 24.

Подписано в печать 25.10.98. Формат 60×90 1/16. Гарнитура «Таймс».
Печать офсетная. Бумага офсетная. Печ. л. 35. Тираж 10 000 экз.
Заказ № 1055.

Изготовлено с оригинал-макета в Тульской типографии.
300600, г. Тула, пр. Ленина, 109.